해방전후사의 인식
2

해방전후사의 인식
2

강만길 김광식 홍인숙 김남식 임종국 박현채 황한식 장상환 성한표 임헌영 김윤식 이광호

한길사

> 해방공간은 신의 떠남으로 말미암아
> 황폐해진 들판이었다.
> 의미와 삶의 조각만이 뒹구는 곳이었다.
> ● 김윤식

『해방전후사의 인식 2』를 내면서

『해방전후사의 인식』 제1권의 초판이 나온 것은 1979년 10월 15일이었고, 그 후 11일 만에 10·26정변에 의해 박정희정권은 붕괴되고 말았다. 『해방전후사의 인식』은 그 와중에 휘말리고 말았다. 한 시대의 결정적 전환기에 한 권의 책이 간행되었고 그것은 그 전환기를 헤쳐나오면서 '해방전후' 또는 '전환기의 역사'를 새로운 시각으로 규명하려 했던 것이다.

'민족의 해방'을 생각하는 한 권의 책으로서 『해방전후사의 인식』, 이 땅에 발을 딛고 삶을 살아가는 '민중의 해방'을 추구하는 『해방전후사의 인식』은 한 사회의 역사적 조건의 소산이라고 우리는 이해한다. 한 권의 책이란 궁극적으로 역사적·사회적 조건 속에서 그 역사와 사회의 성격을 반영하게 마련이다. 『해방』 제1권이 놀라운 반향을 불러일으킨 것은 이미 우리 사회가 '해방' 또는 '해방전후'에 대한 정당하고도 정확한 규명을 그만큼 내적으로 요구하면서 일징한 역사적 단계에 진전해 있었다는 사실을 보여준다. 민족사의 정당한 인식작업은 70년대에 들어오면서 본격적으로 진행되었던바, 『해방전후사의 인식』 작업도 바로 이러한 작업을 토대로 하여 생성된 것이라 할 것이다. 반민족적이고 반민주적인 정치사회적 상황을 실천적으로 극복해내는 민족주의자들의 작업이 출판운동과 연대되고 그것은 다시 민족운동 내지 민족문화운동으로 발전·심화되는 가운데에 『해방』은 역사적 실천성을 갖는 한 권의 책으로 존재하게 되었던 것이다.

 저간 우리의 분단에 대해 여러 이야기가 설왕설래되었지만, 우리는 해방전후를 통해 그것을 주체적으로 보고 싶었다. 왜 분단되었는가를 외재인(外在因)에서 찾을 것이 아니라 내재인(內在因)에서 찾는 것이 좀더 주체적이고 타당한 것이 아닌가 생각되었다. 민족사의 전진을 위해 우리는 1945년 해방의 의미를 따져보아야 했고 나아가서 분단을 극복할 시각으로 고찰하려 했던 것이다.

 그것은 사실 조심스러운 일이었다. 문제삼지 못했던 영역, 우리 현대사의 핵심지대에 들어가는 일은 하나의 모험이었다. 그러나 필자들의 민족주의적 지성과 의지에 의해, 개별적으로 논의되던 것이 공동작업의 형식에 의해 '해방전후'의 그 실제 모습이 우리들 앞에 차츰 드러나는 계기가 마련되었다. 『해방』 제1권이 비록 해방전후 또는 해방과 분단의 역사적 전개과정 및 논리와 사상을 총체적이고 완벽하게 밝혀주지는 못했지만, 해방이 이 민족과 이 민중의 정당한 노선과 그 구체적 삶에서 찾아져야 한다는 것을 제시했다고는 할 것이다. 그것은, 방치되어 있는 우리의 현대사는 우리의 주체적 사관에 의해서 연구되고 그 정신은 실천으로 이어져야 한다는 것을 우리들에게 인식시켜주었다.

 이제 『해방』 제1권이 나온 지 6년을 넘겨서 그 둘째 권을 펴낸다. 『해방』 제1권의 출간 이후 우리의 현대사에 대한 인식수준은 질과 양에서 놀라운 진전을 보였고, 지금도 젊은 학자들에 의해 힘차게 진행되고 있다. 그 진전된 연구업적을 여기에 수렴한다. 제1권이 해방전후사에 대한, 그리고 우리의 현대사에 대한 기초적 시각을 제시하는 입문적인 것이라면, 이번의 것은 좀더 구체적이고 실증적인 업적으로서 해방전후사의 인식수준을 한 단계 전진시킨 것이다. 또한 제1권에 비해 운동사·이념사가 강화되고 있다.

 원고가 넘쳐 일부를 다음으로 넘겼다. 우리는 『해방』 제3권을 또 만들 것이다. 해방전후뿐 아니라 그 이후 우리의 분단시대 또는 분단사회연구는 이 분단의 역사와 분단 구조의 극복을 위해 지속적으로 추진되어야 할 우리들의 과제다. 우리 시대의 출판운동을 '민족주의운동'으로 인식하고 있는 우리는 『해방』 제2권을 펴내면서 민족의 해방, 민중의 해방에 의한 민족공동체의 삶을 다시 생각해본다.

1985년 10월 25일
한길사 김언호

해방전후사의 인식 2

『해방전후사의 인식 2』를 내면서 | 김언호   7
해방전후사 인식의 방향 | 강만길   15

1

김광식 | **8·15 직후 정치지도자들의 노선비교**

1 머리말 ··· 25
2 8·15 이전의 활동 ······························· 26
3 8·15 이후의 상황에 대한 인식 ············ 38
4 인식과 실천의 귀결 ····························· 51
5 맺음말 ··· 56

홍인숙 | **건국준비위원회의 조직과 활동**

1 기존연구에 대한 검토 ·························· 68
2 조직과정과 활동상황 ··························· 70
3 중앙조직 간부의 사회적 성격 ·············· 78
4 중앙조직 간부의 정치적 성격 ·············· 97
5 현대정치사에서 건국준비위원회의 의미 ···· 105

김남식 | **박헌영과 8월테제**

1 배경 ·· 119
2 8월테제의 내용 ·································· 125
3 그 전개 ··· 153

임종국	제1공화국과 친일세력

1 머리말 ··· 163

2 제1공화국에서의 친일인맥 ·· 167

3 좌파의 친일인맥 ·· 207

4 맺음말 ··· 230

2

박현채	남북분단의 민족경제사적 위치

1 문제의 제기 ··· 239

2 미군정기의 우리 역사에서의 위치 ······························ 240

3 전후상황에 대처하는 주체적 힘 ·································· 247

4 전후 미군정과 그 귀결 ·· 262

5 맺음말 ··· 278

황한식	미군정하 농업과 토지개혁정책

1 머리말 ··· 284

2 토지소유의 실태와 토지문제 ······································· 289

3 미군정의 토지정책 ·· 301

4 맺음말—미군정의 토지정책의 성격 ···························· 315

장상환 | 농지개혁과정에 관한 실증적 연구

1 머리말 ··· 330
2 농지개혁의 배경 ··· 336
3 농지개혁 이전의 소작지 방매 ···························· 347
4 농지개혁과 지주적 토지소유 해체 ····················· 359
5 맺음말 ··· 389

성한표 | 9월총파업과 노동운동의 전환

1 머리말 ··· 402
2 미군정의 조합주의 강요와 전평 ························ 404
3 전환의 진통—9월총파업 ···································· 419
4 맺음말—대한노총의 진출 ·································· 440

3

임헌영 | 해방직후 지식인의 민족현실 인식

1 머리말 ··· 453
2 지식인계층의 구성과 기능 ································· 456
3 이념과 역사인식의 자세 ···································· 460
4 정치체제에 대한 견해 ·· 463
5 부르주아민주주의론 ·· 467
6 미군정에 대한 견해 ·· 471
7 삼상회담문제의 행방 ·· 479

　　　　　8 좌우합작운동과 지식인 ·· 486
　　　　　9 분단극복을 위하여 ·· 489
　　　　10 맺음말 ·· 490

김윤식 | **해방공간의 문학**

　　　　　1 봉황각의 자기비판 ·· 502
　　　　　2 전국문학자대회의 표정 ·· 511
　　　　　3 정치우위론·정치문학대등론과 순수·비순수론의 차원의 틀림 ···· 522
　　　　　4 지식인 작가의 내면풍경 ·· 532
　　　　　5 해방공간의 역사철학적 과제 ·· 544

이광호 | **미군정의 교육정책**

　　　　　1 머리말 ·· 550
　　　　　2 군정에 의한 미국의 대한교육정책 ································ 551
　　　　　3 교육주도세력의 형성과 갈등 ·· 566
　　　　　4 교육사적 평가 ··· 579

　　찾아보기　　　　　　　　　　　　　　　　　　　　　591

『해방전후사의 인식 2』를 내면서
해방전후사 인식의 방향
강만길

1 해방의 국제관계적 위치문제

우리 역사학계의 현대사연구 기피증 때문에 해방전후사(解放前後史)에 대한 연구가 극히 부진한 현상임은 이미 많이 지적되어왔다. 역사학계의 연구 부진에 비해서 사회과학 쪽에서는 정치, 경제, 사회 등의 각 분야에 걸친 어느 정도의 연구성과가 있어서 지금까지의 해방전후사 인식에 많은 도움을 주어왔다. 그러나 이와 같은 사회과학 쪽의 연구도 대체로 해방 후의 부분에 집중되어 있으며 식민지시기, 특히 그 말기의 역사적 상황과의 연결성이 부족하여 식민지시대사의 연장선상에서의 분단시대사, 좀더 적극적으로 말해서 식민지시대사의 결과로서 분단시대사라는 관점이 희박하고 식민지시대사와 분단시대사가 서로 동떨어져서 이해되고 있는 감이 없지 않다.

해방 후 민족분단의 가장 중요한 요인으로 나타난 미·소 양군의 분할점령과 38선의 문제는 물론 식민지시대에는 전혀 고려되지 않았던 새로운 변수임이 틀림없다. 현재까지 우리에게 알려진 자료 범위 안에서는 연합국이 처음부터 한반도를 분할할 계획을 가지고 있은 것은 아니며, 한반도의 분단은 결국 연합국의 전후(戰後) 문제 처리과정에서 빚어진 일이라 할 수 있다.

그러나 제2차 세계대전 후의 한반도가 남북으로 분단될 요인은 미·소 양국의 분할점령 이외에도 여러 가지가 있었다. 예를 들면 그 지정학적 위치에도 요인이 있었고 제2차 세계대전 중에 연합국의 일각에서 나타난 전쟁 후 한반도의 국제공동관리 문제, 그리고 정확하게 미·소 양군의 한반도 분할 점령이 가능한 시점에서 단행된 일본의 항복시기 문제, 임시정부를 비롯한 각 독립운동전선의 해방을 전후한 시기의 국제정세에 대한 인식문제 등에도 한반도 분단의 요인은 있었던 것이다.

19세기 말기와 20세기 초엽에 걸쳐 결국 식민지화로 치닫게 한 한반도를 둘러싼 국제정세가 보호국시기와 식민지시기 40년을 지나고 난 해방 당시에는 어떻게 변하고 있었는가. 1945년 시점에 동북아시아에서 한반도를 둘러싼 국제적 역관계(力關係)는 어떠했으며, 한반도지역에 형성된 정치세력들은 그것에 적절하게 대응할 만한 방법론을 얼마나 가지고 있었는가 하는 문제 등에 대한 객관적인 분석이 필요하다.

청일전쟁과 러일전쟁을 통해 대륙세가 후퇴하고 일본을 앞장세운 영국, 미국 등의 해양세가 한반도를 식민지화한 하나의 시대가 지나고, 영국을 대신해서 자본주의 종주국이 된 미국이 패전국 일본을 완전 점령하고 한반도의 남쪽에 상륙한 한편 러시아가 공산주의의 종주국 소련으로 변해 한반도의 일부를 점령했고, 중국이 전승국이면서도 혁명을 앞두었던 주변 정세 속에서 식민지에서 해방된 한반도지역이, 패전국 일본의 식민지로서 정통성이 인정된 정부를 가지지 못한 한반도지역이 그 역사의 주체적 발전을 위해 채택했어야 할 가장 효과적인 국제관계상 위치는 어떤 것이었는가, 지금에 와서 냉엄하게 되돌아볼 필요가 있는 것이다.

2 해방의 민족사적 단계문제

해방전후사의 인식문제에서 한반도를 둘러싼 국제적 역관계가 어떻게 변해 있었는가 하는 문제가 중요한 한편, 민족사 내적으로는 1945년의 민족해방이 우리 역사의 어떤 단계에 해당하는가 하는 점을 해명하는 일이 또한 중요하다.

식민지시대의 민족운동전선에서는 민족해방이 민족사의 어떤 단계가 되어야 하는가 하는 문제에 대한 일정한 견해가 있었다. 즉 우익전선의 임시정부는 대체로 해방 후에 정치적 의회민주주의와 경제적 사회주의를 절충한 체제를 수립하려 했던 것 같고, 공산당 재건운동의 좌익 측은 해방의 역사적 단계를 부르주아민주주의혁명 단계라고 보되 그 혁명의 주체는 프롤레타리아가 되어야 한다고 생각했던 것 같다.

우리 역사는 20세기 초엽에 민족부르주아의 성장이 대단히 미미하거나 아니면 거의 이루어지지 않았던 시기에 일본제국주의의 침략을 받아 그 식민지가 되었고, 이후 40년 가까이 계속된 식민지시대를 통해서 그 지배정책은 민족부르주아지의 성장을 철저히 봉쇄했다.

식민지 농업정책은 자영농민의 성장을 가혹하게 저지하고 농업인구를 소수의 지주와 절대 다수의 소작농민으로 양분하여 농촌부르주아지가 성장할 여지를 두지 않았다. 또한 산업분야에서도 회사령의 실시 등으로 민족기업의 성장을 저지한 후 1920년대에 매뉴팩처 단계를 겨우 넘어선 민족계 산업이 일부 발달했으나 1930년대 이후 한반도의 군수기지화 정책 이후 일본의 독점자본이 본격적으로 침투함으로써 모두 몰락하고 말았다. 민족적 산업부르주아지가 성장할 여지도 모두 박탈된 것이다.

한편 식민지시대, 특히 1920년대와 30년대를 통해서 노동운동과 농민운동은 거세게 일어났으나 식민지 산업구조의 취약성 때문에 노동자의 대다수는 비조직적인 토목공사장 노동자이거나 일고노동자였고, 공장종사자는 1925년의 경우 조선인은 7만 3천여 명에 지나지 않았고 1935년에 와서도 총 16만 8천여 명에 지나지 않았다. 이들이 끈질기게 노동운동에 참가함으로써 사회의식은 높아졌으나 1930년 이후 파쇼체제화한 일본제국주의의 철저한 탄압 때문에 조직화될 수는 없었다.

이와 같은 식민지시기의 사회·경제적 조건은 식민지시대 자체의 역사적 단계 및 그 성격을 규정하는 데도 중요한 조건이 되지만, 해방을 민족사의 어떤 단계로 이해해야 할 것인가, 따라서 해방 후 민족국가 수립의 방향을 어떻게 잡았어야 했는가, 더 구체적으로는 해방 후의 사회·경제체제를 어떤 체제로 하는 것이 바람직했는가 하는 문제와도 연결되지 않을 수 없는 것이다.

식민지시대의 사회·경제적 조건은 당시의 민족운동전선에서도 좌우익을 막론하고 나름대로 파악되었고 그것을 바탕으로 각 민족운동전선은 제가끔의 사회정책 및 경제정책을 세웠다. 그리고 그것은 또 대부분 그대로 해방 후 각 정당·사회단체의 정강이나 강령으로 연결되어 통일민족국가 수립을 위한 방안으로 제시되었다.

식민지시기의 사회·경제적 조건을 바탕으로 하여 독립운동전선의 우익 측은 임시정부의 건국강령(建國綱領)에서 나타난 것과 같이 대체로 부르주아적 사회계층의 주도에 의한 사회민주주의적 정권을 수립하려 했고, 좌익 측은 재건조선공산당의 이른바 8월테제에서 나타난 것과 같이 프롤레타리아독재를 지향하는 인민정부의 수립을 목표로 했다.

해방전후사의 인식에는 이와 같은 식민지시대 민족운동전선이 설정한 해방의 민족사적 단계가 얼마나 정확한 것이었는가 하는 문제에 대한 객관적인 분석이 필요하며, 나아가서 독립운동 과정에서 설정된 이들 역사적 단계가 해방 후의 정국(政局) 및 민족분단 과정에서 어떻게 적용되고 또 굴절되었는가 하는 문제 등을 세밀히 분석하는 일이 그 중요한 밑받침이 될 것이다.

3 분단체제의 객관적 인식문제

해방 후의 민족사는 보는 각도에 따라서는 분단체제가 성립·고정·강화되는 과정이라 할 수 있으며, 그것은 식민지시대와 함께 전체 민족사 위의 부정적인 부분이다. 따라서 분단으로 성립된 분단체제도 그것의 성립·고정·강화 과정 자체는 부정적인 과정으로 규정하지 않을 수 없었고, 이 때문에 그것에 대한 스스로의 현실적·역사적 책임을 극력 회피하거나 전가하지 않을 수 없었다.

분단에는 민족사 외적 원인도 있었지만 분할점령에 편승하여 분단국가만이라도 만들어서 집권하려는 민족내적 분단책동이 크게 작용했다. 그러나 분단과정에서의 민족내적 책동은 정당화되거나 아니면 엄폐되었고 그렇지 않은 경우라 해도 분단의 민족사 내적 책임은 언제나 다른 분단체제 쪽에 전가되게 마련이었던 것이다.

해방 직후의 정국이 양극화하면서 민족분단으로 치닫고 있을 때 양극화를 막고 통일된 민족국가를 수립하기 위해 노력한 정치운동이 있었지만, 이후의 분단체제들은 그 역사성을 전부 부인했다. 결국 분단체제를 성립시킨 정치세력만이 민족적·정치적 정당성을 가지는 것으로 분단 이후의 역사는 각각 정리해갔던 것이다.

다시 말하면 분단 이후의 민족사에 대한 인식은 분단체제의 틀 속에서 세워지게 마련이었고, 그것은 은연중에 분단의 불가피론을, 그리고 분단의 외세결정론을 앞세우거나 분단체제를 합리화하는 방향으로 이끌어져갔다. 따라서 민족분단 과정에서의 역사적 진실은 묻히거나 왜곡되는 경우가 많았고, 분단과정을 객관하려는 시각은 봉쇄되게 마련이었다. 해방 후 상당한 기간 역사학은 말할 것도 없고 사회과학 분야에서도 분단과정이 학문적 연구 대상으로 부각될 수 없었던 이유도 바로 여기에 있었다.

분단체제의 성립기를 거쳐서 그것이 고정·강화되는 과정에서 분단체제들은 제각기 스스로의 정통성을 강조하게 마련이었고, 이 과정에서 분단체제의 합리화가 더욱 강조되어 그것을 객관하거나 비판하는 시각은 더욱 봉쇄되었다.

폭력적인 분단극복방법론이 공공연하게 내세워지던 시기가 가고 비폭력적 방법론을 내세울 수밖에 없게 된 시점에 와서는 분단극복을 위한 전제조건으로서의 분단체제 객관화의 지적(知的) 공간의 성립이 불가결했지만 분단체제들은 계속 모든 시각의 체제내화를 강요했고, 이 때문에 분단극복을 위한 합리적 방법론을 도출하기 위한 학문적 노력은 어디에서도 일어날 수 없었다.

요컨대 해방전후사의 인식에서 매우 중요한 문제의 하나는 민족의 분단과정과 분단체제의 고정·강화 과정을 그 체제 밖에 선 자세로 객관할 수 있는 역사의식을 얼마나 가질 수 있는가 하는 점에 있다 할 것이다. 다시 말하면 분단체제 내적 시각을 넘어서서 전체 민족적 시각에서 이 시기의 역사를 바라볼 수 있느냐 하는 문제다. 그것은 곧 분단국가주의적 시각을 통일민족주의적 단계로 높일 수 있느냐 하는 문제인 것이다.

다행히 근년에 와서 해방전후사, 특히 해방 후 3년간의 미국군정시기에 대한 연구가 비교적 활발하게 일어나고 있다. 아직도 객관성 높은 원자료를 손쉽게 구할 수 없는 제약성은 있지만, 이와 같은 연구의 추진은 분단과정에 내한 객관적 인식을 높이는 일에 크게 기여하게 될 것이며, 그 결과는 또 분단시대사 및 분단체제를 객관할 수 있는 길잡이 노릇을 하게 될 것이다.

4 통일지향적 역사인식 문제

문호개방 이후의 우리 역사를 통틀어서 통일된 근대민족국가 수립과정으로 볼 수 있으며, 그것은 민족통일이 이루어지는 시기까지 계속될 것이다. 문호개방부터 민족분단 이전까지의 시기는 근대민족국가를 수립하는 일이 민족사적 과제였으나, 그 이후에는 통일된 민족국가의 수립이 과제로 된 것이다.

따라서 분단 이후에 일어난 정치·경제·사회·문화적 현상을 역사적 사실로 인식할 때는 무엇보다도 그것이 통일민족국가 수립문제와 관련하여 긍정적인 역할을 다했는가 아니면 부정적인 역할을 했는가 하는 문제에다 가치판단의 기준을 두어야 한다고 할 수 있다.

예를 들면 식민지시대의 민족사적 과제는 식민지배를 벗고 독립된 민족국가를 수립하는 데 있었다. 이 시기에도 식민지 지배체제는 많은 근대적 교육기관을 세웠지만, 그 목적은 식민지 지배체제에 순화될 수 있는 인간을 양성하는 데 있었지 해방 후의 민족국가 수립에 이바지할 만한 인간을 양성하려는 것은 전혀 아니었다. 그 교육을 받고도 민족해방운동에 참가한 사람이 없는 것은 아니지만, 식민지시대에 근대적 교육기관이 설립되고 교육인구가 증가했다 하여 그것이 곧 역사적으로 긍정적인 측면이 되는 것은 아니었던 것이다.

경제적인 면에서도 식민지시대를 통해 산업시설이 증가하고 철도가 부설되고 쌀 생산량이 증가했지만 그것이 민족자본의 형성과 연결되고 나아가서 민족독립운동의 자금원이 된 것은 아니었다. 식민지 지배체제를 유지·강화하는 재원의 역할을 다함으로써 식민지배를 연장시키는 데 이바지했던 것이다.

식민지시대사의 인식 및 연구방법론이 식민지 지배체제가 이루어놓은 성과를 확인하는 데만 그칠 수 없음은 물론, 식민지 사회구조의 문제점 자체만을 들추어내는 데 머물 수도 없으며, 그것이 해방 후의 민족국가 건설에 얼마나 부정적인 작용을 했는가 하는 데까지 추구하지 않을 수 없지만, 그것은 분단시대사 인식 및 연구방법론의 경우도 마찬가지다.

해방전후의 시대, 나아가서 분단시대의 정치사, 경제사, 사회사 및 문화사적 연구작업은 현상분석으로만 목적을 다하는 것이 아니다. 그 현상이 민족통일문제와 연관하여 얼마나 부정적인, 혹은 긍정적인 작용을 하는가, 부정적인 경우 이것이 통일문제에 이바지되기 위해서는 어떤 방향전환이 필요한가 하는 점에까지 미치게 되었을 때 그 본래의 역할을 다하는 것이라 할 것이다.

그리고 그것을 위해서는 분단시대의 정치활동, 경제적·사회적 발전, 그리고 문화활동 일반은 궁극적으로 민족통일에 이바지하는 길과 궤도를 같이할 때 비로소 그 역사성이 인정될 수 있다는 시대인식의 확립이 필요하며, 이 시기의 정치사·경제사·사회사·문화사 연구 역시 이와 같은 인식이 그 방법론의 밑바닥에 깔려 있을 때 옳은 방향을 잡게 될 것이다.

강만길
고려대 사학과 졸업. 동대학원 문학 석·박사. 고려대 사학과 교수, 상지대 총장 역임. 현재 친일반민족행위 진상규명위원회 위원장. 주요 저서로 『분단시대의 역사인식』 『한국근대사』 『한국현대사』 『역사를 위하여』 『20세기 우리 역사』 등이 있다.

"분단구조의 해명이란 과제의 실체는, 그 분단에 의해 규정된 오늘의 문제를 극복해나가려고 할 때만 생생하고 균형 있게 포착될 수 있을 것이다. 따라서 분단구조의 과학적 해명은 분단극복의 필연성과 상호 관련되지 않으면 안 된다."

● 김광식

1

8·15 직후 정치지도자들의 노선비교	김광식
건국준비위원회의 조직과 활동	홍인숙
박헌영과 8월테제	김남식
제1공화국과 친일세력	임종국

8·15 직후 정치지도자들의 노선비교

김광식

1 머리말

우리의 현대사에서 8·15의 의미를 어떻게 규정지을 것인가에 대한 합의는 아직까지도 완전하게 이루어져 있지 않다.

8·15 직후부터 쓰인 '광복' 또는 '해방'이란 단어가 그동안 8·15를 설명하는 용어로 되어왔지만, 이에 대한 엄밀한 검토가 아쉬운 실정이다. 사실 최근의 연구들은, 8·15 후 3년간의 역사를 통해 남북한에 상이한 성격의 체제를 갖는 분단국가가 형성되었다는 점에서 '해방' 40년의 역사를 흔히 '분단시대'라 이름붙이고 있으며, '해방' 3년사(三年史)는 '분단국가 형성기'[1]로 파악되고 있다. 따라서 8·15 후 3년의 역사를 살필 경우 문제의식은 분단구조화의 원인과 의미에 대한 과학적인 해명에 모아져야 할 것이다. 그리고 이의 해명을 위해서는 당시의 세계체제적 성격[2]과 국내의 계급구조, 식민통치권력의 철수로 형성된 일정한 '해방공간'에서의 정치세력의 활동과 군정의 정책을 포괄적으로 살피는 것이 필요하다. 여기서 전자의 두 변수를 좀더 구조적인 변수라고 한다면 후자의 두 변수는 좀더 상황적인 변수라고 할 수 있는 것으로, 각 정치세력 나름의 전략 전술을 일정하게 반영하는 것이었다.

한편 8·15 후의 3년사를 규명하는 데는 분단의 회피를 위한 노력들이 아울러 조명되지 않으면 안 된다. 비록 그것이 실패로 끝났다고 할지라도 분단과정에 저항한 정치세력의 힘은 그 양과 질에서 결코 과소평가할 수 없는 정도의 것이었다. 그러나 그럼에도 분단의 저지에 실패했다는 점에서, 8·15 직후 모든 정치세력은 분단에 대한 공동책임을 지지 않으면 안 된다. 즉 분단의 문제를 둘러싼 힘들의 총체적 벡터가 어떻게 분단의 구조화로 귀결되는가 하는 문제를 살필 경우, 어느 한쪽의 힘만을 살펴서는 충분하지 않다는 것이다. 왜냐하면 8·15 직후의 상황이라는 것은 당시로서는 각각의 힘들이 동시적으로 작용하고 있는 긴장된 현실이었기 때문이다.

그렇지만 분단구조의 해명이란 과제의 실체는, 그 분단에 의해 규정된 오늘의 문제를 극복해나가려고 할 때만 생생하고 균형있게 포착될 수 있을 것이다. 따라서 분단구조의 과학적 해명은 분단극복의 필연성과 상호 관련되지 않으면 안 된다.

지금까지 지적한 모든 점에 착안하여 8·15 직후사를 살피고자 할 경우, 아직도 많은 예비적 작업이 필요함을 알 수 있다. 이 글의 목적은 바로 그러한 예비적 작업의 하나를 준비하는 데 있다고 할 것이다. 이에 따라 8·15 직후 한국독립당(한독당), 조선공산당(조공), 조선인민당(인민당), 남조선신민당(신민당)의 정치노선을, 그 지도자들의 현실인식과 관련하여 살펴보고자 하는 것이다. 그리고 이와 같은 상황적인 변수들이, 분단이 구조화되는 과정에 어떠한 영향을 미쳤는가 하는 것도 검토하게 될 것이다. 그동안 분단의 구조화를 설명하는 경우 단정 추진세력이 역사적 블록을 형성하는 문제가 중심이 되어왔지만,[3] 이 글에서는 그동안 별로 설명되어오지 않은 정치세력들의 노선을 비판적으로 살펴보는 데 역점을 두고자 한다.[4]

2 8·15 이전의 활동

8·15 이후 정치세력들의 정치활동과 노선을 살피기 위해서는 먼저 이

들이 일제의 식민통치 또는 독립운동과 어떤 관계를 맺고 있었는가를 규명하지 않으면 안 된다. 왜냐하면 8·15 이전의 경험은 각 세력에게 서로 다른 부담과 한계 또는 이점으로 작용하고 있었기 때문이다. 따라서 앞에서 지적한 네 개의 정치세력에 대해서도 8·15 이전의 경험을 살펴보는 데서 논의를 시작해야 할 것이다. 이들 정치세력의 형성사는 각각 임시정부, 한국공산주의운동과 밀접하게 관련되고 있다. 김구와 여운형은 임시정부와 밀접한 관계가 있으며 박헌영과 여운형, 그리고 신민당의 전신인 조선독립동맹(독립동맹)은 일제하 공산주의운동사에 일정한 위치를 차지하고 있다. 또한 남조선신민당[5]의 당수였던 백남운은 마르크스주의자 지식인 중의 한 사람이었다.

임시정부와 관계

3·1운동 이후 노령(露領)과 상해 그리고 서울에서 생겨난 세 개의 임시정부는 1919년 9월에 이르러 상해임시정부로 통합되었다. 이는 '한성정부'의 계승을 주장하면서 상해 측과 노령 측의 연합을 지향하는 것이었다.[6] 그렇지만 결과는 상해 측이 중심이 되면서 헌법을 국무총리제에서 대통령제로 개정하고, 국무총리였던 재미(在美) 이승만에게 대통령 직함을 부여하고 노령 측의 이동휘(李東輝)를 국무총리로 영입하는 것으로 끝나고 있다. 노령 측의 '대한국민의회'는 해체되지도 않고 있으며 문창범(文昌範) 같은 이는 교통총장에 선임되었으면서도 부임하지 않고 있다.[7] 그렇지만 상해임시정부는 부분적으로 좌우합작의 성공에 기초하고 있다[8]고 주장될 수 있는 소지를 가지고 있는데, 그것은 이동휘가 1918년 6월 26일 하바롭스크에서 결성된 한인사회당의 지도자였기 때문이다. 후술하겠지만 이동휘를 중심으로 한 한인사회당은 러시아에서의 두 갈래 한인사회주의운동 중 하나를 이루게 된다.[9]

상해임시정부의 초기, 김구는 초대 경무국장으로 활동했으며 여운형은 외교위원을 맡기도 했다. 그렇지만 상해임시정부는 여러 문제점[10]으로 제도화되지 못하고 있었는데, 이러한 데서 국민대표대회가 제기되게 된다.

즉 임정에 불참한 세력, 그리고 더 강력한 통일 독립운동 기관을 원하는 측에서 임정의 재조, 혹은 새로운 기관의 수립을 위한 회의의 개최를 요구하고 나온 것이다. 그리고 이 주장은 워싱턴에서 개최된 태평양회의(1921. 11~1922. 2)와 모스크바에서 열린 극동인민대표자대회(1922. 1~2)로 구체화되었다. 원동(遠東)문제를 취급한다는 태평양회의는 약소민족의 해방문제와는 거리가 멀고 열강 간의 이권을 재조정하기 위해서 열린 회의였으므로 한국문제에 대해서는 한마디의 언급도 없이 끝나버림으로써 구미 중심적 외교노선에 타격을 안겨주었으며, 극동인민대표자대회는, "상해임시정부는 명칭만 과대하고 실력이 이에 동반하지 못하며, 지금까지 유감이 허다하므로 개혁할 필요가 있다"[11)]는 결의안을 채택함으로써 직접적으로 광범한 민족연합전선의 형성을 촉구했다.

극동인민대표자대회의 4인 의장단에 속해 있던 여운형은 기왕에 만들어져 있었던 국민대표대회 준비위원회(1921. 6)[12)] 활동을 재개시키고 시사촉진회(1922. 7) 등을 조직, 분위기를 유도함으로써 국민대표대회의 개최를 위해 노력했다. 그렇지만 국민대표대회(1923. 1~6)는 그 의도와는 달리 창조파와 개조파의 대립으로 파행을 겪게 된다. 즉 원세훈 등의 대한국민의회파는 신숙 등의 북경파와 함께 창조파를 이루면서, 임정은 소수 인사가 임의로 만든 불법적인 집단이니 해체하고 새로이 조직해야 한다고 주장하고 있었으며, 상해임정의 여운형과 안창호는 이진산, 김동삼, 배천택 등 서간도의 독립군단체들과 함께 임정의 개조만을 주장하면서 개조파를 형성하고 있었다.

결국 '본격적인 좌우합작이 있기 전 단계에서의 반제(反帝)민족해방을 위한 민족대단합운동'[13)]으로 평가될 수도 있는 국민대표대회는 결렬되고 만다. 비록 개조파가 회의에 참석을 거부한 가운데 창조파들만으로 국호를 '한'(韓)으로 하는 새로운 한국정부를 탄생시켰지만, 이로써 독립운동전선은 더욱 분열되게 되었다. 창조파의 정부는 블라디보스토크로 옮겨갔지만 소련정부로부터 추방명령을 받고 그 세력이 약해지고 있었으며 개조파에 속했던 인사들은 각각의 입장에 따라 개인적으로 활동하게 된다. 그리고 임정은 여전히 그 고수파들에 의해서 명맥을 유지하고 있긴 했지만 하나의 외로운 독립단체로 전락하고 말았다.[14] 이후 여운형은 임정을 떠나 독자적 활동을 전개하고 있었으며, 김구는 여전히 임정에 남아 있으면서 내무총장, 국무령 등의 일을 맡으면서 임정 간판을 끝까지 고수하여 8·15 후 귀국할 때 임정주석으로 돌아오게 된다.[15]

　1920년대 후반과 1930년대에 걸쳐 임정의 활동은 특별한 것이 없었다. 다만 김구를 중심으로 한 애국단이 '무장유격전'[16]을 전개하고 있을 뿐이었다. 임정이 다소 활력을 되찾은 것은 1940년대에 들어오면서 연합국과 추축국의 전쟁 및 중일전쟁이 격화되면서부터다. 1941년 임정은 광복군을 창설하고, 1942년에는 김원봉(金元鳳)의 민족혁명당 등 좌파 정당을 흡수하여 의정원에 대거 참여시킴으로써 이들의 조선의용대와 광복군의 통합을 이루었다.[17] 1941년 11월 25일에는 종래의 정치이념인 삼균주의[18]를 구체화하여 건국강령을 제정·공포하고 있는데, 그 내용은 좌우익의 사상적 대립을 완화하려는 노력을 담고 있다. 즉 건국강령은 대생산기관과 토지, 광산, 어업, 운수사업 등을 모두 국유로 하고 토지분급이나 생활문제에서 극빈자 우선대우를 내세우고 있었다.[19] 그러나 이와 같은 성공은 대단히 부분적인 것이었다. 당시 군사단체로는 광복군 이외에도 몇 개 단체가 더 존재하고 있었으며, 그중 임정의 광복군은 800명 정도의 병력을 확보하긴 했지만 실제 전투에는 거의 참여해보지도 못하고 있었다. 더욱이 임정은 국내의 독립운동이나 그밖의 해외 독립운동에 대해서 전혀 지도권을 행사하지도 못했을 뿐 아니라 서로 연락조차 제대로 되지 않고 있었다. 이를테면 이승만은 임시정부 구미 외교위원회의 위원장으로 행세하면서도 그 활동은 독자적이었던 것이다. 이런 상황에서 임정은 부분적인 성공과 확대에도 여전히 김구의 지도 아래 있었다. 따라서 임시정부의 활동은 곧잘 김구의 정치활동과 동일시되기도 하는데, 이 글에서 김구의 정치노선을 살피는 소이도 바로 여기에 있다 할 것이다. 그렇지만 후기 임정의 존립은 사상적 긴장과 여러 파벌의 연립 위에서만 가능할 수 있었는데, 이 점은 김구와 한독당의 정치노선을 살피는 데 유념하지 않으면 안

될 사항이다.

  8·15 이후 임정 인사들은 그들의 주장에 따라 새로운 정치세력으로 분열되어감을 볼 수 있다. 예를 들면 김원봉, 성주식, 장건상, 김성숙 등은 좌익세력이 중심이 된 민주주의민족전선(민전)에 참여하고 있고, 이 중 김원봉, 성주식은 민족혁명당을 재결성하고 있으며, 부주석이었던 김규식은 임정세력이 중심이 된 반탁운동에가 아니라 좌우합작위원회에 위원장으로 참여하고 후에 민족자주연맹[20]을 창설하게 된다. 그리고 신익희, 이범석, 이시영 등은 이승만의 단정론에 동조하게 된다. 이런 상황 속에서 임정의 핵심세력이며 김구의 지지세력인 한독당은 변혁에 대해 어느 정도 개방적이었던 종래의 태도와는 달리 우익정당의 일반적인 성격을 노정하게 된다. 그러나 이미 국내의 지주, 자본가, 관료 등은 한민당을 중심으로 해서 결집되고 있었으며, 이런 한민당과 친일문제를 놓고 불화함으로 해서 한독당은 국내에 물적 기반을 확보하는 데 실패하고 만다.

공산주의운동과 관계

  서대숙 교수는 『한국공산주의운동사』를 다음과 같이 쓰기 시작한다.

    한국공산주의운동은, 1918년 러시아혁명의 영향 속에서 일본의 지배에서 벗어난 한국인 망명가들, 특히 만주와 시베리아에 거주하던 사람들에 의해 시작되었다. 그 후 코민테른에 의해 고무되고, 재일 유학생들로부터 역량을 충원받아, 1920년대와 1930년대 동안 상대하기 힘든 강적에 맞서 투쟁하면서 국내인들을 움직이려 해보았지만, 결국 분파주의와 일본경찰의 희생물이 되었을 뿐이다.[21]

  즉 한국에 공산주의가 처음 도입된 것은 중국, 일본의 경우와 같이 학자들에 의한 것이 아니고 독립운동가들에 의한 것이었다. 따라서 국내의 지배계급을 공격하기 위한 이론적 무기로서보다는 일본의 제국주의에 대항하고 독립을 쟁취하는 데 도움을 얻을 수 있다는 관점에서 수용된 것이었다.[22]

이러한 이유 때문에 한국에서 초기 공산주의를 수용한 인사들을 그대로 공산주의자라고 파악하는 데는 많은 무리가 따른다. 특히 레닌이 1920년 제2차 코민테른대회에서 제기한 「민족—식민지문제에 관한 테제」는 약소 피압박민족의 해방을 제국주의 타도의 세계혁명에 결부시켜 설명하고 있는데[23] 여기에 대해 한국의 독립운동가, 특히 일보 전진한 민족인텔리들은 적지않은 관심을 기울일 수밖에 없었다.[24] 그러한 점은 민족주의를 위한 독립운동의 한 방편으로 공산주의에 관심을 갖게 된 인사들뿐만 아니라, 순수한 민족주의자들까지 극동인민대표자대회에 참석한 데서 잘 드러난다.[25] 즉 여기에 참여한 상해와 국내의 한국대표[26] 중 공산당원은 이동휘, 박진순, 여운형, 장건상이었으며, 공청원(共靑員)은 박헌영, 임원근, 김태연(단야)이었고, 민족파 인사는 김규식, 나용균, 김시현, 김원경, 권애라(김원경과 함께 애국부인회 대표)였었다. 이 회의에서 볼셰비키당의 이론가 사파로프(Safarov)는 한국혁명의 현 단계를 다음과 같이 주장하고 있다.

한국의 피압박민족이 당면한 문제들은 한층 단순하다. 중국에서와 마찬가지로 한국에서도 우리는 제국주의와의 여하한 타협에도 반대하여 일어난 국가독립의 혁명운동을 지원할 것이며, 민족해방의 목표를 위해 부단히 전진할 용의가 있다. 우리는 이러한 조직 가운데 농민단체가 있는가 하면 종교적 단체까지도 있다는 사실에 대하여 혼동하거나 주저하지 않을 것이다. ……이러한 운동이 부르주아적 민족주의운동이라는 것을 충분히 알면서도 우리가 해방을 위한 모든 민족주의운동을 지지하는 것과 같이 우리는 그것을 지원하고 있다. 왜냐하면 그것은 제국주의에 반대하여 수행되고 있기 때문이며, 국제 무산자의 이익과 일치하기 때문이다.[27]

즉 반제운동의 일환으로서 민족운동을 지지하고 있다는 것이다. 이와 같은 입장은 극동인민대표대회가 채택한 선언서[28]에도 잘 나타나 있다. 이 선언서에는 아울러 민족주의의 위험성이 지적되면서 계급투쟁이 강조되고 있는데, 코민테른의 중앙집행위원회 위원장이었던 지노비예프(Zinoviev)는 민족주의의 진보적 사명은 반제민족해방투쟁에 집중될 따름이며 따라서 단계적인 일시성을 지닌 데 불과하고, 민족주의는 반제 민족해방투쟁이 성공하는 즉시로 그 사명이 끝나며 그다음 단계는 모름지기 사회주의혁명이라고 언명했다.[29]

결국 민족주의와 공산주의의 협조 속에는 이미 갈등의 요소가 내재되어 있었으며, 공산수의를 수용한 독립운동가들은 미묘하게 두 가지 그룹— 지속적으로 공산주의를 강조하는 그룹과 독립운동 과정에서의 협조만을 염두에 두고 있는 그룹—으로 나뉠 가능성을 지니고 있었다 할 수 있다. 여기에서 사회주의자와 공산주의자 그리고 민족주의자를 어떻게 규정지어야 할 것인가 하는 문제가 제기되는데 이에 대해서는 아직까지도 논의의 시작단계에 있다. 그러나 필요하다면 두 그룹 모두 공산주의를 일단 수용했다는 의미에서 광의의 사회주의자라 할 수 있을 것이고, 전자의 그룹은 공산주의를 강조한다고 하는 점에서 공산주의자로, 그리고 후자의 그룹은 민족주의적 사회주의자라고 호칭될 수 있을 것이다.[30]

사회주의자들의 민족관과 계급관[31]을 살펴봐야 하는 이유도 바로 이러한 상황 때문이다. 그리고 민족주의자의 위치도 재검토되지 않으면 안 된다.

1920년대 당시에 민족주의라는 용어는 사회주의에 대한 대칭개념으로 사용됨으로써 민족주의자인가 아니면 사회주의자인가[32]라는 질문이 일반화될 수 있었지만, 여운형이나 이상재의 경우에는 이를 취사선택하는 대립적 개념으로 받아들이지 않고 오히려 통일적으로 파악하려 했음을 볼 수 있다.[33] 결국 민족주의와 사회주의는 서로 다른 지표를 기준으로 삼는 독립적인 개념으로서 역사적 상황에 따라 때로는 대립적 관계로 때로는 상보적 관계[34]로 나타나게 되는 것이다. 이렇게 볼 경우 여운형은 민족주의적 사회주의자로, 박헌영은 공산주의자로 파악될 수 있을 것이다. 그렇지만 그것이 식민지반봉건사회[35]인 당시 한국사회에서 구체적으로 표현될 때는 반제·반봉건·반자본의 모습으로 나타난다.

다음으로는 어떤 경로로 여운형과 박헌영이 공산주의운동에 참여하게 되는가를 살펴보기로 하자. 러시아로부터 한국에 공산주의가 전파되기 시작한 것은 대략 두 단체를 통해서라고 할 수 있다. 하나는 소련에 귀화한 한국인을 중심으로 한 이르쿠츠크파 고려공산당이고 다른 하나는 연해주의 한인사회를 중심으로 한 한인사회당이 그것이다. 전자가 공산주의의 원류에 좀더 가깝다고 한다면 후자는 민족주의적 경향이 강했다고 할 수 있는데 그것은 출발이 그러했다는 것이고 이후의 발전과정에서는 서로의 이합집산이 전개되고 노선싸움이기보다는 주도권을 둘러싼 심한 각축전을 벌임으로써 결국은 1922년 12월 코민테른으로부터 해산 지시를 받게 된다.[36]

여운형의 경우에는 1920년 봄 코민테른 원동부 비서였던 보이틴스키(Voitinsky)를 만난 후 상해로 옮겨온 이동휘파(한인사회당 그룹) 공산주의자 그룹에 가입함으로써 공산주의 활동을 시작하고 있다. 여운형은 중앙위원회의 번역부 위원으로 일하다가 모스크바 자금으로 말썽이 일어나고 1921년 5월 이동휘가 자파만의 '고려공산당대표자회의'를 소집하자[37] 탈퇴하여 김만겸, 조동우와 함께 이르쿠츠크파 고려공산당 상해지부(1921.7)를 구성한다. 이때 여운형은 3인위원 중 한 사람으로 활동하면서『공산당선언』과 영국 노동당의「직접행동」등을 우리나라 말로 옮긴 최초의 인물이 된다.[38]

여운형이 이르쿠츠크 고려공산당 상해지부의 위원으로 활동하고 있을 때 박헌영은 김만겸의 주선으로 그 당원으로 가입한다. 아울러 거의 동시에 결성된 '고려공산청년동맹'의 책임비서로서 그리고 중앙위원으로서 김태연, 임원근 등과 함께 활동한다. 이들 박헌영, 김태연, 임원근은 극동인민대표자대회에 공청대표로 함께 참가하고 회의가 끝난 후 국내에서 공산주의운동에 매진하게 되는데[39] 이로써 박헌영은 토착공산주의자로 불리게 되는 것이다.

박헌영은 국내 제1차 조선공산당과 고려공산청년회 결성(1925)에 주도적인 역할을 하면서 조용암(조봉암의 동생), 권오설, 고명자, 김조이, 김명시 등 21명을 선발해 모스크바에 유학을 보낸다. 모스크바 유학은 당시 상해에 거주하고 있던 여운형이 주선했는데, 김오성은 이를 가리켜 "조선 공산주의 성장에 자모와 같은 역할을 자임했다"[40]고 쓰고 있다.

제1차 조선공산당은 신의주사건으로 곧 검거되는데, 박헌영 역시 체포되어 재판을 받게 된다. 그렇지만 1927년 11월 광인 행세를 함으로써 병보석으로 출감, 1년 후에는 모스크바로 탈출하여 그곳 동방노력자 공산대학에서 2년간 수학한 후 1933년 체포되어 국내로 압송될 때까지 상해를 무대로 하여 활동한다. 이후 1939년 만기 출소 후에는 경성 콤그룹을 지도했지만 연속적인 검거로 더 이상 활동을 계속하지 못하고 1942년 12월에는 지하로 잠적하게 된다.

한편 해외 무장세력 중의 하나인 '조선의용군'은 팔로군 포병사령관인 무정을 지도자로 하여 1942년 이후 지속적으로 일본군과 실전을 벌이고 있었는데, 이는 김두봉, 한빈, 최창익 등이 이끄는 조선독립동맹[41]에 기초하고 있었다. 조선독립동맹은 연안에 있는 독립운동자를 포괄하는 단체로서 1941년 1월 화북 산서성에서 결성된 '화북조선청년연합회'를 기초로 해서 조직되었으며, 1945년 11월 북한지방으로 귀국한 후는 신민당으로 발전한다. 그리고 1946년 2월에는 마르크시스트 경제학자인 백남운을 위원장으로 하는 남조선 신민당을 결성하기도 한다.[42]

일제시대 사회주의적 지식인들의 거의 대부분은 일본 유학생 출신들이었는데, 이들은 사회주의사상 곧 마르크스주의를 국내에 도입 전파하여 사상운동을 전개했다고 볼 수 있다. 이들의 활동은 서클을 통한 조직운동으로 나타나기도 하고 연구활동으로 표출되기도 했다. 1920년대 이후 계속적으로 나타나고 있는 사상단체[43]들이 앞의 경우에 해당한다면 백남운, 전석담, 박극채, 박기형, 이청원, 김광진, 김태준 등의 학술활동[44] 그리고 카프를 중심으로 한 문학활동 등은 뒤의 경우에 해당한다고 볼 수 있을 것이다. 그렇다고는 하지만 두 가지 활동이 명확하게 구별되는 것은 아니다. 백남운의 경우에는 근우회 등의 교양강좌에 연사로 참여하기도 하고,[45] 연희전문학교 교수로 재직중 '연구회사건'으로 검거[46]되기도 한다.

지금까지 지적된 것으로 짐작할 수 있듯이 일제하 한국사회주의운동은 분산적인 형태를 띠고 있었으며, 통일적인 지도자를 배출시키지 못한 채 이어지고 있었다. 이러한 현상은 지리적 조건과 효율적인 일제의 보안체제에 기인한다. 상호 간의 지리적 격리는 토론의 부재를 낳아 운동의 통일성을 저해했으며, 일제의 효율적인 경찰력은 국내에 통일적인 정당의 뿌리내림을 불가능하게 했을 뿐만 아니라 지도자들이 장기적으로 리더십을 확립할 수 있는 기회도 봉쇄했다.[47] 따라서 "한국사회주의운동은 운동과 동일시될 수 있는 경력을 가진 지도자가 결핍된 가운데"[48] 8·15를 맞이하게 된다. 이때부터 당 재건과정에서 주도권과 노선을 둘러싼 논쟁의 가능성은 내재되어 있었다고 할 것이다. 그리고 8·15 당시 운동자의 지역적 편재, 당의 부재, 그리고 정립되지 않은 사회주의와 민족주의의 관계는 다수의 좌익정당의 출현을 가능하게 하는 조건이 되고 있다.

8·15 당시의 위치

이상에서 서술해온 독립운동 배경 속에서 각 정치세력의 지도자들은 8·15를 어떻게 맞이하고 있었던가. 『백범일지』에서 김구는 8·15를 맞는 자세를 다음과 같이 쓰고 있다.

"아! 외적이 항복!"
이것은 내게는 기쁜 소식이라기보다는 하늘이 무너지는 듯한 일이었다. 천신만고로 수년간 애를 써서 참전할 준비를 한 것도 다 허사다. 서안과 부양에서 훈련을 받은 우리 청년들에게 각종 비밀한 무기를 주어 산동에서 미국 잠수함을 대워 본국으로 들여보내어서 국내의 요소를 혹은 파괴하고 혹은 점령한 후에 미국 비행기로 무기를 운반할 계획까지도 미국 육군성과 다 약속이 되었던 것을 한번 해보지도 못하고 왜적이 항복하였으니 진실로 전공이 가석하거니와 그보다도 걱정되는 것은 우리가 이번 전쟁에 한 일이 없기 때문에 장래에 국제간에 발언권이 박약하리라는 것이다.[49]

이와 같은 우려는 전후 한국의 집권세력이 될 만한 해외한인무장단체를 상정하고 있는 광복군 총사령 이청천의 글에도 잘 나타나 있다.

> 화북조선의용군이 어느 한도의 수자와 발전을 가질 것이고, 미주에서는 많아야, 1천 명 내외 및 남양 각지의 기천 명 한인이 합세하여 미국의 배경하에서 발전될 것이고, 소아(蘇俄)에서는 3만 명 내외의 무장세력이 성립될 가능이 충족함.[50]

그러면서 임정세력의 주도권 확립이 어렵다고 하는 것을 전제하면서도 그를 위한 전략을 모색하고 있다. 그러나 8·15 이후 소집된 임시의정원에서는 임시정부 국무위원회의 총사직 또는 임정해산안이 제기되기도 했다.[51] 김구는 이를 만류하고 임정의 법통을 주장하면서 "서울에 들어가 전체 국민의 앞에 정부를 내어 바쳐야 한다"고 강조하고 있다. 그러나 국내에서는 이미 건국준비위원회가 조직되어 있었으며, 미군정도 임정을 인정하지 않고 있었다. 더욱이 임정 구성인사들의 사상과 입장은 하나로 통일되어 있지 않고 다양했었는데, 여기에 김구와 임정의 딜레마가 있었다고 할 수 있다.

대처할 아무 준비 없이 8·15를 갑자기 맞았다고 하는 점은 박헌영에게도 마찬가지였다. 당시 박헌영은 광주 연와공장에서 김성삼이란 가명으로 일하면서 흩어진 콤그룹 잔당들과 연락을 취하고 있었다.[52] 그러나 그것은 공산주의자 그룹에 대한 조직적인 지도와는 전연 거리가 먼 것이었다. 따라서 박헌영의 8·15 이후 활동은 당 재건에 모아졌다. 그렇지만 이의 급속한 성공은 정확하게 그들의 능력만큼의 것일 뿐이었다. 왜냐하면 8·15로 인한 해방공간은 그들의 능력과 활동의 직접적인 연장선상에 있는 것이 아니었기 때문이다. 박헌영은 이후 활동의 중심으로 삼게 되는 서울이라는 현장에 오랫동안 부재해 있었으며, 그가 등장하기도 전에 일부 공산주의자들은 장안파 조선공산당과 조공 서울시 당부를 조직하고 있었던 것이다.[53]

이에 비해 여운형은 극히 제한된 것이긴 하지만 해방에 대한 준비를 해왔다고 할 수 있는데, 그 결과가 바로 건국동맹의 조직이다. 1929년 상해에서 체포되어 국내로 이송된 후 신문사 사장, 체육회 회장 등의 일을 하면서 공개활동을 전개해온 여운형은 그만큼 상황평가를 하는 데 유리했다고 할 수 있다.[54] 일본의 패망이 머지않았음을 알게 된 여운형은 1944년 석방된 후 은거하면서 같은 해 8월 조동우, 현우현, 황운, 이석구, 김진우 등 노장 독립운동가들과 함께 건국동맹을 조직하게 된다. 그리고 건국동맹에는 세칭 성대파(경성제대파) 공산주의자들이라고 불리는 이강국, 최용달, 박문규 등 다수의 사회주의자들이 포함되어 있었는데, 이것은 여운형의 사상적 입장과 당시 사회주의자들의 위치를 반영하는 것이라고 할 수 있다.[55] 이로써 건국동맹은 사회주의자, 민족주의자를 아울러 1만 명의 맹원[56]을 갖는 단체로 성장했으며, 연안의 독립동맹 등 해외의 독립운동단체들과 합작을 도모하기도 했다. 그리고 8·15 이후에는 건국준비위원회의 기초를 이루었다.

한편 중국에서 팔로군과 함께 대일전투에 참여하고 있던 중 8·15를 맞아 귀국을 서두는 조선의용군과 독립동맹은 오랫동안 중국공산당과 함께 생활함으로써 중국공산당의 논리를 적지 않게 수용하게 된다. 귀국 후 독립동맹의 조선의용군은 철도경비대와 보안서원 등으로 개편되고 정치활동가들은 임시인민위원회 등에 참여하면서 신민당 또는 연안파로서 활동하게 되는데 이들의 활동은 그들의 배경을 반영하는 것이었다.[57]

일제시대에 마르크시스트 지식인들은 다소의 굴곡은 있었으나 연구를 계속하고는 있었으며 8·15 직후 그룹화[58]되면서 그들의 연구성과를 발표[59]해나가게 된다. 그리고 개인 또는 단체로서 많은 부분이 정치세력과 연결된다. 그중 학술원 회장직을 맡고 있는[60] 백남운의 경우에는 개인적으로 신민당과 연결되면서 남조선 신민당 당수가 되기도 한다.

3 8·15 이후의 상황에 대한 인식

8·15 직후 한국사회에는 일제 식민통치의 결과 특권과 비특권 계층 간의 커다란 간극이 있었다. 특권계층의 대부분은 친일적 성향을 가진 이익집단들로서 부(富)와 사회적 지위를 가진 지주, 자본가 또는 관리들이었으며, 비특권층 이익단체들은 사회 하층에서 빈곤에 허덕이는 농민들과 각종 노동자들이었다. 해방 당시 비특권층인 농민들은 전 인구의 80퍼센트 이상을 차지하고 있었는데, 그중 순소작농은 전체 농가호수의 48.9퍼센트, 자소작농이 34.6퍼센트나 되었다. 산업분야에서 노동자의 생활고는 최저 생계비에도 이르지 못하는 저임금으로 하여 극심했다.[61]

이러한 사회경제 관계를 가능하게 했던 식민지 통치권력의 철수는 한국사회를 새로운 상황으로 몰고 갔다. 농민과 노동자들은 토지와 적산의 분배를 내용으로 하는 급격한 사회경제적 변화를 기대하게 되었는데 이러한 현상의 일환으로 지방에서는 농민들이 일본인과 친일파의 재산과 토지를 몰수하는 예도 있었다. 그리고 노동자들은 공장을 접수하여 자주적으로 관리하기도 했으며,[62] 전국적인 조직을 통해 동원력과 단결력을 과시하기도 했다.[63] 이러한 사회적 배경 속에 "어떻게 이 상황에서 특권을 계속 지켜나갈 수 있을까?" 하는 것이 특권계층의 가장 큰 문제였다.[64] 즉 "기존의 엘리트와 계급관계, 제도, 가치와 상징체계에 대한 폭력적이며 급격한 변화를 요구하는 강력하게 조직된 혁명파와 덜 강력한 반(反)혁명파가 대결하는 '위기의 정치'가 전개되기 시작한 것이다.[65]

이와 같은 대결은 결코 회피되지 않았는데, 대결의 일차적 담당자들은 당시의 계급구조를 일정하게 반영하고 있는 정치세력 또는 정치지도자들이라고 할 수 있을 것이다.

8·15에 대한 인식

8·15 직후 각 정치세력과 지도자들은 "8·15를 어떻게 인식할 것인가" 그리고 "현 단계에서 무엇을 할 것인가" 하는 문제를 가지고 토론하고, 이

러한 토론의 잠정적인 결론에 기초하여 정치활동을 전개하고 있다.

비록 군사적으로 직접적인 승리를 거둔 것은 연합군이었다고 할지라도 해방을 위해 농민운동, 노동운동, 학생운동, 여성운동, 해외 무장투쟁에 이르기까지 한국인의 독립의지는 각 영역에 걸쳐 표현되어왔었다. 그리고 독립에서 외교론[66]을 주장하는 인사들도 여전히 활동을 전개하고 있었다. 이와 같은 상황에서 8·15의 의미를 단순하게 규정짓는 일은 대단히 어렵다.

해방 직후 건국준비위원회를 조직, 해방정국 최초의 주도권을 행사하고 있었던 여운형의 경우 "조선 민족은 해방되었다"[67]고 주장하면서도 연합국 군대의 입성과 미군정의 실시를 피치 못할 것으로 받아들인 가운데 건국에 매진할 것을 강조하면서 다음과 같이 표현하고 있다.

> 이제부터 우리 사업은 외국을 상대하여야 한다. 3천만 민중의 자격이 그들 앞에 드러나게 된다. 또 우리는 두 분의 손님을 맞이하게 되어 난처한 것도 있다. 그러나 어느 때라도 과거 500년 동안 우리의 치욕이고 통폐인 사대사상은 단호히 버려야 한다.[68]

여기에는 연합군의 승리에 의해 8·15가 가능했다고 하는 인식, 미군과 소군이 진주한 상황이라고 하더라도 한국 민족의 주체적인 노력에 의해서 통일국가의 수립은 가능하다는 인식, 그리고 이러한 상황에서 군정과 불편한 관계가 되어서는 안 된다는 입장이 그 기초를 이루고 있다 할 수 있다. 이러한 인식의 연장선상에서 여운형은 건국준비위원회와 인민공화국(인공)의 결성에 참여하고 있으며, 모스크바삼상회의의 결정내용을 지지하고 좌우합작운동을 벌인다. 하지 장군의 정치고문이었던 윌리엄 랭던의 다음과 같은 회고는 여운형의 이러한 입장을 더 잘 확인해준다.

> 내가 도달한 결론은 여(呂) 선생이 개인적으로 또 정신적으로 소련보다는 미국과 더 가까웠지마는 정치적으로는 이들 양국에 대하여 절대적 중립이었으며, 그가 갖고 있던 유일의 목적은 미·소 양국으로 하여금

가급적 빨리 한국으로부터 물러가게 하는 일이었다. 그리고 이러한 정세하에서 한 분의 진정한 애국자에 대하여 이 이상의 무엇을 요구할 수 있겠는가?[69]

박헌영의 경우에도 '조선의 해방'은 "우리 민족의 주관적·투쟁적인 힘에 의해서라기보다도 진보적 민주주의 국가 소·영·미·중 등 연합국 세력에 의해 실현된 것[70]으로 파악하고 있다. 즉 진보적 민주주의 국가의 국제주의와 파시스트 국가의 편협한 국가주의와의 싸움이었던 제2차 세계대전이 전자의 승리로 끝남으로 해서 세계문제가 해결되었고, 이 과정에서 해방이 주어졌다는 것이다. 따라서 박헌영은 미군정에 대한 협조의 자세를 취하게 된다.[71] 여기서 흥미로운 것은 박헌영이 미국을 진보적 민주주의 국가로 파악했다고 하는 점이다.[72] 그러나 이러한 입장은 단지 8·15 직후 얼마 동안만 유지되었던 것 같다. 미국이 박헌영이 생각하는 진보적 국가도 아니고 미군정 역시 자신이 기대했던 것과 다르게 움직인다는 것을 알자 박헌영은 적극적으로 역공세를 취하게 된다는 것이다.

8·15가 연합군의 승리에 의해 가능했다고 하는 인식은 광복군과 임정세력[73] 또는 조선의용군과 독립동맹[74]에게도 역시 공유되고 있는 것처럼 보인다. 다만 독립동맹의 경우에는 소련의 대일참전은 강조하면서도 미국에 대해서는 별로 언급하지 않고 있다. 그리고 자신들의 군사활동에 대한 한정된 의미에서의 긍정적 평가와 함께 자신들이 부분적이나마 직접적으로 조국의 땅을 탈환할 수 있었을 텐데 그러지 못한 점에 아쉬움을 표시하고 있다.

현 단계에 대한 규정

각 정치지도자들의 현실인식은 그 방법론의 차이 또는 강조점의 차이에 따라 다른 모습을 보이고 있다.

부르주아민주주의혁명단계론

박헌영과 여운형의 경우에는 당시 한국사회의 '현 단계'를 부르주아민주주의혁명단계로 파악하고 있다. 이와 같은 현 단계 규정은 유물사관에 입각한 역사발전단계론을 반영하고 있는 것이지만, 좀더 직접적으로는 러시아혁명 과정 속에 나타난 혁명단계논쟁에 기초하고 있는 것처럼 보인다. 즉 경제발전단계라고 하는 객관적 조건과 변혁의 주체라고 하는 주관적 조건의 문제를 둘러싸고 전개되었던 멘셰비키와 트로츠키, 그리고 이에 대한 레닌의 논쟁[75] 속에 나타나고 있는 관점들이 현 단계 규정 속에 고려되고 있다는 것이다.

1905년 1월혁명 이후 레닌은 그의 소책자 「민주혁명에서 사회민주주의의 두 개의 전술」(Two Tactics of Social Democracy in the Democratic Revolution, 1905년 7월 제네바에서 발표)에서 이번 혁명은 기본적으로 부르주아민주주의혁명이며, 따라서 즉각적으로 사회주의혁명으로 발전할 수 없다는 점을 인정했다.[76] 당시 레닌이 주장하고 있는 부르주아민주주의혁명 단계라고 하는 것은 다음과 같은 몇 가지 성격을 보이고 있다.[77]

첫째로 부르주아민주주의혁명 단계에서 가장 모순되는 것은 봉건적 토지소유관계에 의하여 지주와 농민 간에 발생하는 모순으로 보고 있다. 따라서 지주의 토지를 몰수하여, 토지소유에 의한 지주의 봉건적 착취를 없애는 것이 부르주아민주주의혁명의 핵심적 내용이 되는 것이다. 그리고 정치적 자유와 평등이 모든 사람에게 주어지는 것을 말한다.

둘째로 혁명의 주체 문제는 각 나라의 역사적 상황에 따라 달라질 수 있다는 것이다. 즉 프랑스의 경우에는 혁명성을 지닌 자본가계급이 봉건체제의 토지문제를 해결한 데 비하여, 러시아의 경우는 봉건성 제국주의 국가였기 때문에 부르주아계급이 혁명성을 갖고 있지 못했고,[78] 따라서 혁명의 주도적 역할은 노동자, 농민[79]에게 있다고 보았다. 그런데 부르주아민주주의혁명 수행에서 어떤 계급이 그 지도적 역할을 수행하는가, 그리고 혁명의 결과 어떠한 정치적 지배형태[80]가 나타나는가 하는 문제는 혁명의 성질과는 다르다고 보고 있다.

셋째 부르주아민주주의혁명은 하나의 단계로서의 의미를 지닌다는 것으로 프롤레타리아사회주의혁명을 이루는 전 단계로서의 의미와 프롤레타리아 세계혁명의 일부분으로서의 의미를 지닌다는 것이다. 물론 여기서의 단계는 본질적인 의미를 말하는 것이 아니라 '지속적인'(continuous) 또는 '중단 없이'(uninterrupted) 계속된다는 것을 강조하는 것이라고 할 수 있다.

이와 같은 레닌의 관점은 박헌영과 조공에 비교적 잘 수용된 것처럼 보인다. 박헌영은 '8월테제'를 발표, "금일 조선은 부르주아민주주의혁명의 단계를 걸어가고 있나니 민족적 완전독립과 토지문제의 혁명적 해결이 가장 중요하고 중심이 되는 과업으로 서 있다"[81]고 주장하고 있으며, 조공은 이를 공식 노선으로 채택 9월 25일 조공 중앙위원회 이름으로 보완하여 다시 발표하고 있다. 비교적 정교하게 짜인 박헌영과 조공의 입장은 다음과 같다.

첫째로 일본제국주의, 민족적 반역자와 대지주의 토지를 보상해주지 않고 몰수하여 이것을 토지 없는 또는 적게 가진 농민에게 분배하고, 소지주의 토지에 대해서는 자기 경작 토지 이외의 것은 몰수하여 이것을 경작자의 노력과 가족의 인구수 비례에 의하여 분배하고 전 토지를 국유화[82]함으로써 봉건적 토지문제를 해결한다는 것이다. 특히 일본제국주의의 식민지 상태였다는 점과 관련하여 민족의 완전독립과 친일파의 제거문제도 함께 거론하고 있다. 이와 같이 박헌영과 조공은 부르주아민주주의혁명 과정을 통해 일본제국주의자와 친일파, 그리고 지주를 철저하게 배제 대상으로 삼고 있다.[83]

둘째로 노동자와 농민, 도시소시민과 인텔리겐치아를 혁명의 원동력으로 보고, "가장 혁명적인 조선 프롤레타리아가 혁명의 영도권을 잡아야 한다"고 주장하고 있다. 즉 조선의 노동계급이 공산당을 중심으로 농민대중을 전취, 혁명의 헤게모니를 확립해야 된다는 것이다. 그리고 혁명의 결과로 얻어지는 정치적 지배형태에 관해서는 "노동자, 농민이 중심이 되고 또한 도시소시민과 인텔리겐치아의 대표와 기타 모든 진보적 요소는 '정견과 신교와 계급과 단체 여하를 막론하고 참가하는"[84] 민족통일전선에 의

한 '인민정권'을 수립하여야 된다고 말하고 있다.

셋째로 "인민정권은 점차 노동자, 농민의 민주주의적 독재정권으로 발전하여서 혁명의 높은 정도로의 발전을 보장하는 전제조건을 만들어야 된다"[85]고 함으로써 부르주아민주주의혁명을 프롤레타리아사회주의혁명의 전단계 그리고 세계혁명의 일부분으로 파악함으로써 '지속적' 혁명과정을 강조하고 있다.

여운형 역시 1945년 12월 '학병동맹'에서의 연설에서 '현 단계'를 부르주아민주주의혁명 단계로 규정하고 있다.[86] 그러나 이러한 규정에 걸맞은 체계화된 논리를 표명하고 있지는 않다. 따라서 여기서는 다만 그와 인민당의 정치적 입장이 이러한 현 단계 규정과 어떤 관련이 있는가만을 살펴보기로 하자.

첫째로 여운형은 토지문제에 대한 명확한 언급을 회피하고 있다. 여운형을 중심으로 조직된 조선인민당의 경우 30개항으로 된 정책에서 토지문제에 관해서는 다음과 같이 밝히고 있다.

1. 조선 내 일본인 재산 및 민족반역자의 재산을 몰수해 국유로 함.
2. 몰수한 토지는 국영 혹은 농민에게 적의(適宜) 분배.
3. 농민을 본위로 한 농지의 재편성 및 경작제도의 수립.

이것은 조공에 비해 몰수대상 토지가 상당히 축소되었고, 농민 분배를 무상으로 할 것인가 유상으로 할 것인가에 대해 언급하지 않았으며, 몰수대상 소작지의 소작료에 대해서도 언급하지 않는 등 조공 또는 인공의 토지정책과 비교해도 후퇴한[87] 것이라는 평가를 받고 있다. 이와 같이 토지문제에 대한 온건한 입장은 부르주아민주주의혁명의 성격 자체에서 후퇴한 것이라고도 표현할 수 있다.

둘째로 여운형은 인민당과 근로인민당을 조직하면서 반동분자만을 제외하고 노동자, 농민, 근로인텔리, 소시민, 양심적 자본가와 지주까지 포함한 전 인민을 대표하는 대중정당임을 표방하고 있는데, 여기서 주목해야 할 것은 지주를 포함시켰다고 하는 점이다. 부르주아민주주의혁명 단계론에서 지주와 자본가의 구별은 확연하고 지주는 가장 배척되어야 할 계급임에도 여운형은 지주도 정치적 동반자가 될 수 있음을 밝히고 있다. 이 점은 박헌영과 조공의 입장과 분명하게 다르다.

세 번째로 인민당 창당 시 여운형은 무계급사회의 건설을 궁극의 목표로 한다고 밝히면서 현재 조선의 역사적 단계와 정치·경제·사회적 조건을 설명하고 있지만,[88] 현재의 조건이 부르주아민주주의혁명에 어떻게 연결되는가 하는 문제와, 더욱이 무계급사회를 실현하는 노정에 대해서는 전혀 언급하고 있지 않다. 인민당도 그 '선언'에서 기본이념과 현실과제를 특별히 구별하여 다음과 같이 적고 있다.

조선인민당은 근로대중을 중심으로 한 전민족의 완전한 해방을 기본이념으로 하며 조선의 완전독립과 민주주의국가의 실현을 그 현실적인 과제로 한다. 기본이념을 등한시하고 현실적 요청에만 얽매여 있는 것이 역사의 진전을 지연시키는 행위라면, 기본이념에만 급급하여 그 현실적 과제를 무시하는 것도 역사의 발전을 지연시키는 동일한 결과를 가져오는 것이다.[89]

그러나 현실적 과제의 해결이 기본이념에 어떻게 지속적으로 연결되는가라는 문제와 현재의 사회경제적 상황과 변혁세력의 분포가 건국의 구체적 전략으로 반영되는 문제에 대해서는 마찬가지로 설명되고 있지 않다. 결국 여운형과 인민당의 현 단계 규정은 매우 분절적인 것으로, 여운형의 경우에 부르주아민주주의혁명 또는 건국이 이루어진 단계에서 반드시 프롤레타리아혁명의 단계로 나아갈 것이라는 명백한 증거는 좀처럼 찾아볼 수 없다.

이상에서 본 바와 같이 박헌영과 여운형의 경우 명칭상으로는 동일하게 '현 단계'를 규정하고 있지만 그 내용에서는 현격한 차이를 보이고 있다. 첫째로 박헌영의 경우 일제식민통치로 구조화된 당시의 사회경제적 상황을 혁명적으로 변혁시키는 데 관심이 있다고 한다면 여운형의 경우에는 일정하게 변혁의 요구를 충족시키면서 현실적으로 가능한 건국의 문제를 모색하는 데 더 많은 관심이 있었다고 할 수 있다. 두 번째로는 박헌영의 경우 부르주아민주주의혁명을 위한 계급동맹의 범위를 노동자, 농민, 도시소시민과 인텔리겐치아에서 찾는 반면, 여운형의 경우 건국을 위해서는 '애국적 우익'[90]의 존재도 인정해야 한다고 주장하면서 계급동맹의 범위를 노동자, 농민, 소시민, 근로인텔리, 양심적 자본가와 지주에까지 늘려 잡고 있다. 세 번째로는 박헌영의 경우 '현 단계'는 사회주의혁명을 위한 지속적인 과정의 하나로 상정되고 있는 반면 여운형의 경우에는 좀더 분절적인 입장을 보이고 있는데, 이로써 여운형은 부르주아민주주의혁명 이후 사회민주주의로 발전할 수 있는 가능성[91]을 완전히 배제할 수는 없게 된다.

물론 이와 같은 '현 단계'의 내용 차이는 8·15 이전 그들의 활동과 8·15 이후 그들의 위치를 반영하는 것이다. 위에서 지적한 대로 박헌영은 초기 공산당운동에서부터 시작하여 경성 콤그룹에 이르기까지 지속적으로 당 활동과 재건에 노력하면서 지하운동을 지도했던 반면, 여운형의 경우에는 초기 공산주의운동에 참여하고는 있지만 그 수용에 어느 정도 한계가 있었으며 더욱이 1929년 체포된 이후 국내의 공개활동에 치중함으로써 8·15 이후 이들의 존재 기반은 다르게 위치지어진다. 즉 서로 다른 정당 또는 활동무대에서 움직이게 된다는 것이다. 그렇지만 초기 좌익 3당(조공, 인민당, 신민당) 구성원의 차이는 그들 각자의 '현 단계' 규정을 정확하게 반영하고 있는 것은 아니었던 것 같다. 인민당 선전부장이었으며 후일 남로당의 중앙위원이 된 김오성의 경우에는 여운형이 주장하고 있는 중간정당의 역사적 적실성은 인정하고 또 강조하면서도[92] '현 단계' 규정에서는 다음과 같이 오히려 박헌영의 입장에 가까운 면을 보여주고 있다.

우리나라가 당면하고 있는 부르주아민주주의혁명은 그것이 자본주적 생산양식에의 전환인 점에서는 선진국가가 이미 통과한 그것과 동일한 것이면서 그 혁명의 담당자가 다르며 따라서 그 과정이 대단히 신속하리라는 것이다. ……그러면 조선의 자본주의혁명 즉 부르주아민주혁명의 담당자는 누구냐? 그것은 부르주아 자신이 담당할 수 없는 경우에는 부득이 근로계급을 중심으로 한 전 인민이 아닐 수가 없는 것이다.[93]

이와 같은 입장들의 미묘한 차이는 좌익진영 인사들의 재배치를 필요로 하게 되는데, 이는 후일 좌익 3당의 합당문제를 통해 이루어지게 된다.

또한 '현 단계'에 대한 규정은 당시 그들의 활동에 의해 재규정되는 측면이 있는 것처럼 보인다. 해방 이후 박헌영의 초기활동은 조공의 재건과 당권의 장악에 모아지는데, 8월테제의 집필 역시 이러한 의도가 직접적인 동기를 이룬다고 할 수 있다. 반면 여운형의 경우에는 공개활동의 결과 얻은 명성과 건국동맹을 기초로 해서 '대중'(노동자, 농민, 근로인텔리, 소시민, 애국적 자본가와 지주)을 상대로 한 정치활동을 전개하고 있음이 지적되어야 한다. 그의 초기활동은 건준 그리고 인공에 모아졌던 것이다. 반면 인민당의 결성은 이러한 활동들을 뒷받침하기 위해서, 그리고 이러한 활동이 일정하게 벽에 부딪혔을 때 그 돌파구의 모색으로써 이루어진 측면이 강하다.

그리고 이러한 배경들과 '현 단계' 규정 내용의 차이는 수렴된 모습으로서가 아니라 균열된 양태로 나타나게 된다.

연합성 신민주주의

현 단계를 부르주아민주주의 단계라고 규정한 데 대해 백남운은 다음과 같이 비판하고 있다.

공산계 일부의 논자는 금일의 조선을 부르주아민주주의 단계라고 규정한 모양이나 타당치 않다고 생각되는 것이니 그 이유는 두 가지가 있다. 첫째 20세기 초두의 노국(露國)과 금일의 조선과는 토지의 봉건성을 고려할지라도 사회발전단계가 다를 뿐 아니라 노국은 약체나마 봉건성 제국주의 국가이었던만큼 그 부르주아는 혁명성을 갖지 못한 침략자로서 국내의 무산계급과 완전 대립이었던 것이다. 금일의 조선은 과거 일제의 식민지였던 만큼 일부의 유산자와 전무산자는 '민족혁명'이라는 공동의 혁명목표를 가졌던 것이고, 따라서 민족독립을 위한 동맹군을 결성할 가능성을 내포했던 것이다. 이러한 점은 당시 노국의 부르주아민주주의혁명 사정과는 전연 다른 것이다. 그러므로 연합군의 전승으로 인하여 조선의 민족혁명이 대행되었다 할지라도 아직 완전독립이 실현되지 못한 정치적 단계에서는 일부의 자산가가 아직도 그 혁명성을 내포하고 있다는 점을 무산자도 충분히 이해할 임무를 가진 것이다.

그러면서 '현 단계'가 요청하는 것은 연합성 신민주주의[94]라고 강조하고 있다. 이와 같은 논리전개는 신민주주의론을 주장한 모택동의 주장과 유사한 것이다. 모택동은 중국의 경우 혁명과정은 두 단계로 구분되어야 한다고 강조하고 있다. 그 첫째의 단계는 반(半)식민지적·반(半)봉건적 사회를 자주독립의 부르주아민주사회로 개조하는 반(反)제·반(反)봉건의 부르주아민주혁명의 단계이며, 둘째 단계는 혁명을 더욱 발전시켜 사회주의를 건설하는 프롤레타리아사회주의혁명의 단계다.[95]

물론 여기서도 레닌의 경우와 같이 혁명의 성격과 담당계급의 구별은 뚜렷하게 나타나고 있다. 그렇지만 한 가지 더 고려되고 있는데 그것은 중국의 경우 "식민지, 반(半)식민지이며 다른 나라로부터 침략을 받고 있기 때문에 중국의 자본가는 아직도 일정 기간, 어느 정도 혁명성을 가지고 있다"[96]는 것이다. 따라서 프롤레타리아계급은 민족자본가의 혁명성을 무시하지 않고 그들과 반제·반봉건·반군벌의 통일전선을 펴야 한다고 강조하고 있다. 중국공산당과 함께 활동하고 있던 독립동맹의 입장은 바로 이러한 입장을 반영하고 있는 것이기도 하다. 독립동맹이 발전한 신민당은 자산계급성 민주주의의 발전단계에서 우리에게 부과된 임무는 민주정권과 민주경제, 그리고 신문화의 건설이라고 규정하고, 여기서 친일파, 반민족분자 등 일체의 반동세력을 제외한 각층각파의 민족단결[97]을 도모하고 있다. 이러한 입장은 독립동맹이 잘 알려진 구세대의 지도자를 갖고 있는 점과 결합되면서 적지 않은 성과를 거둔다.[98] 이정식과 스칼라피노는 북한의 경우 비공산주의자는 물론 특히 지식인과 소시민층의 호응을 얻었다고 지적하면서, 혹은 반공산주의자들까지도 신민당에 가입하고 있었는데 이는 신민당에 가입함으로써 정치적 피난처를 얻겠다는 의도를 반영하는 것이라고 쓰고 있다.[99] 따라서 남조선신민당의 위원장인 백남운의 주장도 이러한 맥락 속에서 이해될 수 있을 것이다. 그렇지만 여기에는 미묘한 차이가 내재되어 있다.

연합성 신민주주의론에 따르면, 우리의 경우에는 토지자본이 민족자본을 대표하고 있으므로 따라서 지주까지도 연합대상으로 삼아야 한다는 것이다. 이와 같은 주장은 과학자동맹의 이기수에 의하여 격렬한 비판을 받고 있다. 그는 조선의 '현 단계'는 토지문제를 해결하는 것이며, 이 과정은 지주를 소탕하는 단계라는 것이다. 따라서 지주와 자본가는 엄격하게 구별되지 않으면 안 된다는 것이다.[100] 더욱이 프랑스혁명과 비교하여 혁명성을 갖지 못한다고 규정된 조선의 지주와 자본가가 어떻게 러시아의 부르주아와 비교해서 갑자기 혁명성을 갖는 존재로 되는가 하고 반박하고 있다. 그러면서 연합성 신민주주의의 궁극적 의도는 좌우익이 가장된 혁명성 속에서 연합하는 방법을 모색하는 것으로 기회주의의 한 표현에 불과하다고 쓰고 있다.

알았다! 전단에서 본 바 백씨의 고심안출(苦心案出)했던 '자산계급의 일부'와 무산계급과의 동맹의 연장, 양 계급 혁명성의 상호승인의 이론은 결국 좌우익의 연합이론을 끌어내고 좌우익 연합론의 진보성을 꾸며내려는 그 목적이 있던 것이다. ……다음으로 이 논문에 나타난 백씨의 정치적 성격은 뭣이냐? 기회주의다. 씨는 우익과 좌익과의 대립의 본질을 모르고 또는 은폐하고 그 대립을 가장 천박하게 설명하여 양편을 무원칙하게 즉 기계적으로 연합시키려고 한다. 이와 같은 기계적 태도는

기회주의자의 본성이다.[101]

한편 연합성 신민주주의는 자산계급의 혁명성을 주장하면서 민족혁명과 민족해방을 구별하고 있는데 이는 연합군의 승리로 인해 민족혁명은 대체되었지만 민족해방은 아직 이루어지지 않고 있다는 논리다. 따라서 민족해방을 위해서는 민족주의자와 공산주의자의 상호이해가 필요하다는 것이다. 그것을 연합성 신민주주의는 다음과 같이 표현하고 있다.

민족주의자로 자인하는 사람으로서 만일에 조선민족의 생활문제를 근본적으로 해결하려는 열의에 불탄다면 필연적으로 사회생활문제의 본질적 해결을 본령으로 삼는 공산주의를 이해할 임무를 가진 것이라고 생각된다. 그와 마찬가지로 조선의 공산주의자는 조선 민족의 '사회해방'을 담당할 뿐 아니라 조선 민족의 정치적 해방을 위한 투사인 이상에 그 민족해방을 유일한 정치적 이념으로 삼는 민족주의를 이해할 임무가 있다고 생각하는 동시에 조선 민족의 공동목표인 민족해방을 위해서는 민족주의자와 공산주의자는 어느 일정한 역사적 기간 내에서 어느 정도의 상호이해와 연합활동의 가능성이 충분히 인정된다.[102]

연합성 신민주주의의 주장은 민족주의자와 공산주의자의 연합 즉 좌우합작으로 발전하고 있다. 이러한 점에서 그의 주장의 내용은 여운형의 입장과 비슷하게 귀결되고 있다. 따라서 그는 여운형과 함께 좌우합작운동[103]에 나서게 되고 결국은 좌익 3당합당과정[104]에서도 여운형과 함께 사회노동당 그리고 근로인민당에 참여하고 있음을 볼 수 있다.

결국 연합성 신민주주의의 내용이 의도했던 것은 중국에서의 국공합작을 염두에 두면서 민족주의와 공산주의의 연합 또는 일부의 자산가(즉, 자본가와 지주)와 무산계급의 연합에 의한 건국이라고 할 수 있을 것이지만, 당시로서는 일정한 한계를 지닐 수밖에 없는 것이었다.

자주독립 민족국가

김구는 8·15 이후 쓰인 「나의 소원」이라는 글에서 자신의 입장을 민족국가, 정치이념, 내가 원하는 우리나라로 정리하여 제시하고 있다. 즉 우리 민족으로서 하여야 할 최고의 임무는 첫째로 남의 절제도 아니 받고 남에게 의뢰도 아니하는 완전한 자주독립의 나라를 세우는 일이고, 둘째로는 이 지구상의 인류가 진정한 평화와 복락을 누릴 수 있는 사상을 낳아 그것을 먼저 우리나라에 실현해야 된다는 것이다. 다음으로는 계급독재를 반대하고 자유를 실현해야 한다는 점과 높은 문화를 창조해야 된다는 점을 강조하고 있다.[105]

김구에게 '현 단계'는 자주독립 민족국가를 건설해야 된다는 것으로, 이 문제는 가능, 불가능의 문제가 아니라 가위(可爲), 불가위(不可爲)의 당위론적인 것[106]이라는 것이다. 이런 점에서 '현 단계'의 실제상황에 대한 분석은 유보되고 있는 것처럼 보인다.[107] 따라서 김구에게 '현 단계'의 실천목표는 자주독립 민족국가의 건설에 장애로 나타나는 것에 저항하는 것으로 설정되고 있다. 따라서 그는 처음에는 정부를 선언하고 나선 인공과 공산주의자들에게, 다음은 모스크바삼상회의의 결정에, 그리고 마지막으로는 단정론자들에게 저항하고 있음을 볼 수 있다.

> 일부 소위 좌익의 무리는 혈통의 조국을 부인하고 소위 사상의 조국을 운운하며 혈족의 동포를 무시하고 소위 사상의 동무와 프롤레타리아트의 국제적 계급을 주장하여 민족주의라면 마치 이미 진리권 외에 떨어진 생각인 것같이 말하고 있다. 심히 어리석은 생각이다. 철학도 변하고 정치·경제의 학설도 일시적이거니와, 민족의 혈통은 영구적이다.[108]

공산주의자들의 노선에 반대하고 나선 김구는 단정수립의 추진에 대해서는 더더욱 반대하여 다음과 같이 강조하고 있다.

> 한국이 있어야 한국사람이 있고 한국사람이 있고서야 민주주의도 공

산주의도 무슨 단체도 있을 수 있다…… 나는 통일된 조국을 건설하려
다가 38선을 베고 쓰러질지언정 일신에 구차한 안일을 취하여 단독정부
를 세우는 데는 협력하지 아니하겠다.[109]

그는 또한 단독정부를 반대하고 통일정부를 수립하는 문제가 좌·우의 문제보다 훨씬 중요하다고 파악하고 있다.

……과연 무엇을 가리켜 좌라고 하며 우라 하며 또 누구를 가리켜 애국
자라고 하고 반역자라 하는가. ……그러나 나의 흉중에는 좌니 우니 하는
것은 개념조차 없다. ……건국강령의 요소에 있어서는 좌니 우니 하는 것
은 문제도 되지 않는다. ……인류 5천 년 역사를 통하여 봉건적 악폐에 시
달려온 우리로서야 누가 또 압박자와 착취자와의 집단체인 제국주의와
자본주의를 동경하고 구가할 것이냐? 조국의 완전한 독립과 동포의 진정
한 자유를 위하여서는 삼천만이 단결하여 일로 매진할 뿐이다.[110]

이상과 같은 점에서 송건호는 김구를 고전적 민족주의자[111]로, 또한 그의 노선에 대해 백기완은 민족자주통일노선[112]으로 높이 평가하고 있는 것이다. 그러면서 이들은 또한 김구가 '현 단계'를 지나치게 명분론적 당위론으로 파악한 데 대한 문제점도 아울러 지적하고 있다. 그것은 임정이 명분에 너무 집착하여 인공과의 합작에 실패하고 있는 점[113]과 반탁전선을 빙자하여 단독정부를 수립하려는 이승만의 계략전(計略戰), 즉 분단의 함정을 완전히 벗어나지 못하고 있었다[114]는 점이라고 지적한 것이다.

4 인식과 실천의 귀결

8·15 이후 정치지도자들의 '현 단계' 규정은 추상적인 사유 속에서 이루어진 것이 아니고 8·15 이전의 독립운동 경험과 이후 '위기의 정치'라

는 구체적인 상황 속에 이루어진 것이었다. 그리고 그들이 파악한 '현 단계'를 바탕으로 해서 8·15에 대한 인식을 정치활동이라는 모습으로 실천해나가게 된다.

　이들의 실천 초점은 어떻게 하면 새로운 국가 건설이 가능할 것인가, 그리고 어떤 성격의 국가를 만들 것인가 하는 문제와 국가건설의 담당자를 형성해나가는 데 모아졌다고 할 수 있다. 그런데 이런 문제들이 제기된 계기가 8·15라는 상황이라고 한다면, 그 상황을 가능하게 하는 데 그들은 아무도 직접적이고 결정적인 역할을 담당하지 않았다는 문제가 고려되어야만 한다. 제2절에서 지적한 바와 같이 그들은 아무도 독립운동에서 결정적인 위치를 차지하고 있지 않았던 것이다. 이런 가운데서 8·15의 직접적인 계기를 만든 미·소 양군의 입장은 명백히 고려되지 않으면 안 된다.

　이러한 상황 속에서 박헌영의 정치활동은 당의 재건에 모아졌으며, 그것은 부분적인 성공을 거두고 있는 것처럼 보였다. 1945년 말 박헌영은 "8월 15일 이후 조선 내에 일어난 모든 사실 중에서 가장 특기할 사실은 조선공산당의 통일적 재건"[115)]이라고까지 표현할 정도였다. 그러나 그 통일적 재건은 장안파를 해소하고 조공을 재건했다고 하는 점에서는 통일이었지만, 해외의 공산주의 세력들과의 관계도 명확하게 설정한 것이 아니었고, 국내의 모든 사회주의 세력을 망라한 것도 아니었다. 연안의 독립동맹 세력은 시국이 자신들의 진출을 요구하고 있다고 주장하면서 독자적인 정당을 출범시키고 있다. 훗날 제1당(계급정당)노선의 남로당으로 결집되는 인사들이 초기에 어떻게 해서 인민당과 신민당에 가입했었는지는 잘 알려져 있지 않지만 고려의 대상이 되지 않으면 안 될 것이다.[116)] 그리고 개인적인 문제가 많이 개재되어 있는 것이긴 하지만 이 과정에서 조봉암이 박헌영에게 지적한 문제점[117)]들도 역시 고려되어야만 한다. 더욱이 박헌영은 지주와 자본가를 배제해나가는 부르주아민주주의혁명을 주장하면서 미·소 군정과의 관계는 명확히 하고 있지 않다(당시 조공의 대외적 정치활동의 상당부분이 인공을 통해 이루어진 것도 사실이고, 인공은 미군정과 조건부의 협조관계를 희망했다). 물론 초기 군정은 비교적 각 정치세력에게 일정한 정치적 자유를 허용하고 있었고, 미·소의 합의가 이루어지면 제한적인 역할만을 수행하고 철수할 것으로 파악되고 있었다. 그렇다고는 하지만 외국군대에 의해 만들어졌고 권력의 실체로 작용하고 있는 군정이 어떤 성격을 가지고 어떻게 움직일 것인가 하는 문제를 깊이 천착하는 데는 소홀했던 것으로 보인다. 결국 박헌영과 조공 그리고 남로당이 부딪치게 되는 세력은 국내의 우익세력뿐 아니라 직접적으로 미군정 세력이었기 때문이다. 좌우 합작과정을 통해 박헌영과 조공세력이 기타 좌익세력과 분리되자 미군정은 이에 대한 직접적인 억압정책을 전개해나가기 시작했다. 정판사 사건은 이러한 정책변화를 알리는 하나의 신호이기도 했다.

이와 같은 국면의 변화에 박헌영과 조공은 지나치게 즉자적인 반응을 보였던 것처럼 보인다. 이때부터 박헌영과 조공은 "정당방위의 역공세로 나가자" "테러는 테러로, 피는 피로써 갚자"는 입장의 신전술[118]을 채택, 비합법투쟁을 보이고 있으며, 특히 단정론이 제기되면서부터는 무장투쟁 노선에 의한 유격전으로 전화된다.[119] 이 과정에서 4·3사건, 여수순천반란사건과 같은 대규모의 군사행동이 나타나기도 하지만, 그것은 지역단위로 전개되어 사태를 역전시킬 수 있을 정도로까지 확대되지는 않는다. 그러나 유격전은 6·25까지 계속되는데,[120] 6·25는 유격전의 소멸과 박헌영을 중심으로 한 남로당세력의 붕괴로 끝을 맺게 된다.

부르주아민주주의혁명의 중심세력으로서 노동자, 농민을 설정했던 박헌영의 경우, 이들에 대한 영향력은 비교적 심대했던 것 같다. 이들 노동자와 농민의 조직은 좌익단체들 중의 하나인 '전평'과 '전농'에서 맡고 있었는데, 여기에는 대부분 박헌영 지지세력이 지도부를 담당하고 있었던 것이다. 그리고 현장에서의 조직 역시 조공의 후원 아래 이루어지는데, 대부분 조공을 지지하는 젊은 운동가들이 주도적 역할을 하고 있었다. 그러나 '전평'과 '전농' 역시 쇠퇴하게 되는데 그 과정은 미군정과 우익단체들에 의한 '노총'과 '농총'의 부흥과 병행하여 진행된다. 이로써 박헌영의 노동자와 농민에 대한 영향력도 차츰 차단되어갔다.

다음으로 부르주아민주주의혁명을 주장했으면서도 일종의 민족적 사회주의자라고 할 수 있는 여운형의 경우를 보기로 하자. 여운형은 혁명을 주장하면서도 실제로 강조하고 있는 것은 진보적 민주주의 국가를 건설해야 된다는 것이었다. 그리고 이러한 국가건설을 위해서 그는 매우 현실정치가적인 접근방법을 모색하고 있음을 볼 수 있다. 미군정과도 일정하게 협조적인 관계를 모색하고 있었으며, 조공과 남로당이 반미운동을 전개할 때도 이에 동참하지 않고 있다. 그렇지만 그는 미군정이 원하고 있는 정치지도자는 아니었다. 그 역시 좌우합작운동으로 인해 미군정과 어느 정도는 협조관계를 이루고 있지만 입법의원 참여는 거부하고 있다. 즉 여운형의 미군정에 대한 협조는 어느 정도 조건적이었던 것이다. 비록 그의 최후는 암살되는 것으로 끝나지만 당시 그에게 미군정이 줄 수 있는 것은 거의 아무것도 없었던 것처럼 보인다. 결국 8·15 이후 여운형이 추구했던 것은 진보적인 민주주의 국가를 건설하기 위한 민족연합전선의 추구라고 할 수 있을 것이다. 그리고 여기에는 변혁을 추구하는 입장과 '애국적 우익'의 존재가 공존하게 된다. 따라서 여운형은 대중정당노선을 지향하면서 노동자, 농민, 인텔리겐치아, 소시민뿐 아니라 지주, 자본가까지도 융합의 대상으로 삼게 된다.

표현은 다르지만 이러한 점은 백남운의 경우에도 마찬가지다. '민족해방'을 위해서는 연합성 신민주주의가 필요하다는 논리가 바로 그것이다. 따라서 이들은 좌우합작에 나서게 되고 남로당에 불참, 사회노동당과 근로인민당을 창당하고 있다. 그렇지만 현실은 이들의 의도와는 다르게 나타났다. 대부분의 지주와 자본가들은 한민당에 참여하거나 이승만을 지지하게 되고 노동자와 농민들 속에는 남로당 조직 때문에 뿌리를 박을 수가 없었다. 김남천이 여운형에게 "사방에서 다 찢기고 인민당에 갈 사람이 있을까요?"[121] 하고 물었던 그런 상황이 전개된 것이다. 결국 이들은 서울을 비롯한 주요도시에만 그 지부를 조직할 수 있었다. 그리고 훗날 근로인민당의 여운형 추종세력들이 "우리는 여운형노선을 따라 소시민적 정당으로 나가자"[122]고 한 것과 같이, 여운형의 정치적 기반은 소시민을 중심으로 한 것으로 귀결되고, 우익뿐만 아니라 좌익에 대한 영향력까지 급속히 감퇴된다. 이런 상황 속에서 좌우합작운동은 한계를 지닌 것이 될 수밖에 없었고, 여운형의 정치활동 영역은 극히 위축될 수밖에 없었다.[123]

　김구가 주장하는 자주독립 민족국가의 건설에는 당시 한국사회 내부에 대한 분석이 사상되어 있다. 즉 이러한 요소들은 민족보다 하위개념이기 때문에 이런 문제를 거론하지 않는 것이 오히려 자주독립 민족국가 건설에 유익하다고 본 것이다. 이러한 인식의 유보에도 불구하고 그의 실천은 엄격한 것이었다. 1945년 12월 28일 모스크바삼상회의 내용이 전해졌을 때 김구가 전개한 반탁운동은 전투적인 것이었다. 12월 30일 발표한 포고문은 미군정 기구들을 임정이 접수하겠다는 것으로 미군정에게는 일종의 쿠데타로 받아들여질 정도였다. 이때 김구의 입장은 임정을 승인하고 즉각 철수하라는 것이었다. 이와 같은 반외세의 입장은 단정론이 제기된 이후에 좀더 명쾌하게 나타나고 있는데, "미·소 양군이 철퇴하고 있지 않은 남북의 현재상태로서는 자유로운 분위기를 가질 수 없으므로 양군이 철수한 후 남북요인회담을 통하여 선거 준비를 한 후에 총선거를 실시하여 통일 정부를 수립해야 할 것이다"[124]라고 주장, 미·소 양군의 철퇴를 요구하고 있음을 볼 수 있다. 이로써 김구와 미군정은 서로 받아들일 수 있는 사이로 발전하지 못했다.

　다른 한편 반외세에 대한 강조는 친일인사의 배제로 나타나는데 이는 한민당과의 사이에 긴장을 초래, 한민당과 이승만의 밀착을 조장함과 동시에 김구와 임정 또는 한독당의 물적 기반의 결핍을 초래하게 된다. 그렇다고 해서 김구의 입장이 친좌익적인 것은 더욱 아니었다. 결국 김구 역시 어떠한 정치세력과도 동맹을 맺지 못하고 국가형성 과정에서 배제된다. 다만 그는 민족의 자주독립을 위해서는 어떠한 노력도 소홀히 하지 않았으며, 이러한 노력의 일환으로 그는 남북협상에 참여하고 있다. 하지만 사태는 이미 일정한 방향으로 진행되고 있었다. 시간이 이미 너무 늦었던 것이다.

5 맺음말

　이상에서 필자는 네 개의 정치세력을 대표하는 정치지도자들의 정치노선을 비판적으로 고찰했다. 그리고 이들 정치노선이 분단국가의 형성에 어떻게 연결되고 있는가를 살펴보고자 했다. 그렇지만 이들을 객관적으로 바라보기에는 아직도 때가 너무 이른 것 같다. 그렇다고는 해도 이들이 당시 '위기의 정치' 속에서 적지않은 영향력을 행사한 것만은 분명하나. 당시의 상황을 그린 최근 공영방송의 드라마에[125] 이들이 모두 주인공으로 등장하고 있는 것은 이러한 사실을 말해주고 있는 것이다. 따라서 8·15 이후 그들이 무엇을 생각하고 있었는가 하는 문제는 그들 개인의 문제가 아니라 우리 현대사의 문제라고 하는 점에서 중요한 탐구의 대상이 되지 않을 수 없다.

　그럼에도 그런 문제에 대한 조명은 거의 없었던 것처럼 보인다. 그러면 이와 같은 연구의 빈곤은 어디에서 유래하는 것일까? 그것이 만약 우리들의 게으름으로부터 유래하는 것이라면 이 글은 그런 나태에서 벗어나 조금은 부지런해보려는 노력의 한 표현이라고 할 수 있을 것이다. 그럼에도 여전히 나태의 관성은 남아 있는 것 같다. 구체적으로 무엇을 생각했는가 하는 문제를 정밀하게 밝히기보다는 이런 방향으로 생각한 것 같다 하는 규정이 아직도 타성으로 남아 있는 것이다. 이런 점에서 이 글은 너무나도 많은 한계를 지니고 있음을 인정하지 않을 수 없다.

김광식
연세대 대학원 정치학과 졸업. KBS-TV, YTN, CBS 등에서 토론 진행자 역임. 현재 정치평론가로 활동. 주요 저서로 『인간을 위하여, 미래를 위하여』 『IMF뛰어넘기』 『풀뿌리네트워크가 통일을 만들어 간다』 『한국NGO』 『김광식의 민주기행, 아시아기행』 등이 있다.

주 _____

1) 분단국가의 형성이란 국가형성 과정에서의 민중의 배제 또는 민중에 의한 국가형성 노력의 좌절을 갈음하는 술어라고 할 수 있다. 한편 사회경제적인 의미에 주목할 경우 '분단시대'는 종래의 식민지반봉건사회에서 주변부자본주의 또는 국가독점자본주의적 사회로 이행된 시기이기도 하다(이헌창, 「8·15의 사회경제사적 인식」, 이대근·정운영 편, 『한국자본주의론』, 까치, 1984, pp.71~100 ; 박현채, 「한국자본주의 전개의 제단계와 그 구조적 특징」, 『한국사회의 재인식』, 한울, 1985, pp.19~50 참조).
2) 여기에 관련된 최근의 진전된 연구로는 손영원, 「분단의 구조」, 김홍명 외 『국가이론과 분단한국』(한울, 1985), pp.58~89가 있다.
3) 이런 관점에서 쓰인 글들로서는 신병식, 「대한민국 정부수립 과정에 관한 연구」(서울대 정치학과 석사논문, 1983) ; 김지환 「한국의 국가형성 과정에 관한 정치사회학적 접근—해방이후를 중심으로」(서울대 사회학과 석사논문, 1985) 등이 있다.
4) 이 글은 시론적인 의미 이상을 띠기는 힘든 것이지만, 그래도 이와 같은 연구영역의 확대는 부분적으로 우리 사회의 성숙(이데올로기적 개방성)과 학문의 성장을 반영하고 있는 것이다. 연구영역의 확대는 사회의 성숙에 이바지하고, 사회의 성숙은 다시 학문 연구영역의 확대를 도모함은 물론 적실성을 제고시켜, 학문이 사회의 발전과 무관한 것이 아니라 사회의 발전에 부분적으로 이바지할 수 있는 기틀을 마련하게 된다.
5) 이에 관해서는 송남헌, 『해방 30년사—건국전야』(성문각, 1976), pp.145~146 ; 민주주의민족전선 편, 『해방1년사』(문우인서관, 1946), pp.146~149 참조.
6) 추헌수, 『한국 임정하 좌우합작에 관한 연구』(국토통일원, 1974), pp.34~36.
7) 김준엽·김창순, 『한국공산주의운동사』, 제1권(고려대학교 아세아문제연구소, 1967), p.126, 주 25를 참조할 것.
8) 추헌수, 앞의 책, p.37.
9) 강인덕 편, 『북한정치론』(극동문제연구소, 1976), p.18.
10) 임정과 국제관계, 정치노선 문제, 임정이 상해의 프랑스조계에 위치하고 있다는 점 등이 문제점으로 지적되고 있다. 이 중 정치노선에서는 이동휘의 무장투쟁노선과 안창호의 외교노선이 서로 대립했다(추헌수, 앞의 책, pp.18~22).
11) 「여운형 조서」, p.34(김준엽·김창순, 앞의 책, p.393).
12) 여기에는 임정에 불참하면서 독립전쟁을 주장하고 있는 북경 측(박용만, 신채호, 신숙)의 朴健秉과 상해 측의 안창호, 여운형, 김규택, 그리고 만주를 대표하여 상해임정

에 참여하고 있었던 李震山 등이 대표로 활동하고 있었다(추헌수, 앞의 책, p.48).
13) 서중석, 「일제시대 사회주의자들의 민족관과 계급관」, 박현채·정창렬 편, 『한국민족주의론』 III(창작과비평사, 1985), p.279.
14) 추헌수, 앞의 책, p.65.
15) 송건호, 『한국현대인물사론』(한길사, 1984), p.66.
16) 백기완은 "백범의 1930년대 무장유격전은 항일반제 민족전선에서 하나의 전략단위로 평가할 수는 있어도 주체적 맥락의 경지에까지는 이르지 못했다"고 평가하고 있다(백기완, 「김구의 사상과 행동의 재조명」, 송건호 외, 『해방전후사의 인식』, 한길사, 1979, p.281).
17) 독립운동사 편찬위원회, 『독립운동사 제4권—임시정부사』(독립운동사 편찬위원회, 1972), pp.961~975.
18) 평등주의 이데올로기를 강조하는 것으로서, ① 개인과 개인 간의 균등, ② 민족과 민족 간의 균등, ③ 국가와 국가 간의 균등, ④ 완전한 세계 균등을 주장하면서, 그들은 ① 정치, ② 경제, ③ 교육의 세 부문으로 나누어 주의, 정책, 방법 등을 규정하고 있다. 자세한 것은 홍선희, 『조소앙사상, 삼균주의의 정립과 이론체계』(태극출판사, 1975), pp.58~64 참조.
19) 건국강령의 구체적인 내용은 추헌수, 『정치외교투쟁』(민족운동사 편찬위원회, 1980), pp.467~475 참조.
20) 여운형 사후 김규식이 좌우합작위원회를 중심으로 중도파 정당 및 사회단체들을 망라하여 만든 것으로 미소공위대책협의회(이극로, 김성국, 이경석), 민주주의독립전선(김성숙, 조봉암, 배성룡), 시국대책협의회 등을 흡수하고 있었다. 이후 단정수립에 반대하여 남북협상에 나서게 된다(안철현, 「해방 직후 남한의 정치세력에 관한 연구—한국 민족주의의 시각에서」, 서울대 정치학과 석사논문, p.69 참조).
21) Dae-sook Suh, *The Korean Communist Movement 1918~1948*(Princeton: Princeton Univ. Press, 1967), p.xi.
22) Dae-sook Suh, "The Korean Communist Movement: Some Basic Characteristics-Draft Paper Prepared for the Conference on Accommodation of Communism in Asia"(서강대학교, 1985), p.4.
23) 김준엽·김창순, 앞의 책, pp.385~386.
24) 같은 책, pp.161~163.
25) Robert A. Scalapino & Chong-sik Lee, *Communism in Korea I*(Berkely: Univ.

of California Press, 1972), p.38.
26) 이때의 한국 대표는 52명으로 대표 총수 144명의 3분의 1선을 넘고 있다. 그렇지만 많은 수의 대표는 소련 내의 이르쿠츠크에서 온 것처럼 보인다(김준엽·김창순, 앞의 책, p.388 참조).
27) 샤파로프의 1월 26일 연설. Robert A. Scalapino & Chong-sik Lee, 앞의 책, p.44.
28) "Manifesto of the First Congress of the Communist and Revolutionary Organization of the Far East to the People of the Far East," Dae-sook Suh, *Documents of Korean Communism 1918~1948*(Princeton: Princeton Univ. Press, 1970), pp.73~77 참조.
29) 강인덕 편, 앞의 책, p.30.
30) 여기서 사회주의자라고 할 경우에는 자본주의 단계에서 사회민주주의자로 발전할 수 있는 가능성까지 고려한 것이다. 그렇지만 민족주의적 사회주의라는 용어가 설명력을 갖는 개념이라기보다는 평가적인 성격이 강하기 때문에 여기에 대해서는 논란이 없을 수 없을 것이다.
31) 이에 대한 주목할 만한 연구로는 최근 서중석,「일제시대 사회주의자들의 민족관과 계급관」,『한국민족주의론』, III, pp.272~339가 있다. 그렇지만 여기서의 사회주의자는 이 글이 정의하고 있는 사회주의자와 반드시 일치하고 있는 것은 아니다.
32) 김광식,「제3세계 민족주의자로서의 여운형」,『제3세계연구』, 2(한길사, 1985), pp.318~319참조.
33) 서중석, 앞의 글, p.272.
34) 제3세계의 경우 민족주의는 흔히 반제국주의를 주장하면서 제국주의를 단절시키는 구체적인 전략으로서 사회주의를 민족주의와 결합시키고 있다(진덕규,『현대 민족주의의 이론구조』, 지식산업사, 1983, pp.267~268 참조).
35) 여기에 대해서는 장시원,「식민지반봉건사회론」, 이대근·정운영 편,『한국자본주의론』(까치, 1984), pp.13~43 참조. 식민지반봉건사회는 봉건적인 토지관계를 기초로 하면서도 그것을 규정하는 것이 자본주의(제국주의)인 한 자본제를 부차적인 경제범주로 내포하게 된다. 그리고 이러한 사회경제관계는 식민지 통치권력에 의해 지속적으로 유지, 재생산되는 것이다.
36) 강민덕 편, 앞의 책, pp.26~28.
37) 김준엽·김창순, 앞의 책, pp.196~239 참조.
38) 이만규,『여운형선생 투쟁사』(민주문화사, 1947), p.98.

39) 박헌영의 생애에 대해서는 박갑동, 『박헌영』(인간사, 1983)을 참조할 수 있음.
40) 김오성, 「여운형론」, 김남식 편, 『남로당연구자료집 제2집』(고대 아세아 문제연구소, 1974), p.635. 제1차 조공과 여운형의 관계에 대해서는 김준엽·김창순, 앞의 책, 제2권, pp.356~362 참조. 이때 여운형은 조선공산당과 직접적인 관계를 갖고 있지 않다. 그리고 한국인 공산주의 그룹은 코민테른에 의해 해체되어 있었다. 다만 중국공산당과 일정한 관계를 갖고 있었으므로 연락사항은 처리할 수 있었을 것이다.
41) 조선독립동맹에 관한 국내의 연구는 거의 찾아볼 수 없다. 이에 대한 일본 측 연구로는 스즈키, 「연안의 한인 공산주의자들」(게이오대학교 정치학과 박사학위논문, 1983), 『공산권 연구』(극동문제 연구소), 1985. 4, 5, 6월호에 연재되어 있음.
42) Robert A. Scalapino & Chong-sik Lee, 앞의 책, p.352.
43) 여기에 대한 자세한 내용은 김준엽·김창순, 앞의 책, pp.29~57을 참조할 것.
44) 물론 이들의 학술활동이 동일한 성격을 띠고 있는 것은 아니다. 안병직은 전석담, 박극채, 박시형의 경우 식민사관과는 다른 의식에서이긴 하지만 식민사관이 기본적으로 제시하고 있는 조선사회 정체론의 입장에서 벗어나지 못하고 있다고 지적하고 있다(강만길·노명식·안병직·이광주, 「좌담 : 한국사학 오늘의 방향」, 『한국사회연구』, 제1집, 한길사, 1983, pp.17~21 참조). 그리고 한국사 시대구분에 대한 백남운의 설명을 둘러싸고 펼친 전석함·이청원·김광진의 논쟁에 관해서는 조선사연구회, 『새로운 한국사입문』(돌베개, 1983), pp.31~35 참조.
45) 박갑동, 앞의 책, p.47.
46) 조선통신사, 『1948년 조선연감』(1947), p.466.
47) 이 설명은 주로 이 분야에 관한 중요 연구업적의 하나인 서대숙의 *The Korean Communist Movement 1918~1948*에 나타난 견해를 따른 것이다. 그렇지만 여기에 대해서는 논란이 있을 수 있다.
48) Dae-sook Suh, "The Korean Communist Movement: Some Basic Characteristics," p.13.
49) 김구, 『백범일지』(문학예술사, 1982), p.243.
50) 박성수, 「한국광복군에 대하여」, 윤병석·신용하·안병직 편, 『한국근대사론』, II(지식산업사, 1979), p.356.
51) 김구, 앞의 책, p.244.
52) 박갑동, 앞의 책, pp.83~84.
53) 김남식은 당시 공업지대였던 영등포 일대의 노동자들은 박헌영과 반대되는 그룹인

대회파(강진, 김철수, 이영, 최익한 등)에 대한 지지가 높았다고 쓰고 있다(김남식, 『남로당연구』, 돌베개, 1984, p.264). 이것은 박헌영의 서울부재와 일정한 관련이 있는 것처럼 보인다. 한편 서대숙은 8·15 이후 토착공산주의자들이 평양이 아니라 서울을 중심으로 해서 활동한 점에서도 실패의 한 요인을 발견할 수 있다고 지적하고 있다(Suh Dae-sook, 앞의 책, pp.19~20).

54) 이때 여운형은 東京을 방문, 일본 정부의 고관들(다나카 등)과 의견교환을 하고 있기도 하다(여운홍, 『몽양 여운형』, 청하각, 1967, pp.105~116 참조). 그렇지만 1943년 12월 일본패망을 알리는 유언비어를 유포했다는 죄목으로 투옥된다(같은 책, pp.116~119).

55) 건국동맹의 강령은 각인각파의 대동단결로 일본제국주의의 구축, 조선독립을 저해하는 반동세력의 박멸, 노동대중의 해방과 민주주의다. 그리고 不信, 不文, 不明의 3대철칙을 행동원칙으로 삼았다(송남헌, 『해방 30년사—건국전야』, 성문각, 1976, pp.41~43 참조).

56) 건국동맹의 규모에 대해서는 논란이 있을 수 있다. 이에 대한 객관적인 연구는 아직까지 나오지 않은 형편이다.

57) 무정과 김두봉에 대한 인물평 참조(김종범·김동운, 『해방직후의 조선진상』, 돌베개, 1984, pp.194~195).

58) 예를 들면 '조선경제연구회' '조선사회과학연구소' '조선학술원' 등(민주주의민족전선 편, 『조선해방 1년사』, 문우인서관, 1946, pp.186~187, 205~206 참조).

59) 조선사회과학연구소 편의 『사회과학—8·15 기념 논문집』(문우인서관, 1946) 또는 조선과학자동맹 편, 『조선해방과 3·1 운동』(청년사, 1946)을 그 예로 들 수 있을 것이다.

60) 「조선학술원의 할일—백남운씨의 말씀」, 『민중조선』(1945. 11.), p.53.

61) 유석렬, 「정부수립 이전의 한국 이익단체의 역할」, 『한국정치학회보』, 제17집(한국정치학회, 1983), pp.156~159.

62) 성한표, 「8·15 직후의 노동자 자주관리운동」, 『한국사회연구』, 2(한길사, 1984), pp.571~606 참조.

63) 여기서 전국적 조직은 노동조합전국평의회를 가리킨다. 여기에 대해서는 김낙중, 『한국노동운동사—해방후편』(청사, 1982), pp.54~62 참조.

64) Bruce Comings, "American Policy and Korean Liberation," 일월서각 편집부 편, 『분단전후의 현대사』(일월서각, 1983), p.144.

65) Bruce Cumings, *The Origins of the Korean War*(Princeton:Princeton Univ. Press,

1981), p.69.
66) 외교론이 상정하고 있는 것은 일본을 극복하기 위해 미래의 일미전쟁 또는 일로전쟁을 기다리는 것이었다. 그리고 이때 미국과 러시아의 도움을 받는 것을 의미한다. 일미전쟁과 일로전쟁이 발생했다는 점에서 본다면 외교론의 논리가 지속적으로 관철되어왔다고 할 수도 있다. 그러나 1945년 이전 연합군의 한국독립운동에 대한 관심은 지극히 제한된 것이었다. 따라서 외교론의 성과는 거의 없었다고 해도 과언이 아니다. 서중석은 외교론이 실제로 성과를 거둔 것은 1945년 이후 단정 수립과정에서라고 지적하고 있다. 외교론에 의한 독립이란 결국 지배국가가 갑에서 을로 바뀐 것에 지나지 않는다는 신채호의 지적도 경청할 만한 것이다(서중석,「이승만대통령과 한국민족주의」, 송건호·강만길 편,『한국민족주의론』, II, 창작과비평사, 1983, p.231 참조).
67) 여운형,「휘문중학교 교정에서의 연설」, 송남헌, 앞의 책, p.65.
68) 여운형, '전국인민대표자대회의 개회사',『백민』, 1945. 12., p.18.
69) William R. Langdon,「서문」, 여운홍, 앞의 책, p.12.
70) 박헌영,「8월테제—현정세와 우리의 임무」, 박갑동, 앞의 책, p.288.
71) 이러한 입장은 특히 인공의 태도에서 잘 나타나고 있는데 11월 20일 개최된 전국인민위원회 대표자대회에서는 '연합국에 대한 감사결의문'을 채택하고 있으며 이 강국이 행한 '국내정세보고'에는 인공과 미군정의 협력관계를 희망하고 있음을 볼 수 있다. 여기에 대해서는「군정과 인민공화국」(『중앙신문』, 1945. 11.), 김남식 편,『남로당연구자료집』, 제1편(고대 아세아문제연구소, 1974), pp.33~38 ;「전국인민위원회대표자대회 의사록」, 같은 책, 제2편, pp.12~13, 35~46 ; 박갑동, 앞의 책, pp.119~120 참조.
72) 이 점에 대해 김남식은 당시의 미국에 대한 박헌영의 관점을 솔직히 밝힌 것 같다고 표현하고 있는데, 이 점은 이후 그의 정치적 위치와 지속적으로 관련되게 된다(김남식,『남로당연구』, p.24 ;「남과 북의 '조선로동당'」,『계간 현대사』, 서울언론문화클럽, 1980. 11., pp.211~219 참조).
73) 임정과 김구는 특히 미국에 대해 긍정적인 평가를 하고 있다(김구, 앞의 책, p.261).
74) 민주주의민족전선 편, 앞의 책, p.146 참조.
75) 김학준,『러시아혁명사』(문학과지성사, 1981), pp.191~199 참조.
76) 김학준,『소련정치론』(일지사, 1980), p.74. 물론 1917년 10월혁명의 성격 규정은 이와는 다른 것인데 여기에 대해서는 E. H. 카, 이지원 옮김,『볼셰비키혁명사』(화다출

판사, 1985), pp.123~143을 참조할 수 있음.
77) 이기수, 「민주주의 조선 건설의 옳은 노선을 위하여」, 『신천지』, 1946. 6, pp.42~46.
78) 김학준, 『러시아혁명사』, pp.194~196.
79) 레닌은 농민을 소부르주아계급이라고 규정하고, 부르주아계급 가운데 가장 혁명적인 부분으로 보았다(같은 책, p.197).
80) 이 점에 대해 레닌은(사회민주당을 통한) 프롤레타리아트(농민정당 또는 사회혁명당을 통한), 농민, 그리고(입헌민주당과 같은 부르주아민주당을 통한) 민주적 부르주아의 연합정부여야 한다고 주장했다(같은 책, p.197). 정치적 지배형태에 대해서는 이기수, 앞의 글, pp.48~49 참조. 이 글은 이를 부르주아민주주의, 프롤레타리아민주주의, 인민적 민주주의로 나누고 있다.
81) 박헌영, 앞의 글, p.291.
82) 이에 대해 김남식은 "토지와 산업시설의 대부분에 대한 국유화 문제는 본래의 부르주아민주주의혁명 단계에서는 거론될 수 없고 오직 사회주의 단계에서만 다루어질 수 있는 것이라고 보면서 혁명의 성격 규정이 잘못되었다"고 지적하고 있다(김남식, 앞의 책, p.25).
83) 박헌영이 배제의 대상으로 삼은 것은 이밖에도 대자본가, '반동적 민족부르주아'이다(박헌영, 앞의 글, pp.292~293).
84) 같은 책, p.306.
85) 같은 책, 같은 곳.
86) 여운형, 「우리나라의 정치적 진로」, 『학병』, 1946. 1, p.5.
87) 櫻井浩, 「한국 농지개혁의 재검토」, 『한국현대사의 재조명』(돌베개, 1982), p.390.
88) 이기형, 『몽양 여운형』(실천문학사, 1984), p.227.
89) 「조선인민당의 선언」, 송남헌, 앞의 책, p.157.
90) 여운형, 「단독정부 수립과 좌우합작」, 김남식 편, 앞의 책, 제1편, p.302.
91) 여운형, 앞의 책, p.185.
92) 김오성, 「조선인민당의 성격」, 『개벽』, 1946. 1, p.47.
93) 김오성, 「정치노선의 접착점」, 『신세대』, 1946. 3, p.14. 여기서 보듯 김오성은 혁명의 성격과 그 담당주체를 설정하는 데 박헌영의 입장과 비슷한 측면을 보여주고 있다. 그렇지만 김오성은 조선인민당의 성격을 언급하면서 "민족반역자와 극좌 극우의 편향자를 제외한 전 인민의 정당이 되려는 것"이라고 강조하고 있다. 여기서 어느 세력을 극좌로 지칭하는 것인가 하는 문제, 그리고 극좌의 배제와 '혁명의 담당자' 확보라

고 하는 것이 어떻게 관련되는가 하는 문제 등에 대해서는 박헌영과 미묘한 차이점을 가지고 있음도 지적되어야 할 것이다(김오성, 「조선인민당의 성격」, p.46 참조).
94) 이러한 명칭은 모택동의 '신민주주의론'에서 빌려온 것처럼 보인다. 모택동의 주장은 소련식 사회주의는 '프롤레타리아독재 사회주의 공화국'을 지향하고 있는 데 비해 신민주주의는 모든 반제·반봉건 세력을 규합한 '연합성 민주공화국'을 지향하고 있다고 밝히고 있다. 여기서 연합성 신민주주의라는 명칭이 도출된다(김상협, 『모택동사상』, 지문각, 1967, pp.170~171 참조).
95) 「신민주주의론」(1940), Mao Tse-tung, *Selected Works*, Vol. III, p.115. 김상협, 같은 책, 168에서 재인용.
96) Mao Tse-tung, 같은 책, p.117. 김상협, 같은 책, p.171에서 재인용, 또는 尾崎庄太郎 외 지음, 정민 엮음, 『모택동사상 연구』, 1(한울, 1985), pp.150~152 참조.
97) 민주주의민족전선 편, 앞의 책, pp.147~148.
98) 흥미로운 사실은 신민당이 과학자, 예술가, 교육가의 사회적 지위를 법적으로 보호하겠다는 점을 강조하고 있다는 사실이다(같은 책, p.148 참조). 공식 기록은 1946년 8월 현재 신민당의 당원수를 9만 명으로 쓰고 있다. 그렇지만 신민당 스스로는 35만 당원을 가졌다고 주장하고 있다(Robert A. Scalapino & Chong-sik Lee, 같은 책, p.353 ;『1947년 조선연감』, p.38 참조). 참고로 당시 정당들의 당원수를 보면 다음과 같다. 당원의 수에 대해서는 공식기록, 당사자들의 주장, 객관적인 평가가 있을 수 있는데, 조사시점에 따라서 다르므로 여기서는 괄호 안에 출전만을 명기한다. 한민당 23만(1947년『조선연감』), 조공 1만 8천(Mark Gayn, 『일본일기』, 筑摩書房, 1951, p.98), 인민당 7만(이기하,『한국정당발달사』, 의회문화사, 1967, p.34), 남로당 50만 (Bruce Cumings, ed., *Child of Confict*).
99) Robert A. Scalapino & Chong-sik Lee, 같은 책. pp.352~355.
100) 이기수, 앞의 글, p.48.
101) 같은 글, p.30, p.117.
102) 백남운, 앞의 글, p.23.
103) 이에 관한 최근의 논문으로는 안정애, 「좌우합작운동에 관한 연구」(이화여대 정외과 석사학위논문, 1985)가 있음.
104) 여기에 대해서는 김남식, 앞의 책, pp.247~279 참조.
105) 김구, 앞의 책, pp.254~266 참조.
106) 엄항섭,『김구주석 최근 언론집』(삼일출판사, 1948), pp.93~94.

107) 이와 같은 점으로 인해 최상룡은 김구의 민족주의를 즉자적 민족주의로 파악하고 있다(최상룡, 「미군정기 한국―아시아 냉전의 초점」, 『한국사회 연구』, 1, 한길사, 1983, p.358). 여기서 우리가 물을 수 있는 것은 "김구에게 즉자성의 의미는 무엇인가?" 하는 것이다.

108) 김구, 『백범일지』, p.255.

109) 김구, 「3천만 동포에게 읍고함」, 송남헌, 앞의 책, p.424.

110) 『백범어록』, pp.75~76 ; 백기완, 「김구의 사상과 행동의 재조명」, 송건호 외, 앞의 책, p.297에서 재인용.

111) 송건호, 앞의 책, pp.63~66 참조.

112) 백기완, 앞의 글, p.277.

113) 송건호, 「민족통일국가 수립의 실패와 분단시대의 개막」, 송건호·박현채, 『해방 40년의 재인식』, I(돌베개, 1985), pp.151~163.

114) 백기완, 앞의 글, p.294.

115) 박헌영, 「송구영신에 際하여」(1945. 12. 26.), 김남식 편, 앞의 책, 제1집, p.75.

116) 비판자들에 의하면 그들은 조공의 프락치였고, 남로당의 결성은 프락치의 회수에 불과했다는 것이다.

117) 1946년 5월 7일 신문에 공개된 조봉암이 박헌영에게 보내는 편지 참조 (임홍빈, 「죽산 조봉암은 왜 죽어야 했나」, 『신동아』, 1983. 3., pp.126~129 ; 이영석, 『죽산 조봉암』, 원음출판사, 1983, pp.161~177 참조), 이영석은 8·15 이후 조봉암의 사상적 궤적을 공산당에 대한 회의→불만→반발→이탈→반공투쟁이라고 쓰고 있는데, 이중 불만과 반발이 당시 박헌영이 주도하는 조공 재건과정과 어떠한 상관성이 있는가 살펴보는 것은 당시 조공의 상황을 객관적으로 이해하는 데 도움을 줄 수 있을 것이다. 그렇지만 이 도움은 부분적인 것일 수밖에 없다. 조봉암에게는 조직에 대한 불만·반발보다도 이념에 대한 회의가 선행되었음이 일반적 견해이기 때문이다.

118) 오랫동안 청년총동맹과 남로당 조직의 일선에서 활동하다 전향한 박일원에 의해 알려졌다(박일원, 『남로당의 조직과 전술』, 세계, 1984, pp.31~35).

119) Robert A. Scalapino & Chong-sik Lee, 앞의 책, pp.306~308.

120) 1948년 이후부터 1950년까지의 게릴라 활동을 여섯 시기로 나누어서 정리하고 있는 존 메릴은 6·25를 남로당의 무장투쟁노선상에서 설명하고 있다(John Merrill, "Internal Warfare in Korea, 1948~1950 : The Local Setting of the Korean War," Bruce Comings, ed., *Child of Conflict; The Korean-American Relationship*,

1943~1953, Seattle: Univ. of Washington Press. 1983, pp.133~162 참조).
121) 김남천, 「인물소묘―여운형」, 『신천지』, 1946. 1, p.27.
122) 장복성, 『조선공산당파쟁사』(돌베개, 1984), p.59.
123) 이런 상황을 반영하는 것으로 여운형, 「자기비판문―좌우합작합당을 단념하면서 (1946. 12. 4.)」, 월간중앙 편집부 편, 『광복 30년 중요자료집』, 『월간중앙』 1975년 1월호 별책부록(중앙일보사, 1975)이 있다. 여기서 우리가 물을 수 있는 것은 여운형의 활동은 소시민 정당으로 박헌형의 활동은 노농정당으로 귀결되게 되는 상황과 두 활동의 균열의 성격은 무엇인가 하는 점이다.
124) 백범사상연구소, 『백범어록』(사상사, 1973), pp.297~298.
125) 1985년 1월부터 방영되고 있는 KBS 제1TV의 「새벽」이라는 드라마.

건국준비위원회의 조직과 활동

홍인숙

한국현대사의 가장 뚜렷한 특징으로 분단상황을 들 수 있다. 분단은 현대 한국사회가 직면하고 있는 모든 문제를 파생시키는 근원이며, 통일은 민족 최대의 과제가 되고 있다.

따라서 지금까지 학계에서는 분단에 관한, 특히 분단과정에 관한 연구가 끊임없이 계속되어왔다. 그러나 기존의 연구는 많은 경우에 당시의 국제정치적 상황에 지나치리만큼 크게 비중을 두고 있다. 이러한 연구만으로는 분단상황을 정확히 인식하기에 불충분하다. 물론 근년에 들어 학자들은 해방에서 분단에 이르는 과정에서 한반도의 주체인 한국민족이 어떻게 대처해왔는가 하는 것을 비롯한 국내 정치상황에 관심을 가지게 되었고, 다수의 연구가 진행되면서 이러한 주제가 중요한 연구대상으로 인식되고 있다. 해방 후 국내 정치상황에 관한 연구 중에서도 특히 구체적인 연구성과가 빈약한 것으로 건국준비위원회에 관한 연구를 들 수 있다.

건국준비위원회는 해방 후의 한국사회에서 가장 먼저 자발적으로 형성된 정치조직이다. 이것은 해방 3년에 유일하게 민족 단일세력으로 구성된 조직이었으며, 민족구성원 전체의 요구에 부응하는 독립국가 건설의 준비기관이었다. 그러므로 건국준비위원회의 조직을 구체적으로 분석하고 그 정치적 성격을 구명하는 것은 건국준비위원회 자체에 관한 연구임과 동시에 해방 3년사, 즉 대한민국정부수립전사(前史)를 분석하는 기본시각을 제공하고 있다.

1 기존연구에 대한 검토

건국준비위원회의 정치사적 위치가 한국정치의 현재와 과거를 연관시키는 중요한 의미를 가지고 있음에 비하여 그것을 중심으로 한 연구는 빈약한 실정이다.[1] 이러한 학문적 연구의 빈약성은 건국준비위원회가 좌파 조직체로 평가되어온 것 자체가 학문적인 연구의 제약으로 기능해온 결과 하고 할 수 있다. 그러나 이러한 제약에도 불구하고 1970년대 후반에 들어와서부터는 사회의 많은 관심이 해방 3년사에 기울어지기 시작했다.

비교적 짧은 기간에 이루어진 연구의 성과이지만 1970년을 전후하여 나타났던 건국준비위원회에 관한 연구의 내용은 주로 두 가지로 크게 구분할 수 있다. 그 하나는 건국준비위원회의 조직과정, 부서·선언문·강령의 내용, 건국준비위원회의 활동내용과 해체경위 등을 역사적인 사실에 기초를 두고 연구한 경우다.[2] 다른 하나는 해방 후 정치사의 좌파와 우파의 대립상황을 기반으로 하여 건국준비위원회의 성격을 주로 이데올로기적 측면에서나 정치과정의 성격을 중심으로 하여 연구한 것이다. 그중 후자의 성격규정은 그 관점에 따라서 다음 두 가지 경향으로 나뉘고 있다. 그 하나는 건국준비위원회가 해방 이후 남조선노동당의 공산주의 세력확장을 위한 외곽 또는 연대도구로서 이용당했다고 보는 입장이며,[3] 다른 하나는 건국준비위원회는 특정 이데올로기적 편향성보다는 독립민족국가의 건설을 이룩할 수 있었던 통일전선의 성격이 강했다는 인식논리다.[4]

첫 번째 입장에 서 있는 논리는 주로 당시 우파에 속했던 인물들에 의해서 주장되었던 것으로, 그들의 이러한 주장은, ① 박헌영(朴憲永)을 중심으로 하는 남로당계의 건국준비위원회 침투라는, 인맥을 중심으로 한 논리이며, ② 건국준비위원회의 이데올로기적 성격이 당시의 상황에서는 진보주의적 성격이 강하다는 점에서 이를 공산주의적인 것으로 연계시키고 있다. 이러한 관점에서의 주장은 학문적인 연구의 이론적 분석이라기보다는 일종의 정치선언적인 평론의 의미가 있을 뿐이다.

두 번째 입장에서의 주장은 우선 건국준비위원회의 긍정적인 기능을 인정하면서 당시의 정치적 상황에서 건국준비위원회가 보여주었던 몇 가지 기여의 성격을 강조하고 있다. 예를 들면, 쌀을 비롯한 물자의 전국적인 공급·관리 치안유지 등이 그것에 해당한다. 특히 건국준비위원회는 어느 하나의 정파나 이데올로기적인 조직체가 아닌 민족 단일세력의 성격을 가지고 있었음을 강조하고 있다.

지금까지의 건국준비위원회에 관한 연구는 그 수량에서 빈약할 뿐만 아니라 연구내용에서도 한계점을 안고 있다. 그 한계점을 정리해보면 다음과 같다.

첫째, 실증적 연구가 결여되어 있으며 일종의 관념론적 평론의 성격을 넘어서지 못하고 있다는 점이다. 건국준비위원회에 관해 서술한 문헌의 형태를 보면 대부분 그 당시 실존했던 인물들이 자신들의 정치행위를 미화하기 위한 작업의 하나로 써낸 회고록이거나 전기물이며, 이는 곧 그 중심인물과 친근했던 인물에 대한 긍정적인 평가로 이어지게 마련이었다. 이러한 글에서는 필자의 당파성에 따라 그 논지가 결정되므로 편파적일 가능성이 많으며, 따라서 객관성이 결여될 수밖에 없다. 특히 실증적 자료를 바탕으로 하고 회고록의 성격을 갖는 글들을 일정한 기준에 따라 재해석하는 작업은 사실상 거의 이루어지지 않은 실정이다.

둘째, 건국준비위원회의 이데올로기적 성격에 관한 분석적인 연구가 이데올로기의 구체적인 이론체계나 사회구조적 측면과 연관하여 전개되지 못하고, 단지 표명되었던 정책을 이데올로기적 시각에서 부분적으로 인식하는 성격을 보여주고 있는 점이다. 건국준비위원회의 실패요인을 규정할 때 일반적으로 이데올로기상의 문제를 들어 건국준비위원회 내부의 좌경화가 내부조직의 분열을 초래했고, 민족우파 세력과 대립함으로써 실패했다는 주장이 지배적이지만, 실제 연구에서 건국준비위원회의 조직을 구성했던 인물들과 그들의 이데올로기적 성격을 연관시켜 분석함으로써 건국준비위원회가 내세운 이데올로기를 고찰하지는 못하고 있으며, 건국준비위원회의 이데올로기적 특성이나 그 변천과정에 대한 연구도 결여되어 있다.

셋째, 전체 정치과정적인 면에서의 시각이 결여되어 있는 점이다. 해방 후의 정치사는 지도층의 개인·집단적 관계를 중심으로 하여 그 정치상황을 분석함으로써 그들의 특성과 분열·대립의 상황만을 개인연구나 역사적 사실묘사에 국한하여 서술한 일면이 있었다. 따라서 그 당시 일반대중의 정치문화나 정치적 상황, 특히 그들의 정치적 요구를 고려하지 않음으로써 전체 정치과정에서의 시각을 결여하고 있다.

건국준비위원회에 관한 지금까지의 연구가 나타내는 이러한 한계점들을 부분적으로나마 극복하고자, 이 글에서는 1차자료를 통한 실증적 연구를 근간으로 했다. 그리고 건국준비위원회의 활동을 서술하면서 좌파와 우파, 그리고 일반국민들의 요구와 반응을 좀더 중시하려고 했으며, 건국준비위원회를 구성하는 중앙간부진의 사회적 성격과 이데올로기적 성격, 그리고 그들이 추구했던 정책내용을 구명함으로써 건국준비위원회의 정치적 성격을 고찰하고자 한다.

2 조직과정과 활동상황

건국준비위원회는 제2차세계대전이 종결되면서 조선총독부 엔도(遠藤柳作) 정무총감이 여운형에게 정권을 이양함으로써 조직되었다. 총독부당국이 여운형(呂運亨)에게 정권이양을 교섭한[5] 이유에 대해 오다 야스마는 "일본인들은 학생들에 대해 공포를 느껴 학생데모를 억제할 수 있기를 바랐으며, 여운형의 급진적인 견해가 학생들과 친근하게 할 것으로 판단했다"[6]고 밝히고 있다. 여운형은 당시 청년·학생층들로부터 인기를 얻고 있었는데, "삼청공원 안 스케이트장에서 남녀학생들과 스케이팅도 하고"[7] "청년동무들의 결혼식장에 가서 주례일도 보고"(1930년대였음에도 약 5년간 300여 쌍의 주례를 맡았다)[8] "상해 있을 때 청년이나 소년이나 연령을 따지지 않고 서로 어울려 뛰어다니며 공원 등에 들어가 축구도 하고 식빵도 사다가 여럿이 둘러앉아 나누어 먹고"[9] "신문사장이라면 자동차를 타지 않는다면 인력거를 타는데 씨만은 거구장신에 양복바지를 걷고 성큼성큼 장안대로상으로 활보하며 '같이 놀고 같이 뛰자'는 게 평소 주장"[10] "일찍이 동경제국호텔에서 일본과 세계 각국의 신문기자들 앞에서 한국 독립을 역설하는 웅변을 토하던 독립투사의 면모를 보여주었다"[11] "도쿄에 머무는 동안 그곳 유학생들을 규합하고"[12] "각종 웅변대회에서 몽양은 언제나 심판을 맡았고 그때마다 많은 젊은 동지를 얻을 수 있었다"[13] "해방 전에는 스포츠와 웅변으로써 청년들의 인기를 끌었던 것"[14] "여 선생은 식견도 높았지만 청소년들의 지도력도 매혹할 만한 분"[15] 등의 기록에서도 이를 짐작할 수 있다. 여운형에 대한 이러한 인기는 여운형의 정치적 입장에 대한 지지를 동반한 것이었다.

총독부당국의 교섭에 대해 여운형은 ① 전국의 모든 정치·경제범을 즉시 석방할 것, ② 3개월간의 식량 확보, ③ 치안유지와 독립을 위한 활동에 간섭하지 말 것, ④ 학생과 청년 훈련에 간섭하지 말 것, ⑤ 노동자와 농민 훈련에 간섭하지 말 것[16]의 5개 요구조항을 조건으로 하여 수락했으며, 총독부당국이 이 조건을 받아들임에 따라 여운형은 건국을 준비하기 위한 조직체 구성에 착수했다.

총독부당국으로부터 교섭을 받기 이전에, 여운형은 민족통일전선을 구축하기 위해 8월 12일과 13일에 송진우 측에 건국준비를 위한 활동에 협력하기를 제의했으나, 양측의 의견대립으로 결렬되었다.

여운형 측은 ① 일제는 이미 포츠담선언에 의하여 무조건항복이 결정되었으므로 조선민족이 자주·자위적으로 당면한 보안·민생 문제를 위시하여 주권확립에 매진할 것, ② 국내에서 적과 항쟁하던 인민대중의 혁명역량을 중심으로 내외지(內外地) 혁명단체를 총망라하여 독립정부를 수립할 것을 주장했고, 송진우 측은 ① 왜정이 완전히 철폐될 때까지는 그대로 있을 것이며, 총독부가 연합군에게 조선정권을 인도하기 전까지는 독립정권을 허용하지 않을 것이므로 함부로 움직이지 말 것, ② 중경에 있는 임시정부를 정통으로 환영 추대할 것을 주장했다.[17]

또한 15일에는 이여성(李如星)이, 그 후 여운형 자신이 직접 송진우에게 합작을 요청했으나 송진우는 번번이 이를 거절했다. 송진우가 여운형의 합작요청을 거절한 이유에 관해서는 여러 가지 설이 있으나,[18] 이에 대한 이해를 위해 해방에 임한 좌파와 우파의 '조직'에 대한 인식을 비교함으로써 여운형과 송진우의 입장을 알아보는 것이 도움이 될 것이다.

좌파는 1930년대에 노동자·농민을 대상으로 하여 조직활동을 전개함으로써 해방 후 수주일 내에 광범하게 조직된 조합·대중 조직과 연관을 맺고 있었으며, 이 조직들을 정치화하는 데 주도적 역할을 했다. 이와 반대로 우파는 대중조직을 중요하게 인식하지 못했다. 조직을 주요 정책을 결정할 교육받은 유명인사들의 모임으로만 생각해온 이들은 조합이나 다른 대중조직은 염두에 두지 않았다. 그러한 결과로 송진우는 조직기반이 없는 상태에서 건국준비위원회에 참가할 경우 주도권을 행사할 수 없어 김성수를 중심으로 하는 자기세력이 주도하는 다른 조직을 구상하게 되었던 것이다.

이와 같은 과정에서 송진우를 중심으로 한 보수세력을 포섭하지 못한 채, 여운형을 중심으로 각 세력을 망라한 조선건국준비위원회[19]가 조직되었다. 건준(建準)은 치안의 확보, 건국사업을 위한 민족총역량의 일원화, 교통·통신·금융·식량 대책의 강구를 목적으로[20] 8월 15일 밤부터 조직에 착수했고, 8월 16일 아침 서울에는 민심안정을 도모하는 전단이 살포되었다. 전단의 내용은 다음과 같다.[21]

조선동포여!
중요한 현 단계에 있어 절대의 자중과 안정을 요청한다.
우리의 장래에 광명이 있으니 경거망동은 절대의 금물이다.

제위의 일언일동(一言一動)이 휴척(休戚)에 지대한 영향이 있는 것을 맹성하라!

절대의 자중으로 지도층의 포고에 따르기를 유의하라.

8월 16일 조선건국준비위원회

당시에는 변절하지 않은 공산주의자들을 비롯하여 상당수가 투옥되어 있었다. 8월 16일 오전 9시에 여운형, 이강국(李康國), 최용달(崔容達)이 입회하여 정치·경제범이 석방되었다. 당시의 투옥인수는 약 3만 명에 이르렀는데 이들 중 대다수가 정치사상범이었으며 남한에서만 약 1만 6천 명, 서울에서만도 1만여 명이 석방되었다.[22]

이 석방자들은 재빨리 전국에 걸쳐 건국준비위원회 지방지부 혹은 다른 기구에서 활약하게 되었으며, 건준은 정치·경제범 석방에 입회함으로 해서 단순히 일본의 후원을 받는 치안유지 기구가 아니라는 점을 명백히 했다. 그리고 석방자들이 건준 활동에 참여하게 됨으로써 건준조직에 급진적인 색채를 부가하게 되었다.[23]

정치·경제범 석방으로 군중들은 더욱 흥분했으며, 같은 날 오후 1시에는 휘문중학교 운동장에서 여운형의 연설이 있었다. 이 연설은 일본인에 대한 보복을 금하고 해외지도자들이 입국할 때까지 협력단결하자는 것을 내용으로 했다. 오후 3시에는 안재홍(安在鴻)이 「해내해외(海內海外)의 3천만 동포에게 고함」이라는 제목으로 방송연설을 했다.[24] 안재홍의 연설은, 건국준비위원회 결성에 대한 보고, 경비대와 무경대(정규병) 편성, 식량대책, 통화·물가 정책, 정치범 석방자에 대한 당부, 총독부 행정기관의 한국인 직원에 대한 대책, 일본인에 대한 안전보장 등으로 준(準)행정부로서의 정책을 발표한 것이었다. "식량 등 물자배급 태세와 통화·물가 정책은 현상을 유지하겠으며, 행정기관의 한국인 관리가 충실한 복무를 계속하면 일상생활의 안전을 보장하겠다"는 등 건준의 정책적 입장이 발표되자, 일반국민들은 일본군이 무력을 포기하고 신정부가 수립된 것으로 착각했다.[25]

해방으로 흥분된 사회분위기에 대해 치안을 유지하기 위한 건국치안대가 8월 16일 창설되었다. 치안대장은 YMCA 체육부 간사이며 유도사범이었던 장권(張權)으로, 약 2천 명의 청년과 학생이 동원되고 100명 이상이 지방치안대 조직을 위해 지방으로 파견되었다. 중앙건국치안대는 지방치안대와 학도대,[26] 청년대, 자위대, 노동대 등의 활동을 통제했으며,[27] 치안대지부[28]가 전국에 걸쳐 162개소에 설치되었다.

그러나 치안대는 총독부 경찰세력의 한국인 자리만을 대치했을 뿐, 일본인 경찰간부의 90퍼센트가 9월 8일까지 그들의 지위를 유지하고 있었다. 건국치안대는 이데올로기적인 색채는 띠고 있지 않았다. 그러므로 모든 단체가 치안대본부 산하에서 절충적으로 활동했으며, 후에 좌익과 동맹한 단체이든 우익과 동맹한 단체이든 간에 모두 치안대로서 기능했다.[29]

그러나 남북한에서 치안대 활동은 현저한 차이를 보이고 있다. 북한에 진주한 소련은 지방치안대의 활동과 식민세력을 제거하는 활동을 지지하여 그 활동이 고무되었으나, 남한에서는 미군정이 일본인을 비호하는 태도를 보였으며, 치안대는 대부분 일본인들이 본국으로 귀환하는 통로로서 중요하지 않은 지역에서만 활약했다. 그렇다고는 하지만 건국치안대가 해방 후의 치안유지에서 중요한 역할을 수행했음을 인정해야 할 것이다.

1942년부터 여운형의 지시로 활동을 계속해온 식량조사위원회도 주도적 역할을 하던 이정구(李貞求)가 건국준비위원회 양정부장으로 선임되면서 건준과 긴밀한 관계를 맺어 식량조사와 그 대책수립을 담당했다. 식량대책위원회의 활동내용을 보면, ① 식량관리위원회를 조직하여 일본인들의 자료소각·식량도출 방지, ② 식량사찰대를 조직하여 부정 유출 방지, ③ 일본군 군용미 저장소를 탐지하여 수비가 없는 곳은 접수하고 그외에는 조사표를 작성, 후일에 접수하도록 함, ④ 식량운반을 위한 교통편 조달, ⑤ 식량대책건의서를 작성하여 미군정에 건의한 것으로 요약된다.

건국준비위원회가 치안유지뿐만 아니라 모든 행정부문에 걸쳐 활동하게 되자, 8월 17일 엔도 정무총감이 건준의 기능을 치안유지로 제한할 것을 요구했고,[30] 18일에는 해산을 요구했다. 그리고 조선주둔 일본군은 치안의 지도력을 갖겠다고 하면서, 군책임자는 "믿을 만한 사람"에게 무기를 제공하겠다고 하는 등 건준에 저항적인 태도를 보였다.

우파 측에서는 김병로(金炳魯), 백관수(白寬洙), 이인(李仁), 박명환(朴明煥), 김용무(金用茂), 박찬희(朴瓚熙), 김약수(金若水) 등이 건국준비위원회에 합세하여 이를 개조하고 건국대책을 강구해야 한다고 주장했다. 이에, 건준 중앙간부진과 세 차례에 걸쳐 협상하여 전국유지자대회를 소집하기로 합의했다. 그러나 이 대회에 참석할 위원의 명단을 작성하면서, 좌·우파는 각기 주도권을 잡으려고 편중된 위원명단을 작성하여 서로 충돌했으므로 대회소집은 실패하고 말았다. 이와 같은 과정을 거치면서 우파세력도 서서히 집결하게 되었고 건준에 대립된 세력으로서 성장했다.

좌파에서는 8월 16일 이영(李英), 정백(鄭栢) 등이 중심이 되어 고려공산당 즉 이른바 장안파공산당을 조직했고, 박헌영 중심의 이른바 재건파공산당도 그 세력을 결집시키기 시작했다. 우파가 건준과 대립된 세력으로서 활동한 데 비하여 좌파는 건준에 자파의 인물들을 참여시켜 그 계열의 이강국, 최익한(崔益翰), 정백 등이 건준 간부로서 활동했으며 이들의 활동은 건준 해산까지 계속되었다.

좌파와 우파가 각각 세력을 확립해가면서 한국정치사회에서 좌·우파 간의 대립은 점점 격화되었다. 이러한 좌·우대립은 건국준비위원회에도 파급되어 그 내부에서도 좌·우파로 서로 충돌하게 되었으며, 이 사태는 우파계열 간부들의 탈퇴와 간부진의 총사퇴를 초래했다.

당시 안재홍은 우파의 비난과 압력을 받고 있었다. 안재홍과 친분이 있던 우파계열 인물들은 건국준비위원회에 우파계열을 많이 참가시켜 좌파계열을 견제하든지 그렇지 않으면 건준을 탈퇴해야 한다고 하면서 안재홍의 우유부단함을 비난했다.[31] 이때에 여운형이 테러를 당하여[32] 안재홍이 위원장대리의 임무를 수행하면서 우파에 편중된 135인 확대위원[33]을 소집할 것을 요청했다. 그러나 좌파의 비난에 여운형은 확대위원에게는 발언권을 부여하지 말 것을 지시했다. 또한 강낙원(姜樂遠)과 유억겸(俞億兼) 등 우파인사들이 보안대를 조직하여 건국치안대와 합류할 것을 요구했을 때, 안재홍은 승낙했으나 여운형은 장권이 이끄는 치안대와의 충돌을 이유로 이를 거절했다. 이러한 의견충돌로 안재홍은 건준 부위원장직을 사퇴하고 독자적으로 국민당34)을 창설했다. 안재홍은 자신의 사퇴이유에 대해, "당면목표는 각층각계의 인사들이 초계급적 초당파적인 처지를 견지하면서 민족국가 건설에 총의·총력을 집결하는 것으로, 건준의 성격은 조선민족해방운동 도정에서의 초계급적 협동전선으로 명실 합치한 과도적 기구여야 한다"고 하면서 중경임시정부를 기준으로 신국가를 건설해야 한다는 정견을 가지고 있음을 밝히고, 견해가 서로 다르고 또 건준을 그렇게 이끌지 못한 책임을 지는 뜻에서 사퇴한다고 했다.35) 또한 친일파의 기부금에 대한 의견이 엇갈려 여운형과 이규갑(李奎甲) 사이에도 마찰이 있었다.36) 고경흠(高景欽), 윤형식(尹亨植), 정백 등의 일부 간부가 위원장과 상의도 하지 않은 채 8월 21일 건준 경성지회를 조직했고, 이에 대한 맹렬한 반대가 있었던 사실도 건준 내부에 혼란을 조장하는 한 원인이 되었다. 이와 같이 의견불일치와 마찰이 발생하고 분열이 드러나자 마침내 간부총사퇴가 단행되었고, 9월 4일 부서가 개편되었다.

한편 건국준비위원회와의 합작에 대한 자신들의 의도가 관철되지 않자 우파진영에서는 이를 포기하고, 고려민주당을 흡수하여 8월 28일 조선민족당을 발기했으며, 이어 9월 4일에는 구미지역과 일본 등지에 유학한 인물들이 중심이 되어 우파진영을 망라한 한국민주당을 발족했다.

이와 같이 우파 측은 건국준비위원회에 대립된 세력으로 부상했으나, 일반국민들은 건준에 지지를 보내고 있었다. 우선 여운형은 학생층뿐만 아니라 일반국민으로부터도 많은 인기를 차지하고 있었으며 따라서 폭넓은 지지를 획득하고 있었다. 8월 16일 오전 건준 본부로 밀어닥친 인파는 계동골목을 메우고 휘문중학교 운동장에 5천여 명의 군중이 모였다. 군중들의 요청에 따라 여운형이 연설을 하자 군중들은 열광적으로 호응했다.37) 『매일신보』 8월 18일자에서는 건준에 대한 당시의 국민의 열기를 다음과 같이 보도하고 있다.

    학도치안대의 어마어마한 경비 속에 착착 제반사항이 진행되고 있다. 이 본부에 새벽부터 문화·사상·교육 각계의 저명인사가 연달아 드나든다. 신문기자반, 사진반, 영화촬영반 등의 자동차·오토바이가 그칠 새 없이 들이닫는다. 이웃 어느 할머니는 밥을 해 이고 와 눈물을 흘린다. 어느 청년은 가벼운 주머니를 기울여 기금으로 바치고 간다. 어디에 이만한 우리들의 단결력과 애정이 숨어 있었던고! 밤이 깊어도 환하게 켜진 불빛은 꺼질 줄 모르고 그대로 진통을 계속한다. 우리 3천만 형제는 마음으로부터 이 위원회의 원만한 건투를 염원하여 마지않는다.[38]

16일부터 신문보도는 차츰 건국준비위원회 활동이 중심이 되었다.[39] 부산에서는 8월 17일 한 무선기사가 건국준비위원회 소식을 듣고 여운형이 지부를 조직하라는 지령을 내렸다고 전보를 전달하자 곧바로 도지부를 결성했으나, 후에 지령은 없었고 무선기사가 건준 결성의 소식만을 들었다는 것이 밝혀진 일까지 있었다.[40] 이를 통해 당시 건국에 대한 일반국민의 열망이 얼마나 컸었던가를 알 수 있으며, 해방과 함께 결성된 건국준비위원회가 정치기구의 중심으로서 지지를 받고 있었다는 것을 알 수 있다.

이와 같이 건국준비위원회를 적극적으로 지지하는 일반국민들의 자발적 활동으로 8월 말에는 전국에 걸쳐 145개소[41]의 지방지부가 결성되었으며, 그 후 중앙의 정치조직이 변화함에도 아랑곳없이 지방에서는 위원회(건준 지부이다가 인민공화국이 창설됨에 따라 인민위원회로 대치되었으나 그중 일부는 건준 지부의 명칭을 고수한 곳도 있다)가 계속 주도적 역할을 수행하고 있었다.

그러나 중앙건국준비위원회는 중심인물들이 9월 7일 조선인민공화국을 창설[42]함에 따라 실질적으로 해체되었고, 형식상으로는 10월 7일에 해산되었다.[43] 건국준비위원회는 이 활기찬 20일간을 통하여 처음에 총독부당국과 협의한 치안유지 협력에 그치지 않고 새로운 국가 건설 준비작업에 힘을 쏟았다.

3 중앙조직 간부의 사회적 성격

건국준비위원회 중앙조직은 8월 17일에 조직한 1차조직, 8월 22일에 확충한 2차조직, 9월 4일 개편한 3차조직으로 개편되었다.

건국준비위원회 중앙조직부서를 담당한 인물들의 인적 사항과 그 활동에 참여하기 전의 사회적 활동경력을 분석하는 것은 건준의 정치·사회적 성격을 연구하는 데 매우 유용하다. 그것은 건준 활동 이전의 시기가 일제의 식민지지배를 받고 있던 때라는 뚜렷한 시대적 특징을 갖고 있기 때문이다.

건국준비위원회 1차조직 부서[44]는, 위원장에 여운형, 부위원장에 안재홍, 총무부장에 최근우(崔謹愚), 재무부장에 이규갑, 조직부장에 정백, 선전부장에 조동우(趙東祐), 경무부장에 권태석(權泰錫)이다.

표 1의 인적 사항을 분석해보면, 평균연령이 55세이며, 이는 조직활동경력과 함께 건국준비위원회 간부진이 이미 사회활동에서 연륜을 쌓은 인물 중심으로 구성되어 있다는 것을 나타낸다. 학력을 보면, 해외유학 경험이 있는 대졸 이상의 학력 소지자가 4명으로 66퍼센트이며, 2명은 고보졸로 학력이 아주 높은 편이다.

해방 이전은 일제식민지 통치기간이므로 일제에 의한 투옥경험의 정도가 그 활동내용과 사회적 성격을 반영한다고 볼 수 있다. 이에 투옥경험이 있는 인물이 6명(86퍼센트)으로 이규갑을 제외한 모든 인물이 수차례에 걸쳐 독립운동을 한 혐의로 구속되었던 경험을 가지고 있다. 수감기록이 나타나 있지 않은 이규갑도 상해·동경·국내에 걸쳐 독립운동에 참여했었다.

건국준비위원회 중앙조직간부진은 자주독립을 목적으로 하는 사회운동에 종사했던 인물들로, 그 조직활동 내용의 공통점을 기반으로 하여 셋으로 계열화할 수 있다. 여운형, 조동우, 최근우는 건국동맹의 활동이 건준에

표 1   1차조직 간부의 인적 사항과 항일투쟁기의 활동내용

성명	출신도	연령	학력	투옥경험유무	주활동지
여운형	경기도 양평	59	중국금릉대졸	있음	상해·국내
안재홍	경기도 평택	64	일본와세다대졸	있음	국내
최근우	경기도 개성	49	독일베를린대졸	있음	중국·국내
이규갑	충남 아산	55	협성신학교졸		중국·국내
정 백	강원도 철원	49	양정고보졸	있음	국내
조동우	경성	59	상해유학	있음	상해·국내
권태석	경성	50		있음	국내

성명	항일투쟁기의 주요 조직활동
여운형	신한청년당, 상해임시정부, 대한인거류민단(상해), 대한민국청년단(상해), 대한민국적십자회, 노동당, 한중호조사, 노병회, 건국동맹, 농민동맹.
안재홍	동제사, 대한청년외교단, 무명회, 조선그리스도교청년회, 신간회, 물산장려회, 조선사정연구회, 재만동포구제회, 재만동포옹호동맹.
최근우	2·8독립선언단, 상해임시정부, 건국동맹.
이규갑	상해임시정부의정원, 국민대회, 신간회.
정 백	서울청년회, 민중사, 조선청년총동맹, 조선공산당, 사회주의자동맹, 조선사회운동자동맹.
조동우	신한청년당, 대한청년당, 상해임시정부, 고려공산청년회, 사회주의연구센터, 노병회, 혁명당, 조선공산당, 건국동맹.
권태석	조선공산당, 신간회.

연결되었고, 안재홍, 이규갑, 권태석은 신간회 활동을 했으며, 정백은 조선공산당을 중심으로 하는 좌익사회운동자였다.

　조선건국동맹은 여운형이 중심이 되어 학생층과 활동경력이 있는 인물들로 조직된 지하단체였다. 1930년대 이래 표면운동이 절대 금지되고 반일운동자들이 감시 투옥당하거나 분산·도피·변절되기에 이른 상황 아래 1944년 8월 10일 조선건국동맹은 조직되었고, 그것은 구성원이 7만 명에 이르는 거대한 조직을 이루었다.[45] 조직체계를 보면, 각도 대표책임위원으로 하여금 그 도의 운동을 담당하게 했고, 개별 맹원 각각에게 임무를 부

여하여 수행하도록 했다.⁴⁶⁾

강령은, ① 대동단결로 독립회복하여, ② 대일연합전선을 형성하여 반동세력을 박멸하고, ③ 민주주의 원칙을 지키며 노동대중 해방에 치중하는 것으로 했다. 즉 독립에 그 목표를 둔 비밀결사로 불언(不言), 불문(不文), 불명(不名)을 3대 철칙으로 지켰다. 1945년 8월 4일 일부 간부가 피검되었으나 다시 재건하여 활동을 계속했으며, 그 활동이 건국준비위원회 조직의 밑받침이 되었다.

여운형은 건국동맹을 시휘하는 위원장이었으며, 조동우는 내무부장직을 담당했고,⁴⁷⁾ 최근우는 해외세력과의 내외협동전선 구축을 목적으로 북경과의 연락을 담당했다.

신간회 활동을 한 안재홍은 신간회 총무부 간사였으며, 이규갑은 도쿄지부장이었고, 권태석은 사찰업무를 담당했다.

정백은 조선공산당 교양부장을, 3차 조선공산당 김세연(金世淵) 책임비서시대에는 상해부를 담당했다.

여운형, 최근우, 조동우, 이규갑은 전기(前期)⁴⁸⁾에는 중국에서, 그 후엔 국내에서 활동하여, 활동무대가 전·후기로 나뉜다. 안재홍, 권태석, 정백은 거의 활동 전 기간을 통하여 국내운동을 이끌어왔다.

이와 같이 건국준비위원회 중앙간부들은 항일투쟁기에 국내에서 조직활동을 함으로써 국내에 활동기반을 굳힌 인물들이다. 따라서 이들은 국내에 많은 동료나 지지자들이 있었고, 일반국민들에게 있어서의 지명도나 인기도 높았을 것으로 추측할 수 있다.

건국준비위원회는 8월 16일 방송담화를 통해 그 조직경위와 성격을 일반국민들에게 발표하고 전국에 걸쳐 지방지부를 결성하는 한편, 이와 같은 조직의 확대에 따라 8월 22일에는 중앙위원회를 12부 1국제로 확충했다.

2차조직 부서⁴⁹⁾는, 위원장에 여운형, 부위원장에 안재홍, 총무부에 최근우, 조직부에 정백, 윤형식, 선전부에 권태석, 홍기문(洪起文), 재정부에 이규갑, 정순용(鄭珣容), 식량부에 김교영(金敎英), 이광(李珖), 문화부에 이

여성, 함상훈(咸尙勳), 치안부에 최용달, 유석현(劉錫鉉), 장권, 정의식(鄭宜植), 교통부에 이승복(李昇馥), 권태휘(權泰彙), 건설부에 이강국, 양재하(梁在廈), 기획부에 김준연, 박문규(朴文圭), 후생부에 이용설(李容卨), 이의식(李義植), 조사부에 최익한(崔益翰), 김약수, 서기국에 고경흠(高景欽), 이동화(李東華), 이상도(李相燾), 최성환(崔星煥), 정화준(鄭和濬)이다.

 표 2의 2차조직에서 새로 선임된 간부진의 인적 사항을 분석해보면, 평균연령은 43세다. 평균연령이 1차조직의 55세에서 12세나 낮아진 것으로 보아, 그 간부선임의 대상폭이 넓어져 항일투쟁기의 조직활동에서 직접적으로 실무를 담당하거나 일반부원으로서 활동했던 인물들이 많이 참가하게 되었음을 알 수 있다. 또한 이는 건국준비위원회가 실질적인 활동단계에 접어들었음을 반영한다.

 이들 간부진의 학력을 보면, 대졸의 경우가 학력을 알 수 있는 인물의 94.1퍼센트이며(이상도만이 고보졸이다), 또한 대졸 중에서도 해외유학의 경험이 있는 인물이 76.3퍼센트로 1차조직과 마찬가지로 이들은 매우 높은 학력을 보유하고 있다.

 투옥경험이 있는 인물은 새로 선임된 간부 전체의 50퍼센트로 그 여부를 확인하지 못한 경우를 고려한다 해도 1차조직에 비해 그 비율이 낮아졌다. 이는 이들의 연령이 낮아짐으로써 활동기간이 짧을 수밖에 없으며, 또 이들의 주활동기가 사회운동이 지하비밀결사체에 의해 진행되었던 기간이었으므로 조직이 표면에 드러났던 그 이전 기간에 비해 일제에 체포되는 경우가 줄었기 때문으로 보인다.

 2차조직 확충으로 새로 선임된 간부들을 계열화하면, 건국동맹 계열에 이여성, 최용달, 장권, 이강국, 양재하, 박문규, 이동화, 이상도, 신간회 계열에 홍기문, 이승복, 권태휘, 김준연, 조선공산당 계열에 이광, 최익한, 김약수, 고경흠, 정의식, 청년운동 계열에 윤형식, 김교영이 있고, 그외에 유석현, 이용설, 이의식, 함상훈이 있다.

 이여성은 건국동맹 재건 때 중앙간부로서 지방단체 조직과 계몽사업을

표 2 2차조직에서 새로 선임된 간부의 인적 사항과 항일투쟁기 활동내용

성명	출신지	연령	학력	투옥경험유무	주활동지
윤형식	경성		모스크바에서 마르크시즘 연구		국 내
홍기문			어학박사	있 음	국 내
김교영	경남				국 내
이 광	경기도	42		있 음	국 내
이여성	경북 대구	45	일본다오시대졸		동경·국내
함상훈	황해도 송화	42	일본와세다대졸		국 내
최용달	강원도 양양	43	경성제대졸		국 내
유석현	충북 충주	45	중국북경대중퇴	있 음	중국·국내
장 권					국 내
정의식					국 내
이승복	경성			있 음	국 내
권태휘					국 내
이강국	경기도 양주군	40	독일베를린대졸	있 음	국 내
양재하	경북 문경	39	법전졸		국 내
김준연	전북 영암	50	일본동경제대졸	있 음	국 내
박문규	경북	39	경성제대졸		국 내
이용설	평남 평양	46	미국 North Western 대졸		국 내
이의식					
최익한	강원도 울진	49	일본와세다대졸	있 음	일본·국내
김약수	경남 동래	53	일본 일본대졸	있 음	일본·국내
고경흠	경성	36	일본유학	있 음	일본·국내
이동화	평남 강동군	36	일본동경제대졸	있 음	일본·국내
이상도	경북	39	고보졸	있 음	일본·국내
최성환	전북 남원				국 내

성명	항일투쟁기의 주요 조직활동
윤형식	조선청년총동맹.
홍기문	조선공산당, 신간회.
김교영	조선청년총동맹.
이 광	서울청년회, 조선노동대회, 경성노동회, 조선공산당 고려청년회.

이여성	조선유학생학우회, 북성회, 북풍회, 일월회, 동경무산청년동맹, 조선공산당, 세광사, 건국동맹.
함상훈	(언론활동)
최용달	조선사회사정연구소, 경제연구회, 건국동맹(보성전문교수).
유석현	의열단(종교세력을 기반으로 한 조직활동).
장 권	건국동맹(체육계 활동).
정의식	조선사회단체중앙협의회, 고려공산청년회, 조선공산당.
이승복	신사상연구회, 신간회, 정우회.
권태휘	혁청당, 신간회, 전조선민중운동자대회.
이강국	조선사회사정연구소, 경제연구회, 원산적색노조, 건국동맹.
양재하	건국동맹(언론활동).
김준연	여명회, 조선사정연구회, 조선농민사, 조선공산당, 신간회.
박문규	조선사회사정연구소, 경제연구회, 건국동맹.
이용설	(의사, 세브란스의전교수)
이의식	(의사)
최익한	일월회, 조선공산당.
김약수	흑도회, 북성회, 신사상연구회, 건설사, 신흥청년연맹, 북풍회, 조선노동총동맹, 조선노동조합, 조선청년총동맹, 조선공산당.
고경흠	제3전선사, 프롤레타리아예술동맹, 재일본조선청년동맹, 고려공산청년동맹, 무산자사, 조선공산당재건설동맹.
이동화	재일본조선노동총동맹, 콤그룹독서회, 건국동맹.
이상도	일본노동조합전국평의회, 건국동맹.
최성환	독서회를 조직함.

주: 1) 정순용과 정화준은 미상.
    2) ( ) 안은 조직활동보다는 지속적인 직업을 통해 활동한 인물들의 활동분야임.

벌였으며, 장권은 치안대 조직을 담당했다. 양재하, 이동화, 최용달, 이강국, 박문규, 이상도는 건국동맹원의 명단에 들어 있으나 자세한 활동에 대해서는 기록이 없다.

    신간회 계열의 홍기문은 신간회 내의 극좌파로 기록되어 있으며, 이승복은 총무간사, 권태휘는 신간회해소위원이었고, 김준연은 조선일보 기자로서 신간회 조직에 참가했다.[50]

조선공산당 계열의 김약수는 인사부장, 최익한은 일본부 조직부장, 정의식은 조선공산당 강원도지부 위원과 고려공산청년회[51] 강원도 책임비서였으며, 고경흠은 조선공산당재건설동맹의 중앙집행위원이었고, 이광은 고려공산청년회 도간부로 활동했다.

청년운동 계열의 윤형식은 조선청년총동맹의 위원장, 김교영은 중앙집행위원이었다.

조직활동이 나타나 있지 않은 인물들의 활동내용을 보면, 유석현은 1931년 출옥 후 종교세력을 기반으로 활동했고, 1945년 9월 18일을 거사일로 계획하고 있었으나 그전에 해방을 맞았다.[52] 그리고 이용설은 1929년부터 세브란스의전 교수로 재직했으며, 이의식은 활동내용은 알 수 없으나 1945년 8월 17일 건국의사회의 위원이 된 것으로 보아 의사로 활동했음을 추측할 수 있다. 함상훈은 동아일보와 조선일보 기자로 재직하면서 정치·경제를 전문으로 언론활동을 한 학자다. 당시의 잡지에 유난히 글을 많이 쓴 필자 중의 한 사람이다.

이와 같이 새로 선임된 간부들을 계열화해보면 2차조직은 1차조직과 같은 동일한 기반에서 그 인원을 확충했으며, 후생부에 의사인 이용설, 이의식을, 문화부에 언론인인 함상훈을, 치안부에 YMCA 체육부간사이며 유도사범인 장권을 선임하는 등 각 부서의 활동내용에 적합한 인물을 선정했음을 알 수 있다.

활동지역을 구분해보면, 국외활동에서 국내활동으로 전환한 인물과 국내활동으로 일관한 인물의 비율이 1차조직에서는 4 대 3의 비율이었으나 2차조직에서는 7 대 15로 국내에서만 활동한 인물들의 구성비가 68.2퍼센트로 월등하게 높아졌다. 활동 전기에 국외에서 활동한 경우도 1차조직에서는 모두 중국이었으나 2차조직에서는 7명 중 6명이 일본으로 나타나서 그 활동지역이 중국에서 일본으로 변화되었음을 알 수 있다. 이와 같이 활동지역이 중국보다 일본이 우세한 것은 일본에 유학한 학생들이 재일본한국인 중심의 활동을 하다가 귀국하여 이의 연속선상에서 국내활동을 했음을 나타낸다. 예를 들면, 이여성은 일본에서의 북성회 활동의 일환으로 국내에 북풍회를 결성하면서 국내활동을 시작했고, 최익한의 경우 일본에서의 일월회 활동이 국내 조선공산당 활동으로 이어졌다. 김약수는 일본에서 북성회 활동을 하다가 국내에 활동기반을 구축하려고 건설사를 조직함으로써 국내활동으로 전환했으며, 고경흠, 이상도, 이동화의 경우에도 그러했다(표 2 참조). 일본에서 주로 사상운동으로 특징지어지는 활동을 했던 이들은 건국준비위원회 간부 중 낮은 연령층의 다수를 구성하고 있었다.

8월 25일에는 선언과 강령을 채택했는데, 선언에서는 건국준비위원회가 당시의 사회적 요구에 의해 국가건설의 준비기관, 진보적 민주주의세력의 집결체로서 결성되었다는 것을 밝히고 있다. 강령으로 ① 완전한 독립국가의 건설을 기함, ② 전민족의 정치적·사회적 기본요구를 실현할 수 있는 민주주의 정권의 수립을 기함, ③ 일시적 과도기에 국내질서를 자주적으로 유지하여 대중생활의 확보를 기함의 세 가지를 채택했다. 이로써 건국준비위원회의 목적과 성격 그리고 정치적 지향점이 명확히 드러나게 되었다.

이렇게 하여 건준의 조직과 영향력은 확대 강화되었으나, 전국유지자대회, 여운형과 안재홍의 의견불일치, 조직 간부들의 독단적인 행동으로 조직 내의 분열을 초래하여, 안재홍, 정백, 권태석, 홍기문, 이규갑, 정순용, 김교영, 함상훈, 이승복, 이용설, 이의식, 김약수, 이동화, 정준연의 14명이 일시에 사퇴하고, 9월 4일에는 부서를 개편하기에 이르렀다.

탈퇴한 간부들은 신간회 계열이 6명, 조선공산당 계열이 2명, 건국동맹·청년운동 계열이 각각 1명, 그외의 인물이 3명이었다. 이를 통해 안재홍의 사퇴에 따라 신간회 계열의 인물들이 권태휘를 제외하고는 모두 함께 탈퇴했다는 것을 알 수 있다.

3차조직의 부서는, 위원장에 여운형, 부위원장에 허헌(許憲), 총무부에 최근우, 전규홍(全奎弘), 조직부에 이강국, 이상도, 선전부에 이여성, 양재하, 치안부에 최용달, 유석현, 정의식, 장권, 이병학(李丙學), 문화부에 함병업(咸秉業), 이종수(李鐘洙), 건설부에 윤형식, 박용칠(朴容七), 조사부

표 3 3차조직에서 새로 선임된 간부의 인적 사항과 항일투쟁기 활동내용

성명	출신지	연령	학력	투옥경험유무	주활동지
허 헌	함북 명천	60	일본메이지대졸	있음	국내
전규홍	평남	39	미국로욜라대졸		
이병학	평남 평양	47	일본체전졸		국내
함병업	평북 영변	46	일본동경제대졸		국내
이종수	평남 평양	39	경성제대졸		국내
박용칠			일본메이지대졸	있음	일본
이정구			일본농대졸		일본·국내
정구충	경성	51	일본오사카의대졸		국내
이강봉	경기도	43	경성약전졸		국내
김세용	경북 대구	42	모스크바대서 연구		
오재일	경남		일본중앙대졸	있음	일본·국내
김형선	경남 마산	42	마산호신중졸	있음	국내
이순근	함남				

성명	항일투쟁기의 주요 조직활동	성명	항일투쟁기의 주요 조직활동
허 헌	신간회(변호사)	정구충	(의사, 경성여의전 교수)
전규홍	(교수)	이강봉	(약사)
이병학	(체육계 활동)	김세용	건국동맹.
함병업	외국문학연구회(문학평론함)	오재일	중앙대학 조선유학생동창회, 일본노동조합전국평의회, 건국동맹.
이종수	조선사회사정연구소(문학평론활동)		
박용칠	메이지대학조선유학생동창회, 일본반제동맹, 赤旗友の會, 조선유학생연구회.	김형선	마산공산당, 조선공산당, 중국공산당, 유일독립당, 유추한인독입운동장동맹.
이정구	건국동맹.	이순근	(농민)

주 : 1) 정처묵은 미상.
   2) ( ) 안은 조직활동보다는 지속적인 직업을 통해 활동한 인물들의 활동분야임.

에 최익한, 고경흠, 양정부에 이광, 이정구, 후생부에 정구충(鄭求忠), 이강봉(李康鳳), 재정부에 김세용(金世鎔), 오재일(吳載一), 교통부에 김형선(金炯善), 권태휘, 기획부에 박문규, 이순근(李舜根), 서기국에 최성환, 정처묵(鄭處默), 정화준이었다.

표 3의 3차조직에서 새로 선임된 간부의 인적 사항을 분석해보면, 평균 연령이 45.4세다. 병으로 건국준비위원회 1, 2차조직에 참여하지 못했다가 3차조직에 참가한 허헌을 제외하면 43.6세로 연령층에서는 2차조직에 비해 별로 큰 변화를 보이지 않고 있다.

학력을 보면, 대졸이 학력을 알 수 있는 인물의 91.6퍼센트이며(김형선만이 중졸이다) 대졸 중에서도 해외유학을 한 인물이 81.8퍼센트로 1, 2차 조직에서와 같이 매우 높은 학력을 나타낸다.

투옥경험이 있는 인물은 30.7퍼센트로 2차조직에 비해 그 비율이 떨어지고 있다. 이는 1차조직에 비해 2차조직에서의 비율이 낮아진 이유와 함께, 조직활동 경험이 있는 인물보다 해당분야 전문인의 참가수가 상대적으로 증가한 것에서 기인한다고 보인다.

3차조직 개편으로 새로 선임된 간부들을 계열화하면, 건국동맹 계열에 이정구, 김세용, 오재일, 신간회 계열에 허헌, 조선공산당 계열에 김형선, 그외에 전규홍, 이병학, 이순근, 함병업, 이종수, 정구충, 이강봉, 박용칠이 있다.

건국동맹 계열의 김세용은 재건건국동맹의 중앙간부로 지방단체 조직과 계몽사업을, 이정구는 식량대책 수립을 담당했고, 오재일의 활동내용은 분명치 않다. 허헌은 1927년 신간회 발기 당시에는 중앙간부였고 1929년 대표대회에서 중앙위원장에 선임되었다. 김형선은 1924년 8월 17일 마산공산당[53]을 결성했고 '조선공산당재건 코뮤니스트사건'[54]의 주모자였다.

전규홍은 1929년부터 일본중앙대학교 법과대학 교수로 재직했고, 이병학은 고창고보 체육교사, 보성전문 전임교수로 근무하면서 역도와 덴마크 체조, 송구 보급에 주력했다. 이순근은 농업에 종사했었다는 사실만을 알 수 있으며, 함병업은 중동고교, 불교전문학교, 보성전문에 있으면서 평론활동을 했는데 주로 문예시평을 썼고 혁명문학이론을 연구했다. 이종수는 『신동아』『신조선』『조광』 등에 평론을 쓴 문학평론가였고, 발표한 글들에서 프롤레타리아문학을 주장했다.[55] 정구충은 경성에서 병원을 개업했고

표 4   조직개편에 따른 인적 사항 변화표

인적 사항		조직	1차조직	2차조직	3차조직
평균연령(세)			55	46.9	44.5
학력(%)	대졸이상	해외유학자	66	65.2	70.8
		국내대학졸		21.7	20.8
		합계	66	86.9	91.6
	고보졸		34	13.1	4.2
	중졸				4.2
투옥경험(%)	있음		86	58.1	37.5
	미상		14	41.9	62.5
주활동지(%)	국내		43	62.1	63.0
	중국·국내		57	17.2	11.1
	일본·국내			20.7	22.2
	일본				3.7

경성여의전 외과교수로 있었으며, 이강봉은 경성에서 약국을 경영했다. 박용칠은 일본에서 조선유학생을 중심으로 활동했고 3차조직의 간부로 선임되기 이전에는 건국치안대 선전대장으로 활약했다.

 이와 같이 3차조직에서 새로 선임된 간부들 가운데에는 건국동맹 계열과 기타 전문인들이 절대다수를 차지하고 있다.

 활동지역을 구분해보면, 국내에서만 활동한 인물이 73퍼센트이고, 일본에서 활동하다 국내로 옮긴 인물이 18퍼센트이며, 박용칠은 1911년 메이지대학조선유학생동창회에서부터 시작하여 해방 무렵까지 일본에서 활약했다.

 표 4를 통해 건국준비위원회 중앙간부진의 인적 사항이 1, 2, 3차조직개편에 따라 변화하고 있는 상황을 보면 평균연령은 계속 낮아지고 있다. 이는 건국준비위원회가 실질적인 활동단계에 접어들면서, 그 조직 구성원이 지명도가 높은 상징적 독립운동가 중심에서 실무를 담당할 인물들로 확대된 현상을 반영한다.

표 5   조직개편에 따른 유학지역 변화표   (단위 : 명)

유학지역 \ 조직	1차조직	2차조직	3차조직
일 본	1	8	10
중 국	2	3	2
독 일	1	2	2
소 련		1	2
미 국		1	1
합 계	4	15	17

학력은 1, 2, 3차조직 모두에서 높은 수준을 보이고 있다. 그리고 해외유학을 한 경우가 절대다수를 차지했던 것으로 보아 건준의 간부진은 비교적 새로운 사상에 쉽게 접할 수 있었고 또한 그러한 경험이 많은 인물들이었다는 것을 알 수 있다. 조직개편에 따라 해외유학의 경우가 많아지고 유학지역이 다양해짐과 동시에 일본유학의 비율이 점점 높아지고 있다(표 5 참조).

조직개편에 따라 투옥경험이 있는 인물의 비율은 대폭 낮아지고 있는데, 이는 평균연령 저하에 비례해 활동경력이 적어진 것과 활동내용이 지하운동으로 전환되어 투옥경험의 가능성이 낮아진 것, 그리고 조직개편에 따라 해당분야 전문인이 많이 선임되었던 사실로부터 기인한다.

주활동지의 변화를 보면, '활동 전기에 중국, 국내로 전환'의 비율이 감소되고 '활동 전기에 일본, 국내로 전환'의 비율과 '활동 전 기간의 국내활동'이 증가하고 있다. 이러한 것은 유학지역의 변화와 직접적인 관련이 있다. 즉 이들은 재학시절부터 조직활동에 참가하거나 이를 주도했으며, 그 후의 사회조직활동이 그 연장선상에서 계속되었음을 뜻하기 때문이다. 그러나 박용칠을 제외한 전원이 국내활동 경력을 가짐으로써, 건준은 국내에 영향력 있는 기반을 가지고 있었을 것으로 보인다.

표 6의 조직개편에 따른 계열별 인원수를 보면, 건국준비위원회는 건국동맹 활동을 했던 인물들이 중심이 되어 있음을 알 수 있다. 가장 뚜렷한

표 6 　　　　　　　　조직개편에 따른 계열별 인원수 　　　　　（단위 : 명）

계열 \ 조직	1차조직	2차조직	3차조직
건 국 동 맹	3	10	12
신 간 회	3	7	2
조 선 공 산 당	1	3	3
청 년 운 동		2	1
기 타		6	8
미 상		3	4
합 계	7	31	30

변화로 3차조직에서 신간회 계열이 대부분 탈락했으며, 조직의 확대·개편에 따라 해당분야 전문인(표에서 기타에 해당)이 대거 참여하고 있다는 점이 두드러진다.

　건국준비위원회 간부진의 경력을 보면 언론계에 종사한 인물이 많다는 특징이 드러난다. 총 47명 중 19명(40퍼센트)이 언론·출판 활동을 통해 사회운동을 펴나갔다.[56] 이러한 현상은 항일운동기에 언론활동은 합법적이면서도 대중적인 활동영역이었던 것에서 기인하는 것으로 보인다.

　건국준비위원회 조직간부를 계열화하는 데는 해방 이후의 조직활동을 분석하는 것도 유용한다(표 7~9 참조). 해방 이전의 조직활동이 '민족해방'이라는 단일목표 추구로 일치되었던 것과는 달리, 해방 이후의 정계는 각 인물의 정견과 당파에 의해 뚜렷이 구분되기 때문이다.

　해방 이전과 그 이후의 조직활동을 통해 건국준비위원회 중앙조직간부들을 표 10에서와 같이 계열화할 수 있다.

　표 10에서 보면, 건국준비위원회 중앙조직은 여운형 중심의 건국동맹 계열, 안재홍 중심의 신간회 계열, 정백 중심의 조선공산당 계열이 주축이 되고 여기에 부문별 전문인이 참여하고 있다. 즉 건준은 항일투쟁기의 적극적인 3대 국내조직활동을 주도하거나 여기에 참여했던 인물 중심으로 구성되어 있다. 이로써 건준 중앙간부진은 항일조직운동에 종사한

표 7   1차조직 간부의 해방 후 활동상황

성명	해방 이후 주요활동	분단 이후	
		활동지	활동내용
여운형	조선인민당수, 재남조선대한민국 대표 민주위원, 민주주의민족전선 의장, 좌우합작위원회 주석, 사회노동당 위원장, 근로인민당수, 암살당함(1947. 7).	사망	사망
안재홍	국민당수, 한독당 중앙위원, 비상국민회의 정무위원장, 민주의원, 남조선과도입법의원, 미군정청 민정장관, 좌우합작위원회 대표. 신한국민당 중앙집행위원, 한중협회 참여, 한국외교협회 부회장.	남	한성일보 사장, 제2대 국회의원(평택), 6·25 때 납북, 평화통일촉진협의회 최고위원, 평양에서 병사(1965),
최근우	조선인민당 중앙위원, 근로인민당 중앙위원.		
이규갑	신한민족당 총무, 한국민족대표자대회.	남	제2대 국회의원(아산), 민주공화당 고문, 건국공로훈장 수여.
정 백	장안파공산당 간부, 사회노동당 중앙집행위원, 근로인민당 간부, 민주주의민족전선 중앙위원.	북	제1차 최고인민회의 서열 126위.
조동우	민주주의민족전선 중앙위원, 근로인민당 간부, 장안파공산당원, 사회노동당준비위원회 중앙집행위원.		
권태석	한독당조사부장, 민주한독당 간부, 남북협상을 위해 가다가 해주에서 객사.	사망	사망

주: 납북인사의 경우, 납북 후 뚜렷한 정치활동이 없는 경우 분단 이후 활동지를 '남'으로 규정함.

표 8   2차조직에서 새로 선임된 간부의 해방 후 활동상황

성명	해방 이후 주요활동	분단 이후	
		활동지	활동내용
윤형식	조선공산당원, 혁명신문 편집인.	북	제1차 최고인민회의 서열 67위, 3차 378위, 4차 454위, 제2차 노동당대회 중앙위원, 재정부차관.
홍기문	개벽 이사장, 서울신문 편집장, 남북협상에 대한「문화인 108명 연서 남북회담 지지성명」에 연서함, 조선방언협회 위원.	북	제1차 최고인민회의 서열 391위, 5차 162위, 6차 집행위원회 부위원장, 제6차 노동당대회 서열 134위, 김일성대학 교수, 조국평화통일위원회 위원장, 사회과학원장.
김교영	건국준비위원회 활동 이후 북한에서 활동함.	북	제1차 노동당대회 서열 34위, 2차 9위, 3차 4위, 국제무역협회원.
이 광	민주주의민족전선 중앙위원	북	로동신문 기자
이여성	조선인민당 정치국장, 민주주의민족전선 부의장, 근로인민당간부, 사회노동당 사무국장.	북	제1차 최고인민회의 서열 77위, 2차 164위.
함상훈	조선민족당 간부, 한민당 선전부장, 민주의원공보국장, 전문필가협회 부회장.	북	
최용달	북조선노동당인민위원회 사법국장, 북로당 중앙검열위원.	북	제1차 최고인민회의 서열 176위.
유석현	민주독립당 총무, 민족자유연맹 상임위원, 서울신문 감사역, 합동통신 발기인.	남	民主黨 총무위원장, 민족정기회장, 민족정기수호회장, 민족통일촉진회 대표최고위원, 민주정의당 창당발기인 대표, 민주정의당 총재고문.
장 권	사회민주당 훈교국장	북	제1차 최고인민회의 서열 25위.
정의식	민주주의민족전선 중앙위원		
이승복	국민당 총무부장, 한독당 산업경제분과위원장	북	제6차 노동당대회 후보 서열 45위, 노동청년 통신원.

권태휘	민주주의민족전선 상임위원		
이강국	조선공산당재건준비위원, 민주주의민족전선 사무국장, 좌우합작위원회 대표, 체포령으로 평양에 망명.	북	제1차 최고인민회의 서열 163위, 북조선인민위원회 외교부장, 숙청당함.
양재하	신조선보 주간, 한성일보 발행인, 남북협상에 대한 「문화인 108명 연서 남북회담 지지성명」에 연서함, 조선신문기자회 위원장단.	남	제2대 국회의원(무소속), 6·25 때 납북, 납북 후 재북평화통일촉진협의회 집행위원.
김준연	한민당 선전부장, 국민대회준비회 부위원장, 민주의원, 헌법기초의원.	남	제2대 국회의원(영암, 한민당), 법무장관, 3·4·5·6대 국회의원, 민주당 활동, 통일당위원장, 공화당 최고위원, 자유민주당 최고위원, 신민당에 참가.
박문규	민주주의민족전선 기획부차장, 남로당 중앙위원.	북	제1차 최고인민회의 서열 33위, 2차 상임위원 5위, 3차 상임위원 24위, 4차 상임위원 6위, 제3차 노동당대회 서열 33위, 4차 60위, 5차 41위, 농업성, 국가검열성, 지방행정상, 내무성, 국토관리성 장관, 조국평화통일위원회 부위원장, 병사(1971).
이용설	건국의사회위원장, 국정청보건후생부장, 신진당 외교부장.	남	세브란스학장, 제2대 국회의원(무소속, 인천), YMCA 이사장, 흥사단이사회장.
이의식	건국의사회 위원, 국민당 조직부장, 민주의원, 한독당 중앙상무위원.		
최익한	장안파공산당 활동, 민주주의민족전선기획부장, 사회노동당 중앙집행위원, 근로인민당 정치위원, 민주교양협회 대표, 반파쇼공동투쟁위원회 부위원장.	북	제1차 최고인민회의 서열 83위, 근민당원.

김약수	조선민족당 발기, 한민당 조직부장, 입법의원, 민중동맹 상임위원, 조선공화당 선전부장.	남	국회부의장, 국회프락치사건으로 투옥, 6·25 때 월북, 월북 후 재북평화통일촉진협의회 상무위원.
고경흠	남북협상에 대한 「문화인 108명 연서 남북회담 지지성명」에 연서함, 월북.	북	제3차 노동당대회 후보 서열 45위, 1963년 숙청.
이동화	평양일보 주필, 조선문화협회 부위원장, 김일성대학 강사.	남	6·25 월남, 한국 내외문제연구소장, 민주혁신당 정치위원, 통일사회당수, 대중당수, 민주회복선언에 참여 통촉 최고위원, 독립동지회 지도위원, 민주사회주의연구회 의장.
최성환	사회노동당 중앙집행위원.	북	제1차 최고인민회의 서열 191위, 조국통일민주주의전선 중앙위원회 서기국 부국장, 조선평화옹호전국민족위원회 부위원장, 조선대외문화연락위원회 부위원장.
정화준	민주주의민족전선 중앙위원.		

주: 1) 이상도와 정순용은 미상.
    2) 남북인사의 경우, 남북 후 뚜렷한 정치활동이 없는 경우, 분단 이후 활동지를 남으로 규정함.

인물들로서 해방정국을 주도하기에 적합한 인물들이었다는 것을 알 수 있다.

이러한 점들로 하여 건준은 일반국민들의 지지를 확보할 수 있었으며, 국내항일세력을 거의 망라한 기구로서 해방에 대처하여 다음 단계의 건국을 준비하기에 적절한 기구였음을 확인할 수 있다.

표 9 3차조직에서 새로 선임된 간부의 해방 후 활동상황

성명	해방 이후 주요활동	분단 이후 활동지	분단 이후 활동내용
허 헌	민주주의민족전선 의장, 좌우합작위원회 대표, 남조선노동당 의장, 남북조선제정당사회단체 협의회(남북요인회담)에 참가, 반일운동자구호회 고문, 조선인민원호회장.	북	제1차 최고인민회의 의장, 제1차 노동당대회 서열 9위, 김일성종합대학 총장, 조국통일민주주의전선 중앙위원회 의장, 6·25 때 사망.
전규홍	미군정특별검찰총장, 법무차관.	남	국회사무총장, UN총회 한국대표, 총무처장, 특명전권주불공사, UNESCO 한국대표, 서독대사, 동국대학교 부총장.
이병학	역도도장 설치, 민주주의민족전선 중앙위원.	남	『체육문화』 발간, 각종 체육계 단체회장.
함병업	민주주의민족전선 교육문화대책연구위원.		6·25 때 행방불명.
이종수		북	조선대외문화연락위원회부위원장, 직총중앙위원회 부위원장, 로동청년통신원, 교통직맹위원장, 조국평화통일위원회 위원.
이정구	조선인민당 재정부장, 사회노동당 상임위원.	북	제1차 최고인민회의 서열 427위.
정구충	서울여자의과대학장.	남	대한의협회장, 대한결핵협회장, 재해대책협의회 이사.
김세용	조선인민당 조직국장, 민주주의민족전선 조직부 차장, 좌우합작위원회 비서.		
오재일	민주주의민족전선 중앙위원.	북	제1차 최고인민회의 서열 380위.
김형선	남조선노동당 중앙감찰위원회 부위원장, 민주주의민족전선 중앙위원.		

이순근	제1차 노동당대회 서열 33위.	북	제2차 노동당대회 서열 45위, 3차 15위, 원산농업대학장, 북조선 임시인민위원회 농업국장, 1957년 단천농민사건에 관련되어 투옥, 숙청, 제6차 노동당대회 후보서열 96위, 農勤黨 중앙위원회부위원장(1965).

주 : 정처묵, 박용칠, 이강봉은 미상.

표 10   중앙조직 간부들의 조직활동에서의 연계

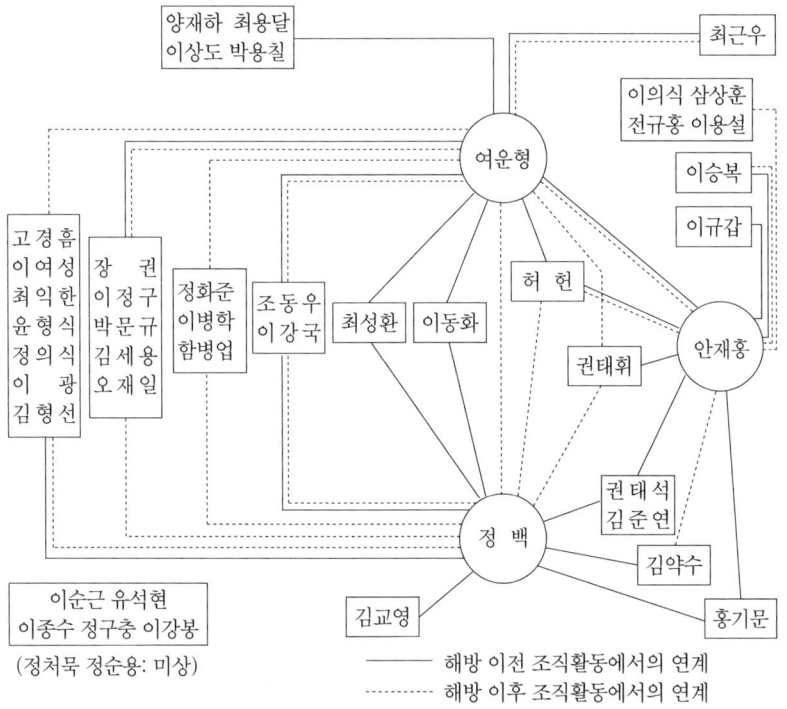

4 중앙조직 간부의 정치적 성격

해방 직후 정치적 활동을 한 개인의 이데올로기나 정치적 입장은 그 개인의 이데올로기나 정치적 주장점을 근거로 하기보다는 그들이 속해 있던 집단의 이데올로기적 지향점과 정책내용에 따라 규정되는 특성을 지닌다.

정치노선에 따른 구분에 의존하지 않고 각 인물의 정치이념에 따라 건국준비위원회 간부진의 이데올로기적 성격을 규정하는 데에는 두 가지 한계가 있다. 그 하나는 이들이 특정 이데올로기를 지향하는 뚜렷한 정치적 신념을 보유하고 있는 경우도 있으나 인맥과 건국사업에 참여하는 열정으로써만 참가한 경우도 많다는 점이며, 또 하나는 이들의 이데올로기를 객관적으로 규명할 수 있는 문헌자료 수집에서의 한계점이다. 자료수집에서의 한계점이란, 자료의 양이 많지 못하다는 것과 기존자료에 등장하는 인물이 수적으로 소수라는 점, 그리고 시대적 한계로 인해 좌파 정치인들의 글을 자료로 하는 데 일정한 제약이 따른다는 점이다.

이러한 한계로 인한 분석상의 약점은, 각 인물들이 그들이 속해 있던 정당이나 정치단체가 표방한 이데올로기와 정책내용을 자신들의 입장으로 받아들이고 있다는 전제 아래, 그들이 속해 있던 정당이나 단체의 정치적 이데올로기적 성격을 규명하고 수집 가능한 건국준비위원회 중앙조직 간부진의 정치적인 입장을 분석하고, 그 성격에 따라 계열화하여 각 계열의 입장이 대표성을 갖는다고 간주함으로써 이를 최소화하고자 한다.

해방 후 개인이나 정당, 정치단체의 정치적 성격을 파악하는 데 가장 적절한 분석대상이 되는 정치적 문제는 토지개혁정책, 친일파처리안, 단독정부수립노선에 대한 정책의 세 가지를 들 수 있다.

그리하여 이 연구에서는 건국준비위원회 중앙간부진이 추구하던 이데올로기나 그들이 활약했던 주요 정당이 표방한 이데올로기와 위의 세 가지 정치문제에 대한 정책이나 태도를 분석함으로써 건준 중앙간부진의 이데올로기적 성격과 정치적 입장을 고찰하려고 한다.

이때에 각기의 정책이나 태도가 해방 후의 전반적인 흐름에서 어떠한

표 11　　　　　　　　　　국내 정치세력의 정책내용 비교

	정치 이데올로기	경제제도	친일파 처리안	토지개혁 정책	정치적 태도
우파세력	자본주의적 민주주의	사유재산 제도	온건정책	유상매입 유상분배	'건준' '인공'에 반대
좌파세력	사회주의적 민주주의	중요자원 국유제도	정치적 재등용금지	무상몰수 무상분배	'건준' '인공'을 지지

위치에 있으며 이느 분파에 근접하는지를 파악하기 위해서는 다음의 표를 참고할 필요가 있다. 표 11은 해방 후 정치세력을 크게 좌·우파로 나누고 주요 정치문제에 대한 입장을 비교한 것이다.

이데올로기의 지향점

건국준비위원회는 8월 25일 발표한 선언문에서 '진보적 민주주의'를 표방하고 있으나, 진보적 민주주의의 성격에 대한 구체적 설명은 하고 있지 않다. 그리하여 건국준비위원회가 과거의 정치형태를 거부하고 좀더 진보적인 정치형태를 지향하고 있음은 볼 수 있으나, 구체적인 내용은 각 조직 구성원들의 이데올로기적 성격에 따라서 추출해낼 수밖에 없다.

건국준비위원회 조직의 주축인 여운형은 당시를 부르주아민주주의혁명의 단계로 규정하여[57] "민주주의 정당은 노동자대중뿐만 아니라 진보적이고 양심적인 자본가들과 지주들을 근간으로 하고 있다"[58]고 밝히고 있다. 이로부터 여운형이 무계급사회에 정치적 목표를 설정하고 있지만, 프롤레타리아 독재를 구상하고 있지는 않았다는 것을 알 수 있다. 또한 민주주의를 "인민의 대다수를 구성하는 노동자들의 경제적인 해방을 위한 정치적 수단"[59]으로 규정하여 경제적 평등에 기초한 정치적 민주주의를 주장하고 있는 것으로 보아 사회주의적 민주주의를 지향하고 있었다고 생각된다.[60] 이러한 여운형의 이데올로기는 그를 주축으로 하는 정당인 조선인민당, 사회노동당, 근로인민당의 활동에 계속 함께하고 있는 이여성, 김세용,[61] 이정구, 최근우, 조동우, 최익한, 최성환 등의 이데올로기와 지향점을 같이

한다고 볼 수 있다.

건준의 부위원장직을 맡았던 안재홍은 '신민족주의 신민주주의'란 독창적인 정치이데올로기를 주창했는데, 그의 정치사상의 중심개념은 '다사리' 이념이었다. 그는 다사리 이념의 목적을 "전 인민 각 계층의 '나'와 '나'와를 '다 살리'게 하여 차등 없이 함"[62]에 두고, 반민공생, 대중공락(大衆共樂)을 신민주주의의 실행으로 보고 있다.[63] 그의 신민족주의[64]는 소비에트 민족주의와 침략적 민족주의를 배격하고 국제협동연관성을 존중하면서 자민족의 향상을 꾀하는 것을 의미하며, 이를 현실정치에 실천하기 위한 구체적 방법으로 의회민주주의 정치제도를 제시했다.[65] 즉 안재홍은 민주주의의 기본원칙에 입각한 자주적 정치체제를 지향하고 있으며, 이승복, 이의식, 권태석 등은 안재홍과 함께 활동을 계속했으므로 그의 이데올로기에 공감했으리라고 생각된다.

김준연, 함상훈, 김약수는 건국준비위원회를 탈퇴한 후 우파세력으로 조직된 한민당에 입당하여 각기 선전부장과 조직부장을 담당하고 그 후 우파계열의 정치활동을 계속했으므로 한민당의 이데올로기를 따르고 있다고 보는 것이 타당할 것이다.[66] 한민당은 자유민주주의를 표방했는데,[67] 김준연은 "민주주의에는 두 가지 의미가 있어 좌익계열에서는 공산주의적 독재를 의미하게 되나, 민주주의를 세계에서 널리 쓰이는 의미로 해석하고 사용하는 것이 정당하다고 생각되는데 그는 자유를 기초로 하는 것"[68]이라고 했으며, 이는 한민당의 이데올로기와 일치하는 것이다.

윤형식, 이강국, 박문규, 허헌, 김형선은 남로당 활동을 통해 극좌세력으로 활동했으므로 프롤레타리아민주주의[69]를 표방했다고 볼 수 있다. 윤형식의 경우 당시를 조선혁명의 부르주아민주주의혁명의 단계로 인식한 점에서는 여운형과 일치하고 있지만 "부르주아민주주의가 자본주의사회를 유지하기 위한 독재적 반동정치 세력으로서만 존재의의가 있으므로 부르주아민주주의와 프롤레타리아민주주의와의 대립이 발생한 것"[70]으로 보고 "민주주의 국가는 민중 자신이 직접 참가하는 혁명적 방법에 의하여 일체의 구질서를 파괴하고 신사회질서를 창조하는 무산계급의 독재국가로서의 민주주의적 정권형태를 가져야 한다"[71])고 하여 혁명의 주체적 요소를 프롤레타리아로 규정함으로써 프롤레타리아민주주의를 추구하고 있다.

위의 서술을 통해 건국준비위원회에는 자유민주주의와 프롤레타리아민주주의 그리고 사회주의적 민주주의를 추구하는 정치세력들이 공존했으며, 자유민주주의를 표방하는 극우세력(한민당 계열)과 프롤레타리아민주주의를 표방하는 극좌세력(남로당 계열), 그리고 자유민주주의를 지향하나 '균등'의 원칙을 존중한 중도우파세력(국민당 계열), 프롤레타리아 독재를 부정하는 사회주의적 민주주의의 중도좌파(인민당 계열)로 구성되었으며, 각 계열의 구성인원의 다소에 따라 중도파가 그 중심이 되고 있음을 보았다. 따라서 건국준비위원회는 좌우세력이 망라되어 '진보적 민주주의'를 표방하면서[72]) 반민주주의적 반동세력을 배제한 진보적 민주주의 세력의 통일전선 결성을 도모했음을 알 수 있다.

친일파처리안

건국준비위원회는 선언문에서 "반민주주의적 반동세력에 대한 대중적 투쟁이 요청된다"고 했을 뿐, 반민주주의적 반동세력의 범위나 그 구체적 처리방안은 제시하지 않았다. 그러나 그 후 현실정치에서는 친일파처리 문제가 주요 정치쟁점으로서 지속적인 논란의 대상이 되어왔다. 친일파처리에 대한 입장을 보면, 좌파계열은 강경책으로 일관하고 있으며, 우파 중에서 한독당 계열은 강경책을, 한민당 계열은 온건책을 제시하고 있다.

건국준비위원회 중앙조직 간부 중 친일파처리 문제에 관해 언급하고 있는 인물은 안재홍과 김준연뿐이므로, 건국준비위원회 좌파의 입장은 건국준비위원회 해체 이후 좌파 정치조직에서 발표한 입장을 이들의 입장으로 하여 분석하려 한다. 좌파 측에서는 친일파와 민족반역자에 대한 처벌을 가장 우선시해야 할 문제로 취급했다. 좌파 기관지인 『해방일보』[73])에서는 「우리가 연합군에게 요구할 것은 무엇인가」라는 제목의 칼럼에서 "우선 연합국에 전범에 대한 처벌을 심각하게 요구해야 한다. ······민족반역자는 처벌해야 한다. ……조국을 팔아온 대지주들의 재산을 몰수해야 한다"[74]고 하여 친일파, 민족반역자의 처벌을 전범처벌에 못지않게 강경히 주장하고 있다. 좌파에서는 친일파를 정치적 발전을 저해하는 기본요소로 인식했으므로[75] 좌우합작 5원칙의 제3항에서도 "친일파, 민족반역자, 친파쇼 반동거두를 완전히 배제할 것"을 주장했다. 조선인민당도 "민족반역자[76]를 제외한 전 인민층에서 혁명세력을 집결하려 한다"고 했다.

이와는 달리 안재홍과 김준연은 친일파에 대해서 온건한 입장을 보이고 있다. 안재홍은 "일률로 친일파로 규정할 바 아니요, 모든 기술가, 사무가, 기타 전문가와 또는 새로운 결심으로 조국운동에 정신(挺身) 분투하는 인물은 대체로 친일파적 '누명'이 세척될 것이요, 오직 악질의 반역자는 공명엄정한 태도에서 분별하여 되도록 최소한에 국감(局減)할 것이다"[77]라고 하여 그 대상을 대폭 축소시키고 있다. 김준연은 입법회의에서 통과된 민족반역자, 부일협력자, 간상배에 대한 특별조례에 대해 그 규정이 너무 가혹하다고 하면서 "조선 내에 있는 사람들이 전부 백옥과 같았으면 좋겠지마는 36년간의 일본통치가 그것을 용인하지 아니했다"[78]고 하여 처벌은 극소수에 그친다는 태도를 가져야 한다는 입장을 밝히고 있다.[79]

건국준비위원회 중앙조직간부 중 일제의 인력동원시기에 학병을 권유하는 글을 썼거나 단체회원으로 이름이 나타나 있는 상황을 보면, 정구충은 『춘추』(1943. 12.)에 「역사적 조류를 타라」를, 이동화는 『매일신보』(1941. 9. 24.)에 「근로이념과 반도인」이라는 논설을, 최익한은 『춘추』(1943. 10.)에 「충의의 도」를 발표했다. 함상훈은 조선언론보국회[80]와 임전대책협의회[81] 대원이었고, 이용설은 임전대책협의회 채권가판대원이었으며, 여운형,[82] 안재홍은 조선언론보국회 명예회원이었다.

그러나 건국준비위원회를 결성할 무렵 여운형이 송진우와의 합작을 도모했을 때, 건준 내의 좌파세력이 송진우가 부일세력이라 하여 반발했을 만큼 실질적으로 건준 중앙조직간부진의 친일적 요소는 극히 미미했었다. 게다가 건준과 한민당 세력이 대립하게 됨으로써 건준에서는 친일파에 대한 강경론이 더욱 우세했을 것으로 생각된다.

토지개혁정책

해방 후 각 정치세력의 토지개혁정책은 그의 정치노선을 가장 선명하게 드러내는 부분으로, '무상몰수 무상분배'와 '유상매입 유상분배'의 두 가지로 크게 나뉜다.

건국준비위원회에서 위원회의 이름으로 발표한 토지정책은 전혀 나타나 있지 않다. 그렇기 때문에 건준 해체 이후 개인이나 정당에서 발표한 토지개혁정책 내용에 미루어 건준 중앙간부진들이 각기 어떤 구상을 갖고 있었는지를 알 수 있을 뿐 건준이 총체적으로 어떠한 토지개혁정책을 구상하고 있었는지는 파악할 수 없다.

조선인민당은 몰수대상을 일본인과 민족반역자 소유의 토지로 규정하고 몰수한 토지는 국영 혹은 농민에게 분배한다고 했을 뿐 무상, 유상 여부에 대한 언급은 없다.[83] 여운형과 정치노선을 같이했던 이정구는 농업 재건에서 토지제도의 개혁이 무엇보다 선결문제라고 하면서 "토지를 국유로 하여 농민에게 분배하고, 경영의 세분과 분산을 방지하며 집단화하여 생산규모를 과학적으로 재편성하고"[84]라고 그 방법을 제시하고 있는데, 토지의 국유화와 집단경영을 구상하고 있는 것으로 보아 '무상몰수 무상분배'를 채택하고 있는 것으로 보인다.

공산당 계열은 일본인과 친일적 조선인, 반동지주 소유의 토지는 전부 몰수하고 국유로 하여 토지가 없는 농민과 토지가 적은 농민에게 무상으로 분배할 것을 주장했다.[85]

국민당 계열은 몰수대상을 일본인 소유의 토지로 한정했으며, 분배방법에서는 최저리로 국가에 장기상환하게[86] 하는 유상분배를 채택했다.

한민당 계열은 지주의 토지를 정부에서 매상하여 그 토지를 경작농민에게 유상으로 재분배하기를 주장,[87] '유상매입 유상분배'의 정책을 고수했다. 김준연은 "농민은 대금으로 하여서 일정한 기간에 일정한 수량을 납입하여 소득권을 취득할 수 있다"[88]고 하여 토지의 사유제를 지지하고 "지주에게서는 무상으로 토지를 몰수하지 않고 지주로 하여금 그 생활에 급격한 변화를 일으키게 하지 않고 또 그들로 하여금 상공업으로 전환할 수 있는 최소한도의 자금을 획득하도록 할 것"[89]이라고 했다.

위에서 살펴본 것에 따르면, 건국준비위원회 내에서도 좌파계열은 '무상몰수 무상분배'를[90] 우파계열은 '유상매입 유상분배'를 주장하여, 건준 중앙간부진들은 서로 다른 토지정책을 구상하고 있었으며, 건준의 조직으로서의 입장은 표명되어 있지 않다.

단독정부수립노선에 대한 태도

1946년 4월 7일 "미점령당국은 남조선만에 한하여 조선정부수립에 착수했다"는 AP통신 내용이 『서울신문』에 게재되면서 단독정부수립구상이 대두되었으며,[91] 6월 3일 이승만의 정읍발언[92]으로 단독정부수립노선이 표면화되었고,[93] 1948년 1월 23일 북한에서 남북한총선거를 거부함으로써 단독정부노선과 통일정부노선은 명확하게 분리되었다.

한민당은 좌파의 이승만발언 비난에 대해 "이 박사의 민족통일기관 설치 운운의 연설을 무슨 역적질이나 한 것같이 선전하니 그 이유를 알 수가 없다"[94]고 하여 단정노선지지를 표명했으며, 단정노선을 지지하는 담화[95]를 발표했고, 김준연은 "좌익계열에서는 공산당의 세력감퇴를 염려하여 반대한 것"[96]이라고 단독정부수립을 반대하는 세력의 의도를 정권야욕으로만 돌리고 있다. 함상훈은 남조선단독정부수립을 "부득이한 조처이며 또 통일에의 일보전진"이라고 평가하고, 유엔을 통한 통일을 도모하여, "남조선에서만이라도 자치정부가 서서 민주주의 건설에 방해되는 세력을 배제하고 강력 명랑한 국토를 건설하여 북조선 인민으로 하여금 남조선을 동경케 하고 남조선과 같은 정치상, 경제상 제도가 실시될 것을 요구하도록 한다"[97]는 통일방법을 제시하고, 통일전선 세력을 정권형성에서 배제할 것을 표명하고 있다. 그러나 한민당 계열을 제외한 건준 중앙조직 간부진들은 단독정부 수립을 반대했다. 여운형, 안재홍, 허헌, 이강국, 김세용은 좌우합작위원회에 참가하여 통일전선의 결성을 도모하는 입장에서 단독정부 수립을 반대했고, 여운형의 인민당 계열과 안재홍의 국민당 계열은 좌우합작을 지지했다. 극좌파 진영에서는 적극적인 반대운동을 전개하여 '2·7폭동' '4·3폭동' 등을 일으키고 '선전선행대' '백골대' '인민청년군' 등을 조직하여 선거방해 활동을 감행했다.[98] 홍기문, 양재하, 고경흠은 남북협상에 대한 「문화인 108명 연서 남북회담지지성명」에 서명했으며, 고경흠은 또 "우리나라의 보통선거는 반드시 남북통일의 전국적 선거가 되어야 한다는 것이 대원칙"[99]이라고 하여 통일전선을 지향함을 알 수 있다. 또한 권태석은 남북협상을 위해 길을 떠났다가 해주에서 사망했다.

이와 같이 건국준비위원회 간부진의 대다수는 남한단독정부수립에 반대하고 통일정부수립을 추진했으며, 단독정부지지세력을 주축으로 정부가 수립됨으로써 정치권력 형성과정에서 탈락[100]하거나 월북[101]했다.

앞에서 고찰한 내용에 비추어 건국준비위원회의 정치적 성격은 다음의 네 가지로 집약할 수 있다.

첫째, 건국준비위원회는 해방과 동시에 결성되었으나 합작을 거부한 소극적 우파세력 일부를 제외하고는 좌우의 정치세력을 망라한 조직체로 구성되었다. 그리하여 건준의 중앙조직간부진에는 자유민주주의, 사회주의적 민주주의, 프롤레타리아민주주의를 추구하는 각 정치세력이 공존했으며, 건준에서는 '진보적 민주주의'를 목표로 했을 뿐 구체적인 이데올로기적 내용을 규정하고 있지 않았다. 그러므로 이데올로기 선택에서 경직되고 있지 않아 민의를 수렴한 이데올로기를 선택할 가능성을 가지고 있었다.

둘째, 건국준비위원회는 구성에 있어서 극좌세력과 극우세력을 모두 포함하고 있었으면서도, 그 중심세력은 중간노선 계열이었다. 이는 이데올로기적 편향성을 지양하여 극좌와 극우의 양 세력을 수용하고 그들의 이데올로기를 수렴할 수 있는 가능성을 더욱 높이는 요인으로 작용할 수 있었다.

셋째, 건국준비위원회는 당시의 배타적인 정치세력 간의 합작을 통해 완전독립통일정부를 수립하고자 하는 통일전선의 결성을 도모했다. 건준의 이러한 성격으로 말미암아 그 후의 좌우합작운동에서 건준세력이 중추세력을 구성했고, 나아가 이승만의 단독정부수립노선에 반대하여 통일전선결성노선을 고수했다. 따라서 건준은 민의에 입각하여 각 정치세력의 이데올로기를 수렴, 통일정부 수립을 기초할 수 있는 조직체였다.

넷째, 건국준비위원회는 그 명칭에서도 알 수 있듯이 다음 단계의 정부수립을 기초하는 준비기관[102]이었다. 그리하여 자기세력의 정권획득을 기도하는 정당과는 달리 총체적 의지에 따라 변경할 수 있는 여지를 갖고 있었다. 즉 건국준비위원회는 해방 이후 정치세력 간의 첨예한 대결양상을 극복하고 다양한 세력을 집결할 수 있는 정치조직으로서 출발했던 것이다.

5 현대정치사에서 건국준비위원회의 의미

해방 후 일반 국민들은 35년 동안 정치영역에서 소외당해왔었음에도 해방과 동시에 스스로를 조직하여 활동하면서 새로운 국가의 건설을 고대하고 있었다. 이러한 상황에서 건국준비위원회는 민족구성원 전체의 요구에 부응한 조직체였으며, 항일투쟁기에 국내 저항세력의 집결체로서 '완전독립국가' 건설에 목표를 둔 정부수립 준비기관이었다. 건준이 조직된 과정과 그 활동내용, 중앙조직 구성원들을 분석해볼 때, 건준은 자파의 이익만을 도모한 이익집단이 아니라, 항일투쟁기부터 형성되어온 좌·우파의 갈등을 극복할 수 있는 연합세력이었으며, 해체 이후에도 계속 통일전선을 주도한 세력이었다.

이와 같이 건국준비위원회는 당시 좌·우파의 갈등상황을 극복하고 일반국민의 요구에 부응하여 좌우연합의 통일전선세력으로서 해방 후 정계를 이끌어갈 조직체로 출발했다. 그러나 그 전개과정에서 각 세력 간의 서로 다른 정치적 구상을 수렴시키지 못함으로써 좌우세력연합을 성취하지 못했고, 강대국의 한반도 분할정책과 상반된 정책노선을 지향함으로 인해 정권수립 과정에서 탈락되고 말았다. 이러한 실패로 통일전선 노력은 좌절되었고 이는 분단상황으로 종결되어 현재에 이르고 있다.

  건국준비위원회는 일본에서 미국으로 그 지배세력만이 대체됐을 뿐인 해방 후 정치상황에서 민족의 자주적 역량을 발휘한 유일한 조직체였으며, 분단상황의 극복을 모색하는 출발점이 된다는 점에서, 한국현대정치사에서 중요하고도 의미있는 위치를 차지하고 있다.

홍인숙
이화여대 정치외교학과 졸업. 동대학원 정치학 석사. 히토쓰바시 대학원 박사. 지은 책으로 『대국 미·소와 한민족 분단』이 있다.

주 _____

1) 건국준비위원회를 중심주제로 한 연구상황을 보면, 단행본은 한 권도 없고 학술논문 두 편과 월간지에 수록된 글이 한 편으로 다음과 같다.
柳瓊鉉, 「해방 1년의 정치정세와 그 성격」, 『법학연구』, 제9호(부산대학교, 1967. 4.), pp.188~200 ; 金大商, 「8·15 직후의 정치현상—건국준비위원회에 대한 재조명」, 『창작과비평』, 제46호(1977. 12.), pp.285~309. 안병직 외, 『변혁시대의 한국사』(동평사, 1980), pp.255~279에 재수록. 丁相允, 「건준천하 20일」, 『중앙』, 제1권 제5호 (1968. 8.), pp.112~121, 『월간사월』, 제5권 제7호(1971. 8.), 제5권 제9호(1971. 10.), 제6권 제2호(1972. 2.)에도 같은 제목으로 연재됨.
2) 宋南憲, 『한국현대정치사』, I(성문각, 1980) ; 金時泰, 「해방 20년의 정치 이면사」, 『자유춘추』(1969. 9.), pp.359~365 ; 국사편찬위원회, 『자료대한민국사』, I(국사편찬위원회, 1968).
3) 이러한 입장에 있는 연구의 주장을 보면 다음과 같다.
박갑동은 "조선총독부로부터의 설복에 의해 여운형이 조직한 건국준비위원회는 당시의 사회적 혼란에 편승하여 정부연한 태도로 행세했으며, 공산당의 환골탈태작전으로 좌익세력의 일색이 되었으나, 미군 진주가 임박했다는 정세변화에 따라 박헌영이 새로운 조직의 필요를 느껴 인민공화국을 창립함으로써 해체되었다"고 얘기했다 (박갑동, 『박헌영』, 인간사, 1983, pp.89~101).
金俊淵은 "여운형이 공산혁명에 매진할 의도로 건국준비위원회를 구성했다"고 했다 (김준연, 『나의 길』, 동아출판사, 1966, pp.21~22).
백기완은 "여운형이 일제 총독부관리와 회동하여 일제가 패주한 뒤에 올 치안유지 문제와 긴급한 생활필수품 수급문제 등을 논의했다"고 하면서 "이러한 건국준비위원회의 형성과정은 민족해방 논리의 어느 측면에서도 적극적 평가를 받기가 어렵다"고 했다(백기완, 「자유의 회복과 통일논의의 주체적 맥락」, 『민족·통일·해방의 논리』, 형성사, 1984, p.104).
李仁은 여운형을 사이비공산주의자로 규정하고 "여운형과 안재홍이 불순한 의도로 건국준비위원회를 조직했다"고 쓰고 있다(이인, 「해방전후 편편록」, 『신동아』, 제36호, p.360).
孫世一은 "건국준비위원회가 국내지도층 일부의 대표에 지나지 않았고 좌익세력 집결체로서의 성격이 짙었다"고 보았다(손세일, 「해방전후」, 『신동아』, 제12호, p.426).

宋南憲은 "안재홍이 탈퇴하고 허헌이 부위원장에 선임되면서 공산주의로 비약하며, 조급한 공산주의자들의 소아병적 극좌편향의 결과로 건국준비위원회가 인민공화국을 발족시키게 되었다"고 했다(송남헌, 「불협화음의 정계산맥」 『사상계』, 제12권, 제8호, p.81).

『인촌김성수전』에서는 "건국준비위원회에서 실권을 잡은 것은 공산주의자들이었고, 여운형은 민중 앞에 내세운 간판에 지나지 않았다"고 했다(인촌기념회, 『인촌김성수전』, 1976, p.471).

馬韓은 "건국준비위원회가 해방 직후 혼란 속에 물자보존에는 기여했으나 소련군의 배후조종과 공산당과 무정견한 건국준비위원회 일파가 결탁하여 탐욕의 각본대로 인민공화국을 선언했다"고 하고 있다(마한, 『한국정치의 총비판』, 한국정치연구원, 1959, pp.7~8).

또한 한민당 선전용으로 발행되어 중간노선을 배격하는 글을 실었던 월간지 『재건』에서 朴明緖는 "건국준비위원회는 타협적이며 친일적인 유산이었으며, 여운형이 박헌영의 지시대로 인민공화국을 설립했다"고 비판하고 있다(박명서, 「여운형 씨의 정치노선을 비판함」, 『재건』, 제1권, 제1호, 1947. 2., p.41).

4) 이러한 입장의 연구내용은 다음과 같다.

李東華는 건국준비위원회를 "여운형을 중심으로 집결되었던 하나의 연합전선적인 정치단체"로 보았다(이동화, 「8·15를 전후한 여운형의 정치활동」, 『해방전후사의 인식』, 한길사, 1979, p.352).

金大商은 "해방에 따른 사회적 정치적 요구와 필요성에 부응하여 급변하는 정세에 기민하게 대처한 유능한 지도자에 의해 조직되고 당면 긴급한 일들을 담당한 상당히 높이 평가해야 할 기구"라고 했다(김대상, 앞의 글, p.279).

장준하는 "건국준비위원회는 민족해방을 주체적으로 맞으려는 기민한 대책이었으며 최초의 국내외 세력의 통일전선 구축이라는 측면에서 높이 평가해야 한다"고 했다(백범사상연구소 편, 『민족주의자의 길―장준하선생추모문집』, 화다출판사, 1978, p.35).

宋建鎬는 새조선건설의 준비로 건국준비위원회가 발족했다고 규정하고 "송진우는 여운형과 경쟁할 힘이 없어 시국수습을 외면함으로써 건국대업에 민족대결을 실현할 수 없었으며 바로 여기에서 그 후의 정치적 혼란이 싹텄다"고 보고 있다(송건호, 『한국현대사론』, 한국신학연구소, 1979, pp.411~413).

柳瑾鉉은 "여운형으로서는 국내지도적 인물들의 대동단결체를 형성하여 민족대표기관으로서 국내의 치안을 비롯한 공백기의 행정을 담당하려는 의도였다"고 하면서

"송진우를 비롯한 김준연, 장덕수 등의 지도적 인사들이 당초부터 건국준비위원회에 참여하지 않았다는 것이 해방 후 정치발전 과정에서 중대한 변화의 요인이 되었다"고 평가하고 있다(유수현, 앞의 글, p.192).

Bruce Comings는 "위원회의 지도자와 구성원들을 살펴보면 우익에서 좌익에 이르기까지 모든 세력들이 망라되어 있었다"고 했다(브루스 커밍스, 「한국의 해방과 미국정책」, 『분단전후의 현대사』, 일월서각, 1983, p.143).

陳德奎는 건국준비위원회 세력은 "해방 이후의 국내민족적 일제저항 세력과 일부 온건좌파 사이의 연합세력의 성격을 갖는다"고 보고, 따라서 진보적 색채를 띨 수밖에 없었으며 바로 이 점이 "보수우파에서 주장하는 공산주의적 성격의 하나"라고 했다(진덕규, 「한국정치사회의 권력구조에 관한 연구」, 연세대학교 대학원 박사학위청구논문, 1978, p.162).

5) 총독부당국이 여운형과 교섭하기 이전에 송진우와 교섭했다는 설도 있다. 이는 김준연을 비롯한 한민당계 인사들의 주장으로, 총독부당국이 송진우에게 신문·라디오를 비롯한 커뮤니케이션과 교통·경찰력에 대한 권력을 일임하겠다고 했으나, 송진우가 이를 번번이 거절하여 여운형이 교섭대상이 되었다는 주장이다. 김준연은 송진우가 총독부당국의 교섭을 거절한 이유를 첫째 한국행정기구는 점령세력의 인가를 받아야 할 것으로 판단했고, 둘째 중경임시정부를 정통성을 지닌 정부로 여겼으며, 셋째 일본인들에게 그들이 필요로 하는 때의 협조로 이익을 주고자 하지 않았기 때문이라고 했다(김준연, 『독립노선』, 시사시보사, 1959, p.5).

그러나 당시 총독부 조사과장으로 있던 崔夏永은 니시히로 경무국장이 통치권을 이양할 조선인을 추천하고 중간역할을 해달라고 했으나, 자신은 이를 거절하고 중간역할을 담당할 만한 사람으로 朴錫胤을 천거했으며, 박석윤이 여운형을 설득하여 치안권을 이양받도록 했다고 주장하고 있다(최하영, 「정무총강, 한인과장 호출하다」, 『중앙』, 제1권, 제5호, pp.127~128).

한편 엔도 정무총감은 『국제타임스』와의 회견(1957. 8. 13.)에서 "우리는 무정부상태를 우려하여 呂씨에게 치안대책을 위촉했을 뿐 정권이양 교섭은 하지 않았다. 宋씨에게는 전쟁이 끝나기 전 여러 번 협력을 요청했지만 거부당했기 때문에 그와는 다시 교섭하지 않았다"고 밝히고 있다(이동화, 앞의 글, p.344).

6) *HUSAFIK*, 1권, 3장, p.6(1945년 11월 5일의 오다 야스마와의 인터뷰로 작성됨) Bruce Comings, *The Origins of the Korean War*(Princeton: Princeton University Press, 1981), p.71에서 재인용.

오다 야스마는 또한 "일본은 러시아가 한국 전체를 점령하기를 바랐다. 왜냐하면 몇몇 급진적인 한국전위대가 일본인들이 소련의 협조를 얻는 데 도움이 될 것이라고 판단했기 때문"이라고 해방 직후 일본의 입장을 설명하고 있다(같은 책, p.71).

7) 「여운형 씨」, 『삼천리』, 제2호(1934. 8.), p.2.
8) 여운형, 「나의 결혼주례기」, 『조광』, 제5권, 제10호(1939. 10.), p.264.
9) 「여운형 씨」, 앞의 책, p.2.
10) 柳光烈, 「여운형론」, 『백광』(백광사), p.26.
11) 趙容萬, 『울밑에 핀 봉선화야』(범양사. 1985), p.291.
12) 송남헌, 앞의 책, p.41.
13) 송건호, 『한국현대인물사론』(한길사, 1984), p.104.
14) 李鉉九, 「여운형 씨의 정치견해」, 『백민』, 제3권, 제5호(1947. 8. 9.), p.8.
15) 丁相允, 「건준천하 20일」, 『중앙』, 제1권, 제5호(1968. 8.), p.113.
16) 李萬珪, 『여운형선생투쟁사』(총문각, 1946), p.188.
17) 呂運弘, 『몽양 여운형』(청하각, 1967), p.145.
18) 김준연, 『독립노선』, p.5, 브루스 커밍스, 앞의 책, pp.71, 80 ; 고하선생전기편찬위원회, 앞의 책, pp.288~289, 297 ; 심지연, 『한국민주당연구』, I(도서출판 풀빛, 1982), p.34 ; 송남헌, 앞의 책, pp.35~37.

송남헌은 송진우가 여운형과의 합작을 거부한 이유를 "첫째 송진우는 자존심이 지나치게 강한 사람으로서 여운형이 이미 주도권을 잡고 있는 건국준비위원회에 들어간다고 해도 그는 보조역할이나 하게 될 것이며, 더욱이 좌익계열이 많이 참가해 있던 만큼 그로서는 발언권조차 별로 크지 못하리라고 생각했을 것이며, 그들을 상대로 투쟁할 용기는 없었을 것, 둘째 자신은 초연한 입장에 서 있다가 중경임시정부와 해외세력이 들어오면 그들과 합작하는 한편 건국준비위원회의 약점을 잡아 이를 공격하면서 신정부수립에서 그 자신이 주도적 역할을 해보려는 속셈, 셋째 김성수를 중심으로 이루어진 동아일보, 보성전문학교, 중앙학교, 경성방직 등 여러 기간업체의 인사들을 총망라한다면 재정적으로나 인재로나 다른 어떤 세력에도 넉넉히 대항해나갈 수 있으리라는 그의 자신"의 세 가지를 들고 있다. 여운형은 당시 민족지도층의 유력한 인사들과는 항상 접촉하면서 의견을 나누어왔으며, 안재홍은 건국동맹과 건국준비위원회에서 함께 일해왔고, 평양의 조만식과도 대체로 의견을 같이하여 협력하겠다는 연락이 있었으며, 허헌도 병중이어서 참석하지 못했으나 후에 건국준비위원회 부위원장으로 활동하는 등 유력한 인사들 대부분이 뜻을 같이했으나, 송진우만이 유독 협력을 거부한 것이다.
19) 안재홍이 명명함(송남헌, 앞의 책, p.63).
20) 여운홍, 앞의 책, p.142.
21) 국사편찬위원회, 앞의 책, p.13.
22) United States Army Military Government in Korea, "G-2 Periodic Report," No. 4, September 12-13, 1945에서는 서울에서만 1만 명이 석방되었다고 했으나, 대한민국국방부 편찬위원회, 『한국전쟁사』, I과 『해방과 건군』(대한민국국방부, 1967)에서는 남한의 석방자 수가 1만 1천 명이라고 했다. 브루스 커밍스, 앞의 책, p.476에서 재인용.
23) 같은 책, p.73 참조.
24) 안재홍 방송연설 全文은 송남헌, 앞의 책, pp.65~66.
25) 같은 책, p.67.
26) '건국학도대'는 1945년 8월 17일 조직되어 건국준비위원회의 치안담당역할을 했으며, 8월 25일 '조선학도대'로 재결성되었다. 조선학도대는 ① 진공상태의 치안유지, ② 질서회복, ③ 물자파괴의 방지, ④ 일인경찰 무장해제 및 접수 등을 주요 임무로 수행했다. 9월 25일에는 개편대회를 갖고 "학생들은 총의에 의하여 자주적 입장에서 신국가 건설사업에 매진한다"는 강령을 새로이 채택했으며, 10월 중순경에는 전국경찰을 장악했다(이재오, 「미군정시기의 학생운동」, 『분단시대와 한국사회』, 변형윤 외, 까치, 1985, pp.97~98).
27) 브루스 커밍스는 1930년대의 농민조합을 보유하고 있던 郡들과 해방 후 위원회에 의해 지배되고 있던 군들은 놀랄 만큼 일치하고 있으며, 도별위원회 세력의 강약과 농민조합의 도별분포상태는 어느 정도 연관되어 있다고 주장하고 있다(브루스 커밍스, 「미군정하의 지방정치 연구」, 『한국현대사의 재조명』, 돌베개, 1982, pp.322~324).
28) 여기에서의 치안대지부는 중앙에서 대표가 파견된 곳, 결성한 후에 중앙 치안대에 의해 통제를 받은 지역단체를 의미한다.
29) 예를 들면, 조선학병동맹은 9월 1일 조직되어 치안대에 참가했으나, 후에 우파에 근접하여 활동했다. 그러나 강령은 "강제학병제도로 인하여 사선을 넘은 동무들이 친목을 도모하고 견고히 단결을 하여, ① 제국주의 세력을 철저히 구축하여 민족해방의 완전을 기할 것, ② 신조선건설의 추진력이 될 것, ③ 신조선문화운동에 진력한 것, ④ 현과도기에 있어서 치안유지에 협력하고 장차 국군건실에 노력할 것"으로 정치적 내용은 없었다(이재오, 앞의 글, p.98 참조).

30) 일본 총독부 측에서는 건국준비위원회는 치안유지 기능만을 담당하고 그들 자신이 연합국 측에 통치권을 이양해야 한다고 주장했다.
31) 여운홍, 앞의 책, p.150.
32) 8월 18일 계동 자택 앞에서 괴한에게 습격당해 전치 1주의 상처를 입음. 이후에도 9월 7일, 12월 상순, 1946년 1월, 7월, 1947년 3월 17일, 4월 4일, 7월 19일의 8회에 걸친 테러를 당했으며, 7월 19일의 마지막 테러에 의해 암살당했다.
33) 좌파와 우파가 대립된 의견을 내세우자 안재홍이 최종적으로 결정한 위원명단.
34) 국민당은 건국준비위원회의 좌경화에 불만을 품고 이탈한 세력이 중심이 되어 중도 우파의 정치노선을 표방하고 상해임시정부를 봉대한다고 선언했다(유수현, 앞의 글, p.196).
35) 안재홍, 「조선건국준비위원회와 余의 처지」, 『민세안재홍선집』, 2(지식산업사, 1983), pp.13~14.
36) 친일거두 朴春琴이 돈 40만 원과 자신이 소유했던 금광시설, 그리고 자동차, 의복 등을 건국준비위원회에 바치겠다고 했을 때, 다음과 같은 대화의 충돌이 있었다고 한다(丁相允, 「건준천하 20일」, 『중앙』, 제1권, 제5호, pp.115~116).
이규갑 : 친일파의 돈은 받을 수 없다.
여운형 : 왜 안 받아? 우리나라에 박춘금이보다 더 나은 사람이 누가 있어? 다 마찬가지지.
정백 : 위원장 말에 복종하시오.
이규갑 : 위원장을 황제로 바꾸지. 위원들의 말을 듣지 않는 위원장이 무슨 필요 있어?
37) 여운형의 격앙된 목소리가 교정을 울릴 때마다 열광적인 군중의 박수와 만세소리로 천지가 떠나갈 듯했다고 한다(한국편집기자회 편, 『역사의 현장—광복에서 제5공화국까지』, 나라기획, 1982, p.26).
38) 박갑동, 앞의 책, p.39 ; 유수현, 앞의 글, p.193에서 재인용.
39) 「신문기자가 겪은 8·15」, 『해방 10년』(『희망』의 별책 부록)(희망사, 1955), p.39.
40) 같은 글, p.38.
41) 민주주의민족전선 편, 『조선해방 1년사』(문우인서관, 1946), p.81. 브루스 커밍스는 145개소가 지부를 세분화하지 않은 수치이므로 유보해야 한다고 하면서 8월 말경에는 그보다 훨씬 많았던 것 같다고 하고 있다(브루스 커밍스, 앞의 글, pp.301~302).
42) 인민공화국은 9월 8일 미군의 인천 입항을 계기로 이에 대비하기 위하여 9월 6일 창설되었으나, 10월 10일 남조선에는 미군정만이 존재한다는 미군정청의 부인성명으

로 정부로서 인정받지 못하고 좌파세력의 대표기구가 되었다.

43) 건국준비위원회는 10월 7일 인민공화국정청에서 집행위원회를 열고 "조선인민공화국이 이미 탄생되었고 인민의 지지를 받았으므로 이로써 건국준비위원회는 그 창생기의 거룩한 사명을 다했다"는 이유로 해소를 결의, 8일 숙명고등여학교에서 해소식을 가졌다(국사편찬위원회, 앞의 책, p.208).

44) 송남헌, 앞의 책, p.64.

45) 이만규, 『여운형선생투쟁사』, pp.168~178에서 찾아볼 수 있는 건국동맹원의 명단은 呂運亨, 趙東祐, 玄又玄, 黃雲, 李錫玖, 金振宇, 李傑笑, 崔秉喆, 金世鎔, 李如星, 朴承煥, 金文甲, 李相白, 許珽, 李萬珪, 李秀穆, 鄭載徹, 全英愛, 李永善, 金熙淳, 崔周鳳, 崔謹愚, 金騏鎔, 金順子, 金命時, 金容基, 呂運赫, 金剛, 李貞求, 李珏卿, 金馹玉, 崔鉉國, 卞在哲, 李仁奎, 金鍾契, 文奎榮, 曹允煥, 徐在弼, 呂容九, 洪性哲, 曺興煥, 成基元, 金東浩, 張權, 崔元鐸, 鄭載達, 李承燁, 崔容達, 李康國, 朴文圭 등이다.

46) 중경임시정부와의 내외협동전선구축을 목적으로 최근우를 파견하고, 연안에서 열린 전조선민족대회에 김명시, 이영선을 파견했으며, 식량정책에 이정구, 부녀운동에 이각경, 청년운동에 전사옥, 최현국, 변재철, 이인규, 공장활동에 이인규, 해양소년단(총독부주최의 청년훈련소)에 문규영, 철도활동에 조윤환, 서재필, 여용구, 홍성철, 지도별동대에 조흥환, 성기원, 김동호, 군사위원회에 조동우, 이석구, 이걸소, 최원택, 정재달, 이승엽이 맡았으며, 만주에서 군인장교가 입국할 때 은신·식사공급에 김세용, 전영애, 北支방면 연락책임에 이영선, 연안·북경 방면 연락책임에 이상백, 군사편제 계획에 박승환 등이었다(같은 책, pp.171~176).

47) 조동우는 1945년 8월 4일 검거되었다.

48) 여기에서의 前期는 각 인물들의 활동기간에서의 구분이며, 여운형, 최근우는 1929년, 조동우는 1924년경 입국함으로써 국내에서 본격적인 조직활동이 활발해진 때부터는 국내에서 활동한 것으로 볼 수 있다.

49) 송남헌, 앞의 책, p.71

50) 독립운동사편찬위원회, 『재일본한국인 민족운동사 자료집』(독립운동사편찬위원회, 1978), p.103.

51) 1925년 4월 18일(조선공산당 창설 다음 날) 조선공산당의 청년동맹으로 결성됐으며, 6·10만세운동을 조직하는 등 비교적 활발한 활동을 했으나, 조선공산당과 출몰을 같이하다가 조선공산당의 자동해산과 함께 해체되었다(金俊燁·金昌順, 『한국공산주의운동사』, 2, 고대아세아문제연구소, 1969, pp.312~321, 411~416 ; 『한국공산주의운

동사』, 3, 1973, pp.221~296).
52) 南載熙, 「통촉의 노선배님들 1」, 『민족통일』(민족통일촉진회, 1982), p.46.
53) 후에 조선공산당 마산지국이 됨(Dae-Sook Suh, The Korean Nationalist Movement 1918~1948, Princeton: Princeton University Press, 1967, p.70).
54) 속칭 '김형선사건'으로 1933년 2월 김형선이 상해에서 발행하는 박헌영의 『코뮤니스트』지를 국내에 반입하여 등사 배포함으로써 조선공산당 조직재건의 기초공작을 했던 것이다. 이 사건에는 1925년 조선공산당 창설 때의 인물들이 다수 동원되었으며, 1933년 8월 피검되었다(장복성, 『조선공산당파쟁사』, 돌베개, 1984, p.31 ; 박갑동, 앞의 책, pp.76~77 ; 서대숙, 앞의 책, p.189).
55) 이종수, 「금년 1년간 조선잡지계」, 『신동아』, 제5권, 제12호(1935. 12.), pp.76~79 ; 「신문학 발생 이후의 조선문학」, 『신동아』, 제5권, 제9호(1935. 9.), pp.16~19 ; 「36년의 영·미문단을 전망함」, 『신동아』, 제6권, 제1호(1936. 1.), pp.167~175.
56) 건국준비위원회 조직간부의 언론·출판 활동 내용은 다음과 같다.
여운형 : 조선중앙일보 사장, 안재홍 : 시대일보 이사·조선일보 사장, 정백 : 신생활 기자, 조동우 : 동아일보 상해특파원, 허헌 : 동아일보 사장 직무대리, 박용칠 : 메이지대학 조선유학생 동창회보 발행, 권태휘 : 조선일보 기자, 신조선사 경영, 양재하 : 조선일보·동아일보 기자, 『춘추』 발행, 최익한 : 대중신문·이론투쟁 주필, 조선일보·동아일보 기자.
57) 여운형, 「우리나라의 정치적 진로」, 『학병』, 제1권 제1호(1946. 1.), pp.4~9.
58) 『해방일보』, 제25호(1945. 12. 9.)에 게재된 12월 7일 오후 7시 서울중앙방송국의 방송내용. Chong-sik Lee, Materials on Korean Communism 1945~1947(Honolulu: University of Hawaii, 1977), p.129에서 재인용함.
59) 같은 책, pp.129~130.
60) 朴達煥은 당시의 민주주의를 자본주의파 민주주의자(낡은 민주주의자)와 사회주의파 민주주의자(진보적 민주주의자)로 구분하고, 여운형을 사회주의파 민주주의자로 규정하고 있다(박달환, 「여운형론」, 『인민』, 제2권 제3호, 1946. 4., pp.66~72).
61) 김세용은 중국혁명을 논하는 글에서 중국의 프롤레타리아농민혁명을 지지하는 논조를 보이고 있다(김세용, 「중국의 적색운동」, 『별건곤』, 제5권, 제9호. 1930. 10., pp.44~47).
62) 안재홍, 「국민당선언」, 『민세안재홍선집』, 2(지식산업사, 1983), p.62.
63) 안재홍은 좌파계열에서 주장하는 진보적 민주주의는 이목을 현혹하게 할 뿐 진정한

민주주의가 아니며 서구민주주의는 자본독재체제를 갖추고 있으므로 우리가 의도하는 민주주의가 아니라고 이를 비판하고 있다(같은 책, pp.214~215).

국민당은 1945년 12월 15일 서울중앙방송을 통한 정견발표에서 "농민과 노동자와 지주와 자본가가 똑같은 지위에서 정치상에서나 경제상에서나 온갖 사회적 방면에 평등으로 살 수 있는 나라를 만들자"고 하고 있다(『동아일보』, 1945년 12월 16일자).

64) 정윤재는 안재홍의 신민족주의의 요체에 대해 "그는 마르크스의 절제적 유물사관의 한계를 인식하고, 한 국가나 민족의 발전양식은 그 특수한 성격과 환경에 의해서 결정된다는 종합적 유물사관을 주장했고, 내부적 모순의 축적으로 발생하는 계급투쟁은 한 민족사에 관한 한 開闢會通의 변증법적 과정을 통하여 평화적인 방법에 의해 만민평등의 초계급적인 국가형성으로 지양, 승화될 수 있음을 논했다"고 평가하고 있다(정윤재, 「안재홍의 정치사상연구」, 서울대학교 석사학위논문, 1980, p.74).

65) 안재홍, 『한민족의 기본진로』(조양사, 1949), pp.60, 81.

66) 김약수의 경우는 항일운동기에 좌익활동을 계속하다가 해방 후 사상전향을 표명하고 한민당에 입당했으나, 1946년 12월에 발족하여 좌우합작을 지지한 「민중동맹」의 의장단으로 활동했고 민중동맹의 분열로 탈락한 후, 1947년 5월 조선공화당을 창당하고 서기장이 됨으로써 한민당의 극우보수 세력과 분리된다.

67) 한민당은 1945년 12월 22일의 서울중앙방송을 통한 정견발표에서 민주적 정치체제의 확립을 "민중에 의해 민중을 위한 민중의 정치" 실현으로 보고 있다(『동아일보』, 1945년 12월 22일자와 23일자).

68) 김준연, 『독립노선』, p.34.

69) 남로당강령(『광복 30년 중요자료집』, pp.63~64)을 참조할 것. 당시에는 프롤레타리아민주주의라는 용어보다는 일반적으로 진보적 민주주의라는 용어를 사용했으며, 중도좌파나 극좌파가 공통으로 '진보적 민주주의'라고 표현하고 있다.

70) 윤형식, 「민주주의와 반민주주의」, 『춘추』, 제5권, 제1호(1946. 2.), pp.15~16.

71) 같은 글, pp.12~13.

윤형식은 국가의 영원성도 부정하고 있다. "무산자계급은 공산주의사회를 건설하기 위하여 과도적으로 부르주아적 사회질서를 절멸시키기까지 국가의 존재를 필요로 한다. ……국가는 계급의 독재권력으로서만 그 존재적 의의가 있는 것이요, 국가는 한 계급이 다른 계급을 억압하고 질식시킴으로써 자기계급의 유지와 번영을 약속하는 권력으로서만 필요한 조직이다"라고 주장했다.(같은 글, p.14)

72) 건국준비위원회에서 8월 25일 발표한 선언문에 나타남.

73) 『해방일보』 제14호(1945년 11월 24일자)에서는 네 가지 사항의 구호를 싣고 있는데 그중 제2항에서 "친일요소와 민족반역자를 모두 철저히 처벌하자"고 하고 있다(Chong-Sik Lee, 앞의 책, p.82).

74) 같은 책, pp.20~21.

75) 좌파에서는 친일파가 우남 이승만의 간판 뒤에 숨어서 민족통일을 의식적으로 파괴해가고 있다고 보았다(「반민주주의 진영의 해부」, 『인민』, 제2권, 제2호, p.27).

76) 민주주의민족전선이 규정한 8·15 이전의 민족반역자의 범위를 보면 아래와 같다.
① 조선을 일본제국주의에 매도한 매국노와 그 관계자.
② 爵者, 중추원 고문, 중추원 참의, 관선도부평의원.
③ 일본제국주의 통치시대의 고관(총독부 국장, 지사 등).
④ 경찰, 헌병의 고급관리(경시, 사관급).
⑤ 군사, 고등정치경찰의 악질분자(경시, 사관급 이하라도 인민의 원한의 표적이 된 인물).
⑥ 군사, 고등정치경찰의 비밀탐정의 책임자.
⑦ 행정사법경찰을 통하여 극히 악질분자로서 인민의 원한의 표적이 된 자.
⑧ 황민화운동, 내선융화운동, 지원병, 학병, 징용, 징병, 창씨 등 문제에서 이론적·정치적 지도자.
⑨ 군수산업의 책임경영자.
⑩ 전쟁협조를 목적으로 하는 또는 파쇼적 성질을 가진 단체.
(대의당, 일심회, 극기연맹, 일진회, 국민협회, 총력연맹, 대화동맹 등의 주요 책임간부로 일제하의 관리와 경찰, 동원체제 선동자 등을 망라하고 있으며 이들이 구체적으로 지적되어 있다)(『광복 30년 중요자료집』, 『월간중앙』, 1975년 1월호 별책부록, pp.48~49).

77) 『민세안재홍선집』, 2, p.156.

78) 김준연, 앞의 책, pp.132~136.

79) 우파 측에서 제시한 좌우합작 8원칙에서의 친일파문제는 제8항에서 "친일파, 민족반역자를 징치하되 임시정부 수립 후 즉시 특별법정을 구성하여 처리할 것"이라고 하여, 친일파 처벌을 정부수립 후로 유보함으로써 이를 지연시키려는 의도를 나타내고 있다.

80) 1945년 6월 8일 결성된 단체로 언론의 총력을 결집하고 思想戰에 감투하며 대동아건설에 정진함을 목표로 하는 언론관계자들의 모임(심지연, 『한국현대정당론』, 창작과비평사, 1984, p.203).

81) 1941년 8월 28일 임전체제화에서 자발적인 황민화운동을 실천하기 위한 모임으로 임전대책에 전력을 다할 것을 결의함(같은 글, p.202).
82) 일반인들의 신뢰가 두텁던 여운형에게는 학병동원을 당한 많은 청년이 "정복해야만 하는가, 가야만 할 것인가"를 물으려 방문했다. 이에 여운형은 "가라, 가서 군사기술을 배워와야만 하는 것이다. 이 전쟁에서는 반드시 일본이 패전하고 한국에 독립의 기회가 찾아올 것이다. 독립국에는 군대가 필요하다. 그러나 오늘의 한국에는 군사기술을 가진 사람이 없다. 그렇기 때문에 자네들이 가서 군사기술을 배워와야 한다. 한국이 독립할 때에는 아마도 자네들은 4분의 1도 남아 있지 않을 것이다. 그때를 위해서 가주게"라고 했다고 한다(佐佐木春隆, 『韓國獨立運動의 硏究』, 동경, 國書刊行會, 1985, p.145).
83) 1945년 11월 발표된 조선인민당의 토지정책.
84) 이정구, 「농업의 기계화」, 『인민과학』, 제1권, 제1호(1946. 3.), p.74.
85) 조선공산당 재건 때의 행동강령과 1946년 9월 남조선노동당 준비위원회가 채택한 강령 제3항.
86) 1945년 9월 24일 채택된 국민당의 정책 제4항.
87) 1945년 9월 16일경 한민당 대의원회에서 결정된 정책내용.
88) 김준연, 앞의 책, pp.168~169.
89) 같은 책, p.169.
90) 좌우합작의 좌익 측 5원칙 제2항에서도 '무상몰수 무상분여'의 원칙을 고수하고 있으나, 민주주의민족전선의 토지정책에서는 '몰수'라는 용어를 사용하지 않았으며 국유화할 토지도 대지주의 토지에 한정하는 등 통일전선 정책으로서의 배려를 나타내고 있다. 이는 조선인민당이나 조선공산당의 토지정책과 비교해볼 때 상당히 후퇴한 것이다. 櫻井浩, 「한국농지개혁의 재검토」, 『한국현대사의 재조명』(돌베개, 1982), p.401 ; 吳基永, 「5원칙과 8원칙」, 『신천지』, 제1권, 제8호(1946. 9.), p.19 참조.
91) 이에 대해 군정장관은 근거 없는 낭설이라고 일축했다(심지연, 앞의 책, p.72).
92) 이승만의 정읍발언 내용은 다음과 같다.
"이제 우리도 무기휴회된 공위(미소공동위원회)가 재개될 기색도 보이지 않으며 통일정부를 고대하나 여의케 되지 않으니 우리는 남방만이라도 임시정부 혹은 위원회 같은 것을 조직하여 38 이북에서 소련이 철퇴하도록 세계공론에 호소하여야 될 것이니 여러분도 결심하여야 될 것이다."
93) 브루스 커밍스는 남한 단독정부 수립을 포함한 미국 측 정책은 1945년 11월 무렵부

터 이미 시작되고 있었다고 주장한다(브루스 커밍스, 「한국의 해방과 미국정책」, 『분단전후의 현대사』, 일월서각, 1983, p.152).
94) 『조선일보』, 1946년 6월 8일자. 심지연, 앞의 책, p.73에서 재인용.
95) 단독정부 수립을 지지하는 한민당의 담화는 1948년 2월 6일 발표되었는데 그 내용을 발췌하면 다음과 같다.
"남북을 통일한 총선거의 실시가 사실상 불가능한 형편인즉 부득이 선거 가능한 지역 즉 남조선에서만이라도 총선거를 실시하여 중앙정부를 수립하고…… 그런데 일부에서는 실현성 없는 남북동시총선거 등의 미명하에 민족적 지상명령인 총선거를 거부 또는 천연하려고 획책하고 있다."
96) 김준연, 앞의 책, p.116.
97) 한상훈, 「미국의 대조선정책」, 『재건』, 제1권, 제3호(1947. 4.), p.32.
98) 김남식, 『실록남로당』(숭공연구원, 1979), pp.357~363, 386~394.
99) 고경흠, 「보선실시와 나의 제언」, 『민주조선』, 제1권, 제2호(1947. 12.), p.65.
100) 해방 후 남한만의 단정수립까지 각 정치세력 간의 관계를 도표화하면 다음과 같다.

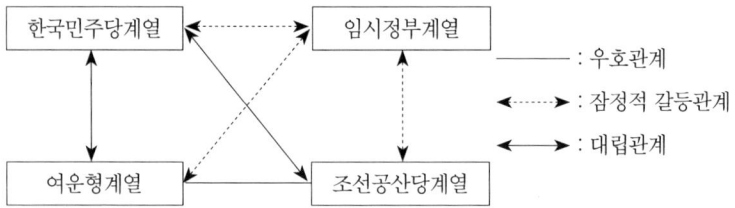

이 도표를 기준으로 단정수립에 대한 태도를 분류하면, 한민당계열만이 단정노선을 지지했고 임시정부계열, 여운형계열, 조선공산당계열이 모두 단정노선을 반대하고 통일전선을 지지했다. 남한정부 수립과정에서 단정노선이 정권을 장악함으로써 통일정부노선은 모두 탈락한 것이다.
101) 표 7, 8, 9의 활동지역을 보면, 분단 이전·이후에 모두 남한에서 활동한 인물이 11명, 북한에서 활동한 인물이 3명인 데 비해, 분단 이전에는 남한에서 활동하다가 분단 이후 북한에서 활동한 인물이 16명이다.
102) 여운형은 건국준비위원회가 신정부수립의 모체이며 산파역의 사명을 가지고 있고, 정부수립에 따라 발전적으로 해체한 것임을 밝히고 있다(여운형, 「우리나라의 정치적 진로」, 『학병』, 제1권, 제1호, pp.8~9).

박헌영과 8월테제

김남식

1 배경

8월테제는 해방 후(8월 20일) 박헌영이 조선공산당의 재건준비위원회를 조직하면서 발표한 정치노선과 활동방침을 말한다. 이 테제는 그 후 부분적인 보충을 가해 '조선공산당'의 잠정적인 정치노선으로서 채택되었다.

8월테제의 내용을 이해하기 위해서는 먼저 그것이 나오게 된 배경, 특히 당시 공산주의자들의 정치적 동향을 검토해야 한다. 그것은 이 테제가 '콤그룹'이라는 공산주의파벌을 대표해서 박헌영이 발표했다는 것과 그 내용에서 반대파 공산주의자들의 주장과 활동을 상당한 비중을 두고 다루었기 때문이다.

해방이 되자 제일 먼저 정치무대에 등장한 것은 공산주의자들이었다. 공산주의 세력은 중요한 반일저항 세력으로서 강력한 규율과 조직성을 지니고 투쟁을 전개했기 때문에 해방 후에도 쉽사리 집결될 수가 있었다. 그러나 한국의 공산주의운동은 처음부터 파벌성을 띠고 계보 중심으로 전개되었기 때문에 해방 후에도 그러한 현상이 그대로 재현될 수밖에 없었다. 그 계보란 주로 화요회계(火曜會系), 서울계, ML계, 콤그룹 등을 들 수 있다.

화요회계는 1923년 7월 7일 서울 낙원동에서 홍명희(洪命熹), 홍증식

(洪增植), 윤덕병(尹德炳), 김병희(金炳僖), 이재성(李載誠), 이승복(李昇馥), 조규수(趙奎洙), 이준태(李準泰), 홍덕유(洪悳裕), 김낙준(金洛俊), 원우관(元友觀) 등이 주동이 되어 신사상연구회(新思想硏究會)라는 것을 조직했는데 그 후 1924년 11월 19일 모임의 이름을 화요회로 바꾸었다. 화요회란 명칭은 카를 마르크스의 생일이 화요일인 데서 착안된 것이라 한다.[1] 화요회계에는 그뒤 박헌영을 비롯해서 조봉암(曺奉岩), 권오설(權五卨), 김단야(金丹冶), 임원근(林元根), 조동우(趙東祐), 이승엽(李承燁), 조누원(趙斗元), 주세죽(朱世竹), 김찬, 홍남표(洪南杓), 최원택(崔元澤) 등이 가세하게 되었고, 이들이 중심이 되어 1925년에 조선공산당과 고려공산청년회가 결성되었다.[2] 따라서 공산당 내의 화요회계라 할 때에는 당시의 당 지도부 성원을 지칭하는 것이다.

서울계는 1921년에 발족한 민족주의적 청년단체인 서울청년회에서 비롯된다. 서울청년회의 중심인물로는 김한(金翰), 이득년(李得秊), 김사국(金思國), 이영(李英), 장덕수(張德秀), 김명식(金明植), 윤자영(尹滋英), 오상근(吳祥根) 등을 들 수 있는데 좌파인 김사국 등이 주도권을 잡으면서 급속히 좌경모임으로 변모했다. 그러다 서울청년회계는 1924년 10월 김사국을 책임비서로 하는 서울계의 조선공산당을 만들었다. 이때의 주요 인물에는 이영, 김유인(金裕寅), 정백(鄭栢), 이정윤(李廷允), 박형병(朴衡秉), 이병의(李丙儀), 김영만(金榮萬), 최창익(崔昌益), 강택진(姜宅鎭) 등을 들 수 있다. 이들은 또 공산청년회도 조직했는데 서울청년회계의 조선공산당을 그 후 '서울당'이라고 했다.[3] 이들은 코민테른의 승인을 얻으려 했으나 코민테른에서는 화요회계 중심의 공산당을 승인했다.

그리고 ML계는 ML당을 중심으로 한 인물들을 가리킨다. 화요회계 중심의 공산당이 1, 2차에 걸친 피검으로 파괴되자, 1926년 서울계 소장파와 상해파가 주동이 되어 제3차로 김철수(金綴洙)를 책임비서로 한 공산당을 조직하게 되었는데 이를 세칭 제3차 조선공산당 또는 'ML당'이라고 했다.[4] ML당은 표면상 각 파벌을 없앤다는 데 당의 주된 목표를 두었기 때문에 계보를 달리하는 사람들도 포섭할 수가 있었다. ML당에 관련된 간부급 인물은 김철수, 안광천(安光泉), 김준연(金俊淵), 김세연(金世淵), 오희선(吳羲善), 원우관, 양명(梁明), 권태석(權泰錫), 김강(金剛), 하필원(河弼源), 최익한(崔益翰), 한위건(韓偉健), 남천우(南天祐), 김광수(金光洙), 박낙종(朴洛鍾), 이우적(李友狄), 온낙중(溫樂中), 송언필(宋彦弼), 김철(金哲), 김상혁(金相爀), 정익현(鄭益鉉), 최창익, 이정윤 등이다.

끝으로 경성 콤그룹은 1939년에 이관술(李觀述), 이순금(李順今), 장순명(張順明), 정태식(鄭泰埴), 권오직(權五稷), 김섬(金暹), 김삼룡(金三龍), 이현상(李鉉相), 이인동(李仁同) 등이 당 재건을 위해 조직했다. 당시 출옥한 박헌영을 책임자로 추대한 이들은 1940년에서 41년에 걸친 검거로 해방이 되기 전에 그 명맥이 끊기고 말았다. 그러나 콤그룹은 당 재건을 위한 조직으로서는 규모가 가장 컸으며, 공산주의운동의 쇠퇴기에 모든 공산주의자가 운동선상에서 이탈 또는 운동을 청산해가고 있었을 때 신진들을 포섭하여 당 재건을 위해 투쟁했다.5)

이러한 네 개의 계보가 형성되었던 것은 일제하 공산주의운동의 통일성과 계승성의 결여와 일제탄압의 심도를 그대로 반영한 것이라 할 수 있다. 해방 후에도 과거의 계보관계가 크게 작용하여 그것이 당 창건과정에서 심한 대립과 혼선을 초래했다.

해방과 함께 제일 먼저 당 창건에 착수한 것은 '서울계'였다. 즉 서울계의 이영, 정백 등이 주축이 되어 화요회계의 이승엽, 조동우, 조두원(본명 趙一明), 그리고 1919년 이동휘(李東輝)가 중심이 되어 상해에서 만들었던 고려공산당(1917, 블라디보스토크에서 창건된 한인사회당의 후신), 세칭 상해파와 서중석(徐重錫)이 해방되던 8월 15일 밤 서울 종로 장안빌딩에 모여서 당을 결성했다. 이들이 당을 조직한 건물에다 당 간판을 내걸었던 데서 이 당을 세칭 '장안당' 또는 '장안파공산당' '15일당'이라고도 했다.6) ML계의 최익한, 이우적, 하필원 등은 같은 날 서울 동대문에서 당을 조직하기로 하고 공산당 서울시당부라는 간판을 내걸었으며, 그 후 독자적인 공산당을 설립하려고 했다. 그러나 박헌영 계열에 대항하기 위해 장안당과 제휴하게 되었다. 또한 같은 날 밤 경인지구에서도 이정윤 등 ML

계의 주변인물들이 공산주의협의회를 소집하고 조직문제 해결을 주장하고 나섰는데, 이들은 정식으로 당 결성은 하지 않고 장안당과 박헌영 계열의 움직임을 주시하고 있었다.

장안당의 주요 인물들은 이영, 최익한, 정백, 고경흠(高景欽), 정재달(鄭在達), 하필원, 이승엽, 최상환(崔星煥), 안기성(安基成), 이우적, 김상혁, 정종근(鄭鍾根), 강병도(姜炳度), 조두원, 이청원(李淸源), 문갑송(文甲松) 등으로 서울계, 화요회계, ML계가 망라되어 있다. 당 결성 때의 책임비서는 이영이었으며, 제2비서는 이승엽이었다. 뒤에 최익한이 제2비서가 되었다.

당조직을 서두른 인물들은 주로 운동선상에서 이미 탈락된 사람들로서 이영은 1920년대 서울계 공산당조직의 주요 인물이었으나, 오랫동안 공산당운동일선에서 손을 떼고 고향인 북청에서 살고 있었으며, 이승엽은 1925년 9월 화요회계 공산당에 가입, 1937년부터 2년간 복역했고, 그 후 인천서 식량배급조합 이사로 근무했다. 최익한은 ML당의 중앙위원을 역임했으나 운동선상에서 떨어져 서울 동대문 밖에서 주점을 했다.

이들은 다른 사람들보다 한 발 앞서 당을 조직하기는 했지만, 자기들 말고도 박헌영을 중심으로 한 경성 콤그룹파가 존재한다는 것을 의식하지 않을 수 없었다. 이들 가운데는 이영, 최익한처럼 자기파가 공산주의운동의 주류임을 자부하고 끝까지 운동을 이끌어나가겠다는 사람이 있기는 했지만, 만약 당 주도권이 박헌영 계열에 탈취되더라도 간부직만 얻게 된다면 그것으로 만족하겠다는 사람이 대부분이었다. 장안파는 8월 17일부터는 각 지방당부 결성에 착수했으며, 그 외곽조직의 하나인 공산주의청년동맹을 18일 서울 우미관에서 창설했다.[7] 그리고 자칭 당 이론가인 최익한과 김광수(한때 공산당 당수였던 김철수의 아우)는 매일신보사를 접거, 그 제호를『해방일보』로 바꾸고는 16일 제1호를 발행했으나, 일경의 간섭 때문에 곧 발간을 중단하고 말았다.

한편 콤그룹의 중심인물인 박헌영은 이들과는 달리 전남 광주땅에서 해방을 맞이했다. 곧바로 상경한 그는 서울 종로구 명륜동 김해균(金海均)

의 집에서 경성 콤그룹파에 속했던 동지들과 만나 앞으로의 활동을 구상했다.[8] 그는 먼저 장안파에 의한 당을 전면적으로 부정하면서 그들 내부를 와해시키는 공작을 펴 장안파의 인물로 과거 그와 함께 화요회계에 속했던 이승엽, 조두원, 조동우 등을 포섭했다. 그리고 콤그룹계와 화요회계에서는 장안당을 제압하기 위해 8월 18일부터 서울의 거리거리에 "박헌영 만세!" "위대한 지도자 박헌영 선생 나오시라" 등의 벽보를 내붙여 박헌영의 이미지 부상을 위한 캠페인을 벌였다. 이와 같은 노력은 박헌영 중심의 당조직을 위한 사전준비에서 비롯된 것이었으며, 일제 말까지 경성 콤그룹을 통하여 지하에서 반제·반식민지 활동을 전개해온 자기들의 투쟁경력을 크게 부각시키기 위한 것이었다.

박헌영은 8월 20일 그가 머물고 있던 명륜동 김해균의 집에 콤그룹과 화요회계의 중심인물을 모아 조선공산당재건준비위원회를 결성하고 스스로 작성한 '현정세와 우리의 임무'라는 테제를 정식으로 제기해, 잠정적인 정치노선으로 통과시켰다.[9] 이것이 이른바 '8월테제'인 것이다. 따라서 8월테제는 조선공산당재건준비위원회의 활동지침서라고 할 수 있다. 8월테제가 재건준비위원회의 이름으로 발표되자 세상에서는 이들을 장안당과 대비하여 '재건당' 또는 '재건파'라 약칭했다. 박헌영이 조선공산당재건준비위원회라는 이름을 내걸고 당 결성에 착수한 것은, 1925년 4월에 창당되어 28년에 해체된 조선공산당을 재조직하겠다는 의도의 표시로서 이는 과거의 전통을 계승함으로써 당의 정통성을 주장하기 위한 것이었다. 조선공산당은 창건될 때 강령과 규약도 공표하지 않은 채 발족된 데다가, 수차에 길친 일제의 검거선풍과 서울계 중심의 공산당이 별도로 조직되는 등 심한 파벌싸움으로 큰 역할을 하지 못했다. 그러나 1928년 4차 당까지는 그런대로 명맥을 유지해오다가 같은 해에 코민테른이 12월테제를 발표, 재조직할 것을 결정함으로써 완전 해체되고 말았다. 12월테제에서 코민테른은, 과거의 조선공산당을 ① 지도부가 거의 지식계급과 학생만으로 구성되어 있고, ② 계급적 혁명당이 아니라 소부르주아 정당이며, ③ 파벌싸움이 중요한 해당적(害黨的) 요소라는 점을 지적하고, ④ 과거를 청산하고 새 방향에서 당을 재건하라고 결정했던 것이다.[10] 그 뒤 공산주의자들은 코민테른의 결정에 따라 새로운 당을 만들기 위해 노력했으나 끝내 결실을 보지 못하고 해방을 맞이했다. 그러므로 박헌영이 당을 재건하겠다고 한 것은 공산당의 발전사적 측면에서 보면 지극히 당연하다 할 것이다.

이처럼 재건위가 발족되고 8월테제가 나오자 각 계보의 공산주의자들은 동요하기 시작했으며, 특히 장안파의 충격은 컸다. 일제하에서의 공산주의운동에서 기본적인 결함으로 지적된 당의 분열과 파벌싸움이 해방 후에 또다시 재현되어서는 안 된다는 것과 재건위 중심으로 당이 통일되어야 한다는 주장에 대해 그를 반대할 만한 명분이 없었던 것이다. 이때 벌써 장안당 내의 화요회계 인물들은 박헌영과 뜻을 같이하게 되었으며, 이영, 최익한, 정백 등 몇몇 간부를 제외한 대부분은 당을 해체하고 재건위에 합류할 것을 주장하고 있었다.

이러한 움직임 속에서 1945년 8월 24일 장안당은 중앙집행위를 개최하여 당의 진로를 모색하게 되었다. 그 후 9월 8일에는 장안파의 중심인물들이 주체가 되어 재건파를 대표한 박헌영과 함께 열성자대회를 개최하고 박헌영계의 재건준비위에 합세할 것을 결정했다.[11] 이러한 과정을 거쳐 박헌영은 9월 11일 조선공산당 재건을 선포하게 되었다.

박헌영 계열에서는 장안파를 흡수, 통일된 당을 조직하는 형식을 취했으나 결국은 자기중심의 당을 만들고 말았다. 그것은 당시 발표된 조선공산당 지도부구성에서 찾아볼 수 있다. 즉 총비서는 박헌영이었으며 정치국, 조직국, 서기국 모두가 콤그룹과 화요회계 인물들이었고,[12] 장안파의 중심인물이었던 이영, 정백, 최익한, 이정윤 등은 당 지도부에서 제외되어 있었다. 이처럼 장안파를 비롯한 여러 파벌과 투쟁하는 과정에서 그리고 그들을 모두 합세시켜 만들겠다는 열성자대회의 약속과는 달리 박헌영계 일색으로 구성되었기 때문에 재건된 조선공산당은 형식상으로는 각 계보를 망라시킨 것으로 되어 있으나 내용에서는 파벌의 불씨를 안고 출발한 셈이다.

장안파의 이론가들은 재건당이 결성된 뒤인 9월 15일에도 『현 단계의 정세와 우리 임무』라는 책자를 발간, 박헌영의 8월테제에 맞서서, 앞서 그들이 발표했던 '조선의 독립과 공산주의자의 긴급임무'라는 테제의 내용을 되풀이 주장하면서 박헌영의 정치노선을 비판했다. 장안파 쪽에서는 박헌영의 정치노선을 우경기회주의로, 박헌영파에서는 장안파의 노선을 좌경기회주의로 서로 비난했던 것이다. 따라서 공산당 중앙위원에서는 8월테제를 발표한(1945. 8. 20.) 후의 정치상황, 특히 콤그룹의 반대세력인 장안파의 주장과 움직임 등을 이미 발표된 테제에 반영시켜서 9월 25일에 '현정세와 우리의 임무'라는 제목으로 다시 내어놓았다. 이 내용이 그 후 박헌영의 8월테제라고 불리게 되었다.

여기서 밝혀야 할 것은 이러한 복잡한 과정을 거쳐 발표된 8월테제의 내용을 어떠한 관점과 시각에서 분석하느냐에 대한 문제다. 8월테제는 분명히 박헌영이 공산당 '수뇌'가 되고자, 그리고 자기 파인 콤그룹을 중심으로 해서 당을 조직하고 운영할 목적으로 발표된 것인만큼 분석의 방법에서 마르크스-레닌주의의 혁명이론에 기준을 둘 수밖에 없다. 다시 말해서 8월테제는 공산당의 정치노선과 활동방침인만큼 그들의 고전이론에 기준을 두고 분석하는 것이 합리적이며, 그렇게 함으로써 테제의 내용과 본질을 좀더 정확히 이해할 수 있으리라 생각된다.

2 8월테제의 내용

이 테제는 이미 밝힌 바와 같이 당재건준비위원회의 잠정적 정치노선으로서 채택한 내용에 그 일부를 보충해서 9월 25일 당중앙위원회 이름으로 다시 발표한 것으로서 처음 발표한 내용과 별다른 차이가 없는 것으로 알려져 있다. 테제의 구성을 보면 다음과 같다.

1) 현정세
2) 조선혁명의 현 단계
3) 조선공산주의운동의 현상과 결점
4) 우리의 당면임무
   (1) 대중운동을 전개할 것.
      ① 노동자의 투쟁을 지도하며 조직할 것.
      ② 농민운동을 전개할 것.
      ③ 청년운동을 일으킬 것.
      ④ 부녀운동을 일으킬 것.
      ⑤ 문화단체
      ⑥ 소비조합운동
      ⑦ 실업자운동
   (2) 조직사업
   (3) 옳은 정치노선을 위한 양면전선투쟁을 전개할 것.
   (4) 프롤레타리아의 헤게모니를 위한 투쟁.
   (5) 인민정권을 위한 투쟁을 전국적으로 전개할 것.
5) 약간의 이론문제―혁명이 높은 정도로 전환하는 문제

이 글 여기에서도 테제의 체계에 따라서 그 내용을 살펴보기로 한다. 즉, 서술에서의 항목설정을 테제의 그것과 같이하면서 먼저 테제의 내용이 무엇인가를 소개하고 그에 대한 필자의 견해를 밝히는 그러한 방식을 택했다. 그러므로 테제의 전체적인 내용이 무엇인가에 역점을 두어야 했고, 그러기 위해 테제 원문을 그대로 인용할 수밖에 없었다.

현정세

첫 항목인 '현정세'는 8월테제의 배경설명에 해당되는 것으로서 '조선의 해방'이 연합국의 승리로써만 가능했다는 것과 세계혁명정세가 사회주의에 유리한 방향으로 전개되고 있다는 두 가지 측면에서 당시의 국내외

정세를 설명하고 있다.

'조선의 해방'은 연합국의 승리에 의하여 실현

한국의 해방에 대해서 테제에서는 "그것은 우리 민족의 주관적·투쟁적인 힘에 의해서보다도 진보적 민주주의 국가 소·영·미·중 등 연합국 세력에 의하여 실현된 것"이라고 규정했다. 이러한 규정, 다시 말해서 '조선의 해방'이 우리 민족의 주체적인 투쟁에 의해서가 아니라, 제2차 세계대전에서 연합국의 승리와 일본 패망이라는 외부적 요인에 의해서 가능했다는 평가는 너무나 당연한 것으로서 반론의 여지가 없다. 여기에서 주목되는 것은 사회주의 국가인 소련뿐만 아니라 영·미·중 등까지를 포함해 모든 연합국을 진보적 민주주의 국가로 호칭했다는 점이다. 영·미, 특히 중국 장개석정부에 대해서까지도 진보적 민주주의 국가로 호칭했다는 것은 독일·일본 등의 파쇼국가들과 구별하기 위한 상대적 개념으로 그렇게 표현한 것이라고 볼 수 있으나 프롤레타리아 국제주의와 세계혁명을 추구하는 공산주의자의 입장에서는 적합한 표현이라고 할 수 없다. 진보적 민주주의라는 정치용어는 대체로 자본주의가 아닌 사회주의를 지향하는 과도적인 단계의 체제개념으로 쓰이고 있기 때문이다.

10월 10일 평양에서 개최된 '북조선분국' 창설회의에서 채택한 정치노선에서는 8·15 해방에 대해서 "사회주의 연방 소비에트동맹과 자본주의국가 영·미는 전 세계 평화와 인류 해방을 위하여 전쟁한 것이다. …… 조선 민족은 해방이 되었다. 그러나 해방은 자체의 힘에 의한 해방이 아니고 외래의 입력에 의한 해방이다. 이것이 조선혁명의 첫째 특수성이다. 또 외래의 힘은 '한' 힘이 아니라 즉 사회주의 국가인 적위군의 힘과 자본주의 국가인 영·미의 힘으로 해방되었다. 이것이 둘째 특수성이다"[13]라고 8월테제에서와 같이 조선의 해방을 외적 요인으로 규정하고 있으나, 그 내용과 표현에서는 달리하고 있는 것을 볼 수 있다. 즉 8월테제에서는 소·영·미·중을 일괄적으로 진보적 민주주의 국가로 지칭한 데 반해 위의 예에서는 소련은 사회주의 국가로, 영·미는 자본주의 국가로 명백히 구분하고 있으며, 중국은 포함시키지 않고 소·영·미 등 3개국만 지적하고 있다.

당시 중국이라 함은 장개석의 국민당정부를 의미하며, 제2차 세계대전 때 중국이 국공합작(國共合作)으로 대일전쟁을 공동으로 전개한 것은 사실이다. 그러나 모택동을 중심으로 한 중국공산당과는 대립관계에 있었기 때문에 그들로서는 중국을 소·미·영과 동격으로 '조선해방의 은인'으로 격상시킬 수가 없었던 것으로 보인다.

이처럼 서울의 8월테제와 평양 북조선분국의 정치노선은 같은 공산당임에도 '조선의 해방'에 대한 성격규정에서 견해를 달리했는데 이것은 그들 '세계관'의 차이에서 비롯된 것이라고 볼 수 있다. 다시 말해 8월테제를 작성한 박헌영과 그 주변인물들은 마르크스-레닌주의적 이론무장에서 소련군이 진주하고 있는 북조선의 공산주의자들보다는 미흡했으며, 따라서 객관세계를 분석함에 있어서도 공산주의적 관점과 시각에서 일탈할 수가 있었다는 것이다.

조선민족은 자기비판을 해야 한다

이에 관해서는 "이번 반파시스트·반일전쟁 과정에서 조선은 전체로 보아 응당한 자기역할을 하지 못했다. 그것은 조선의 지주(地主)와 민족부르주아지들이 전체로 일본제국주의의 살인강도적 침략적 전쟁을 지지했기 때문이었다. 이들 반동세력은 전시국가총동원체제 밑에서 조선의 노동자, 농민, 도시빈민 등 일체 근로인민의 진보적 의사를 무시하고 잔인무도한 군사적·제국주의적 탄압을 행했다. 그러나 솔직하게 말하면 그것이 우리 민족의 혁명적 투쟁이 대중적으로 전개되지 못한 약점이다. 여기에서 우리 조선은 민족적 자기비판을 하여야 할 모멘트에 이르렀다"고 지적하고 솔직한 민족적 자기비판이 있어야만 앞으로 "국제정국에서 진보적 역할을 할 수 있는 전제조건이 된다"고 주장하고 있다.

일제식민지 통치를 반대하는 전 민족적 투쟁을 전개하지 못했다는 점과 일부 계층이 일제에 적극 협력한 사실에 대해서 이를 신랄하게 비판한 것은 콤그룹의 중심인물인 박헌영으로서는 당연한 태도라고 할 수도 있다. 그러나 "조선의 지주와 민족부르주아지들이 전체로 일본제국주의의 살인강도적·침략적 전쟁을 지지했기 때문이다……"라고 '전체'가 그러한 것으로 규정했다는 것은 지나친 평가와 책임전가라 하지 않을 수 없다.

다시 말해 즉 일제 식민지통치하에서 지주 및 민족부르주아지 중에는 일제와 야합하여 민족반역행위를 한 부류도 있기는 하나 그들 대부분은 노동자, 농민과 더불어 일제의 착취와 탄압의 대상이 되어 있었던 것이다. 그리고 그들 중에는 민족의 해방과 독립을 위해 헌신적으로 투쟁한 사람들도 있었다. 이러한 긍정적인 측면을 전혀 인정하지 않고 '전체'를 비난한 것은 일제하의 지주 및 민족부르주아지에 대한 정당한 평가라고 볼 수 없다.

국제정세는 사회주의에 유리한 방향으로 전개되다

국제정세의 발전추세에 관해 테제에서는 "국제적·객관적 정세는 자못 예측하지 못할 만한 급속한 템포로…… 전개되고 있는 것이 금일의 특징이다. 한마디로 말하면 국제 파시즘의 전면적 궤멸과 진보적 민주주의와 사회주의의 승리는 세계혁명을 더욱더 높은 정도로 발전시키고 말았다. 그것은 한편으로는 소비에트연방의 국제적 지위와 그 비중을 훨씬 높이고 무겁게 만드는 동시에 다른 편으로는 국제제국주의체제를 그 토대와 근저로부터 흔들어놓아 나머지의 그들 체제도 필연적으로 결국에는 독일과 일본제국주의와 마찬가지의 비극적 운명을 면할 도리가 없다는 것이다. ……여기에서 모든 세상 사람들은 단도직입적으로 문제를 세우고 있다. 즉 자본주의냐? 사회주의냐? 파시즘이냐? 민주주의냐? 다시 말하면 사람들은 전후(戰後)에는 어떠한 사회를 건설하고 살아나갈까 하는 문제이다"라고 소련의 국제적 지위는 비할 바 없이 향상되고 '국제제국주의'는 근원적으로 붕괴되고 있기 때문에 모든 사람들은 자기 나라의 체제 선택에서 자본주의 아니면 사회주의, 민주주의 아니면 파시즘 등으로 나뉘어 있으며, 또한 우리나라에서도 "진보적 민주주의 사회와 반동적 민족주의 국가의 건설 등 양자택일이라는 상황"에 있다고 주장했다. 국제정세의 발전추세로 보아 중간체제와 복합체계 및 절충체제 등을 전혀 인정하지 않고 양극적인 체제만을 전제로 하고 있는 것이다. 당시 국제공산주의운동에서는 중간, 중립을 인정하지 않았기 때문에 이러한 '좌' 아니면 '우'라는 체제의 양극론은 그들로서는 당연한 주장이었다고 할 수 있다.

본래 공산주의 세계관은 모든 사물과 사회현상을 대립물의 통일과 투쟁이라는 유물변증법을 바탕으로 해서 보는 관점이기 때문에 '중간'이라는 것을 인정하지 않는다. 이러한 양극론적인 사고방식은 박헌영을 중심으로 한 조선공산당의 훗날의 정치활동에 그대로 반영되어 나타나는데, 그것이 중간정치세력과의 관계에서 포용성의 부족과 신축성 있는 정책의 부재, 마침내는 독선적이며 극좌적인 모험주의의 과오를 범하는 요인이 되었다고 할 수 있다. 공산진영에서 정치체제의 다양성을 인정하게 된 것은 1953년 스탈린이 사망한 후 소련을 중심으로 단합되었던 공산권이 분열되고 '사회주의의 평화적인 이행'이라는 새로운 수정주의 이론의 대두와 함께 일부 신생 독립국가들에서 '중립'을 표방하게 된 1950년대 중반시기라고 볼 수 있다.

그밖에 테제에서는 국제정세의 발전추세에 대해서 "국제파시즘의 전면적 궤멸과 진보적 민주주의와 사회주의의 승리는 세계혁명을 더욱더 높은 정도로 발전시키고 있다"고 설명하고 있는데 이때의 진보적 민주주의라는 것이 앞서 지적한 바와 같이 영·미·중을 뜻하는 것으로 볼 수 있다. 그렇다면 앞에서 인용한 것처럼 "국제제국주의체제를 그 토대와 근저로부터 흔들어놓아 그들 체제도 필연적으로 결국에는 독일과 일본제국주의와 마찬가지의 비극적 운명을 면할 도리가 없다"고 지적한 것은 영·미·중이 아닌 어느 나라를 의식한 표현인지 이해할 수 없는 부분이다. 즉 진보적 민주주의와 국제제국주의의 관계가 분명치 않다는 것이다.

조선혁명의 현 단계

이 부문에서는 '조선혁명의 성격(단계)'을 '부르주아민주주의혁명'이라고 규정하고, 혁명에서 수행해야 할 과업, 사이비 혁명가와 '반동적 정치노선'을 지적하면서 당면한 투쟁방향을 제시해주고 있다.

부르주아민주주의혁명의 단계

먼저 조선혁명의 성격을 부르주아민주주의혁명이라고 규정하고, 그 기본과업을 첫째, 민족적 완전독립과 둘째, 토지문제의 완전해결의 두 가지로 지적했다. 토지문제에 대해서는 "우리 조선사회 제도로부터 전 자본주의적(前資本主義的)·봉건적 잔재를 깨끗이 쓸어버리고 자유발전의 길을 열어주기 위하여 우리는 토지문제를 혁명적으로 해결하지 않으면 안 된다"라고 전제하고, 그 방법으로서 무엇보다도 먼저 "일본제국주의자와 민족적 반역자 및 대지주의 토지를 보상 없이 몰수하여 이것을 토지 없는 또는 적게 가진 농민에게 분배할 것이요, 토지혁명의 진행과정에서 조선인 중 소지주의 토지에 대하여서는 자기 경작지 이외의 것은 몰수하여 이것을 경작자의 노력과 가족의 인구비례에 의하여 분배할 것이요, 조선의 전 토지는 국유화할 것이요, 국유화가 실현되기 전에는 농민위원회 인민위원회가 이를(몰수한 토지) 관리한다"고 주장한다.

그밖에 언론·출판·집회·결사·가두행진·파업의 자유, 8시간노동제 실시, 대중생활의 급진적 개선, 일본인 소유의 모든 생산수단 몰수와 국유화, 국가부담에 의한 의무교육, 여성지위 향상, 단일누진세 실시, 국민의용병제 실시, 18세 이상의 남녀평등의 선거·피선거권 부여 등의 민주주의적 과업의 실시와 더불어 진보적 새 조선은 건설된다고 하고, 계속해서 부르주아민주주의혁명에서는 노동자, 농민, 도시소시민과 인텔리겐치아가 동력(動力)이 되어야 한다고 하며, 프롤레타리아만이 혁명의 영도자가 될 수 있다고 규정했다.

이러한 혁명의 성격규정과 동력, 영도권 문제들은 레닌의 혁명이론에 바탕을 둔 것으로 볼 수 있는데, 그러한 이론의 원용에서 몇 가지 문제점을 찾아볼 수 있다.

첫째로, 혁명의 단계를 부르주아민주주의혁명으로 규정한 근거에 대해 전혀 설명이 없다는 점이다. 다시 말해서 부르주아혁명도 아니며, 사회주의혁명도 아닌 부르주아민주주의혁명으로 될 수밖에 없는 이유를 먼저 밝혀야만 했다.

둘째로는, 부르주아민주주의혁명에서 '민족적 완전독립'과 '토지문제의 혁명적 해결'을 기본과업으로 설정한 것은 당시의 정치 및 경제적 요구, 즉 자주독립국가의 건설 및 봉건적 토지소유관계와 철폐라는 기본적인 문제를 정확히 반영한 것이라고 볼 수 있다. 그러나 토지문제의 해결에서 "……조선의 전 토지는 국유화할 것이요 국유화가 실현되기 전에는 농민위원회 인민위원회가 이를 관리한다"라고 전 토지의 국유화를 목적하고 있는데, 이는 부르주아민주주의혁명 단계를 훨씬 벗어난 좀더 높은 단계의 과업으로서 극좌적(極左的) 과오를 범한 부분이라고 할 수 있다. 또한 몰수한 토지를 농민에게 분배한다고 하면서도 농민위원회 인민위원회가 이를 관리한다고 한 것은 논리상의 모순을 나타내고 있다. 공산주의 고전에서는 부르주아민주주의혁명을 "봉건세력을 반대하여 부르주아적인 사회정치적 개혁을 실현하려는 투쟁에 노동계급을 비롯한 근로대중이 자기의 독자적인 정치경제적 요구를 내걸고 적극적으로 참가하는 혁명투쟁, 부르주아혁명에 비하여 봉건잔재를 철저히 청산하고 노동계급의 혁명투쟁을 더욱 발전시킬 조건을 조성하나 생산수단에 대한 사적 소유 일반을 폐지하는 것을 자기의 직접적인 목적으로는 내세우지 않는다"[14)고 정의하면서 부르주아혁명의 진보적이고 발전된 형태로 보고 있다. 이러한 이론에 비춰볼 때 생산수단(토지) 소유형태의 개혁까지를 목적함으로써 급진적인 오류를 범하게 되며, 따라서 당시의 사회경제적 상황으로 보아 부르주아민주주의혁명보다는 인민민주주의혁명(일명 반제반봉건 민주주의혁명)으로 설정하는 것이 좀더 타당한 규정이 아니었나 한다. 공산주의 이론에서는 인민민주주의혁명에 대해서 "식민지 및 반식민지 나라들에서 노동계급의 영도 밑에 외래 제국주의 침략세력과 그 앞잡이인 국내 반동세력의 통치제도를 철폐하고 민족적 독립을 달성하며 봉건적 착취관계를 청산하고 나라의 민주주의적이고 자주적인 발전을 실현하는 혁명"[15)을 뜻하는 것으로 풀이하고 있으므로 부르주아민주주의혁명이라기보다 인민민주주의혁명 단계로 규정짓는 것이 가장 적절했을지도 모른다.

셋째로는 부르주아민주주의혁명의 동력에서 민족부르주아를 배제시킨 것은 이론상으로 모순된 것이다. 부르주아민주주의혁명은 어디까지나 사회주의혁명이 아니며, 생산수단의 사적 소유를 전제로 한 부르주아혁명의 범주에 속하는 것인만큼 민족부르주아는 당연히 혁명의 동력에 포함되어야 한다. 민족부르주아는 대부분 토지와 관련되어 있으며, 그들 중 일부만이 일제와 결탁하여 반역행위를 해왔으므로 극소수의 민족반역자를 제외한 나머지 대다수에게는 혁명에 참여할 것을 주장했어야만 했다.

넷째로는 '정권'쟁취 문제를 제일의 과제로 제시해주지 못하고 있다는 점이다. 공산주의 투쟁전술에서는 "정권에 관한 것은 혁명에서 기본문제이며, 혁명의 승패를 좌우하는 사활적인 문제"[16]라고 하면서 이를 가장 중요시하고 있다. 그것은 정권을 장악해야만이 독재체제를 수립할 수가 있으며, 그를 통해서 목적한 사회개혁을 단행하고, 나아가서 사회주의·공산주의 건설을 추진해나갈 수 있기 때문이다. 그러므로 정권을 장악하기 위한 정치투쟁을 가장 높은 형태의 투쟁으로 보고 "정권을 소비에트로!"라는 구호를 내걸고 비정치적 투쟁을 정치투쟁으로 유도했던 것이다. 그러나 이 테제에서는 정권쟁취에 대한 것이 극히 미흡하게 언급되고 있을 뿐이다. 즉, "일본의 세력을 완전히 조선으로부터 구축하는 동시에 모든 외래자본에 의한 세력권결정(勢力圈決定)과 식민지화 정책을 절대 반대하고 근로인민의 이익을 옹호하는 혁명적 민주주의 정권을 내세우는 문제……"라고만 지적하고 있을 뿐 정권의 수립문제에 대한 구체적 제시가 없다. 이는 8월테제가 지니고 있는 가장 기본적인 결함의 하나가 아닌가 한다.

사이비혁명가 및 반동적 정치노선과 투쟁전개

이에 관해 테제에서는 "……그것은 일본제국주의의 붕괴와 퇴각과 동시에 새로 나타나는 외국세력을 영접하고 그들의 대변자가 되어가면서라도 그들의 자체계급의 이익을 옹호하겠다는 배짱이다. 민족급진주의자, 민족개량주의자, 사회개량주의자(계급운동을 포기한 일파), 사회파시스트

(일본제국주의자와 협력한 변절자 일파)들은 민족주의·사회민주주의 혹은 공산주의의 간판을 들고 나서고 있다"라고 당시의 정치무대에 등장한 여러 유형의 사이비 정치집단들을 지적하고, 이러한 세력과는 대중적 투쟁을 전개해야 한다고 하면서 '옳은 혁명적 정치노선'과 배치되는 우익계 한국민주당(韓國民主黨)의 노선과도 아울러 투쟁할 것을 강조했다. 즉 한국민주당과의 투쟁에 대해서는 "그것은 조선의 지주와 대자본가들이 주장하는 노선이니 이것은 우리의 혁명적 노선과 대립되고 있다. 그것은 형식적인 민주주의 국가의 건설로서 그들 지주와 대자본가의 독재하에 그들의 이익을 옹호 존중하는 정권수립의 기도다. 이것은 해외에 있는 망명정부와 결탁하여 미국식의 데모크라시적 사회제도 건설을 최고 이상으로 삼는다. 반동적 민족부르주아 송진우(宋鎭禹)와 김성수(金性洙)를 중심으로 한 한국민주당은 지주와 자본계급의 이익을 대표한 반동적 정당이다"라고 그들의 정치노선에 대한 '반동성'과 정권조작의 음모를 폭로 비난했다. 여기에서는 송진우와 김성수가 주도하는 한국민주당을 지주 및 대자본가를 대변하는 반동적 정당으로 규정하는 한편, 그들과는 어떠한 타협도 할 수 없으며 오직 투쟁의 대상이 될 뿐이라고 명백히 밝히고 있다. 이리하여 그들과는 통일전선의 여지조차 남겨놓지 않았다. 한국민주당에 대한 이렇듯 강경한 태도는 일제의 잔악한 탄압 속에서도 굴하지 않고 공산주의운동을 꾸준히 전개해왔다고 자부하고 있는 그들로서는, 또한 계급투쟁을 하려고 하는 공산주의자의 입장에서는 당연한 주장이었을지도 모른다.

공산주의운동에서는 혁명의 성격규정과 함께 혁명의 '동력'과 '대상'을 밝히게 마련인데 여기에서는 '동력'에 대해서만 지적되고 있을 뿐 '대상'에 대한 명백한 규정은 찾아볼 수가 없다. 당시의 실정으로 보아 혁명의 대상으로 친일파, 민족반역자에 대한 문제가 크게 부각되었어야 하는데도 그러지 못한 점이 지적된다.

조선공산주의운동의 현상과 결점

이 부문에서는 첫째, 일제탄압 아래서의 공산주의운동은 지하에서 활동하지 않으면 안 되었으며, 1937년 전쟁기에 들어서면서부터 운동을 청산하는 사람들까지 생겼고, 그들 중 금광과 투기에 종사한 자들도 있었다는 것, 둘째, 이러한 청산주의자(淸算主義者)들이 해방이 되자 당을 조직하고 대중의 지도자로서 출현하는데 이는 조선공산주의운동사에서 계급적 반당행위(反黨行爲)의 일종이라는 것, 셋째, 콤그룹이 조선공산주의운동을 대표할 수 있으나, 그 세력이 극히 미비하므로 조직을 확대 강화해 대중적 지지기반을 구축해나가야 한다는 것, 넷째, 프롤레타리아 전위인 볼셰비키당으로 되어야 한다는 것 등 네 가지를 지적했다.

특히 여기에서 주목되는 것은 일제시대의 공산주의운동은 그 말기에 이르러 대부분 투쟁을 포기하게 되었으며 박헌영을 중심으로 한 콤그룹만이 투쟁을 지속해왔기 때문에 그것이 당의 전통으로 되어야 한다는 것과 또한 그를 중핵으로 해서 당을 볼셰비키화해야 한다는 것을 강조한 점이다. 그러므로 8월 16일에 조직된 반대파(장안파)에 대해서 과거의 비공산주의적 청산생활에 대한 비판을 가하지 않으면 안 되었다.

일제하 공산주의운동의 기본결함과 전향파의 산출

여기에서는 먼저 일제하의 혁명운동은 국내외를 불문하고 통일적인 활동을 전개하지 못했다고 전제하고, "특히 전쟁시기에 군사적·제국주의적·전시계엄령적 상태 밑에서 모든 운동은 물론이고 하찮은 자유사상의 언사(言辭)까지도 극악(極惡)의 탄압을 당하고 있었던 것이다. 그렇기 때문에 일반적으로 조선민족해방운동 특히 그중에도 조선공산주의운동은 깊이 지하에서 계속되고 있었으나 표면에 나서지 못한 것이었다. 대중의 지지가 없는 것은 아니겠지만 끊임없이 일어나는 대중적 검거는 비합법적 조직운동을 극도로 위축시켰던 것이다. 이러한 모든 곤란한 환경에서도 어쨌든 국제노선을 대중 속에서 실천하는 진실한 의미의 콤그룹의 공산주의운동을 비합법적으로 계속했던 것은 사실이다"라고 콤그룹만이 유일하게 투쟁을 지속해온 것이라고 주장하고 있다. 그리고 투쟁을 포기한 과거의 반대파들에 대해서는 "1937년 이래 전쟁시기에 들어가면서부터는 과거파벌들은 모든 운동(합법적·비합법적)을 청산하고 일본제국주의 앞에 더욱 온순한 태도를 표시했던 것이다. 그 결과는 과거의 파벌분자와 그 거두(巨頭)들로서 전시하에 있어서 일본제국주의의 군사적 탄압이 두려워서 계급운동을 청산한 변절자일파(전향자)가 다량적으로 산출된 것이었다. 그들은 자기가 신봉하던 주의를 헌신짝 버리듯이 쓰레기통에 집어던지고 민족과 노동계급을 배반하고 그들 자기 개인의 이익을 존중한다는 그 본래의 원칙을 노골적으로 발휘할 기회가 왔다고 생각하고 이 일시직 과노적 암흑시기에 있어서 운동을 포기하고 편안한 살림살이에 힘썼던 것이다. 그들의 대다수가 떼를 모아 가지고 금광과 투기업에 종사하기에 전력한 사실은 그들이 모두 비합법적 운동을 깨끗이 청산한 것을 실천에서 증명하려는 까닭이었다"고 일제의 탄압에 굴복하여 공산주의운동을 포기한 청산주의자들이 다량 속출했다는 것과 그들의 해방 전 개인 생활에 대해서 지나칠 정도로 폭로 비난하고 있다.

일제하 공산주의운동에서 초래되었던 연속된 피검과 활동의 중단, 운동의 포기 등에 대한 설명에서 자체 내의 요인보다는 일제의 탄압이라는 외적 요인에 그 책임을 전가시키고 있는데 실은 1920년대 공산주의자들 간의 무원칙한 파벌투쟁이 주된 원인이었다는 점도 지적되었어야만 했다. 즉 1925년 4월에 조직된 조선공산당은 공산주의 파벌의 하나인 박헌영을 비롯한 화요회계의 인물들이 중심이 되었으며 창건 당시에는 서울계라는 반대파와, 그 후에는 당의 주도권쟁탈을 위한 당내 파벌투쟁이 쉴 사이 없이 전개되었는데, 그러한 자체 내의 근원적인 결함에 대해서는 아무런 언급도 없는 것이다. 또한 콤그룹에 속한 사람들 역시 일제치하에서 별다른 활동을 하지 못했으며, 대중 속에 조직기반을 형성하기도 전에 대부분 검거되고 말았다.

이러한 것들을 감안해본다면, 콤그룹이 일제 말기 암담했던 시대에 투쟁했다는 것과 그들 중 일부가 아직 전향하지 않고 있었다는 두 가지 측면만을 절대시하여 "금일에 있어서 한 가지 맑은 물결이 새암(泉)같이 쏟아져나오고…… 캄캄한 밤중에 밝은 등불의 역할을 하는 진실한 의미의 공산주의운동이 과거 백색테러적 탄압시대부터 오늘날까지 계속적으로 발전하여나오고 있었다는 특징을 가지고 있다. 그것은 과연 혁명적이요 용감하며, 정치적으로 계급적으로 옳은 공산주의운동을 대표한 것임이 틀림없지만 아직 미약하고 어리다는 약점을 가지고 있다"고 주장한 것은 스스로에 대한 지나친 과대평가와 자화자찬임이 틀림없으며, 이러한 독선적인 주장은 앞으로 박헌영 중심의 콤그룹이 당권을 장악해야 한다는 당위성을 부각시키기 위해 의도적으로 강조한 것이었다고 볼 수 있다.

장안파에 대한 비판과 콤그룹

8·15 해방과 더불어 조직된 반(反)박헌영 계열인 장안파에 대해서 "탄압시대에는 주의(主義)를 포기하고 투기업자와 금광 브로커가 되고 합법적 시대(8·15 이후)에 와서는 하등의 준비활동도 없이 조선공산당을 조직, 조선공산당 중앙간부를 내세우고, 공산주의운동의 최고지도자가 되고 나서는 그 교묘한 수단은 과거 파벌주의자들의 전통적 과오를 또 한번 범한 것이니 그 결과는 조선공산주의운동이 또다시 분열상태로 나타나게 된 것이다"라고 그들이 해방된 오늘에 와서도 과거 1920년대의 과오를 다시 범하고 있다고 비판을 가하고 있다. 장안파에 대한 이러한 비난은 당의 정통성과 대표권을 주장하고 있는 콤그룹의 입장으로서는 당면목표인 당권장악을 위해 피할 수 없었던 것인지도 모른다.

한편 콤그룹에 대해서는 과거로부터 혁명적인 투쟁전통을 계승해오고 있으며 앞으로 공산주의운동을 대표해나갈 것이라고 주장하면서 그 조직확대를 위한 방향을 다음과 같이 제시했다. 즉 "과거의 소규모의 섹트적 조직은 한 어린아이와 같이 약한 것으로 금일과 같은 객관정세 변천에 자기 이니셔티브를 가지고 대중을 지도하지 못할 것이니 더 자라야 하며 더욱 튼튼하여져서 독립적으로 투쟁할 만한 힘을 얻어야 하고 전투적 경험을 더욱 체험하여야 한다. 다시 말해서 대중의 지지받는 전투적 및 볼셰비키당으로 전환하지 않으면 안 된다. ……공장노동자대중을 토대로 한 조직을 수없이 많이 만들어야 하며, 대중 앞에 용감히 나서서 대중적 투쟁을 전개할 줄 알아야 한다. ……공장 내 기본조직을 전국적으로 더욱 중요한 산업부문과 도시에 조직하여 그들의 대표를 모아서 전국적 대회를 열고 이 전국적 대표회의에서 최고지도기관을 내세울 것이다"라고 대중의 지지기반 구축과 공장 내 기본조직의 확대에 주력할 것을 강조했다. 또한 프롤레타리아트의 전위는 볼셰비키당이 되어야 한다고 하면서, 당은 "사회생활에 대한 지식, 사회발전법칙과 계급투쟁법칙의 이론으로 무장하여 노동계급을 인도하며 그 투쟁을 지도하기에 유능한 노동계급의 선봉대"라는 레닌의 말을 인용하면서 당에 대한 정의를 그 나름대로 내리고 있다.

끝으로 당의 규율은 "첫째로는 프롤레타리아트의 전위의 계급의식과 혁명에 대한 그들의 헌신, 그들의 인내, 그들의 자기희생, 그들의 영웅적 정신에 의하여, 둘째로는 광범한 근로대중과 결합하고 그들에게 접근하고, 그리고 어느 정도까지 그들과 융합하기까지도 할 줄 아는 것에 의하여, 셋째로는 그들 전위에 의하여 즉 광범한 대중이 자기 자신의 경험에 의하여 그 정당성을 확신하게 된다는 전제조건하에서" 유지되고 통제되고 강화된다고 강조했다.

당의 조직확대, 즉 당 건설에서는 모든 나라 공산당들이 레닌의 당이론을 그대로 원용하는 것이 일반적 현상으로 되어 있었는데 이 테제에는 그 예에서 벗어난 측면이 있다.

첫째로, 당의 조직원칙에서 기본이 되는 민주주의중앙집권제(中央集權制) 원칙을 제시해주지 못한 점이다. 이 원칙은, 당원은 당조직에 복종하며 소수는 다수에 복종하고 전당은 중앙에 복종한다는 것, 모든 지도기관은 선거에 의해서 구성되며, 당은 이러한 원칙 아래 조직되고 활동할 때만이 "분파의 산생(産生)을 방지하고 당내 통일단결을 강화시키며 어려운 혁명투쟁에서 인민들을 승리로 이끌 수 있다"[17]고 보고 있다. 그러나 테제에서는 이 문제에 관해 전혀 언급하지 않고 있다. 그것은, 1920년대에 조직된 조선공산당은 하부조직이 거의 없는 상태에서 상층부의 조직과 그 교체의 반복으로 해체되고 말았으며, 그 후에 조직된 콤그룹은 당이 아니라 공산주의자들의 하나의 '서클'에 불과하다는 것을 감안할 때 박헌영을 비롯하여 그 일파가 중앙집권적인 당조직과 운영에 관해서 제대로 경험해 보지 못했다는 데 그 원인이 있지 않은가 한다.

둘째로, 당조직 확대의 대상에 대한 것인데 여기에서는 공장 내의 기본조직만을 강조했을 뿐 그밖에 농촌을 비롯한 여러 생산단위와 행정단위에 대해서는 언급이 없다. 이는 공산당이란 노동계급의 '전위대' '선봉대'라는 마르크스-레닌주의적 고정관념에 사로잡혀 이를 기계적으로 해석한 나머지 농촌의 농민계급을 무시하고 노동계급만이 당조직의 대상이 될 수 있다고 주장한 것으로 볼 수 있다. 당시 혁명의 단계를 부르주아민주주의 혁명으로 규정한 것과 관련시켜볼 때 무엇보다도 노농동맹이라는 정치기반구축이 가장 중요한 과제였으며, 따라서 농촌과 농민계층 속에서의 당조직의 필요성을 강조했어야만 했다.

우리의 당면임무

8·15해방과 더불어 노동자·농민의 투쟁이 폭넓게 일어나고 있으나 그를 통일적으로 지도하지 못하고 있는 것은 옳은 정치노선과 혁명적 지도가 없는 데서 비롯된 것이며, 따라서 노동계급의 전위인 조선공산당이 조속히 대중 앞에 나서야 하고, 전국적인 통일적 볼셰비키 공산당의 재건을 위해서 "조선의 혁명적 공산주의자들은 모든 힘을 집중해야 한다"는 것을 당면과제로 제시했다.

첫째, 대중운동의 전개에서 노동자투쟁, 농민운동, 청년운동, 여성운동, 문화운동, 소비자운동, 실업자운동 등에 주력하며, 둘째, 당조직사업에서는 기본조직의 확대와 지방 및 중앙에 이르는 당조직체계의 확립, 계층별 및 분야별 대중단체의 조직에 힘쓰고, 셋째, 옳은 정치노선을 확립하기 위해서는 좌우경적인 노선과의 투쟁을 전개해야 하며, 넷째, 농민과 일반대중을 쟁취하여 프롤레타리아 영도권을 확립해야 하고, 다섯째, 근로인민의 이익을 대표하는 '인민정부'의 수립을 위해 민족통일전선을 조직해야 한다는 등 분야별로 당면 투쟁방향을 명백하게 밝히고 있다.

대중운동의 전개

대중운동의 기본방침을 노동자·농민의 구체적이며 일상적인 요구를 정치적 요구인 "조선의 완전독립, 토지문제의 혁명적 해결, 8시간노동제 실시, 언론·출판·집회·결사·파업·시위행진의 자유, 일본제국주의자와 민족반역자가 소유한 토지와 재산을 무상몰수하여 근로대중농민에게 분배, 근로대중의 생활수준을 급진적으로 개선, 조선의 완전독립을 위협하는 외국세력의 일체 행위 절대 배격" 등과 결부시켜 대중투쟁을 정치투쟁으로 연결시켜야 한다고 주장하면서 각 계층에 따른 투쟁방향을 제시하고 있다.

① 노동자투쟁의 지도와 그 조직화

노동자들의 투쟁지도에서 "노동자의 일상이익을 위한 투쟁을 일으키며 그것을 지도함으로써 대중을 쟁취할 수 있다. 즉 노동자대중 속에 들어가서 그들의 아픈 점과 불평불만을 들어서 이것을 출발점으로 해 투쟁을 일으키고 선동하여 그들에게 계급의식을 넣어주고 조직하며 정치적 수준을 높여야 한다"고 투쟁을 통한 조직화와 의식화를 강조하고 있다. 그리고 일상생활과 관련한 요구조건으로서 쌀배급량 증배(5~6홉), 노동자우대의 생필품배급, 생활필수품생산에 주력, 최저임금제 실시와 노동시간단축, 노동시설 개선, 노동자의 사회보험제 실시, 14세 이하의 유년노동 금지, 국가부담에 의한 근로대중의 교육기관설립, 국수주의적·반민주주의적 교화제(敎化制) 철폐, 유급휴가제 실시, 1주1일휴일제 실시, 유해노동의 6시간제 실시, 노동임금 남녀차별 폐지, 노동중의 피해자 가족에게 위자료 지급, 산전·산후 6개월의 노동면제" 등 열다섯 가지를 지적했다.

노동자의 투쟁을 낮은 단계에서 높은 단계로, 즉 경제투쟁에서 정치투쟁으로 연결 발전시켜나가야 한다는 것은 공산주의 혁명이론에 비추어볼 때 당연한 주장이기는 하나, 정치투쟁의 목적이 바로 정권쟁취에 있음을 명백히 제시해주지 못한 것이 부족한 점으로 남는다. 앞에서 대중운동의 일반적 정치요구라고 하여 지적하고 있는 '조선의 완전독립' '토지문제의

혁명적 해결' '8시간노동제 실시' 등은 노선적이며 정책적인 차원의 요구에 불과한 것으로, 그러한 요구를 실행해나갈 수 있는 정권수립문제를 제일의 투쟁목표로 내세워야만 했을 것이다. 특히 당시의 상황은 정치적 공백기로서 어떠한 정권을 수립하느냐가 기본문제로 제기되고 있는 만큼 더욱 그러하다.

또한 공장·기업소의 운영권쟁취와 참여문제를 들 수 있는데, 그것은 일본인소유의 공장·기업소는 모두 몰수하여 국가 소유로 한다는 것을 당의 기본입장으로 밝힌 이상 공장의 운영권쟁취와 운영참여 문제는 당연히 투쟁의 대상으로 되어야만 했다. 그리고 공산주의노동운동에서는 투쟁을 통해서만 의식화되고 또한 조직화되는 것으로 보고 있는데 노동자단체의 조직문제를 노동투쟁과 함께 주요한 과제로 제시하지 못하고 있다.

② 농민운동의 전개

"노동계급은 토지를 몰수하여 농민에게 나누어주며 일체 봉건주의적 잔재를 청산하는 투쟁과 그들의 일상이익을 대표하는 요구조건과 결부하여 농민대중운동을 전개함으로써 농민과 통일전선을 결성하고 농민을 전취하기 위하여 농민의 당면요구를 내걸고 싸우지 않으면 안 되며 농민의 굳은 동맹을 결성하지 않으면 안 된다"고 하면서 첫째, 쌀배급량을 늘릴 (5~6홉) 것, 둘째, 생활필수품을 공평하게 배급하되 특히 노동자와 농민을 우대할 것, 셋째, 농민의 교화기관을 국가부담으로 실시할 것, 넷째, 농촌 내에서 혁명적 계몽운동을 일으킬 것, 다섯째, 지주·고리대금업자·금융조합·은행에 대한 농민의 부채 일체를 무효로 할 것, 여섯째, 소작료를 3·7제로 인하하고 이것을 화폐지대(貨幣地代)로 정하며 소작관계에서 봉건적 잔재를 일소할 것, 일곱째, 인신매매나 양반상민의 차별대우와 같은 봉건적 잔재를 청산할 것 등 주로 노농동맹을 형성하고 그를 강화해야 한다는 방향에서 농민의 당면 요구조건을 제시하고 있다.

이는 부르주아민주주의혁명에서의 정치적인 기반이 노농동맹에 기초하고 있다는 공산주의 이론에 비추어본다면 당연한 방향제시라 할 수 있다.

그러나 일본인 소유와 민족반역자 소유의 토지에 대해서는 무상 몰수한다는 것이 당의 주장이고 보면 그를 실천하도록 하는 요구조건이 제시되어야 하며, 소작관계에서도 "봉건적 잔재를 일소하라"고만 지적할 것이 아니라 소작제 철폐를 위한 구체적 방향제시가 있어야 했을 것이다. 그 밖에 노동자의 경우와 같이 농민대중에 대한 의식화와 그를 통한 '조직화' 문제를 중요과제로 제시하지 못했다.

③ 청년운동의 전개

지금까지의 소부르주아적 가두층(街頭層)을 중심으로 한 운동으로부터 방향전환을 하여 노동청년과 농민청년을 중심으로 한 일반근로청년운동을 전개하지 않으면 안 된다 하여 청년운동의 기본방향이 근로청년운동의 전재에 있음을 강조하고, 그 당면과제로서 "청년들에게 교양사업을 자기과업으로 삼는 동시에 극구(極究)에 있어서 프롤레타리아트의 해방 투쟁을 지지하는 임무를 가진 공산청년운동을 전개하는 것"이라고 지적했다.

그리고 "공산청년동맹은 노동청년, 농민청년, 학생, 인텔리 청년 등 일반청년대중을 포함한 대중적 단체(조선해방청년동맹 등)를 지도하며 광범한 청년대중운동을 투쟁적으로 혁명적으로 나가게 하고 일반청년 대중을 자기영향 밑에 끌어넣어야 한다"고 함으로써 공산청년동맹이 청년운동을 혁명적으로 주도해나가야 한다고 하면서, 사상과 주장을 달리하는 청년단체들과의 관계에 대해서는 "민족개량주의 청년단체(천도교청년당)와 반동적 청년단체(고려청년) 내부에 있어서 활동을 게을리하여서는 안 된다. 공산청년동맹은 진보적·투쟁적 청년단체와 민족개량주의 청년단체와의 행동의 통일을 주장하고 통일전선을 결성하여야 하나 그것은 결코 민족개량주의 청년단체의 지도자들의 개량주의적 타협주의와 합류를 의미하는 것이 아니며 또한 그들의 개량주의적 반동성에 대해 비판을 포기한다거나 그것을 폭로하는 전술을 중지함을 의미하지 않는다"고 그들과의 통일전선을 형성하지 않으면 안 된다는 것을 강조했다.

청년운동에서 무엇보다도 노동청년, 농민청년 등 근로청년들을 의식화·

조직화하는 데 역점을 두고 그를 점차 공산청년동맹으로 발전시켜나가야 한다고 하는 방향제시는 공산청년동맹이 공산당의 후비대(後備隊)라고 하는 공산주의 이론에서 볼 때 당연한 주장이라고 할 수가 있다. 1920년대를 보면 공산당과 공산청년동맹과는 불가분리의 관계를 가지면서 조직되고 해체되었음을 찾아볼 수 있으며, 특히 지도부의 인물들은 서로 겸직되는 경우가 많았다. 따라서 당시의 공산청년동맹은 노동청년들의 대중조직이라는 본래의 성격을 지니지 못했다 할 것이다.

그러나 "공산청년동맹은 당의 정치적 지도 밑에서 종파성(宗派性)을 극복하고 일반 근로청년대중과 연결됨으로써 그들의 지지를 받는 대중적 투쟁적 전투적 교양적 청년조직이 되어야 한다"고 규정한 것은 그들 공산청년동맹의 성격에 부합되는 지적이라 할 수 있다. 다시 말해서 공산청년동맹은 공산당의 후비대이며 대중성을 띤 단체라는 점을 명백히 밝혔다는 것이다.

④ 여성운동의 전개

"현하 조선에 있어서 부녀는 봉건적 압박과 착취의 가장 온순한 대상이 되고 있다. 남존여비와 현모양처주의의 아시아적·봉건적 유제(遺制)는 조선의 여성으로 하여금 경제적·정치적·사회적 모든 방면에서 노예적 생활을 감수하게 만든다. 공장에서, 농촌에서, 직장에서 여성의 권리는 무시되고 동일노동에도 불평등한 임금을 받게 되고 있으며 가정에서는 남자의 무리한 일방적 압제에 절대복종을 표(表)하지 않으면 안 되는 조선 고래의 전통적 유습에 속박되고 있다"고 여성의 지위와 권리가 유린되고 있음을 지적하고, "이러한 형편에서 살고 있는 조선 부녀를 위한 해방투쟁은 계급적 해방투쟁의 한 부분으로서 출발해야 하며, 오직 프롤레타리아트당의 정치적 지도 밑에서만 그들 자신의 해방은 바른 길로서 해결된다"고 공산당의 지도 밑에서 계급투쟁의 한 부분으로서 여성운동은 전개되어야 할 것임을 강조했다. 그리고 노동여성과 농민여성의 공동전선을 토대로 하여 일상적 요구와 이익을 위한 투쟁을 해야만 운동에서의 실효를 거둘 수 있다는 것도 아울러 지적하고 있다.

　이러한 여성운동의 방향 제시는 당시 우리나라 여성의 불평등한 사회적 지위와 처지로 보아 적절한 지적이다. 그러나 여성운동을 계급투쟁의 한 부분으로서 규정했다는 것은 공산주의혁명운동 입장에 의한 일방적 지적이라고 할 수 있다. 여성해방을 법적으로 보장받을 수 있는 '남녀평등권법령'의 제정과 여성운동에서 핵심이 되는 '계몽'에 주력해야 한다는 것을 강조했어야만 했다. 특히 부녀자들의 문맹률이 높다는 것을 감안할 때 더욱 그러하다.

　⑤ 문화단체운동
　"가두층 인텔리겐치아들은 민족적·사회적·개량주의의 영향으로부터 해방되어 혁명적 진영에로 인입(引入)되어야만 한다. 문화연맹, 과학자동맹, 무신론자동맹, 작가동맹, 스포츠단체 등 각종 문화단체가 결성되어 당의 지도 아래 활동해야 하며, 당을 지지하고 협력하는 보조단체로서 활동하지 않으면 안 된다"고 명확하게 지적하고 있다.

　⑥ 소비조합운동
　"소비조합회원은 일상이익 옹호투쟁, 특히 물가폭등 반대, 약탈적 소비세 및 신세(新稅)부과에 반대하여 소비조합운동을 일으켜야 한다"고 명시했다.

　⑦ 실업자운동
　"공산주의자는 실업자의 이익과 요구에 늘 주력 옹호하고, 그들을 조직하여 직업의 확보 투쟁, 충분한 실업보조금 및 실업보호금 등의 획득 투쟁도 지도하면서 실업자를 통일전선운동에 끌어넣지 않으면 안 된다. 금일에 있어서의 일본인의 군수공장이 전부 폐쇄됨에 따라 무수히 많은 노동자가 실업자가 되었다. 이들을 위하여 실업자동맹, 실업자대책위원회 등의 조직을 만들어 실업자를 위한 투쟁을 조직 지도할 것이요 실업자의 군중집회와 시위운동을 조직하여야 한다. 그리고 실업자운동은 취직노동자조직과 유기적 연결이 있어야 되는 점을 알아야 한다"고 기본적인 활동방향을 제시하고 있다. 실업자를 조직화하여 "충분한 실업보조금 및 실업보호금 등의 획득 투쟁도 지도한다"는 주장은 당시의 상황으로 보아 전혀 실현성이 없으며, 그래서 이는 '주장'을 위한 '주장'이 아닌가 생각되기도 한다.

조직사업

조직사업을 위해서는 당의 기본조직 확립과 외곽단체의 조직에 주력해야 하고, 그러기 위해서는 첫째, 조직이 없는 공장과 도시, 농촌에 당의 기본조직을 새로 만드는 데 힘을 써야 한다. 둘째, 이미 있는 것은 이를 대중화하며 확대 강화함으로써 전투적으로 대중투쟁을 능히 독립적으로 지도할 수 있는 볼셰비키적 조직으로 전환해나갈 것이다. 셋째, 공장 야체이카가 적어도 3, 4개 이상 있는 도시에서는 이들의 대표와 기타 가두 '야체이카' 대표를 소집하여 해당 도시위원회를 조직할 수 있다. 넷째, 이러한 도시와 지방당조직의 대표가 모여서 전국대표대회의를 개최, 중앙집행위원을 선거하고, 이로써 중앙위원회를 조직한다. 다섯째, 보조적 대중단체를 조직한다. 즉 "공장위원회, 노동조합, 농민위원회, 농민조합, 농촌노동자조합, 공산청년동맹, 소비조합, 반제전선, 부인대표회, 혁명자후원회, 소년대(피오네르), 작가연맹, 무신론자동맹, 문화동맹, 스포츠단체 등을 조직"할 것을 지적하고 있다.

당의 조직확대가 무엇보다도 급선무라는 것을 강조하고는 있으나 그를 위한 구체적인 방향제시가 없으며, 이를 매우 소홀하게 취급하고 있다. 즉 당조직의 기본원칙과 방법, 당의 조직체계와 지도부구성, 세포(야체이카)의 조직 및 당원의 자격 등에 대해서 확실하고 구체적인 제시가 있어야만 했다.

옳은 정치노선을 위한 양면전선 투쟁의 전개

여기에서 말하고 있는 옳은 정치노선이란 박헌영의 정치노선인 이른바 부르주아민주주의혁명 노선을 지칭하는 것이며 양면전선이란 박헌영 반대파인 좌·우경적인 정치노선과 그러한 정치적 성향을 의미하는 것이라 할 수 있다.

우경노선에 대해서는 "과거의 파벌 등은 우리 운동선상에 또다시 파벌주의를 부식하기 시작했다. 그들은 사회개량주의자가 아니면 우경적 기회주의자이므로 이러한 단체와 그 경향을 반대할 것이다. 사회개량주의자의 영향 밑에 있는 군중을 밑으로부터 통일전선으로서 우리 편으로 전취할 것이며, 우경적 기회주의자는 우리 대열 내에서 가장 큰 위험이니 그들에 대한 힘 있는 투쟁을 일으키면서 그들로 하여금 자기과오에 대한 무자비한 자기비판을 전개시킬 것"이라고, 우경기회주의자와는 물론이며 과거의 파벌관계에 있는 자들과는 강력한 투쟁을 통해서 자기반성을 하도록 한다는 방침을 제시했다.

그리고 좌경노선에 대해서는 혁명의 이중성을 주장하는 정치노선과 사회주의혁명으로 규정하고 있는 정치노선 등 두 가지로 분류하고, 특히 극좌적인 장안파의 정치노선(사회주의혁명노선)과의 투쟁을 강력히 전개해야 할 것을 주장하고 있다.

첫째로, 혁명의 이중성노선에 대해서는 그 내용을, "조선에 있어서 혁명은 부르주아민주주의혁명으로부터 프롤레타리아민주주의혁명에로 단계적·서열적으로 나가는 것이 아니라 두 개의 혁명이 동시에 수행되면서 특히 전자가 후자의 일부분으로서 그중에 포함된 형태로 전개되어나가야 할 제 조건을 갖추고 있다. ……조선혁명의 과정은 이 부르주아민주주의혁명으로부터 프롤레타리아민주주의혁명에로 계속적으로 진행하는 것이 아니고 양대 혁명이 동시에 대항적으로 전개된다는 객관적 조건은 필연적으로 이 이중혁명에 있어서 헤게모니 문제를 제기하고 민족주의자 내지 민족개량주의자와 공산주의자와의 사이에 격렬한 대립투쟁을 유기(誘起)할 것"이라고 그들의 주장을 소개하고, 이러한 이중혁명은 논리적 모순을 나타낸 것으로서 일종의 좌경적인 프롤레타리아민주주의혁명 노선과 일맥상통하는 것이라고 비판을 가했다.

두 번째인 사회주의혁명 노선에 대해서는 장안파의 명의로 최익한, 이명, 정백 등이 9월 15일에 발표한 테제인 '현 단계의 정세와 우리의 임무'에서 주장한 것이라고 하면서 그의 좌경적 내용을 다음과 같이 소개하고 있다.

8·15 이래 우리들은 혁명의 제2단계로 돌입했다. 제1단계에 있어서는 중요한 투쟁대상인 일본제국주의의 타도를 위하여 자유주의적 토착부르주아 지주 및 부농을 견제·고립·마비시키며 프롤레타리아트는 절대다수인 중소농민과 군센 동맹을 맺는 동시에 도시중소상공층과 청년학생지식계급의 다수를 연결하는 것이 투쟁에 있어서의 중요한 세력배치였으나, 금일에 있어서는 정세일변함을 따라서 자유주의적 민족부르주아의 반동적 저항을 진압하고 농촌중농과 도시중소상공층의 동요, 불확실성을 견인(牽引), 혹은 중립화시키는 이 역사적 순간에 있어서 프롤레타리아는 자기의 영도하에 농업프롤레타리아트와 전 인구의 압도적 다수인 빈농, 즉 반프롤레타리아의 강고(强固)한 혁명적 동맹을 통하여 농촌 및 도시 소부르주아와의 일정한 통일적 전선체제(戰線體制)를 광범히 전개하지 않으면 안 된다.

이를 좀더 요약해본다면, 일제식민지 아래서의 투쟁대상이 일본제국주의, 고립대상이 자유주의적 부르주아와 지주 및 부농이었다면 일제패망으로 하여 해방된 지금에 와서 혁명의 투쟁대상은 자유주의적 민족부르주아이고 고립대상은 농촌의 중농, 도시의 중소상공층이라는 것이다. 이는 분명히 프롤레타리아혁명에서의 세력배치임이 틀림없다.
테제에서는 이와 같은 장안파의 좌경적 정치노선을 지적한 다음 "이러한 극좌적 파벌주의자들의 종파적 경향은 적지 않은 위험을 가져오는 것이니, 이러한 경향과 투쟁하여 이것을 극복할 것이요, 또한 우리 자체의 준비공작도 없이 폭동을 일으키려는 경향이 있다. 이것도 옳지 않다"고 하고, '옳은 정치노선'을 견지하기 위해 이들과의 원칙적인 투쟁을 전개할 것임을 강조했다.

국제공산주의운동의 경험에서 보면 혁명의 성격과 같은 기본문제 설정에서는 공산주의자들간에 혁명이론에 대한 인식 정도와 주·객관적인 정세분석 및 평가에 대한 견해 차이로 상충되는 주장을 하는 경우가 많았다. 이럴 때마다 그들은 원칙적인 투쟁을 전개함으로써 완전한 견해의 일치를 추구했다. 다시 말해서 혁명단계의 설정과 같은 기본적 정치노선에 대해서는 원칙적인 투쟁을 통해서 견해의 일치를 보장하기 위해 노력했다는 것이다. 특히 당의 의지의 통일을 중요시하는 공산당으로서는 이러한 좌·우경적인 성향과는 무자비한 사상투쟁을 전개하는 것으로 되어 있다. 그러나 여기에서는 자기들의 정치노선(박헌영노선)이 어째서 정당하며 장안파노선이 왜 좌경적인가에 대해서 논리성 있는 설명이 전혀 없으며, 따라서 비판을 위한 비판이라는 인상을 주고 있다.

당시 공산주의자들은 러시아에서의 혁명경험인 사회주의혁명과 부르주아민주주의혁명만을 알고 있는 실정이었기 때문에 장안파들이 좌경적인 오류를 범할 수도 있는 것이므로 설득력 있는 이론적 해명이 있어야만 했다.

프롤레타리아의 헤게모니를 위한 투쟁전개

대중동원, 특히 농민과의 동맹을 강화하기 위해서는 프롤레타리아 영도권 문제가 제기된다고 하면서 그것을 위한 투쟁방향을 다음과 같이 제시했다.

조선의 노동계급은 자기의 혁명적 전위요 그 정당인 공산당을 가져야 하며, 이 당의 옳은 지도 밑에서 대중을 동원하고 전취하여야 하나니 여기에서 프롤레타리아의 영도권확립이란 문제가 서게 된다. 이 문제는 노동계급이 조선 농민대중을 자기편으로 전취하고 못함에 따라서 결정되는 것이다. 노동자는 농민과 협동전선을 결성하여 조선의 독립과 토지혁명과 기타 모든 민주주의혁명의 과업을 완전히 실행할 수 있는 것이니 농민은 노동계급의 혁명적 옳은 지도를 받아야만 자기해방이 가능한 것이다. 그러므로 노동자·농민의 민주주의적 독재라는 전략적 표어가 실현됨에 있어서 또한 프롤레타리아의 헤게모니의 확립이라는 역시 중요한 문제가 먼저 해결되어야 한다.

그리고 노동계급의 영도권문제는 "토지혁명의 해결에 의한 농민의 전취 문제와 연결되고 있는 것이요, 또한 민족 및 사회개량주의자의 영향 밑에서는 일반 인민대중을 전취하는 문제와 연관되고 있는 것"이라고 지적하고, "우리 당이 대중을 전취 동원할 능력이 있느냐 없느냐라는 문제가 가장 중요한 것이다. 그러한 능력은 공산당이 옳은 정치노선을 내세우고 그것을 옳게 실행함으로써 노동자·농민과 일반대중이 다들 지지하게 되느냐 또는 안 하느냐의 문제이며, 문제의 중점은 여기에 있다"고 당의 올바른 정치노선과 활동에 그 관건이 있음을 강조했다.

부르주아민주주의혁명에서 프롤레타리아가 영도권을 장악해야 한다는 문제는 레닌의 저서인 『두 가지 전술』에서 처음으로 밝힌 명제로서 부르주아민주주의혁명을 특징짓는 가장 기본적인 것이라 할 수 있다.

『두 가지 전술』에서는 "프롤레타리아가 실력으로 전제(專制)정치의 반항을 박멸하고 부르주아의 통일성을 마비시키기 위해서 농민대중을 동맹군으로 끌어들여서 민주주의적 변혁을 최후까지 수행하지 않으면 안 된다"[18])고 노농동맹의 필요성을 강조하고 있으며, 이러한 것을 '노농동맹전략'이라고도 말하고 있다. 그러므로 부르주아민주주의혁명에서 탄생되는 정치체제를 노동자·농민의 민주주의독재체제라고 한다.

이러한 노농동맹 전략에서 기본세력, 다시 말해서 영도계급은 다름 아닌 노동계급이 된다는 것은 두말할 나위도 없으며, 만약 노농계급이 혁명의 수행에서 영도적 역할을 하지 못할 때에는 부르주아민주주의혁명은 실패하고 노동자·농민의 독재가 아닌 다른 결과를 가져온다고 주장하고 있다.

테제에서 프롤레타리아의 영도권문제를 중요시하고 노농동맹의 형성을 특별히 강조한 것은 공산주의혁명 이론에 비추어볼 때 매우 적절한 지적이었다고 할 수 있으며, 그러나 그와 더불어 부르주아민주주의혁명에서의 전략문제를 좀더 명백하게 제시했어야만 했다. 다시 말해서 혁명에서의 전략

문제라 함은 전술과는 달리 혁명의 기본세력 및 예비군 주요 타격 방향, 세력의 배치계획 등을 그 내용으로 하는데, 당시의 부르주아민주주의혁명에서도 이러한 문제에 대한 확실한 규정이 있어야 했다는 것이다.

인민정권을 위한 투쟁을 전국적으로 전개

이 항목에서는 정권투쟁을 전국적 범위에서 전개해야 하며, 그러기 위해서는 민주주의적 과업을 제시하고 그를 철저히 실천할 수 있는 인민정권이 수립되도록 투쟁해야 한다고 지적하고 있다. 즉 "반민주주의적 경향을 가진 반동단체(한국민주당 등)에 대해서는 반대투쟁을 일으킬 것이요, '정권을 인민대표회의로!' 하는 표어를 걸고 진실한 의미의 진보적 민주주의 정치를 철저히 실시하기 위하여 투쟁할 것이다. 따라서 대지주, 고리대금업자, 반동적 민족부르주아와 싸울 것이요, 특히 민족 및 사회개량주의자의 영향하에 있는 일반 인민대중을 우리 편으로 전취함에 있어서 그들의 개량주의적 본질을 구체적으로 비판하며 폭로할 것이다. 그러므로 노동자와 농민대중은 물론이요 일반 인민대중을 자기편으로 전취하여야 한다"고 그 투쟁방향을 제시해주고 있다.

한편 인민정부의 구성은 "노동자, 농민이 중심이 되고 또한 도시소시민과 인텔리겐치아의 대표와 기타 모든 진보적 요소는 정견(政見)과 신교(信敎)와 계급과 단계 여하를 물론하고 모두 참가, 즉 민족통일전선을 형성하여야 한다"고 정권에서 민족부르주아를 완전 배제하는 입장을 밝히고 있다. 그렇게 수립된 "인민정부는 일반 근로인민의 이익을 대표하는 기관이라고 하면서, 이것이 점차 노동자·농민의 민주주의적 독재정권으로 발전하면서 혁명의 높은 정도로의 발전을 보장하는 전제조건을 만드는 것이니 우리는 모든 힘을 집중하여 프롤레타리아의 영도권을 확립하기 위하여 대중을 전취하여야 하며 대중이 지지하는 혁명적 인민정부를 수립해야 한다"고 인민정부의 발전방향이 노농독재에 있음을 제시하고 있다.

인민정부의 수립을 위한 투쟁에서 정부의 성격과 구성, 그리고 방법 등을 제시하는 것은 당연하다 할 수 있으나 '민족통일전선'의 형성문제와

'인민정부'의 관계에 대해서 명확한 설명이 없으며, 그외에도 인민정부의 지도부를 통일전선식으로 구성해야 한다는 것만 지적되고 있다. 그리고 여기에서 주장하고 있는 '인민정부'가 부르주아민주주의혁명에서 수립되는 정권과는 어떠한 차이가 있는가에 대해서도 설명이 없으므로 혼란만을 자아내고 있다. 즉 '인민정부'는 "일반 근로인민의 이익을 대표하는 기관"이므로 이를 장차 노동자·농민의 민주주의 독재정권으로 발전시켜야 한다고 주장하고 있는 것으로 보아 당장 수립되는 '인민정부'는 부르주아민주주의혁명의 전 단계의 정권을 의미하는 것으로 해석된다. 그렇다면 공산주의운동에서는 정권쟁취에 일차적 목표를 둔다는 그들 이론과는 모순되며, 일단 혁명의 성격을 부르주아민주주의혁명으로 규정했으면 그러한 과업을 수행할 수 있는 정권수립을 당면한 투쟁과업으로 제시했어야만 할 것이다.

또한 '민족통일전선의 결성'을 하나의 항목으로 설정해놓고서도 그에 관한 언급이 거의 없으며, 다만 인민정부의 구성에서만 약간 언급하고 있을 뿐이다.

통일전선을 어떠한 방법으로 형성해야 하고, 그에 기초해서 인민정부를 어떻게 수립해야 한다는 것이 설명되었어야만 했다. 특히 '통일전선 전술(戰術)은 공산주의혁명 투쟁과정에서 기본적인 전술형태의 하나로서 원용되고 있으며, 특히 부르주아민주주의혁명에서는 거의 대부분 공산당세력이 미약하므로 더욱더 이 문제가 주요한 과제로 제기되는 것이라 할 수 있다.

약간의 이론문제─혁명이 높은 단계로 전환하는 문제

먼저 '조선혁명'이 부르주아민주주의혁명으로부터 프롤레타리아혁명으로 전환되는 것은 매우 중요한 문제라고 지적하면서, 현시점은 부르주아민주주의혁명의 시초단계인데도 장안파인 최창익 일파는 그 단계를 이미 거쳐 프롤레타리아혁명으로 넘어섬으로써 좌경적인 정치적 오류를 범하고 있다고 주장하고 중국혁명의 예를 들어서 이를 다음과 같이 설명했다.

보라, 중국혁명의 발전을! 거기에서는 벌써 서금시대(瑞金時代, 1927~28)로부터 근 20여 년 동안이나 강력한 소비에트정권과 영웅적 홍군(紅軍)의 세력 밑에서 부르주아민주주의혁명이 발전되고 있으나 금일에 아직도 부르주아민주주의혁명의 완수의 필요를 주장하고 있지 않은가? 아직도 노동자·농민의 민주주의 독재정권 수립을 위하며, 우선 당면하게 된 단일민족전선 정부, 민주주의적 연합정부를 조직하며 있지 않은가? 공산당과 국민당과의 민주주의적 연합정권이 수립되고 있다. 물론 거기에서는 사회주의혁명에로 넘어가기 위한 전제적 조건들을 만들어내고 있다. 그럼에도 불구하고 아직 중국혁명의 성질이 프롤레타리아혁명으로 변경되었다는 것은 아니다. 어쨌든 조선의 객관적 정세(경제, 정치, 사회 등)는 우리로 하여금 무조건하고 부르주아민주주의혁명 과업의 수행을 강력히 요구하고 있는 것이요, 조선에서는 프롤레타리아혁명의 단계는 아직 오지 않았다는 것을 힘 있게 주장한다. 물론 이것은 조선혁명이 앞으로 그 발전에 따라 혁명의 제2단계인 사회주의혁명으로 전환되어야 하며, 그것이 역사적 필연성을 가지고 있는 동시에 주관적 요소인 혁명세력이 이것을 힘 있게 촉진시키는 것이라는 마르크스-레닌주의적 혁명관을 망각했다는 것이 결코 아니요, 그와 반대로 조선공산당은 프롤레타리아혁명에로 속히 넘어가게 만들기 위하여 그 전제조건인 문제를, 즉 반제·반봉건적 투쟁으로 그 자유발전의 길을 열어주고 또한 노동자·농민의 민주주의 독재정권의 수립과 프롤레타리아 헤게모니 확립이란 중요문제의 해결을 위하여 민족적 통일전선의 실현을 강조하여둔다.

이처럼 '조선의 혁명'이 부르주아민주주의혁명 단계임을 거듭 강조하면서 이러한 주장을 하는 것이 "우리가 비혁명적이라거나 개량주의적이라는 것은 결코 아니다. 이렇게 문제를 옳게 구체적으로 규정하는 것만이 가장 혁명적인 것이요, 가장 옳은 정치노선이 되는 것이다"라고 자기들이 혁명적 입장에서 일탈하지 않고 있음을 강조하기도 했다. 그런데 중국혁명의 예를 들면서 부르주아민주주의혁명 단계의 당위성을 논증하려 했으나 그 예의 설명에서 '소비에트정권' '노동자·농민의 민주주의 독재정권' '단일민족전선정부' '민주주의적 연합정부' 등을 거론하는 데에서 그치고 그러한 정권의 상호관련성에 대해서는 아무런 해명이 없어 그를 이해하는 데 혼란과 어려움을 야기시켰다.

테제는 "조선혁명 만세! 조선인민공화국 만세! 조선공산당 만세! 중국혁명 만세! 만국의 프롤레타리아의 조국 쎄쎄쎄르 만세! 세계혁명운동의 수령 스탈린 동무 만세!"로써 끝을 맺고 있는데, 당시 공산주의자들은 소련을 프롤레타리아의 조국이라고 하면서 스탈린을 세계혁명의 절대적 지도자로 추앙하고 있었기 때문에 그에 대한 '만세'는 당연한 것이었다고 할 수 있으나 '인민공화국 만세'에 대해서는 납득하기 어려운 점이 있다. 인민공화국이라 하면 9월 14일에 발족한 이승만을 주석으로 하는 정부[19]를 지칭하는 것이라 할 수 있으며, 그에 대한 '만세'는 곧 그를 지지한다는 것으로 해석될 수도 있기 때문이다. 그리고 또 만일 그렇다면 공산당으로서는 그 정부를 기정사실화 및 합법화하는 투쟁을 전개해야 하는 것이며, 테제에서는 그 문제를 강조했어야만 했을 것이다.

3 그 전개

상술한 바와 같이 8월테제는 당의 창건과정에서 장안파를 비롯한 여러 파벌의 주장을 극복하면서 조선공산당을 만들어내는 데 크게 기여했다. 그리고 공산주의 이론에 근거를 두고 당시의 주·객관적 정세를 평가하면서 당의 진로와 투쟁방침을 짜임새 있게 제시한 것은 그 후 당세를 급속히 확장하고 정치무대에서 박헌영과 공산당의 존재를 크게 부각시키는 데 긍정적 역할을 했다.

그러나 앞의 항목 등에서 지적한 바와 같이 마르크스-레닌주의의 견지에 비추어볼 때 몇 가지 중요한 점이 부족되어 있음을 찾아볼 수 있다.

① 소련과 기타 미·영·중(국민당정부)에 대한 올바른 견해의 결여.
② 일제하의 민족부르주아지에 대한 편견.
③ 정치체제의 선택에서 양극론 주장.
④ 혁명의 성격규정에서 마르크스-레닌주의의 교조적 도입.
⑤ 정권문제에 대한 과업제시 미흡.
⑥ 혁명의 '대상' 규정 결여와 '동력' 규정에서의 편파성.
⑦ 콤그룹에 대한 과대평가.
⑧ 통일전선 형성에 대한 과업제시 미흡.

이러한 결함은 테제의 전개과정에서 적지 않은 과오, 특히 좌경적인 오류를 범하게 했고, 결국은 당이 불법화 붕괴되는 원인으로 작용했다고 할 수 있다. 특히 박헌영을 비롯한 콤그룹파들은 다른 파에 대해서 포용력을 잃고 계속 협애(狹隘)하고 적대적인 태도를 취했다. 그와 같은 것은 장안파에 대해서는 물론이며 1946년 2월에 '민주주의민족전선'이라는 통일전선 조직에서 민족주의 세력에 대한 포섭과정에서도 그러했다. 당시 한국 민족의 당면과제가 자주독립국가를 성취하는 데 있었던 만큼 일제하의 반일·항일 독립투쟁세력과는 통일전선을 형성, 공동보조를 취했어야만 했다. 그럼에도 김구를 비롯한 중경임시정부 계열과 국내의 민족주의 우파세력들을 완전히 제외시키고 인민당과 독립동맹 계열과 같은 좌파 민족주의, 해외공산주의 세력과 제휴하는 데에 그쳤다.[20] 그러므로 민주주의민족전선은 여러 계층을 망라할 수가 없었고, 공산당의 독무대가 되는 결과를 가져왔으며, 따라서 통일전선으로서 제구실을 다하지 못했다.

이러한 편협성에서 오는 과오는 공산당을 대중정당으로 그 성격을 바꾸기 위해 추진된 3당합당과정에서 더욱 심하게 드러났다. 공산당과 인민당,

신민당의 3당합당은 1946년 8월 초부터 그 공작이 시작되었다. 합당의 필요성은 인민당의 중앙집행위원회 이름으로 공산당과 신민당에 보낸 합당제의 문안에 밝혀져 있다. 즉 "현 단계의 민족적 과업은 자주독립의 완수와 민주주의 국가건설에 있다. 이는 민주주의적 세력의 강대에 의해서만 가능하다…… 우리는 민주주의적 국가건설을 한 단계의 과업으로 하고 있는 이상 그 세력을 분산시키고 때로는 무용의 마찰을 가져올 수 있는 정당의 별립(別立)은 무의미하다고 생각한다. 더욱이 반동배들의 이간과 모략을 분쇄하는 의미에 있어서도 우리 민주정당은 별립할 것이 아니라 한 개의 거대한 정당으로 합동되어야 한다고 인정한다"[21]고 하여 당면과업이 자주적인 민주국가 건설에 있으므로 '민주세력'을 단일한 정당으로 결속해야 한다는 것이었다.

이는 당시의 상황으로 보아 당연한 요구였는지도 모른다. 그리고 이러한 합당은 공산당이 주동이 되어 인민당과 신민당을 장차 '공산당화'하기 위해 취해진 것이라고 볼 수도 있다.

3개 정당이 합당하여 단일한 대중정당으로 되어야 한다는 것은 당시 사정으로 보아 불가피했기 때문에 각 당의 수령과 중앙위원 대부분은 이를 지지했다. 그러나 공산당의 경우, 당 중진급을 비롯한 상당수가 합당을 반대했으며, 또 합당문제에서 그 방법론을 둘러싸고 심한 분열이 일기도 했다. 이는 해방 후의 당 조직과정에서 있었던 의견대립과는 그 차원을 달리하는 것이었다.

당시까지 박헌영 중심(콤그룹)의 지도체제에 대해 불만을 품고 있던 '반(反)간부파'(반콤그룹파)들은 3당합당과 같은 중요한 문제는 콤그룹파 몇몇으로가 아니라, 당대회를 개최하고 당원 의사에 따라 민주적으로 결정해야 한다고 주장하고 나섰다. 본래 조선공산당은 당파성을 완전히 극복하지 못하고 박헌영계 중심으로 출발한데다가 박헌영과 콤그룹파의 포용성 없는 편협한 독선주의로 인해 당내의 통일과 단결을 이루지 못하고 있었다. 당시 반간부파들은 당지도부가 당대회에서 정식으로 선출된 것이 아니고 콤그룹의 독점 아래 있었기 때문에 당대회를 개최하고 합당문제를 토의한다는 명분을 내세워 박헌영 지도체제를 대폭 개편시키려 했다.

박헌영파와 의견이 대립된 대표적 인물로는 공산당 중앙위원 서중석 등을 들 수 있다. 이들은 합당문제에 대하여「당내 동지들에게 고함」이라는 제목으로 자기들의 주장을 밝힌 전단을 만들어 각 지방당에 보내는 한편, 좌익신문인 『청년해방일보』를 통해 "우리는 오늘 자색주의(自色主義) 일파(박헌영일파) 발전론에 대하여 이를 적극적으로 분쇄하고 극복하는 것이 당면과업"이라고 하며, 박헌영일파에 정면으로 도전하고 나섰다. 이러한 반대파의 도전에 대하여 박헌영일파는 타협점을 찾아 해결을 모색하는 대신 당 중앙위원회를 열어 반당적 이적행위로 규정하고 그들에게 정권처분(停權處分)을 내렸다. 이때 박헌영파는 다음과 같이 결론을 내렸다.

　　3당합당공작 진행을 방해하는 어떤 의견이나 행동도 절대 배격한다. 합당문제는 현 단계에 가장 중요한 정치적 의의를 가지는 문제이므로 신속히 해결되어야 한다. 반대파의 주장과 같이 당대회를 열고 합당이 옳으냐 그르냐를 거기서 결정한 뒤에 할 것이라고 주장하는 것은 결국 합당을 지연 내지 방지하기 위한 것이다. 그리고 반대파는 현 중앙간부와 정치노선을 부인하는 반당행위를 감행하여 우익의 손에 놀고 있어, 이적행위를 하고 있기 때문에 이러한 반당분자에 대해서는 단연히 처치하지 않으면 안 된다.

이러한 결정에 따라 ① 이정윤을 당으로부터 제명, ② 김철수, 서중석, 강진, 김근, 문갑송에 대해서는 무기정권을 결정했다.[22]
이와 같은 박헌영일파의 반대파에 대한 강력한 제재는 그 여파가 중앙으로부터 지방당에까지 미쳐 당은 크게 두 갈래로 분열됐다. 그리하여 '대회파'(반간부파)라는 커다란 반(反)박헌영 세력이 형성되었다.
공산당의 파쟁은 '반간부파' 6인에 대한 정권처분으로 더욱 격화되었다. 박헌영파로부터 정권통고를 받은 강진, 이정윤, 서중석 등 대회파(반간부파)들은 다음 날 기자회견을 열고 이를 전면 거부하는 담화를 발표했다.[23]

박헌영의 정권처분 발표는 당규약은 물론 외국 당의 전례에도 없는 연극이다. 오직 그들의 보수주의적 일파중심주의를 완강히 고수하려는 데 불과하다. 소위 정권(停權)이란 희극은 콤그룹의 철쇄에서 해방된 데 불과하다. 금후 콤그룹은 전당 군중에서 완전히 고립될 것이다. 소위 콤그룹 몇 친우들의 당 요직을 악용한 결과인 협소한 종파주의와 보수주의에서 유래된 당사업의 마비화, 분파성을 해소치 않고 조장하는 조직 경향을 반대한다. ……어떠한 자색편파성(自色偏頗性)도 대중의 위력으로 분쇄해야 한다.

이와 같이 대회파는 박헌영일파의 정권처분을 '희극적 처사'라고 비꼬면서 그들 일파의 자색주의·종파주의적 편향은 전체 당원들로부터 고립을 면치 못할 것이라 하고, 3당합당에 대한 자기들 주장이 정당함을 강조했다.

'대회파'의 주장인 "당대회를 먼저 소집하여 당중앙을 민주적으로 개선한 뒤 그 중앙에서 대표를 선출하여 3당합당공작을 추진시켜야 한다"는 주장은 당시 지방당, 특히 서울 영등포 공장지구, 전북, 경남, 부산지구 등에서도 상당수가 지지하고 있었다.

이러한 3당합당에 따른 당내 분열현상은 인민당, 신민당 내에서도 마찬가지였다.

인민당은 '47파'와 '31파'로 분열되었다.[24] 47파는 합당추진파로서 이기석, 김오성, 김용암, 윤경철, 이천진(李天鎭), 성유경, 정윤(鄭潤), 이석구, 신철, 김세용, 도유호, 김진국(金振國), 송을수, 현우현, 오처윤(吳處允), 한일, 염정권 등이었고, 31파는 합당의 신중론파로서 여운형, 이만규, 조한용, 이여성, 이임수, 이정구, 이영선, 이상백, 장건상, 황진남, 김양하, 김일출(金一出), 강명종(姜明鐘), 손길상(孫桔湘), 홍순엽(洪淳燁) 등이었다.

신민당의 경우에도 인민당에서와 마찬가지로 적극추진파와 신중론파로 갈라졌다. 신민당 위원장 백남운은 당초부터 공산당의 박헌영과는 제휴를

꺼렸다. 그는 3당합당 등에 원칙적으로는 동의했으나 합당방법에서는 매우 신중한 태도를 취했다. 즉 합당은 ① 다수당(공산당)이 소수당을 병합하는 것이 아니고, ② 일당이 타당에 흡수되는 것도 아닌, ③ 민주적 협동에 의해야 하며, ④ 평등적으로 되어야 한다는 원칙을 내세웠던 것이다.[25] 그러나 신민당의 중진급인 정노식(부위원장), 심운(조직부장), 고찬보(선전부장), 구재수(비서실장) 등은 위원장 백남운과는 달리 적극 추진을 주장하고 나왔다. 그에 따라 백남운을 지지하는 각 지구당에서는 중앙위원 불신임안을 제출하는 데까지 이르렀다.

이처럼 3개 정당은 각각 두 파로 크게 나뉘었다. 공산당은 추진파와 대회파, 인민당은 47파와 31파, 신민당은 반간부파와 중앙파 등으로 대립되었다. 결국 좌익정당 3당은 6개파로 갈라진 것이다. 이러한 6개파 중 공산당의 추진파와 인민당의 47파, 신민당의 중앙파가 합동하여 남조선노동당을 결성하게 되었다.

남로당의 결당식은 1946년 11월 23, 24일에 걸쳐 서울 견지동 시천교당에서 개최되었으며[26] 인민당의 여운형, 신민당의 백남운 등 지도자급 인물들은 참가하지 않았다. 3당합당이라는 중요한 계기에 여운형, 백남운과 같은 영향력 있는 두 정치가를 추대하지 못했다는 것은 박헌영과 콤그룹의 독선주의적 입장에서 온 결정적인 과오로 지적할 수 있을 것 같다.

본래 3당이 합당하여 대중정당인 노동당으로 그 성격을 바꾸려 한 것은, 특정한 계급의 이익만을 대표하는 것이 아니라 좀더 광범한 '인민'의 이익을 대표하는 정당이 되기 위해서이며, 합법적인 정당으로서 비합법적 방식보다는 합법적인 활동을 통해 자주독립국가를 건설한다는 그러한 뜻으로 출발했다고 할 수 있다. 그럼에도 3당합당에서 공산당 내의 반간부파를 비롯 인민당과 신민당의 지도적 인물들을 포섭하지 못했다는 것은 당초의 뜻을 저버린 결과가 되며, 소기의 목적을 달성하지 못했다는 결론에 이른다.

새로 출발한 남로당 간부 중에는 인민당과 신민당계 인물이 일부 들어 있었다. 그러나 조선공산당이 박헌영의 콤그룹파에 의해 주도되었던 것과 같이 남로당의 지도 운영상에서도 박헌영 계열 주도 일색의 과거의 연장 선상에서 진행된 것이다. 따라서 3당합당은 좌익진영의 분열만을 가져왔 으며, 공산당을 남로당으로 그 간판을 바꾼 데 불과하다는 비판을 면할 수 없다.

이렇게 출발한 남로당은 그 활동에서 종래의 그것과 다를 바 없었다. 특히 3당합당 과정에서 전개된 '9월총파업'과 '10월인민항쟁'[27)]이라는 폭력투쟁으로 지방당들에서는 합법적인 활동이 불가능했으며 중앙에서만, 그것도 제한된 범위 내에서만 가능했다. 그 후 미소공동위원회가 결렬된 후' (1947. 9.) 한반도문제가 유엔에 상정되었으며 그 결의에 의해서 1948년 5월 남한만의 단독선거가 실시되었고, 이를 반대하는 폭력투쟁을 감행하게 되었다. 이를 계기로 하여 남로당은 무장투쟁으로의 전술전환을 하게 되었다. 지리산, 덕유산, 오대산 등 산악지대에 유격전구가 형성되고 1949년의 '9월공세'[28)]를 계기로 하여 무장투쟁은 절정에 이르렀다. 그러나 수차에 걸친 토벌작전에 의해 거의 소탕되고 말았으며 1950년 3월에 이르러서는 남로당의 총지휘부인 '서울 지도부'(김삼룡, 이주하)까지 검거되고 말았다.[29)]

이처럼 남로당은 대중정당으로서의 조직의 확대와 합법성을 유지하지 못한 채 붕괴되고 말았으며, 그밖에 지식인과 근로자의 단체들까지도 파괴되고 말았다. 이러한 결과에 대해서는 미군정의 철저한 보수화정책을 비롯한 여러 이유를 들 수 있으나 그중 중요한 것으로서 8월테제를 발표한 박헌영 '콤그룹'파의 정치노선과 지도역량의 부족을 들 수 있다. 즉 그들은 극좌모험주의적이며, 편파적이고 독선적인 오류를 범했다고 할 수 있다.

이러한 오류들은 박헌영 개인의 '제한성'과도 밀접한 관련이 있다. 박헌영은 충남 예산의 지주 출신으로 그 출신 성분상 소부르주아적인 사상에서 탈피할 수 없었을 것이다. 실제로 그는 1920년대 공산주의 운동을 지도하면서도 노동자, 농민 속에 파고들어가 그들 안에다 당조직을 부식하지 못했다. 또한 지하활동을 해야만 했던 악조건 때문이었겠지만, 공산주의 이론을 체계적으로 습득할 수 있는 기회도 별로 갖지 못해 그는 공산주의 이론가로서의 자질을 충분히 구비할 수 없었다. 그리고 그는 합법적인 당 생활을 해본 경험이 전혀 없었다. 그래서 8·15라는 합법적인 당 활동을 할 수 있는 새로운 상황에 적응, 대담하고 추진력 있는 지도역량을 발휘할 수 있기까지는 좀더 시간이 필요했을지도 모른다. 이와 같은 박헌영 콤그룹파의 제한성이 8월테제가 지닌 문제점을 낳았으며, 그 후 조선공산당과 남로당으로 이어지는 정치활동의 전 과정에서 '남로당 총붕괴'에 이르게 했다고 해도 지나친 평가는 아닐 것이다.

한국은 일제 식민통치로부터 민족의 주체적인 역량과 투쟁에 의해서 해방된 것이 아니므로 해방 후 미·소의 내정간섭은 불가피했으며, 따라서 한민족의 제1차적 과제는 일제잔재를 청산하고 자주적인 독립국가를 건설하는 것이었다. 이러한 민족적 과제를 달성하면서 특정계급의 이익을 대표하는 정당의 지도자보다는 전민족(소수의 친일파와 민족반역자 제외)의 권익을 대표하는 민족 지도자가 요구되었다. 이러한 측면에서 본다면 박헌영과 8월테제는 전 민족적 요구를 충족시키기에는 미흡했다고 보아야 할 것이다.

끝으로 덧붙이고 싶은 것은, 해방 후 좌익계 정당과 사회단체에 대한 미군정의 정책, 그리고 미군정과 결탁한 우익계 정당의 정치관과 정치활동 등과를 관련시켜 '8월테제의 전개'를 서술했어야만 그에 대한 옳은 평가를 할 수가 있었다는 점이다. 그렇게 하지 못한 것은 자료를 비롯한 여러 측면에서의 '제한성'과 그러한 면을 제대로 분석하기는 어렵다는 필자의 심정이 작용했기 때문인데, 글을 마무리하면서 그렇게 하지 못한 것이 아쉬움으로 남는다.

김남식
북한연구가. 고려대 아세아문제연구소, 통일부, 국제문제조사 연구소, 평화연구원 등에서 현대사와 통일 관련 연구. 주요 저서로 『남로당 연구』『북한총감』『박헌영 노선 비판』『한국현대사 자료 총서』 등이 있다.

주 _____

1) 스칼라피노, 李庭植, 『韓國共産主義運動의 起源』(한국연구원 도서관, 1961), p.64.
2) 같은 책, pp.66~77.
3) 方仁厚, 『北韓朝鮮勞動黨의 形成과 發展』(고대출판부, 1967), p.25.
4) ML이란 마르크스와 레닌의 첫자를 딴 약칭이며, 『동아일보』, 1928년 2월 3일자 「ML 黨검거」라는 기사에서 비롯된 것임.
5) 張福成, 『朝鮮共産黨派爭史』(1949), p.38.
6) 高峻石, 『南朝鮮勞動黨史』(동경, 1978), p.30.
7) 『國內外日誌』(평양 : 民主朝鮮社, 1949), p.7.
8) 高峻石, 『朝鮮 1945~1950 革命への證言』(동경. 1972), p.48.
9) 같은 책, p.76.
10) 方仁厚, 앞의 책, p.49.
11) 『解放日報』, 1945년 9월 25일자.
12) 張福成, 앞의 책, p.54.
13) 『옳은 路線』(서울 : 産勞特輯, 1945), p.50.
14) 『정치사전』(평양 : 사회과학출판사, 1973), p.481.
15) 『정치사전』, p.448.
16) 같은 책, p.1053.
17) 같은 책, p.435.
18) 李訔民, 「레닌주의 理論과 實際에 관한 硏究」, 『釜山大統一論叢』, 제3집, 1981), p.108.
19) 金南植, 『南勞黨硏究』(1984), p.45.
20) 민주주의민족전선 선전부, 『民主主義民族戰線結成大會議事錄』(1946).
21) 『朝鮮人民報』, 1946년 8월 5일자.
22) 같은 신문, 1946년 8월 9일자.
23) 같은 신문, 1946년 8월 10일자.
24) 1946년 8월 16일 人民黨中央擴大委員會에서 3黨合黨의 방법을 가지고 표결에 붙인 결과 47 대 31로 좌파가 우세한 방향으로 기울어졌는데 이때부터 47파(좌파), 31파(우파)라고 불렸다.
25) 『朝鮮人民報』, 1946년 8월 18일자.
26) 『獨立新報』, 1946년 11월 24일자.

27) 『左翼事件實錄』, 제1권, p.246.
28) 『朝鮮中央年鑑』(1950), p.717.
29) 金南植, 앞의 책, p.427.

제1공화국과 친일세력

임종국

1 머리말

부일협력자의 처단 문제는 해방 후 우리 민족이 당면했던 가장 기본적인 과제였다. 국민을 위한 국민의 정부도 요는 민족정기의 수호 천명으로써 시종(始終)을 삼아야 하는 것이니, 기본적인 당위성에서 그것은 해방 후 정부의 수립보다 차라리 우선하는 비중이었다. 그뿐만 아니라 통일정부의 기본인 자주성 문제, 또 민주주의의 수용·발전도 일제 잔재의 극복 청산을 전제로 해야만 실현될 수 있는 조항이었다.

이렇게 따지고 보면 해방 후 부일협력자의 처단이야말로 신생 조국의 출발을 다짐하는 전부였다고 할 수도 있었다. 그것은 신생 정부의 지도자를 선별하는 전제였고, 그 기본단위인 국민과의 화합을 이루는 근원이었다. 새로 탄생할 정부는 부일협력자에 대한 응분의 조치를 함으로써만 민족의 당위를 천명할 수 있었고, 신뢰를 획득할 수 있었다. 이 같은 문제를 등한시한 이승만정부의 출범은, 따라서 그 출발의 커다란 부분을 그르쳤던 것이라고 할 수도 있다.

해방 후 우리가 통일정부의 수립에 실패한 것도 요는 민족의 주체적 구심세력을 형성하면서 하나로 화합 단결하지 못했던 점에 탓이 있었다. 그런데 그것을 그렇게 만든 장본인이 바로 일제가 아닌가? 강화도조약 이래 70년에 걸쳤던 친일화 정책, 또 통치의 기본이었던 밀정정치는 이 땅의 구석구석에 불신을 만연시키면서 민족분열의 원천적인 힘으로 작용했다. 그 독소를 척결하지 못하는 이상 민족화합은 공염불이요, 통일정부의 수립 또한 백일몽일 수밖에 없을 것이다.

그런데 우리는 그 기본적인 작업에 실패했다. 결과는 이후 10여 년, 4·19를 있게 하고야 만 민주주의의 오도였다. 반일을 표방한 이승만정부의 명목이었음에도 사회의 구석구석까지 좀먹어들어간 일제 잔재의 온존이었다. 그런데 좀더 근원적인 차원에서 간과해버릴 수 없는 문제점 하나가 남겨지고 말았다. 우리는 부일협력자의 처단에 실패함으로써 우리 민족의 자존을 스스로 짓밟아버리고 만 것이었다.

어째서 그러한가? 지난날을 돌이켜볼 때 우리 민족은 구시대의 비리(非理)에 대해서 언제나 준엄한 입장이었다. 조선조 시절 그 많던 사화(士禍)에서 구시대에 대한 비판은 삼족(三族)을 멸할 정도로 가혹했다. 이것은 나쁘게 말하면 정치보복이지만, 긍정적인 각도에서 새 시대에 임하는 결의의 천명으로 평가할 수도 있다. 두 번 다시 구악을 되풀이할 수 없다는 그 결의의 천명은 근년의 부정축재 환수며 정정법(政淨法) 시행에 이르기까지, 새 시대의 기수들에 의해서 언제나 엄숙하게 선서되곤 했다.

그런데 그 단 한 번의 예외가 부일협력자의 문제다. 우리 민족사에서 새 시대의 비판을 모면할 수 있었던 단 하나가 부일협력자들이었던 것이다. 노론(老論)에 대한 소론(少論)의 정치보복은, 자유당에 대한 민주당의 구악(舊惡) 비판은, 모두가 동족이라는 테두리 안에서의 일들이었다. 반면에 부일협력자들의 문제는 이민족인 침략자와 결탁해서 범해진, 외세를 개입시키고 있는 문제였던 것이다.

용서받을 수 있다면 동족의 테두리 안에서 발생한, 즉 노론에 대한 소론의 그것이 관용되었어야 했을 것이다. 부일협력자들의 구악은 이민족과 결탁된 것이기 때문에 관용해서는 안 된다는 것이 당연한 귀결이다. 그런데 현실은 그 반대가 되고 말았다. 동족끼리의 정치보복은 단 한 번의 관용도 없이 준엄하게 집행되었는데, 이민족과의 결탁인 부일협력은 마침내 철저하게 새 시대의 비판에서 초연해버리고 말았던 것이다.

민족사에 기록된 이 아이러니를 도대체 어떻게 한단 말인가. 우리는 그럼 집안싸움에나 철저할 뿐 외세 앞에서는 맥을 못 쓰는 덜된 국민이란 말인가? 그러니까 친일은 비판을 받아야 하는 것이다. 그토록 철저하게 짓밟혀버린 민족의 자존을 회복하고, 자손 만대에 민족정기의 살아 있었음을 증명하자면, 반민법의 시효가 지나가버린 이 시점에서라도 역사적인 비판이나마 가하지 않을 수 없는 것이다.

해방 40년, 지금 일본은 경제대국이라는 새로운 자존과 함께 세계 속의 일본으로 부상했다. 왕년의 일본이 군사적 절대국방권(絕對國防圈)으로 아시아를 진감(震撼)하던 것처럼, 현시의 일본은 경제적 절대국방권으로 아시아를 제압하려 하는 중이다. 그들의 경제대국이 군사대국으로 탈바꿈하는 것은 어쩌면 시간의 문제일지도 모른다. 이리하여 현대 일본은 아시아의 강력한 우방인 동시에 아시아의 새로운 위협으로 위구심을 주기에 이르고 말았다.

이러한 현실에서 민족의 자존과 정기를 지키는 것은 바로 보국안민의 기본으로 연결된다. 우리가 염원인 통일을 달성하지 못하고 있는 것도 따지고 보면 일제의 잔재인 민족분열을 극복하지 못하고 있는 때문이 아닌가? 주체적 구심점을 찾아 하나로 화합 단결하지 못하고 있는 때문이 아닌가? 그러므로 일제 잔재의 청산은, 주체적 구심점의 탐구 확립은, 이 민족이 당면한 오늘의 최대 문제라고 할 수도 있다. 그럼에도 그 기본인 부일협력자의 문제는 아직도 일반의 인식에서 미온적인 폐단조차 없지 않았다.

이런 미온적인 인식의 하나가 40년 전 일제시대의 일들은 이제 그만 덮어두자는 대범(?)함이다. 그럼, 일제시대를 대체 얼마나 규명했다고 "이제 그만 덮어두자"인가? 해방 40년이 되도록 우리는 침략의 가장 기간(基幹)인 총독부·동척(東拓)·조선군(주한일본군)에 관해서조차 단 한 권의 연구서가 없는 실정이다. 연구된 것이 없는데 그만 덮어두자는 것은 역사를 암장해버리자는 말밖에 되지 않는다. 역사의 암장으로 초래될 것이 동일한 우(愚)의 되풀이 외에 다른 무엇이 있단 말인가.

다음, 부일협력의 비판이 국민들의 불신을 조장하며, 또 총화를 깨치게 될 것이라는 일부의 노파심도 있는 것 같다. 그럼, 국민들의 불신은 대체 어디에서 싹이 텄는가? 해방 후 옥석(玉石)을 뒤섞은 지도자의 난립은 진정한 지도자까지 싸잡혀 불신당하는 사태를 빚어냈다. 선열들을 밀어내는 전천후(全天候) 군상을 보면서 국민들은 정의와 형평을 불신했다. 이런 풍토에서 옥석을 구분하는 작업은 진정한 지도자에 대한, 정의와 형평에 대한 신뢰를 회복시키는 작업일지언정, 불신을 조장하는 것은 아닐 것이다. 또 총화는 총화할 수 있는 사람과 총화하는 것이 총화다. 총화가 중하다 해서 이완용하고든 간첩하고든 덮어놓고 총화를 하자는 것은 아닐 것이다.

다음, 친일한 당자 또는 그 후손의 입장을 생각하는 인정론도 없지는 않았던 것 같다. 하지만 독립운동자의 경우는 그 불행한 유산이 고스란히 후손에게 상속되었다. 가르치지도 물려주지도 못했기 때문에 심지어 화전민으로 전락한 의병장의 아들·손자조차가 없지 않았던 것이다. 이런 판에 부일협력자 또는 그 자손만이 불행한 유산에서 보호받아야 하는가? 인정론을 편다면 먼저 독립운동자의 후손에 대해서 인정론을 펴야 옳을 것이다.

그렇지만 부일협력에 대한 인식에서는 유념해야 할 점도 없지는 않다. 그것은 부일행위가 반세기 전 일제시대의 일이며, 우리 모두에게 강요되었던 한 시대의 민족의 비극이라는 사실이다. 반세기 전 일제시대의 일이기 때문에 그것이 현재의 일로 비판되어서는 안 될 것이다. 또한 민족의 비극이었기 때문에 어느 개인의 추문으로 인식될 수도 없을 것이다.

이러한 관점에서 일제하의 비리와 잔재가 신생 대한민국에 어떻게 계승되었는가를 살펴보겠다. 또 그것이 계승된 이유는 무엇이며, 끼친바 영향은 어떤 것인가? 올바른 역사 창조에 다소라도 보탬이 되게 하기 위해서다.

2 제1공화국에서의 친일인맥

총리

정부수립 후 1960년 4월까지, 즉 이승만정권 12년간의 각료는 국무총리 이하 115명이다. 이 중 재임(再任) 또는 2부(部) 이상을 역임한 19명을 추리면, 그 실질 연인원은 96명이다.

이들 중 해외 독립운동자는 단 4명, 국내 민족투사 8명을 합해서 그 비율은 12.5퍼센트다. 반면에 부일협력의 전력자는 31.3퍼센트인 무려 30명이나 된다. 직계 혈족—조부나 부친 또는 형제—에게 극히 현저한 친일행위가 있었던 경우인 3명까지 친일권에 포함시킨다면, 그 비율은 34.4퍼센트가 된다.[1] 이승만정권의 권력구조가 민족 정도(正道)에서 크게 일탈되어 있었음을 일목요연하게 보여주는 수치다.

물론, 해외 망명세력이 정권을 담당했을 때 더 큰 혼란과 부조리가 초래되었을지 모른다는 가정도 전혀 배제할 수는 없을 것이다. 아닌 게 아니라, 일본 육사 출신으로 구(舊)일본군 대좌였던 안병범(安秉範)은 인민군 치하의 서울 3개월을 자괴한 끝에 7월 29일 인왕산에서 할복 자살했다. 반면에 광복군 소장(?)이었던 송호성(宋虎聲)은 굳이 서울에 잔류했다가 인민군 해방사단장으로 전신했다.

하지만 이런 것은 어디까지나 국부적인 현상이다. 국부적인 현상으로 전체를 농단할 수도 없으려니와, 또 가정은 어디까지나 가정이다. 더 혼란한 정치를 가정할 수 있다면, 더 완벽한 주옥같은 정치도 물론 가정할 수 있을 것이다. 그러니까 광복세력을 밀어낸 부일협력 계층의 대량 진출은 현실적인 명분에서부터 합당했다고는 할 수가 없다. 신정부의 출범을 이렇게 명분 없이 만듦으로써 우리는 후세에 민족정기와 호국충절을 유시(諭示)한 자격을 스스로 짓밟아버리고 만 것이었다.

그럼, 이승만정부의 각료들 가운데 누가 대일협력자였는가? 총리 5명[2] 중 1명이 망명객 출신인 반면에, 2명이 대일협력 전력자요, 또 1명이 친일권 출신이다. 이 '친일권 출신'은 본인에게는 해당 사항이 없으나 직계 혈족 중 극히 현저한 친일행위자를 낸 가문의 출신을 의미한다.[3] 총리 이하 각 부에 걸쳐서 그 개략을 살펴보겠다.

서임된 순서에 따라서 제2대 장면(張勉)부터 기술하겠다. 일제하에서의 주업은 1931년 이후 해방 직전까지 서울 동성(東星)중학 교장이었다. 1938년 2월 9일, 경성(京城)연합청년단장 마에다(前田昇), YMCA 대표 윤치호(尹致昊) 등 약 10명의 협의로 조선지원병제도실시축하회가 결성되었다. 이때 발기인이 73명인데, 장면과 조종국(趙鍾國)이 천주교 측 발기인으로 참가했다. 이 축하회는 신궁봉고제(神宮奉告祭), 대축하연, 기(旗)행렬, 경축탑(慶祝塔) 설치 등의 축하행사를 주관했다.

그해 10월 20일, 장면은 국민정신총동원조선연맹 산하의 비상시국민생활개선위원회 제1부 위원 44명 중 1인으로 선임되었다. 이 위원회는 총독부의 강력한 방침으로 제1부 의식주, 제2부 의례(儀禮)·사회풍조, 제3부 부인생활에 관해서 내핍·근로 기타 전시생활개선운동을 주관했던 기관이다. 이 일환으로 동 조선연맹은 같은 해 11월 1일부터 43명으로 된 비상시생활개선 순회강연반을 전선 13도에 파견했다. 장면·고에즈카(肥塚正太)·유형기(柳瀅基)·조동식(趙東植) 4명이 동 강원도 방면 순강반(巡講班)이었다.

그 후 1939년 5월 중순, 명치정(명동)천주교회는 동 교회 이사 아 라리보 주교 및 장면 등의 지도로 국민정신총동원조선연맹에 가입했다. 이 형태를 13도에 확대시키기 위해서 이들은 같은 해 5월 14일 명치정 교회당에서 지방교회 대표 60여 명을 포함한 교도 1천여 명의 참석으로 국민정신총동원 천주교 경성(京城)교구연맹을 결성했다. 그 역원은 이사장 아 라리보 주교, 이사 노기남(盧基南)·구로카와(黑川米尾) 등 5명, 간사는 장면·이와타니(岩谷二郎)를 합쳐서 7명이었다.

제4대 백두진(白斗鎭)은 1934년 동경상대를 졸업하고 조선은행에 들어갔다. 이것은 식민지의 중앙은행으로, 총재·부총재는 일본 정부에서 임명하며, 일반 은행업무 외에 발권(發券) 사무를 취급했다. 그 연혁은 1878년 상륙인 제일은행(부산지점)으로부터 시작되는바, 이것은 청일전쟁 중 임시 중앙금고파출소 역할을 담당한 금융침략의 첨병이었다. 제일은행의 업무를 흡수하면서 1909년 한국은행으로 설립되었는데, 1911년 3월 '조선은행법'이 공표되면서 이름이 바뀌었다. 이후 조선뿐 아니라 만주 봉천·대련(大連)·장춘(長春), 중국 북경·천진·상해·서주(徐州) 기타 각처에까지 지점을 설치하면서 북침경제전선의 제일선에 섰던 중추적인 일제 기관이었다.

행정부

내무부 이승만정권하에서 19명의 장관을 배출시켰다. 이 중 7명이 부일협력층, 1명이 친일권 출신으로, 합쳐서 42.1퍼센트다. 이하 개별적으로 살펴보겠다.

제11대 백한성(白漢城)은 경성법전 출신이다. 총독부재판소 서기 겸 통역생을 거쳐 1933년 10월 평양지방법원 판사에 임명되었다. 이후 청진·광주·대전지방법원(또는 그 지청)에 근무하면서 8·15에 이르렀다.

제12대 김형근(金亨根)은 와세다(早稻田)대 법학부 출신으로 1939년 고문 사법과에 합격했다. 1942년 3월 경성지방법원 판사로 발령된 후 8·15까지 대구지방법원(판사) 등에서 복무했다.

제13대 이익흥(李益興)은 규슈(九州)제대 법과 출신이다. 일제하에서 평북 박천(博川) 경찰서장을 했다(연대 불확실).

제14대 장경근(張暻根)은 동경제대 법학부 출신으로 1935년 고문 사법과에 합격했다. 1937년 12월 판사로 임명된 후 경성지방법원과 경성 복심법원 판사(1941. 3~)로 복무했다.

제15대 이근직(李根直)은 일본 홍릉(紅陵)대학 법과 출신이다. 일제하에서 원주(原州) 군수를 한 것으로 알려져 있다(연대 불확실).

제17대 김일환(金一煥)은 1937년 9월 만군(滿軍)경리학교를 졸업했다. 해방 전에는 만주에서 만군 주계(主計) 대위로 있었다.

제19대 홍진기(洪璡基)는 성대(城大) 법과 출신으로 고문 사법과에 합격했다. 해방 전 경력은 1943년 전주지방법원 판사다.

재무부 9대까지 배출했지만 중임자 1명으로 실질 연인원은 8명이다. 그중 4명이 부일협력층으로, 그 비율은 50퍼센트에 이른다.

제3대 백두진은 총리의 항에서 기술했다.

제4대 박희현(朴熙賢)은 신의주고보 출신으로 1940년 총독부 내무부지방과장이었다.

제7대 인태식(印泰植)은 동북(東北)제대 법문학부 출신이다. 1938년 8월 강원도 홍천(洪川) 세무서장에 피임되었다.

제9대 송인상(宋仁相)은 경성고등상업 졸업이다. 1935년 이래 조선식산은행에서 복무했다. 이것은 1906년 설립인 농공(農工)은행을 합병함으로써 1918년 10월에 창립되었다. 식민지 식산·산업금융에 특수 사명을 부담했던 조선 유일의 장기 금융기관이었으며, 1939년부터는 생산확충 15개 품목인 광업·철강업·조선업(造船業) 기타에 대한 기업(起業)금융으로 전시산업 육성에 중추적 역할을 담당한 기관이다.

법무부 제9대까지 배출되었다. 그중 8명이 전문 법조인이며, 변호사 출신을 제외하고 5명이 총독부재판소 출신이다. 이하 개별적으로 경력을 살펴본다.

제3대 이우익(李愚益)은 경성법전 출신이다. 재판소 통역생 겸 서기를 거쳐 1914년 1월 부산지방법원 밀양지청 판사로 임명되었다. 이후 함흥지방법원, 대구복심법원 기타에서 1927년 무렵까지 판사 또는 검사로 복무했다.

제5대 조진만(趙鎭滿)은 경성법전 1923년 졸업이다. 부산지방법원에서 판임관(判任官)견습을 하면서 1925년 고문 사법과에 합격했다. 1927년 해주지방법원 판사로 출발한 후 대구지방법원 부장판사, 대구복심법원 판사 등을 거쳐서 1943년 3월 퇴직, 변호사를 했다.

제7대 조용순(趙容淳)은 경성전수학교 졸업이다. 재판소 통역생 겸 서기를 거쳐서 1925년 판사임용시험에 합격했다. 해주·평양·광주 등의 지방법원 판사를 거쳐서 1940년 8월에 퇴직했다.

제8대 이호(李澔)는 동경제대 법과 졸업, 1939년 고문 사법과에 합격했다. 1942년 3월 경성지방법원 검사, 1943년 12월 광주지방법원 순천(順川)지청 검사를 했다.

제9대는 홍진기로, 내무부의 항에서 기술한 바 있다.

국방부 제7대까지 배출했다. 이 중 군사 경력자는 3명으로, 1명은 광복군 중장을 한 초대 이범석(李範奭)이요, 나머지 2명이 구일본군 출신이다.

제4대 신태영(申泰英)은 구한국 육군유년학교를 거쳐서 동 무관학교로 진학했다. 이곳 재학생을 추려서 일본 육군 중앙유년학교에 편입시키게 된 당시의 제도에 따라 신태영은 1909년 동 유년학교에 유학한다. 거기서 일본 육사로 진학한 후, 1914년 제26기생으로 졸업했다. 종전 당시는 일육군 중좌였다.

제7대 김정렬(金貞烈)은 1937년 일본 육군예과사관학교에 입학했다. 1940년 항공사관학교 전투기과를 졸업했으며, 일본 육사 제54기생이다. 1941년 항공중위로 진급했다. 태평양전쟁 초기에 필리핀 침공전에 출격한 김정렬은 수마트라섬의 기지에서 최신식 비연전대장(飛燕戰隊長)으로 팔렘방과 자바 상공의 항공전에 참가했다. 항공대위로 아케노(明野) 비행학교 갑종(甲種)학생 교관이 되어 부임하던 도중 프놈펜에서 해방을 맞았다.

문교부 제6대까지 배출되었다. 일제하의 사립 전문학교 교수 출신이 대부분인데, 제4대 이선근(李瑄根)이 친일색을 노출했다. 만주제국협화회(協和會) 전국연합협의회 협의원을 수년 중임했던 것이다.

이 만주제국협화회(이하 협화회)는 관동군의 지도 개입으로 1932년 7월 25일 만주국 국무원 회의실에서 발회식을 올린 전 만주의 전 인종적 조직이었다. 그 기능은 오족협화(五族協和)·왕도락토(王道樂土)라는 이른바 만주국 건국정신의 정치적 발현을 담당하는 만주국 정부의 '정신적 모체'로서, 건국정신의 사상적·교화적·정치적 실천을 담당하는 것이다. 이리하여 "만주제국협화회는 유일 영구, 거국일치의 실천조직체로서 정부와 표리일체가 되어 1. 건국정신을 현양(顯揚)하고, 1. 민족협화를 실현하고, 1. 국민생활을 향상하고, 1. 선덕달정(宣德達情)을 철저하고, 1. 국민동원을 완성하여, 이로써 건국이상의 실현 및 도의세계의 창건을 기한다"는 것을 강령으로 하고 있었다.

이와 같은 기능·강령을 현실화하기 위해, 협화회는 국무원→성(省)→현(縣) 또는 기(旗)·시(市)→가(街) 또는 촌(村)으로 된 정부공서(公署)와 대응하는 두 계통의 기관을 갖고 있었다. 즉, 하나는 집행기관인데, 중앙→성→현·기·시→분회로 된 본부위원회와 대응해서 중앙사무국→지방사무국→판사처(辦事處)를 두고 있었다. 또 하나는 결의기관인데 전국연합협의회→지방연합협의회(성)→현·기·시연합협의회→분회로 나뉘어지고 있었다.

1934년 이래 매년 1회씩 개최된 전국연합협의회는 정부공서(政府公署)에 대응시킬 때 국회급 수준이 되는 것이었다. 만주 전역에서 참가한 170명 내외의 '협의원'으로써 구성되는데, 그 출신은 각 지방조직의 정·부분회장이 54퍼센트, 상무원(常務員) 및 역원4)이 36퍼센트, 일반 회원이 10퍼센트다.5) 여기에 상정된 안건은 협의원의 토의를 거쳐서 정부 기타 관계기관의 처리위원회로 회부된 후 정책자료로 반영 또는 시행되었다. 아래는 빈강성(濱江省) 협의원으로 출석한 이선근의 1941년도 전국연합협의회 회의 발언 중 일부다.

연일 각하 및 각위(各位)의 간곡한 설명을 배청(拜聽)하여, 농촌에서 온 본 협의원으로서는 농촌의 협화회원 제군과 함께 더욱더 책임과 사명이 중대함을 느끼는 바입니다. 농촌문제의 본론으로 들어가…… 출하(出荷) 장려와 관련해서 정부 당국이 누누이 성명하는 내용은 선돈(先錢)제도입니다. 우리들 농촌협의원, 혹은 또 농촌협화회원으로서는 이 선돈제도에 의해 하루라도 빨리 농촌에 돈이 돌게 된다는 것을 기쁘게 생각할는지도 모릅니다. 하지만 국민 일반이 책임지고 기쁘게 출하해야 한다, 국민운동을 통해서 해야 한다, 이런 판에 선돈제도가 아니며 국민이 출하를 안 한다, 이렇게 된다면 금후 우리나라 농촌문제에서 실로 중대문제라고 생각하는 바입니다. ……농촌의 곡물을 출하하는 정도쯤 협화회원인 우리가 한덩어리가 되어 책임지고 해도 될 것이 아닌가. 협화회로서 부끄러워 안 할 수 없는 일이라고 생각하는 바입니다. 선돈제도에 대해서는 금후로는 솔직히 농산물 가격인상을 하시고 선돈계약은 가급적 다른 제도로 바꿔주시도록 희망하는 바입니다.

……끝으로 증산(增産)이건 수하(蒐荷)건 우리 농촌협화회원은 농민을 지도하면서 제일선에서 정신(挺身)하지 않으면 안 됩니다. 정부 대관을 수하 촉진 때문에 전국 각지를 일부러 순회하게 하는 것, 우리들 협화회원의 수치예요. 농촌의 협화회원 동지가 일체가 되어 그 정도는 책임을 지고 하자는 것을 여러분께 말씀드리고 제 설명을 끝내겠습니다.[6]

농수산부 15대 중 4명을 가릴 수 있다. 비율은 26.7퍼센트다.

제5대 임문항(任文恒)은 동경제대 법학부를 나오고 1934년 고문 행정과에 합격했다. 군수→식산국 사무관→교통국 서기관으로 태평양전쟁 무렵에는 주로 광업행정에 종사했다. 조선총독부 산금(産金)협의회 간사(1942. 8.), 동 광업출원(出願)처분위원회 간사(1944. 9.), 동 광공국(鑛公局) 근무 서기관(1944. 12.), 동 강재선산(鋼材鮮産)자급화대책위원회 간사(1945. 1.), 동 전시산업본부원(1945. 5.), 동 기계류생산추진위원회 간사(1945. 6.)와 강원도 광공부장(1945. 8.) 등이다. 다음은 광업 증산과 보국을 논한 임문항의 논설 중 일절이다.

백(百)의 유효한 시설·제도가 있어도 이것만으로 능사(能事)가 다했다고 생각한다면 효과는 오르지 않는다. 요는 이것을 이용하고 운영하는 사람의 마음가짐이 일체를 해결하는 열쇠다. 관과 민을 불문하고 적어도 광업에 직역(職域)을 받드는 자로서 차제의 마음가짐은, 비근한 말로 말하면 광산을 진심으로 사랑한다는 것이다. ……광산을 사랑하는 것은 증산에의 첩경이다. 그것이 이윽고는 우리의 직역에서의 도의심의 배양이 되고, 국체본의(國體本義)의 체득, 즉 애국심으로 귀결하는 것이라 믿는 바다.[7]

제12대 정낙훈(鄭樂勳)은 공주농고 출신이다. 충남도속(道屬)→당진군 산업주사를 거쳐서 1938년 이후 보령·연기·서산 군수를 했다.

제13대 정운갑(鄭雲甲)은 1938년 성대 법문학부 졸업, 이해에 충남 군속(郡屬)이 되었다. 1943년 고문 행정과 합격, 이후 해방까지의 관력(官歷)에 대해서는 확실하게 아는 바 없다.

위의 3명 외에 제15대 이근직은 내무부에서 기술했다.

상공부 제10대까지에서 5명이 부일협력층이요, 1명이 친일권에 속한다. 합해서 60퍼센트의 비율이다.

그중 제5대 이재형(李載瀅)은 일본 중앙대학 법학부 졸업이다. 1938년 이래 금융조합 이사 등을 역임했다. 일제하에서 금융조합의 설립은 제령(制令) 제22호 금융조합령 제13조에 의해서 총독의 허가사항이다. 그 이사(부이사도 같다)는 금융조합령 제31조에 의해서 총독이 이를 임면(任免)했다.

제6대 안동혁(安東赫)은 규슈제대 응용화학과를 졸업했다. 1936년 10월 총독부중앙시험소 기수 겸 본부(本部) 기수에서 동 기사로 승진했으며, 식산국 근무다.

제10대 구용서(具鎔書)는 1925년 동경상대 졸업, 이해에 조선은행 도쿄(東京)지점에 들어갔다. 이밖에 제7대 박희현은 재무부, 제9대 김일환은 내무부에서 기술했다.

부흥부 제4대까지에서 2명을 가릴 수 있다. 그중 제3대 송인상은 재무부에서 기술했다. 제4대 신현확(申鉉碻)은 성대 법과 졸업. 1943년 고문 행정과에 합격하고 일본정부의 상공성(공무관보)과 군수성(軍需省)에서 복무했다.

사회부 제5대까지 배출되었다. 그중 제2대 이윤영(李允榮)에게서 일제 말의 협력상이 발견된다.

즉, 기독(基督)·장로·감리교에서 신사참배(神社參拜) 문제와 관련된 시국운동(時局運動)이 표면화한 것은 1938년부터였다. 각처 지방교회 단위의 친일전향에 이어서, 1938년 5월 8일 부민관(府民館) 대강당에서는 서울 거주 일·선인 교도의 일치단결을 표방하는 경성기독교연합회가 결성되었다. 뒤미처 7월 7일에는 전선 각처의 기독교연합회를 지부로 하는 상위 중앙조직인 조선기독교연합회가 결성되었다. 1938년 9월 10~15일에는 신사참배의 실행과 황민운동 참가를 결의한 제27차 장로교총회가 개최되었다.

이와 같은 움직임의 일환으로, 1938년 10월 5~7일에 걸쳐 서울 감리교신학교 강당에서는 감리교의 내선일체·황민화체제 달성을 목적하는 제3회 조선기독교감리회총회가 개최되었다. 이를 위해 총회 제2일 회의(6일)는 조선감리교와 일본 메소지스트교회의 합동문제를 상정한 후, 그 심의를 총회가 선출한 위원단에 일임하기로 했다. 위원단은 이윤영(李允榮)·김광호(金光鎬)·김준옥(金俊玉)·김활란(金活蘭)·박선제(朴璇齊)·서위렴·신공숙(申公淑)·윤치호(尹致昊)·전의균(田義均)·최활란(崔活蘭)의 11명이다.

이리하여 1939년 10월 17일, 도쿄 아오야마(靑山)학원에서는 양측 교단의 합동을 논의하는 '내선(內鮮)감리교 특별위원회'가 양측 전권위원 각 7명씩의 참석으로 개최되었다. 이때 조선감리교 측 전권위원으로 참석한 7명은 이윤영·김영섭(金永燮)·신흥우(申興雨)·양주삼(梁柱三)·유형기(柳瀅基)·정춘수(鄭春洙)와 평신도 대표 윤치호였다. 이들은 18~19일로 계속된 회의에서 양측 교단이 내선일체·황도선양을 위해 합동은 하되, 언어 기타 여건관계상 조속한 후일로 합동을 유보할 것 등을 결의했다. 즉 감리교회의 내선일체적 재출발이었는데, 이때 의결된 사항은 대략 다음과 같다.

　　1. 양측 교단 감독은 직권상 상대방 교회의 회원권을 갖는다.
　　2. 양측 교단의 감독 및 특히 지명된 1명이 서로 상대방 교회 총무원 이사회의 명예회원이 된다.
　　3. 외국에의 대표 파견 및 대(對)정부 절충은 양측 교회가 협의하여 실행하되 주로 일본 메소지스트교회가 그 임무를 담당한다.

4. 외국 선교의 상호 협력.
5. 정보 교환과 전도 원조.
6. 대표자의 상호 교환 방문.
7. 합동 문제를 위한 14명의 연합위원회는 계속 존속하며 상호 협력한다.

위의 결의사항 중 제3항은 조선감리교단의 자주권 상실과 완전 종속화를 의미한다. 이리하여 조선감리교단은 일본 메소지스트교단의 사실상의 일부로서 황민화 신앙보국의 길로 나서게 되는 것이었다.

체신부 제8대까지인데 제7대와 제8대에서 해당 사항이 발견된다.

제7대는 이응준(李應俊)이다. 구한국 무관학교생으로 일본 육군유년학교에 편입해 1914년에 일본 육사를 졸업했다. 그는 용산 보병 제79연대 소속 중좌로 서울에 있을 때 시국운동에 관계했다. 1936년 11월 8일 대동민우회(大東民友會) 주최로 서울 시천교당에서 열린 사상국방 강연회에 다카오(高尾甚造, 경성부 학무과장)·주련(朱鍊, 대동민우회 이사)·차재정(車載貞, 위와 같음)과 함께 연사로 참가한 것이다. 또한 1937년 1월 13일에, 총독부 사회교육과는 조선호텔에 유지 다수를 불러모은 후, 황민화운동의 전 단계로서 수행된 사회교화 진흥운동을 위한 방송교화선전강좌의 강사진을 위촉했다. 제1부 심전(心田)개발강좌, 제2부 부인강좌, 제3부 상식강좌로 편성된 강사진은 도합 27명이었으며, 이응준은 제3부 강사로 참가했다.

그 무렵 1937년 2월부터 일제는 공습에 대비한 방공(防空)·방화·구호 활동을 목적으로 방호단(防護團)을 결성하게 했다. 서울의 경우는 본부단장 아래 부내(府內) 전역을 동구·중구·용산구·영등포구로 4분하여 구(區)방호단을 결성하며, 특수편성으로 공작반과 수상(水上)방호단을 두는 편성이었다. 본부와 구방호단 산하의 분단(分團)에는 현역인 지도장교가 배속되어 방공·방화훈련과 구호훈련 등을 지도했다. 이응준은 중구 방호단 제2분단의 지도장교였다. 그 후 화북(華北)전선에 동원된 이응준은 이따금 종군기(1938. 3. 5.)나 시국담화(1939. 3. 19.) 등을 발표했다. 또 1943년 11월 9일 부민관에서는 조선 출신의 군인 선배로서 김석원(金錫源) 중좌와 함께 학병 출진 격려 강연회를 했다. 이청천(李靑天)과 일본 육사 동기생으로, 종전 당시는 대좌였다.

제8대 곽의영(郭義榮)은 경성법전 출신이다. 충북 광공국(鑛工局) 상무(商務)과장과 괴산·청원(淸原) 군수 등을 했다.

친일파 소생의 이유

이상에서 필자는 이승만정부 12년간 내각의 친일인맥을 살펴보았다. 그럼, 이승만정부는 어째서 이들 34.4퍼센트에 달하는 대일협력층을 용납했는가. 여러 가지 원인이 있었겠지만, 가장 근원적인 것으로 두 가지를 지적할 수 있지 않을까 한다.

그 하나는 민족주체세력이 구심점을 찾아서 통합될 수 있을 만큼 성장하지 못하고 있었다는 점이다. 이것은 두 측면에서 지적될 수 있는데, 그 첫째는 민중의 정치적 식견의 문제다. 일제하에서 한민족은 일체의 정치활동이 봉쇄되었고, 따라서 자신의 의사를 민주적으로 통합 실현하는 훈련도 받은 바가 없었다. 반면에 부일협력층은 일제하에서의 직업적 관료 또는 전시총력운동 등을 통해서, 정치적 내지는 조직훈련을 이수(履修)하고 있었던 계층들이었다. 조직화될 수 있었던 이 계층은 일제하에서의 대일협력행위를 통해서 부(富)와 지식과 권세까지도 독점하고 있던 계층들이다. 조직 없고 재력 없는 민중세력이 이들에게 구축당한다는 것은 필연이었다고도 할 수가 있다.

그 둘째는 임정 등 자주독립 세력이 민족적 구심력으로 부상할 수 없었다는 점이다. 일제하의 독립운동은 그 혁혁한 전과와 신화에도 치명적인 결함 하나를 극복 못한 상태로서 진행되고 있었다. 즉, 그것은 독립운동이 통합된 하나로서가 아니라 분산된 다수로서 전개되어왔다는 사실이다. 일제하의 독립운동이 이렇게 분열·분파 작용을 초극할 수 없었던 것은 조선인 밀정을 이용해서 독립군을 잡던, 즉 일제의 친일파 양성→민족분열정책에 그 가장 큰 탓이 있었다 할 것이다.

하지만 탓이야 어디에 있었건 간에 결과적 손실은 실로 이만저만이 아니었다. 1942년 4월 중국 정부는 미 국무성에 대해서 '지체 없이' 한국 임시정부를 승인하도록 공식 요청한 적이 있었다. 그런데 미국은 ① 조선인 조직 간의 통일성 결여, ② 임정의 범국민적 대표성과 지지도(支持度)에 대한 회의 및 불신을 이유로 들어 임정의 승인을 거절했다. 거절할 뿐만 아니라 중국 정부에 대해서까지 절대로 임정을 승인 말도록 완강하게 반대하고 나섰다.

이리하여 우리의 독립운동은 1894년 동학항전 이래 50년의 줄기찬 대일항전에도 국제법상의 승인을 얻지 못하고 말았다. 이 승인의 유무의 차이는 현저한 것이, 승인이 있을 때 그것은 국제법상의 권리의 주체이지만, 승인이 없는 한은 통치체제 즉 일본 국내법 테두리 안에서의 반란으로, 국제적 간섭의 대상에서 제척(除斥)된다. 그뿐만 아니라 임정이 국제적 승인만 얻었던들 망명정부로서의 요식(要式)을 갖춘 대일 선전포고로써 우리는 전승국의 일원도 될 수 있었다. 그런데 승인을 결여했기 때문에 우리의 독립운동은 국제적으로 하등의 발언권을 얻지 못했고, 한반도는 일본의 영토의 일부로서 연합국의 점령 대상이 되고 말았던 것이다.

이리하여 임정은 개인 자격으로 입국(入國)하고 말았다. 이들이 망명정부로서 입국만 했던들 민족세력의 구심점으로서 통일정부로까지도 성장했을지 모른다. 개인 자격으로 귀국한 임정 요인들은 일제하의 사상적 우민화정책의 결과로 돈 없고 조직 없는 민중세력에게서조차 절연된 상태에 놓여 있었다. 지난날의 부일협력층이 이 간격에 편승──이 아니라 차라리 이간──하면서 그들의 표(票)와 재력을 신변의 안전과 교환해버린 것은 필연이라 할 수도 있을 것이다.

다음, 부일협력층이 되살아난 이유의 또 하나로써 미국 측의 한국 실정에 대한 무지를 들 수 있을 것이다. 1945년 8월 30일, 연합군 총사령관은 일본 대본영에 대해서 "미 육군 제24군이 9월 7일 경성지구를 점령"[8]하겠다고 통보했다. 이 '점령'은 한민족으로서는 사실 억울한 것이었고, 또한 민족의 민주의사일 수도 없었다. 한반도는 한민족의 한반도일 뿐 일본의 영토는 아니요, 일제의 불법 통치권조차가 8월 15일로써 이미 종지부를 찍은 것이었다. 그런데도 남북이 연합국에 의해 각각 점령되고 말았다는 것이야말로 이후의 민족 비극의 출발점이 아닐 수 없는 것이다. 이리하여 미 제24군의 진주(9월 8일)에 앞서 사령관 하지 중장은 9월 2일 서울에 포고문을 공중 살포했다. "(한국) 민중에 대한 포고 및 제(諸) 명령은 현존하는 제 관청을 통해서 공포될 것이다"⁹⁾가 위 포고문 중의 1절이었다.

이리하여 9월 6일, 미 제24군 선견군사(先遣軍使)인 하리스 준장 이하 31명이 조선호텔에 짐을 풀었다. 이튿날(7일) 오전 10시부터 구총독부 정무총감 응접실에서는 미군 측 하리스 준장과 아고 대령, 일본 측 엔도(遠藤柳作, 최후의 정무총감), 미즈다(水田直昌, 최후의 재무국장) 기타와의 사이에서 약 1시간의 요담이 베풀어졌다. 다음은 그 회담에서의 문답 일부다.

하리스 : 남한에서의 행정을 행함에 있어서는, 현행 관청에 집무 중인 관리 및 관청의 건물 설비를 계속해서 사용했으면 한다. 가능하겠는가?

엔도 : 귀관의 의향은 조선에 군정을 시행하겠다는 뜻인가?

하리스 : 군정 시행이라고 명확히는 말하지 않았다. 조선은 여전히 총독과 정무총감의 총괄 밑에 두고, 미군 사령관은 그 행정의 관리 감독을 했으면 하는 의향이다.

엔도 : 이 건은 중요사항이니 귀관의 의사를 서면으로 기술해주기 바란다.

하리스 : 이 건은 미군 사령관의 결정권에 속하는바, 본관은 미리 대체적인 내의(內意)를 표명하여 귀관들의 준비에 자(資)하고자 할 뿐이다.

야마나(山名酒喜男, 총독비서) : 행정의 관리 감독이란, 실제에 있어 각개의 안건에 대해 각각 미군 사령관의 결재를 필요로 하는 것인가? 또는 미군 사령관은 행정의 대강(大綱)을 지시하고 그 취지를 실행하는 총독의 재량에 위탁하는 것인가?

하리스 : 미군 사령관은 행정의 대강을 총독에게 지령하고, 구체적 안건에 대해서는 총독에게 결재권을 부여하는 것인 줄로 생각한다.[10]

이렇게 되면 이건 영 아무것도 아니다. 부일협력자는 고사하고, 총독 이하 일제 관리들까지 고스란히 살아남는다는 이야기가 된다. 한민족의 진의의 소재를 모르는 미군의 이런 무지는 미군정에 의한 부일협력자의 대량의 재기용으로 나타났다. 입법의원이 제정한 '부일협력자처단법'을 끝내 묵살함으로써 그들이 되살아나는 결정적 토대를 제공하고 말았던 것이다.

이렇게 해서 되살아난 부일협력자들은 이 땅의 국민의사를 최소한 세 번 배신했다. 즉, 하나는 국회가 제정한 반민법의 사실상의 폐기다. 둘은 부일협력자 비율 30퍼센트이던 6·25내각[11]이 국민을 내버린 채 저들만 도망쳐버렸던 일이다. 셋은 3·15부정선거로 국민주권을 짓밟은 일이다. 혁명재판에 계류되었던 50명[12] 중 부일협력자가 점하는 비율은 필자가 알 수 있는 범위 안에서 23명, 46퍼센트였다.

제헌국회

1948년 8월의 초대 내각(처는 제외)에는 부일협력자가 없었다. 12명의 장관 중 망명투사·민족파 인사가 50퍼센트였으며, 기타는 관계 방면의 명망 있는 권위자들이었다. 그러했던 것이 이승만정권 전 기간을 통산할 때 부일협력자가 차지한 비율이 34.4퍼센트로 증가했다. 이것은 신생 정부가 출발 당시가 아닌 출범 이후에, 다름 아닌 부일협력층 바로 그네들에 의해서 망가지기 시작했다는 것을 의미한다.

마찬가지로, 입법부 역시 제헌국회에 부일협력층이 가장 적게 참여했다. 제2대 국회 이후에 그들이 점하는 비율이 증가일로를 더듬었던 것이다. 필자가 알 수 있는 범위에서 이승만정권하 제4대까지의 구체적인 수효를 밝히면 아래와 같다.

	정원(명)	보결·재선(명)	합(명)	부일협력층(명)	비율(%)
제헌국회 (1948)	200	9	209	10	4.8
제2대 (1950)	210	8	218	20	9.2
제3대 (1954)	203	5	208	20	9.6
제4대 (1958)	233	6	239	26	10.5

그럼, 구체적으로 누가 어떻게 부일협력을 했는가? 제헌국회에서부터 더듬어보기로 하겠다.

김동원(金東元) 서울 용산구 출신이다. 중일전쟁 직후인 1937년 7월 31일, 평양 백선행(白善行)기념관에서 김동원 등 유지 20여 명의 참석으로 평양애국단체시국간화회(懇話會)가 발기되었다. 이 조직은 평양부민에 대한 시국계몽과 국방 사상 고취를 목적으로 했다. 그 실행 방법은 시국강연회의 주최와 호별 방문을 통한 애국지성(至誠) 발휘의 권유 기타다. 이를 위한 실행위원 60명이 선출된바, 김동원은 그 일원으로 참가했다.

1939년 7월 12일, 천진조계(天津租界) 안에서 발생한 항일(抗日) 테러범 인도(引渡)문제를 둘러싸고 영일(英日) 간에 외교분쟁이 일어났을 때, 서울서는 재경 6개 신문사의 발기로 배영동지회(排英同志會)가 결성되었다. 이들은 같은 해 7월 22일 조선신궁 앞 광장에서 전조선배영대회를 개최하면서, 전선 지방 단위의 배영동지회를 결성하게 하는 한편, 8월 5일 조선호텔에서 그 상위 중앙조직인 전조선배영동지회연맹을 결성했다. 이같은 움직임의 일환으로 평양에서는 8월 2일 평양부청에서 조·일인 각 4명으로 된 평양배영동지회결성타합회를 개최하고 회장 이기찬(李基燦) 이하 역원단과 이사진을 전형 결정했다. 김동원은 이때 8명 중 1인으로 앞의 타합회에 참가했다.

1940년 12월 25일 부민관에서는 황도학회(皇道學會)가 결성되었다. 회장은 신봉조(辛鳳祚), 회원들의 황도 학습과 일반에의 황도사상 보급 실천을 목적했던 단체인데, 김동원은 발기인 46명 안에 들어 있었다.

1941년 10월 22일, 부민관에서는 최린(崔麟)을 단장으로 하는 조선 임전보국단(臨戰報國團)이 결성되었다. 전시하 국민생활의 쇄신과 근로 고취, 전시협력, 국방사상 보급 등을 목적했는데 김동원은 평의원으로 참가했다.

그 후 1943년 11월 9일, 평양 지원병훈련소후원회 사무실에서는 친일 변호사 이기찬을 좌장(座長)으로 하는 학병독려유지간담회가 개최되었다. 이 자리에서 11일부터의 호별방문 독려가 결의되고, 13개반 27명의 독려반이 편성되었는데, 김동원은 지용은(池鎔殷)과 함께 제2반에 소속되었다.

김상돈(金相敦) 서울 마포구 출신이다. 1938년 8월 31일 경성부로부터 서교(西橋)·망원(望遠)·합정정(合井町) 정회(町會)역원전형준비위원에 위촉되었다. 또 그는 1936년 8월 8일 서교·망원정 정회총대(町會總代)에 선임되었다.

일제하의 정회는 부(府)행정의 하부 보좌기관으로, 국민정신총동원정(町)연맹 산하의 애국반과 가정방호(防護)조합까지 관리 통솔했다. 각 정회는 산하 구(區)와 반(班)의 세포단체를 통솔하면서 국책수행 및 전시협력의 제일선에서 활동했던 것이다. 그 총대 및 평의원 등의 역원은 부내 355명으로 된 전기 전형준비위원회가 각 정회당 20명 이내의 정회역원 전형위원을 선임한 후, 이들이 총대 이하의 역원을 선출하여, 경성부윤(府尹)의 승인을 얻었다. 부윤의 승인이 역원으로 확정되는 요건이었기 때문에 그 선임 과정은 친일성의 평가에서 예외일 수가 없었다.

김상돈에 관해서 필자는 전저(前著)에서 "1935년 12월 해주(海州) 경찰서 신축자금 3천 원을 기부하고 일제의 표창을 받은" 바 있었다고 기술[13]했다. 그러나 이 대목은 동명이인 해주읍 동영정(東榮町) 71번지 김상돈(金相敦)의 행위인 것으로 필자에 의해서 판명되었다.[14] 제헌의원 김상돈은 황해도 재령군 북률면(北栗面) 원적으로 해주와도 해주경찰서와도 관련이 없다. 본인 및 독자 제현에게 심심한 사과로써 그 대목을 정정한다.

백관수(白寬洙) 전북 고창(高敞) 을구 출신이다. 2·8독립선언을 주동했으나 일제 말에는 친일 황민화 진영에 섰다. 그는 1937년 7월 30일 결성 경성군사후원연맹에 창립위원으로 참가했다. 이것은 같은 해 7월 24일 결성인 조선군사후원연맹의 산하 지역단체이며, "황군의 후원이 되어……군인으로서 후고(後顧)의 우려 없이 본분을 다하게"(강령) 하는 것으로 목적을 삼았다. 황군 원호사상 보급, 장병·상이군인과 가족 원호, 출전·귀환 장병에 대한 위문·영송·접대와 모금운동 등을 벌였다.

이후 1938년 2월 9일, 경성부회의원 공실(控室, 대기실)에서의 토의로, 조선지원병제도축하회가 결성되었다. 이때 그는 동아일보 사장 자격으로 발기인에 참가한다. 이 단체의 성격 및 활동은 장면(張勉)의 항에서 서술했다.

같은 해 2월 12일, 조선호텔에서는, 경무국장(警務局長) 미하시(三橋孝一郎), 총독부 도서과장 후루카와(古川兼秀) 기타 요인의 임석으로 조선춘추회가 결성되었다. 이것은 전선 25개 일간신문사의 국책협력을 목표로 했던 단체다. "국운을 무궁토록 번영케 할 방도는 단지 국민 정신력의 일치 결속에 있다. ……오등(吾等)은…… 일치 결속 자강자계(自彊自戒)하여 민론(民論)의 지도 민의의 창달에 담당할 것을 기하고…… 적극적 진취의 국시(國是) 추진에 협력할 것을 맹서한다"가 이 단체 창립선언문 중 1절이다. 백관수는 간사(10명)의 1인으로 참가했다.

같은 해 7월 1일, 부민관에서는 국민정신총동원경성연맹 창립총회가 개최되었다. 이것은 국민정신총동원조선연맹 산하의 지역단체이며, 종으로 각 단체 직장, 횡으로 2천3백만 개인을 총망라하여 전시협력·황도실천의 제일선에 세우려던 조직이다. 백관수는 같은 해 6월 22일 개최인 동 조선연맹 발기인 총회에 발기인으로, 또한 동 경성연맹에 상담역으로 참가했다.

같은 해 8월 15일, 전시하 방공(防共)·방첩 완수와 황도정신 선양을 위한 조선방공(防共)협회가 조직되었다. "공산주의 사상 및 운동의 박멸 방위(防衛)를 도모함과 동시, 아울러 일본 정신의 앙양을 도모"[15]할 목적으로, 주의자 선도, 방공사상 보급, 방공상 필요한 사항의 조사연구 등 관련 사업을 진행한 단체다. 그 총재는 정무총감, 회장은 경무국장이었으며, 도연합지부→군지부→지역·단체·학교의 방공단(防共團) 또는 방공부 같은 산하조직을 전선에 걸쳐 두고 있었다. 조선방공협회 경기도 연합지부는 같은 해 9월 16일 결성인바, 백관수는 민간 측 평의원 55명 중 1인으로 참가했다.

서순영(徐淳泳) 경남 통영(統營) 을구 출신이다. 일본 고문 사법과에 합격하고 판사로 복무했다.

유준상(柳俊相) 전북 완주(完州) 갑구 출신이다. 학교평의원(學校評議員)과 면장 등을 했다. 학교평의원은 제령 제14호 '조선학교비령(費令)'에 의한 직책으로, 각 읍·면 1명을 조선인 읍회의원·면협의회원이 선거하며, 학교평의원회를 구성함으로써 보통학교 학교비의 징수·관리·처분 등에 관해서 군수 또는 도사(島司)의 자문에 응했다.

이재학(李在鶴) 강원도 홍천(洪川) 출신이다. 충북도속→충북 사회과장을 거쳐서 1944년 11월 단양(丹陽) 군수가 되었다.

이종린(李鍾麟) 충남 서산(瑞山) 갑구 출신이다. 천도교 구파 원로로 민족운동에 종사했으나 일제 말에는 친일노선을 걸었다. 즉, 1937년 8월 6일, 학무국 사회교육과는 중일전쟁 발발에 따른 시국계몽을 위해서 8개반 22명으로 된 전선순회 시국강연반을 조직했다. 이종린은 제7반으로 8월 6~17일에 걸쳐 전남북 일대를 순강(巡講)했다.

그해 9월 6일 출발인 제2차 학무국 파견 시국강연반은 13개반 59명으로 편성되었다. 이종린은 고일청(高一淸)·김명준(金明濬)·이희적(李熙迪)·탁창하(卓昌河)와 함께 평북순강반으로 참가했다.

이후 1938년 10월 20일, 국민정신총동원조선연맹 안에 비상시국민 생활개선위원회가 설치되었다. 이 위원회의 성격은 장면의 항에서 기술했는데, 이종린은 제2부(의례·사회풍조) 위원으로 참가했다.

이 국민정신총동원연맹은 1940년 10월 16일 국민총력조선연맹으로 재출발했다. 이것은 그해 8월 고노에(近衛文) 내각이 국책으로 천명한 이른바 동아 신질서 건설 방침 및 그 구체화 방책인 소위 신체제운동과 관련해서, 그 실행기관으로 탄생한 일본의 대정익찬회(大政翼贊會)에 대응하는 조직이었다. 조선은 정치적 권리 능력은 없고 국민적 협력만 요구되는 처지였기 때문에 '대정익찬회 조선지부'가 아니라 '국민총력조선연맹'으로 했던 것인데, 총동원연맹의 기구를 더욱 확충 강화한 조직 형태였다. 여기에 이종린은 평의원으로 참가했다.

1941년 8월 25일, 부민관에서는 삼천리사(三千里社) 사장 김동환(金東煥)의 발기 창도로 임전대책협의회가 소집되었다. 물자·노무 공출의 철저화, 국민 최저생활의 실천 등 전시봉공(戰時奉公)의 의용화(義勇化)를 목적했던 이 단체는 같은 해 9월 4일 부민관에서 임전대책연설회를 열었고, 동 7일 채권가두유격대를 편성하여 부내 요소에서 1원짜리 꼬마채권(국채)을 팔았다. 이종린은 이때 임전대책협의회 위원으로 참가했으며, 임전대책연설회 연사로「30년 전의 회고」를 연설했고, 채권가두유격대 황금정반(黃金町班, 을지로반)의 일원으로 을지로 초입 일본생명보험회사 앞에서 행인에게 채권을 판매했다.

그 후 임전대책협의회는 비슷한 목적으로 소집(1941. 8. 24.)된 윤치호 계열의 흥아보국단(興亞報國團) 준비위원회와 통합하여 조선임전보국단을 결성했다(1941. 10. 22.). 이것은 사설(私設) 전시협력단체 중 제1급으로 강력했던 것의 하나인데 아래가 그 강령이다.

1. 아등(我等)은 황국신민으로서 황도정신을 선양하고 사상통일을 기한다.
1. 아등은 국가 우선의 정신에 기(基)해서 국채의 소화, 저축의 여행, 물자의 공출, 생산의 확충에 매진하기를 기한다(외 3개 항목 생략).

이종린은 이 단체의 상무이사 18명 중의 한 사람이었다.
1943년 11월 6일, 전선종교단체협의회는 학병 독려를 위해서 조선 종교단체전시보국회를 결성했다. 이들은 불교 1명, 천도교·구세군·감리교·장로교·천주교 각 2명인 11명의 대표위원을 선출했는데, 이종린은 정광조(鄭廣朝)와 함께 천도교 측 대표위원이 되었다. 이 보국회는 11월 16·17일에 걸쳐 7개반 14명으로 된 독려연설반을 전선 도청소재지에 파견했는데, 이종린은 해주를 담당했다. 그는 또한 매일신보사 주최인 학병격려대연설회(1943. 11. 7., 부민관)에서「부형과 학생들에게 고함」을 강연했다.

이밖에 종로 갑구의 이윤영(李允榮), 경기도 시흥의 이재형, 종로 을구의 장면은 행정부에서 이미 언급했다.

제헌국회에 관해서 특기할 것은 반민법의 제정 및 개정—이 아니라 사실상 폐기—이 모두 이 국회에서 이루어졌다는 점이다. 그런데 이 법 제정 당시의 국회 부의장 김동원과 반민특위 부위원장을 한 김상돈 의원, 반민특위 습격사건 당시의 내무차관 장경근(張暻根)이 모두 부일협력의 전력을 갖고 있었다. 이들이 반민법의 제정·집행·폐기와 관련해서 대표적 위치를 점했다는 것이야말로 반일 민족주체세력이 확립되기 전 단계에서 혼란상의 단적인 표현이라 할 수 있겠다.

제2대 국회

제2대 국회에는 필자가 아는 범위에서 대일협력자가 9.2퍼센트인 20명이다. 제헌국회의 4.8퍼센트에 비해서 2배 증가했는데, 반민법 폐기의 영향이 컸을 것으로 짐작된다. 아래에서 개별적인 상황을 살펴보겠다.

곽의영(郭義榮) 충북 청원(淸原) 을구 출신이다. 1943년 괴산 군수와 청원 군수를 거쳤다.

김명수(金命洙) 경남 합천(陜川) 을구 출신이다. 1936년 이래 17년간 금융조합장을 했다. 일제하의 금융조합장은 제령 제22호 금융조합령 제31조 제3항에 의한 도지사의 인가를 얻음으로써만 조합원의 선임에 효력이 발생했다.

김의준(金意俊) 경기도 여주(驪州) 출신이다. 일본 고문 사법과에 합격한 후 법조계 생활을 했다.

남송학(南松鶴) 용산 을구 출신이다. 1930년에 조선철도기수를 했다.

박순천(朴順天) 종로 갑구 출신이다. 1940년 12월 15일 결성인 황도학회(皇道學會)에 발기인으로 참가했다. 황도정신의 체득과 보급을 목적했던 이 단체는 1941년 1월 14일 이후 매일 2시간 주 4일 개강으로 대화숙(大和塾)에서 황도강습회를 개최하는 등의 활동 실적이 있다.

같은 해 7월호 『춘추』(春秋)에 박순천은 시국논문 「조선의 남편과 아버지에 소(訴)함」을 발표했다. 또 그는 1941년 12월 27일 부민관에서 열린 조선임전보국단 주최 결전(決戰)부인대회에 연사로 출석했다. 지도층 여류인사 8명이 강연한 이 연설회에서 박순천의 강연 제목은 「국방가정」이다. 또한 그는 1942년 1월 5일 조직인 조선임전보국단 부인대(隊)에 지도위원으로 참가했다.

박승하(朴勝夏) 강원도 춘성(春城)구 출신이다. 총독부 농림국 촉탁으로 있었다.

서범석(徐範錫) 옹진(甕津) 갑구에서 당선한 후 서울 성북구로 선거구를 옮겼다.

그는 봉천(奉天) 일본 육군특무기관의 산하 부속기관으로 설립된 흥아협회(興亞協會)에서 사무장을 했다. 1936년 4월 창설인 이 기관은 재만(在滿) 조선인 사상선도—즉 조선인 반제(反帝)·독립 계층의 사상교란 파괴를 목적으로 했으며, 이를 위해서 다음과 같은 사업을 실행했다.

  1. 재만 조선인의 사상선도
  2. 재만 조선인의 지위 및 생활향상을 위한 조사·연구·지도·알선·조정
  3. 만주 국내 타민족과의 협화 간친[16]

본부를 봉천에, 지부를 만주 국내 각처에 두었던 이 기관의 역원은 회장·부회장·감사 각 1명과 이사 약간 명, 사무장 1명, 사무원 약간 명이다.

그중 이사는 일제의 침략기관 중 수개 처에서 1명씩 당연직으로 선출하도록 규정했는데, 그 선출기관 및 담당 업무는 아래와 같다.

특무기관 : 전반 업무 총괄
총영사관 : 정치·외교 관계 분야
제1독립수비대사령부 : 경비·군사 관계
일군헌병대 : 치안·사상 관계
조선총독부 : 정치·경제, 특히 일선만(日鮮滿) 융화와 조선 사정 소개.
만주제국협화회 : 교육·종교·문화, 건국정신의 철저, 선덕달정(宣德達情) 공작
조선거류민회 : 거류민회 주관 사항
동아권업(勤業)주식회사 : 이민·산업
동양척식 : 이민·산업
조선은행 : 경제·재정·금융 관계[17]

흥아협회는 "역원의 추천을 얻은 자로써 회원으로 하"[18]였으며, 봉천 특무기관·봉천 일본 총영사관·동척·조선은행·동아권업 등의 기부금으로 경비를 조달하고 있었다.

만주에서의 이와 같은 사상 공작 기관은 1934년 9월 5일 조직인 간도협조회(間島協助會)와, 조직일자 미상인 동남지구 특별공작후원회, 기타 민생단(民生團, 조직일자 미상) 등 다수가 있었다. 그중 동남지구 특별공작후원회는 본부를 신경(新京)에 두었던 선무(宣撫)·투항 공작 기관인데 본부 역원은 아래와 같다.

고문 : 이범익(李範益)·최남선(崔南善)·유홍순(劉鴻洵)
총무 : 박석윤(朴錫胤)·윤상필(尹相弼)·김응두(金應斗)
상무위원 : 서범석·최창현(崔昌鉉)·박준병(朴準秉)·이성재(李性在)·김동호(金東昊)·김교형(金矯衡)·김중삼(金仲三)·가네코(金子昌

三郎, 본명 불상)

다음은 동남지구 특별공작후원회 본부가 1940년 겨울 동만(東滿) 산악지대의 항일게릴라부대에게 살포한 투항 권유문 중 일절이다.

황량한 산야를 정처 없이 배회하며 풍찬노숙하는 제군! 밀림의 원시경에서 현대문화의 광명을 보지 못하고 불행한 맹신(盲信) 때문에 귀중한 생명을 초개같이 도(賭)하고 있는 가엾은 제군! 제군의 저주된 운명을 깨끗이 청산하여야 될 최후의 날이 왔다! 생하느냐! 사하느냐? 백50만 백의동포의 총의를 합하여 구성된 본 위원회는 금동에 전재될 경군(警軍)의 최종적인 대섬멸전의 준엄한 현실 앞에 직면한 제군들에게 마지막으로 반성 귀순할 길을 열어주기 위하여 이에 궐기한 것이다. (중략)
　오호!! 밀림에 방황하는 제군! 이 권고문를 보고 즉시 최후의 단안을 내려 갱생의 길로 뛰어나오라! ……그리하여 군등(君等)의 무용과 의기를 신동아 건설의 성업(聖業)으로 전환 봉사하라! 때는 늦지 않다! ……제군을 평화로운 생활로 인도할 본 위원회의 만반 준비가 제군을 기다리고 있는 것이다.

신용욱(愼鏞項) 전북 고창(高敞) 갑구 출신이다. 일본 동아비행전문을 졸업한 1등 비행사다. 배영동지회 이사, 조선임전보국단 평의원을 했고, 채권가두유격대 본정(本町)대원으로 1941년 9월 17일 시노자키(篠崎)상점 앞에 출동했다. 비행사인 그는 조선항공사업회사를 설립, 그 사장으로 제2차 세계대전 중 약 1년간 해군 수송업무에 종사했으며, 조선항공공업사를 설립하여 항공기 수리작업도 했다.
　한편 그는 1935년 9월, 이른바 시정(始政) 25주년 기념행사의 일부로 실행된 신경(新京)·남경(南京) 방문 동아 친선(親善) 비행을 수행했다. 1940년 3월 30일 남경에 친일 괴뢰 왕정위(汪精衛)정권이 수립되었을 때도 경축 친선 비행을 실행했다. 3월 25일 여의도(汝矣島)를 출발, 봉천→

금주(錦州)→산해관(山海關)→북경→제남(濟南)→서주→남경→상해 코스로 비행한 이 경축 친선 비행에서 신용욱은 각처 기착지의 일군 사령부 등을 방문하면서 위문금 또는 요인 메시지 등을 전달했다. 이 비행은 출력 285의 계림호(鷄林號)를 신용욱이 직접 조종하면서, 기관사 고준식(高準植)의 동승으로 이루어졌다.

안용대(安龍大) 경북 경주(慶州) 갑구 출신이다. 1941년 고문 행정과에 합격하고 조선총독부속→창원(昌原) · 함안(咸安) 군수 등을 했다.

엄상섭(嚴詳燮) 전남 광양(光陽) 출신이다. 고문 사법과에 합격하고 1939년 9월 광주지방법원 검사대리, 1941년 1월 동 예비검사, 동년 3월 동 검사를 거쳐 1942년 3월 함흥지방법원 검사를 했다.

또한 그는 1942년 3월부터 임기 3년인 조선총독부 예방구금위원회 예비위원(함흥관내)을 두 번 중임했다. 이것은 제령 제8호 '조선사상범 예방구금령'[19]의 시행을 위한 것으로, 칙령 제167호 '조선총독부 예방구금위원회 관제(官制)'에 의해 설치된 것이었다. 일제의 사상규제는 사상범 중 집행유예 · 불기소 · 집행종료 · 가출옥자 등에 대한 소위 보호관찰을 1차적인 수단으로 했다. 즉, 재범을 방지하기 위해서 보호관찰 심사회의 결의로 사상범보호관찰소 등에 수용 위탁하여 사상과 행동을 감시하는 제도였다.

이것으로써 목적을 달성할 수 없을 때, 또 치안유지법상의 형집행 종료자로 재범의 우려가 있는 자에 대해서는 2차적인 대책으로서 예방구금령이 적용되었다. 이것이 규정한 예방구금은 예방구금위원회의 의견을 구한 후 검사가 재판소에 대해 청구하며, 합의부의 결정으로 2년간 조선총독부 예방구금소[20]에 수용함으로써 실시했다. 예방구금위원회는 각 지방법원 검사국에 설치되며, 총독이 임명하는 직원, 즉 회장 1명, 위원 6명, 예비위원 4명으로 조직된다. 이들 위원은 5인 이상 출석과 그 과반수의 의결로 예방구금의 청구, 그 기간의 갱신, 그 해제 및 집행의 면제 등에 관하여 의견을 구신했다. 예비위원은 위원 유고 시에 대리로 위원회에 참석하여 의결권을 행사했다.

윤길중(尹吉重) 강원도 원주(原州) 출신이다. 1939년 고문 행정과에 합격했다. 조선총독부속을 거쳐서 1941년 3월 강진(康津) 군수, 1943년 10월 무안(務安) 군수, 1945년 2월 학무국 사무관을 했다.

윤성순(尹珹淳) 경기도 포천(抱川) 출신이다. 1938년 5월 8일 결성인 경성기독교연합회에 평의원으로 참가했으며, 북선흑연(黑鉛)광업소장도 했다. 아래는 기독교 내선일체·황민화체제의 최초의 출발인 경성기독교연합회(조·일인 합동)의 발회식이 채택한 선언문이다.

현하 아국 시국의 중대성에 감하여 국시를 체(體)하며 국민정신의 진작을 도(圖)함은 가장 긴급사임을 인(認)하고 자(玆)에 일층 전도에 정진하여 황국신민으로서 보국의 성(誠)을 치(致)하기를 기함.

이석기(李錫基) 충남 부여(扶餘) 갑구 출신이다. 1939년 고문 행정과에 합격하고 아산(牙山) 군수를 했다(1941).

이용설(李容卨) 인천(仁川) 갑구 출신이다. 임전대책협의회 평의원, 채권가두유격대 남대문대원, 조선임전보국단 평의원 등을 했다.

이종린(李鍾麟) 충남 서산 갑구 2선의원인데 제헌국회에서 언급했다.

이종욱(李鍾郁) 강원도 평창(平昌) 출신이다. 오대산 월정사(月精寺) 주지로 그의 친일행적이 실은 특이한 것이었다.

그는 한성정부[21]가 수립될 때 13도 대표로 참가했다. 대동단(大同團)사건과 김상옥(金相玉)사건 관련자로 갑종 요시찰인이던 그는 3·1운동 후 한때 상해 임정에도 관계했다. 이런 이종욱이 총독부와 접촉을 시작한 것은 폐사의 위기에 처한 월정사 사채(寺債)정리 업무를 맡으면서였다. 홍보룡(洪莆龍) 주지시대의 포교당 건축비 채무가 은행빚 11만 원으로 늘어나자 월정사는 이종욱을 주지로 선임함으로써 해결책을 강구하려 했다. 하지만 이종욱은 요시찰인이라 주지 인가를 받을 수 없었고, 그래서 사채정리 총무위원을 맡았다. 총독부는 이종욱을 회유하기 위해서 동척의 특별대부로 월정사를 폐사의 위기에서 소생하게 했던 것이다.

이 과정에서 총독부 출입이 시작된 이종욱은 뒤미처 그들로부터 월정사 주지 취임의 인가를 받았다. 그리고 그는 1937년 2월 26~27일 총독부 제1회의실에서 개최된 삼십일본산주지회(三十一本山住持會)에 참석했다. 이때의 회합은 총독 미나미(南次郎)가 불교를 국민정신 작흥 운동의 제일선에 동원하기 위해서 소집했던 것인데, 본산 주지 31명과 조선불교중앙교무원의 이사 2명이 참석했다. 이들은 당국의 희망인 총본산(總本山)을 설립하기 위해서 3월 2일 중앙교무원에서 회합한 후, 그 설립을 위한 상임위원으로 이종욱·임석진(林錫珍, 송광사)·차상명(車相明, 범어사)을 선출했다.

같은 해 8월 6일, 부민관 대강당에서는 삼십일본산주지회를 대표한 이종욱의 사회로 불교 시국 대강연회가 개최되었다. 8월 5일 개운사에서의 장군 무운장구 기원법요(祈願法要)의 후속행사인 이 강연회는 중앙 교무원 주최이며, 권상로(權相老, 佛專 교수)와 김태흡(金泰洽, 佛專 강사)이 연사였다. 뒤미처 8월 27일, 이종욱은 월정사 소속 말사(末寺) 주지·포교사회의를 소집하고 시국인식에 관한 아래 각항의 실천을 지시했다.

    1. 물심(物心)으로의 보국의 정성
    2. 매일 아침 예불(禮佛) 시 황군 무운장구 기원
    3. 황군 사기의 고무 격려
    4. 전병(戰病) 사상 군인, 유가족 위문
    5. 국방헌금·위문금 갹출의 예산화

이날 이종욱은 즉석에서 수집한 766원 85전을 군사후원연맹에 헌금했다. 또한 같은 해 10월 5일에는 월정사 주지 이종욱 이하 승려 일동이 갹출한 366원 95전을 국방헌금했다. 한편 월정사에서는 1937년 9월 15~19일에 걸쳐서 강원도 당국이 주재하는 중견 청년 강습회가 베풀어졌다. 1939년 7월에는 일본·조선 두 불교의 권위자를 강사로 하는 승려 수양 강습회가 월정사를 회장(會場)으로 해서 개최되었다.

같은 해 3월 11~13일까지 중앙불전(中央佛專)에서는 ① 사법(寺法) 통일과 종헌(宗憲) 기초(起草) 문제, ② 총본산 신축비 문제, ③ 시국하 불교활동, ④ 일본 불교와의 연락 문제 등을 토의하기 위한 삼십일본산주지 회의가 개최되었다. 이들은 회의 첫날에 의장 이종욱을 선출한 후 황군무운장구의 기원을 위해 조선신궁에 참배했다. 이 회의는 불교 당면의 문제들을 수행할 위원으로 이종욱 등 13명을 선임한 후, ① 총본산 건립에 관한 건, ② 선(禪)·교(敎) 양종(兩宗) 총본산 사법(寺法) 94조의 제정과, ③ 북지(北支)황군위문에 관한 건 등을 의결했다.

그 후 1940년 6월 17일, 조선불교 총본산 건설사무소에서는 이종욱 외 5명의 출석으로 '창씨개명 여행(勵行)에 관한 협의회'가 개최되었다. 이들은 일반 신도까지 기한 내에 전원 창씨 완료시킨다는 원칙에 합의한 후, 그 실행에 편의를 제공키 위해 중앙포교소 등 6개소에 무료 창씨 상담소를 설립하도록 결의했다 이리하여 히로다 쇼이쿠(廣田鍾郁)가 된 이종욱은 1941년 1월 29일 국민총력조선연맹 문화부 문화위원, 같은 해 9월 7일 채권가두유격대 종로 4정목(丁目, 街) 대원이 되고 1945년 6월 8일 결성인 조선언론보국회의 참여 등을 한다. 1943년 8월 1일자로 조선에 징병제가 실시되자 이종욱은 그 날짜『매일신보』에 다음과 같은 경축담화를 발표했다.

……이제 우리 반도는 징병제 실시로 황민 최고의 책무(責務)를 봉답(奉答) 완수할 기회를 얻게 되었다. 이 어찌 반도청년 당사자인 청장년들만의 영예이리오. 반도의 노약(老若)은 물론 제불보살(諸佛菩薩)과 반도산하가 다 함께 기꺼워하고 동시에 감읍(感泣)하여 마지않는 일이다.(하략)

그런데 이종욱의 이러한 적극 친일이 실은 독립운동을 은폐하려는 위장이었다고 한다. 해방 후 밝혀진 바인데, 이종욱은 적극 친일을 하는 한편 임정과 계속 연락하면서 군자금을 밀송하곤 했다고 한다. 태평양전쟁이 막바지에 이른 1944년 3월에 이종욱은 강태동(姜泰東)·김현국(金鉉國)·

유석현(劉錫鉉)·이응진(李應辰) 등과 함께 항일 무력봉기를 계획했다. 강석주(姜昔珠)의 『불교 근세 100년』 제65화(話)에서 그 자세한 내용을 옮기면 다음과 같다.

    그때 일본군의 후방을 교란하기 위해서 '게릴라' 활동을 전개하기로 하고 자금조달의 책임을 스님(이종욱 - 필자주)이 맡고 유석현(劉錫鉉) 씨는 무기 구입의 책임을 맡았었다. 그리고 1945년 9월 18일을 거사일로 잡았다. 이 일자는 이범석(李範奭) 장군이 이끄는 광복군이 본토에 상륙하기로 한 시기와 일치한다. 계획을 세운 스님(이종욱)은 곧 월정사와 묘향사(妙香寺), 석왕사(釋王寺) 등을 돌면서 자금을 조달하는 한편, 김재호(金載浩)·김시현(金始顯)·김찬(金燦) 등 동지들을 중국국민정부와 우리 광복군에 밀파하여 무기 반입을 교섭하도록 했다.
    이 계획은 일본이 예상보다 빨리 항복함으로써 실천에 옮겨지지 않았으나 우리 독립운동사에 남을 큰 모의(謀議)였다. 이러한 사실은 광복 후 임정요인이 돌아옴으로써 밝혀졌지만, 나는 일찍이 선학원(禪學院)에 발을 들여놓은 어린 시절부터 임정에 몸을 담아온 유석현 씨에게서 들었다.

임정요인 유석현 씨는 아직 건재 중이시다. 이종욱이 독립운동의 수단으로 친일을 했다는 것은 그야말로 민족적 비극이 아닐 수 없다.
이종형(李鍾滎) 강원도 정선(旋善) 출신이다. 반민법을 극렬하게 반대한 한 사람인데 반민특위의 기소장에서 그 행적을 살펴보겠다.

    1. 피고인 이종형은 일찍이 일본 와세다대학 정경과를 졸업하고 기미운동사건으로 징역 19년을 받고 복역 중 감형되어 9년 만에 출감된 자로서, 그 후 1930년 여름에 만주에 건너가서…… 길림감군(吉林監軍) 장작림(張作霖)과 동 참모장 희흡(熙洽)과 결탁하고 소위 초공군(剿共軍) 사령부를 조직한 후…… 약 5개월간에 달하여 돈화(敦化)·동만(東

滿) 일대를 배회하면서 한인 공산당원을 토벌한다는 구실 밑에 길림성 돈화현(敦化縣) 왕도하(王度河) 등 부락에 살고 있는 애국지사 50여 명을 체포하여 그중 17명을 교살 또는 투옥시켰고,

　2. 피고인은…… 한만(韓滿) 민간 충돌사건(만보산사건)이 폭발되자 당시 조선일보사 장춘(長春) 지국장이요 애국지사인 김이삼(金利三)이 전기 충돌사건에 대해 그 사실을 같은 신문사에 보도 기재한 바 피고인은 김이삼을 일본영사관 주구로서 만보산사건이 없음에도 대서특필하여 허위보도한 것은 우리 한인에 대하여 큰 영향이 미치게 한 것이라고 단정하고 연후 김이삼의 죄는 응당 죽여야 된다고 하여 즉시…… 체포 감금했다가 약 5~6시간 후 석방한다는 형식으로 일시 길림시 우마황 연동호여관에 귀환시킨 후 부하를 시켜 동 여관에서 김이삼을 총살시켰다.(하략)

　반민특위 기소장에 따르면 이종형은 그밖에도 "독립운동가 남자현(南慈賢)을 밀고하여 옥사케" 했고, "독립운동가 승진(承震)을 길림 강남공원에서 암살"했으며, "북경지방에 있던 장명원(張明遠)·권태석(權泰錫)·김만룡(金萬龍)·김선기(金善基)·이상훈(李相熏)·박시목(朴時穆) 등 애국지사를 밀고하여 투옥"시켰다고 한다.

　이채오(李采五) 경남 통영(統營) 을구 출신이다. 통영수산학교를 마치고 1935년부터 함북도청 기수를 했다.

　임흥순(任興淳) 서울 성동(城東) 을구 출신이다. 보성고보를 졸업했으며, 서울 동구(東區)의 유지로 방호단(防護團) 기타에 관계했다.

　즉, 법률 제47호 '방공법'(防空法)이 공포된 1937년 4월 5일 전후로부터 총독부는 준(準)전시하에서의 방공(防空)체제 확립에 열을 쏟기 시작했다. 방공과(防空課)의 신설 계획 및 파출소·주재소를 주체로 한 방공사상 계몽, 방호단의 결성과 같은 해 11월 17일자 '조선방공위원회령'(칙령 제662호)에 의한 방공위원회의 설치 등이 그 중요한 내용이다.

　그 하나인 방호단의 결성은 1937년 2월 중순부터 시작되었다. 2월 14

일, 경성 중구(京城中區) 방호단 결성준비위원회가 부민관에서 개최된 후, 21일 경성부청에서는 유지와 정총대(町總代) 등 60여 명의 참석으로 경성 동구(東區) 방호단 결성준비위원회가 소집되었다. 이것들은 같은 해 4월 3일 결성인 경성 방호단의 산하 조직으로, 등화관제·방공훈련·공습 시의 피해 복구 등을 임무로 하는 것이었다. 그 편성은 서울 259정(町)을 동·중·용산·영등포구로 4분한 후 예하에 11개 분단(分團)을 두며, 기타 3개 공작반과 6개 반의 수상(水上)방호단을 특설한 것이다. 이때 임흥순은 21일 동구의 준비위원회에서 동구 방호단 제1분단 부분단장에 선임된 후, 1938년 무렵 동 제1분단장에 승진했다.

같은 해 3월 중순, 매일신보사는 대(大)아시아주의 사상 보급책의 일환으로 북지·만주국 시찰단을 모집했다. 선착순 25명 한도인 이 시찰단은 단장 김한규(金漢奎) 인솔로 4월 6일 서울 출발, 봉천→천진→북경→장가구(張家口)의 여정을 마친 후 4월 22일에 귀경했다. 임흥순도 단원 25명 중 하나로 참가했는데, 이들의 여행 목적에는 황군 위문도 포함되어 있었다.

같은 해 8월 31일, 임흥순은 경성부윤으로부터 신당정(新堂町) 제3구 정회(町會)역원 전형준비위원에 위촉되었다. 이것은 1938년 8월 1일자 경성부 고시(告示) 제126호인 개정 '경성부 정회(町會)규정'에 의한 것으로, 총대 이하의 정회 역원을 선출할 20명 이내의 정회역원 전형위원을 선임하는 소임이다. 그 총원은 355명이며, 신당정 제3구는 3명으로 임흥순·미즈노(水野軍次)·아오키(靑木大三郞)였다. 전형준비위원→전형위원이 선출한 정회총대 등의 역원은 부윤의 인가를 얻음으로써 선임의 효과가 발생했다. 이어 9월 6일, 임흥순은 동주 방호단 제1분단장으로 유기(놋그릇) 686점을 모아 경성부에 헌납했다. 또한 12월 11일에는 경성원예학교에서 열린 동구방호단 제1분단 제2지구단 결성식에 참석하여 동 분단장 자격으로 고사(告辭)를 했다.

1939년 5월 21일 임흥순은 경성부회의원에 당선되었다. 그 직후인 6월 5일, 그는 선거법 위반으로 경성지방법원 검사국에 구속 송치되었으며, 8

월 2일 징역 6개월 벌금 30원을 구형받았다. 8월 16일 벌금 200원의 확정판결로 임홍순은 부회의원의 직을 상실했으며, 함께 기소된 선거운동원 8명은 1심에서 1명이 50원, 2심에서 4명이 20~100원의 벌금형을 받았다.

이후 활동이 뜸하던 임홍순은 1941년 8월 28일 임전대책협의회 상무위원이 되었으며, 9월 7일에는 동 협의회가 조직한 채권가두유격대 본정(本町)대원으로 국채소화운동을 벌였다. 그해 10월 22일, 그는 부민관 대강당에서 결성된 조선임전보국단에 평의원으로 참가했다. 1943년에 학병제도가 시행되자 그는 동년 11월 10일 결성인 학도병 성동익찬(城東翼贊)위원회 위원장으로 호별 방문 독려 끝에 관내─성동구─의 전원을 출진시켰다.

최병주(崔炳柱) 전북 부안 출신이다. 성대 법문학부를 마치고. 고문 사법과에 합격했다. 판사를 하다가 1939년 8월 퇴직, 평양에서 변호사를 개업했다.

제3대 국회

제3대 의원은 보결선거 당선자 5명을 합쳐서 208명이었다. 그 구성은 자유당 121명, 무소속 66명, 민국당 11명, 기타 10명이다. 그중 아래 20명에게 부일협력의 전력이 있다.

강세형(姜世馨) 전북 익산 을구 출신 무소속이다. 독일 베를린대학을 마치고 귀국한 후 도쿄 고지마치구(麴町區) 나가다초(永田町) 소재 일독(日獨)문화협회의 주사로 있었다. 1939년 7월 독일 청소년성 대신에게서 일독문화교류에 진력한 공로로 감사장이 수여되었다.

곽의영(郭義榮) 청원 을구 출신 자유당인데 제2대 국회에서 언급했다.

김달호(金達鎬) 경북 상주 갑구 출신 무소속이다. 고문 사법과에 합격하고 1937년 11월 광주지방법원 예비판사, 1938년 3월 동 판사, 1940년 8월 청진지방법원 판사로 근무했다.

김상돈(金相敦) 마포 갑구 출신 민국당 의원이다. 제헌국회에서 기술했다.

김선태(金善太) 전남 완도(莞島) 출신 무소속이다. 고문 사법과에 합격하고 1942년 3월 전주지방법원, 1943년 3월 대전지방법원 청주지청에서 판사를 했다.

김의택(金義澤) 전남 함평(咸平) 출신으로 무소속이다. 보통문관시험에 합격하고 1937년 3월 제18회 경부 및 경부보 시험에 합격했다. 1940년 전남경찰부 위생과에 근무했다는데 직위는 확실치 않다.

박용익(朴容益) 강릉 을구 출신 무소속 의원이다. 성대 법학부를 마치고 봉화(奉化) 군수(1939)·예천(醴泉) 군수(1942)를 했다.

신용욱(愼鏞頊) 고창 을구 출신 자유당 의원이다. 2대 국회에서 기술했다.

윤성순(尹珹淳) 경기도 포천(抱川) 출신 자유당 의원. 2대 국회에서 기술했다.

윤형남(尹亨南) 전남 순천(順天) 출신 무소속이다. 1940년 고문 행정과 합격. 칠곡(漆谷)·상주(尙州) 군수를 했다.

이재학(李在鶴) 강원도 홍천 출신 자유당 의원이다. 제헌국회에서 말했다.

이태용(李泰鎔) 충북 제천 출신 자유당 의원이다. 총독부속(屬)으로 있었고 1934년 고문 행정과에 합격했다. 양구(楊口) 군수(1937. 11.), 평강(平康) 군수(1939. 3.)와 농림국 수산과 사무관(1943. 9.)을 했다.

인태식(印泰植) 충남 당진 출신 자유당 의원이다. 행정부 재무부장관 항목에서 기술했다.

임우영(林祐永) 강원도 춘성(春城) 출신 국민회 의원이다. 동척(東拓) 출장소장을 했는데 그 세목(細目)은 미상이다.

임흥순(任興淳) 서울 성동 갑구 출신 무소속 의원이다. 2대 국회에서 말했다.

장경근(張暻根) 경기도 부천(富川) 출신 자유당 의원. 1935년 고문 사법과에 합격했다. 1937년 12월 경성지방법원 판사, 1941년 3월 경성복심법원 판사를 했다.

조재천(曺在千) 경북 달성구(達城區) 출신 민주당 의원이다. 1940년에 조선 변호사 시험과 고문 사법과에 합격하고 1943년에 판사가 되었다.

한동석(韓東錫) 경기도 고양 출신 자유당 의원이다. 1934년 고문 행정과에 합격했다. 1937년 7월 함남경찰부 경무과장(고등과 겸무) 경시, 1940년 2월 동 보안과장(고등과 겸무), 1940년 7월 총독부 기획부(식산국 겸무) 사무관, 1943년 12월 전주(全州) 전매국장, 1945년 5월 황해도 참여관(參與官) 겸 농상부장과 조선식량영단(營團) 황해도지부 감리관(監理官)을 맡았다.

한희석(韓熙錫) 천안 출신 자유당 의원이다. 1937년 고문 행정과에 합격했다. 총독부속을 거쳐 1940년 7월 창녕(昌寧) 군수, 1942년 7월 동래(東萊) 군수, 1943년 9월 도이사관(道理事官)으로 전남 내무부 지방과장 겸 국민총력과장을 했다.

현석호(玄錫虎) 경북 예천 출신 자유당 의원이다. 1933년 고문 행정과에 합격했다. 전라남도 경부(警部)를 거쳐서 1936년 11월 화순(和順) 군수가 되었다. 1938년 6월 도(道)이사관으로 승진, 황해도 산업과장이 되고 9월부터 농촌진흥과장을 겸무했다. 1944년 7월에는 흥아원(興亞院) 사무관 겸 총독부 사무관으로 승진하고 총독부관방(官房) 외무부 근무로 흥아원 화북(華北) 연락부에 재근(在勤)했다.

제4대 국회

제4대 국회는 재선거 6명을 합해서 239명의 의원이 배출되었다. 정당별로는 자유당 132명, 민주당 79명, 통일당 1명과 무소속 27명이었다. 이들 중에 부일협력의 전력이 있는 사람은 필자가 아는 범위에서 25명이다. 이 '필자가 아는 범위'에는 확실하게 고증되지 않는 사람은 배제하고 있다.

강종무(姜琮武) 경남 김해(金海) 갑구 출신 자유당이다. 총독부 도(道) 기사를 거쳐서 1940년 3월 강원도 산업부의, 1941년 2월 경상북도 산업부의 토지개량과장을 했다. 또 그는 1940년 4월 강원도정보위원회 간사에 피명(被命)되었다. 이것은 1937년 7월 22일 훈령 제51호 '조선중앙정보위원회규정'에 의해 설치된 조선중앙정보위원회의 산하 지방 기구다. 조선중앙정보위원회는 정무총감을 위원장으로 하여 정보 및 계발(啓發) 선전에 관한 중요사항을 조사 심의했다.

계광순(桂珖淳) 춘천(春川) 출신 민주당이다. 1931년 4월 강원도 군속(郡屬)으로 춘천군에 근무했다. 회양군(淮陽郡)에 재직 중이던 1932년 10월 고문 행정과 합격, 같은 해 12월에 강원도 경부가 된 후 1934년 7월 평강 군수, 1936년 4월 파주 군수를 했다. 이해 5월 경찰계로 돌아가 함남경찰부 보안과장 경시(警視)로 1937년까지 복무했다. 1937년 7월에 그는 척무성(拓務省) 사무관에 임명되었다. 1938년 11월에는 다시 총독부 사무관으로 식산국(殖産局) 산금과(産金課)에 근무했으며, 학무국 사회교육과장(1940. 9.)을 거쳐서 1942년 10월 강원도 참여관 겸 산업부장으로 승진했다. 1944년 6월 전임(專任) 도사무관으로 평북 내무부장을 한 후, 동년 11월 경남 광공(鑛工)부장을 잠시 맡았다.

이 동안에 계광순은 총독부 안에 설치된 각종의 위원회에 관여했다. 그 중요한 몇 가지로는 학무국 사회교육과장 시절에 겸직했던 선전(鮮展) 평의원과 조선미술심사위원회 간사, 총독부 중견청년수련소 및 총독부 교학연수소(敎學硏修所) 강사와 명륜(明倫)학원 학감, 기타 총독부 저축장려위원회와 조선중앙정보위원회 간사 등이다. 강원도 참여관 시절에는 강원도농회장과 금융조합연합회 강원도지부 감리관(監理官), 지원병훈련소생도(生徒)추천자전형위원회, 또 정보위원회·주택위원회·물가위원회 강원도 위원과 징병제실시준비위원회 간사 기타를 겸직했다.

곽의영(郭義榮) 충북 청원 을구 출신 자유당 의원이다. 3대 국회에서 기술했다.

김상돈(金相敦) 마포구 출신 민주당 의원, 제헌국회에서 언급했다.

김선태(金善太) 전남 완도 출신 민주당 의원이다. 제3대 국회에서 말했다.

김원태(金元泰) 충북 괴산 출신 자유당 의원. 1941년 고문 행정과에 합격했다. 함북 농상부 상무과장을 했다.

김장섭(金長涉) 경북 영일 을구 출신 자유당 의원이다. 1940년 고문 사법과 합격, 1941년 6월 대구지방법원 검사 대리, 1943년 3월 신의주지방법원 판사, 1945년 6월 광주(光州)지방법원 검사로 있었다.

박충모(朴忠模) 강원도 원주 출신 민주당 의원이다. 1937년 7월 강원도 회의원에 당선되었다(민선).

서범석(徐範錫) 서울 성북구 출신 민주당 의원이다. 제2대 국회에서 말했다.

안용대(安龍大) 경주 출신 무소속 의원이다. 제2대 국회에서 언급했다.

윤성순(尹珹淳) 포천 출신 자유당 의원이다. 제2대 국회에서 기술했다.

윤형남(尹亨南) 전남 순천 출신 민주당 의원. 제3대 국회에서 말했다.

이민우(李敏祐) 충남 아산 출신 자유당 의원이다. 1940년 경기도 철강(鐵鋼)통제조합 상무이사를 했다.

이익흥(李益興) 경기도 연천 출신 자유당 의원이다. 행정부 내무장관 항목에서 언급했다.

이재학(李在鶴) 강원도 홍천 출신 자유당 의원이다. 제헌국회에서 말했다.

이종준(李鍾駿) 경북 월성 을구 출신 자유당 의원이다. 총독부 문서과에 근무했다.

인태식(印泰植) 충남 당진 갑구 출신 자유당 의원이다. 재무부 장관 항목에서 말했다.

임문석(林文碩) 대구 병구 출신 민주당 의원이다. 1930년 평북 내무부 지방과를 거쳐 동 산업과에 근무했다. 1933년 10월 고문 사법·행정 양과에 합격하고, 평북도지사관방 근무가 되었다. 1934년 운산(雲山) 군수 등을 거쳐서 1937년 7월 도이사관으로 황해도 내무부 산업과장. 1938년 6월 전북 내무부 지방과장, 1940년 11월에는 전북지사관방 국민총력과 근무가 되었다. 1941년 1월에는 세무관리로 전출해서 광주(光州)세무감독국 간세부장이 되었다. 1943년 10월 충남 참여관 겸 광공부장으로 승진, 1944년 11월에 전임(專任) 도사무관으로 전라남도 재무부장을 했다.

임문석 역시 총독부의 각종 위원회에 관여했는데 지원병훈련소 생도전형시험위원회 위원, 지원병훈련소 생도추천자전형위원회 간사, 조선철도 간선(幹線) 긴급증강(增强)위원회 부산지방 연락부 간사 기타다.

장경근(張暻根) 경기도 부천 출신 자유당 의원이다. 제3대 국회에서 기술했다.

정낙훈(鄭樂勳) 대전 출신 자유당 의원이다. 충남 도속으로 1936년 8월 당진군 산업주사, 1938년 9월 군수로 승진했다. 1938년 12월부터 보령(保寧), 1941년 3월 이후 연기(燕岐), 1942년 3월 이래 서산(瑞山)에서 군수로 복무했다.

정운갑(鄭雲甲) 충북 진천 출신 자유당 의원이다. 1938년 충남군속이 된 후 1943년 고문 행정과에 합격했다.

조재천(曺在千) 대구 정구 출신 민주당 의원이다. 제3대 국회에서 말했다.

주요한(朱耀翰) 지금까지 필자는 보편적으로 사용되는 친일 또는 친일파라는 말 대신 '부일협력'이란 용어를 사용해왔다. 일제하 한때의 대일협력이 반드시 일본이 좋아서는 아닐 것이요, 또 그것으로써 그 사람의 의식 자체를 '친일'로 규정하기 싫어서였다. 하지만 이 항 주요한의 경우는 '부일협력'이란 용어가 부적합한 것일지도 모른다. 뼛속까지 황민화했다고 의심받을 정도의 부일협력은 부일협력이 아니라 친일이다. 주요한의 친일은 그의 창씨명 마쓰무라 고이치(松村紘一)를 마쓰무라 고이치(松村狂一)로 바꿔도 손색이 없을 만큼 극렬했고, 또 광범위했다.

제4대 국회에서 그는 서울 중구(中區) 갑구 민주당 의원으로 당선되었다. 일제하에서는 1933년 이래 화신(和信)산업에서 취체역 기타를 한 것이 주업이다. 그는 1938년 12월 24일 수양동우회(修養同友會)를 대표해서 종로서에 국방헌금 4천 원을 기탁하면서 친일노선에 섰다. 1939년 10월 29일 결성인 조선문인협회에서 주요한은 조선인 측 간사 6명 중 하나로 선출되었다.

이 단체는 이른바 '국민문학'이라고 한 황민화(皇民化) 일어(日語)문단의 건설과 내선일체의 구현을 위해서, 재선(在鮮) 일인 문학자와 조선문단의 통합으로 조직된 단체였다. 주요한은 1939년 11월 8일 명치제과(明治製菓) 2층에서 회장 이광수(李光洙) 이하 간사진 김동환(金東煥)·박영희(朴英熙)·유진오(兪鎭午)·이기영(李箕永)·정인섭(鄭寅燮) 외 일인 6명과 회합한 후, 위문대(慰問袋) 수집 헌납과 시국하 '문예적 밤' 개최의 건을 결의했다. 이 결의에 의해서, 1939년 11월 27일 제20사단 사령부에는 문인들이 갹출한 위문대 100여 점이 헌납되었다. 또한 12월 21일 부민관에서는 황민(皇民)문학(소위 국민문학)과 전쟁문학을 중심으로 '문예의 밤'이 개최되었다.

이러한 친일행적은 1941년으로 들면서 더욱 광적으로 가열되기 시작했다. 1940년 12월 25일 결성인 황도학회(皇道學會)에 발기인으로 참가한 후, 주요한은 임전대책협의회(1941. 8. 25. 조직) 역원 전형위원과 조선임전보국단(1941. 10. 22. 결성) 사업부원을 담당했다. 임전대책협의회에서 그는 그 상설기관화를 동의(動議)하면서(결성대회), 동 협의회 편성인 채권가두유격대에 서대문대원으로 참가했다(1941. 9. 7.). 조선임전보국단에서는 동 단체 주최인 미영타도 대강연회[22]에 연사로 참가한바, 아래는 그 연설 「루스벨트여 답하라」의 일부다.

정의 인도의 가면을 쓰고 착취와 음모를 일삼는 세계의 방화범, 세계 제일의 위선군자(君子) 아메리카합중국 대통령 루스벨트 군. 연미복을 입은 신사, 기실은 약탈 강도를 일삼는 해적 괴수 대영제국 총리 대신 처칠 군. 위대한 어릿광대 두 군을 앞에 놓고 10억 아세아 대중의 이름 아래서 질문하노라.

루스벨트여, 그대는 입을 열면 반드시 정의와 인도를 주장하지마는 파리강화조약 서문에 인종차별 철폐문안을…… 삭제한 것은 어느 나라며…… 아프리카 대륙에서 노예 사냥을 하기를 마치 야수 사냥하듯 한 것은 어느 나라 사람인가. ……그러나 그대들의 악운은 이미 다 되었다. ……동아 정복의 야망을 달하려는 그대들의 음모도 오늘날 우리나라의 파사검(破邪劍)이 일섬(一閃)하는 곳에 산산이 부서지고 말았다. 황군은 와신상담(臥薪嘗膽) 실력을 단련하기 이에 30년,…… 어제는 하와이 진주만에서 미함(米艦)을 격침하기 4척, 대파하기 4척…… 미함과 영함을 폭침한 것은 결코 화약의 힘만이 아니다. 그것은 멸신보국(滅身報國)의 황국정신이요, 충용한 황군의 육탄의 힘이다. 10억의 동양인은 한

덩어리가 되어 앵글로색슨의 야망을 응징코자 하는 것이다. 1억 동포는 열철(熱鐵)의 일환(一丸)이다. 더욱이 반도의 2천4백만은 혼연일체가 되어 대동아성전(聖戰)의 용사 되기를 맹서하고 있다.23)

이 무렵을 전후하면서 주요한은 「임전(臨戰)조선」(『신시대』, 1941. 9.), 「미영의 동아침략」(『신시대』, 1942. 2.) 같은 시국논설로 미영타도와 신도 실천(臣道實踐)을 역설하기 시작했다. "동아의 성전이 조선에 구하는 것은 땀과 피와 살과 생명"이니, "오직 우리는 부르실 때에 바칠 뿐" "이깃이 우리의 의무요 감사요 자랑이요 물려줄 것"(이상 「임전조선」)이라는 것이었다. 그리고 그는 1943년 4월 17일 결성인 조선문인보국회에 시부(詩部) 회장으로, 또 1944년 6월 18일부터는 평의원으로 참가했다. 황민문학 건설의 제일선에서 일어 시집 『손에 손을』(『手に手を』, 1943. 7.)을 간행했는데, 황민화와 전쟁 예찬, 신도 실천의 희열을 읊은 19편의 시(일문)가 수록되어 있다.

그의 이 같은 행적은 1945년 여름까지 계속되었다. 1944년 8월 17일 부민관의 적국 항복 문인대강연회에서 「아세아로 돌아가라」를 강연한 그는 1945년 6월 8일 결성인 조선언론보국회에 참여로 참가했다. 또 그는 1945년 6월 24일 결성인 대의당(大義黨)에 위원으로 참가했다. 이것은 거물 친일파 박춘금(朴春琴)이 조직한 단체로, 1945년 7월 24일 부민관에서 아세아민족 분격대회를 일·선·만·중국·안남 등 5개 민족대표 참가로 개최하곤 했다.

주요한이 발표한 친일 논설은 「징병령 실시와 조선청년」(『신시대』, 1942. 6.), 「다섯 가지 사명」(『신시대』, 1943. 6.) 기타 10여 편이다. 학병을 독려한 「나서라! 지상명령이다」(『매일신보』, 1943. 11. 18.)의 일부를 아래에 소개한다.

이 시대에 있어서 일본 없이는 아세아가 없을 것이요, 아세아 없이는 조선도 없을 것이다. 이것을 생각하고 저것을 헤아릴 때에 동아성전은 반드시 우리들의 손으로 싸워 끝내지 않으면 안 될 것이다. 사(死)보다 더 강한 것은 오직 대의(大義)요 오직 국가요 오직 양심이요 오직 동포애가 있을 뿐이다. 제군을 강요한 자가 있다면 그것은 다른 자가 아니었을 것이요 오직 제군의 애국심이었을 것이요 동포애이었을 것이다.(하략)

진형하(陳馨夏) 대전 을구 출신 민주당 의원이다. 고문 사법과에 합격한 후 1941년 10월 대전지방법원 판사가 되었다.

황숙현(黃淑鉉) 전남 광양 출신 자유당 의원이다. 만주국고시(高試) 기술과에 합격하고 만주국 기좌(技佐)로 있었다.

사법부

이승만정부에서는 2명의 대법원장과 17명의 대법관이 배출되었다. 이 분야는 전문적인 지식 경험이 요구되는 관계였는지 거의 대부분이 일제하 판·검사 출신이었다. 필자가 알 수 있는 범위에서 그 비율은 13명으로 68.4퍼센트다. 이하 개별적으로 살펴보겠다.

먼저 대법원장인데, 1~2대 김병로(金炳魯)는 변호사로서 일제하의 민족운동 관계 사건의 변론을 도맡다시피 했다. 광주학생의거사건, 6·10만세사건, 원산총파업사건과 단천(端川)노조사건에 대한 무료변론이 그 두드러진 업적이다. 사법부 역시 출발은 민족계로써 했던 것이다.

반면에 제3대 대법원장 조용순(趙容淳)은 1924년 현재 경성지방법원 개성지청 서기 겸 통역생이었다. 1925년 판·검사 임용시험에 합격한 후 해주·평양·광주지방법원 판사를 했다(법무부 장관 항목 참조).

대법관으로는 17명 중 12명이 일제의 판·검사 출신이었다.

고재호(高在鎬) 성대 법과를 마치고 1939년 변호사 시험과 고문 사법과에 합격했다. 1941년 10월 대구지방법원 판사로 있었다.

김갑수(金甲洙) 성대 법문학부 출신으로 1935년 고문 사법과에 합격했다. 1936년 9월 대구지방법원 검사대리, 1937년 12월 대구지방법원 판사, 1938년 5월 평양지방법원 판사를 거쳐서 1941년 8월 평양복심법원 판사

겸 동 지방법원 판사였다.

김동현(金東炫) 경성전수학교를 졸업한 그는 1924년 현재 대구지방법원 검사를 하고 있었다. 변호사로 전출한 시기는 확실치 않으나 1945년 6월 13일 국방보안법 및 치안유지법 제29조에 의한 총독 지정(指定) 변호사로 지정되었다. 이것은 법률 제49호 '국방보안법'[24]의 신설 및 법률 제54호 '치안유지법'[25]의 개정 시행과 관련해서 신설된 제도다. 종래에 변호인은 변호사 중에서 선임되며,[26] 인원수 기타에 대해서도 특별한 제한은 없었다. 그런데 새로 입법된 국방보안법 및 개정 치안유지법의 위반사는 사법대신 또는 조선총독이 미리 지정 공시(公示)한 변호사 중에서만, 피고 1인당 2명을 한도로 선임할 수 있게 했다.[27] 이리하여 총독은 1941년 7월 30일 제1차로 68명을 지정 고시했다. 김동현은 추후 보결로 지정된 7명 중의 한 사람이다.

김두일(金斗一) 일본대학 법과를 졸업했다. 1932년부터 청진·함흥·광주·해주 지방법원 판사를 하고 1943년 3월에 퇴직, 평양변호사회 변호사를 했다.

김세완(金世玩) 경성전수학교를 마친 그는 1924년 현재 해주지방법원 서흥(瑞興)지청 서기 겸 통역생으로 있었다. 1925년 판·검사 임용고시에 합격, 이후 1938년 10월 경성지방법원 인천지청 판사를 퇴직할 때까지 계속 판사로 복무했다. 1938년 11월 변호사를 개업했다.

김익진(金翼鎭) 경성전수학교를 마치고 1920년 판사 시험에 합격했다. 1927년 평양에서 변호사 개업을 할 때까지 평양·함흥 지방법원과 평양복심법원 등에서 판사를 했다.

백한성(白漢成) 행정부 내무부 장관 항목에서 말했다.

양대경(梁大卿) 메이지(明治)대 법과 출신. 1919년 현재 대구복심법원 판사였다. 1937년 4월 청진사상범보호관찰심사회 예비위원에 위촉되었는데, 이것은 1936년 12월 12일 공포인 제령 제16호 조선사상범보호관찰령의 시행에 관계된 직책으로, 서울·평양·함흥·청진·신의주·광주·대구에 설치된 사상범보호관찰소에 부설된 것이었다. 보호관찰은 사상범 중

집행유예·불기소·집행종료·가출옥자의 재범을 막기 위해서 보호관찰소 기타 사원(寺院) 등에 수용하여 사상 및 행동을 감시하는 것이다. 검사 기타 관계관의 통보에 의해서 보호관찰심사회 위원이 보호관찰에 부치는 여부를 심사 결의했다. 예비위원은 위원 유고 시 그 직무를 대리하는 소임이었다.

이우식(李愚軾) 경성법학전문을 졸업하고 1926년 고문 사법과에 합격했다. 1929년 전주 지방법원 판사, 1931년 변호사로 전출했다.

한격만(韓格晩) 경성법학전문 졸업. 1926년 고문 사법과에 합격했다. 함남도회의원과 함흥부회의원을 했고, 1941년 7월 30일 국방보안법·치안유지법 제29조에 의한 총독 지정 변호사에 위촉되었다.

한상범(韓相範) 학력·경력 미상이다. 1924년 현재 전주지방법원 남원(南原)지청 서기 겸 통역생으로 있었다.

허진(許瑱) 경성법학전수학교를 졸업, 1921년 판사임용시험에 합격했으며, 대구지방법원 기타에서 복무했다.

3 좌파의 친일인맥

반만항일전선의 형성

이상에서 필자는 제1공화국에서의 친일 인맥을 3부(府)에 걸쳐서 살펴보았다. 그럼 자유진영에 대립한 좌파에서는 친일에 관해서 어떠했는가? 개괄적으로 말해서 친일 전향은 민족계보다 먼저 만주에서 좌파가 시작을 했고, 해방 직후 또한 대일자세에서 다소의 허점을 노출시켰다. 이 같은 사정을 이해하려면 우선 만주에서의 반만항일전선의 형성과 그 붕괴 과정부터 살펴볼 필요가 있다.

만주사변이 나자 동변진수사(東邊鎭守使) 우지산(于芷山)은 재빨리 일제에 영합했다. 이에 불만을 품은 환인현(桓仁縣) 주둔군단장 당취오(唐聚五), 통화현(通化縣) 주둔군 참모 손수암(孫秀岩)은 반만항일을 외치면서 동북민중자위군을 일으켰다. 양세봉(梁世奉)을 총사령으로 한 국민부 무장독립단은 여기에 특무대로 참가했다.

한편, 전화에 시달린 동변도 일대의 농민들은 신빈현(新賓縣) 왕청문(汪淸門)에서 폭동을 일으키고 농민자위대를 조직했다. 만주국 군정부(軍政部, 국방부) 초대 총장에 임명된 마점산(馬占山)은 치치하얼(齊齊哈爾)로 탈출하여 흑하(黑河)에서 반만항일을 선언했다. 길림에서는 영장(營長) 왕덕림(王德林)이 동북항일구국군을 일으켰다.

만주의 산야를 치닫던 마적단 다수도 반만항일전선에 참가했다. 노북풍(老北風)·고천(靠天)·고조수(顧兆壽)·삼승(三勝)·구강호(九江好)·해림(海林)·점승(占勝) 기타 유명 무명한 대소 마적단들이다. 이들은 봉성현(鳳城縣) 공안국장 등철매(鄧鐵梅), 수암현장(岫巖縣長) 유경문(劉景文)이 거느린 정규군·경찰대·보위단(保衛團) 병력 기타와 합작하여 동북항일의용군을 일으켰다.

이청천(李靑天)의 무장독립군은 왕덕림의 동북항일구국군과 연합하여 사도하자(四道河子)며 대전자령(大甸子嶺) 등에서 청산리대첩 이상의 대전과를 올렸다(1933. 4~7.). 한·만연합의 항일유격대 또는 적위대(赤衛隊) 같은 반제(反帝) 게릴라 세력은 1933년 9월 무렵 양정우(楊靖宇)의 동북인민혁명군에 참가했다. 상해에서는 김구(金九)·신익희(申翼熙) 기타가 중한호조(互助)연합회 기타를 조직하고 반만항일전선을 후원했다. 중국공산당은 1933년 1월의「항일합작선언」, 1935년 8월의「항일구국선언」으로 국부군(國府軍)과의 항일합작을 제안하면서 반만항일전선의 대승적(大乘的) 연합을 주장했다.

이리하여 만주의 반만항일세력은 무장 인원만도 한때 30만 명 이상에 달하는 것으로 지목되었다(만·중·조선인 총합). 이들이 분포한 지역은 첫째 동변도 일대로, 당취오의 동북민중자위군만 한때 2만 명 이상이었다. 대도회(大刀會)[28]의 세력도 만만치 않았고, 조선인 공산 게릴라들은 양정우의 동북인민혁명군에서 제1군 독립사(獨立師)를 편성하고 있었다.

둘째는 요동반도 끝 수암현(岫巖縣)을 중심한 '삼각지대'로, 등철매·유경문 계열인 동북민중자위군과 동북민중구국군이 크게 기세를 떨쳤다. 염생당(閻生堂)이 거느린 마적부대만 일대에서 수천 명 이상이었고, 혼강(渾江) 일대에 근거한 주사령(朱司令)의 마적부대 천의승군(天意勝軍)은 압록강을 넘어 평북 대길리(大吉里) 주재소를 습격했다.

셋째는 만철선(滿鐵線) 연변으로 노북풍(老北風)·압동양(壓東洋) 기타 수십의 마적단과 토비단이 맹위를 떨쳤다.

넷째는 흑룡강성 일대로 마점산(馬占山)의 부대가 한때 하얼빈(哈爾濱) 공략을 호언하면서 기세를 올렸다.

다섯째는 간도성 일대다. 이청천과 연합한 왕덕림의 동북항일구국군만 한때 이 일대에서 4천 명 이상이었다. 이밖에 오의성(吳義成)의 동북항일의용군, 또 동북인민혁명군이 분포해 있었으나, 간도 일대는 대체적으로 보아 좌익세가 강한 편이었다. 소·만 국경이 가까운데다 중국인 지주들의 봉건적 착취가 가혹했기 때문이다. 전체 인구 중 80퍼센트가 조선인이던 간도지역은 일제의 표현을 빌면 "노약 남녀와 직업 여하를 불문하고 거의 전부가 공산주의의 흐름에 들어 있지 않은 자는 없다고 해도 과언이 아닌 현상"이었다고 한다.

일제의 토벌 작전

반만항일세력에 대한 일제의 토벌 작전은 만주사변 후 1932년에 걸쳐서 본격화되기 시작했다. 그 주역은 물론 일제의 관동군이요, 그 괴뢰인 만주군이었다. 여기에 만주국 경찰과 치안대·자위단이 보조병력으로 참가했다. 주야 구별 없이 강행된 토벌 작전의 상황은 1932년에 유행한 「토비행」(討匪行)이라는 아래의 노래에서 사실적인 분위기를 엿볼 수 있다.

어디까지 계속될 흙구렁인가.
사흘 낮 이틀 밤을 양식도 없이
비는 내려 퍼붓는 머리의 철모(鐵帽).

이런 식으로 전개된 토벌 작전에서 대표적인 하나가 '동변도작전'이다. 이 작전이 추진되었던 지역은 당취오의 동북민중자위군, 이춘윤(李春潤)의 동북항일의용군이 이른바 '선비'(鮮匪)인 이청천 계열의 독립군, 또 조선인 공산게릴라와 연합하면서 맹위를 떨친 지역이다. 1932년 6월~1934년 11월에 걸쳐서 전후 네 차례로 전개된 동변도작전에는 일본군 혼성 제14여단과 봉천성 경비군(만군) 및 정안(靖案)유격대(만군)가 참가했다. 이 작전으로 당취오는 부상했고, 이춘윤은 도주했으며, 왕전양(王殿陽)은 사망했다.

다른 하나는 '삼각지대 토벌전'이다. 1932년 12월부터 1934년 5월까지 전후 네 차례에 걸쳐 전개되었다. 이 지역은 유경문(劉景文)과 등철매(鄧鐵梅)의 동북민중구국군이 크게 위세를 떨침으로써 만주국의 정령(政令)이 미치지 않던 곳이다. 일본군 제2·제8사단, 독립수비대와 만주국 봉천성 경비군의 협동작전으로 조경길(趙慶吉) 기타 수십 명의 두목급이 사살 체포되었다.

또 하나는 '대흥안령(大興安嶺)작전'이다. 보정(保定)군관학교 출신 여단장인 소병문(蘇炳文)은 1932년 9월 만주리(滿洲里)와 하이라얼(海拉爾) 일대에서 동북민중구국군을 일으켰다. 이들은 일본군 특무기관장 이하 수백 명의 일본인을 감금하고, 일제 국경경비대를 무장해제하면서, 때마침 불시착한 일본군 연락기의 탑승자를 살해하는 이른바 '호른바이르사건'을 일으켰다(1932. 9. 27.). 동변도작전에 바빴던 일본군은 11월에야 작전을 개시하고 제14사단을 투입했다. 12월 6일 만주리 점령으로 소병문군은 소련 영내로 도주했다.

이밖에 1931년 11월부터 시작된 마점산군에 대한 '북만소탕작전', 1932년 9월~11월에 걸친 등문(鄧文)·천조응(天照應)에 대한 흑룡강성 토벌작전, 1932년 12월~1933년 1월에 걸친 이두(李杜)·왕덕림(王德林)에 대한 '동부국경 소탕작전' 등에서도 사단 병력 이상이 투입되었다.

이와 같은 토벌 작전과 병행해서 일제는 만주 전체 주민에 대한 전투·첩보요원화 작업을 강행했다. 1932년 10월, 이치카와(市川益平) 중좌를

단장으로 한 제1차 무장 농업이민단 492명이 차무스(佳木斯) 부근 영풍진(永豊鎭)에 입식(入植)한 후, 일제의 대만(對滿) 정책이민은 만주의 치안 확보 및 대소 둔간(屯墾)병력 배치라는 견지에서 무장 영농이민임을 근본적인 특징으로 하고 있었다. 이것은 1938년 이래의 만몽개척 청소년의용군에 의해서 본격적으로 광범위한 지역에 걸쳐 수행되었다. 동만 국경 일대의 전략 요충지에 입식된 이들은 완전한 무장이민으로, 영농에 종사하는 한편, 유사시에는 토벌 제일선에 서곤 했다.

한편 일제는 이른바 '비민(匪民)분리공작'의 일환으로 오지 주민을 강제 철거해서 '집단부락'으로 재편성시켰다. 주로 간도 일대에서 선농(鮮農)을 상대로 강행된 것인데, 집단부락은 대략 100호가 표준이었으며, 예외로 200호까지의 것도 있었다. 이것은 부락장·부(副)부락장의 통솔 아래 부락민으로 무장 자위단을 구성했으며, 부락의 둘레에는 높이 8척, 두께 3척의 방벽과 사격탑을 두어 자위시설로 삼았다. 토벌 작전에서 군경의 기지가 될 뿐 아니라, 집단부락 자체가 반만항일세력에 대한 최전방 전투초소 역할을 했다.

이러한 시설과 병행해서 강행된 것이 1933년 이래의 보갑법(保甲法)의 시행이었다. 이것은 만주 전역의 주민을 10호 단위인 패(牌)로써 조직화한 후, 이것을 촌(村) 단위인 갑(甲)과, 1개 경찰서 관내의 갑으로써 조직된 보(保) 아래 통솔시키는 제도였다. 이들 보·갑·패는 경찰서장의 지휘 감독 아래 보장(保長)·갑장(甲長)·패장(牌長)에 의해서 통솔되며, 관내에서 발생한 치안사범에 대해서 연대책임을 졌다. 당연한 결과로 패원(牌員)에게는 첩보·밀고의 의무가 강제되면서, 만주의 전체 주민이 관동군의 사실상의 첩보요원처럼 되고 말았다.

그뿐 아니라 만주 전체 부락에는 무장 전투조직인 '보갑(保甲)자위단'의 조직이 강제되었다. 1935년 말 흑하성(黑河省)의 경우라면 관내 호수 3,842호에 대해 자위단원수 78퍼센트 2,998명이다.[29] 즉, 장정이 없는 22퍼센트의 가호에서만 자위단을 내지 않았다는 추정인 것이다. 이들 자위단은 부락의 자체 방위는 물론 일·만군의 보조병력으로 크고 작은 여러 토벌 작전에 동원되었다. 1936년 상반기 안동성(安東省)의 경우 관동군 토벌 참가 연인원 19,278명에 비해 자위단 참가자가 19,142명이 있다.[30]

친일 간도협조회

만주 전역 주민의 전투·정보요원화는 항일 무장세력의 토대를 흔들기에 충분했다. 민중적 기만에서 유리된 게릴라들은 일·만군의 가혹한 토벌에 쫓기다 못해 투항·귀순자를 속출시켰다.

이들 투항자를 일제는 선무기관으로 조직화해서 특무공작의 제일선에 재투입했다. 이러한 단체 중 유수했던 하나가 간도협조회였는데, 우선 그 창립 선언문을 보기로 하자.

> 현하 동아에서의 제 외국의 정책은 극도로 첨예화하여 직접 아세아 민족에게 일대 위협이 되는 감(感)을 강하게 하는 바 있다. 동아민족은 능히 일치협동하여 공동의 이익과 행복을 수호하지 않을 수 없는 때가 되었음을 마땅히 인식해야 한다. 선구(先驅) 일본을 맹주(盟主)로 하여 동아 제 민족의 대동단결을 이루고, 그 영원한 번영의 기초를 굳혀, 빛나는 동양의 건설에 매진하고자 하는 바이다. 이럼으로써 우리는 제 민족의 협화 아래 편협한 민족 관계를 양기(揚棄)하고, 외래적·비현실적인 공산주의를 격멸하여, 동아민족의 견실한 발전에 그 부과해야 할 임무를 완수하고자 하는 바이다.

1934년 9월 5일, 헌병 중좌 가토(加藤)의 주선으로 탄생한 간도협조회는 간도 일대의 공산계 투항자로 조직된 특무공작 단체로서, 다음을 강령으로 하고 있었다.

1. 편협한 민족관념을 양기하고 아세아민족의 대동단결을 기한다.
1. 철과 같이 굳은 조직으로 외래적 공산주의의 박멸을 기한다.

이리하여 간도협조회는 간도에 살고 있는 조선인의 사상적 교정 즉 공산주의 사상의 청산 교육과, 공산 게릴라의 유인 체포, 귀순 투항한 공산분자의 직업보도와 사상통제 등을 그 사업으로 했던 것이다.

이 같은 사업을 위해서 간도협조회는 다음 같은 기구를 두고 있었다.

본부 : 연길(延吉).(이하 지명은 소재지)
지부 : 명월구(明月溝)·왕청(汪淸)
구회(區會) : 팔도구(八道溝)·조양천(朝陽川)·동불사(銅佛寺)·노두구(老頭溝)·이도구(二道溝)·삼도구(三道溝)·대황구(大荒溝)·대두천(大肚川)·이수구(李樹溝)·양수천자(凉水泉子)
총반(總班) : 구회 관내 각처
반(班) : 총반 아래 수 개
회원 : 1935년 12월 현재 7,197명

강령이 규정하는 바 조직원의 임무는 아래와 같다.

1. 회원은 반내 또는 촌내에서 발생한 상황을 반장에게 보고한다.
2. 반장은 일반 회원 및 부근 민중의 사상적 경향과 일반 동태를 감시하여 1주 1회 총반장에게 보고한다.
3. 총반장은 1주 1회로 관내의 정황을 구회장(區會長)에게 보고한다.
4. 구회장은 관내 이색(異色)세포의 재이식을 감시하고 구내의 일반 정황을 지부장에게 보고한다.
5. 지부장은 현(縣)내 민중의 사상동향 및 일반 정황을 본부회장에게 보고한다.
6. 본부는 매월 2회씩 각 지부·구회를 순시하고 회원 통제 상황을 지시 검열한다.

이리하여 간도협조회는 창립 11개월인 1935년 7월 말까지 다음과 같은 활동 실적을 올렸다.

공산계 지부·소조(小組) 등 조직 적발 : 연길현 138, 왕청현 39, 화룡현(和龍縣) 13, 합계 190개소
공산게릴라 유인·체포 : 1,998명
비적 유인·체포 : 12명
귀순 : 1,899명

이러한 활동은 특무대·헌병대·일본영사관·협화회 같은 기관과의 제휴로써 수행되었다. 이들은 투항자들의 직업알선을 위한 노동안내소며 직영 공장, 협조회 농장 등을 경영했다. 투항자로써 조선시찰단을 조직한 후, 시찰에서 돌아오면 강연회를 열게 했다. 다음은 1935년 11월 25일 용정촌 출발인 조선시찰단에 참가하고 온 투항자 김원식(金元植)의 보고강연의 일부다.

나는 거금 17년 전에 조선을 떠나 만주로 와서 조선독립을 운운하는 사람들과 함께 방황할 때, 나날이 전해지는 조선의 실정과 소식은 실로 비참한 것이었다. 조선의 총독정치는 조선인을 압박하고, 일본의 재벌들은 조선인을 착취하고, 조선인의 교육은 일본인과 차별이 심해서, 2천만 대중인 조선은 정치에 죽고 경제에 죽고 문화에 죽는다는 아우성이 내 귀를 충동질하고 있었다.

나는 윌슨이 주창한 민족자결이란 주장에 공명해서 독립도 희망해 보았고, 혈전성공(血戰成功)이란 이론에서 군사독립도 찬성해보았다. 대중운동이 필요하다고 인정됐을 때 농민운동에도 노력했고, 당파적 결합이 적절하다고 생각했을 때 당조직에도 참가해보았다. 하지만 내가 희망하던 것은 어느 하나도 성공할 가능성이 없고, 동아의 대세는 급전직하로 변해서, 나는 이상한 공상으로 갈 바를 모르게 되고 말았다.

……일한이 합병해서 동양평화를 유지하기로 되었는데, 이것은 역사

적 과정이 아닐까 하고 생각한다. 하늘은 스스로 돕는 자를 돕는다는 숙명론자의 말처럼 나는 과연 간도 일본총영사관에서 재생의 길을 얻게 되었다.

……내가 보고 온 현재의 조선은 정치·경제·문화는 더욱더 왕성할 뿐 아니라, 과거 내 귀에 전해지던 '죽음의 조선'은 전혀 소문과는 반대이며 갱생의 조선이라고 외치고 싶다.

……이 같은 갱생의 조선을 시찰하고 돌아온 나는 이제 하나의 여념(餘念)만을 갖고 있습니다. 5족공영(五族共榮)의 깃발 아래 살고 있는 조선인이 어떤 방법으로 갱생의 영광을 얻을 것인가. ……바로 그 생각뿐입니다.

만주사변 이후의 대륙에서는 이와 같은 선무(宣撫)·치안공작단체가 실로 부지기수로 창출되고 있었다. 성장(省長)·경비사령관 등이 고문인 치안유지회, 성(省)과 현(縣)에 특설된 치안공작반, 특무대·협화회에서 조직한 특별공작반, 친일분자가 주동한 민생단(民生團)·자숙회(自肅會) 같은 어용단체와 국경지방에 설치된 방공(防共)공작계, 이종형(李鍾榮)이 관계한 무장 초공군(剿共軍)사령부, 일·만군의 토벌작전을 측면 지원한 동남지구특별공작후원회 기타다. 이리하여 1932년도 1회 출몰 평균 172.2명이던 무장세력이 1934~36년에는 1회 출몰 24.4명으로 격감한다.[31] 1940년대로 들면서는 민족·공산계를 가릴 것 없이 만주에서의 조선인 무력항쟁이 괴멸상태에 직면해버리고 마는 것이다.

1935년 9월 30일, 간도협조회는 중국공산단 농만특위(東滿特委) 책임자 진홍장(陳洪章)까지를 유인 체포했다. 이 같은 활동을 한 간도협조회의 회장은 함남 단천군(端川郡) 단천면 원적으로 적로군 장교 경력이 있는 김동한(金東漢)이다. 공산운동에서 투항한 김동한은 1934년 이래 간도협조회장·관동군 촉탁·만주제국협화회 중앙본부 촉탁·동 동변도(東邊道) 특별공작부 동부장(東部長) 등을 겸직하면서 투항·선무공작의 제일선에서 활동했다. 김동한은 1937년 12월 7일, 의란현(依蘭縣) 반재하(半載河)

부근에 진을 친 동북항일연군(聯軍) 독립사(師) 정당주임 김정국(金正國)을 회유하기 위해서 일현호(日縣湖) 부근에 출동 중 동북항 일연군 100명의 포위 공격을 받고 사망했다. 1940년 2월 훈6등 욱일장(旭日章)을 받고 야스쿠니진자(靖國神社)에 합사되었다.

선내 좌파의 친일전향

3·15(1928)와 4·16사건(1929)의 두 차례에 걸친 대량검거로 일본 공산당은 괴멸되다시피 했다. 이런 판에 재만 공산진영의 동요는 조선 안의 좌파세력을 공황상태로 몰아넣었다. 머리와 꼬리가 잘린 격이 된 조선의 좌파세력에서는 투항하는 무리가 속출했다.

그 한 사람이 김용제(金龍濟)다. 중학시절 고학을 위해 도일한 그는 1930년 근무처인 다키가와(瀧川)목장의 파업을 지도하고 29일간 구류되었다. 이후 그는 일본프롤레타리아작가동맹원으로 전후 4차의 옥중생활을 경험했다. 1932년 6월의 4년형에 이어서 마지막 제4차 피검은 1936년 10월 조선예술좌사건으로 인해서였다.

1년 옥중생활 끝에 추방되다시피 해서 귀국한 김용제는 과거의 사상을 벗어버렸다. 내선일체·황민화의 제일선에서 1급 친일시인으로 변신한 김용제는 친일 동양지광사의 사업부장으로 어용적 문화운동의 기수가 되었다. 그는 1939년에 집필을 시작한 『아세아시집』과 1943년 5월 간행인 『서사시 어동정(御東征)』, 1944년 6월 간행인 『보도시첩』(報道詩帖)으로, 황민화·일어시집만도 세 권이나 된다. 다음은 그의 사상적 실의 영락의 모습을 잘 표현해주고 있는 『아세아 시집』의 「서시」(序詩) 중 일부다.

　　나의 제1시집은
　　불행한 『대륙시집』이었다.
　　그것은 슬픈 사상 속에서
　　햇빛을 보지 못한 채
　　추억의 도쿄(東京)에서 죽어갔다.

나는 10여 년의 문학생활의
모든 공죄(功罪)를 아낌없이
그 낡은 시대의 운명과 함께
저 아라카와(荒川)의 물결에 흘려 보냈다.
나는 이제
그 죽은 자식의 나이는 세지 않기로 했다.(하략)

『동양지광』편집부장을 한 김한경(金漢卿)은 재일본조선노동총동맹의 핵심분자로 2차 공산당사건에서 검거망을 피했다. 제4차 조선공산당의 중앙간부로 조직부장이었으며, 1927년 4월 창립인 조공(朝共) 일본총국 책임자였다.

1938년 7월 김한경은 시국대응 전선사상보국연맹의 결성준비위원에 선임되었다. 이로부터 그는 동 사상보국연맹의 중심인물로 본부 간사를 맡았다. 또한 그는 1939년 6월 창립인 국민문화연구소의 전무감사에 취임했다. 이것은 내선일체 완성, 일본정신 선양, 멸사봉공(滅私奉公)·팔굉일우(八紘一宇)의 국민문화운동 촉진을 위해 월간『국민문화』며『일본정신총서』등을 발간하던 사설기관으로서, 소장 구을회(具乙會), 전무감사 김한경, 감사 구기회(具基會)·김용제·윤동명(尹東鳴)·한상건(韓相建)이었다.

차재정(車載貞)은 1924년 무렵부터 사회운동에 관계한 사람이다. 조선청년총동맹 중앙집행위원, 신간회(新幹會) 회원, 사회주의단체 중앙협의회 창립준비위원 등을 지낸 차재정은 1929년 3월 고려공산청년회를 재건하고 중앙책임비서가 되었다. 광주학생의거사건 당시 그는 비밀결사 조선학생전위(前衛)동맹을 통해서 소요의 전국적 확대를 획책하다 체포된다. 이 사건으로 그는 1931년 4월 징역 2년이 선고되었다.

이러한 활동 끝에 친일 전향한 차재정은 1936년 가을 대동민우회(大東民友會)를 창립했다. 이사장 안준(安俊) 이하의 중심인물—이사 주련(朱鍊)·동 차재정—이 모두 좌익의 전향자이던 대동민우회는 창립위원회의 명의로 일장기 말소사건에 대한 비난성명을 발했다. 이후 그는 여러 친일 단체의 시국강연회에서 아래와 같은 식의 친일·반공연설을 했다.

과거에 소련은 조선의 적화를 계획했고, 조선 안에도 이에 호응하는 분자가 다소는 있었지만, 그 전부가 실패로 돌아가고 말았다. 이러는 동안 아세아의 정세도 조선의 입장도 일변해서, 역사는 새로운 단계에 도달하고 만 것이다. 오늘날 조선은 완전히 일본의 일부이며, 신(新)일본의 지도원리 또한 전적으로 조선의 지도원리인 것이다. 조선민족은 일본과 함께 새로운 아세아주의의 실현에 참가하는 외에는 팽창하는 인구를 소화하고 생활을 지탱해갈 방법이 없다. 공산주의운동은 조선에서는 불모의 땅을 파헤치는 것과 다름이 없다. 이것은 냉엄한 사실이며, 역사가 마침내 거기까지 진전해온 것이다. 우리는 오랜동안의 공산주의운동의 결과, 체험적으로 그것을 배우고 만 것이다.[32]

차재정이 연사로 참가한 시국강연회의 몇을 참고로 예시한다.

학무국 주최 : 1937년 7월 20일 경성여고보.
학무국 주최 : 1937년 8월 6일부터 22명의 연사가 13도 유세.
학무국 주최 : 1937년 9월 6일부터 59명이 13도 유세.
대동민우회 주최 : 1937년 9월 7~8일 YMCA 강당. 이때 차재정의 연제는「시국의 발전과 오인(吾人)의 각오」.
정동(精動)연맹 비상시 생활개선 순강반(巡講班) : 1938년 11월 4일부터 43명이 13도 유세.
방공(防共)협회 주최 : 1939년 2월 13일 YMCA. 그의 연제는「코민테른을 말살하자」.

인정식(印貞植)은 제3차 조공사건 당시 일본총국 조직의 중심인물로 활동했다. 1928년 2월의 검거로 박낙종(朴洛鍾)·최익한(崔益翰)이 체포될 때 인정식은 도피했다. 1928년 3월 제4차 조선공산당이 일본총국을 조직할 때 인정식은 동 위원 및 고려공산청년회 일본총국 책임비서로 참가했다. 1929년 4월, 그는 제1차 검거로 와해된 일본총국을 재건하고 그 책임자로 선임되었다.

이후 친일 전향한 인정식은 가마다(鎌田澤一郞)가 소장인 대륙경제연구소에서 경제적인 내선일체를 연구했다. 다음은 그가 지은『조선 농촌 재편성의 연구』[33](일본문)의 서문 중 일부다.

전시하 조선 농업에 맡겨진 최대의 과제는 무엇보다도 농산물의 증산, 특히 미곡의 적극적 증산이다. ……특히 이번 전시하에서는 내지(內地)에의 공급미가 수량을 증대하게 됐을뿐더러…… 만주·북지에서의 군수미(軍需米)로서…… 조선미에 대한 기대가 해마다 증대해가고 있는 것이다.

이리하여 산미(産米)를 급속히 증식한다는 것은 실로 현 시국하의 조선 농업에 부과된 지상명령적 요청이 되어버렸다. 여하한 곤란과 역조건을 돌파해서라도 이 국가적 요청은 기필코 조선 1천7백만의 농민의 손으로 훌륭하게 완수되지 않으면 안 되는 것이다.

김두정(金斗禎)은 조선공산당재건투쟁협의회의 중심인물이었다. 1931년 8월, 김소익(金少翼)·고경흠(高景欽)·김치정(金致程)을 중심으로 한 당재건운동이 발각 체포될 때 김치정은 재빨리 도피했다. 이후 김치정은 1932년 3월 김두정(金斗禎)·문용하(文鏞夏) 등과 더불어 노동계급사를 창립한 후 이 조직을 조선공산당재건투쟁협의회로 발전시켰다. 이때 김두정은 문용하와 함께 조선에 잠입해서 경남북·원산(元山) 등 각처의 하부조직 결성을 지도했다.

이 조직은 1933년 2월에 괴멸했다. 관계자 45명이 검거되고, 15명이 송치되어서, 그중 9명이 기소된 것이다. 이리하여 김두정은 1938년 7월 전선사상보국연맹이 결성될 때 옥중에서 축하 메시지를 보냈다. 옥중 저서『방공(防共)전선 승리의 필연성』을 간행한 그는 출옥한 후 사상보국연맹 간사로 황도 제일선에 서는 것이다.

고명자(高明子)는 제1차 조선공산당 이래의 전통적 거물 김단야(金丹冶)의 처로서 1929년의 후계당(後繼黨)사건과 1933년의 당재건사건에 연좌했다. 친일 동양지광사의 부인기자에 고명자(高明子)가 있었는데 모스크바 공산대학 출신 기타 경력에 부합되는 곳이 있다. 동일한 인물이 아닌가 짐작한다. 동양지광사의 강영석(姜永錫)은 제4차 조공의 광주(光州)지구 프락치로서 광주학생의거사건의 전국적 소요화를 획책했다. 이 역시 친일전향해서 『동양지광』(1939. 7.~11.)에 장편 논문 「황도조선」을 발표했다.

이리하여 선내 공산세력은 1939~41년까지 존재한 경성(京城)콤그룹을 마지막으로 사실상 괴멸하다시피 하고 말았다. "민족진영의 많은 인사가 자치론자로 탈바꿈할 때 공산진영의 지도층에서도 역시 좌절과 전향으로 변절해"서, "이영(李英)·정백(鄭栢)·최익한·이승엽(李承燁) 등이 광산 브로커나 술장사, 혹은 전향 성명을 발표하고 일제에 의지하며 살았다"34) 고 한다. 전향을 거부한 계층은 옥중에 있었고, "박헌영은 피신하여 광주의 벽돌공장으로 숨어버렸다."35) 이런 판에 조직재건이나 저항이란 상상의 권내에조차 들 수 없는 형편이 된 것이다.

1939년 7월 말 현재 전선의 사상보국연맹원은 2,765명36)으로 그 대부분이 좌익전향자들이었다. 또한 1939년 9월 말 현재 조선방공(防共)협의 조직상황은 최하부 조직인 방공단(防共團)이 3,100개, 단원 19만 1,977명이었다.37) 1939년 10월 8일, 좌익 전향자들은 사상보국연맹 제1회 통상대회를 개최하고 「반(反)코민테른 결의문」을 채택했다. 다음은 그 전문이다.

인류사에 있어서 코민테른의 파괴적 죄악은 신인(神人) 공히 용서 못하는 바이다. 우리는 이에 소련의 세계정책기관이자 인류평화 파괴의 총본영인 코민테른에 대해서 감연히 선전(宣戰)하고, 동아의 천지로부터 적색세력을 구축삼제(驅逐芟除)함에 의해서 홍아적(興亞的) 대사명을 다하고, 그 세계동란을 유발하는 세계적화 음모를 철저히 분쇄함에 의해서, 인류를 적색 제국주의의 침식으로부터 구제 방위하고, 이로써 황국의 팔굉일우의 대이상 실현에 매진할 것을 기한다.

우리는 반도의 사상국방전선의 견진(堅陣)에 서서 우(右)를 결의함.

해방 후 좌파의 친일인맥

해방 후 친일 잔재는 좌익에서도 극복 청산되지 않았다. 황도 진영에 이름을 올렸던 많은 사람이 해방 직후의 남한에서의 좌익 지도자로, 혹은 북한에서의 권력층으로, 다시 모습을 드러내었던 것이다.

이와 같은 현상은 우선 여운형(呂運亨)의 건국준비위원회에서부터 발견되는 사실이다. 1945년 8월 22일, 건준은 민족계 안재홍(安在鴻)을 부위원장으로 하는 제1차 부서개편 33명의 명단을 확정했다. 이 중 5명이 황도(皇道) 진영에 이름을 올렸던 사람이라, 그 비율은 15퍼센트다. 이후 9월 3일, 건준은 안재홍 일파가 탈퇴한 후 완전히 좌파로써만 제2차 부서개편을 단행했다. 이때는 29명 중 4명이 황도 진영에 관여했던 사람들이라, 그 비율은 13.8퍼센트다.

이러한 현상은 1945년 9월 6일 경기여고 강당에서 조직된 조선인민공화국에서도 마찬가지였다. 주석·부주석·국무총리와 각부 장관격인 부장 및 서기장을 합친 20명 중 부일협력의 전력이 있는 사람이 3명으로, 그 비율은 15퍼센트다. 범위를 문화계로 확대하면, 좌파가 주동한 1946년 2월 8~9일 결성인 조선문학가동맹은 위원장·부원장·서기장·위원 합계 22명 중에 13명이 부일협력 전력자로서, 그 비율은 59.1퍼센트에 달했다.

북한에 공산정권이 수립되면서 그 멤버 중 상당수가 그쪽의 권력층으로 부상했다. 이하 건준·인공·문학가동맹과 기타 약간을 통해서 좌파 중 황도 진영에 섰던 사례들을 살펴보겠다.

건국준비위원회

여운형(呂運亨) 1932년 7월의 가출옥 후 한때 친일단체에 관계했다. 그가 관계한 친일단체는 조선대(大)아세아협회와 조선언론보국회 기타다.

이 중 조선대아세아협회는 1934년 3월 3일 서울에 사무소를 두고 발회식을 올렸다. 이 단체는 "아세아의 대세와 시국의 진상을 구명하며, 황국 대일본과 아세아 제국과의 친선을 도모하고, 전 아세아 제국의 자주적 평화를 확보하고, 공존공영(共存共榮)의 실을 거(擧)하여 그 복지를 증진"38) 한다는 목적 아래 다음 같은 사업을 실행했다.

1. 아세아를 중심으로 하는 국제정세 및 아세아 제국의 국정(國情)의 연구와 그 보급.
2. 황도정신의 고취, 기타 아세아 제국의 친선 단결을 위한 적절한 사업.39)

창립연도의 구체적인 사업으로는 3월 6일 장곡천정(長谷川町, 소공동) 공회당에서의 가네코(金子定一) 대좌의 강연회, 6월 9일 조선호텔에서의 '아세아를 말하는 좌담회'의 개최와, '조선대아세아협회 팜플릿'의 발간 기타였다.

이 단체의 역원은 회장 가토(加藤敬三郞) 이하 상담역 약간명과 간사 10명 이내였다. 상담역은 1934년 현재 조선인 15명 일인 30명인데 회장의 추천으로 결정되며, 회의 중요사항을 심의했다. 몽양은 여기에 상담역으로 관계했다. 조선인 상담역 15명은 방응모(方應謨)·송진우(宋鎭禹)·여운형 3명을 제외한 12명이 최고의 친일거두들인데 참고로 이름을 밝혀둔다.

상담역 15명 : 고희준(高羲駿)·김명준(金明濬)·민대식(閔大植)·박영철(朴榮喆)·박영효(朴泳孝)·박춘금(朴春琴)·신석린(申錫麟)·예종석(芮宗錫)·원덕상(元悳常)·윤치호(尹致昊)·조성근(趙性根)·한상룡(韓相龍)의 12명과 방응모·송진우·여운형

이후 몽양은 1935년 10월 3~4일 경복궁 근정전에서 개최된 조선교화

(敎化)단체연합회 발회식에 내빈 자격으로 참석했다. "조선에 있어서의 교화사업의 진흥 보급을 도모함으로써 목적으로"40) 삼았던 이 단체는 유도진흥회(儒道振興會)·향약(鄕約)·부인회·수양단(修養團)·보덕회(報德會)·교풍회(矯風會) 기타 각파 종교단체를 총망라한 조직으로서, 정무총감과 학무국장을 정·부회장으로 했다. 1923년 11월 10일, 이른바 '국민정신 작흥(作興)에 관한 조서'가 발표되자 일본에서는 그 조서의 취지를 구체화하기 위해서 1924년 1월 15일 도쿄 36개 교화단체의 가맹으로 교화단체연합회를 결성한 후, 이것을 전국 조직인 중앙교화단체연합회로 발전시켰다. 그 조선판인 조선교화단체연합회는 국민정신 작흥, 경신숭조(敬神崇祖) 관념의 고취, 인보상조(隣保相助)에 의한 공존공영 정신의 함양, 기타를 달성하기 위한 전선적 교화망의 완성인 것이다. 이러한 사회교화 운동은 우가키(宇垣一成)의 심전(心田) 개발운동과 표리일체가 됨으로써 1920년대의 일선융화론을 내선일체·황민화운동으로 몰고 가는 가교 역할을 하던 것이었다.

이후 몽양은 1939년 4월 9일자 『국민신보』(매일신보사 발행)에 일어 논설 「현대청년을 격려함」을 썼다. 1945년 6월 8일 결성인 조선언론 보국회에는 명예회원으로 참가했다. 이 동안 1940~42년 무렵 몽양은 도쿄를 출입하면서 특무장교 다나카(田中隆吉), 우익 지도자 오카와(大川周明), 정계 요인 고노에(近衛文麿), 기타와 접촉을 했다. 대중(對中) 화평공작 기타에 협력하도록 종용을 받았으나 몽양이 요구에 움직인 흔적은 발견되지 않는다. 이후 몽양은 1943년 제2차 피검에서 가출옥한 후 지하단체 건국동맹을 지도했다.

몽양의 경우는 약간의 친일단체에 가입 혹은 출석했다고 해서 곧바로 친일 변절로 연결되는 것은 물론 아니다. 상당한 이유와 동기가 있었겠지만, 어쨌든 가입한 것은 가입한 것이다. 이것을 1919년 11월 적도(敵都) 도쿄에 초빙되었을 때 보여준 비타협 선명노선의 얼마간의 변질로 해석한다면 필자의 억측일까? 이것은 1945년 8월 15일 정무총감 엔도(遠藤柳作)와의 회담에서 다시 한번 대두될 수 있는 문제다. 비타협 선명노선을 일관하는 한, 즉 일제의 통치권 자체를 불법인 것으로 부정하는 한 정권이든 치안이든 이양·인수가 거론될 여지는 없다. 몽양이 엔도의 치안협력 제안을 수락한 것은 결과적으로 일제 통치권의 합법·정당성을 승인하는 것이라, 천려(千慮)의 일실(一失)이 아니었는가 생각할 수도 있을 것 같다.

양재하(梁在廈) 건준 1차 개편부서(8월 22일)에서 건설부, 3차 개편부서(9월 3일)에서 선전부 위원으로 참가했다. 일제하에서는 조선임전보국단 평의원에 참가했으며, 「국민학교와 의무교육」(『춘추』, 1941. 3.), 「조선인과 바다」(『춘추』, 1943. 6.) 같은 친일 논설을 썼다.

이용설(李容卨) 건준 1차 개편에 후생부 위원으로 참가했다. 임전대책협의회 위원, 동 협의회 주최인 채권가두유격대 남대문대원, 조선임전보국단 평의원 등으로 참가한 사실이 있다.

정구충(鄭求忠) 건준 2차 개편 당시 후생부에 참가했다. 1937년 7월 24일 조선군사후원연행이 발족할 때 한성의사회(대표 정구충)도 여기에 가맹했다. 조선임전보국단 평의원이던 정구충은 「학병이여 잘 싸워라」(『매일신보』, 1943. 11. 25.), 「역사적 조류를 타라」(『춘추』, 1943. 12.) 같은 학병 권유 논설을 썼다.

최익한(崔益翰) 친일 『춘추』지에 발표된 친일·시국논설이 있다. 「조선의 후생정책 고찰」(1941. 12.), 「한재와 그 대책의 사편(史片)」(1942. 9.), 「충의 도(道)」(1943. 10.) 등이다. 건준에서는 1, 2차 부서 개편에서 모두 조사부에 참가했다.

조선인민공화국

1945년 9월 4일 박헌영(朴憲永)·여운형·정백·허헌(許憲)이 회동 협의한 후 9월 6일 경기여고 강당에서의 전국인민대표자대회(약 300명 참가)에서 창설된 것이다. 좌파가 일방적으로 조직 선포했던 것인데 그 진용은 다음과 같다.

주　　석 이승만　　　　부 주 석 여운형

국무총리 허 헌	내무부장 김 구
외무부장 김규식	재무부장 조만식
군사부장 김원봉	경제부장 하필원
농림부장 강기덕	보건부장 이만규
교통부장 홍남표	보안부장 최용달
사법부장 김병로	문교부장 김성수
선전부장 이관술	체신부장 신익희
노동부장 이주상	기획부장 정 백
서 기 장 이강국	법제국장 최익한

이상에서 좌파인 여운형·최익한(전술했음)과 민족계인 김성수(金性洙)가 한때 황도 진영에 이름을 올렸다.

김성수 1937년 8월 6~17일에 걸쳐서 학무국 사회교육과는 중일전쟁 발발에 따른 시국계몽을 위해 9개 반 23명으로 된 시국순회강연반을 서울과 13도에 파견했다. 이 행사의 일환으로 방송강사 7명을 별도 위촉했던바, 김성수는 그 7명 중 1인이었다. 이후 9월 6일부터인 학무국 주최 제2차 시국순회강연대 13반 59명 중 김성수는 강원도반 6명의 1인으로 참가했다. 이때 그가 유세한 지방은 춘천·홍천·인제·양구·화천·김화·철원 등 각군이다.

이후 1938년 10월 20일, 국민정신총동원조선연맹은 연맹 산하에 비상시 국민생활 개선위원회를 두기로 하고 관민 97명을 그 위원으로 위촉했다. 이때 김성수는 제2부 위원—의례·사회풍조 담당—에 위촉되었다. 그는 또 1939년 4월 17일 동 연맹이 기구를 강화할 때 이사의 1인으로 선임되었다. 국민정신총동원연맹이 국민총력조선연맹으로 재발족하자(1940. 10. 16.) 인촌은 여기에 이사로 참가했다.

조선문학가동맹

1945년 8월 16일 임화(林和)는 옛 카프계와 동반작가를 주축으로 하는 조선문학건설본부를 발족시켰다. 이 단체가 성립되면서 쟁점으로 부상한 것이 친일문학자의 배제 문제였다. 한효(韓曉) 같은 비평가는 임화의 왕년의 친일행위를 들어 공격하면서 조선문학건설본부를 소(小)부르주아지라고 매도했다. 이러한 분위기에서 탄생한 또 하나의 좌파 문학단체가 이기영(李箕永) 일파의 조선프롤레타리아문학동맹인데, 1945년 9월 17일 창립이다.

하지만, 왕년의 친일행위가 쟁점으로 부상되기는 했지만, 공격자나 피공격자나 결국은 오십보백보밖에 되지 않았다. 왕년의 친일행위 탓으로 임화가 공격을 받았지만, 공격한 한효라 해서 결코 깨끗하지는 못했던 것이다. 또한 임화의 조선문학건설본부에 반발해서 조선프롤레타리아문학동맹을 분립시킨 이기영에게서도 친일의 전력이 발견된다. 이 두 단체는 같은 해 12월 13일 통합을 합의한 후, 1946년 2월 8, 9일 범좌적(汎左的) '조선문학가동맹'을 발족시켰다. 아래는 이때의 진용이다.

중앙집행위원장 : 홍명희(洪命熹)
부위원장 : 이기영 · 이태준 · 한설야
서기장 : 권환(權煥)
위원 : 이원조 · 임화 · 김태준(金台俊) · 김남천 · 안회남 · 한효 · 김기림(金起林) · 윤기정(尹基鼎) · 정지용 · 이병기(李秉岐) · 김오성 · 안함광 · 박세영 · 조벽암(趙碧岩) · 김광섭(金珖燮) · 홍구(洪九) · 이동규

위의 22명 중 59.1퍼센트인 13명이 부일협력의 전력자들이다. 친일문학을 최대의 쟁점으로 하면서 선명성을 다툰 이네들 좌파 문인의 상당수가 친일문학에 오염되어 있었다는 사실은 아이러니라고 하지 않을 수 없다. 아래에 그 개별적인 상황의 일부를 약술하기로 한다.

김남천(金南天) 조선문인보국회 소설·희곡부회(部會) 평의원으로 참가했고, 『국민문학』(1942. 3.)에 단편 「등불」을 발표했다. 『조광』에 발표한 「원리와 시무(時務)의 말」(1940. 9.), 「전환기와 작가」(1941. 1.) 같은 평론

도 황도문학을 논한 것이다.

김오성(金午星) 조선문인보국회 평론·수필부회 평의원으로 참가했다. 그는 『매일신보』(1939. 11. 19.)에 발표한 평론 「문화창조와 교양」에서 그 시대를 정의해 말하기를,

우리는 지금 세계사의 일대 전환을 체험하고 있다. 우리 현실에서 '동아의 신질서'가 요구되는가 하면 서구에서는 '구주(歐洲)의 신질서'가 요구되고 있다. 이러한 요구가 어떠한 성과를 가져오겠는가는 오직 역사의 증명을 기다려서만 알 일이나, 어쨌든 그것이 세계사의 한 전환을 가져올 것만은 사실이다. 이러한 세계적 전환을 문화의 측면에서 보면 우리는 금일을 저 문예부흥기에 비할 수 있을 것이다.

라고 했다.

이것은 동양문화의 황도 중심의 재편성을 '아세아의 문예부흥'이라고 말한 일제의 문화침략론의 아류인 것이다. 그의 「문학정신의 전환」(『매일신보』, 1940. 11. 20.~21.), 「원리의 전환」(『인문평론』, 1941. 2.), 「정신의 연성」(『매일신보』, 1943. 7. 2.~10.) 같은 평론이 모두 황도문학 건설을 논한 것들이다.

박세영(朴世永) 『매일신보』(1942. 2. 20.)에 수필 「오오, 고마운 황군이여」를 썼다.

안함광(安含光) 조선문인보국회 평론·수필부회 평의원으로 참가했다. 「국민문학의 성격」(『매일신보』, 1942. 7. 21.~), 「국민문학의 문제」(『매일신보』, 1943. 8. 24.~) 같은 평론으로 국민문학을 논했다. 이 '국민문학'은 바꿔 말하면 '황민문학'으로서, 일본정신에 입각한, 일본정신을 선양하는 문학을 말한다.

안회남(安懷南) 황도학회 발기인으로 참가했고 규슈(九州) 군수공장에 징용을 가 있었다. 「세계사의 신무대」(『매일신보』, 1942. 1. 8.), 「징병제 실시 만세」(『매일신보』, 1943. 8. 7.) 같은 수필과 「흙의 개가(凱歌)」(『매일신

보』, 1943. 11. 15.~),「풍속」(『조광』, 1943. 12.) 같은 창작을 남겼다.

이기영(李箕永) 조선문인협회 간사와 조선문인보국회 소설·희곡부회 상담역을 했다.『매일신보』(1943. 9. 23.)에 증산(增産)문학「광산촌」(단편)을 발표했다.

이동규(李東珪) 일문 희곡「낙화도」(落花圖) 전3막을『동양지광』(1941. 12.~)에 발표했다. 1943년 5월 29일~6월 4일간의 제1차 보도(報道)연습──조선군사령부 주최──에 참가하고 와서 쓴「보도연습행」(『동양지광』, 1943. 7.),「조선군 보도반원의 수기」(『국민문학』, 1943. 7.),『보도연습 유감』(『신시대』, 1943. 7.) 같은 글도 있다.

이원조(李源朝) 조선문인보국회 평론·수필부회 평의원으로 참가했다.「문학의 영원성과 시사성」(『인문평론』, 1940. 8.) 같은 평론에서 약간의 시국색이 발견된다.

이태준(李泰俊) 1939년 4월의 황군위문작가단 파송(派送)에서 산파 역할을 했다. 이것은 학예사(學藝社)의 임화, 문장사(文章社) 이태준, 인문사(人文社) 최재서(崔載瑞)의 3인이 주동하여 부내 출판업자 및 문단의 비용 갹출로 김동인(金東仁)·박영희(朴英熙)·임학수(林學洙) 세 명을 화북지방 황군위문사로서 파송했던 행사다. 이후 이태준은 조선문인협회 간사, 조선문인보국회 소설·희곡부회 상담역 등으로 비교적 활발한 활동을 벌였다.

친일 계열의 글은 별로 많지 않다. 조선문인협회 파견으로 목포조선(木浦造船)을 시찰하고 와서 쓴 증산전선 시찰기「목포조선 현지기행」(『신시대』, 1944. 6.)이 있다. 특기할 것은 이무영(李無影)과의 공저로 발행된『대동아전기(戰記)』다. 이무영이 육군편, 이태준이 해군편을 맡아서 집필했으며, 1943년 1월 저작 겸 발행인 최재서로 인문사가 발행했다. 이것은 징병제 실시를 앞둔 시국인식과 결전태세 확립을 위해서 집필된 일본 육해군의 전투 실기(實記)다.

임화(林和) 이태준·최재서와 함께 황군위문작가단을 파견할 때 주동 역할을 수행했다. 조선문인협회 창립 발기인의 한 사람이며, 조선문인 보국회의 평론·수필부회 평의원이었다.

친일 계열의 글로는 『국민신보』에 발표한 「내지 문단인에의 공개장」(1939. 4. 30.), 「낙엽일기」(1939. 12. 10.) 같은 일본문 수필 종류와, 『신시대』(1942. 12.)에 발표한 「연극 경연대회의 인상」 같은 것을 들 수 있다. 1942년 9월 18일~11월 25일에 걸쳐서 부민관에서는 조선연극문화협회 주최로 국민극 경연대회가 개최되었다. 5개 연극단체가 황민연극인 이른바 '국민극'을 경연했는데, 고협(高協)의 「빙화」(氷花), 성군(星群)의 「산돼지」, 아랑(阿娘)의 「행복의 계시」, 청춘좌의 「산풍」(山風), 현대극장의 「대추나무」 등이다. 여기서 단체상은 고협과 아랑이, 작품상은 유치진(柳致眞) 창작인 「대추나무」가 차지했다. 「연극경연대회의 인상」은 이 같은 행사를 '국민극적'인 각도에서 비평한 극평이다.

정지용(鄭芝溶) 조선문인협회 발기인, 조선문인보국회 시부회 평의원이었고, 『국민문학』(1942. 2.)에 친일시 「이토」(異土)를 썼다.

낳아 자란 곳 어디거나
묻힐 데를 밀어 나가자.(제1연)

민족협화의 대동아공영권에서는 "낳아 자란 곳", 즉 일·선·만의 민족 구별은 문제가 되지 않는다. 백인(白人) 제국주의와 싸워서 죽을, 즉 "묻힐 데"는 한곳으로 공통되어 있고, 그곳으로의 진격만이 지상의 과제로 주어져 있다. 이 같은 대의 앞에서 민족주의나 민족독립, 즉 "따로 지닌 고향"은 편협한 것이요, "미신"이다. 이러한 생각이 「이토」의 제2연에서 다음과 같이 표현된다.

꿈에서처럼 그립다 하랴.
따로 지닌 고향이 미신이리.

이 시에서 정지용은 "충성과 피"를 말하면서 "피었다 꽃처럼 지고 보면 물에도 무덤은 선다"고 노래했다. 이 구절 "물에도 무덤은 선다"는 시구는 일제의 「우미 유카바」(바다로 가면)의 "바다로 가면 물에 씻기는 시체로 되리라. ……폐하의 곁에서 미련 없이 죽으리"를 연상케 하는 구절이다.

한설야(韓雪野) 조선문인보국회 등에 관계는 하지 않았으나 일어로 '국민문학'을 썼다. 『국민신보』에 발표된 중편 「대륙」(1939. 6. 4~9. 24.)과 『국민문학』에 발표된 「혈」(血, 1942. 1.)·「영」(影, 1942. 12.) 같은 단편이 그것이다.

한효(韓曉) 『매일신보』에 「문학의 재건」(1942. 1. 21.~26.), 「삭가의식의 부활」(1942. 8. 16.~27.) 같은 황민평론을 썼다.

북의 정권이 수립되면서 이들은 한설야를 비롯한 다수가 그쪽에서의 권력층로 부상했다. 황군·상이군인 위문공연을 하면서 수익금을 국방헌금한 무용가 최승희(崔承喜), 징병영화 「젊은 자태」[41]며 애국영화 「조선해협」[42]을 주연한 문예봉(文藝峰) 등이 그 대표적인 사람들이다.

4 맺음말

이제 이 글을 마무리하면서 필자는 몇 사람들의 특징적인 인간 드라마를 생각해본다. 그 하나가 해방 후 군정청 XX청장에 올랐던 C씨의 에피소드다.

일제하에서 C씨에게는 본인의 친일행위는 별로 없었다. 그러나 그 부친은 한말의 관찰사 출신으로 경북에서 갑부로 이름이 높았다. 1915년, 광복단 단장 박상진(朴尙鎭)이 군자금을 청하러 갔을 때 C씨의 부친은 형사에게 밀고해서 매복을 하게 했다.[43] 격분한 박상진이 현장에서 그를 사살해 버린 사건 1막이 있었다.

C씨의 부친에게는 아들 3형제가 있었다. 장남은 구한국 관료 출신으로 일제하에서 경북 모 은행장이었다. 차남은 중추원참의를 수차 중임했으며, 대구부의(府議)·경북도의(道議)·대구상의(商議)회두(會頭)·총력연맹

평의원·대화동맹(大和同盟) 심의원 기타를 한 사람이다. 이러한 계보로서 볼 때 3남인 C씨는 본인의 친일행위는 없었지만, 그 가문이 친일계층에 속했던 것만은 부인하기 어려운 일일 것이다.

해방 후 C씨가 군정청 XX청장에 기용됐을 때 몇 사람이 국일관에서 C씨를 만나 말했다.

"이제 군정의 XX권을 가지셨으니 독립운동자에게도 잘해야 안 되겠습니까?"

이에 대한 C씨의 답변은 냉정했다.

"나는 그들을 동정할 수 없어! 내 아버지가 독립운동자에게 죽었는데 어떻게 동정하겠느냐 말이오."[44]

이와 대조되는 이야기는 부일협력층이 상전으로 떠받들었던 일인에게서 고르기로 하겠다. 태평양전쟁 때 반전파(反戰派)였던 요시다(吉田茂)가 전후의 수상으로 지명되던 날 한 비서가 그 앞에 엎드리면서 말했다.

"각하! 잘못했습니다. 죽여주십시오!"

"왜 그러나?"

"예! 사실은 저는 헌병대에서 침투시킨 첩자였습니다. 전쟁 중 각하의 일거일동을 모조리 헌병대에 보고하여왔습니다."

요시다는 껄껄 웃으면서 말했다.

"좋아 좋아! 나는 나라를 위해서 반전(反戰)을 했고, 자네도 나라를 위해서 첩자를 했어. 애국을 했는데 무슨 죄가 되는가? 일어나 근무나 하게."

공과 사를 구별할 줄 알았던 요시다가 그 후 일본 정계를 어떤 길로 끌고 갔는가는 장황하게 설명할 겨를이 없다. 반면에 C씨는 일제의 순사 출신으로 군정하 XX청의 중심을 채웠다. 이들 일경 출신은 일제하 고등계의 요시찰인 명부를 그대로 갖다놓고 사용했다고 한다.[45]

독립운동자를 동정할 수 없는 정치가 민족 100년에 남길 수 있는 것이 무엇일까? 애국선열을 푸대접하던 정치가 무슨 낯으로 애국을 요구할 것이며, 살신위충(殺身爲忠)을 말할 것이며, 멸사봉공(滅私奉公)을 유시할 것인가? 이리하여 세월이 갈수록 뿌리가 굵어진 제1공화국의 부일세력은

3·15 부정선거를 범했고, 4·19혁명을 부일세력 비율 60퍼센트인 제2공화국[46]으로 연결시켰다. 5·16이 나자 이들은 애국이건 정권이건 내팽개친 채 수녀원으로 도망쳐버리는 추태를 연출하고 말았던 것이다.

이 같은 현상과 대조적인 것이 한말 김홍집(金弘集)의 인간 드라마이다. 아다시피 김홍집은 1880년 제2차 수신사 이래의 친일 거두로, 갑오개혁 기타의 친일·개화정책을 주도했다. 아관파천(俄館播遷)으로 친로파 정권이 서자 친일·개화내각의 총리이던 그는 역괴(逆魁)로 체포령이 내렸다. 흥분한 군중들이 몽둥이로 그의 집을 습격하는 수라장이 벌어지고 만 것이다.

이때 일본군이 그를 구출하기 위해 달려갔다. 김홍집은 비통하게 소리쳐 말하되,

"한국의 총리로서 동족에게 죽는 것은 천명(天命)이다. 남의 나라 군인에게 구차하게 구원을 받을 생각은 없소!"

김홍집은 마침내 타살되었고, 시체는 개 끌리듯 종로까지 끌려가서 온갖 수모와 참혹을 당하고 말았다.

이 처절한 인간 드라마에서 우리는 김홍집의 친일·개화 정책이 누구를 위한 것이었는가를 웅변으로 설명받을 수 있는 것이다. 그럼, 제2공화국의 60퍼센트의 부일협력자 기용은 누구를 위한 것이었는가? 아무리 군사혁명이지만 혁명군이 아관파천 당시의 폭민들처럼이야 할 리 없을 것이다. 그럼에도 '남의 나라 수녀'에게 구원을 청한 제2공화국의 총리에게서는 그 대의와 명분을 설명받을 아무 조건이 없을 것이다.

이 실정(失政)이 실은 친일행위 이상의 문제점이다. 친일은 한 시대의 민족의 비극이었고, 또 반세기 전 일제하에서의 일이었다. 이 때문에 우리는 왕년의 친일을 이유로 해서 현재의 어느 개인을 비난하지 않는다. "그런 사람이 장관을 해?" 한다면 이것은 명백히 말하는 사람의 잘못이다. 왕년의 부일협력층은 그들의 전비를 씻기 위해서라도 신생 조국에서 더 많은 일을 해야만 하는 사람들이다. 전비를 씻기 위해서 일을 하겠다는데 옹졸하게 반대할 국민은 없을 것이다.

그러니까 문제는 전비를 씻었는가로 압축되고 만다. 씻었다면 지지를 받을 것이요, 씻지 못한 채 실정을 거듭했다면 치욕을 가중하는 결과밖에 안 될 것이다. 이것은 실정한 독립투사가 지지를 잃고, 선정한 독립투사가 더욱 경모를 받는 현실에 비해서 추호도 다를 바 없는 일이다. 국민의 현실적 지지 앞에서 왕년의 부일협력층은 독립운동자와 동일한 저울대 위에 서 있는 것이라고 할 수도 있다.

그럼, 왕년의 부일협력층은 그들의 전비를 씻었는가? 만대에 살신위충을 수범할 만큼 민족정기를 회복했는가? 친일은 어제의 문제이지만 민족의 정기는 오늘의, 또 내일의 문제다. 부일협력은 과거의 행위보다 오늘의 행위가 문제되어야 하며, 어제의 친일파보다 오늘의 친일파가 문제되어야 하는 것이다.

임종국
시인·문학평론가이며 친일파 연구에 몰두했던 역사학자. 주요 저서로 『친일문학론』『실록 친일파』『한국문학의 사회사』『일제침략과 친일파』 등이 있다.

주

1) 이 비율은 필자가 아는 범위 안이다. 정밀한 조사·연구에 따르면 더 증가할 가능성이 크다.
2) 署理는 제외했다. 이하 각부 장관의 경우도 같다.
3) 단, 이 글에서는 본인의 친일행위만 거론했으며, 직계혈족의 것은 문제 삼지 않았다.
4) 협화회의 역원은 고문, 참여, 분회장, 부분회장, 常務員, 평의원, 서기, 회원으로 되어 있다.
5) 이 비율은 1935년에서부터 1943년까지의 평균치다. '康德 10년도 전국연합협의회 협의원명부'에 의해 작성함.
6) 제6일(1941. 10. 15.) 발언, 『康德 8년도 전국연합협의회 記錄』, pp.225~235.
7) 任文恒, 「銅·鉛·亞鉛의 開發 增産」, 『新時代』, 1943. 3.
8) 森田芳夫, 『朝鮮終戰の記錄』, p.267.
9) 같은 책, p.269.
10) 같은 책, pp.272~273.
11) 장·차관 합해서다. 필자가 아는 범위 내임.
12) 학민사에서 펴낸 4월혁명자료집 『혁명재판』에 의함.
13) 林鍾國, 『일제침략과 친일파』(청사출판사, 1962), p.122.
14) 海州邑 金相敦은 해주경찰서 신축자금 3천 원 외에도 1936년 12월 해주 공회당 신축비 3만 원, 1940년 9월 海州濟美會에 司法보호비 2천 원을 기부한 사실이 있다.
15) 朝鮮防共協會規約 제2조.
16) 興亞協會會規 제4조.
17) 흥아협회회규 중 理事에 관한 細則 1 참조.
18) 흥아협회회규 제5조.
19) 1941년 2월 12일 공포, 같은 해 3월 10일 시행.
20) '조선총독부 保護矯導所'란 명칭으로, 1941년 3월 10일 서울에 개설되었다.
21) 韓城政府는 1919년 4월 23일 13도 대표 25명이 서울에 참집하여 조직한 임시정부다. 집정관총재는 이승만으로 했는데 추후 상해 임정에 통합되었다.
22) 1941년 12월 14일 府民館에서 개최됨.
23) 『新時代』, 1942년 1월호.
24) 1941년 3월 6일 공포.

25) 1941년 3월 8일 공포.
26) 형사소송법 제40조. 조문은 "변호인은 변호사 중에서 이를 선임해야 한다. 재판소 또는 예심판사의 허가를 得했을 시는 변호사가 아닌 자를 변호인으로 선임할 수 있다."
27) 국방보안법·치안유지법 각 제29조. 조문은 "변호인은 사법대신이 미리 지정한 변호사 중에서 이를 선임해야 한다. 단 형사소송법 제40조 제2항의 규정의 적용을 방해하지 않는다"와, 같은 법 각 제30조 "변호인의 수는 피고인 1인에 대하여 2명을 초과할 수 없음." 조선에서는 조선총독이 지정권을 행사했다.
28) 會黨의 하나로 1875년경 白蓮敎로부터 분파하여 山東省 兗州에서 일어났다. 1897년 10월 천주교 침입에 반항하여 亂을 일으키고 독일인 선교사 두 명을 살해했기 때문에 독일이 膠州灣을 점령함. 土匪에 대한 自衛기관이기도 했던 大刀會는 특유의 武術과 不死신앙을 가지며, 만주사변 이후는 일본군에게도 꽤 저항했다.
29) 임종국, 『일제침략과 친일파』표 '보갑자위단의 상황'(p.379) 참조.
30) 같은 책, '토벌작전 상황표'(p.380) 참조.
31) 같은 책, pp.320~321 참조.
32) 녹기연맹, 『今日の朝鮮問題講座』, 제4권, pp.25~26.
33) 1943년 1월 人文社 발행.
34) 趙東杰, 「8·15 직전의 독립운동과 그 시련」, 『해방전후사의 인식』(한길사, 1979), p.259.
35) 한창수, 『한국공산주의운동사』, p.98.
36) 녹기연맹, 앞의 책, p.43.
37) 총독부경무국보안과 편, 『朝鮮に於ける防共運動』, p.17.
38) 朝鮮大亞細亞協會規約 제2조.
39) 위의 규약 제5조.
40) 조선교화단체연합회회칙 제1조.
41) 原名은「若き姿」. 조선군사령부·총독부 후원으로 조선영화제작회사가 제작함. 시나리오 八田尙之, 촬영 三浦光雄, 출연 丸山定夫(東寶)·黃澈·永田靖(大映)·文藝峰·金玲·三谷幸子(東寶). 1943년 12월 개봉.
42) 조선영화제작회사 작품. 시나리오 佃順, 감독 朴基采, 촬영 瀨戶明, 출연 南承民·金一海·獨銀麒·徐月影·李錦龍·文藝峰·金信哉·金素英·卜惠淑·金玲·椿澄枝(東寶). 1943년 7월 개봉.
43) 『중앙일보』, 「잃어버린 36년」제29회. 복면한 박상진에게 네 정체를 안다고 말했기

때문에 살해되었다는 또 하나의 설도 있다.
44) 『중앙일보』, 위와 같음(劉錫鉉의 증언).
45) 『중앙일보』, 위와 같음.
46) 장면정권 1년의 장관은 35명. 그중 60퍼센트인 20명에게서 부일협력의 전력이 발견된다.

"미군정이 우리의 역사, 특히 그 가운데서도 분단에서 갖는 의미는 외부적 요인이지만 결정적이다. 또한 그것은 원천적으로 오늘의 상황을 귀결한 요인이다. 전후 40년, 해방에서 제시된 민족적 과제의 실현을 위한 노력은 그간에 허다한 변화를 낳은 요인이었다."

● 박현채

2

남북분단의 민족경제사적 위치	박현채
미군정하 농업과 토지개혁정책	황한식
농지개혁과정에 관한 실증적 연구	장상환
9월총파업과 노동운동의 전환	성한표

남북분단의 민족경제사적 위치

박현채

1 문제의 제기

미군정이 우리의 역사에서 갖는 의미는 먼저 민족사의 역사적 계기 속에서 그것이 차지하는 위치와 그 시기에 역사적으로 제기된 민족적 과제의 실현에서 한국민족주의의 자주적 역량, 그리고 그것이 귀결한 민족사적 반영에서 제시된다.

먼저 민족사의 역사적 계기 속에서 미군정이 차지하는 위치는 역사적 계승 속에서 한 시대가 차지하는 위치가 그것에 앞선 민족사적 상황이나 그것에 후속해야 할 사회와의 관련에서 주어지는 것이며, 그것은 바로 한 시기에 민족주의적 요구 바로 그것을 반영하는 것이라는 데서 찾을 수 있다. 다음으로 역사적으로 제기된 민족적 과제의 실현에서 한국민족주의의 자주적 역량은 바로 그 시기의 한국민족주의의 주류가 누구인가의 문제이고, 동시에 이들에 의해 제기되고 있는 민족주의적 요구가 역사의 주체, 민족주의의 담당자들에 의해 어떻게 제기되고 그것을 위한 노력에서 어떤 것이 주어졌는가를 보는 것이다. 셋째로 미군정이 귀결한 민족사적 반영은 상술한 바의 주체의 노력이 미군정기에서 미국의 의도 그리고 그 구체적인 정책과 맞닥뜨리면서 어떠한 것을 귀결했는가 하는 문제이고, 그와 같은 귀결이 오늘 한국민족주의에서 우리에게 어떤 것을 그 과제로 제기하고 있는가를 밝히는 것이다.

미군정이 우리의 역사, 특히 그 가운데서도 분단에서 갖는 의미는 외부적 요인이지만 결정적이다. 또한 그것은 원천적으로 오늘의 상황을 귀결한 요인이다. 전후 40년, 해방에서 제시된 민족적 과제의 실현을 위한 노력은 그간에 허다한 변화를 낳은 요인이었다. 그러나 그와 같은 역사적 변화는 주어지지 않은 채 시도 또한 미완의 것이 되었고, 사회적인 질적 변혁, 식민지 유제의 청산을 가져오지는 못했다. 그뿐 아니라 청산되어야 했고 청산되어야 할 낡은 유제는 어떤 의미에서 끊임없이 확대재생산되면서 우리를 분단상황에서 살게 하고 있을 뿐 아니라, 정치·경제·사회·문화적으로 비자주적이 되게 하고 있다. 여기에 오늘의 분단된 한국사회의 상황과 관련, 군정기를 정치적·경제적으로 다시 보는 의미가 있다.

2 미군정기의 우리 역사에서의 위치

미군정이 민족사의 역사적 계기 속에서 차지하는 위치는 그것이 일본제국주의하 36년간의 식민지 종속에 후속하고, 이것을 전기로 하여 낡은 식민지 유제를 청산하고 새로운 자주적 근대화에의 자주적인 민족적 힘을 조성하여야 하는 역사적 시기에 해당한다는 데서 주어진다.

우리의 역사는 조선조 말 봉건사회에서 자주적 근대화로의 역사적 계기를 봉건제의 수취체계 밖에서 형성된 중간층과 부분적인 매뉴팩처 그리고 밑으로부터의 광범한 농민층의 반란에서 가졌다. 그러나 이와 같은 계기는 밀어닥친 제국주의 세력에 대한 자주적 대응능력의 취약성, 그리고 제국주의 열강 간의 야합 앞에 현실화되지 못하고 조선은 미성숙 제국주의 국가인 일본제국주의의 식민지로 전락한다.

자본제화로의 계기를 식민지화에서 갖는 한국자본주의는 자본주의 발전의 유형에서 식민지종속형의 전형이 되었다. 그것은 자본제화 과정에서 식민지종속성이 갖는 몇 개의 주요 기준 즉 ① 시민혁명의 결여, ② 식민지 경제구조와 이중구조, ③ 강요된 희화적 근대화, ④ 식민지 수탈을 위한 상품경제에의 편입, ⑤ 경제외적인 것의 자본의 주요 축적 계기로서의 등장에 의해 식민지반봉건적인 것이 되었다. 식민지 조선에서의 자본주의 전개는 크게는 일본자본의 운동양식에 의해 규정되면서 이루어진다. 자본의 본원적 축적기(1905~18), 산업자본 단계(1919~29), 금융자본 단계(1930~45)로 이어지는 일본자본의 운동과정에서 식민지하 한국자본주의는 식민지자본주의와 반봉건적 지주·소작 관계를 두 개의 지주로 하면서 식민지반봉건성을 유지해왔다. 1930년대 이후부터 8·15해방에 이르는 한국자본주의의 상황에 대하여 필자는 다음과 같이 쓴 바 있다.

식민지 한국에 있어서 일본독점자본운동의 제3단계, 이른바 독점자본단계는 일본독점자본의 광범한 대한(對韓) 진출에서 구체화된다. 이 시기의 식민지반봉건성은 일본자본의 광범한 대한 진출과 사적자본주의적 경제제도의 지배적이고도 주된 경제제도에로의 이행에도 불구하고 농업에 있어서 반봉건성의 심화에 의해 더욱 확고한 것으로 된다. 식민지자본주의는 이 시기에 1929년의 세계적인 불황 이후의 자본수출과 대륙침공을 위한 한국의 병참지화로 공·사 두 측면에서 크게 성장하여 구성경제우클라드 가운데서 지배적이고 주된 것으로 된다. 그리고 이것의 시점에 대해서는 여러 논의가 있으나, 1930년대의 중반을 전후한 시기가 자본주의적 경제제도의 양적 비중이 주된 것으로 되게 한 시기라고 말할 수 있다. 이것을 둘러싸고 일부 논의는 그것이 지니는 의의를 좀더 강조하고 있으나 그것은 정당한 것은 아니다. 자본주의경제제도의 지배적 경제우클라드로서의 성격은 상층구조와의 관계에서 기본적으로 주어질 뿐 그 양적 대비에 있어서 자본주의경제제도의 주된 구성으로의 전화는 일본 독점자본의 식민지 초과이윤의 원천이 자본·임노동 관계를 기초로 주어지고 있었다는 것을 말해주는 것이다. 곧 일본제국주의는 기본적으로는 자본주의적인 수탈기구를 통해서 한국민중에 대한 가혹한 식민지 억압과 수탈을 강화해왔다는 것을 보여주는 것이다. 그러나 이 시기에 있어서도 식민지경제의 또 하나의 기둥인 반봉건적 토지소유는 더욱 강화되어 광범한 농민층을 수탈의 대상으로 굳건히 장악하고 있었다. 이런 것들은 일본제국주의가 제국주의적인 침략전쟁을 확대하면서 경제의 통제를 강화하자 경제적 관계 위에서 주어지는 수취관계보다는 경제외적 관계 위에 서는 수취관계를 징용, 공출, 산업통제, 강제저축 등에서 더욱 큰 것으로 하게 하는 것과 함께 좀더 중요한 것으로 되게 한다. 이 시기의 초기에 있어서 한국사회의 하층구조로 되는 경제제도적 구성은 그에 앞서는 시기와 양적 대비에서 약간의 차를 가질 뿐 가부장적 농민경영, 수공업적인 소상품생산, 사적 자본주의, 국가자본주의로 되고, 그 가운데 약간의 민족자본가적 우클라드의 존재도 확인될 수 있었으나 이 시기의 후기, 전시통제기에 이르면 수공업적 소상품생산은 물론 사적 자본주의 우클라드 가운데서 민족자본가적 우클라드의 소멸을 결과하고 국가자본주의적 우클라드의 좀더 큰 증대로 되게 된다. 그리고 이 시기에 있어서 자본주의적 우클라드의 지배적이고도 주된 구성으로의 등장은 새로운 계급으로서의 노동계급의 성장을 가져와 계급적 모순관계를 매개로 이들을 항일민족운동의 주류로 등장시키게 된다. 1930년 이후 농업공황의 도래와 1920년대의 산미증식계획의 농민전가에 따른 농민운동이 이들 노동계급의 지도하에 진행되게 된 것은 이를 말해준다고 할 것이다. 그러나 이 시기의 계급적 이해를 매개로 한 노동운동으로서의 항일저항운동은 일본제국주의의 수탈이 후기에 이르러 경제외적인 것으로 편향됨에 따라 그의 정치성을 높여 반제민족해방을 위한 정치투쟁으로서의 성격을 강화해간다.[1)]

일본 식민지통치하의 한국사회가 식민지반봉건사회로서 그 성격이 규정되는 것은 일본 식민지통치하에서의 한국사회가 기본적으로 자본주의적인 사회구성체이면서도 식민지하 자본주의의 특수성 때문에 식민지반봉건사회이며, 우리 민족과 일본제국주의 간의 모순이 식민지자본주의와 반봉건성에서 주어지게 된다는 것을 의미한다. 따라서 민족해방을 위한 동력은 식민지자본주의에 대한 거부, 반봉건적인 지주·소작 관계에 대한 투쟁에서 여러 가지 양태로 제시될 수 있으나 1930년대 이후의 상황에서 주어지듯 민족자본의 소멸이라는 조건 때문에 식민지반봉건사회에서 직접적 생산자이면서도 억압되고 소외되어 있는 민중으로서의 노동자·농민에게서 그 기초가 발견된다. 그리고 이러한 것들은 역사적인 현실로서 우리 역사에서 구체화되었다. 우리 역사에서 식민지 통치하 민족해방을 위한 민족주의적 대응은 한국사회의 사회적 상황을 결정하는 주요 요인인 일본자본의 운동양식의 여러 변화에 대해 약간의 시간적 지체를 갖고 전개되는 민족주의적 대응의 변화에서 네 단계로 구분된다. 그것은 제1단계(1905~19) 한국민족주의의 추상적인 민족적 요구에의 수렴기, 제2단계(1920~26) 민족주의운동의 계급적 분화기, 제3단계(1927~31) 민족주의운동의 통합기, 제4단계(1932~45) 민족주의 운동의 고양과 비합법기다. 민족주의는 단계적으로 먼저 안으로는 민족적인 것의 사회경제적 상황의 변동에 따른 한 사회구성 안에서의 상호관계의 변화와 민족주의운동의 상대적 독자성이 결합되어 주어지고, 다음으로 밖으로는 일본제국주의의 식민지지배 방식의 변화에 따라 다른 것이 되었다. 그리고 이런 과정에서 사회경제적 상황의 변화에 제약되면서 선행하는 시기의 계승물을 지니고 각기 민족구성원의 생활상 요구라는 프리즘을 통해 표현되어 이루어지는 민족주의의 주요 갈래는 3·1운동 이후의 제2단계에서 그 원형을 다음과 같은 흐름과 갈래에서 갖게 된다. ① 상해임시정부와 독립군투쟁에서 표현되는 보수적·지주적·민족주의의 흐름, ② 부르주아민족주의의 갈래, ③ 민족부르주아지와 결합된 소시민적 민족주의의 갈래, ④ 노농운동의 민중적 민족주의의 흐름이다.

　이들 민족주의의 맥락 가운데 임정과 독립군투쟁에서 표현되는 보수적·지주적 민족주의는 1920년대 후반에 이르면 국내에서 광범한 지주세력의 식민지지배 동조세력으로의 전화와 만주이민 속에서의 계급적 분해가 구체화됨에 따라 민족주의운동의 전면에서 후퇴해 상징화한다. 다음 부르주아 민족주의의 갈래는 식민지통치하에 형성된 민족계 자본을 주도세력으로 하고 이밖에 구(舊)지주계급 중 개량주의에로 이행한 계층을 기반으로 하는 갈래다. 이들은 1920년대 중반에 민족해방을 위한 독립군운동이 진행되고 있는 상황에서 자치운동으로 전락함으로써 민족적 이익을 저버린 채 민족주의운동에서 탈락한다. 그리고 민족부르주아지와 결합된 소시민적 민족주의의 갈래는 제3단계의 민족주의운동의 통합기에까지 민족주의운동의 중요한 갈래가 된다. 신간회의 해체와 함께 민족주의운동의 비합법적 운동으로의 전화는 이들의 기반을 크게 약화시킨다. 이들은 합법적 조직에 의존하면서 명맥을 유지하다가 이들 합법적 조직이 일제의 탄압과 대중의 기피로 자기기반을 상실하자 적극적인 민족주의운동에서 탈락하여 가장 적극적인 경우 비타협무저항주의가 된다. 그리고 대륙에 대한 침략전쟁과 제2차 세계대전을 전후하여 실시된 전시산업통제로 민족적인 중소기업과 가내수공업이 결정적으로 소멸되자 그것 또한 자기재생산 기반을 상실하게 된다. 따라서 1930년대 이후의 민족주의운동은 자기생활에서 반일, 반봉건, 반식민주의가 될 수밖에 없는 노동자와 농민의 민중적 민족주의에서 유지될 수밖에 없다. 그리고 민중적 민족주의는 비합법적이라는 조건 속에서 좀 더한 운동의 고양기를 맞이한다.

우리의 역사에서 한국민족주의운동은 전술한 것과 같은 과정을 거쳐 다른 흐름 및 갈래의 민족주의운동에서의 탈락, 상징화, 영향력의 상실 등에 의해 기본적으로 자기생활에서 구체적인 민족적 요구를 지니는 민중적 민족주의에서 식민지 말기를 대표하게 된다. 따라서 식민지 말기 민족주의운동의 민중적 민족주의에 의한 주도는 한국민족주의운동의 주요 과제를 민족해방과 반봉건에 의한 민주주의적 변혁의 실현으로 하게 한다. 그리고 이것은 그 역사적 구체성에서 논한다면, 자본제화의 식민지종속형이 갖는 허구를 청산하고 그 형식에 새로운 근대화의 내용을 부여하는 것이어야 했으며, 자본제화에 따르는 역사에서 긍정성을 실현하는 것이어야 했다. 그것은 근대화의 실질적 내용을 추구하는 것이다. 그리고 경제적인 영역에 한정되지 않고 경제·사회·정치·문화적인 영역에서의 전체적인 변혁이다. 이런 내용이 되어야 할 근대화를 일반적으로 규정하면, 근대화는 반봉건에 의한 사회적 생산력의 해방과 그것에 따른 전체적인 사회변혁이다. 이와 같은 사회변혁의 내용을 주요 측면에서 보면, ① 경제적으로는 낡은 봉건적 생산양식을 일소하여 사회적 생산력을 경제외적인 봉건의 굴레에서 해방하여 국민경제의 자립을 이룩하며, ② 정치적으로는 다른 나라 다른 민족의 지배에서 완전히 독립하여 국민주권 아래 민주주의적 정치원칙으로 일정 지역의 주민을 통일하고, 통일된 능률적 정치기구를 조성하며, ③ 사회적으로는 공동체에 기초한 가부장제 및 신분제와 그 이데올로기에서 개인을 해방하여 만인의 평등과 개인의 자주·자유를 법적·사상적으로 확립하고, ④ 문화적으로는 이와 같은 경제·정치·사회 체제의 지적·문화적 지주로서 국민교육을 보급시켜 전통적 민족문화를 확립하며, 새로운 과학기술을 발전시켜야 하는 것으로 된다.

이런 근대화의 일반론적 내용은 식민지종속형의 자본제화를 거친 우리의 경우 식민지 유제의 청산과 새로운 것의 창조라는 이중의 과제를 짊어지게 한다. 곧 지난날의 식민지종속국에서 근대화의 길은 그것이 식민지하에서 어떤 사회구성체적인 상황에 있었느냐에 따라 서로 다른 것이 될 것이다. 그러나 일반적으로는 첫 단계를 식민지 유제의 청산에 두지 않을 수 없다. 그것은 식민지 유제가 자주적이고 통일된 근대적 민족국가 형성에 대한 제약이 되기 때문이다. 식민지지배는 그 귀결로서 항구적인 경제잉여의 누출 메커니즘으로서의 식민지경제구조와 한 사회의 정치·문화·사회적인 후진성 및 매판성을 남겨놓았다. 그것은 민족경제의 기반 축소와 민족자본의 소멸에 의해 국민경제의 외국자본에 의한 지배와 구조적 측면에서의 이중구조 및 공업구조의 파행성을 결과했으며, 민족의 자립·자주와 이해를 달리하는 매판적 세력과 이의 정치참여, 대중적 참여를 배제한 전제적 억압기구로서의 상층구조인 식민지 지배장치, 낮은 사회적 생산력과 전근대적 농업 및 후진적인 사회적 상황, 매판적인 식민지문화를 구체화시킨다. 따라서 지난날의 식민지종속을 경과한 나라들에서 근대화의 당위는 일차적으로는 이들 식민지 유제의 청산이다. 그리고 이것은 반제국주의와 반봉건주의를 내용으로 한 민족해방과 민주주의의 실현을 뜻한다.
  그러나 이들 나라에서 근대화의 과제는 낡은 것의 청산만이 아니라 새로운 것의 창조여야 한다. 그리고 이렇게 될 수밖에 없는 것은 식민지지배 하에서는 민족의 자주적 생존기반이 크게 취약해질 수밖에 없기 때문이다. 창조적 과정은 다음과 같은 것이다.
  첫째, 경제적으로 민족경제의 자립적 기반이 조성되어야 한다. 민족경제의 자립적 기반조성은 외부적으로는 신식민지주의적인 세계경제질서와 내부적으로는 민족자본의 부재, 그리고 식민지적인 경계구조에 비추어 경제의 계획화, 계획화를 위한 물적 수단 내지는 민족자본 창출을 위한 것으로서의 국가자본주의적 영역의 확대에서 추구되어야 했다.
  둘째, 사회적으로는 개인의 모든 전근대적인 것으로부터의 해방과 평등에 기초한 인간 간의 사회적 관계의 정립이 있어야 한다. 이것은 새로운 인간관계의 정립이고, 민중적 창조력의 경제적 부(富)로의 전화를 위한 노력이다. 곧 자주적 근대화의 과정은 전국민적 참여와 평등의 보장에 의한 민족적 창의의 동원과정이어야 한다. 그리고 이것은 민중적 민족주의의 요구에 상응하는 것이기도 하다.
  셋째, 정치적으로는 정치적 자주를 굳건히 하고 낡은 전제적 통치기구의 청산 위에 민중적 참여를 바탕으로 한 새로운 민주주의적 정치기구를 확립할 뿐 아니라 민족적 통일을 이룩하여야 한다.
  넷째, 문화적으로는 이와 같은 경제·정치·사회 체제의 지적·문화적 지주로서 민족문화를 재발견하며, 그 창출 노력을 통해 식민지종속 상태에서 형성된 퇴폐적인 식민지문화를 극복하고, 민족 고유의 전통문화를 재발견하는 과정이어야 한다.
  8·15해방은 외국자본주의의 침략에 주체적으로 대응하고 민족의 자주와 자립을 위한 근대화 노력에서 무한한 가능성을 준 일찍이 경험하지 못한 혁명적 계기였다. 따라서 8·15해방에 뒤따르는 군정기간이 우리 역사에서 차지하는 위치는 앞에서 얘기한 자주적 근대화에의 민족적 요구가

충족되어야 할 역사적 시기였다는 데서 규정된다. 곧 식민지 유제의 청산과 민족을 위한 창조적 과정이라는 이중의 책무를 민중적 민족주의에 좇아 이룩해야 할 역사적 시기였다. 이것은 다른 말로는 식민지종속형의 자본제화가 갖는 허구를 깨고 민족해방과 진정한 시민혁명의 내용을 부여하는 역사적 계기였다. 그리고 동시에 민중적 민족주의에 의해 대표되는 한국민족주의의 과제를 실현해야 하는 역사적 시기이기도 했다.

3 전후상황에 대처하는 주체적 힘

군정기간의 역사적 위치는 민족적으로 제기된 식민지 유제의 청산과 새로운 민족적 창조를 위한 노력에서 우리 민족의 주체적 대응능력을 크게 요구했다. 그리고 이와 같은 민족적 책무에 대하여 민족자주적인 우리의 역량은 이중으로 주어진 외세 앞에 취약한 것이기는 했으나 자주적인 능력을 보여주었다.

먼저 식민지 유제의 청산을 위한 민족적 주체의 형성에서 해방 직후에 이루어진 사태는 우리 역사에서 일찍이 볼 수 없는 상황이었다. 브루스 커밍스(Bruce Cumings)는 다음과 같이 쓰고 있다.

> 1945년과 1946년 한반도 전역은 각 도 시 군 읍 면의 건국준비위원회(건준), 그리고 뒤이어 인민위원회로 대부분 뒤덮여 있었음은 부인하기 어려운 사실이다……지방에 조직적인 기반을 둔 이들 위원회는 한국의 정치형태 중에서 매우 희귀한 존재이다. 그들은 지방의 정치 참여라고 하는 한국사에서 전무후무한 한 시대를 장식했다.[2]

그리고 다음과 같이 쓰고 있다.

> 8월 15일 건준의 중앙조직이 설립되자마자 수일 내로 지방조직이 한

국 전역에 확산되었다. 8월 말경에는 145개의 지방지부가 존재했다고 전해지나 이 숫자는 일단 유보되어야 한다. 한국자료들은 조직의 차원에 따라(도 군 면 위원회 등) 혹은 지역에 따라 지부를 세분화하지 않고 그냥 이 숫자를 반복하여 사용하고 있다……해방 후 수일 이내에 13개의 도 모두에 건준의 도지부가 생겨났다. 대부분의 주요 도시도 8월 말경이 되면 시지부를 두었다. 그리고 8월 15일 이후 3개월 동안 위원회는 모든 행정적 차원에서 가장 작은 규모의 마을까지 확대되었다. 9월 9일 이른바 조선인민공화국(인공)이 중앙에서 성립되자 건준의 지방지부는 인민위원회로 전환되었다. 몇몇 지방 건준의 경우는 인민위원회로의 전환을 거부하고 그대로 건준의 명칭을 고수하거나 한국민주당 혹은 10월의 인민당과 같은 타 정치단체와 연합하기도 했다. 서울에서처럼 위원회는 농민조합과 노동조합, 치안대(혹은 보안대), 학생, 청년, 부인단체로부터 보충되었다. 이러한 현상은 파벌과 정당들이 난무한 것이 아닌 하나의 통일된 정치운동으로 보아야 한다. 위원회와 여러 대중조직의 회원은 상당 부분이 서로 일치했고 그중에는 사무소까지 함께 쓰는 경우가 더러 있었다. 이 같은 움직임은 전국으로 확산되었다. 만약 이 움직임에 참가한 총인원수가 밝혀진다면 이 움직임은 농촌의 정치조직과 정치참여도란 통계적 입장을 고려할 때 의심할 바 없이 한국사회의 기록이 될 것이다. 거의 모든 지방위원회는 건준과 인공이 취한 내각 부서구조와 동일한 조직구조를 갖추고 있었다. 대부분의 위원회들은 선전부, 치안부, 식량부 및 재정부 등의 조직부분을 두고 있었다. 지역의 특수한 사정에 따라 각 위원회는 구호, 전재귀향민, 소비물자, 노동관계 혹은 소작료 등을 담당하는 부도 두고 있었던 것으로 보인다. 많은 지방위원회들은 부유한 일본인과 한국인들로부터 기부 또는 강제헌납 형식을 통해 총수입을 증대시켰다. 위원회들은 떠나는 일본인으로부터 서약을 받아내어 소규모 가옥에서부터 공장에 이르기까지 지방의 일본인 재산을 모두 위원회의 관리하에 두었다.[3)]

이들 위원회는 전제적인 식민지지배기구를 청산하고 새로이 민주주의적 절차에 의해 만들어진 민중적 정권이었다. 조선인민공화국의 성격에 대하여 서대숙은 "좌익의 영향력은 대부분의 민족주의자들이 바랐던 것보다 현저했던 것이 사실이지만, 그렇다고 조선인민공화국의 표면상이 이른바 '공산주의 정부'였던 것은 분명 아니었다"4)고 말하고 다음과 같이 부연하고 있다. "인공이 공산주의자에 의해서 지배되었다고 비난하는 사람들이 많지만 이는 사실과 다르다"5)고 하면서 그 전거로서 미드(E. Grant Meade)와 보튼(Hugh Borton)의 글을 들고 있다.6)

이들의 민족운동에서 기반에 대해서는 일제식민지통치하의 지하저항세력이 강조된다. 미드는 다음과 같이 썼다.

한국 내에 지하운동이 존재하고 있었다는 것은 널리 알려져 있었고, 따라서 미군은 진주 당시 그들이 활동하는 것을 보고도 그리 놀란 것은 아니었다. 중요한 것은 그 저항집단의 목적과 프로그램을 아는 것이었다. 불행히도 미국무성은 이러한 정보를 갖고 있지 못했다. 일본이 항복한 지 3주가 안 되어 이 운동은 그 기본정책을 시행하고 있었다. 그 때문에 미점령군은 이미 조직되어 활동 중인 이 집단을 어떻게 처리하는가가 문제라는 것을 즉각 알게 되었다.7)

그러면서 그는 전남에서 이들 위원회의 중핵을 이루는 것은 "동학의 개별 그룹, 공산당, 농민 및 어민조합, 지방노동조직, 의열단과 같은 테러집단 등이었다. 위원회 활동에 대한 저항은 거의 없었다. 적극적인 반대파들은 미군의 진주, 좀더 정확히 말하면 전남에서의 미군의 군정의 실시를 기다리고 있었다"고 쓴다. 이에 대해서는 커밍스의 앞의 저서에서 다음과 같이 부연되고 있다. 그는 정치적 선례 및 척도에서 "해방 후의 정치운동에까지 계승되어 내려온 수많은 선례들이 한국사에서 발견된다. 19세기 후반의 동학혁명을 기점으로 하여 1907년에서 1910년까지의 의병운동, 1919년의 3·1운동, 그리고 이와 비슷한 그밖의 운동들이 세력을 떨쳤던 한국의 지역들을 분석해볼 수 있다……해방 이후의 상황에까지 이어진 가장 직접적인 선례 중에서 강력한 대표격이 되는 것은 1930년대의 농민조합을 보유하고 있던 군(郡)들과 해방 후 위원회에 의해 지배되고 있었던 군들 사이에는 놀랄 만한 일치가 존재한다는 점이다. 농민조합이 존재했던 것으로 기록되어 있는 남한 내 37개 군 중에 25개 군이 1945년, 46년에 지배적인 위원회를 보유하고 있었다. 오직 1개 군만이 농민조합은 있었으나, 위원회가 없었던 것으로 보고되고 있다. 경남 남해군이 바로 그러한데 이 군에 대한 해방 직후의 정치자료는 거의 찾아볼 수 없으나 1946년 폭동이 발생했다는 기록은 남아 있다. 몇몇 경우에는 농민조합의 구성원들이 8·15 이후에 등장한 위원회와 농민조합에 재등장하기도 했다"[8]라고 적고 있다. 그뿐 아니라 커밍스는 도별위원회의 세력의 강약과 농민조합의 도별 분포상태는 어느 정도 연관되어 있다고 주장한다.

역사적으로 민족주의적 운동과 맥락이 이어지고 새로운 정치권력으로서의 성격을 지니는 이들 위원회는 자기들의 정치적 목표를 다음과 같이 제시하고 있다.

강령의 주요 항목에는 정치적 성숙을 위한 필요한 전제로서 모든 집단의 통일을 위해서라는 명목하에 다음과 같은 내용이 들어 있었다. 소작인들이 유리한 조건으로 토지를 구입할 수 있도록 하는 토지개혁, 친일부역자와 일본인의 공직에서의 추방, 선거권의 확대, 협동조합의 설립, 고임금, 물가안정, 정부전매의 최소화 등이 그것이었다. 이른바 40여 개가 넘는 정당들이 모든 부분의 여론을 대표하여 원래의 연합에 참가했기 때문에 일본인의 추방, 그들 재산의 몰수, 즉각적인 독립과 자주정부의 수립 등과 같은 모두가 동의할 수 있는 사항들을 제외하고는 강령은 그 용어가 애매모호하고 일반적일 수밖에 없었다. 강령을 수행하기 위하여 각 도는 중앙위원회로부터의 최소한의 감독하에 강령의 기본정신에 따라 각기 행정부를 설립하도록 서울에 있는 이들의 지도자 사이에서 합의가 되었다. 그런 과정을 거쳐야 지방문제가 바로 해소되고 즉각적인 중앙집권화로는 이룩할 수 없는 정국의 안정을 가져올 수 있게 된다고 믿었던 것이다. 이 계획은 그럴듯하게 보였다. 각 도의 지도자들은 일본이 항복하기 전에 이것을 알고 있었고, 따라서 연합국의 승리가 전해지자마자 즉각적으로 행동할 수 있었다.[9]

이와 같이 해방에 대응하는 민족주체적인 노력에서 민족적 과제의 인식은 좀더 정확했고, 그 실현에서 전술적인 유연성을 지니고 능동적으로 대처되었다. 그리고 이런 것들은 경제적으로 식민지 유제의 청산이나 새로운 민족경제의 확립, 분단상황의 극복을 위한 노력에서도 다 같이 민족의 자주적 역량을 보여주는 것이었다.

첫째로, 식민지 유제의 청산이나 민족경제의 새로운 기반의 확립은 식민지자본주의의 청산의 문제이고, 일본독점자본, 총독부, 일인 자산, 친일민족반역자·매판자본의 청산과 이의 민족자본으로의 전화의 문제다. 그리고 이것은 민족자산가계급이 부재했던 식민지 말기의 상황에서 국가자본주의적 영역의 창설과 확대에 의한 민중적 소유의 실현과 그에 의한 민족자본 창출의 문제다. 그뿐 아니라 이것은 식민지 억압장치의 변혁에 의한 청산으로 민주주의적 정치권력에 의한 경제의 계획적 운용과 인간 간의 새로운 사회적 관계의 창제가 될 것이었다.

해방 후 미군정이 9월 25일자 군정법령 제2호와 10월 23일에서 30일에 걸쳐 발한 '일본인 재산양도에 관한 4개 조항'으로써 사유재산의 보호와 일본인 자산의 접수를 불법으로 천명했음에도 공장, 광산, 회사 등 시설을 접수하려는 움직임이 전국적 규모로 나타났다. 이것은 한국민중에게 "일본군 패잔병과 친일파 모리배의 방화, 시설파괴, 물자방출 등의 악행을 막고 자위하기 위한 결사적 혈투"라는 대의명분에서임은 물론 일제식민지통치하 민중적 민족주의의 요구선상에서 제시되었다. 그것은 "지금까지 일본인 밑에서 땀을 흘려 돌아갔던 공장은 우리들의 것이고 우리들이야말로 기업경영의 주체"라는 의사 표시에 기초하고 있었다. 이런 움직임은 배제할 수 없는 사회적 분위기가 되어 하지 중장은 마침내 "한국내의 재산은 한국의 것이다"라고 시인하지 않을 수 없었다. 미군정은 1945년 12월 6일에 공표한(일반 발표는 12월 15일) 군정법령 제33호 '조선 내 소재 일본인 재산권 취득에 관한 건'에서 일본인의 "전종류의 재산 및 그 흡수에 대한 소유권"은 공사유를 불문하고 "1945년 9월 25일부로 한국군정청이 취득하고……그 재산의 전부를 '소유'한다"라고 선언함으로써 스스로의 기본방침, 곧 법령 제2호를 취소하고 이 문제에서 정책을 백팔십도 전환함을 명백히 하지 않을 수 없었다. 그러나 그 중요성은 여기서 그치는 것이 아니다. 이렇게 해서 주어진 일본인 자산에 대한 민족적 접수가 그 자연발생성을 넘어서 민족자본 창출을 위한 노동자자주관리제도로 발전한 데 그 역사적 의의가 있다. 곧 일본의 나카오(中尾美知子)가 밝히고 있듯이 "생산기관의 자력에 의한 접수, 관리"[10]와 "생활권 보장"이라는 두 흐름은 자연발생적인 것이었으나 곧 구체적인 조직적 요구가 된다. 그것은 1941년 11월 5일에 조직된 전국노동조합평의회(전평)의 행동방침이 되면서부터다. 대회의 '선언'은 노동조합의 '생산관리'(혹은 그 '관리권에의 참여')를 제기했으며, 이것은 그뒤 기관지 『전국노동자 신문』에서 연재논문 「노동자공장관리에 대해서」로 부연된다. 앞의 나카오의 논문에 따라 부연된 내용을 보자.

논문은 우선 "공장관리는 노동자의 손으로"라는 노동계급의 요구를 누구보다도 참되게 삼천만 민중을 사랑하고 전민중의 영원한 복지의 향상을 위해 스스로의 양 어깨 위에 짊어진 가장 중요한 임무로 자각한 전투적 노동자대중의 참된 절규라고 규정하여 그 지지를 표명하고 그 의의를 한국민족이 현재 노력하고 있는 민족의 자주독립국가 완성을 위한 경제적 기초작업 곧 산업부흥에로의 노동자계급의 적극 참여로 파악하고 있다. 지금까지 일본제국주의의 손에 의해서 경영되어온 모든 공장과 기업시설은 만일 전근로인민의 이익을 대표한 정부의 감독과 그 관리하에 있어서의 노동자계급의 적극적 참가가 없다면 일부 반동적 민족자본의 독점과 외래자본의 압도적 지배하에 귀속되는 것은 불을 보듯

뻔하다.[11]

이 논문은 지금까지 자연발생적인 노동자 공장관리의 잘못을 ① 인민위원회에 의한 지도의 거부, ② 공장관리운동의 한계를 인식하지 못한 데서 오는 노동조합주의적 사고와 노동조합에 대한 경제주의적 인식, ③ 조선인 개인기업에 대한 노동자 공장관리제도의 제기에 따른 민족통일전선 활동에 대한 저해와 산업건설의 지연 등에서 비판하면서 노동자 관리운동의 실천적 방침을 다음과 같이 제기하고 있다.

첫째, 일본제국주의와 민족반역자가 경영하고 있던 공장과 기업은 우리들의 인민정권이 완전한 실천적 기능을 발휘할 때까지 그 시설을 방위하고 또 관리할 책임과 권리가 있다. 공장은 인민위원회의 지도로 양심적 민족자본가, 기술자, 공장노동자로 구성된 공장관리위원회에 보관 관리시켜야 한다. 우리들의 이러한 투쟁 가운데서만 전근로인민의 이익을 옹호할 수 있는 인민정권의 획득 투쟁을 향한 부분적 임무를 수행할 수 있을 것이다.

둘째, 군수산업의 평화산업에로의 전환, 실업자의 취업, 자본 원료 기술 부족을 보충하기 위한 위원회의 지도협력과 양심적 민족자본 및 기술의 흡수가 있어야 한다.

셋째, 공장관리의 본질에 대한 인식과 이것을 위한 선전활동을 강화한다.

넷째, 노동자공장관리에서의 차별과 전술에서 "양심적 민족자본의 공장에서는 공장관리에 대한 부분적 참가를 요구하고……개인공장에 있어서는 원칙적으로 관리권 문제를 제기하지 않는다. 조선인과 일본인의 합동공장에서는 일본인의 권리만을 접수하고……기업은 노자공동관리로 하지 않으면 안 되고" 노동자의 힘이 약한 곳에서는 사무원과의 공동전선을 펴야 하며, 일본인 공장을 매수하여 노동자의 공장관리를 저해하는 세력에 대한 투쟁방법을 제시한다.

다섯째, 노동조합과 공장관리위원회를 엄격하게 구별하고 기업이익에의 참여를 배제한다.

여섯째, 공장관리위원회의 원칙구성 및 운영방식에서는 ① 기업운영에 대한 일체의 계획, 기술의 연구 및 배치, 생산활동의 관리, 원료제품의 판매 등의 모든 사업운영을 가장 민활하게 행하도록 할 것, ② 관리위원회의 구성은 자본가, 기술자, 노동자대표로 하고, 가능한 한 노동자가 다수를 점하도록 하며, 기업관리에서 가장 현명하고 유능한 노동자를 전사무를 감시할 수 있는 지위에 배치할 것, 공장운영의 일체의 방침은 어떤 경우에도 민주주의적 원칙에 의해 결정할 것, ③ 생산품의 판로개척과 소비대중 특히 농민대중과의 연결에 유의할 것, 협동조합의 필요성을 인식할 것 등이 제기되고 있다.[12]

처음에는 자연발생적이었으나 뒤에는 지도되었던 일본자본과 기업에 대한 노동자관리는, 전후의 상황에 대응하는 민족의 자주적 능력의 제시였고 새로운 민족경제 확립을 위한 시도였다. 그리고 이 시도는 그것이 미군정에 의해 저지되기까지는 광범한 것으로서 성공적이었다. 미드는 전라남도의 경우를 들어 다음과 같이 쓰고 있다.

전남에는 소규모의 수공업공장을 제외하고 대략 50개의 공장이 있었는데 이들 가운데 8개를 제외하고는 민사업무가 시작되었을 당시 모두 가동되고 있었다.[13] 그 공장들은 주로 광주, 목포, 나주, 순천, 여수에 집중되어 있었다……지방산업의 어떤 것, 예를 들면 소금정제와 같은 것은 군정당국이 통제했으나, 대부분 일인 대공업자들(재벌)이 소유하고 있었다. 이들 기업의 대부분의 경영자와 간부들은 군정이 진주하기 전에 일본으로 떠났다. **그런 경우에 한국인 노동자들은 법적 자격 없이 기업을 인수하여 이익분배 기업으로 계속하여 그것을 가동시켰다.** 미국인들이 적산이 된 이들 기업의 상속자가 되었는데 그것을 어떻게 관리해야 하는가 하는 문제가 제기되었다. 상무국장은 법적 분류에 관계없이 공장들을 계속하여 가동시키는 데 주로 관심을 두었다. 어떤 경우에는 일본인 기사가 그 자리에 계속 머물며 군정의 승인을 얻어 한국인 인계자를 임명할 권리를 가졌다. 종연방직과 같은 큰 기업에서는 민정장교가 경영인으로 임명되었다. **그러나 일반적으로 공장들은 인민위**

원회의 수중에 있었고, 지역위원회의 이익을 위해 그 위원들이 운영하고 있었다.[14] (고딕 필자 강조)

둘째로, 식민지경제구조의 또 하나의 지주인 반봉건적 지주·소작 관계의 청산을 위한 노력에서도 역시 자주적 대응능력은 두드러진 것이었다. 그것은 전후의 한국에서 토지문제가 빼놓을 수 없는 중요한 문제로 제기되고 있었던 데서 온다.

전후의 과정에서 일본인 소유의 농지는 일본인 기업에 대한 노동자관리와 같이 자연스럽게 소작인들에게 분배되었다.[15] 커밍스가 말하고 있는, "1945년 해방 당시의 한국만큼 토지관계가 불공평한 국가는 거의 없었다. 확실히 그러한 조건에서 기인한 극심한 불평불만은 위원회를 격화시켰고 위원회의 호소를 신뢰할 만한 것으로 만들었으며 위원회와 농민조합의 소작제도, 미곡수집관행, 그리고 지주제에 대한 공격을 농민에게 호소력 있는 것으로 만들었다. 토지문제는 해방 후 한국의 정치과정을 지배했고, 각 집단과 계층들을 정치적 성향의 양극단(극보수와 급진주의 등의)으로 분리시키는 데 핵심적 역할을 한 요소였다"[16]는 것과 같이 농민의 토지에 대한 요구는 격렬한 것이었다. 이것에 대해 미드는 다음과 같이 썼다.

그들은 적당한 가격으로 자신의 토지를 살 수 있는 그런 토지개혁 같은 조치를 기대했다. 좀더 급진적인 집단들만이 대농장의 즉각적인 분배를 지지했던 반면 거의 모든 한국인이 소작제를 제거하고 자작농을 증대시킬 그런 조치를 원했다……미군정청은 한국의 어떤 재산 소유자보다도 많은 소작농을 거느린 지주였다. 1947년 2월 러치 장군은 "군정이 판매한 유일한 재산은 효과적으로 보호할 수 없는 그런 것이었다"라고 시인했다. 결국 토지개혁을 요구하는 격렬한 소요와 적산을 궁극적으로 한국인에게 처분하라는 요구 때문에 국무성은 군정의 주목적인 "만연된 소작제를 경작자가 토지를 완전소유하는 제도로 대체시키자는 한국인의 염원과 희망을 반영할 토지개혁"[17]이라고 선언하게 되었다.[18]

이와 같은 반봉건적 지주·소작 관계의 청산요구에 대하여 민중의 주체적 대응은 초기에는 "일본인과 민족반역자의 토지를 몰수하여 농민에게 무상분배한다. 단 비몰수토지의 소작료는 3·7제로 실시한다"[19)]는 것이었다. 이는 광범한 민족적 요구의 수렴을 위한 노력을 보여주는 것이다. 토지개혁에 대한 좀더 구체적인 요구는 농민조직인 전국농민조합총연맹의 토지개혁법령 초안에서 주어진다. 전국농민협회(전농)는 1945년 12월 8일에 결성되는데 그 강령에서 일본제국주의자 및 민족반역자의 토지를 몰수하여 빈농에게 분배할 것, 친일파나 민족반역자 이외의 조선인지주의 소작료는 3·7제로 하고 원칙적으로 금납으로 할 것, 일본 제국주의자와 민족반역자의 산림, 하천, 소택 등은 몰수하여 국유로 하고 농민에게 개방할 것, 수리조합은 국영으로 하여 그 관리는 농민에게 하게 할 것, 소작조건에 관한 것 등 20개 항목의 목표를 제시했다. 그리고 대회결정서에서 일본제국주의의 착취와 압박, 박해에 대해 언급하고 토지문제의 해결 없이는 참된 민주주의적 민족해방은 없으며, 따라서 한국에서는 토지문제를 해결할 수 없는 정권은 민주주의적 정권일 수 없다고 선언했다. 전농은 1947년 2월 21일 제2회 대회에서 남조선토지개혁 초안을 결정하여 미군정에 제출했는데 그 내용은 다음과 같다.

  1. 종래의 지주, 토지소유자제도 및 소작제도를 청산함으로써 토지는 경작하는 농민이 소유한다.
  2. 농업제도를 농민의 토지소유에 기초하는 개인경영으로 한다.
  3. 이를 실현하기 위해 전 일본인 소유지와 반민족적인 친일분자의 토지는 물론 일체의 조선인 지주의 소유지 또는 그들이 계속 소작시키고 있는 경지나 과수원은 몰수하여 경작하는 농민에게 그 노동력과 가족수에 따라 무상으로 분배한다.
  4. 소작제도는 형태야 어떠하건 금지하고 소작제도 재발생의 가능성이 있는 일체의 조건을 제거하며, 국가에서 분배된 토지의 매매저당을 금지한다.

5. 종래 경작농민이 소유하고 있었던 토지에는 변동이 없어야 하며, 이들 토지에 관해서는 매매 저당을 허용한다.

6. 농민소유 이외의 일체의 산림은 국유화한다.

7. 이 토지재혁은 여러 민주주의 정당과 사회단체의 대표에 의해 조직되는 남조선토지개혁위원회가 군정과 협력해서 한다.

8. 토지개혁 대상경지는 147만 정보고, 분배되는 농가수는 219만 호에 이르며, 이로써 농가 1호당의 평균 소유지는 1 내지 1.5정보가 되고, 이들은 자기의 토지에서 자유로운 영농(營農)을 할 수 있게 된다.

9. 일본제국주의 지배의 잔재인 봉건적 토지소유관계는 몰수와 무상분배에 의한 토지개혁에 의해서만 급속하게 해결될 수 있는 문제이며, 이 토지정책으로 지주의 생활을 위협하는 것은 아니다.

10. 이 개혁으로 농민의 생활은 급격히 향상되고, 이로써 농업생산력은 비약적으로 발전될 것이다.[20]

반봉건적인 지주소작제도에 대한 개혁의 당위는 전후의 상황에서 어느 누구도 부정할 수 없는 명제였다. 따라서 미국도 1946년 2월에 초안을 작성하지 않을 수 없었다. 그 주요한 내용은 다음과 같다.

1. 중앙토지개혁 행정처를 설치하여 이 부처가 농지의 취득과 처분, 농업관계자금의 융자, 토지개혁위원회의 설치, 그리고 농지금고의 관리 등을 한다.

2. 매수하는 토지는 경작하지 않는 자의 토지 및 3정보를 초과하는 자작지로 한다.

3. 매상가격은 연평균생산고의 3배 이내로 하며 지주에게는 석고(石高)표시의 증권을 교부하고 농산물 공정가격의 4분의 1씩을 연부로 상환한다.

4. 분배순위는 당해 농지의 소작농, 자소작농, 후보농가, 해외에서 돌아온 귀국농가로 한다.

5. 분배면적은 3정보 이내에서 가족수, 연령, 노동력 등의 점수에 의한다.

6. 분배된 토지 대금은 해당 농지의 연평균생산고의 2할씩을 15년간 현물로 상환한다.

이와 같이 식민지경제구조의 청산을 위한 노력에서 민족자주적인 대응은 비록 그것이 한정적이고 약간 서로 어긋나는 점이 있었다고 하더라도 주체적인 합일점을 갖고 있었다.

셋째로, 민족의 자주적 통일 및 분단극복을 위한 노력에서도 민족주체적인 합의는 분단 그 자체에 대해서 부정적이었다. 전후에 활동을 개시한 각 정당들과 사회단체가 남북을 단일정치권으로 상정하고 남한을 중심으로 북한에 분국 또는 하위기구를 둔 것이 이를 말해준다. 그리고 이 기구들은 남북한의 군정당국에 의해서도 기정 사실로 간주되었다. 남북분단의 극복을 위한 요구는 이미 분단이 일부에서 어쩔 수 없는 정치적인 상황으로 주장된 1948년에도 남북정당사회단체연석회의에 대한 참여로 귀결되고, 국제연합에 의한 남한만의 단독선거에 대한 반대로 귀결되었다. 따라서 전후의 상황에서 주어진 역사적 경과들은 우리 민족의 주체적 대응이 통일문제에서도 좀더 굳건한 것이었음을 보여주는 것이라고 할 것이다. 그리고 이런 것들은 경제적 측면에서 정치적 분단을 받아들이지 않은 채 진전된 남북교역(南北交易)에서도 또한 제시될 수 있다.

해방된 한반도 문제를 토의하기 위해서 미·소·영 등 세 나라 외상 간에 행해진 1945년 12월 26일의 모스크바삼상회담은 '3. 조선에 관한 결정(III Korea)' 제4조 규정의 "남부조선의 미국군과 북부조선의 소련군의 행정상 및 경제상의 향상적 연계를 꾀하기 위해서"라는 결정에 따라 2주간 이내에 미소공동위원회를 열고 남북한에 관한 이른바 '경제상의 사항' 등의 긴급문제의 심의를 결정했다.[21] 이에 따라 미·소 군정 대표는 최초의 미·소회담을 1946년 1월 16일 서울에서 개최한다. 이 회담에서 미·소는 남북한이 정치적으로는 물론 경제적으로도 단일 경제권임을 확인하고

"38도선을 경계로 하여 두 나라 군대에 의해 분단 점령된 남북의 행정·경제 부문에서 일상적 조정을 확립하는 방안을 수립 작성하기 위해서 미·소 양군 대표가 협의했다"[22)]는 합의성명을 명백히 하고 있다. 그러나 구체적인 문제와 절차에 대한 합의가 주어지지 않은 채 '일반우편물 교환에 관한 협정'(1946. 3. 15.), '전력공급 및 전력료 지불방법에 관한 협정'(1947. 6. 13.)을 위한 회담이 주어질 뿐이었다.

이런 상황에서도 분단을 거부하고 더 나은 삶을 추구하는 민족적 노력에 의해 남북 간에는 민간경계교류가 지속되었다. 이에 대해 장화수는 다음과 같이 쓰고 있다.

> 해방 후의 한반도에 있어서 일제하 식민지 경제의 유산은 배급제와 가격통제, 물자생산의 부족에 의한 인플레이션, 그리고 산업구조면에서는 북의 전력 및 공업지대와 남의 농업지대 간의 분리였다. 그럼에도 불구하고 미군정에는 남한지역의 경제적 취약성에 관한 군정경제정책이 별도로 준비되어 있지 않고 초기의 2년간의 군정기간에는 남북한에 대한 정치적·경제적 단일권만을 고수한 채 소련군정의 격리정책에 대해서 이것을 방치했다. 따라서 초기의 미군정의 정치활동보고서는 경제문제를 다루지 않고 '지역 간 활동'에서도 '수전'과 '우편물 교환'만이 다루어지고 있다. 바꾸어 말하면 미군정의 남한지역에 대한 점령정책은 당초부터 정치 및 경제상의 단일권이라는 원칙에 국한해서 군정경제정책을 제시했기 때문에 경제상태는 극도로 핍박했다. 그것은 주로 식민지경제에서 생긴 인플레이션과 물자부족에 대한 대책 그리고 분단군정에서 초래된 전력 및 산업구조의 취약성에 대한 대책 그리고 경제원조에 관한 것에 지나지 않았다.[23)]

이러한 점은 논자가 밝히고 있는 바와 같다.

이런 식민지하 한국경제의 말기적 상황은 한국경제가 본래적으로 갖는 종주국경제와 원격지 간 상업에 의해 매개된 식민지적인 파행성과 함께 8·

15 해방에 따르는 식민지적 관계의 단절로 경제적 상황을 파국적인 것으로 내몰게 하는 가능성을 지니게 하는 것들이다. 그러나 해방 후의 한국경제는 이와 같은 가능성에 대하여 남북분단이 됨으로써 그 현실적 가능성을 좀더 열악한 것으로 한다. 해방 당시의 한국경제에서 산업의 지역적 편재는 그 식민지적 파행성의 반영으로서 극심한 바 있었다. 남한에는 농산물, 식료품공업을 주축으로 한 소비재산업이 입지하고 북한에는 주요 지하자원의 부존을 반영하여 광업과 공업 중 중화학공업이 주로 입지하고 있었다. 식민지통치하 국민경제의 파행성 속에서 주어지고 있었던 약간의 지역 간·산업 간의 보완성은 남북분단에 의해 결정적으로 파괴된 것이다. …… 산업별로 남북한 공산액은 북한이 화학(82퍼센트), 금속(90퍼센트), 요업(79퍼센트), 가스·전기(64퍼센트)에서 우위를 차지한 대신 남한은 기계(72퍼센트), 방적(85퍼센트), 목제품(65퍼센트), 인쇄제본(89퍼센트), 식료품(65퍼센트), 기타 공업(78퍼센트)에서 우위를 점하고 있었다.[24]

이런 상황에서 남북 간의 무역을 위한 요구는 필연적이었으며, 이것은 경제적으로 분단상황극복에의 기초였다.

분단상황하에서 경제적인 통합 노력은 이른바 38무역 또는 38밀무역으로 구체화되었다. 그리고 이와 같은 38무역의 합법화 또는 현실화를 위한 요구는 해방 후 두 달 뒤인 1945년 10월에 남한지역의 국내업자들에 의해 제기되고 있다. 그들이 건의한 내용은 남북분단에 의한 경제구조의 파행성을 보완하고 일본인 소유 공장의 생산가동을 위한 필요자재 및 동력원의 확보, 그리고 남한 내의 생활필수품 조달을 위한 노력에서 공식적인 남북한 교류는 급선무라는 것이었다.[25] 그러나 미군정이 적법한 절차를 강구하지 않음으로써 1946년 12월 15일 '조선연안의 교역에 관한 통첩'이 공포되기 이전까지는 밀무역 형태가 될 수밖에 없었다. 그러나 남한산업의 파국, 경제생활의 파탄을 수습하기 위한 노력으로 이루어진 남북교역은 경제적 불균형 그리고 정치적 적대 가운데서 이해의 대립이 첨예화되고 실시방식에서 바터제 물물교환방식에 의한 무역거래제도와 사전계획에 기초한 수량 및 품목규정 등으로 크게 확대되지 못한 채 큰 부분을 밀무역에 의존하게 된다.

남북한의 지역 간 무역 중에서 음성적으로 거래된 38밀무역만을 구별해서 1946년에서 48년 사이의 적발건수와 액수를 보면 그 규모가 큼을 알 수 있다. 적발건수가 제일 많은 해는 1948년인데 밀이출 9건, 밀이입 58건이다. 품목별 내용에서 보면 남한에서 이출되는 물자는 중유, 면실유, 신약품, 전구 등이며, 이 가운데서는 외국에서 남한에 밀수입된 신약품의 재밀이출현상이 눈에 띈다. 적발된 금액은 1947년의 124만 원에서 1948년 161만 원으로 크게 증가하고 있다. 북한에서 밀이입된 물품을 보면 시멘트, 카바이트, 소금, 가성소다, 마대, 비누, 사탕, 비료, 기계류, 수산물 등으로 실로 다양하다. 이것을 적발 금액별로 보면 1947년 53만 원에서 48년에는 1억 2,956만 원으로 크게 증가하고 있다. 따라서 이들 적발건수에 의한 남북한의 물자이출입 상황은 그것이 가령 인플레이션율이 높고 취체가 심한 1948년의 수치라고 하더라도 상당히 큰 규모임을 알 수 있다.[26]

분단상황하에서 경제적 통합을 위한 노력은 좀더 큰 규모에서 민간무역의 형태, 그것도 비합법적인 밀무역의 형태로 진전되었음을 알 수 있다. 그리고 이것은 상호보완에 의한 상호의존의 관계로 극단적 대립을 피하고 통합에의 경제적 기초를 조성하는 것이었다. 곧 전후의 상황에서 우리 민족은 주어진 상황에 주체적으로 대응하면서 한국민족주의에 주어진 역사적 과제를 실현할 수 있는 제 나름의 전술 전략을 갖고 있었던 것이다. 그리고 이런 사실은 노동자와 농민에 의한 공장관리, 토지개혁에 대한 합의와 이것을 위한 노력, 경제적 통합을 위한 남북 간의 경제교류 등에서 구체적으로 검증된다고 주장할 수 있다. 그런 의미에서 자주적이고 통일된 민주주의 국가 수립에서 그 주체적 능력의 결여를 이야기하는 것은 정당한 것이 아니라고 평가된다.

4 전후 미군정과 그 귀결

미군정의 의도

비록 취약한 것이기는 했으나 주체적 가능성의 존재에도 불구하고 전후 한국민족주의에 주어진 역사적 과제가 실현되지 못하고, 군정시기에 해당하는 역사적 시기가 우리 역사에서 당위적으로 제시되는 요구에 충실하지 못하게 되었던 요인에 대해서는 많은 논의가 있을 수 있다. 그것은 기본적으로 우리 민족, 그리고 좀더 구체적으로는 한국민족주의의 주체적 역량이 이중으로 주어진 외세의 제약을 극복할 수 없었다는 데서 찾을 수 있을 것이다. 그런 뜻에서 외세는 비록 외부적 요인이기는 하지만 우리의 오늘의 상황, 그리고 오늘을 가져다준 한국자본주의에서의 식민지 유제의 미청산과 시민혁명으로서의 변혁적 계기의 부재에 결정적인 요인이 된다.

한국에서 미국의 의도 그리고 미군정의 정책에 대해서는 많은 논의가 있다. 그러나 일반적인 견해는 분단된 한국의 상황에 대한 인식 위에 서는 한 미군정의 정책에 대하여 비판적이다. 이에 대하여 우리는 먼저 문제의 제기로서 브루스 커밍스와 고바야시 히데오(小林英夫)의 견해를 들 수 있다.

브루스 커밍스는 다음과 같이 이야기하고 있다.

처음 몇 달 동안에 취해진 방침이 두 개의 한국정부를 필연화시켰다. 미국은 토지재분배, 친일분자들의 청산, 노동개혁, 조합결성에 대한 대중의 요구가 실현될 때 권력을 잃을 수밖에 없던 그런 사람들에게 권력을 주었다. 점령군은 또한 이 사람들이 활동하는 기구를 개조하기 위해 손가락 하나 까딱하지 않았다. 전 총독부와 경찰 경비대만을 약간 개조했을 뿐이다. 그 대신 이러한 기구를 그들에게 개방하고 우익의 돌격대 노릇을 한 준군사집단을 격려했다. 남한에서든 북한에서든 이런 친일적 보수주의자를 반대하는 민중에게 다시금 그들에게 순종하라고 하는 것은 사형선고와도 같은 것이었다. 자유선거라는 만병통치약이 그러한 친일적 지도자를 정당화시키거나 미국의 책임을 면제해줄 수 없다. 더 나은 방법은 한국인들로 하여금 1945년의 돌풍을 스스로 거두도록 하는 것, 즉 하지 장군이 말한 대로 "어떻게 되든 한국을 한국인들 자신에게 맡겨 자기정화를 위한 필연의 내적 대격변을 겪게 하는 것"이다. 만약 미군이 충분한 준비를 갖춰 한국을 좀더 확실히 이해하고 더 많은 전문요원을 확보할 수 있었다면 더 좋은 결과가 나왔을 것인가? 과연 미국이 몇몇 통역관들의 손에 놀아나 한국의 상황을 잘못 이해하게 된 것일까? 만약 한국을 1960년대쯤 점령하여 모든 일에 체제가 잡히고, 컴퓨터로 문제를 해결해낼 수 있었다면 훨씬 좋은 결과가 나왔을까? 모든 증거를 종합해볼 때 우리는 그렇지 않을 것이란 해답을 얻게 된다. 1945년에서 48년에 이르는 결정적인 선택의 시기에 있어 미국은 38선을 확정하고 군사적 점령을 통해 남한을 통치했으며 남한의 단독선거를 주관하고 이승만을 지지했다. 위기가 닥칠 때마다 초기의 희망과 동기는 내팽개쳐지고 한국에서 미국의 세력을 확보하는 데 필요한 것이면 무엇이든지 행해졌다. 미국이 한국에서 우익을 지지한 것은 예외적인 것이 아니라 일련의 개입양식이었다. 가브리엘 콜코(Gabriel Kolko)가 쓴 것과 같이 "정책결정자들이 어떤 경우에는 합리적이고 다른 경우에는 그렇지 않다는 생각에서 사건들을 연속과정에서 분리시키는 것은 1943년에서 49년 사이에 발생한 세계체제의 커다란 변동과 재통합의 역사를 왜곡하는 것이다."[27] 미국은 다른 곳에서와 마찬가지로 한국에서도 원칙적으로 좌익에 반대했다. 이러한 것이 1943년부터 한국에 대한 미국의 사고 전반에 잠재해 있는 가정이었다. 한국의 독립과 자결은 한국의 이익에 따라서가 아니라 그것들이 미국의 이익에 어떻게 영향을 미치는가에 따라 항상 고려되었다. 미국의 이익에 동조적인 한국을 창설하는 것이 한국의 자결보다 더욱 중요했다. 신탁통치는 그것에 대한 매우 원칙적인 어구에도 불구하고 그것을 주장하는 동안 힘을 은폐하기 위한 책략이요 기도였으나 어쨌든 그것은 힘의 사용을 부정했다. 신탁통치가 더 이상 그 목적에 맞지 않고 미국 계획입안자들이 신탁통치와 반대되는 식민지 열강의 이익과 그들의 이익이 일치한다고 느꼈을 때 그것은 포기되었다…… 따라서 '한국'은 미국인에게는 "아시아에서의 우리의 전체적인 성공이 달려 있는 이데올로기의 전쟁터이자 문명의 시험장-인류의 운명이 심사되고 있는 경기장"인 환상적인 건축물이었다.[28]

이어 커밍스는 한국의 위치에 대해 "이와 유사한 말들은 하나의 끝없는 목록으로 편집될 수 있다. 폴리(Edwin Pauley)는 트루먼과 그린(Green)의 글들[29]에서 인용하고 있다. 그는 계속 민주주의적 경쟁체제가 패배한 봉건주의 도전을 해결하는 데 채택될 수 있는가 아니면 다른 체제 즉 공산주의가 더 강해질 것인가에 대한 시험이 실시될 곳은 '한국'이라고 말했다. 트루먼에 대한 폴리의 보고서는 1946년 6월 22일이라는 날짜가 적혀 있다"[30]고 쓰고 있다. 브루스 커밍스의 진술처럼 전후 한국에서 미국의 의도를 좀더 정확히, 그것도 집약적으로 밝힌 것은 없다.

다음으로 고바야시(小林)는 경제의 일반적 상황, 민족경제의 파탄의 재편성이라는 소제목하에서 다음과 같이 군정기의 경제정책을 평가한다. 그는 "1945년 이후 47년까지의 한국경제의 특징은 과거 조선총독부의 잘못된 역사적 유산과 미군정 정책의 상승작용 위에 형성된 민족경제의 파탄과 재편성"[31]이라고 말하면서 그것을 공·농업의 재편성 및 그것의 중요한 산파역이었던 인플레이션 문제에서 본다.

일본자본주의의 재생산구조의 한 고리로서 뿌리 깊이 조성되어온 식민지반봉건적 군수산업 주도의 한국경제는 일본재생산의 궤도로부터의 이탈—그것은 무역구조의 대일의존에서 대미의존으로의 전환에 집중적으로 나타나 있다—과 함께 원조를 통한 미국상품 시장으로 전환되어갔다. 대전 후 한국의 미국상품 시장으로의 전환을 가장 잘 보여주는 것은 면화생산 동향이다…… 또한 한국의 미국상품 시장으로의 전환을 촉진시켜 그뒤의 한국자본 축적기반 형성의 준비를 한 것은 군정청에 의한 구일본인재산의 접수와 남한산업의 기술부문에 대한 통제 관리였다. 결국 미군정은 1945년 9월 25일 군정법령 제2호를 효시로 한 일련의 법령(1945년 12월 12일 군정법령 제33호 '조선 내 소재 일본인 재산권 취득에 관한 건', 1946년 2월 21일 군정법령 제52호 '신한공사의 설립의 건')을 통해서 남한 총자산의 약 8할에 이르는 공장, 기업, 토지, 건물 등을 적산(뒤의 귀속재산)으로 해 접수하고 이것을 군정관리하에 두어 자본축적기반의 재편성 준비를 했다. …… 귀속공장이 공업부문 재편성의 기초를 이루었다면, 농업부문에서는 신한공사의 설립과 그에 따른 군정청의 토지 접수 관리가 그와 같은 역할을 했다. …… 반봉건적인 토지소유형태의 온존을 기초로 막대한 소작료를 징수하는 반봉건적인 거대지주로서 1947년 4월 1일부터 다음 해(1948) 3월 말일까지의 1년간 신한공사의 총수입액 15억 1,128만 1,907원 중에서 소위 농산수입이라는 것, 다시 말해서 소작료수입이 13억 5,692만 2,822원에 이르고 있다.[32] ……그러나 토지소유 관계 그 자체에는 아무런 개선대책도 실시하지 않은 채—토지개혁이 "번스(Arthur Bunce, 하지의 경제고문)의 우극(愚劇)"으로 끝나버렸다는 것은 마크 게인(Mark Gayn)이 말하고 있는 바이다—신한공사를 기축으로 이제까지의 소작관계를 온존히 재편성해나갔다. 이상의 고찰에서 본 바와 같이 군정청의 한국 내 기축산업부문의 장악 관리는 식민지반봉건적 생산관계를 온존시킨 재편성이었으며, 나아가 한국에서 반민족·지주세력의 유지 육성을 가져온 물적·정신적 토대의 창출이란 부정적 측면이 있었음을 많은 논자가 지적하고 있다. 또한 그 결과로서 공장의 가동정지, 토지개혁과제의 방치 등은 공·농업생산의 정체와 늘어나는 실업자군 창출의 중요한 원인이 되었으며 또 노동운동 및 농민운동 고양의 기본적 동인이기도 했다……
마지막으로 이 재편성과정의 강력한 산파역은 군정청의 인플레정책이었다. 이 시기의 급격한 물가상승은 ① 1945년 조선총독부가 군수산업에 대한 미불금청산 명목으로 불환지폐를 남발한 것, ② 군정청 유지비인 미군주둔비, 양곡수집자금, 치안유지비 등을 조달하기 위해 당초부터 적자예산을 편성해서 이것을 불환지폐의 남발로 보전한 것 등의 이유를 들 수 있다. 그러나 이것이 가져온 결과는 지극히 크다. 그것은 이 시기의 생산정지와 함께 기재의 가격을 높이고 외국원조물자의 명목가치를 상승시켜 저임금 저미가를 효율적으로 지탱할 수 있는 객관적 역할을 담당했기 때문이다. 결국 이 시기를 특징짓는 것은 한편으로는 군정청의 주요 기업과 비옥한 농업지대의 접수를 바탕으로 한 남한 산업부문의 관리 운영, 식민지반봉건적 생산관계의 온존·재편성, 반민족자본의 자본축적기반의 형성 준비이며, 다른 한편으로는 생산정체 및 원조물자 도입으로 인한 인플레 수탈의 가속도화·능률화와 남한의 미국경제에로의 편입, 해외의존의 심화라고 할 수 있다.[33]

군정기에 미국의 의도와 경제정책이 우리 민족의 민족주의적 과제, 그리고 민족자결을 위한 주체적 능력에 어떻게 작용했을 것인가는 자명하다. 그리고 역사는 미군정의 의도와 정책이 민족의 자주, 자립, 통일, 그리고 민주주의를 위한 노력과 방향에 대하여 어떻게 구체적으로 대응했는가를 보여주고 있다. 역사적으로 민족주의적인 저항에서 그 맥락을 갖는 주체는 그 합법성이 부정되었고, 노동자의 공장관리에 의한 자주적인 민족자본 형성에의 길은 매판적인 관료자본의 생성으로 끝났다. 남북 간의 경제교류가 부정되고, 민족의 생활상의 요구가 부정된 채 분단은 좀더 고정화되었다. 그리하여 민족자결에 따른 민족 문제의 해결이 부정된 데서 분단은 필연적인 것이 되었고, 동족상잔의 6·25동란을 잉태하게 된다.

식민지 유제의 청산과 자주적 근대화를 위한 진정한 시민혁명의 과정이 되었어야 할 군정시기에 민족 자주를 향한 길의 봉쇄와 좌절은 식민지 유제의 청산과 진정한 시민혁명이라는 역사적 과제를 지금까지 우리에게 미완의 것으로서 남겨놓고 있다. 그리고 그것은 어떤 의미에서는 그간의 경과에서 우리의 민족주의적 과제를 좀더 벅찬 것으로 만들었다. 식민지 유제의 청산과 민족자본의 형성을 통해 새로운 민족경제 확립의 기초가 되어야 할 귀속재산과 농업에서 지주·소작 관계의 청산문제가 거기에 이르는 전략과 전술 그리고 구체적인 힘이 있었음에도 외세의 개입으로 저지되고 좌절됨으로써 국민경제는 좀더 높은 대외의존적인 것이 되었고, 이것에 기초하여 우리의 상황을 더 열악한 것으로 만들었다.

오늘 한국민족주의의 과제가 진정한 민족해방의 실현에 의한 자주독립, 낡은 것의 청산을 통한 민주주의의 실현, 그리고 민족적 분단상황의 극복에 의한 통일로 되는 것은 일찍이 8·15 이후의 상황에서 이룩했어야 했던 민족적 과제를 외세의 개입으로 실현할 수 없었던 데서 오는 민족사적 반영이다.

미군정의 귀결과 그 구체적인 정책

한국에서 미국의 의도는 앞에서 커밍스나 고바야시와 같은 연구자들에 의해 지적되고 있는 것과 같이 우리나라에 있어서 자주적인 민족주의적 요구, 그리고 그것을 위한 민족주의적인 주체적 노력의 수용은 아니었다. 그것은 제2차 세계대전이 제국주의적인 식민지재분할전쟁의 성격을 지니고 있었고, 이런 것들이 냉전체제의 강화라는 이름 밑에 호도되고 있었기 때문이다. 우리나라에서 미군정의 귀결은 오늘날 좀더 적나라해진 미국의 전후자본주의 세계질서의 재편성을 위한 노력의 일환으로서 한반도에서 미국의 영향력의 확보와 유지였다. 이것은 관철되었다. 비록 그것이 분단된 남쪽만이라 하더라도 미국은 남한에서 자기 교두보를 확보할 수 있었으며, 이것은 우리에게는 남북의 분단으로 되었다. 그리고 그것은 단순한 국토의 분단이 아니라 민족공동체의 해체로 되었고, 이 땅 위에서 동족상잔의 비극을 낳았다. 국토의 분단이 단순한 국토의 분단이 아니라 민족공동체의 해체로 된 것은 일제식민통치하에서 민족주의운동의 흐름에서 이탈한 반민족적인 세력이 전후의 과정에서 8·15를 민족주의적 요구에 따른 시민혁명의 과정으로 하지 못하게 했을 뿐 아니라 전후의 민족문제를 전담하는 세력으로 된 데서 온다.

이와 같은 민족사에서 왜곡과 좌절은 미군정의 정책에서 그 단초가 주어졌다. 그것은 일제식민지통치하 민족주의운동의 주류로 된 민중적 민족주의운동에 대한 거부에서 비롯되었다.

　미국은 처음부터 우리를 해방된 민족으로서 받아들인 것 같진 않다. 미국은 전쟁의 종결에 뒤따른 아시아에서의 정치적 패배를 면하고 저항 세력에 제한을 가하기 위해 1945년 8월 14일 트루먼에 의한 일반명령 1호를 공포하는바 그 가운데서 일본군에게 저항세력이 항복하지 말 것을 명령했다. 그것은 한국에 대한 다음과 같은 인식에 기초하고 있었다. 전쟁이 끝났을 때의 한국의 상황에 대한 평가 속에서 미국무성은 "……조선총독부가 힘을 잃으면 한국의 독립운동가와 폭도들이 공격을 가할 것이다"라고 예견했다. 일본인 및 한국의 지주에 의한 강탈적인 토지소유에 대해 언급하면서 국무차관 그루는 전쟁의 종결로 한국의 소농계층은 전면적인 토지개혁을 기대할 것이며, 일반적으로 말해서 "한국의 경제적·정치적 상황은 공산주의 이데올로기를 채택하기 쉬울 것이다"라고 말했다.[34] "일본이 35년간의 무자비한 점령을 끝내고 항복한 1945년 8월이란 시점에서 저항운동은 수십 년의 연륜을 쌓고 있었으며 모든 문제가 첨예화되고 명료화되어 있었다. 그러한 모든 저항운동의 진전에 따라 저항세력은 민중과 밀접한 유대를 맺고 있는 노련한 조직기술을 갖고 있는 직업적 독립운동가들로 짜인 동조적 주변세력으로 구성돼 있었다. 8월 초에 일본의 패망이 박두한 것을 알아차린 민족주의자그룹들은 지하조직과 자유주의적 민족주의자와의 연합전선을 결성했다.[35]" 그리고 이것은 "비록 자유주의자들의 저항세력이 9월 6일에 조직된 이른바 조선인민공화국의 공적 대표자가 되기는 했지만 그 이전의 건국준비위원회는 사실상 이미 여러 해에 걸쳐 존재해온 저항세력의 하부조직이 밖으로 드러난 것이었다."[36]

　이와 같은 민족주의적 움직임은 미국의 선입감에 의해 공산주의운동으로 간주되었다. 그리고 이런 것들은 민족주의적인 지하세력의 현실적인 상황장악과 보복을 두려워한 일본인들에 의해 강조되고 악용된다. "건국준비위원회의 활동에 점점 당황하게 된 조선총독 아베(阿部信行)는 8월 28일 연합군 최고사령관에게 한국의 일반적 상황을 전하고 치안 유지의 권한을 요구하는 전문을 보냈다. "공산주의자와 선동가들이 이러한 상황을 이용하여 평화와 질서를 교란하고 있다." 이에 대해 다음과 같은 즉각적인 회답이 왔다. 즉 '귀하는 우리 군대가 책임을 떠맡을 때까지……38선 이남의 한국에서 질서를 유지하고 통치기구를 보전할 것을 지시한다…… 나는 귀하에게 그곳의 질서를 유지하고 재산을 보호하기 위해 필요한 최소한의 군사력을 존속시킬 권한을 부여하며 지시하는 바이다.' 이를 받아본 총독의 회신은 '귀하의 명철한 회답을 받고 본인은 지극히 기쁘다'라는 것이었다."[37]

이런 상황 속에서 이루어진 것이 미국의 한국에 대한 적대행위다. 미군은 상륙하기 하루 전인 9월 7일 한국의 상공에 전단을 살포했다. 전단의 내용은 한국인들에게 "현 한국정부(총독부)를 통해 나온 명령들"을 준수할 것과 "일본에 대한 시위나 미군을 환영하기 위한 집회"에 참가하지 말 것을 권고하는 것이었다. 그러나 미군이 인천항에 상륙한 9월 7일 한국인들은 열렬한 환영집회를 준비 개최했다. 이에 대한 반응으로 일본군은 환영군중을 향해 발포하여 2명을 죽이고 10명에게 부상을 입히는데 이것은 미군사정부가 지지한 행위였다.[38]

미군정은 한국에 진주한 이래 민족주의적 세력들이 만든 인공을 부정하고 자기기반의 확충을 의도했다. 그리고 이것은 지난날의 반민족적 세력과의 결합관계에서 주어지고 일본이 만들어놓은 허위의식에 기초한 것이었다. "일제는 자신들에 대항하는 지하독립운동가들을 공산주의자로 몰아붙였는데 이들이야말로 국내의 순수한 저항세력이었다. 일제는 1930년대의 수많은 소작쟁의나 노동쟁의를 모두 공산주의자의 책임으로 돌렸다. 또 만주지역의 공산주의자들은 항일무장투쟁을 전개하고 있었다. 따라서 반공은 일제의 주된 선전자료였으며, 많은 친일단체가 반공을 표방하여 새로이 조직되기도 했다. ……'좌익'이라는 말은 점차 '항일'이라는 말과 동의어로 쓰였다. 이 동일시(Identification)는 일본의 패망 이후에도 상당히 오래 지속되었다. 이것이 바로 한국인들이 이데올로기 문제에 대해 높은 관심을 갖게 되는(특히 1945년에서 48년 사이에) 배경을 이룬다.[39] 이와 같은 의식은 미국인에게 그대로 계승되었다. 따라서 한국에서 미군정의 정치기반강화는 반공이라는 군사적 논리와 냉전논리에 비추어 지난날의 식민지지배 동조세력과의 결합에서 이루어질 수밖에 없었다.

이러한 상황에 대해 김정원(金正源)은 그의 한 글에서 다음과 같이 쓰고 있다.

미군이 한국에 도착하기까지의 기간 중 행동주의자들과 점진주의자들은 즉시 활동을 시작했으나 총독부에 협력했던 친일파들은 좀더 민족주의적 성격을 가진 국민계층으로부터 보복을 당할까 두려워 정치행동을 하지 못하고 있었다. 그러나 미점령군이 새 정부를 만들려 했을 때 그들은 경제기능을 유지시키고 교통기관을 가동시킬 수 있는 요원을 필요로 했으며, 그리하여 일본총독부에서 훈련을 받은 다수의 사람들을 그대로 채용하는 중대한 실수를 저질렀다.[40] 더구나 일본경찰의 훈련을 받은 한국인 경찰 85퍼센트가 미군정 경찰로 채용되었고 정부수립 이후에도 한국의 전체 경찰 가운데 이들이 차지하는 비율은 50퍼센트 이상이나 되었다.[41] 일본인 밑에서 훈련을 받은 관리들이 새 행정부의 다수를 차지했으며, 미군정이 일본인 대신으로 맞아들인 최고위간부급의 한국인들은 영어회화능력이 있는 사람들뿐이었다.[42] 이 능력은 이들이 미국이나 영국에서 교육을 받은 부유층(지주, 기업가층)임을 의미하거나 기독교 미션계 학교에서 교육을 받은 기독교도라는 것을 의미한다. 새로운 관료체제에서 이들 3개 그룹, 즉 이른바 '친일파들'(즉 총독부에서 근무한 사람들), 돈이 많아 외국에서 교육을 받은 사람들과 기독교도들이 공산주의자들에게 적개심을 갖는 것은 당연했다.[43]

이런 것들은 한국에서 민족해방과 시민적 변혁으로서의 내용을 지녀야 했던 8·15를 좌절케 하는 것이었을 뿐 아니라 8·15에서 가능성으로 주어진, 민족주체세력의 형성과 이들에 의한 분단극복의 가능성을 배제하는 것이었다. 미국에서 한국진주 의도는 군정의 시행이었다. 이것은 자주적인 민족정권에 대한 부인으로 될 수밖에 없었다. 그리고 이것은 미군정의 기반환장에서 친일세력의 재등장에 의해 더욱 기정사실화된다. 그뿐 아니라 이런 것들은 미국의 국가이익과 관련해서 분단의 고정화에 대한 요구도 된다.

1945년 9월 7일에 하지의 24군단이 인천에 상륙했을 때 맥아더 사령부는 다음과 같은 포고문 제1호를 냈다. "본관 휘하의 전승군은 일본천황 정부 및 대본영의 명에 따라 서명된 항복문서상의 지역을 점령한다. …… 한국인의 점령의 목적이 항복문서 조항의 이행과 한국의 인권 및 종교상의 권리의 보호에 있다는 것을 깊이 인식해야 한다. …… 본관은 본관에게 부여된 태평양 미육군 최고사령관의 권한을 가지고 북위 38도 이남의 지역 및 주민에 대하여 군정을 선언한다"고 밝혔다. 따라서 미군정의 정책결정 과정에서 국가라는 호칭을 사용하면서 그들만이 한국에서 가장 진실된 국민의 의사를 집약한 합법적인 정통정부라고 주장하는 인민공화국과 그것을 밑받침하는, 미국의 눈에는 공산주의자들의 집단으로 간주되고 있는 남한의 좌익세력을, 봉쇄하는 것은 당연한 귀결이었다. 미국은 혁명적 상황의 고양보다는 안정적 현상유지를 더 원했으며 따라서 중립 혹은 무관심했던 태도를 버리고 좀더 직접적으로 개입했다. 당시 인민공화국은 일정한 정치적 일정을 마련해 1946년 3월 1일까지는 국민총선거를 실시할 것임도 공표하고 있었다. 이와 같은 정치적 도전에 직면하여 당시 미국정은 아널드 군정장관을 통하여 1945년 10월 10일에는 인민공화국을 부인하고 비난하는 성명을 발표하기에 이르렀다. 아널드는 "남한에서 유일한 합법적인 정부는 오직 미군정일 뿐이며 미군정은 행정부의 모든 영역에서 포괄적인 통제력과 권위를 가지고 있다"[44)]고 선언했다.

하지는 인공이 미국을 전폭적으로 지지하고 도우려 했다는 점을 인정하면서도 맹목적인 반공의식과 일부 한국인 보수세력의 부추김에서 벗어날 수는 없었다.[45)] 11월 2일 하지는 워싱턴에 한국 내의 가장 급진적인 그룹들이 다름 아닌 소련의 통제를 받고 있다고 확신하는 보고를 내고 그뒤 인공세력의 강화를 경고하는 내용의 보고서를 발송했다. 거기에서 그는 "순수한 공산주의자들뿐만 아니라 상당한 수의 좌익계 인사들까지 가세하여 정부를 잠칭하고 많은 수의 추종자들(주로 노동계급 하층민들 중에서)을 끌어들여 과격한 행동을 일삼고 있다"고 쓰고 따라서 인공을 공개적으로 부인해야 하는바 "이것은 결국 한국의 공산주의자들에 대한 '선전포고'가 될 것이며, 아마도 순간적인 무질서는 있을지 모른다. 게다가 지방의 공산주의자, 공산계 신문들은 '자유로운 나라에서의 정치적 차별대우'라고 비난할지 모른다"46)고 했다. 하지는 "만약 인공의 활동이 계속된다면 한국의 독립은 그만큼 늦어질 것"이라는 말로 이 글을 맺고 있다. 1945년 12월 12일 마침내 하지는 인공부인 성명을 발표했으며, 이에 따라 그날부터 인공은 '불법화'되었다. 이것은 미국의 목표달성에 장애가 되는, 그러나 사실상의 정부로 역할하고 있었던 기구에 대한 부정이었다. 전남지방을 담당한 한 미국관리는 이 같은 상황과 문제점에 대한 해결책에 대해 "모든 지방정부를 인정하여 공화국으로 발전시키거나 혹은 그 통제력을 뿌리 뽑든가 두 가지 중 한 가지 방법을 선택할 수밖에 없다. 마침내 우리가 도달한 결론은 '일제의 정부체계를 이용하여' 가급적이면 일제하 관료출신들을 재등용하지 않고 하루 빨리 적당한 한국의 지도자들을 요직에 등용하는 방법이다"47)라고 적고 있다.

일제의 정부체계를 이용한다는 것은 지방의 모든 '사실상의 정부'를 부정하는 노골적인 공격개시의 암시였다. 그리고 이런 것들은 당시 경상도 지역을 관할했던 제40사단이 개발한 다음과 같은 '기본작전 절차'에서 제시된다. "한 촌락을 점령하면 우선 기존 지방정부의 지도자를 축출한다. 그러나 그가 만약 일본인이면 가급적 고문으로 임명하여 활용한다. 일반 일본인 관리들은 즉시 한국인으로 대체한다. 만약 지도자가 한국인이면 적당한 후임자를 찾을 때까지만 그 자리에 둔다. 만약 지방 정치단체(위원회를 말함)가 멋대로 기존관리들을 내쫓고 행정권을 인수한 경우 이들을 연행하고 새 후임자를 임명한다. 전직 경찰관리들은 가능하면 활용하도록 하고, 또 필요한 경우 지원을 아끼지 않는다"는 것이다. 이에 따른 미군의 작전은 점령 후 1년 이상 어느 지방에서나 목격할 수 있었다.

인공의 불법화 후의 상황에 대해 진덕규는, "여운형 등 인공 지도부의 이러한 천명(1946년 3월 1일 국민총선거의 강행-인용자)에도 불구하고 다수의 중도우파 인사들은 인공으로부터 탈퇴했으며 그 결과 중도우파와 좌파세력의 연합체적 성격을 가지고 있었던 인공은 극좌적인 공산주의자들의 독점물이 되고 말았으며 인공의 핵심조직체는 점차 와해되기 시작했다. 그러나 인공의 지역적 조직체라 할 수 있는 지방의 인민위원회는 여전히 인민공화국의 조직체로서의 기능을 수행하고 있었다……그러나 이러한 지방인민위원회도 점차로 극좌적인 공산주의자들의 영향력이 강해짐에 따라서 중도적인 인사들의 이탈을 가져왔으며, 그 뒤 미군정정의 치안·행정이 자리를 잡게 됨으로써 그 영향력이 종식되고 말았다"[48]고 적고 있다.

이렇게 하여 전후 한국에 주어진 새로운 가능성은 사라지고 민족분단에의 길은 좀더 큰 것으로 주어지기에 이른다. 그뿐 아니라 전후 미국은 처음부터 분단의 영구화를 추구하고 있었다. 브루스 커밍스는 "남한 단독정부의 수립을 포함한 미국 측의 정책은 1945년 11월 무렵부터 이미 시작되고 있었다. 기존의 정책들이 벽에 부딪히면서 어쩔 수 없이 새로운 정책으로 방향을 전환해야 했던 것이다. 점령당국은 1944년 초부터 미국의 대한정책에 잠재되어 있었던 자가당착적 모순에 직면하게 되었다. 신탁통치 협력정책, 진정한 민주화(이 점에 가장 큰 비중이 주어져 있었다)라는 정책을 통해서는 한국에서 미국의 지위를 확고히 하는 것이 불가능했다. 한국은 마치 모래수렁 같았고 점령당국은 점차 가라앉고 있었다. 아무리 비싼 대가를 치르더라도 성채(bulwark)는 한반도 내에 이미 존재하고 있는 재료들을 이용해 쌓지 않으면 안 되었다"[49]는 것이다.

미국이 독자적인 정부를 구성하기로 일방적으로 결정한 것은 랭던[50]의 1945년 11월 20일자 전문에서 알 수 있다. 그는 한국에서의 신탁통치(모스크바삼상회의 결정)는 포기되어야 한다고 주장하면서 김구의 임정이야말로 최초의 정부를 구성하는 데 주축이 될 수 있으리라 확언했다. 그는 다음과 같이 새로운 정책방향을 피력했다.[51]

1. 점령사령관은 김구를 중심으로 군정 내에 각 정치세력의 대표들을 소집하여 장차의 정부형태를 연구할 협의회를 구성케 하고 나아가 정부위원회(Governing Commission)를 조직케 한다.
2. 이 정부위원회를 '모든 한국민의 대표로서' 군정에 통합한다.
3. 정부위원회를 군정의 뒤를 이어 임시정부로 발족시킨다. 단 점령사령관은 거부권을 행사할 수 있으며 필요하다고 생각하는 경우 미국인 감독관과 고문을 임명할 수 있다.
4. 소련, 영국, 중국에도 감독관 고문을 파견하도록 요청한다.

네 번째 항목에 대한 오해를 없애기 위해 랭던은 "양군의 상호철수문제와 정무위원회의 권위를 소련 점령지역까지 확대시키는 문제를 위한 협상이 타결되어야 한다. 위와 같은 계획의 진척상황을 계속해서 소련 측에 알리고 그들에 의해 정무위원회에 참여하도록 추천된 인사들이 서울에 올 수 있도록 허락해야 한다. 그러나 만일 소련의 참가가 이루어지지 않는다면 계획은 38선 이남에서만 실시될 수밖에 없다"고 덧붙이고 있다. 끝으로 랭던은 국방사령부와 군사국의 설치를 규정한 군정당국의 법령에 대해 언급하고 있다. 이 부서들은 '한국 육해군을 조직하여 훈련시키는 일'을 목적으로 하고 있다.

그린이 말하고 있는 것과 같이 미군이 진주한 지 겨우 두 달 만에 이런 견해가 제시되었다는 것은 놀라운 일이다. 그러나 일부 보수주의자들 사이에서 이미 남한 단독정부 수립이 논의되고, 점령당국이 소련군과의 전쟁에 대비하고 있었던 당시의 상황을 생각하면 충분히 납득할 수 있다.[52] 이런 제안은 미국무성에 의해 거부되기는 하지만[53] 1946년 2월에는 이승만을 의장으로 하는 남조선 대한민국대표 민주의원이 설치되고 같은 해 가을에는 남한 과도정부가 수립되기에 이른다. 그리고 이런 것들, 즉 "이러한 정책방향을 통해서는 소련과의 어떠한 형태의 협력도 사실상 불가능했다. 한국은 이미 확실한 그리고 영구적인 분단의 길을 걷고 있었다.[54]

민족자주적인 것의 부정과 분단에의 지향이라는 상황 속에서 새로운 민족국가의 창립을 위한 낡은 식민지 유제의 청산과 새로운 민족경제 확립을 위한 주체적인 요구가 실현될 수 없다는 것은 자명하다. 우리는 앞에서 군정이 진주한 후에 9월 25일자 군정법령 제2호, 10월 23일에서 30일까지의 '일본인 재산양도에 관한 4개 조항'으로써 사유재산보호와 일본인 자산의 접수를 불법으로 규정하다가 1945년 12월 6일(일반 발표는 12월 15일)에는 군정법령 제33호 '조선 내 소재 일본인 재산권 취득에 관한 건'에서 일본인의 "전 종류의 재산 및 그 흡수에 대한 소유권"은 공·사유를 불문하고 "1945년 9월 25일부로 한국군정청이 취득하고……그 재산 전부를 소유한다"라고 선언했던 것을 보았다. 이것은 그 절차에서 이미 민주적인 노력을 거부한다는 것을 의미한다. 이것에 대해 가브리엘 콜코는 다음과 같이 쓰고 있다.

군정당국은 인공이 취한 모든 혼란스러운 조처는 일본인 재산의 분배를 포함해 모두 불법이라고 선언했다. 인공은 1945년 8월과 9월 해방되자마자 일본인 재산을 재빨리 접수했었다. 소작인들은 간단히 토지를 얻었으며 노동자들은 일본인 기업을 운영하기 시작했다. 군정당국은 소유권 등록제를 사용하여 이들의 불법적인 소유권을 급속히 박탈했다. 점령당국은 처음에는 토지를 매각할 생각이었으나 곧이어 1945년 12월에 법을 제정, 미군이 한국에 상륙하기 1주일 전으로 소급하여 모든 소유권을 잠정적으로 미군정당국에 귀속시켰다.[55] 미국은 정복당한 일본에서는 경제·사회적 개혁을 실시했지만 해방된 한국에서는 이것을 실시하지 않았다……미군정당국은 토지개혁에 대해서는 어떤 형태든지 반대했으며 점령당국이 몰수한 일본인 소유의 토지―이에 대해서는 가장 손쉽게 실시할 수 있었음에도―를 대상으로 한 온건한 개혁안조차도 책상서랍에 그냥 넣어둘 뿐이었다. 인공이 이미 농민들의 환심을 사기 위해 무상으로 토지를 분배해놓았기 때문에 전후의 토지체계를 다시 부과하는 것이 점령당국의 임무였다. 국무성의 경제사절단이 1947년에 다음과 같은 낙관적인 결론을 내렸을 때 워싱턴 역시 이

정책을 승인했다. 즉 "……여러 가지 여론조사를 실시한 결과 한국인은 토지개혁에 앞서 임시정부의 수립을 더 고대하고 있는 것으로 생각된다."56)

민족경제의 확립을 위한 일본인 공장의 노동자자주관리는 부정되고, 농지개혁 또한 군정에 의해 부정된다. 그리고 공장들은 통역정치에 기생하거나 일제식민지통치하 매판적인 상인자본에게 그 관리가 위임되고 농지는 일본농장의 마름이나 중간관리인에게 관리가 위임된다. 이런 일들은 민주적인 개혁의 부정이었으며, 지난날의 식민지지배에 동조한 매판적인 세력들을 희생시키고 이들의 경제적 기반을 좀더 굳건히 하는 것으로 되었다. 이것이 그뒤 얼마나 한국사회에서 분단상황을 밑받침하는 데 큰 역할을 하는가를 그것이 갖는 규모에서 본다면 다음과 같다.57)

미군정은 일본인들의 총독부를 인수하면서 귀국하는 일본인들로부터 개인재산뿐 아니라 은행체계, 공공시설과 막대한 전매사업 등을 접수하게 되었다. 군정이 1948년 대한민국에 넘겨준 일본인들의 귀속재산은 3,075억 3,786만 7,503원 77전이었다.58) 동결된 은행거래액과 일본이 소유했던 토지에서 나온 수입 외에도 일본인 투자재산목록은 2,576개의 기업체를 포함하고 있었다. 예를 들면 은행 43개, 상업회사 136개, 전기회사 51개, 식품 및 양조회사 472개, 기계제작회사 322개, 인쇄소 102개, 제약회사 111개, 운수회사 75개(해운회사 5개는 제외), 광산회사 74개, 금속회사 84개였고, 국제전신전화회사 기타 정부전매사업체들이 있었다.59) 동양척식회사의 후신인 신한공사 1개만의 경우를 보더라도 전국에 81개의 자회사를 거느리고 토지개발, 목축, 광산, 목재, 주조, 모직, 철도, 고무, 화학제품, 기계기구, 조선, 석유, 쌀창고, 항공, 제지, 소금, 알루미늄, 면화, 어로 등에 걸쳐 광범위한 사업을 벌였다.60)

미군정은 이들 모든 경제적 자원들을 이용하여 한국 내의 정치적 경쟁의 결과에 강력한 영향력을 행사했으며, 이것은 그 후의 불하과정에서도 매판적인 정상(政商)을 살찌우는 것으로 되면서 민족의 분단과 한국자본주의의 관료자본주의적 성격을 밑받침하는 것으로 된다. 따라서 민족자주적인 요구의 부정에는 이와 같은 현실적인 요구가 도사리고 있었다는 것이 추정될 수 있다.

분단극복에 대한 자주적인 노력으로 주어진 남북경제교류에 대한 정책에서도 그와 같은 것은 제시된다. 남북 간 경제교류에 대한 요구는 앞에서 본 것과 같이 남북경제권 상호 간의 보완관계에 비추어 그것에 대한 요구가 큰 것이었다. 그러나 미국은 미소공동위원회에서의 합의에도 불구하고 적극적인 것은 아니었다. 따라서 그들은 정치면에서 처음부터 남북을 단일경제권으로 보아야 한다는 원칙에 의거해서 남북 간의 경제교류에 대한 아무런 법적 조치를 취하지 않았다.

남북한의 지역 간 무역에 대한 미군정의 공식적인 허가는 전후 1년 2개월이 지난 1946년 12월 15일의 '조선연안교역의 감독에 관한 통첩'[61]을 통해 처음으로 발포 시행되었다. 그것은 남한산업의 파국, 경제생활의 파탄을 수습하기 위해서는 북한으로부터의 정상적인 물자반입을 허가할 수밖에 없었기 때문이다. 당시의 지역 간 무역의 필요성에 대하여 남조선과도정부 상공부에서 펴낸 『상공행정연보』(1947년판)에는 "38장벽은 우리 민족의 문화만이 아니라 특히 자원과 생산품의 교류에 의한 정상적인 생산과 소비를 질식시켰다. 그러나 그간 남북한에 있는 동포 간의 해상 또는 육상을 통한 물물교환이 빈번화하고 그 가운에서도 불법한 상행위가 있었으나 정당한 수속을 한 교역도 적지 않았다. 이것은 쌍방의 동포 간의 교류에 의한 상행위이니만큼 정부로서는 부당한 간섭을 가하지 않고 지원할 방침이다"라고 되어 있었다. 이와 같이 공식 거래의 필요성을 명백히 하면서 "정치적으로는 양군점령하에 분리되어 있으나 경제적 고립은 불가능하므로 남북한의 정당한 물자교역에 편의를 주기 위해서" 여기에 "조선연안교역의 감독에 관한 통첩을 발포 시행한다"고 쓰고 있다.[62]

남북 간 교역은 그뒤 1947년의 미소공동위원회의 합의 등에 의해 공식

거래로 전환되는 계기를 가지나 교역에서 북쪽이 요구하는 쌀이나 그밖의 양곡수입이 거부되는 데서 상호 간 의혹만을 짙게 했을 뿐 상호보완을 통한 통일에의 경제적 기초를 마련하는 것은 아니었다. 그리고 이런 것들은 민족 안에서의 내생적인 요구에도 불구하고 단일경제권이라는 거짓 명분 아래 남북교역에 합법성을 주기를 거부한 미국의 정책 속에 이미 그 싹을 지니고 있었다고 이야기된다.

5 맺음말

지금까지의 논의에서 우리는 1945년에서 48년에 이르는 미군정이 우리 역사에서 제기된 민족주의적 과제의 주체적 실현에 어떻게 제약적 요인이 되어왔는가에 대해 검토했다. 전체적으로 볼 때 중요한 역사적 시기에서 미군정의 역할은 부정적이다. 그것은 한국민족의 역사적 맥락에서 주어진 민족주체적인 힘, 그리고 식민지 유제의 청산을 위한 귀속재산(식민지자본주의)의 처리에서 민중적 방식, 지주·소작 관계의 청산에 대한 농민적 요구의 건전성에도 불구하고 이것을 부정하는 것이 됨으로써 민족의 분단을 고정화하는 것이었다. 그리고 이런 논의는 미국 쪽에서는 물론 상당한 범위에서 그 타당성이 인정되고 있다.

논의는 미군정의 정책이 구체적으로 어떻게 그리고 무엇 때문에 우리 안에서 주어진 주체적인 힘과 식민지 유제 청산과 새로운 민족경제 확립을 위한 길, 그리고 민족적 통합의 기초가 되는 경제적인 상호교류의 흐름을 거부했는가가 밝혀지는 것이어야 한다. 이것에 대하여 우리는 약간 보완했다. 따라서 이 글은 이미 발표된 글을 새로이 보완한 것이다.

전체적으로 그간에 주어진 불완전한 논의에도 불구하고 우리는 역사적으로 중요한 시기인 미군정 3년간이 우리 역사에서 오늘을 결정하는 주요 조건이 되었다고 결론지을 수 있다. 그것은 긍정적인 것이 아니라 부정적인 의미에서다. 따라서 미국은 오늘의 한국의 분단과 정치, 경제, 문화 그리고 사회적 상황에 대하여 큰 책임을 지고 있다고 말할 수 있다. 그러나 이런 것들이 오늘날 우리 문제의 귀결에 우리를 면책하게 하는 것은 아니다. 그것은 미군정의 정책이 우리에게는 외부적 조건이며, 문제를 최종적 그리고 기본적으로 결정하는 것은 민족의 주체적 힘이기 때문이다.

박현채
서울대 경제학과와 동대학원 졸업. 조선대 교수, 한국농업문제연구회 간사, 국민경제연구소장 역임. 주요 저서로 『한국농업의 구상』 『한국자본주의와 민족운동』 『민족경제론』 등이 있다.

주

1) 박현채, 「해방전후 민족경제의 성격」, 『한국사회연구』, 1(한길사, 1983), pp.395~397.
2) 브루스 커밍스, 「미군정하의 지방정치 연구」, 로버트 스칼라피노 외 저, 『한국현대사의 재조명』(돌베개, 1982), pp.297~298.
3) 같은 글, pp.301~302.
4) 서대숙, 「김일성의 권력장악과정 1945~1948」, 같은 책, p.187.
5) 같은 글, 각주 8, p.197.
6) E. G. Meade, *American Military Government in Korea*(New York: King Crown Press, 1951), pp.62~63; H. Borton, "Korea under American and Soviet Occupation," *Survey of International Affairs 1939~46, the Far East 1942~46* (London: Oxford University Press, 1955), pp.428~473.
7) 미드, 「미군정의 정치경제적 인식」, 같은 책, pp.65~66.
8) 브루스 커밍스, 앞의 글, pp.323~324.
9) 미드, 앞의 글, pp.66~67.
10) 中尾美知子, 「해방과 전평노동운동」, 『한국 자본주의와 임금노동』(도서출판 화다, 1984), p.207.
11) 같은 글, p.207.
12) 같은 글, pp.208~209.
13) Weekly Reports, Bureau of Mining and Industry, to Cholla Nam Do, November, 1945.
14) 미드, 앞의 글, p.120.
15) 櫻井浩, 「한국 농지개혁의 재검토」(아세아경제연구소, 1976), p.47; 佐佐木隆爾, 「제2차 세계대전 후의 남조선해방투쟁에 있어서 토지개혁의 요구에 대하여」, 『조선사연구회논문집』, 4(1968) ; C. Clyde Mitchell, *Land Reform in Asia(National Planning Association*, Planning Pampphlet, No. 18(February, 1952) 등 참조.
16) 브루스 커밍스, 앞의 글, pp.316~317.
17) *Department of State Bulletin*, September 8, 1946, p.462.
18) 미드, 앞의 글, p.124.
19) 이기하, 『한국정당발달사』(의회정치사, 1960), p.47.
20) 조은 조사부, 『경제연감』(1949), p.21.

21) George M. McCune, *Korea Today*(Harvard University Press, 1950), p.275; Appendix A, Document No. 1 Moscow Agreement(December 27, 1945) III, Korea 3 인용.
22) 조선통신사, 『조선연감』(1947), p.26.
23) 張和洙, 『분단국의 경제교류론』(동경 : 泉文堂, 1980), p.34.
24) 박현채, 「해방전후 민족경제의 성격」, 『한국사회연구』, 1(한길사, 1983), p.401.
25) 「남북교역백서」, 『매일경제신문』, 1972년 8월 12일자 참조.
26) 『조선경제연보』 1948년판은 지역 간 밀이출입총량이 위와 같은 적발수치의 "수십 배에 이르렀다"고 지적한다(장화수, 앞의 책, pp.38~40 참조).
27) G. Kolko, *The Politics of War*, p.9.
28) 브루스 커밍스, 「미국의 정책과 한국해방」, 프랭크 볼드윈 편, 『한국현대사』(사계절, 1984), pp.72~74.
29) H. S. Truman, *Years of Trial and Hope*, p.365; Green, The Epic of Korea, p.7.
30) 브루스 커밍스. 앞의 글, 각주 169, p.74.
31) 小林英夫, 「해방직후의 한국노동운동」, 로버트 스칼라노피 외 저, 앞의 책, p.433.
32) 농림신문사, 『농업경제연보』(1949), p.98.
33) 小林英夫, 앞의 글, pp.433~442.
34) U. S. Department of State, *Foreign Relations of the United States*(Washington, 1945), pp.561, 563. 조이스 콜코·가브리엘 콜코, 「미국과 한국의 해방」, 『한국현대사의 재조명』(돌베개) p.30에서 재인용.
35) 같은 책, p.30.
36) 위와 같음.
37) 같은 책, p.31.
38) New York Times September 9, 1945; *Lauterbach, Danger from the East*, 184. 같은 책, p.32에서 재인용.
39) 브루스 커밍스 외 저, 「한국의 해방과 미국정책」, 『분단전후의 현대사』 (돌베개), p.139.
40) 洪鍾仁, 「公正의 본질과 그 意義」, 『신천지』, 1946년 12월, pp.8~15.
41) United Nations Document A/575 Vol. I. 3 Sess, Suppl 9, p.117; 『동아일보』, 1947년 11월 14일자. 한국의 민족주의자들이 이 정책을 비판하자 군정 측은 "그들은 경험이 풍부하고 일을 잘하고 있다. 우리가 그들을 축출한다면 그들은 군정에 반대하는 운동에 가담할 것이다"라고 하며 이 정책을 옹호했다(『동아일보』, 1946년 11월

20~23일자).
42) 당시 군정의 민정관이었던 E. A. J. Johnson 박사와의 인터뷰(1966년 11월 30일 워싱턴에서).
43) 金正源, 「해방이후 한국의 정치과정(1945~48)」, 『한국현대사의 재조명』(돌베개, 1982).
44) C. Leonard Hoag, *American Military Government in Korea, Draft Manuscript Department of Army*(Washington. 1970), p.286.
45) "미국은 진주 당시부터 인공에 적대적이었나. 하지는 10월 초까지도 여운형을 받아들이지 않았다. 그를 받아들이면서도 "일본인들과 어떤 관계에 있는가? 일본인들로부터 돈을 얼마나 받았는가? 하는 식으로 보수주의자들의 선전에 사로잡혀 있었다"고 브루스 커밍스는 『분단전후의 현대사』(일월서각, 1983)에 수록된 「한국의 해방과 미국정책」, p.162에서 쓰고 있다.
46) 브루스 커밍스 외 저, 『분단전후의 현대사』, p.162.
47) Donald S. McDonald, "Field Experience in Military Government: Cholla Nam Do Province, 1945~1946," Carl Friedrich, et. al,. *American Experiences in military Government in World war II*(N.Y.: Rinehart & Co., 1948), p.395.
48) 진덕규, 「미군정초기 미국의 대한점령정책」, 『해방 40년의 재인식』, I (돌베개), p.132.
49) 브루스 커밍스, 「한국의 해방과 미국정책」, 『분단전후의 현대사』, p.152. 이에 대한 근거는 U. S. Department of State, *Foreign Relations of the United States* (Washington, 1945)다.
50) William Langdon은 미국무성이 한국에 파견한 고문이다.
51) FRUS(1945), Vol. 6, pp.1122~1124.
52) Green, *The Epic of Korea*, p.92. 이승만에 의한 단정발언은 1946년 6월 3일이다. 이에 대해 송건호는 「탁치안의 제의와 찬반탁 논쟁」, 『분단시대와 한국사회』, p.63에서 다음과 같이 쓰고 있다. "1차 미소공동위원회가 협의대상문제로 합의를 못 보고 일단 휴회하자 이승만은 기다렸다는 듯이 이제까지 막후에서 벌여오던 단정공작을 마침내 표면화시켜 6월 3일 남쪽만이라도 우선 정부를 세워야 할 것이라는 정읍발언을 했다"고 쓰고 있다.
53) 미국무장관이 랭던에게 보낸 1945년 11월 29일자 전물. FRUS(1945), Vol. 6, pp.1137~1138.
54) 브루스 커밍스, 『분단전후의 현대사』, pp.155~156.

55) Meade, *American Military Government in Korea*, pp.206~207; Angus "Aim of Military Government," p.231.
56) G. M. McCune, Korea Today, p.130. 또한 Gayn, Japan Diary, p.433에서 인용.
57) 김정원, 앞의 글, 『한국현대사의 재조명』, pp.153~154.
58) USAFIK(United States Army Force in Korea), *Republic of Korea Economic Summation*, No. 36, pp.7~9.
59) 위와 같음.
60) USAMGIK, *Summation*, No. 7(1946. 4.), p.13.
61) 『상공행정연감』(1947), p.36.
62) 같은 책. p.37; 장화수, 앞의 책, p.48.

미군정하 농업과 토지개혁정책

황한식

1 머리말

36년간의 일제지배로부터 해방된 지 36년 동안의 한국경제는 그동안 미군정, 정부수립, 6·25와 종전, 4·19, 5·16, 1979년에서 80년에 걸친 격동 등의 격변하는 정세 속에서 허다한 우여곡절을 겪어왔다. 특히 1960년에서 70년대에 한국경제는 신흥공업국가(NICs)로 불릴 만큼 양적 고도성장을 이룩해왔으나 보기에 따라서는 경제구조의 파행성 내지 취약성, 특히 대외의존성은 여전히 존속되고 있으며, 오히려 확대 심화되기까지 했다.

이러한 한국경제의 전개과정에서 외국자본과 관료독점자본이 지배적인 경제범주로 되었고,[1] 자립적 국민경제의 전개와는 점점 거리가 멀어져왔다고 일반적으로 지적되고 있다.

이러한 한국경제 전개과정의 필연적 귀결로서 한국농업은 농지개혁 이래 30년이 지난 오늘에 이르러서도 토지가 적거나 토지가 없는 농민의 지배적 존재를 특징으로 하는 과소농체제(過小農體制)를 유지 심화시키고 있으며,[2] 전근대적인 소작제도의 광범한 부활을 나타내고 있다.[3] 더욱이 노동시장의 공급과잉과 직결되는 이농·탈농화 현상, 기생지주화(寄生地主化) 경향의 진전, 심각한 농가부채 동향, 농업생산력의 정체 및 식량위기 등 농업위기적 국면이 현저하게 심화되고 있다.

이상과 같은 한국경제의 대외의존적 발전과정 및 70년대 말 이후 현재화한 경제위기와 농업부문의 정체·전근대화, 농업위기의 심화는 결코 우연하거나 각기 별개의 독립적인 것으로가 아니라 필연적인 상호관련성 속에서 진행된 것이다. 그것은——한국자본주의와 농업——또한 밖으로부터는 제2차 세계대전 후 수직적 구조체로서의 세계자본주의의 전개과정,[4] 그것에 대응한 자립적 국민경제 요구에, 안으로는 일제와 남북분단 및 미군정 통치가 안겨준 식민지적·반(半)봉건적 경제구조 및 그 극복과정에 의해 규정되어온 것이다. 이러한 의미에서 해방 후 미군정의 농업정책과 뒤이은 한국정부의 농지개혁 곧 토지문제의 해결방식은 외국자본과 관료독점자본을 지배적 범주로 하는 한국자본주의의 대외의존적 발전과정과 전근대적이고 종속적인 농업생산방법의 지배를 기본적으로 규정해온 핵심적 조건의 하나였다.

그러므로 전후 미군정의 토지정책과 한국정부의 농지개혁의 역할 내지 그 역사적 성격에 대한 올바른 평가는 과소농체제·소작제도 재생을 중심으로 한 현행 토지소유제의 성격규정에서뿐만 아니라 세계사적 현 단계에서 한국자본주의의 기본성격의 올바른 파악을 위해서도 매우 중요하다. 나아가 이것은 한국자본주의의 특수한 발전전망, 농업경제의 전망에 대해서 중요한 시사를 줄 수 있다는 점에서도 중요하다. 전후 토지문제의 전개과정과 그 결과로서의 과소농-소작체제가 갖는 세계사적 차원에서의 위치 내지 성격규명은 단순히 이론상의 요구일 뿐만 아니라 실천상의 절실한 요청이기도 하다. 그럼에도 불구하고 우리나라 농업경제학계에서는 농지개혁의 성격을 두고 구구한 견해차를 보이고 있다. 대표적이라 할 수 있는 두 견해는 다음과 같다.

제1의 견해는 농지개혁의 기본성격을 '개혁' 전의 봉건적 및 반봉건적인 지주적 토지소유제도를 청산하고 자유로운 '농민적 토지소유' 곧 분할지적(分割地的) 토지소유제의 확립으로 파악하고 있다.[5] 즉, "농지 개혁 후 우리나라 농지소유는 봉건적 토지소유에서 근대적 토지소유제로 이행하는 과도기적 성격의 농민적 토지소유"이며 "설사 농민적 토지소유의 전형적 형태인 서구의 그것과 세부적인 면에서 차를 가진다고 하더라도 '유형'으로서는 분할지소유 곧 농민적 토지소유의 범주"라는 것이며, 그리하여 토지소유제의 지주적 봉건적 관계가 청산되었다는 것이다.[6]

제2의 견해는 우리나라의 토지소유제도가 일제시대에 이미 "독점적 금융자본주의하에 기생적 지주의 자본가화 경향과 영세농 특히 영세적 소작농의 노동자화 과정"[7]에 있었으며, 지주제도에서의 금융자본에 의한 자본제적 법칙의 관철을 통하여 우리나라 지주제도의 근대적 자본가적 성격이 확립되었다는 것이다. 그리하여 농지개혁의 기본성격이 봉건적 소작관계의 해체에 있는 것이 아니라, "8·15해방 후에 밀어닥친 사회적 위기에 대처함에 있었다는 것, 그리고 그 결과는 국가적 독점자본의 입장에서 볼 때 중간적 지대=이윤의 수취계급인 지주를 배제하고 독점자본과 소농계급을 직결시키는 기구를 형성함에 실적을 가져왔다는 것"이며 이것이 "농지개혁의 지대사적(地代史的) 본성"[8]이라는 것이다.

이상의 대표적인 두 견해 중 제2의 견해에 대해서는 그 방법론상의 오류[9]와 그 이론적 근거가 되고 있는 유통주의적 지대론을 중심으로 비판적 접근을 별도로 하게 될 것이며, 제1의 견해에 대해서는 이미 약간의 비판을 시도한 바 있다.[10]

해방 후 일본제국주의의 후퇴와 민족적 요구의 전진과정에서 농지를 포함한 토지개혁은 한국이 일제가 남긴 식민지반봉건성을 청산하고 자립적인 국민경제를 형성 발전시킬 수 있는 구체적인 기본 계기였다. 해방 전 일제시대에 한국경제는 식민지반봉건사회였고, 거기에는 봉건제의 경제와 원래 그 아래 종속되어 있던 개인경제 외에 제국주의자본의 경제, 예속자본주의 및 민족자본주의의 경제가 있었다. 일제의 자본이 지배적이었으나 봉건경제는 이와 결합되어 전체 경제 속에서 지배적인 지위를 차지하고 있었고, 민족자본주의 경제는 일제자본의 압박으로 그 발전이 저지되었으며 다른 경제범주 대신에 전경제를 지배할 수도 없었다. 이러한 식민지반봉건사회의 특유한 경제형태[11]를 청산하고 자립적인 국민경제를 형성하는 길은 식민지주의와 결합된 지주, 예속자본가 등에 의한 경제지배체제의 극복과 함께 봉건적·반봉건적 토지소유를 배제함으로써 구체화될 수 있는 것이었다. 그러므로 일제시대의 지배적 경제범주이던 일본제국주의 자본이 해방과 함께 일제히 퇴거한 가운데, 일제에 의해 지지·보호·이용되면서 전체 경제 속에서 지배적인 지위를 차지하고 있던 봉건경제인 봉건적·반봉건적 토지소유의 해체과정, 즉 토지개혁 과정은 해방 후 한국경제의 전개과정에서 결정적으로 중요한 의의를 갖는 것이었다.

토지문제는 전근대적 세력 및 전근대적 유제의 잔존기반인 농업에서의 전근대적 토지소유의 청산문제다. 그러한 뜻에서 토지개혁은 식민지적·봉건적 유제의 청산과 자주적 국민경제 형성과정의 제일보이며, 식민지에서 형성된 국민경제의 이중구조를 청산하고, 국민적 통합을 위한 중요한 계기가 되어야 했다. 그뿐만 아니라 전근대적 토지소유의 배제와 근대적 관계확립을 위한 철저한 민주적 개혁은 국민적인 시장의 창출은 물론 농업생산력의 비약적 발전을 가능케 하고, 그 결제잉여는 생산적 투자원천으로서 자립적 공업화를 위한 국내적 조건을 형성하는 것이었다. 요컨대 전면적 토지개혁 과정은 "농업을 기초로 하고 공업을 선도부문으로 하는 국민경제"[12]를 구체적 내용으로 하는 자주적 국민경제형성의 전제조건이며, 토지개혁을 통한 "농업생산의 발전은 일국경제의 공업화에서 기초적 조건을"[13] 마련하는 것이다.

해방 후 토지문제의 해소 곧 토지개혁은 식민지반봉건성의 청산, 농업생산력의 해방, 자립적 국민경제 형성에서 기본적 계기의 하나로 주어졌으며, 그것은 세계사의 현 단계에서 분할지소유=독립자영농민의 성립에서 전형적으로 나타나는 농민적 진화의 길로 구체화되어야 할 것이었다.

세계사의 현 단계에서 발전도상국의 농업발전의 길은 농민적 진화의 길과 현 단계 수직적 구조체로서의 세계자본주의의 지배적 전개 아래서 봉건적 지배의 타협적 해소의 길로서 선택적으로 제시되며, 농민적 진화의 길은 민족적 요구 곧 반(反)식민지주의와 결합, 토지개혁에 의하여 반(半)

봉건적 토지소유가 철저하게 부정되고 분할지적 토지소유=독립자영농민이 성립되는 과정이다. 그것은 반(反)봉건주의적 측면에서는 고전적 시민혁명에서의 분할지소유와 같고, 고전적 분할지소유=독립자영농민이 자유경쟁에 의한 전형적인 농업자본주의화의 전망을 가짐에 비해 종국적으로 그 전망을 달리한다는 것이다.[14] 현 단계 수직적 구조체로서의 세계자본주의의 지배적 전개 아래 봉건적 지배의 타협적 해소의 길은 반(半)봉건적 토지소유로부터 영세사적(零細私的) 토지소유=과소농체제로의 적응적 재편 및 변형과정이었다. 그것은 식민지반봉건사회의 기반인 반(半)봉건적 토지소유가 철저하게 해체되지 않고 봉건지주 등 식민지 잔재세력이 밑으로부터의 농민적 진화의 길에 대항하면서 낡은 소생산의 형식 위에 위로부터 자기를 적응시켜 자기를 끝까지 유지하려고 할 때의 최종적인 거점이 된다.

그러므로 역사의 현 단계에서 봉건적 지배의 타협적 해소의 한 형태로서 과소농체제=소작제도는 농민의 토지요구를 전면적으로 만족시킨 것이 아니고, 세계사의 현 단계에서의 자유로운 농민적 토지소유=분할지적 토지소유를 아직 확립시키지 못한 토지소유 형태로 보아야 할 것이다. 또한 그것은 민족적 요구에 의한 자립적 국민경제 실현과정에서 농민적 진화에 의한 "자유로운 농민적 토지소유"로 지양되어갈 토지소유로 보아야 할 것이다.

해방 이후 미군정의 토지정책 및 한국정부의 농지개혁의 성격은 식민지반봉건성의 청산 및 자립적인 국민경제의 건설이라는 시각에 입각해 일제가 남긴 반봉건적 토지소유의 잔존여부 및 세계사의 현 단계에서 과거 반(半)식민지 반(半)봉건사회를 겪은 발전도상국의 농업발전의 두 가지 길을 세계사적 범주에서 명백하게 파악함으로써만 정확히 평가될 수 있다.

이 글에서는 이상과 같은 제2차 세계대전 후 발전도상국의 토지문제 해결에 관한 분석시각을 기초로 해서 해방 후 전면적 토지개혁에 대한 요구가 전민족적·전국민적 요구로서 강렬하게 표출된 가운데 미군정이 실시한 농업정책 특히 토지정책에 초점을 맞추어 검토하고자 한다. 그것은 직접적으로 한국정부의 농지개혁에 그 원형을 제시함으로써 영향을 미쳤을 뿐만 아니라 해방 후 30여 년이 지난 오늘에 이르러서도 과소농체제의 유지 강화, 전근대적인 소작제도의 광범한 부활, 그리고 실천적 차원에서 토지가 없거나 적은 농민들의 토지문제 제기, 나아가서는 한국자본주의의 특수한 비자립적 전개과정을 규정한 기본적 계기였기 때문이다.

이상의 분석시각을 전제로 해서 먼저 해방 후 반봉건적 토지소유의 실태와 토지문제를 제시하고, 다음 일련의 미군정의 토지정책을 구체적으로 검토한다. 마지막으로 미군정의 토지정책이 갖는 성격을 규정함으로써 결론에 갈음하고자 한다.

2 토지소유의 실태와 토지문제

일제하 토지문제의 전개

1945년 해방, 남북분단과 함께 일제하의 지배적 경제범주이던 일제자본이 일단 퇴거한 가운데, 일제에 의해 지지·보호·이용되면서 한국경제에서 지배적 지위를 차지하고 있던 봉건경제, 다시 말해 반봉건적 토지소유제는 미군정하 한국경제에 그대로 이월되었다.

반봉건적 토지소유란 해당 사회가 전체적으로 상품경제의 침투 및 자본주의적 발전방향으로 정치(定置)됨에 대응하여 본격적으로 토지개혁이 실시되지 않고, 봉건적 토지소유제가 철저히 폐절되지 않으며, 그 본질(직접생산자인 농민과 토지소유자와의 직접적 관계)[15]을 잔존시키면서 타협적으로 재편된 토지소유다.[16] 이것은 자본주의적 경제범주와 봉건적 경제범주가 혼재하는 이중경제적 사회에서의 토지소유 관계에서 볼 수 있으며, 그 본질은 봉건적인데 자본주의적 경제범주의 발전에 따라 그 양상에서 여러 가지 측면에서 변형되어 있을 뿐이다. 구체적으로 이것은 사적 토지소유와 토지의 상품화가 존재한다는 점에서 봉건적 토지소유와 구별되며, 분할지적 토지소유=독립자영농민과는 달리 한편으로 계급으로서의 지주가 잔존하고, 다른 한편 토지가 적거나 토지가 없는 농민이 지배적으로 존재하는 토지소유다. 따라서 반봉건적 토지소유가 본질적으로 봉건적인 것인 한 이러한 토지소유는 경제외적 강제의 강약과 관계없이[17] 봉건지대(封建地代) 법칙을 관철하는 것이다.

한국에서는 일제의 토지조사사업에 의한 사적 토지소유권의 법인(法認)과정을 통해 일제의 식민주의적 요구에 적합한 지주적 토지소유로 재편 확립되면서 일제자본과 함께 반봉건적 토지소유가 일제시대 한국경제의 지배적 경제범주로 되었다.

표 1에서 보는 바와 같이 토지조사사업이 끝난 1918년 12월 현재 지주수는 81,541호로 전 농가의 3.1퍼센트, 자작농 523,332호로 19.7퍼센트, 자작 겸 소작수는 1,043,836호로 39.4퍼센트, 소작농은 1,003,775호로 37.8퍼센트라는 지주·소작 관계가 형성되었다. 또한 경지면에서는 자작농은 49.6퍼센트로 반에도 미치지 않았다. 지주수 속에는 자작지주도 일부 포함되어 있음을 고려하면 결국 토지조사사업은 전 농가의 3퍼센트 정도의 지주가 전경지의 50퍼센트를 넘는 토지를 소유하는 관계를 조출(造出)한 것이다. 즉 계급으로서의 지주가 확대재생산되고 토지가 없거나 적은 농민 곧 자립할 수 있을 정도의 토지를 소유하지 못한 농민의 지배적 존재를 시현함으로써 반봉건적인 토지소유로 재편된 것이다.

이와 같은 토지조사사업을 기점으로 하여 일제하 한국의 반봉건적 토지소유는 그 전 기간을 통하여 농지의 소작지화, 농민의 소작농화를 급격하게 진행시켰다(표 1, 2, 3, 4 참조).

이러한 현상을 시기별로 나누어 살펴보면 1919년에서부터 32년까지에는 과중한 수리조합비 등 토지개량을 위한 비용, 지조(地租) 기타 과세, 보통 5할 이상인 고율소작료, 고리대적 수취 등 농민부담의 과중으로 농민층 분해를 촉진시켰으며, 농민의 소작농화, 농지의 소작지화가 급속도로 전개되었다. 이에 따라 1920년 이후에는 소작쟁의가 일상적·대중적·조직적 성격을 띠면서 격화되었다. 1930년대에는 소작조정령(1933), 농지령(1934) 등 본격적인 지주옹호정책이 전개되었고, 농민의 소작농화, 경

표 1   계층별 농가수의 변동   (1918~32)

연도	농가호수(호)						
	총수	지주(甲)	지주(乙)	자작	자소작	소작	화전
1918	2,652,484	15,731	65,810	523,332	1,043,836	1,003,775	-
1919	2,664,825	16,274	74,112	525,830	1,045,606	1,003,003	-
1920	2,720,819	15,565	75,365	529,177	1,017,780	1,082,932	-
1921	2,716,949	17,002	80,103	533,188	994,976	1,061,680	-
1922	2,124,465	17,157	81,926	534,907	971,877	1,106,598	-
1923	2,702,838	17,904	82,498	527,494	951,667	1,123,275	-
1924	2,704,272	18,663	83,520	525,689	934,208	1,142,192	-
1925	2,742,703	19,735	83,832	544,536	910,178	1,184,422	-
1926	2,753,497	20,571	84,043	525,747	895,721	1,193,099	34,316
1927	2,781,348	20,737	84,359	519,389	909,843	1,217,889	29,131
1928	2,799,188	20,777	83,824	510,983	894,381	1,225,954	33,269
1929	2,815,277	21,326	83,170	507,384	885,594	1,283,471	34,332
1930	2,869,957	21,400	82,604	504,009	890,291	1,334,139	37,514
1931	2,881,689	23,013	81,691	488,579	853,770	1,393,424	4,212
1932	2,931,088	32,890	71,933	476,351	742,961	1,546,456	60,497

연도	구성비						
	총수	지주(甲)	지주(乙)	자작	자소작	소작	화전
1918	100.0	0.6	2.5	19.7	39.4	37.8	-
1919	100.0	0.6	2.8	19.7	39.2	37.6	-
1920	100.0	0.6	2.8	19.4	37.4	39.8	-
1921	100.0	0.6	2.9	19.6	36.6	40.2	-
1922	100.0	0.6	3.0	19.7	35.8	40.8	-
1923	100.0	0.7	3.1	19.5	35.2	41.6	-
1924	100.0	0.7	3.1	19.4	34.5	42.2	-
1925	100.0	0.7	3.1	19.9	33.2	43.2	-
1926	100.0	0.7	3.1	19.1	32.5	43.3	1.2
1927	100.0	0.7	3.0	18.7	32.7	43.8	1.0
1928	100.0	0.7	3.0	18.3	32.0	43.8	1.2
1929	100.0	0.8	3.0	18.0	31.5	45.6	1.2
1930	100.0	0.7	2.9	17.6	31.0	46.5	1.3
1931	100.0	0.8	2.8	17.0	29.6	48.4	1.4
1932	100.0	1.1	2.5	16.3	25.3	52.8	2.1

연 도	지수 (1918=100)						
	총수	지주(甲)	지주(乙)	자작	자소작	소작	화전
1918	100.0	100.0	100.0	100.0	100.0	100.0	-
1919	100.5	103.5	112.6	100.5	100.2	99.9	-
1920	102.6	98.9	114.5	101.1	97.5	107.9	-
1921	102.4	108.1	121.7	101.9	95.3	108.8	-
1922	102.3	109.1	124.5	102.2	93.1	110.2	-
1923	101.9	113.8	125.4	100.8	91.2	111.9	-
1924	102.0	118.6	126.9	100.5	89.5	113.8	-
1925	103.4	125.5	127.4	104.1	87.2	118.0	-
1926	103.8	130.8	127.7	100.5	85.8	118.9	100.0
1927	104.9	131.8	128.2	99.2	87.2	121.3	84.9
1928	105.0	132.1	127.4	97.6	85.7	122.1	96.9
1929	106.1	135.6	126.4	97.0	84.8	127.9	100.0
1930	108.2	136.0	125.5	96.3	85.3	132.9	109.3
1931	108.6	146.3	124.1	93.4	81.8	138.8	120.1
1932	109.8	209.1	109.3	91.0	71.2	154.1	176.3

자료 : 『조선총독부통계연보』, 昭和 5년, 昭和 13년.
주 : 지주 甲은 전적으로 토지를 경작하지 않는 지주이고, 지주 乙은 자경하면서 자경 외의 토지를 소작시키는 지주임.

표 2   농가호수의 변동   (1933~43)

연 도	농가호수					
	총수	자작지주/자작	자소작	소작	화전	피고용
1933	3,009,560	545,502	724,741	1,563,056	82,277	93,984
1934	3,013,104	542,637	721,661	1,564,294	81,287	103,225
1935	3,066,489	547,929	738,876	1,591,441	76,472	111,771
1936	3,059,503	546,337	737,849	1,583,622	74,727	116,968
1937	3,058,755	549,585	737,782	1,581,428	72,919	117,041
1938	3,052,392	552,430	729,320	1,583,435	71,187	116,020
1939	3,023,133	539,629	719,232	1,583,358	69,280	111,634
1940	3,046,546	550,877	711,370	1,616,703	65,990	101,606
1941	3,071,000	548,274	723,345	1,647,388	59,339	92,654
1942	3,053,446	529,717	729,431	1,641,702	56,818	95,778
1943	3,046,001	536,098	845,724	1,481,357	52,445	130,377

연도	구성비					
	총수	저작지주 자작	자소작	소작	화전	피고용
1933	100.0	18.1	24.1	51.9	2.7	3.1
1934	100.0	18.0	24.0	51.9	2.7	3.4
1935	100.0	17.9	24.1	51.9	2.5	3.6
1936	100.0	17.9	24.1	51.8	2.4	3.8
1937	100.0	18.0	24.1	51.7	2.4	3.8
1938	100.0	18.1	23.9	51.9	2.3	3.8
1939	100.0	17.8	23.8	52.4	2.3	3.7
1940	100.0	18.1	23.3	53.1	2.2	3.3
1941	100.0	17.9	23.6	53.6	1.9	3.0
1942	100.0	17.3	23.9	53.8	1.9	3.1
1943	100.8	17.6	27.8	48.6	1.7	4.3

연도	지 수					
	총수	저작지주 자작	자소작	소작	화전	피고용
1933	100.0	100.0	100.0	100.0	100.0	100.0
1934	100.1	99.5	99.6	100.1	98.8	109.8
1935	101.9	100.4	102.0	101.8	92.9	118.9
1936	101.7	100.2	101.8	101.3	90.8	124.5
1937	101.6	100.7	101.8	101.2	88.6	124.5
1938	101.4	101.3	100.6	101.3	86.5	123.4
1939	100.5	98.9	99.2	101.3	84.2	118.8
1940	101.2	101.0	98.2	103.4	80.2	108.1
1941	102.0	100.5	99.8	105.4	72.1	98.6
1942	101.5	97.1	100.6	105.0	69.1	101.9
1943	101.2	98.3	116.7	94.8	63.7	138.7

자료 : 조선은행 조사부, 『朝鮮經濟年報』(1948) ; 『朝鮮總督府統計年報』, 昭和 13년.

표 3   자작지·소작지별 면적의 변동 (1918~29) (단위 : 천 町步)

연도	자작지		소작지		합계		지수		
	면적	구성비	면적	구성비	면적	구성비	자작지	소작지	합계
1918	2,153	49.6	2,189	50.4	4,342	100.0	100.0	100.0	100.0
1919	2,151	49.7	2,173	50.8	4,324	100.0	99.9	99.3	99.6
1920	42,127	49.2	2,195	50.8	4,322	100.0	99.8	100.3	99.5

1921	2,150	49.7	2,172	50.3	4,322	100.0	99.9	99.2	99.5
1922	2,134	49.4	2,183	50.6	4,317	100.0	99.1	99.7	99.4
1923	2,141	49.5	2,180	50.5	4,321	100.0	99.4	99.6	99.5
1924	2,140	49.5	2,182	50.5	4,322	100.0	99.4	99.7	99.5
1925	2,150	49.4	2,199	50.6	4,349	100.0	99.9	100.5	100.1
1926	2,157	49.3	2,222	50.7	4,379	100.0	100.2	101.5	100.9
1927	2,044	46.6	2,344	53.4	4,388	100.0	94.9	107.1	101.1
1928	2,014	45.9	2,377	54.1	4,391	100.0	93.5	108.6	101.1
1929	1,970	44.9	2,422	55.1	4,392	100.0	91.5	110.6	101.2

자료 : 『朝鮮總督府統計年報』, 昭和 5년판.
주 : 토지대장미등록지 약 7만 정보 및 화전은 제외.

표 4 자작지·소작지별 면적의 변동 (1930~43) (단위 : 천 정보)

연도	자작지		소작지		합계		지수		
	면적	구성비	면적	구성비	면적	구성비	자작지	소작지	합계
1930	1,986	44.5	2,480	55.5	4,466	100.0	100.0	100.0	100.0
1931	1,954	43.9	2,501	56.1	4,455	100.0	98.4	100.8	99.8
1932	1,945	43.6	2,515	56.4	4,460	100.0	97.9	101.4	99.9
1933	1,962	43.7	2,527	56.3	4,489	100.0	98.8	101.9	100.5
1934	1,928	42.8	2,577	57.2	4,505	100.0	97.1	103.9	100.9
1935	1,930	42.9	2,570	57.1	4,500	100.0	97.2	103.6	100.8
1936	1,919	42.6	2,585	57.4	4,504	100.0	96.6	104.2	100.9
1937	1,916	42.5	2,590	57.5	4,506	100.0	96.5	104.4	100.9
1938	1,908	42.2	2,608	57.8	4,516	100.0	96.1	105.2	101.1
1939	1,905	42.1	2,621	57.8	4,527	100.0	95.9	105.7	101.4
1940	1,903	42.2	2,606	57.9	4,509	100.0	95.8	105.1	101.0
1941	1,875	41.8	2,613	58.2	4,488	100.0	94.4	105.4	100.5
1942	1,865	41.7	2,610	58.3	4,475	100.0	93.9	105.2	100.2
1943	1,603	38.0	2,617	62.0	4,220	100.0	80.7	105.5	94.5

자료 : 『朝鮮總督府統計年報』, 昭和 13년판 ; 조선은행 조사부, 『朝鮮經濟年報』(1948).
주 : 1) 토지대장 미등록지 포함.
2) 화전 제외.

지의 소작지화 속도는 다소 완만해졌다. 마지막으로 1940년대 전반기에는 일제의 강력한 전시통제경제 아래 소작료통제령을 비롯한 각종 통제

표 5 경작규모별·소유형태별 농가호수 (1938)

규모	자작농 호수	%	자소작농 호수	%	소자작농 호수	%	소작농 호수	%	총계 호수	%
3 미만	71,686	12	48,164	13	67,566	15	300,893	20	488,309	17
3단~5단	91,667	17	74,106	20	34,342	21	353,235	23	613,375	21
5단~1	114,398	21	92,893	25	115,868	26	390,005	26	713,164	25
1정~2정	114,933	21	82,819	22	96,130	22	271,735	18	565,617	20
2정~3정	86,879	16	47,479	13	48,812	11	131,613	9	312,787	11
3정~5정	47,879	9	20,502	6	18,174	4	50,653	2	136,108	5
5정~10정	14,190	3	4,518	1	4,194	1	11,098	1	34,000	1
10정~20정	2,172		521		536		5,112		5,341	
20정 이상	343		44		25		45		457	
합계	543,445 (18%)	100	370,546 (12%)	100	443,747 (15%)	100	1,511,424 (51%)	100	2,869,162 (100%)	100

자료 : 印貞植, 『조선농업경제론』(박문출판사), p.113.

령, 일본의 전쟁격화에 따른 농민의 강제연행, 군용지로의 농지의 전용, 농업자재 부족 등으로 한국농업에 직접적인 타격이 있었고, 이러한 속에서 농지·농민의 소작화는 급속하게 진전되었다. 이에 따라 일제하 전 기간을 통하여 약 3퍼센트의 지주가 50 내지 62퍼센트의 토지를 소유하면서 약 75 내지 85퍼센트에 달하는 토지가 없거나 토지가 적은 농민을 지배했다. 직접생산자인 농민의 대부분은 1정보 미만의 영세소농경영을 면치 못했다. 예컨대 표 5를 보면 1938년 말 현재 자작농 호수의 51퍼센트, 자소작의 58퍼센트, 소자작의 64퍼센트, 소작농의 69퍼센트가 1정보 미만의 영세소생산농민이었다.[18] 특히 한국인 토지소유자만을 보면 1941년의 경우 1정보 미만의 영세토지소유자는 전 토지소유자의 72.1퍼센트였으며, 이들은 전 경작지의 불과 10.4퍼센트를 소유하고 있었다. 이는 토지소유 관계의 모순과 계급분화의 단면을 여실히 나타내는 것이었다.[19] 더욱이 농가호당 경지면적도 현저히 감소되었다(표 6 참조).

요컨대 식민지 한국에서는 봉건적 대토지소유(소유의 집중)와 함께 생

표 6   농가 1호당 경지면적의 증감추세   (단위 : 町)

연도	논	밭	합계	지수
1918	0.582	0.113	1.695	100.0
1923	0.577	1.104	1.681	99.2
1928	0.577	1.069	1.646	97.1
1933	0.558	1.055	1.613	95.2
1936	0.562	1.053	1.615	95.3
1939	0.57	0.90	1.47	86.7

자료 : 小早川九郎, 『朝鮮農業發達史(發達篇)』(1944), 부록 제7표 ; 조선은행, 『조선경제연보』, 1948, p.1~342.

산과정의 개인적 성격,[20] 다시 말해 토지가 없거나 적은 고립분산적 소경영(경영의 분산)이라는 봉건제의 기본모순이 관철되고 있었으며 더욱 심화되고 있었다 할 수 있다. 따라서 소작료는 현물납(現物納) 위주로 생산물의 50 내지 90퍼센트에 달했고, 이는 전 잉여생산물의 지배적 형태로서 봉건지대 범주를 형성했던 것이다. 한마디로 일제시대 한국농업은 반봉건적·지주적 토지소유가 지배적이었으며 자본주의경제의 진전에 따른 농민층분화의 부단한 진행에도 불구하고 고전적인 자본주의 발전 과정과는 달리 한쪽에 지주, 다른 쪽에 토지가 없거나 적은 광범한 농민을 창출했다는 특징을 나타내었다.

미군정하 토지소유실태와 토지문제

일제하의 지배적 경제범주의 하나로써 식민지반봉건사회 경제의 구조적 기반을 이루고 있던 반봉건적 토지소유는 해방과 함께 일제의 권력과 자본의 지지 보호기반을 상실한 가운데 해방 후에도 지속되고 있었다. 따라서 해방된 한국에서 토지문제의 해결 곧 반봉건적 토지소유의 청산은 식민지지배체제 및 후진농업국으로부터의 해방과 민주주의적 진보를 위한 가장 중심적 과제였다.

해방과 함께 실시된 미군정하에서는 전 민족적·전 국민적 과제였던 토지문제의 실상은 다음과 같이 제시된다. 먼저 해방 당시 남한의 농업문제의 핵심을 이루고 있는 농지소유관계를 총괄적으로 보면 표 7에서 보는 바와 같다. 즉 전 경지면적의 63.4퍼센트가 소작지로서 소수의 지주 수중에 있으며, 다수의 직접 생산자인 농민의 소유지, 즉 자작지는 36.6퍼센트에 지나지 않는다. 더욱이 지주가 생산성 높은 논(畓)면적의 70퍼센트를 소유하고 있다. 또 한국인 지주 중 5정보 이상을 소유하는 대지주 및 버금대지주의 소유지 비중이 높다(전 경지의 24.6퍼센트, 논의 33.6퍼센트). 이는 대지주 및 버금대지주 지배력이 여전히 강력함을 의미하는 것으로 볼 수 있다. 그뿐만 아니라 전 일본인소유지 비중이 총경지의 10퍼센트가량으로, 특히 논의 경우 14.5퍼센트나 되어 매우 높다. 바로 이 점은 전 일본인소유지 부분에 대한 경작농민의 무상분배 요구를 제기한 경제적 기초이기도 했다. 또 중소지주(5정보 이하 소유지주) 및 농민소유지(자작지)의 대부분이 밭(田), 즉 생산성 낮은 토지라고 하는 점은 한편으로 농민층의 격렬한 토지개혁 요구와 다른 한편으로는 중소지주(농촌에서 중간층으로서)의 불안정한 정치태도를 가져온 기초적 조건의 하나였다고 할 수 있을 것이다.[21]

이상과 같은 지주·소작 관계를 농가호수면에서 보면 소작농 및 토지를 경작하지 않는 농가, 즉 토지 없는 농가가 과반수 이상으로 총농가호수의 51.6퍼센트나 된다. 자작 겸 소작농의 비중은 전 농가의 34.6퍼센트이며, 그중 소작부분이 50퍼센트 이상인 농가는 전 농가의 18.3퍼센트다. 따라서 순소작농 및 그에 가까운 농가가 전체의 69.9퍼센트를 차지하고 있다. 자작농은 전체의 13.8퍼센트에 불과하고 그중에서도 안정경영의 농가로 볼 수 있는 것은 전 농가의 3.2퍼센트에 불과하며 나머지 자작농은 부단히 몰락의 위기에 직면하고 있다는 것이다(표 8 참조). 한마디로 여전히 지배적 계급으로서의 지주가 존재하고, 남한 전 농가의 약 70퍼센트가 토지가 전연 없거나 이와 근사한 상태인 것이다.

이와 같은 지주적 토지소유의 집중화와 토지소유로부터의 일반농가의 분리와 함께 해방 당시 남한농업은 경영규모면에서 영세소농경영이 압도

표 7   남한의 토지소유상황 총괄표 (1945년 말) (단위 : 만 정보)

구분	논	밭	합계
총경지	128(100.0)	104(100.0)	232(100.0)
소작지	89(70.0)	58(56.0)	147(63.4)
전 일본인소유	18(14.5)	5(5.0)	23(9.9)
조선인 지주소유	71(55.5)	53(51.0)	124(53.5)
5정보 이상 소유지주(5만 호)	43(33.6)	14(13.5)	57(24.6)
5정보 이하 소유지주(15만 호)	28(21.9)	39(37.5)	67(28.9)
자작지	39(30.0)	46(44.0)	85(36.6)

자료 : 조선은행 조사부, 『조선경제연감』(1948), pp.1~29에서 작성.

표 8   농민의 토지소유상황   (단위 : 천 호)

구분	호수	비율(%)	비고
총호수	2,060	100	
자작농	284	13.8	
1정보 이상 소유자 중 경영안정농가	88	3.2	안정된 자작농 3.2%
자작 겸 소작농	716	34.6	순소작농 또는 그에 가까운 농가 ← 69.9% 토지를 소유하지 않은 농가 51.6%
자작부문 50% 이상	338	16.3	
소작부문 50% 이상	378	18.3	
소작농	1,009	48.9	
토지 불경작 농가	55	2.7	

자료 : 『조선경제연보』(1949)에 의해 작성함.

적이었고, 경영의 영세화경향이 촉진되고 있었다. 표 9는 해방 당시의 영세소농 경영상태를 단적으로 예증하고 있다. 즉, 농가 호당 평균 경지면적 이하 혹은 1정보 미만의 토지를 경작하는 농가가 전체 농가의 68퍼센트(토지 불경작 농가 포함)를 점하고, 특히 0.5정보 미만 경작농가가 35.5퍼센트에 이르고 있다. 이를 다시 구체적으로 소유형태별로 보면 자작농 총호수의 66.8퍼센트, 자소작농 호수의 62.4퍼센트, 소자작농 호수의 64.3퍼

표 9 소유형태별·경작규모별 농가호수 (1945)

규모	자작농 호수	%	자소작농 호수	%	소자작 호수	%
0.5정보 미만	98,912	34.5	100,323	29.5	116,591	30.9
0.5~1정 미만	92,543	32.3	111,653	32.9	126,768	33.4
1정~2정 미만	64,079	22.3	87,433	25.7	94,402	25.0
2정~5정 미만	30,279	10.6	39,187	11.5	38,781	10.3
5정 이상	1,011	0.3	1,237	0.4	1,134	0.3
토지불경작농가						
합계	286,824	100 (13.9)	339,833	100 (16.5)	377,676	100 (18.3)

규모	자작농 호수	%	자소작농 호수	%	합계 호수	%
0.5정보 미만	360,679	35.9			676,805	32.8
0.5~1정 미만	340,222	33.9			671,186	32.5
1정~2정 미만	213,529	21.3			459,443	22.2
2정~5정 미만	87,755	8.7			196,002	9.5
5정 이상	2,259	0.2			5,641	0.3
토지불경작농가			56,400	100	56,400	2.7
합계	1,004,744	100 (48.6)	56,400	100 (2.7)	2,065,477	100 (100)

자료 : 조선은행 조사부, 『조선경제연보』(1948), pp.1~31에 의해 작성.

센트, 소작농의 경우 약 70퍼센트가 1정보 미만의 영세소경영에 매몰되고 있는 것이다.[22] 더구나 표 10에서 보는 바와 같이 조선인 농가의 토지소유만을 고려하면 1정보 미만의 토지를 소유하는 농가가 전 조선인 농가의 무려 80퍼센트에 달한다는 사실은 절대다수 조선인 농민이 처한 영세경영의 심각성을 한층 더 뚜렷이 나타내는 것으로 볼 수 있다. 이러한 농가경영의 영세적 과소농제적 성격은 구래의 반봉건적 토지소유(및 고율소작료의 수취관계)와 식민지적 유제와의 결합적 소산임은 두말할 필요가 없다.[23]

표 10 민족별·토지소유면적별 농가호수 (1945)

규모	조선인		외국인		합계	
	호수	%	호수	%	호수	%
0.5정 미만	1,544,500	59.9	49,848	50.9	1,594,348	59.5
0.5~1정	487,789	18.9	13,751	14.0	1,501,540	18.7
1~2정	271,327	10.5	10,672	10.9	281,999	10.5
2~5정	208,295	8.1	12,661	12.9	220,956	8.3
5~10정	43,341	1.7	5,213	5.3	48,554	1.8
10~50정	23,505	0.9	4,850	5.0	28,355	1.1
50정 이상	1,293	0.05	977	1.0	2,270	0.1
합계	2,580,050	100 (96.3)	97,972	100 (3.7)	2,678,022	(100)
총면적	2,025,448	81.9	446,729	18.1	2,472,171	100

자료 : 이 조사는 재무부 국고국에서 제시한 자료에 의함(조선은행 조사부, 『조선경제연보』, 1948, pp.I-32~36). 이 통계의 농가호수 합계와 표 8, 9의 농가호수 합계는 일치하지 않고 있으나, 이 표는 조선인 농민의 영세경영이 더욱 가중됨을 보여준다는 점에서는 유효하다고 생각된다.

요컨대 해방 직후 한국에는 일제하의 반봉건적·식민지적 토지소유의 연장선상에서 한편으로 계급으로서의 지주가 존재하고, 다른 한편으로 토지가 없거나 토지가 적은 농민이 압도적인 다수로 존재했다는 것이다. 토지 없는 농민이란 토지소유의 관점에서는 규모의 대소를 막론하고 소작농민을, 토지점유의 관점에서는 고농(雇農, 농업노동자, 토지불경작 농가)을 말한다. 토지가 적은 농민이란 토지소유의 관점에서는 자소작 및 소자작을, 토지점유의 관점에서는 자소작관계를 묻지 않고 자립하는 데 충분할 만큼의 토지를 경영하고 있지 않은 농민을 말한다. 그러므로 이러한 반봉건적 토지소유와 그에 따른 지주층의 가혹한 봉건지대수취, 영세농경영의 정체와 몰락은 바로 해방 후 토지개혁문제를 둘러싸고 지주계급의 지배를 유지코자 하는 세력과 끝까지 토지개혁의 실현을 관철하려고 하는 세력과의 대항관계를 제기한 경제적 기초였다. 이와 같은 경제적 기초가 갖는 의미를 명백히 할 때 비로소 토지개혁을 둘러싼 대항관계는 물론이고, 흔히 일컬어지는 해방 직후의 정치·사회적 혼란의 내용과 성격이 정확히 밝혀질 수 있을 것이다.

3 미군정의 토지정책

앞서 지적한 바와 같이 일제지배의 유산으로서 식민지적·반봉건적 토지소유 및 영세소농경영체제는 해방 직후 한국경제의 지배적인 경제로서 한국농업의 내적 기반을 이루는 기본문제였다. 이것은 바로 미군정하 토지개혁 요구를 둘러싼 대항관계의 경제적 기초를 이루고 있었다. 그러므로 구(舊)식민지적·반(半)봉건적 토지소유의 청산은 전 민족적·전 농민적 요구의 핵심이었던 것이다. 이러한 기초적 조건 아래서 미군정의 토지정책은 제2차 세계대전 후 세계자본주의의 재편성과정과 관련한 미국의 대한정책, 북한·일본 등 극동지역에서 토지개혁의 동향 등과 함께 그 자체 외부적 조건으로서 한국의 토지소유관계의 변화 및 이를 둘러싼 대항관계의 진로를 기본적으로 규정하는 것이다. 그러나 그것은 또한 토지문제 해결을 중심으로 한——바꾸어 말하면 일제패망과 함께 위기에 선 한국의 반봉건적·지주적 토지소유의 향방을 중심으로 한——객관적·외부적 조건과 '개혁'을 요구하는 전체적 대항관계(민족독립운동과 농민운동의 진전)의 상호작용의 소산이라는 측면을 가지고 있다는 것도 부인할 수 없다.[24]

1945년 해방과 동시에 미군정통치가 시작되면서 정부수립 후 농지개혁이 실시되기까지 미군정은 한국점령정책의 일환으로서 일련의 토지정책을 제시했다. 점령 초기인 1945년 10월 5일 군정령 9호 '최고소작료 결정의 건'에 의한 소작료 3·1제 조치를 필두로 하여 신한공사(新韓公社)의 전 일본인소유지 관리, 남한 과도입법의원의 토지개혁법안의 성립 및 유산, 전 일본인소유지의 유상분배 과정 등이 그것이다.

3·1제소작료 시책

미군정은 군정법령 제9호 '최고소작료 결정의 건'을 공포하고, 토지문제 해결을 봉건적 고율소작료의 인하 및 소작조건의 일반적 개선에서부터 접근했다. 즉, 이 법령 제1조에서 "현행 계약에 의하여 소작인이 그 전지에 대하여 지불하는 가혹한 소작료 및 이율과 그 결과로서의 소작인의 반노예화 및 그 생활수준이 군정청이 목표로 하는 수준 이하에 있음을 이유로 조선에 국가비상사태의 존재를 자(玆)에 포고함……"이라고 그 목적을 명시하고 다음과 같은 내용을 규정하고 있다.[25]

1. 토지 기타 자산 점유 또는 사용에 따른 소작료는 현존계약 여하를 막론하고 또한 현물, 금전 등 여하한 형식으로 납입하든지 토지 기타 자산의 점유 또는 사용으로 획득되는 생산물 총액의 3분의 1을 초과하지 못한다.
2. 이러한 최고소작료 이하의 소작료계약은 계속 유효하고 현존 소작권의 유효기간 중 지주가 일방적으로 소작권을 해제할 수 없다.
3. 새로운 소작계약 체결, 소작계약의 연장·갱신의 경우에도 최고 3분의 1 이상의 소작료를 정한 것은 위법이고, 본령에 위반한 경우 소정 최고소작료에서 1할을 차감 납입키로 한다.
4. 본령의 규정을 위반한 자는 군율재판소에서 소정 형벌에 처한다.

이러한 내용으로 실시된 고율소작료 제한조치는 식민지적 지주적 토지소유의 심화과정에서 최초의 소작료 제한조치였으며, 그것은 일제하의 지주·소작 관계나 1932년의 '조선소작조정령', 1934년의 '조선농지령'에 비하면 훨씬 전진적 내용을 포함하고 있음이 분명하다. 그러나 농지개혁의 전 과정에서 이러한 소작료 3·1제 조치가 갖는 의의에 대해서 상이한 평가가 있으며, 그러한 평가들은 다음과 같이 집약될 수 있을 것이다.

첫째, 대체로 미군정의 소작료 3·1제 실시는 "해방 후 남조선에서 토지문제 해결에 제1차적으로 방향을 제시"한 것이며, "토지개혁의 전주로서의 커다란 의의를 가지고 있는 것"으로 평가되고 있다.[26] 그러나 초기의 미군정은 토지개혁에 반대했고 소작료 3·1제는 오히려 종래의 지주적 토지소유를 전제로 한 정책으로 보는 것이 더 실상에 가깝다고 할 것이다. 따라서 3·1제 실시가 토지문제 해결에 제1차적으로 방향을 제시했다고 하는 것은 결과론에 불과하다는 것이다.[27] 구체적으로 보면 미국무성이 파견한 번스(Bunce), 키니(Kinney) 등은 구일본인소유지의 재분배에 적극적이었지만 초기 미군정은 "위로는 하지 소장에서부터 아래로는 한국인 통역에 이르기까지 군정 모두가 토지개혁에 반대"했다.[28] 따라서 번스의 구일본인소유지분배안은 미군정이 실시한 세론조사[29]를 토대로 하여 방기된 상태였다. 이와 같이 초기 미군정이 농지개혁 실시에 아직 소극적이었던 것은 ① 미군정이 지주이익을 대표하는 한국민주당 중심의 보수세력에 의거하고 있었다는 점, ② 미군정 당국자들의 토지개혁에 대한 인식부족과 일본 농지개혁의 경우와는 달리 '개혁'에 대한 확고한 계획과 의지가 결여된 점에 기인한 것으로 보인다. 그러다가 1947년 이후 미군정의 농지개혁정책은 적극성을 띤다. 그것은 ① 실제로 농민의 토지요구가 강렬하고 구일본인소유지가 지역적으로 민족독립운동 혹은 농민운동세력에 의해 능동적으로 분배되기도 했다는 것,[30] ② 제2차 세계대전 후 식민지종속국으로부터 해방되면서 세계적인 토지개혁의 실시 특히 1946년 3월 북한의 토지개혁실시, ③ 따라서 미군정은 좌익세력 및 공산주의에 대한 방파제를 구축하기 위해서는 농지개혁 실시가 필수적이라는 미국무성의 입장을 받아들이지 않을 수 없었다는 것이다.

둘째로 소작료 3·1제 시책도 지주 측의 반발과 군정의 소극적 정책의지 때문에[31] 대부분의 지역에서 실시되지 못했다. 부분적으로 3·1제가 실시된 경우에도 전에 지주가 부담하던 관개시설 사용료 등 모든 비용을 소작인에게 전가시키거나 소작료율 제한 이외의 일체의 소작조건을 종전대로 방치함으로써 소작인들의 사실상의 부담은 크게 개선되지 않았던 것이다.[32] 더구나 1946년 1월부터 실시된 구래의 양곡공출제 및 그에 따른 대농민공출량 할당, 물가폭등, 생산비 수준에 훨씬 못 미치는 공출가격 등을 고려하면[33] 소작료 3·1제의 의의는 더욱 반감된다 할 것이다.

요컨대 미군정의 소작(小作)정책은 구래의 봉건적 고율소작료의 상한을 제시해 소작조건을 완화시켰지만, 미군정당국이 권력적 배경으로 지주적 토지소유를 전제로 하면서 일제 퇴거 후 위기에 선 지주층의 지배를 기본적으로 유지한다는 것을 명백히 한 점에 그 본질이 있다고 해도 틀림이 없을 것이다.

남한 과도입법의원의 토지개혁법안

전후 미군정 최초의 토지정책으로서 1945년 10월 8일 소작료 3·1제가 실시된 이래로 토지개혁에 미온적이었던 미군정은 '토지문제의 해결'을 둘러싼 대내외적 조건의 상호작용에 의해 농지개혁에 대한 적극적인 정책을 추진하지 않을 수 없었다. 앞에서도 지적한 바와 같이 토지개혁에 대한 농민·정당·사회단체의 강력한 요구[34]와 '개혁'에 미온적인 초기 미군정에 대한 광범한 불신 및 그에 따른 남한의 정치사회적 격동, 북한 및 일본의 토지개혁의 영향, 전후 미국 주도의 세계자본주의 재편성과정 속에서의 미국의 극동정책 및 그 구체적 표현으로서의 '점령지역에서의 토지개혁의 조속한 실시' 방침 등 대내외적 압력이 바로 그것이다. 이러한 배경 속에서 남한 과도입법의원과 미군정의 공동작품인 남한 토지개혁법안이 등장했다. 이것이 본회의에 상정조차 되지 못하고 유산되자, 미군정은 단독으로 신한공사 소유의 전 일본인소유지에 대한 개혁사업을 단행했다.

군정당국은 좌우합작위원회[35]의 요청이라는 형식을 취하면서 1946년 8월 24일 군정령 118호에 의거 '조선 과도입법의원의 창설'을 공포, 같은 해 12월 12일 과도입법의원의 개설을 강행하고, 1947년 초에 농지개혁법안을 우선적으로 제정하도록 촉구했다. 먼저 미군정과 입법의원 간에 농지개혁에 관한 예비회담이 1947년 5월까지 계속되고 입법의원이 '남한토지개혁법안'의 기초에 착수했으나 다수의원의 소극적 태도 때문에 성안조차 하지 못했다. 따라서 미군정청은 1947년 9월 미 측이 작성한 농지개혁안을 입법의원에 제시하고, 이를 중심으로 입법의원의 산업노동위원회의 안을 참고하여 4차에 걸친 수정 끝에 본회의 상정준비를 끝냈으나 결국 지주 출신 의원을 중심으로 한 입법의원 대다수의 반대에 부딪혔다.[36] 미 측은 다시 '농지매매법'이라는 법안형식으로 입법의원원에 제안하고, 한국인 지주를 포함한 전체적 농지개혁에 반대한다면 미 측은 구일본인소유지만이라도 분배한다는 강경한 태도를 보였다. 입법의원 측은 미 측의 변의를 촉구하고 미 측이 제안한 '농지매매법안'을 다소 수정하여 남한농지개혁법안을 작성했다. 미군정당국과 미국무성의 본회의 상정 촉구에 1947년 12월 23일 농지개혁법안은 입법의원에 상정되었다. 그러나 입법의원 내 대다수 보수세력의 사보타주, 보이콧 등 각종 지연·유희·회피전술에 의해 법안심의는 아무런 진전이 없었으며, 결국 1948년 3월 입법의원의 와해와 함께 토지개혁법안은 사실상 완전히 유산되고 말았다. 과도입법의원의 농지개혁법안의 주된 내용은 다음과 같다.

1. 토지개혁에 관한 중앙최고토지 행정기관으로서 중앙토지개혁 행정처를 설치하고, 이 기관이 농지의 취득 및 처분, 농업관계자금의 융통, 농지금고의 관리, 각급 토지개혁위원회 설치 등을 행한다. 중앙토지개혁 행정처의 이사 및 임원은 군정장관이 입법의원의 인준을 얻어 임명하고 각급 토지개혁위원회는 그 반수 이상을 소작인 또는 경작지의 3분의 2 이상을 소작하는 자로서 구성하여야 한다.

2. 매수하는 토지는 자경하지 않는 자의 토지, 3정보를 초과하는 자작지로 하고, 자경 않는 지주라도 귀농희망자에 대해서는 3정보 이내의 보유를 인정한다.

3. 매수하는 토지의 가격은 연평균생산량의 3배 이내로 하고 지주에게는 현물표시의 증권을 교부하며, 농산물 공정가격의 15분의 1씩을 연부로 상환한다.

4. 분배순위는 당해 농지의 소작농, 자소작농, 농지경영에 우수한 고용농가, 해외귀환농가로 하고 분배면적은 3정보 이내로 하며 가족수, 연

령별, 노동력, 전업 여부 등의 점수를 고려한다.
　5. 분배받은 자는 연평균생산량의 2할씩을 15년간 현물로 납입한다.

　이상과 같은 입법의원의 농지개혁법안의 성립 및 유산의 전 과정은 다음 몇 가지 특징으로 요약될 수 있다.
　첫째, 농지개혁법안을 다룰 과도입법의원은 지주 또는 대표자를 중심으로 한[37] 보수정당 및 단체 출신의원 위주로 구성되었다(표 11 참조). 이러한 의원구성이 미군정의 의도를 반영한 것임은 자명하다.[38] 더구나 이 입법의원은 미군정의 한 기관으로서 설치된 것으로 극히 제한된 권한을 가진 미군정 정령(政令) 제정의 자문기관적 성격을 가진 데 불과했다. 이러한 입법의원의 구성과 성격이 농지개혁법안의 성립과 유산의 전 과정을 기본적으로 규정하는 것이었다. 먼저 입법의원 내 지주 등 보수세력의 일방적 지배는 아래 조건들과 결합되면서 입법의원의 농지개혁법안 지체 및 유산을 가져온 기본조건이 되었던 것이다. ① 미국이 남한에서 '민주적' 개혁의 실시라는 외형을 취하고자 하는 한 농지개혁 실시에 대한 입법의원의 동의를 얻을 필요가 있다는 점, ② 미군정당국은 입법의원 개원 직후 농지개혁은 이 의원의 법제정에 의하고(필자 강조) 유상몰수·유상분배 원칙으로 한다고 약속했다는 점,[39] ③ 1948년에 이르면 미국과 국내 보수진영을 중심으로 한 남한 단독선거와 단독정부수립의 움직임이 강화되고 이에 따라 지주 입장에서 입법의원의 법안성립을 얼마 동안만 저지시키면 미군정하에서의 농지개혁은 피할 수 있는 전망이 있었다는 점 등이다.
　둘째, 입법의원의 농지개혁법만이 유산된 것은 당시 지배적 경제범주 담당자인 지주세력의 강고(强固),[40] 그 구체적 표현의 하나로서 입법의원 내 지주세력의 일방적 지배라는 측면 때문이 아니라 한국인 지주의 토지를 포함한 전체적 농지개혁에 대한 적극적 의지가 미군정 측에 없었다는 것을 의미한다. 이미 검토한 바와 같이 본질적으로 토지개혁 반대세력인 지주 및 보수세력 우위의 입법의원 구성 자체가 미군정의 의도를 반영한 것이라는 점, 입법의원이 미군정의 정령제정을 위한 자문기관적 성격에

표 11 입법의원의 정당·사회단체별 분포상황

정당 및 단체명	의원수			비율 (%)
	관선	민선	합계	
한국민주당	4	15	19	19.3
독립촉성국민회	2	17	19	19.3
한국독립당	5	4	9	9.3
獨促愛國婦人會	2		2	2.0
여자기독청년회연합회	1		1	
기독교회	1		1	
천주교회	1		1	
불교중앙총무원	1		1	
천도교회	1		1	
여자국민당	1		1	
민중동맹	7		7	7.2
新進黨	4		4	4.1
독립운동자동맹	1		1	
근로대중당	2		2	2.0
사회민주당	2		2	2.0
민족혁명당	1		1	
天道敎靑友黨	1		1	
민족해방동맹	1		1	
사회노동당	4		4	4.1
무소속	6	14	20	20.3
합계	48	50	98	100.0

자료 : 櫻井浩, 앞의 책, p.54.

불과하기 때문에 미군정은 원한다면 입법의원과 관계없이 농지개혁을 추진할 수 있었는데도 결국 개혁법안의 무산으로 귀결된 점 등에서 이를 살필 수 있다. 요컨대 미군정은 대내외 정세 속에서 위기에 선 반봉건적 토지소유의 청산보다는 그 잔명을 연장시키는 결과를 가져왔고 미군정 통치의 사회적 지주로서 지주층에 대한 보호, 친미적 지주세력의 확보라는 일면이 있었음을 부인할 수 없다.

셋째, 입법의원의 남한농지개혁법안은 이미 알려진 바와 같이 '유상몰수·유상분배' 원칙을 주내용으로 했고, 이것은 정부수립 후 농지개혁의 원형을 제시한 것이다. 미군정당국이 입법의원 개원 시 농지개혁은 한국인 지주의 토지를 몰수하는 것이 아니라 적당한 보상을 한다고 약속한 점, 미군정이 제시한 농지개혁법 초안 등에서 알 수 있는 것처럼 '유상몰수·유상분배' 원칙은 동요하는 지주계층에 대한 보호·회유와 민심수습이라는 미군정의 기본적 의도와 일치하는 것이었음이 틀림없다.

신한공사의 전 일본인소유지 관리와 미군정의 토지분배

미군정은 1945년 2월 21일 군정법령 제52호 '신한공사의 창립'을 공표하고 미군정 직속의 특수기관으로서 신한공사를 설치,[41] 과거 동척을 비롯한 전 일본인소유지를 미군정이 직접 지배했다. 신한공사의 전 일본인소유지에 대한 관리내용을 보면 다음과 같다.

첫째, 신한공사의 총관리면적은 일반농지 282,480정보, 과수원·뽕나무밭 등 특수농지 4,287정보, 산림 37,697정보로서 남한 총경지면적의 13.4퍼센트에 이르렀다. 특히 전남북의 경우에는 각각 경지면적의 24퍼센트, 28퍼센트나 된다. 더욱이 신한공사 관리토지는 일반농지가 압도적 비중을 차지하고 있으며, 일반농지도 거의 대부분이 논으로 구성되어 있고, 논조차도 전남북 등 비옥한 평야지대에 집중되어 있다. 한마디로 신한공사는 생산성이 가장 높은 미작지대를 지배하는 전형적인 지주로 되었으며,[42] 이것은 한국의 농업생산상 실제로는 경지면적 비율보다도 훨씬 중요한 의미를 갖는다(표 12 참조).

둘째, 신한공사 지배하 전 일본인소유지 소작농가 호수는 5만 4천여 호(여기 매달려 있는 가족인원 총계는 300만 명을 넘는다)로 남한 전 농가의 27퍼센트에 달하고, 특히 전남북의 경우 각각 42퍼센트, 43퍼센트나 된다. 이 점만 보아도 신한공사의 동향이 공사에 예속된 많은 소작농가는 물론 남한 농민 전체의 생활에 직간접적으로 결정적인 영향을 미쳤다는 것을 알 수 있다(표 13 참조).

표 12　　　　　　　　　　　귀속농지관리면적표　　(1948. 2) (단위 : 정보)

도별	일반농지				
	논	밭	대지	기타	합계
서울 경기	23,634	9,058	650	1,706	35,648
강원	819	1,055	88	16	1,978
충북	4,927	3,971	427	415	9,740
충남	24,035	7,053	770	1,796	33,654
경북	13,499	6,503	375	463	20,840
경남	26,084	7,327	452	2,801	36,664
전북	57,905	8,496	478	1,392	68,271
전남	55,068	17,663	120	1,906	74,739
제주	17	905	1	23	946
합계	205,988 268	62,631 619	3,343	10,518	282,480

도별	과수원 및 뽕나무밭			농지계	산림	총관리면적
	과수원	뽕나무밭	합계			
서울 경기	591	43	634	36,282	19,267	55,549
강원	18	11	29	2,007	15,598	17,605
충북	112	-	112	9,852	2,832	12,684
충남	332		332	33,986	-	33,986
경북	1,462	244	1,706	22,546	-	22,546
경남	365	49	414	37,078	-	37,078
전북	301	104	405	68,676	-	68,676
전남	421	219	640	75,379	-	75,379
제주	15	-	15	961	-	961
합계	3,617	670	4,287	286,767	37,697	324,464

자료 : 귀속농지관리국, 1949.

　셋째, 호당 경지면적을 보면 신한공사에 예속된 농민은 남한 전체의 51퍼센트밖에 안 된다. 즉 신한공사에 예속된 농민은 극히 영세한 경지면적

표 13   신한공사의 경지면적과 소작농가

지점명	도별	농가호수			경지면적			1호당 경작면적		
		戶	신한공사 (戶)	%	町	신한공사 (町)	%	段	신한공사 (段)	%
서울	경기	280,349	45,009	16	399,027	35,648	9	14.23	7.92	36
	강원	121,897	5,147	4	141,924	1,977	1	11.64	3.84	34
대전	충북	135,224	25,040	19	143,454	9,740	7	10.76	3.88	36
	충남	231,303	72,271	31	250,579	33,654	17	9.97	4.66	47
대구	경북	342,718	49,959	15	363,919	20,840	9	10.63	4.17	39
부산	경남	292,734	80,271	27	260,369	36,664	14	8.63	4.57	35
이리	전북	341,478	140,070	43	240,027	68,271	28	9.94	6.56	66
목포	전남	412,774	172,300	42	320,865	75,685	24	9.77	4.39	57
제주	제주	-	-	-	-	-	-	-	-	-
합계		2,065,477	554,067	27	2,120,164	282,480	13.4	10.1	3.1	51

자료 : 농림신문사 편, 『농업경제연보』(1949); 대한금융조합연합회, 『한국농업연감』(1955).

을 보유하고 있었을 뿐이고, 따라서 가장 고율의 봉건지대가 수취될 수 있었을 것이다.

 넷째, 신한공사에 예속된 소작농가로부터 신한공사를 통해 미군정이 직접 징수한 소작료 총액은 8·15 이후 연평균 13.4억 원에 달했고[43] 1947년 4월 1일에서부터 48년 3월 말까지의 1년간 토지의 수리비, 생산비, 봉급, 임금 등 모든 지출을 공제한 후의 신한공사 순이익만도 약 5억 9천만 원이었다고 한다(표 14 참조). 이미 앞에서 검토한 바와 같이 3·1제에 비해 소작료율이 제한되었다고는 하나, 다른 일체의 소작조건·관행은 종전대로 방치되는 등 소작인 부담은 크게 개선되지 않았다. 따라서 남한 전 농가의 27퍼센트, 남한 총경지면적의 13퍼센트를 관리하는 신한공사는 과거 일본인지주들의 방식을 그대로 답습했다고 해도 과히 틀리지 않을 것이다.

 요컨대 신한공사는 '남한의 최대지주'라는 점, 남한의 가장 우수한 미작지대를 지배하는 지주라는 점, 더욱이 가장 영세한 농민으로부터 일제시

표 14   신한공사결산서   (1947. 4. 1~48. 3. 31)

수입	(원)	여비	62,785,954
생산수입	1,412,665,520	수리비	325,114,008
특수사업수입	57,947,589	물품비	88,048,994
이자	1,357,868	지불요금	39,277,385
잡수입	39,810,929	지불이자	4,747,342
총계	1,511,781,907	각종세	129,741,274
지출		자산차손	1,207,994
생산비	176,802,511	소각비	1,727,146
봉급	92,701,215	총계	924,044,504
입금	9,090,776	순익금	587,737,402

자료 : 농림신문사 편, 『농업경제연보』(1949).

대와 크게 다를 바 없는 봉건지대를 수취하는 전형적인 지주라는 점'에서 그 성격이 단적으로 드러난다. 그러므로 신한공사의 전 일본인소유지 관리는 미군정 통치의 사회적 배경으로서의 지배층에 대한 보호정책의 핵심이었다고 볼 수 있다.

신한공사가 지배하는 전 일본인소유지를 분배하기 위하여 미군정은 유산된 남한 과도입법의원의 토지개혁법안을 토대로 해 1948년 3월 22일 남한과도정부 법령 173호(중앙토지행정처 설치)를 공포하고, '적산'농지 분배를 실시했다. 이와 같이 미군정이 신한공사에 속한 토지의 분배를 단행하게 된 것은 근본적으로는 전후 세계자본주의 재편과정에서의 미국의 극동점령정책, 남한의 정치·사회적 불안과 농민의 토지요구에 대한 대응에 기인한다. 그러나 더 직접적으로는 지주세력의 반대로 입법의원의 토지개혁법안이 묵살된 상황에서 미국의 남한 단독선거, 단독정부 수립방침과 관련하여, 유리한 선거 전개를 위한 미국 측의 정치적 포석과도 직결된 것이었다.[44]

이러한 배경 속에서 미군정이 지주 측의 반대를 무릅쓰고 독자적으로 실시한 전 일본인소유지 분배계획의 주요내용은, ① 신한공사 관리토지

중 산림은 물론 과수원, 대지, 목장을 제외한 농지(田·畓)만을 분배대상으로 하고, ② 자경농지와 소작지를 합하여 총경작지가 2정보를 초과하지 않도록 분배해 농지소유 상한이 2정보가 되도록 하며, ③ 토지매각 우선순위는 해당토지의 소작인, 기타 농민, 농업노동자, 해외로부터의 이주농민 순이었고, ④ 농지가격은 해당 토지 주생산물의 연간생산량의 3배의 현물로 하고 농지가격 지불은 연간생산량의 20퍼센트씩을 현물로써 15년간 연부상환토록 하며, ⑤ 매매계약의 체결과 함께 소유권이 이전되며 연부상환에 대한 임권(賃權) 확보를 위해 중앙토지행정처는 해당 농가와 분배농지에 대해 저항권 설정계약을 체결한다는 것이었다. 이상 미군정의 농지분배계획을 입법의원의 토지개혁법안과 비교하면 전자가 한국인지주 소유 토지를 분배대상에서 제외한 점, 그리고 후자의 3정보 농지소유 상한에 비해 2정보 상한을 설정한 점 외에는 큰 차이가 없다.

이러한 농지분배 계획에 따른 분배결과를 보면 1952년 말 현재 신한공사관리 일반농지 282,480정보 중 논 189,518정보, 밭 56,036정보, 합계 245,554정보가 약 72.8만 농가에 분배되었다.[45] (표 15 참조) 이것은 1945년 말 현재 총경지면적의 11.6퍼센트, 당시 소작지의 16.7퍼센트에 해당되며 나머지 부분에 대한 분배는 정부수립 후로 미루어지게 되었다. 한편 분배농지 가격의 상환실태를 보면 상환해야 할 총량 853만 석(石)에 대해 귀속농지특별조치법[46]이 제정되기 전 1950년 말까지 35퍼센트 남짓한 302만 석이 상환되었고, 그 법정기한인 1954년 말까지는 75퍼센트가 상환되었다. 1951년에서 52년까지에 걸친 흉년, 6·25동란, 과중한 토지수득세를 고려하면 매우 높은 상환율이라고 할 수 있다. 연기된 상환기한인 1957년 말까지에는 88.5퍼센트의 상환율에 이르렀다(표 16 참조).

그러면 미군정의 농지분배를 어떻게 평가할 것인가? 확실히 분배대상 농지가 갖는 중요성(면적·생산력·토지 구성 등의 면에서)에 비추어 해당 농지매도에 의한 전 일본인소유지의 처분, 자작지화 및 관계농민의 토지소유자화(化)는 "우리나라에서 제1차 농지개혁이라 해도 과언은 아닐 것이다." 더욱이 군정당국에 의한 전 일본인소유지의 처분은 "대한민국 정부

표 15   신한공사관리농지의 분배면적과 호수   (단위 : 정보)

연도	분배 전 관리면적			분배면적			피분배 호수(호)
	논	밭	합계	논	밭	합계	
1952년 2월 말	205,988	62,631	268,619	189,518	56,036	245,554	727,632
1957년 12월 말				173,692	51,200	224,892	609,122

자료 : 농림부, 『농림통계연보』(1952) ; 농업은행 조사부, 『농업연감』(1958).

표 16   귀속농지분배의 지가상환현황   (단위 : 벼, 石)

연도	필요상환 총량	상환량	상환율(%)
1952년 2월 말	8,529,070	1,973,879	23.1
1957년 12월 말	8,582,772	7,595,817	88.5
내역			
1954년 말		6,400,156	
1955~57년간		1,195,661	

자료 : 농림부, 『농림통계연보』(1952) ; 농업은행 조사부, 『농업연감』(1958).

수립과 동시에 제일 먼저 농지개혁을 단행하지 않을 수 없는 근원이 되었음은 부인할 수 없는 사실이며", 이런 점에서 그것은 "우리나라에서 농지개혁의 선구가 됨이다."[47] 그뿐만 아니라 미군정당국의 농지매각 전에는 소작농·자작농이 각각 70퍼센트·30퍼센트였지만 매각 후에는 각각 45퍼센트·55퍼센트로 변화되었다는 미첼(C.C. Mitchell)의 지적이나,[48] 분배 대상의 면적·농가수로 보아 남한의 지주·소작에 상당한 변화를 초래했음이 틀림없다.

그러나 군정당국의 전 일본인소유지 분배의 최대목표는 과격한 혁명 방지, 공산주의 진출의 저지를 통하여 수직적 구조체로서의 세계자본주의 재편과정에서의 반공국가를 조속히 건설함에 있었다. 따라서 이 농지분배는 일제 식민지통치 이래 분배 당시까지의 지배적 경제범주로서의 반봉건적 토지소유의 철저한 청산과 농업생산력의 비약적 발전, 나아가 자립적 국민경제의 건설에 대한 당시의 지배적인 요구와 합치될 수 없었던 것이다. 어쨌든 미군정의 입장에서는 스스로 주체가 된 정치지향적인 '개혁'을 통해서 그 최대목표의 달성에는 일단 성공했다고 볼 수 있다.

한편 농민 입장에서 본 미군정의 토지분배는 스스로 그 한계성을 제시하고 있다. 즉, 한국인 지주의 토지는 물론 신한공사 관리토지 중에서도 산림, 과수원 등 기타 농지가 분배대상에서 제외됨으로써 그것은 부분적 농지개혁에 그쳤다. 분배방식도 저당권설정 계약을 통한 경작농가의 자작농화, 토지소유자화이므로 실제로 분배농지는 중앙토지행정처에 저당잡힌 토지로 되었던 것이다. 또한 연평균생산량의 2배로 정해진 농지가격은 해방 후보다 연평균생산량이 상대적으로 많은 1940년에서 42년까지 3개년의 연평균생산량을 기준으로 하고 있으므로 8·15 이후 생산량의 현저한 감소를 감안하면[49] 기준생산량에 대한 2할연부상환은 분배농가의 실부담으로 볼 때 훨씬 그 비중이 커지며, 특히 지가상환도 정액제라고는 하나, 풍흉(豊凶)에 관계없이 해당 토지생산물의 현물석수(정조 2등품 이상)로 계산 세입하도록 되어 있다. 더욱이 현물상환 시에는 '중앙토지행정처가 지정한 창고'까지 세입하는 데 드는 포장비, 운반비 등 비용도 농민이 부담해야 했다. 그뿐만 아니라 더욱 중요한 것은 농지분배에 따른 소유권 이전으로 과거 지주나 신한공사가 일부 혹은 전부를 부담하던 지세, 수세 등도 농민 자신이 부담해야 하며, 기타 호세(戶稅), 소득세 등 공과금, 생산비 일체가 종전보다 과중하게 된 것이다. 이렇게 보면 전 일본인 소유지 경작농가에 대한 당시의 한 실태조사의 결론은 미군정의 농지분배에 대한 농민 입장에서의 실감나는 평가라 아니할 수 없다. 즉 "두말할 것 없이 그것은 토지 양도에 의하여 명목상 토지소유자가 되었다는 것뿐으로 종래와 같이 소작농대로 있는 것보다 도리어 부담이 과중해지며 더욱이 수리시설이 있는 구역, 공출제도가 존속하는 기간에서는 그 부담이 일층 격심해진다는 것을 의미함에 불과하다."[50] 이것은 다소 과장된 평가일지는 모르지만 머지않아 분배 농민들의 가축 등 가재의 방매, 고리대에의 의존, 소작농의 부활을 가져오게 된다는 사태의 귀결을 설명하는 데에 충분하다.

또한 농민 입장에서는 분배대상토지인 전 일본인소유지의 성격[51]에 비추어서도 전 일본인소유지는 무조건 즉시 경작농민에게 분배되어야 할 것이었으나 그것은 일정한 한계를 벗어나지 못했던 것이다.

4 맺음말 — 미군정의 토지정책의 성격

이제 이상과 같은 미군정의 토지정책의 전개과정에 대한 분석을 토대로 결론적으로 미군정의 일련의 토지정책 전반에 관한 성격을 규정해보고자 한다. 즉, 그것은 제2차 세계대전 후 미국을 중심으로 한 세계자본주의 재편과정의 일환으로서의 미국의 대한점령정책이라는 세계사적 시각과, 한국자본주의의 특수한 전개과정에서 전근대적 토지소유로부터 근대적 토지소유로의 변혁이라는 한국근대사적 시각, 그리고 이 양자의 통일적 표현으로서 미군정의 토지정책의 의의를 검토하는 것이다.

지금까지 검토한 바와 같이 해방 후 소작료 3·1제 시책, 신한공사의 전 일본인소유지 관리, 남한 과도입법의원의 토지개혁안의 성립과 유산, 전 일본인소유지 분배 등 미군정이 실시한 일련의 토지정책은 전후 미국을 중심으로 한 세계자본주의 재편과정과 관련한 미국의 대한정책[52]에 의하여 기본적으로 규정된 것이었다. 전후 미국의 극동전략의 핵심은 극동지역에 있어서 공산주의 및 급진적 민족주의운동과 대결하고, 이 지역을 자기의 지배 아래 둔다는 것이었다.[53] 따라서 이러한 극동정책의 일환으로서 미국의 대한정책의 기본목표는 미국이 주도하는 세계자본주의체제의 수직적인 체계 속에 한국을 편입, 한국의 독립을 실현하는 것이었으나,[54] 군정 말기에는 소련의 대한정책,[55] 민족독립에 대한 민족적 요구의 전진에 의한[56] 남한 단독정권을 확보하는 것으로 된다. 결국 남한 단독정부 수립은 미국 입장에서 남한의 조속한 반공국가 건설을 위해서만이 아니라 극동전략과 직결된 것이었다. 그러므로 미군정은 극동정책의 일환으로서 남한에 단독정부를 수립하고 남한의 정치사회적 격동에 대응하기 위해 한편으로 미군정 관할 아래 있는 분단정부수립반대세력·좌익세력을 배제하고, 다른 한편으로 토지분배를 비롯한 일련의 '민주화' 조치를 전개하게 된다. 한마디로 미군정의 토지정책 특히 전 일본인소유지 분배는 미국의 극동전략과 직결된 대한정책의 산물이었다는 것이다. 이러한 미군정의 토지정책 및 이에 따라 기본적 방향이 제시되는 한국정부 수립 후의 농지개혁이 갖는 성격과 한계는 제2차 세계대전 후 동남아시아 국가들에서 미점령군의 농지개혁 추진목적에서도 명확히 제시된다. 즉 해방 후 미군정의 토지정책 및 정부수립 후의 농지개혁은 미국의 '건전온건한 민주주의의 수립'과 변혁적 토지개방이라는 '강력한 압력에 대응한 확실한 방위'라는 것이 제1차적 동기로서 주어진 배경이라는 것이다.[57]

요컨대 이상과 같은 미군정 점령정책의 정치지향적 성격에 비추어 미군정의 토지정책, 농지분배는 식민지반봉건사회의 청산으로서의 내용을 가질 수도 없었고, 농업생산력의 해방을 목적으로 한 것도 아니었다. 그러므로 미군정 토지정책의 기본성격은 국내 공산주의, 급진적 민족주의 세력의 구축과 동시에 전면적 토지개혁 요구를 포함한 정치·사회적 격동에 대응하여 위기에 선 반(半)봉건적 지주제를 미군정 자신의 '위로부터의 개혁'에 의해 타협적으로 해소하려 한 것이었다. 따라서 그것은 봉건적 지배(반봉건적 토지소유)의 타협적 해소의 한 형태로서 정부수립 후 농지개혁의 방향을 설정한 것이었다. 한편 미군정 토지정책은 기본적으로는 반(半)봉건적 지주제의 본질을 잔존시키면서 점령정책의 협력계층으로서 지주세력을 지지 보호하는 측면을 내포하고 있었다는 점도 간과할 수 없다. 즉, 그것은—특히 전 일본인소유지 분배사업은—미국의 대한정책 의도를 관철하는 데는 효과적이었다고 할 수 있으나 '한국인·한국농민을 간과'했다. '미군정이 비참한 농민 대신 특권적 보수엘리트(지주세력 포함 – 필자)를 지지했다는 것은 미국의 대한정책이 갖는 자기성격을 관철한 것이었다.[58]

이러한 미군정 토지정책의 경제적 귀결이 갖는 역사적 의의는 무엇인가? 미군정 토지정책의 귀결, 즉 반(半)봉건적 지주제 혼존(계급으로서의 지주 잔존과 토지가 없거나 적은 농민의 지배적 존재), 이를 원형으로 한 정부수립 후 농지개혁에 의한 반(半)봉건적 지배의 타협적 해소, 이 양자에 의한 영세사적(零細私的) 토지소유인 영세소농경영체제 고착은 한국 자본주의 전개에서 내외독점자본의 자본축적과정을 관류하고 있는 '저임금-저농산물가격'을 뒷받침하는 기초가 되었다. 다시 말하면 미군정의 토지정책은 결과적으로 반(半)봉건적 토지소유의 형태전화와 그에 따른 토지가 없거나 적은 농민의 지배적 존재를 기초로 하여, 저임금-저농산물가격에 의해 내외독점자본에 최대한 이윤을 보장하는 주요계기가 되었다는 것이다. 이 점은 토지정책(토지소유관계의 봉건적 유제 혼존)과 동시에 미군정이 실시한 공출정책, 저농산물가격정책, 잉여농산물도입 등 일련의 농업정책체계가 그 이후 전개될 특수한 유형으로서 한국자본주의 재생산구조의 단초를 이미 드러내고 있다는 점에서도 명확히 확인될 수 있다. 즉, 미군정에서의 3할의 소작료와 수확량의 4 내지 6할에 이르는 강제공출 기타 각종 세금 및 납부금, 군정이 새로 창출한 하곡공출은 농가경제의 영락과 이농(離農), 농업생산의 급감[59]을 초래하게 된다. 또한 저농산물가격정책의 표현으로서 농·공산물 간의 협상가격차(鋏狀價格差)는 급격히 확대되었고,[60] 노동자의 실질임금 수준은 폭락되었다.[61] 이를 배경으로 한국경제에 미국의 잉여농산물 및 과잉소비재 상품시장으로서의 기반이 조성된 것이다.[62] 요컨대 미군정의 토지정책을 포함한 농업정책은 토지소유관계의 봉건적 유제를 기초로 저임금-저농산물가격을 중심으로 한 한국자본주의의 대외의존적 비자립적 전개의 주요 계기를 형성한 것이다.[63] 마지막으로 미군정의 토지정책은 미군정 3년 동안 본격적인 농지개혁을 지연시킴으로써 정부수립 후의 농지개혁의 의의를 크게 감소시켰던 것이다. 즉, 소작료 3·1제 시책, 남한 과도입법의원의 토지개혁입법을 둘러싼 지연전술, 미군정 단독의 전 일본인소유지 분배 등 일련의 과정은 조만간 토지개혁이 실시될 것임을 기정사실화했다. 따라서 지주들이 소작인들에게 토지를 판매하거나 위장매매를 하여 토지개혁으로 인한 피해를 최소로 줄

이게 하는 작용을 했다. 이 점은 신한공사 소작지의 자작지화, 소작농가의 자작농화를 제외하고서도 1945년에서부터 49년 사이에 소작농가의 자작농화, 소작지의 자작지화가 급진전되었다는 사실에서 명확히 드러난다. 바꾸어 말해서 이 기간 중 자작지 및 자작농의 증대와 소작지 및 소작농 감소의 상당부분이 토지방매, 소작관계의 내밀적 지속에 의한 것이다.[64] 따라서 미군정의 토지정책은 한국인 지주소유토지를 포함한 농지의 개혁을 회피 지연시키고 이로 인하여 사실상 개혁대상이 되었어야 할 토지의 상당부분을 제외시키는 결과를 초래했다. 이것은 정부수립 후의 농지개혁에서 구(舊)식민지적 반(半)봉건적 토지소유의 청산과 농업생산력의 해방이라는 토지개혁 본래의 목적을 실현하는 데 일정한 한계를 부여하게 된 것이다.

황한식

서울대 상대 졸업. 동대학원 경제학 석·박사. 전국국공립대학교수협의회장과 한국지역사회학회장 역임. 현재 부산대 경제학과 교수. 주요 논문과 저서로「주민자치와 지역경제의 내발적 발전의 길」『부산지역노동시장의 구조』『도시지역경제학연구』등이 있다.

주

1) 安秉直,「植民地經濟의 성격과 분단의 경제적 의의」,『韓國經濟의 展開過程』(돌베개, 1981), p.33.
2) 농수산부의 농림통계연보에 의하면 경지규모별 농가호수는 1정보 미만층이 70년대를 통하여 66~68퍼센트에 달하고 있다.
3) 소작농가와 소작지면적의 추이

연도	소작농가 비율	소작지 비율	자료 출처
1960	26.2	11.2	농업센서스
1965	30.5	16.8	토지경제연구소
1970	33.5	16.6	농업센서스
1974	29.8	16.2	한국가톨릭농민회
1975	26.9	12.7	간이농업센서스
1976	33.7	14.4	국립농업경제연구소
1977	36.1	16.5	농수산부 농가경제조사

4) 尾崎彦朔,「移行期의 特殊形態로서의 國家資本主義」,『第三世界와 國家資本主義』(東京대학출판회, 1980), p.4 ; 河野健二,「世界資本主義와 國民經濟」,『世界資本主義의 歷史的 構造』(岩波書店, 1970), p.61.
5) 세부적인 면에서 차이가 없는 것은 아니지만 우리나라 대다수 농업경제학자들의 주류는 이러한 견해와 같거나 유사하다.
   ① 유인호,『韓國農地制度의 硏究』(백문당, 1975).
   ② 김병태,「農地制度와 農業生産」,『農業政策硏究』, 제2호(1974) ;「現行小作料의 地代範疇」(『학술원논문』, 제16집, 인문사회과학편, 1977) ;「農地改革의 평가와 반성」,『한국경제의 전개과정』(돌베개, 1981).
   ③ 정영일,「戰後 한국농지개혁에 관한 一考察」,『經濟論集』, IV권 2호.
6) 유인호, 앞의 책, p.150.
7) 김준보,『農業經濟學序說』(고대출판부, 1967), p.313.
8) 김준보,『韓國資本主義史定硏究』, II(일조각, 1974), p.210.
9) 이를테면 식민지사회가 이미 제국주의의 부속물이 아니라 세계를 구성하는 일원으로서 자기의 주체성을 획득하려는 관점에서 파악된다는 주체적·실천적 시각이 결여되어 있는 점, 식민주의와 봉건주의를 통일적 관점에서 파악하고 있지 않다는 점, 농업

외적 조건(독점자본)과 농업일반(소농)적 지배·피지배 관계로만 한국농업을 파악하고 농업생산 자체를 하나의 우클라드로 파악하고 있지 않다는 점, 또는 농업내부에서의 생산방법, 사회적 생산관계를 사상하고 있다는 점 등이 지적될 수 있다.

10) 황한식,「한국농지개혁의 성격에 관한 고찰」,『農業近代化』(1977. 12.).
11) 아시아 근대경제 및 한국 근대경제의 성격규정에 대해서는 몇 가지 상이한 학설이 있으나, 그중에서 "'植民地半封建會經濟' 이론은 식민지 아래 민족독립운동과 제2차 세계대전 후 신생국의 정치적 독립·경제적 자립이라는 역사적 경험을 토대로 생성 보급된 것으로 가장 두드러진 견해라 할 수 있다. 이 이론에 의하면 (半)植民半封建 社會란, ① 일정한 독립의 사회구성체가 아니며, ② 외국자본주의의 침입 이후에 점차로 형성되고, ③ 따라서 모든 계급의 累層的 存在와 그 소장이 뚜렷하며, ④ 상부구조적 변화가 하부구조의 변화에 비하여 한층 격렬하며, 정치사가 점하는 비중이 크다"는 것이다.(安秉直,『中國近代經濟史研究序說』, 서평, 서울대 경제론집 제XIII권 제4호, 1974. 12. ; 梶村秀樹,『朝鮮における資本主義の形成と展開』(龍溪書舍, 1977)
12) 농법이 국민경제적 기초라고 하는 것이 갖는 의미는 다음과 같다.
   ① 인류의 기본적 생활자료인 식량은 농업만이 공급하고, 이것이 여타 기본 건설의 규모와 속도를 최종적으로 결정하는 점.
   ② 농촌이 자주적 공업화에 필요한 추가적 노동력의 공급원이고, 이 농촌 노동력이 공업화에 참가하는 정도는 공업으로부터의 수요와 함께 농업생산력에 관련되고 있는 점.
   ③ 공업에 소요되는 원료의 일부분은 농업으로부터의 공급에 의하고 특히 경공업부문에 그 비중이 크다는 점.
   ④ 농업은 경공업품은 물론 중공업품의 중요 시장을 이룬다는 점.
   ⑤ 경제순환 규모의 확대를 위한 資本蓄積源의 역할을 한다는 점(高瀨淨,『社會アジア經濟論序說』, 評論社, 1970, pp.74~80).
13) Jack Dunman, Agriculture-Studies in the Development as a Whole(London: Lawrence and Wishart, 1975). Dunman은 발전도상국의 경제발전에 대한 문제의식을 전제로 미국, 영국, 소련, 동구 등 자본주의 국가들과 사회주의 국가들에서의 경제발전에 관한 비교경제사적 연구를 통해 자본주의적 공업국가나 사회주의적 공업국가를 막론하고 공업화·경제발전의 역사적 경험 속에서 농업생산의 발전이 일국공업화의 기초적 조건임을 확인하고, 경제학자들 간의 농업경시·무시 경향을 경고하고 있다.
14) 三好四郞,『半封建的土地所有論』(刀江書院, 1956), pp.19~27; 上原信博,「日本資本

主義の戰後段階と農地改革」, 토지제도사학회 편, 『資本と土地所有』(1979), p.398.
15) 小池基之, 『地主制の研究』(有斐閣, 1957), pp.48~51.
16) 權泰燮, 『朝鮮經濟의 基本構造』(同心社, 1947), pp.102~104 ; 三好四郎, 앞의 책, pp.1~31.
17) 봉건적 토지소유·봉건지대·경제외적 강제의 상호관계 및 각각의 위치에 관해서, 그리고 경제외적 강제의 유무, 강약이 봉건제 여부를 규정하는 기준이 될 수 없다는 점에 대해서는 다음 논문을 참조. 吉岡昭彦, 「封建的土地所有, 封建地代, 經濟外强制」, 『西洋經濟史講座』, 1(岩波書店, 1970) ; 山岡亮一 편역, 『封建社會의 基本法則』(有斐閣, 1956) ; 三好四郎, 앞의 책, pp.26~27 ; 張失遠, 「植民地下 朝鮮의 半封建的 土地所有에 관한 연구」(서울대 경제학 석사논문, 1980), pp.46~54 ; 황한식, 「현행소작제도의 성격에 관한 고찰」(서울대 경제학 석사논문, 1977), pp.9~20.
18) 1929년에는 자작농의 50.6퍼센트, 자작 겸 소작의 71.4퍼센트, 소작농의 67.0퍼센트가 1정보 미만이었다(조선총독부, 『朝鮮の小作慣習』, 1929, pp.31~33).
19) 권태섭, 『조선경제의 기본구조』(동심사, 1947), pp.107~109.
20) 생산과정의 개인적 성격은 자본제에서의 생산과정의 사회적 성격에 대응하는 것으로 자기의 생산수단과 자기의 노동력이 직접 결합된 소생산농민=직접적 생산자의 지배적 존재를 말하며, 이것은 바로 봉건지대의 성립기반이 된다.
21) 佐佐木隆爾, 「第二次大戰後南韓における土地改革要求について」, 『朝鮮史研究會論文集』, 4(極東書店, 1968. 9.), pp.165~166.
22) 한국농업에서 영세적 과소농제적 경향의 근본원인을 경지면적의 증가가 농가호수 혹은 인구의 증가를 따르지 못한다는 불가항력적인 자연적 관계로 설명하는 견해를 흔히 보지만, 그것은 농업생산력의 발달을 저해하는 반봉건적·식민지적 사회관계와의 관련 아래서만 정확히 파악될 수 있다.
23) 三好四郎, 앞의 책, pp.20~21.
24) 佐佐木隆爾, 앞의 글 참조.
25) 농지개혁사편찬위원회, 『농지개혁사』, 상권(농림부 농지국, 1970), p.337.
26) 조선은행 조사부, 『조선경제연보』(1948), pp.1~345. 유인호 교수도 소작료 3·1제 실시는 "토지문제 해결의 근본이 될 토지개혁으로 이어질 '前奏로서의 의의를 가지고 있는 것'으로 파악된다"고 하면서 미군정은 출발 당초부터 토지개혁에 대한 적극적 의지를 갖고 있었던 것으로 평가하고 있다(유인호, 『한국농지제도의 연구』, 백문당. 1975, pp.120~121).

27) 櫻井浩, 『韓國農地改革の再檢討』(アヅア經濟研究所, 1976), pp.45~46.
28) Kinney, 『日本日記』, 하(筑摩書房, 1951). 櫻井浩, 같은 책, p.47에서 재인용.
29) 미군정이 실시한 世論調査 결과에 의하면 소작인들은 현재 토지를 갖고 싶어 하지 않으며 장래 한국정부가 이들에게 토지를 줄 것이라고 기대하고 있다는 것인바, 이는 당시 농민의 강렬한 토지요구를 외면한 비현실적인 '世論'임이 분명하다.
30) 해방 직후 東拓과 같은 대농장에서는 소작인이 대표를 선정, 농지를 관리했고 일본인 小地主 등은 토지를 팽개치고 경찰이 있는 도시로 이동하는 경우가 많았으며, 이렇게 해서 소유자가 없어진 토지는 소작인이 자기 토지로 하거나 분배가 필요할 때 지방의 자치적 권력의 주체로 분배되는 것이 보통이었다. 결국 이들 일체의 토지도 농민의 격렬한 저항이 있었지만 미군정에 귀속되었다(C. Clyde Mitchell, Land Reform in Asia, 1952, p.8).
31) 소작료 3·1제를 규정한 '최고소작료 결정의 건'은 별칙이나 시행세칙도 없고 지주에 대한 도덕적 규범에 지나지 않았다는 점에서 강력하고 실효성 있는 소작료 제한조치라고 보기에는 미흡하다.
32) 1945년 11월 10일 미군정 농무부의 '소작료에 관한 건'(9호 법령의 의미를 명확하게 하기 위한 것)에서도 ① 소작인은 소작료 외에 水利費의 반을 부담하지 않으면 안되고, ② 농약, 비료, 종자, 농구, 농용시설, 토지개량, 운반 등의 대가 및 비용의 부담 혹은 세금, 회비, 볏짚처분 등에 대해서는 종래대로 한다고 되어 있다.
33) 인정식, 『조선농업경제론』(박문출판사, 1949), pp.65~100.
34) C. Clyde Mitchell, Land Reform in Asia(National Planning Association, Planning Pamphlet, No. 78, February, 1952).
35) 우익 비상국민회의와 좌익 민족주의민주전선으로 남한 정계가 양분되는 상황에서 미군정은 좌우합작정책을 추진한다. 그것은 공산계열을 제거한 온건좌파와 극우를 포함한 우파 간의 좌우합작이었다. 이러한 미군정의 좌우합작정책 아래서 좌우합작위원회의 요청을 받는 형식으로 입법의원의 설치에 착수했다. 그러니 결국 혁신적인 정책을 실시할 수 있는 온건한 좌·우 양익의 제휴를 성사한 것은 아니었다.(櫻井浩, 앞의 책, pp.48~51)
36) 대다수 입법의원이 이 법안의 상정을 반대한 명분은 농지개혁과 같은 중대문제는 한국정부 수립 후에 실시되어야 한다는 것이었으나, 그 진정한 반대이유는 토지개혁을 반대하고 지연시키기 위한 것이었음은 물론이다. 당시경제인연합단체인 조선상공인회의소도 입법의원의 농지개혁법 제정에 대하여 동일한 논거로 반대건의를 했으며,

그것은 조선상공인회의소 구성원의 상당수가 지주적 성격을 동시에 가지고 있었기 때문이다.(농지개혁사편찬위원회, 앞의 책, p.358)

37) Shannon McCune, Land Redistribution in Korea(Far Eastern Survey, Vol.XVII, No.2, January 28, 1948).

38) 입법의원 90명 중 45명의 민선의원은 4단계 간접선거 방식에 의하여 선출하고, 나머지 45명 선출은 미군정장관의 임명제였으며, 진보세력을 제거하는 상황 속에서 선거가 실시되었다. 선거결과 민선의원은 한민당, 독립촉성국민회, 한독당과 무소속 의원만으로 구성되었고, 이러한 선거결과는 미군정이 사전에 예상한 대로였다고 한다. (Kinney, 앞의 책, p.95)

39) Shannon McCune, 앞의 책.

40) 일본 농지개혁의 경우 일본자본주의 발달에 따라 농지개혁 반대세력으로서의 지주세력이 이미 상당히 약화되고 있었으나, 미군정하 한국은 자본주의의 미성숙 때문에 2, 3차산업 자본가로서의 국내 지배계층이 거의 없었으며, 지주계급을 중심으로 한 반봉건적 경제범주가 지배적이었다. 따라서 대지주의 정치적 발언권이 계속 강하게 작용했다(李鍾熏,「한국자본주의형성의 특수성」,『한국경제의 전개과정』, 돌베개, 1981, pp.104~104).

41) 新韓公社는 처음에 미군정의 한 기관으로 발족하여 군정에서 독립된 회사로 되었으나, 이 회사는 미군장교를 사장으로 하며 사장은 미국적 이익에 관한 정책을 결정하는 全權을 보유하고 있었고, 東拓재산을 그 회사로 이전하는 형식으로 미군정이 단독 출자했고 군정만이 회사 해산권을 보유하며, 전 일본인소유지에 대한 독자적 지배를 관철하기 위한 기구였으므로 사실상 미군정 직영이었다.

42) 이를테면 1947년 신한공사 소유지 쌀생산량이 남한 전체 쌀생산량의 25퍼센트에 달했던 것이다(Shannon McCune, Land Distribution in South Korea, Pacific Affairs, Vol.XXII No.2, June, 1949).

43) 인정식, 앞의 책, p.59.

44) 1948년 봄의 토지매도와 선거는 상호 관련된 것이었다. 전 일본인소유지를 농민에게 공평하게 효과적으로 분배한 것은 투표 시 어느 정도 공산주의 거부를 가져왔던 것이다.(C. Clyde, Mitchell, 앞의 책, p.13)

45) C. C. Mitchell에 의하면 1948년 8월 11일까지 분배대상농지 총필수의 85퍼센트가 분배 완료되었다(C. Clyde Mitchell, 같은 책, p.19).

46) 귀속농지특별조치법(법률 제185호)은 1951년 3월 9일 미군정이 실시한 토지분배의

상환방법(평균생산량의 20퍼센트씩 15년간 상환)과 정부수립 후 농지개혁의 상환방법(평년작 주생산물 생산량의 30퍼센트씩 5년간 상환)의 통일을 기하기 위해 제정된 것이다.
47) 농지개혁사편찬위원회, 앞의 책, p.353.
48) C. C. Mitchell, 앞의 책, p.144. 그러나 Mitchell 이 지적한 지주·소작 관계의 변화는 미군정의 농지분배의 결과로만 볼 수 없으며, 해방 이후 이 농지분배가 이루어지기까지 토지개혁에 대비한 지주의 소작지 방매, 위장매매 등에 의한 소작농의 자작농화, 소작지의 자작지화를 포함하고 있다는 점에서 미군정의 농지분배의 결과를 과대평가 하고 있다. 이 점은 나중에 상세히 검토될 것이다.
49) 남한의 쌀단당생산량(精米, 단위 : 石)

1940	1,304	1946	1,088
1941	1,591	1947	1,233
1942	1,298	1948	1,381
평균	1,394	평균	1,234

자료 : 농림부, 『농림통계연보』(1952).

50) 인정식, 앞의 책, pp.65~67.
51) 전 일본인소유지는 토지조사사업에 의한 토지수탈, 일인농장의 74~76퍼센트의 고율의 소작료수취, 기타 수리사업 등에 의한 토지겸병 등등 일제의 제국주의적 수탈과 봉건적 착취의 소산이었고, 그리고 일인에게 토지를 빼앗긴 사람은 한국의 지주나 양반이 아니고 자작농, 자소작농, 소자작농 등의 소토지소유자였다(인정식. 앞의 책, p.56).
52) 제2차 세계대전 후 패전국의 점령지에 대한 미국적 정책은 대전 직후 격발하기 시작한 식민지체제의 붕괴, 민족해방운동의 승리, 사회주의 국가의 다수출현이라는 세계자본주의체제의 전반적 위기의 심화에 대응한 세계자본주의의 수호자로서의 입장과 이해관계의 한 표현으로 파악될 수 있다. 미국 정보부의 평가에 따르면 일제억압 아래서 농어민·노동자층을 포함한 저항운동세력은 그 당시 다른 점령지와 비교할 때 상당히 잘 조직되어 있었으며, 따라서 이 저항운동 세력이 일제의 패망과 함께 곧 공식적인 권력을 획득하리라는 것이었다. 이는 한국을 사회주의권에 접하는 전초적인 군사기지 국가로 편성함으로써, 사회주의 세력에 대항하고 세계자본주의를 수호하려는 전후 미국의 세계정책의 일환을 심각하게 위협하는 경향이 아닐 수 없으며, 이러한 배경에서 이후 미국의 對韓政策의 기조가 결정되었던 것이다. 요컨대 미국의 한국점령의 목적은 원래 한국의 토착적인 좌익세력을 분쇄함으로써 한국 그 자체

내 '공산주의에 대항하는 요새'를 건설하는 데 있었다.(E. Grant Meade, American Military Government in Korea, N.Y., 1951, pp.34, 52)
53) 小野田求,「韓國の解放とアメリカ」,『朝鮮史硏究會論文集』, No. 16(龍溪書舍, 1979. 3).
54) 小野田求, 같은 글, pp.142~148.
55) 1948년 4월 미국적 국가안전보장회의는 "소련의 한국정책의 주목적은 결국 한국 전토에 대한 지배를 달성하는" 것이며, 만약 "한국 전토에 대한 소련의 지배권이 확대되면 중국, 일본에 대하여 소련의 전략적 지위를 높이게 되고, 이들 지역과 극동 전체에 있어서 미국적 지위를 거꾸로 저하시키게 될" 것이라고 지적하고 있다(United States Department of State, *Foreign Relations of the United Stated*, 1948, Vol. VI, p.1167).
56) 노동자·농민을 중심으로 한 한국의 민족운동은 크게 신장되었으며 소위 친일파·대지주의 정당강령에도 어떠한 형태로든지 토지개혁과 중요산업의 국유화를 내세우지 않으면 정치적으로 존재할 수 없을 정도로 고양되었던 것이다(李起夏,『韓國政黨發達史』, 1961, p.63).

토지개혁 요구와 관련한 당시 자본가의 역할에 대해 권태섭 씨는 "역사적 사명으로 볼 때 민족자본가는 당연히 토지개혁의 전위적 역할을 수행해야만 될 것이나, 한국 민족자본가는 그 대부분이 친일적 전쟁범죄자에 속하는 자가 많고 또 그들은 대부분이 지주적 성격을 倂有하고 있는 까닭에 토지의 평민적 해결을 거부한 것이다. 그리하여 그들은 일제시대와 같이 半封建的土地所有制를 토양으로 대지주와 결탁하여 한국경제의 독점적 지배와 정치적 패권을 꿈꾸고 있을 것이다"라고 지적하고 있다. 그리고 당시에 半封建的大地主와 자본가가 상호 결합되어 토지해결을 거부하고 있다는 것이다.(권태섭,『조선경제의 기본구조』, 동심사, 1947, p.139)
57) "이리하여 토지개혁은 일반적으로 패전하의 저소득·식량부족이라는 급박한 생활상태를 배경으로 하여 내외의 서로 호응하는 힘에 의하여 실현되었다. …… 제2차 세계대전 후, 일본·동남아시아 제국의 농지개혁도 본질적으로는 그와 같은 것이다. 그것은 패전 후의 식량부족과 인플레의 격화 등 경제적 핍박상태하에서 점령군의 지휘와 혁명적 분위기에서 급템포로 실시되었다는 특징을 갖고 있지만 이 기묘한 조건의 결합(점령군의 지휘와 혁명적인 분위기 - 필자 강조)이야말로 농지개혁의 본질을 단적으로 표현하는 것이었다. ……이것은 점령군에 의해서 '건전·온건한 민주주의를 발족 출범시키기 위해 이보다 확실한 근거는 있을 수 없고, 또한 과격한 사상이

압력에 대항하기 위해 이보다 확실한 방위는 있을 수 없다'(일본의 제2차농지개혁법 성립 당시 맥아더 성명)는 것으로 평가되었다...... 따라서 그것은...... 혁명노력, 급진적 운동에 대한 강력한 저항세력의 기초를 의도한 성격을 가지고 있다...... 역사상 특정 시기, 특수한 환경, 특정 한도 내에서 실현된 것이지만 그것은 기본적으로는 전후 동남아시아의 경우에도 마찬가지였다."(川野重任,「土地改革の社會經濟的意義―東南アジアにおける」, 東京대학교 동양문화연구소 편, 『土地所有の史的硏究』, pp.528~530)

58) Frank Baldwin, ed., *Without Parallel : The American-Korean Relationship since 1945*(N.Y.: Pantheon Books, Random House, 1973, pp.8~10. 일반적으로 독점자본주의 이후의 단계에서 선진자본주의 열강들은 식민지나 종속국에 대해 한편에선 초과이윤을 수취하는 직접적인 기구를 형성하기 위하여, 또 다른 한편에선 피지배국민을 편제할 수 있는 정치·경제 체계를 만들어냄으로써 지배를 유지하고, 변혁을 저지하기 위하여 식민지나 종속국의 봉건세력이나 예속자본가층과 결탁함으로써 內國植民主義지배의 지주를 육성 강화한다. 미군정도 이러한 패턴의 예외일 수는 없었다.).

59) 1944년의 곡물생산량을 100으로 할 때 1947년의 그것은 87.1퍼센트, 경지면적은 78.7퍼센트로 저하되었다(조용범, 앞의 책, p.72).

60) 예컨대 공출가격은 생산비의 5분의 1밖에 안 되었고(인정식, 앞의 책, p.99), 서울시 생활필수품 소매물가 상품별 지수표에 의하면 1945년 8월을 100으로 할 때 1947년의 곡물가격지수는 821.31인데 소매물가 상품총평균지수는 1,218.3이었다(조선은행 조사부, 앞의 책, p.III~142).

61) 예컨대 1936년을 100으로 기준한 때 1945년 6월 실질임금지수는 108.88이나, 1947년 12월에는 30.54로 폭락된다(조선은행 조사부, 앞의 책, 1948, pp.I~215 및 한국노총, 『한국노동조합운동사』, pp.254~255).

62) 1946년 5월에서 48년 7월까지 미국에서 수입된 소맥, 소맥분, 설탕만도 77만 4천 톤, 1945년 9월에서 48년 말 사이에 미국상품수입액은 4억 3천만 달러에 달했고, 그중 곡물 기타 식료품비중이 40퍼센트나 되었다.

63) 제3세계의 대외의존적 자본주의 발전의 길은 대외의존적이긴 하지만, "자본주의우클라드의 발달은 사회관계에서 새로운 요소를 다소간·조만간에 필연적으로 영입하지 않을 수 없다." 그러나 대외의존적이기 때문에 "전기적 우클라드의 해체로 배출된 새로운 요소는 균형된 자립적 국민경제에 흡수 재배치되지 못하고 도시 혹은 농촌에

영락자로서, 즉 자기가 속했던 우클라드로부터도 뿌리가 잘려지고, 새로이 귀속되어야 할 우클라드에도 정착하지 못한 대량의 층으로서 부단히 체류하지 않을 수 없다." (尾崎彦朔, 「移行期の特殊形態としての國家資本主義」, 『第三世界と國家資本主義』, p.30) 그리고 供出에 의한 1948년의 총양곡수집자금은 245억 6천만 圓이고, 공출농가에 살포한 외국비료의 총판매가격은 약 237억 원이었다. 결국 농민들은 연생산량의 절반 가까이 공출해서 외국비료를 구입한 것과 같으며 전 농촌이 외국의 상품시장으로 되었음을 의미한다(인정식, 앞의 책, p.100).

64) 황한식, 앞의 글, pp.65~69.

참고문헌

兪仁浩, 『韓國農地制度의 연구』, 박문당, 1975.
金俊輔, 『農業經濟學序說』, 고대출판부, 1967.
_____, 『韓國資本主義史硏究』, II, 일조각, 1974.
金炳台, 『韓國農業의 發展理論』, 對話出版社, 1979.
농지개혁사 편찬위원회, 『농지개혁사』, 상권, 농림부 농지국, 1970.
印貞植, 『朝鮮農業經濟論』, 박문출판사, 1949.
金潤煥 외 10인 공저, 『韓國經濟의 展開過程』, 돌베개, 1981.
李起夏, 『韓國政黨發達史』, 議會政治社, 1960.
文八龍·潘性秖·D.H. 퍼킨스 공저, 『韓國의 農村開發』, 한국개발연구원, 1981.
權泰燮, 『朝鮮經濟의 基本構造』, 동심사, 1947.
李鍾熏, 『韓國經濟論』, 법문사, 1979.
한국가톨릭농민회, 『農地賃借關係實態調査報告書』, 1974.
조선은행 조사부 편, 『朝鮮經濟年報』, 1948.
鄭英一, 「戰後 農地改革에 관한 一考察」, 『經濟論集』, VI-2, 서울대 경제연구소, 1967. 6.
Frank Baldwin, *Without Parallel—The American-Korean Relationship since 1945*, New York: Pantheon Books, 1973.
Rodney Hilton, *The Transition from Feudalism to Capitalism*, 1976.
Ki Hyok Park, "Economic Analysis of Land Reform in the Republic of Korea with Special Reference to an Agricultural Survey," Ph.D. Thesis, 1956, University of Illinois.
Jack Dunman, *Agriculture: Capitalist and Socialist*, London: Lawrence and Wishart, 1975.
Gregory Henderson, *Korea: The Politics of the Volten*, Harvard University Press, 1968.
C. Clyde Mitchell, *Land Reform in Asia*, 1952.
小野田求, 「朝鮮の解放とアメリカ」, 朝鮮史研究會論文集. No.16, 龍溪書舍.
土地制度大學會 編, 『資本と土地所有』, 農林統計協會, 1979.
櫻井浩, 『韓國農地改革の再檢討』, アジア經濟研究所, 1976.
尾崎彦朔 편, 『第三世界と國家資本主義』, 東京大學出版會, 1980.

高瀨淨,『アジア社會經濟論序說』, 評論社, 1970.

田中正俊,『中國近代經濟史硏究序說』, 東京大學出版會, 1973.

山田盛太郞 편,『變革期の地代範疇』, 岩波書店, 1966.

三好四郞,『半封建土地所有論』, 刀江書院, 1956.

上原信博·川上正道,『農業政策論』, 有斐閣, 1970.

小池基之,『地主制の硏究』, 有斐閣, 1958.

栗原百壽,『農業問題入門』, 有斐閣, 1955.

川野重任,「土地改革の社會經濟的意義」,『土地所有の史的硏究』, 東京大學 東洋文化硏究所.

大塚久雄·高橋幸八郞·木公田知雄 편,『西洋經濟史講座』, I·II·III, 岩波書店, 1970.

東京大學 社會科學硏究所 편,『戰後改革』(6. 農地改革), 東京大學出版會, 1975.

趙容範,『韓國經濟論』, 東洋經濟新報社, 1974.

佐佐木隆爾,「第二次大戰後南韓における土地改革要求について」,『朝鮮史硏究會論文集』, 4, 極東書店, 1968.

농지개혁과정에 관한 실증적 연구
충남 서산군 근흥면의 실태조사를 중심으로

장상환

1 머리말

연구의 목적

　농지개혁이 실시된 지 벌써 35년의 세월이 지났다. 농지개혁은 농업의 기본적 생산수단인 토지소유제도를 변혁함으로써 농촌사회 전반에 지대한 영향을 미친 큰 사업이었다. 이를 계기로 지주계급은 없어졌고, 농민들은 대부분 자작농이 되었으며 동시에 농업생산력과 농가경제의 향상이 기대되었다. 그러나 1960년대와 70년대의 공업화과정을 거치면서 도시에서는 자본주의적 생산관계가 확대되고 질적으로도 심화되어 있는 반면, 농촌에서는 농업생산관계가 소상품생산의 범주를 크게 벗어나지 못하고 있고, 최근의 실태조사에 의하면 소작과 자소작을 합쳐서 소작농이 전 농가의 56퍼센트에 달할 정도로 소작관계가 확대되었으며, 소작지도 전농지의 26.8퍼센트인 58만 정보나 되고 있다.[1] 동시에 식량자급도도 5할 수준으로 떨어지고, 외국농산물도입과 국내 과잉생산으로 농산물가격이 폭락, 농가부채가 누적됨으로써 농업생산력의 정체와 농가경제의 파탄이라는 위기적 사태에 이르렀다.
　이러한 농업의 정체상황을 해결하기 위해서는 우선적으로 현재 농업문제의 본질을 올바로 해명해야 한다. 즉 현재의 농업생산관계를 규정하는 토지소유의 성격을 밝히고 농업과 비농업과의 관계, 나아가 한국자본주의 재생산구조를 구명하는 작업이 선행되어야 할 것이다. 그런데 현재 농업생산관계는 해방 후 농지개혁에 의해 형성되었고, 그 후 약간의 양적인 변화는 있었으나 질적인 큰 변화는 없었기 때문에 농지개혁의 평가에 따라 오늘날 농업문제의 본질에 대한 인식도 달라지게 된다.

그러나 그동안 농지개혁에 관한 조사연구는 대단히 미흡한 편이었다. 정부에서는 1970년에 농지개혁 이전의 토지제도 변천과 농지개혁법의 제정과정을 다룬『농지개혁사』(農地改革史) 상권을 냈을 뿐 농지개혁 실시과정을 다룬 보고서는 아직 내놓지 못하고 있다.[2] 학자들에 의한 기존 연구도 대체로 농지개혁에 대한 각 정치세력의 정강정책, 귀속농지의 분배경위, 농지개혁법의 입법과정에서의 지주의 반작용에 의한 우여곡절, 농지개혁법 내용의 분석 및 문제점 지적, 그리고 농지개혁의 결과에 대한 전국적 통계의 음미 등 주로 법제적 차원에 머물렀다.[3] 그리고 해방 후 농지개혁까지의 농촌사회의 상황이나 농지개혁이 농촌현지에서 추진되어나가는 과정에 대한 실증적 연구는 거의 없는 실정이다.

이 글은 이러한 농지개혁연구의 결함을 보완하면서, 일제하의 기생지주제가 해방 이후 정치적 사회적 격동 속에서 어떻게 변모 약화되고 농지개혁에 의해 어떻게 타파되는가를 농촌 일선 행정기관의 공문서[4]와 지주가(地主家) 자료,[5] 농민들의 증언에 의거해 구체적으로 파악하는 것을 목적으로 한다. 이러한 실증연구는 농지개혁을 통한 농촌 토지소유관계의 변화 내용을 밝힘으로써 한국농지개혁의 역사적 성격을 좀더 명확히 규정하는 데 도움이 될 것이다. 또한 현재 농업문제의 본질, 특히 토지문제의 본질을 해명하는 데 출발점이 될 것이며, 나아가서 한국사회구성체의 성격을 구명하는 한국경제사학의 당면과제를 해결하는 데 그 기반이 될 것이다.

기존 연구의 검토

기존 연구의 농지개혁에 대한 평가는 대체로 세 가지 정도로 나뉜다. 첫째, 대부분의 견해는 농지개혁이 '반(半)봉건적 토지소유'를 타파하고 '농민적 토지소유'를 확립한 것으로 본다.[6] 그러나 농업생산력의 증진과 농가경제의 향상에는 농지개혁이 별로 기여하지 못했다고 본다. 그 이유로는 분배대상 농지 중 40퍼센트 미만이 분배되고 나머지는 '대부분 시가(時價)를 기준한 일시불 형식으로 소작농에게 강매'된 점, 산림·원야(原野) 및 기타 생산수단이 개혁대상에서 제외된 점, 농지개혁사업의 주체가 농민이 아니고 정부와 구지주층이었던 점,[7] 개혁 후 영농규모의 영세성이 심화된 점,[8] 농지대가 상환곡 부담의 과중과 임시토지수득세 부담 등으로 수매농지를 대량 매각한 점 등을 들고 있다. 최근에 와서 기본적으로 위의 입장에 서면서도 농지개혁을 좀더 적극적으로 평가하려는 시도도 나타나고 있다.[9] 즉 농지개혁은 새로운 농업기술 수용의 기반을 제공하고 자녀교육 확대를 통하여 1960년대 이후의 경제개발 과정에 양질의 인력을 제공했다는 것이다.

둘째, 일부에서는 농지개혁이 자유로운 농민적 토지소유를 창출한 것이 아니라는 의견도 있다.[10] 즉 전후 농지개혁의 기본성격은 '봉건적 지배의 타협적 해소'의 한 형태이며, 농지개혁이 창출한 자작농적 토지소유는 아직 반(半)봉건적 토지소유의 대립물인 농민적 토지소유라 할 수 없다는 것이다. 그리고 그 논거로는 개혁의 주체가 농민이 아니라 미군정, 지주 및 보수적 관료집단이며, 소작지 중 일부만 분배되고 나머지는 시가기준의 일시결제로 방매된 것이거나 형식적인 명의 변경이고, 개혁 후에도 토지 없는 농민, 토지 적은 농민이 광범하게 존재한 점 등을 들고 있다.[11]

위와 같은 농지개혁에 대한 평가의 차이는 오늘날 농업문제의 본질에 대한 인식 차이와도 직결되어 있다. 첫 번째 견해는 농지개혁을 통해 성립된 농민적 토지소유가 가격, 공출, 금융 등을 통한 독점자본의 수탈로 원활한 발전의 길을 봉쇄당하고 일부 소작농으로 전락했으나, 그 성격은 반(半)봉건적인 것이 아니고 '소농적 차지농'(小農的 借地農), 즉 과도적 성격이 지배적이라고 본다.[12] 따라서 농업문제의 본질은 독점자본의 농업지배이며 토지문제 해결의 과제는 협업화를 통한 영세농경제(零細農耕制)

의 지양에 있게 된다. 반면 농지개혁은 반봉건적 토지소유의 타협적 해소에 있다고 보는 두 번째 견해는 이 농지개혁의 실패가 오늘날 농업문제의 원천이 되며, 그때 잔존한 지주·소작 관계가 지금의 소작제 확대의 근원을 이룬다고 보고 현행 소작제를 반봉건적 성격의 것으로 규정한다. 따라서 토지문제 해결의 과제도 소작지의 분배에 의한 농민적 토지소유의 확립, 특히 토지가 없거나 적은 농민에 대한 토지해방에 있게 된다. 필자는 기본적으로 전자의 견해에 서 있다.

셋째로 일부 견해는 농지개혁의 성격이 '일제하 노동자화하려는 소작농에 대해 생산수단인 토지를 부여함으로써 중산계급의 형성에 의한 농촌사회의 정치적 안정을 기함'에 있었다고 본다.[13] 그리고 농지개혁의 결과 중간적 지대 즉 이윤의 수취기구인 지주를 배제하고 독점자본과 소농계급을 직결시키는 기구를 형성했다는 것이다.

이런 견해 대립에는 각종 개념에 대한 이해의 불일치, 농지개혁을 보는 시각의 불일치 등과 함께 한국농지개혁에 대한 정확한 사실인식의 부족도 작용하는 것 같다. 이의 해소를 위해서는 우선 농지개혁을 보는 시각을 올바로 설정해야 한다. 즉 자본주의는 스스로의 발전에 따른 노동력 확보 및 시장 확대의 요구에 따라 봉건적 토지소유를 필연적으로 극복한다는 일반적 법칙을 승인하면서 한국사회의 특수한 규정에 의한 그 구체적 형태를 밝혀야 할 것이다. 한국의 농지개혁은 조선 후기 이래의 농민적 농업생산력의 발전과 그를 기반으로 한 항조·거납운동(抗粗拒納運動) 등 봉건적 토지소유 해체의 에너지와 자본주의 범주의 성장에 따라 내재적으로 요구되었으며, 북한의 토지개혁과 미군정의 한반도정책이라는 정치적 계기에 의하여 촉진되었다고 할 수 있다.

연구과제 및 연구방법

그런데 농지개혁의 성격과 역사적 의의를 정확히 평가하기 위해서는 우선 사실에 대한 정확한 조사 연구가 전제되어야 한다. 이 글은 농지개혁의 구체적 내용을 분석하는 데 앞에서의 기존 연구의 검토를 토대로 다음과 같은 몇 가지를 중점적으로 밝혀보고자 한다.

첫째, 농지개혁을 통하여 반(半)봉건적 토지소유는 타파되고 농민적 토지소유(경자유전의 원칙)는 확립되었는가? 여기서 반봉건적 토지소유는 "자본주의의 세계시장 지배 아래 농업의 상품화가 강요되고 인간의 노동력까지도 광범하게 상품화되면서도 농업경영 자체의 자본주의화는 선진국의 시장지배에 따라 저지되는, 여러 후진 지역 특유의 조건하에서 성립되는 토지소유관계"[14]로서 대토지소유와 분산적 소경영, 모든 잉여노동의 지대로의 흡수 등 봉건적 토지소유의 본질을 그대로 유지하면서 다만 토지가 상품화되고 경제외적 강제가 완화된 점에서 차이가 난다. '농민적 토지소유'는 "농민이 아무런 지대지불 의무를 지지 않으며, 경제외적 강제에서도 해방되는 토지소유제도"[15]로 정의된다.

둘째, 해방 후 농지개혁 전까지의 지주의 소작지 방매는 시가에 비해 어느 정도의 가격으로 행해졌으며, 분배받은 조건과 비교해서 소작농에게 얼마나 불리했는가. 방매방식은 강매였는가 아니면 지주의 간청에 의한 것이었는가.

셋째, 농지위원회의 구성과 활동에는 지주의 이익이 얼마나 반영되었는가.

넷째, 분배받은 농가가 개혁 후의 보완조처 결여로 말미암아 수분배(受分配) 토지를 계속 유지하지 못하고 상환 완료 전에 매각한 것은 얼마나 되는가.

이러한 과제를 해결하고 농지개혁의 실제적 과정을 밝히기 위해 이 글은 사례연구 방법을 택했다. 사례연구 지역으로는 충남 서산군 근흥면(近興面)을 선택했다. 그 이유는 근흥면 안기리(安基里)에 있는 일제하 지주 이성진가(李性鎭家)에 이 연구에 필요한 해방 후 농지개혁 때까지의 지주경영문서가 있었고, 또한 근흥면사무소에 농지개혁 관계 공문서가 거의 완벽하게 보존되어 있었기 때문이다. 조사는 1984년 4월에서 10월에 걸쳐서 행해졌다. 근흥면은 충남 서북단의 해안지역에 있으며, 중산간지대로서 1949년 현재 경지면적은 논 831헥타르, 밭 478헥타르, 합해 1,309헥타르였다. 같은 해의 농가호수는 1,303호로서 호당 경지면적 1헥타르 정도였

그림 1 　　　　　서산군 근흥면 지역

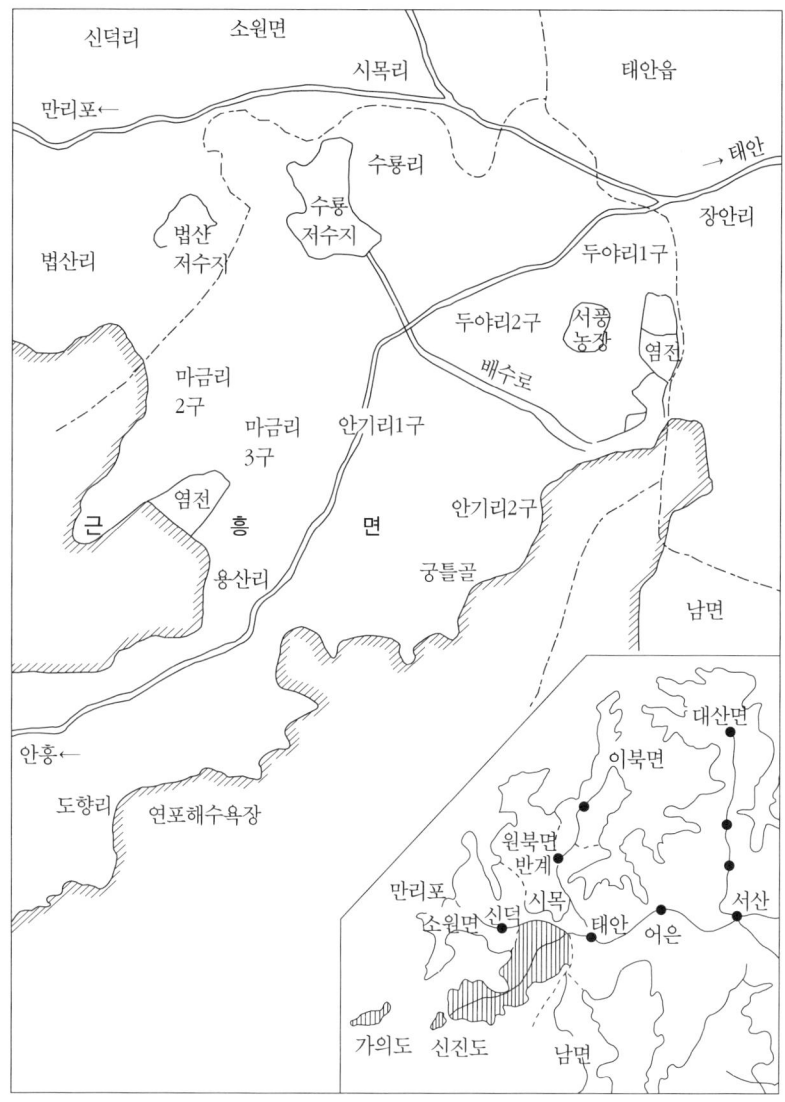

다.16) 그리고 지주의 소작지 방매실태와 농지개혁 전후의 농가별 토지소유 규모의 변화 등에 관한 미시적 분석은 근흥면 내에서 내륙과 가까운 두야리, 수룡리, 마금리, 안기리의 4개 리로 한정했다.

이성진가는 이성진 조부 이희열(李希烈, 호 遠慮堂, 1831~1918)이 제염업과 전기적 상업활동으로 조선 후기에 지주경영의 기틀을 마련했고 이성진의 부친 이기훈(李基訓, 1862~1953)은 이희열의 3남으로 1930년경 토지소유 규모 293정보의 대지주였다.

이상과 같은 연구목적과 방법에 입각하여 이 글은 제2장에서 농지개혁의 배경으로 농민의 토지개혁 요구, 북한의 토지개혁, 미군정의 토지정책을 간략히 살펴보고 제3장에서 해방 후 농지개혁 전까지 지주의 소작지 방매과정을 구체적으로 분석한다. 그리고 제4장은 근흥면 지역에서의 농지개혁의 실제적 과정을 농지개혁 전후의 농지소유관계의 변동, 농지위원회의 구성과 활동, 농지개혁 후 분배농지의 이동 등을 중심으로 하여 분석했다.

2 농지개혁의 배경

토지개혁은 권력의 변화 없이는 실시될 수 없다.17) 한국의 농지개혁도 그 예외가 아니어서 일제 패망을 계기로 토지개혁이 실시된다. 그러나 한국의 토지개혁은 다른 제3세계국가들과 달리 해방 후 미군의 직접통치하 내지 강한 영향력(정부수립 후) 아래서 실시되었고, 또한 북한에서의 사회주의적 정권에 의한 철저한 토지개혁의 영향을 받으면서 실시되었다. 이러한 특수한 조건 때문에 농지개혁 내용도 다른 제3세계국가와는 달라지게 된다. 물론 이러한 특수조건을 농지개혁으로 귀결시킨 매개항은 소작농민들의 강력한 토지개혁 요구의 에너지였다.

농민의 토지개혁요구

해방 후 토지문제의 해결은 한국사회가 짊어진 최대의 과제였다. 토지

표 1   남한의 토지소유상황 (1945년 말) (단위 : 만 정보)

구분		논	밭	합계
총경지		128(100.0)	104(100.0)	232(100.0)
지주의 토지소유	소작지	89(70.0)	58(56.0)	147(63.4)
	전 일본인소유	18(14.5)	5(5.2)	23(9.9)
	조선인 지주소유	71(55.5)	53(51.0)	124(53.5)
	5정보 이상 소유지주 5만 호	43	14	57
	5정보 이하 소유지주 15만 호	28	39	67
농민의 토지소유	자작지(100만 농민)	39(30.0)	46(44.0)	85(37.0)

자료 : 조선은행 조사부, 『조선경제연보』(1948), p.I-29.

문제의 실상을 간략히 살펴보면 1945년 말 현재 총경지 226만 정보 중 64.2퍼센트인 144만 7천 정보가 소작지였으며, 논의 경우는 126만 정보 중 71.2퍼센트인 89만 정보가 소작지였다.[18] 그리고 조선인 소유소작지 중 약 절반인 57만 정보를 5정보 이상 소유지주 5만 호가 소유하고 있었다(표 1). 1945년 말 현재 206만 호 농가 중 49퍼센트가 순소작농, 35퍼센트가 자소작농이었으며, 완전 자작농(지주 포함)은 28만 4천 호로 전 농가의 14퍼센트에 불과했다.[19] 이들 소작농은 수확물의 5 내지 7할에 달하는 고율현물소작료를 빼앗기는 반봉건적 수탈 아래서 절량(絶糧)과 이산(離散)이라는 극한적 생활조건에 내몰리고 있었다.

해방 후 토지문제에 대한 농민들의 최초의 반응은 소작료 불납과 일본인 소유토지 분배투쟁이었다. 특히 미군정 초기(1945~46) 인민위원회와 농민조합의 힘이 강력했던 지역에서는 이러한 경향이 두드러졌다. 일선에서의 몇 가지 예를 본다.

충남 아산군 선장면(仙掌面)에서 있었던 사례를 들어본다.

1945년에는 지주들이 소작료를 제대로 거두지 못했다. 서울 사는 지주들이 소작료를 받으러 왔는데 농민들이 몽둥이로 쫓아버렸으며 그 기세에 눌려 한 지역에 사는 지주들도 소작료를 제대로 받지 못했다. 우리 집의 경우에는 일제 때 30만 평의 땅이 있어 추수를 1,500석까지 했는데 해방 직후 1945년에는 주는 대로 받을 수밖에 없어서 100석밖에 못 받았다. 친한 사람이나 돼야 소작료를 주었는데 그것도 수확량 10섬에 겨우 두 섬 이내였다. 1946년 이후에도 제대로 못 받아서 겨우 4, 5백 석 가량을 거두었을 정도였다. 3·1제도 안 된 상태였을 것이다. 건국준비위원회(그 후 인민위원회—필자)의 좌익들이 우리 부친(李聖雨)을 숙청대상이라고 규정하는 말을 듣고서는 소작료 징수를 강력하게 독려할 수 없었으며, 소작지도 미리 판 것이 별로 없었다.[20]

또 전북 옥구군에서는 "농민조합이 잠시 동안 있다가 해산되었는데 농민조합은 작인이 과거에는 전부 병작(倂作)으로 짓던 것을 해방을 맞은 그해에는 농산물을 지주집에 운반하지 말고 각 작인의 집에 운반하고 생산량의 10퍼센트만 지주집에 소작료로 납부하도록 지도했다"[21]고 한다. 그리고 인민위원회 위원장이 군수를 겸임하는 등 인민위원회활동이 강력했던 전남 담양군 등에서는 위원회가 당초에 농민에게 지대의 폐지, 일본인 소유지의 분배를 약속[22]했고, 이에 따라 일부 지역에서는 '적산'을 점유하고 일본인 소유지에 대한 지대납부를 거부하는 사례가 있었다.

1945년 말부터 1946년 봄까지 미군정에서 구일본인 토지를 추적 조사할 때 미군과 동행한 9명의 한국인이 살해된 일도 있었다.[23] 이에 대해서 미군정은 대부분 '적산의 불법점유' 등의 이유로 인민위원회를 탄압하고 있다.

이러한 움직임에 대한 미군정의 강력한 탄압에 농민운동과 진보적 정당들에서는 소작료 3·7제 요구를 들고 나왔다. 1945년 12월 8일의 전농(全農) 결성대회에서는 "일본제국주의, 친일파, 민족반역자의 토지는 전부 몰수, 빈농에게 분배한다"는 선언과 함께 "조선인 소유토지에 대해서는 소작권의 자의적 이동금지와 더불어 소작료 금납 및 3·7제로의 인하"를 요구하고 있다.[24] 조선공산당이 1945년 11월경에 낸 '토지문제결정서'에서도 이와 유사한 주장을 하고 있다.[25] 미군정이 3·1제 실시를 지시했을 때 이를 어기더라도 별다른 벌칙이 없었음에도 뒤에서 보듯이 1946년 이후로 상당히 지켜진 것은 이러한 농민들을 동원한 각종 조직의 운동이 있었기 때문이었다.

그 후 북한의 1946년 3월의 토지개혁과 미군정 및 우익세력의 좌익탄압을 계기로 농민운동세력과 좌익정치세력은 근본적인 토지개혁을 요구하면서 투쟁방법도 폭동의 형태를 띠게 된다. 1946년 9월 대구폭동의 전국적 확산은 지주들에게는 큰 위협이 되었다. 충남 서산지방도 해방 후에는 급진적이었던 것으로 알려지고 있다. 최근의 한 연구에 의하면, 서산, 당진, 예산, 홍성은 충남에서 가장 강력한 인민위원회가 활동했고, 위원회가 행정권과 경찰력을 행사했으며, 10월 중순에 있었던 미군점령 때 심각한 마찰과 혼란이 있었다고 한다.[26] 조사지역인 근흥면에는 농민조합은 없었고 다만 건국준비위원회가 미약하게 존재했으며 부락마다 주로 소작농들로 구성된 치안대가 활동했다. 이 치안대는 가난한 젊은 사람들이 맡았으며 운영경비를 부자들한테서 뺏다시피 해서 거둬갔다고 한다.[27] 부락에는 여운형 등이 주동해서 토지개혁 한다는 소문이 크게 돌아서 그전처럼 지주가 마음놓고 행세할 수 없었다는 것이다.

이렇게 농민들의 토지개혁 요구가 강했고, 기회 있을 때마다 폭동형태로 발산되고 있었기 때문에 우익세력의 정치조직, 특히 지주들이 모였다는 한국민주당에서도 토지개혁 그 자체는 반대하지 못하고 지주에게 조금 더 유리한 '유상몰수 유상분배'의 개혁안을 결정하지 않을 수 없었다. 그렇기 때문에 좌익의 선거 보이콧으로, 주로 지주층이 많이 선출된 제헌국회에서도 헌법에 농지개혁 실시를 명시했으며, 농지개혁법제정도 가능했던 것이다.

북한의 토지개혁

1943년 말 현재 북한의 총경지면적 198만 정보 중에 소작지는 115만 정보였고, 자소작농·소자작농이 31만여 호, 소작농이 44만 호, 자작농 25만여 호로 남한보다는 토지문제가 덜 첨예했다. 그러나 북한은 남북분단

표 2 　　　　　　　　　　자격별 분배토지면적과 호수(북한)

구 분	면적		그중 경지면적		수분배농가호수	
	실수 (정보)	비율 (%)	실수 (정보)	비율 (%)	실수 (정보)	비율 (%)
고용농민	22,387	2.3	21,960	2.2	17,137	2.4
토지 없는 농민	603,407	61.5	589,377	61.1	442,973	61.1
토지 적은 농민	345,974	35.2	344,134	35.7	260,501	36.0
이주한지주	9,622	1.0	9,598	1.0	3,911	0.5
인민위원회보유지	(18,935)	-	(18,885)	-		
합계	1,000,325	100.0	983,954	100.0	724,522	100.0

자료 : 田村武夫, 「北朝鮮の土地改革」에 의함.

으로 식량사정이 악화되자 식량문제가 정권의 존망이 걸린 중대문제로 되었고 이의 해결책으로 토지개혁이 추진되었다.[28]

　토지개혁의 주요 내용을 보면 '무상몰수 무상분배'의 원칙 아래 몰수대상은 모든 일본인 소유농지, 모든 조선인 지주의 소작지로 몰수면적은 100만 정보였다. 이렇게 몰수된 토지는 고용농민, 토지가 없거나 적은 농민들에게 분배되었고 자경(自耕)의 의사가 있는 지주의 경우에는 다른 지역으로 이주하는 경우에만 토지를 분배받을 수 있었다. 분배된 내역은 표 2와 같다.

　이른바 '근로농민적 토지소유'의 확립을 내용으로 하는 북한의 토지개혁은 해방 후 소작료 3·7제 투쟁을 통해서 높아진 빈농 소작농민들의 능력을 바탕으로 법령공포 후 20여 일이라는 단시일 내에 완료되었다. 북한의 토지개혁은 국내신문에 자세히 보도되어 농민들의 토지개혁 요구를 강화시켰고 전농의 토지개혁법안, 민전(民戰)의 토지정책 등을 통해 한국 농지개혁을 촉진했다.

미군정의 토지정책

　미군은 남한에 진주할 때, 적국을 점령한다는 인식에 서 있었고 국내의 반일저항세력을 잠재적인 적으로 간주하며 한국 국민이 식민지적 질곡으로부터 벗어나는 과정에서 미군정이 주도권을 잡아야 한다는 것을 명확히 하고 있었다. 그리고 사회주의권에 접하는 군사기지국가로서 한국사회를 안정시키는 것을 기본으로 했고, 급격한 변화는 혼란으로 간주했다. 미군정의 농업정책은 이러한 일반목적이 농민의 변혁요구에 부딪혀 일정한 변용을 겪으면서 농촌사회를 안정시키는 데 주안점을 두어 수립 집행되었다.

소작료 3·1제 실시

미군정이 맨 먼저 취한 토지정책은 1945년 10월 5일 미군정법령 제9호에 의한 소작료 3·1제 실시 및 소작조건의 개선이었다. 그 주요 내용은 수확물 총액 3분의 1로의 소작료 제한, 지주의 자의적인 소작권해제 금지, 소작계약등본 제출 등이었다.[29]

그러면 이러한 미군정의 3·1제 소작료 시행지시는 농촌 현장에서 어느 정도 실제적으로 지켜졌을까. 당시 미군정의 귀속농지 관리책임을 맡고 있던 미첼(Clyde Mitchell)은 이 소작료 3·1제와 소작계약의 등기소 제출이 일선에서 지켜지지 않은 경우가 많았다고 적고 있다.

> 소작료 인하지시는 수다히 지켜지지 않았으며(widely violated), 소작계약서 제출요구는 완전히 묵살되었다(completely ignored). 각종 선물, 부담금 및 '소작권'의 매매로 지주는 법정최저액을 훨씬 능가하는 지대를 수취할 수 있었다. 소작인은 소작권 박탈과 보복을 두려워하여 그런 술책에 대해 불평하지 않았다. 토지에 대한 인구의 압력이 너무 컸으므로 소작농들은 무거운 부담을 지불하고 입을 다물었던 것이다. 다만 미군정이 관리하는 구일본인소유지에서만 3·1제가 제대로 지켜졌다.[30]

사쿠라이(櫻井浩)도 3·1제가 말단 단계에서 어느 정도 지켜졌는지 의문이라고 했으며,[31] 황한식도 그의 논문에서 3·1제가 지켜지지 않은 경우가 많았을 것이라고 추론하고 있다.[32] 그러나 필자의 조사에 의하면 근흥면 지역에서 3·1제는 상당히 널리 지켜진 것으로 나타났다.
 해방 당시 충남 서산군 근흥면 면장직에 재임하고 있었던 이완순 씨(현재 79세, 1906년생)[33]의 증언을 살펴보자. 그에 의하면 근흥면 지역에서는 3·1제가 실시되었다고 한다.

 일제시대에는 5할 타작이 보통이었으나 해방 후에는 인민위원회가 있는 소원면에서는 농민조합 등의 주장대로 3·7제가 실시되었고, 그것이 없었던 근흥면에서는 3·1제가 실시되어 소원면보다는 약간 불리했다. 미군정당국이 1945년 추수 전에 3·1제 방침을 시달하여 면에서는 이장회의를 통하여 농민들에게 이를 주지시켰다. 따라서 근흥면에서는 확실히 3·1제가 실시된 것으로 기억한다. 무식대중은 "일제시대 때 한 것은 소용없다. 지주한테 소작료 잘 안 내도 된다"는 관념이 팽배해서 지주의 권리는 크게 약해졌다. 소작료를 내지 않아도 소작권을 바로 이동하기는 어려웠다.

 또한 근흥면에서 농지개혁 전에 소작지를 구입한 농가 중 48명의 생존자를 면담했는데 그 가운데 소작료가 일제시대와 같은 5할이었다고 말한 사람은 아무도 없었다. 당시의 일을 기억하는 사람들은 전부 3·1제가 실시되었다고 증언했다.
 소작료 3·1제 실시 여부를 앞에서 말한 근흥면 안기리 거주 이성진가의 현존하는 추수기(秋收記) 및 도조기(賭租記)를 통해 좀더 구체적으로 살펴보자. 우선 논의 경우를 보면 표 3에서처럼 소작료율이 24 내지 34퍼센트로 추정 계산되어 약 3할이었다고 할 수 있다.
 밭의 경우는 1938, 41년도와 47년도의 소작료가 변동이 없었다. 밭과 대지(垈地) 및 가옥에 대한 도조는 정률제가 아니고 정액제로 되어 있었으며, 임대면적별 도조는 표 4와 같았다.
 그런데 이씨가의 밭, 대지, 가옥에 대한 도조의 경우 해방 후에는 금납의 사례가 상당히 보이는데 이 경우 금납의 기준가격은 공정가격(법정매

표 3 해방 후 이씨가의 소작료율(논)

연도	면적(두락)	추수량		소작료	소작료율
		(束)	(叺)	(叺)	(%)
1946	92.7	14,424	248.0	69.5	28.0
1947	23.4	1,942	33.4	7.9	23.7
1948	146.4	15,232	262.0	81.7	31.2
1949	202.9	20,332	349.7	120.3	34.4

주 : 1) 현존하는 도조기만 가지고 연도별로 여러 지역을 집계한 것임.
2) 1941년의 도조기를 근거로 하여 1束當 생산량을 1.72升으로 계산했음.

표 4 이씨가의 연도별 밭·대지 도조 징수상황(근흥면)

소작지	도조(石·斗)			소작지	도조(石·斗)		
	1938	1941	1947		1938	1941	1947
밭 1,054(평) 대지 120 초가 1棟 8間	2석	2석	2석	밭 728(평) 대지 78 초가 6間	2석	2석	2석
밭 444 대지 69	15두	17두	17두	밭 751 대지 74	2석	2석	2석
밭 1,299 대지 112		2석 10두	2석 10두	초가 1棟 밭 1,127 대지 91 초가 2棟	3석	4석	3석
밭 1,012 초가 3間		2석	2석				
밭 937 초가 8間		3석	2석 15두	밭 1,000 新起田 1座	1석 10두		1석 10두
新起田 5斗落		2두	2두	新起田 1座 초가 1棟	9두	10두	10두
대지 39 밭 245 초가 3間	13두	13두	13두	밭 234	8두	8두	8두
밭 469 대지 135	1석	1석	1석	논 165 밭 833 대지 204	3석 10두		3석 10두
新起田 4두락	8두		8두	초가 2棟			

표 5　　　　　　　　　연도별 미곡수집가격과 시중가격　　(단위 : 원/正租 1叺)

연도	수집가격			시중가격	
	1등	2등	등외	서울지방	충남지방
1945		150		220	-
1946	600	580	550	1,400	-
1947	660	640	600	2,700	3,000
1948	1,300	1,200	1,050	3,000	3,000
1949		2,600			4,000

주 : 1) 1945년 수집가격은 신한공사의 소작료 납부 시 가격임.
　　2) 1946~48년 수집가격 및 서울지방가격(11월 중 시세)은 조선은행 조사부, 『조선경제연보』(1948) ; 『조선경제연감』(1949).
　　3) 1949년 수집가격과 충남지방 시장가격은 李氏家의 각 연도 秋收記에서.

상가격)과 시가가 혼용되고 있었다. 그런데 이렇게 공정가격으로 도조를 납입한 것은 당시 공출제도 때문이었다. 미곡수집을 위한 식량규칙에는 "각 소작인은 그 농지에 대한 할당량을 직접 그 지역의 수집소에 공출하고 공출증을 받는다. ……이때 공출증은 지주명의로 작성한다. ……소작인이 미곡소작료 외 전 수량을 수집소에 공출한 경우에는 공출증 원본 전부를 지주에게 교부한다. 해당 공출로서 소작료 지불의무는 종결된다"[34]고 규정하여 소작료에 대한 공출공제가 심했다. 미곡수집가격은 표 5에서 보듯이 시중 시가의 3분의 1 내지 4분의 1에 그침으로써 농민들에게 손해를 끼쳤지만 지주의 타격도 컸다.

　소작료 3·1제 실시는 지주들에게는 큰 타격이 된 반면 소작인들의 경제에는 큰 도움이 되었다. 그나마 3·1제로 약간의 여유가 생겼기 때문에 소작인들은 지주가 헐값으로 파는 땅을 살 수 있었다. 그리고 지주들에게 토지개혁이 불가피하다는 전망을 가지고 소작지를 방매토록 간접적 영향을 준 것은 부정할 수 없는 사실이다.

귀속농지의 분배

　해방 후 농민들의 토지에 대한 요구가 치열했다. 특히 일제 잔재인 적산농지에 대해서는 모두들 예민하게 반응했으므로 소작료 3·1제 등의 소극적이고 점진적인 개혁으로는 현상을 유지하기가 어렵게 되어 이에 대한 시급한 해결책이 요구되었다. 그리고 급진적 개혁에 소극적 내지 반대했던 미군정에 대해서 비판의 소리가 높아갔다. 하지는 다음과 같이 보고하고 있다.

> 남한에서 미국은 남북분할에 대한 비난을 면하지 못하고 있으며, 우리의 건설적인 노력에 대한 능동적인 저항을 포함하여 남한에는 일체의 미국적인 것에 대한 분노가 증대하고 있습니다. 실제적인 사실에 의해 반박될 것이므로 어떠한 설명도 민중들에게 해줄 수가 없습니다. 매일 계속되는 현상황에서의 미봉책은 한국 내에서의 우리의 지위를 유지하기 어렵게 만들고 있으며 우리의 미약한 인기 및 업무의 효율성을 더욱 감소시키고 있습니다. 친일파, 민족반역자 및 부일협력자에 친미라는 용어가 추가되고 있습니다.[35]

농촌사회의 지속적 안정을 위해서는 토지소유 자체를 변혁해서 농민들에게 분배할 필요가 있었다. 이리하여 1945년 10월 30일에 미군정장관은 "기만과 배신에 의해서 일본인에게 강탈당한 토지"는 한국인 소작농들에게 이양하겠다고 약속하게 된다.[36] 미국무성도 1946년 2월 남한의 농지개혁에 관한 기본정책의 수립에 착수하여 일본인 적산농지의 처분안을 중심으로 하는 토지개혁안을 마련했다. 일본인 소유농지는 해방 후 신한공사(New Korean Company)를 통하여 관리하고 있었는데, 그 면적은 282,480정보로 남한 전체 경지면적의 13.4퍼센트를 점하고 있었다.[37]

미군정은 1947년 12월 23일에 농지개혁법안을 과도입법의원에 상정했으나 그 후 입법의원의 와해로 법안은 유산되고 미군정은 단독으로 귀속농지를 분배하게 된다. 1948년 3월 22일 공포된 '중앙토지행정처령'(군정법령 제173호)은 당해토지의 연평균생산량의 3배를 연간 20퍼센트씩 15년간 분할상환하는 조건으로 귀속농지의 분배를 규정했다. 분배된 농지는 논 173,692정보, 밭 51,200정보, 합계 224,892정보, 분배를 받은 농가수는 609,122호(1957년 말 통계)였다. 이 귀속농지 분배에 대한 상환방법은 대한민국정부에 의한 한국인 지주 소유지(일반농지)의 분배 후 1951년 3월 9일 '귀속농지 특별조치법'에 의해 연평균생산량의 1.5배를 연간 3할씩 5년간 상환하는 일반농지의 그것과 같은 것으로 바뀌게 되었다. 이렇게 미군정이 구일본인 소유토지의 분배를 서둔 것은 직접적으로는 미국의 남한 단독정부수립을 위한 선거를 좀더 유리하게 치르기 위한 것이었다.

미군정 토지정책의 기본성격

앞에서 보았듯이 미군정의 3·1제 실시와 귀속농지 매각의 직접적 동기는 정치적 안정에 있었다. 이것은 일본의 농지개혁을 지도했던 라데진스키의 증언을 통해 잘 드러난다.[38)]

> 농지개혁의 유인으로서는 "한편으로는 일본 농민의 궁핍이 있고 또 한편으로는 농민의 처지를 개선하고 일본 농업으로 하여금 공산주의에 반발시키는 것을 목적으로 하는 미국의 일본점령정책이 있었다." "광범한 자작농 창설을 성취한 일본 농촌은 공산주의의 침투를 거의 허용하지 않는 금성탕지(金城湯池)가 되었다."

그런데 미국은 한국을 자신의 발전에 유리한 안정된 자본주의사회로 개편하려고 한 것으로 판단된다. 그 이유는 세 가지다.

첫째, 농민들의 토지에 대한 열망을 계속 억압했을 때는 안정된 자본주의사회를 넘어서서 사회주의사회로 나가버릴 가능성이 컸으므로 이를 막기 위해서는 농민들에게 토지를 분배함으로써 안정된 자본주의사회의 지지자로 만들 필요가 있었던 것이다.

둘째, 미국의 정치적 경제적 이익에 비추어봤을 때 한국의 지주세력을 계속 보호 육성할 필요성이 없었다. 즉 "미국은 과거 일본 제국주의처럼 식량수탈을 위해 지주계급과 연합하지 않으면 안 될 경제적 이유는 없었

고, 오히려 지주계급과 이해가 충돌하는 잉여농산물 처분의 요구를 안고 있었던 것"이다.[39]

셋째, 미국은 한국사회를 장기적으로 안정시키기 위해서는 일정한 정도로 한국사회의 생산력을 발전시켜야 했고, 지주의 존재는 생산력발전을 저해하는 것이었다. 이에 따라 미국은 한국에 일제시대의 상인자본을 중심으로 대미의존적인 산업자본을 육성하게 된다. 사태에 적응할 수 있는 지주계급의 일부도 산업자본으로 육성하는 것을 배제하지 않았지만 대부분의 지주들은 그러한 전환에 실패할 수밖에 없었다.

이렇게 볼 때 미군정 토지정책의 기본성격은 한국사회의 급진적 변혁을 지향하는 세력을 배제하면서 지주계급이 소유한 부와 미국원조를 기반으로 대미의존적 경제기구를 창출해가는 주요 계기였으며, "한국정부 수립 후의 농지개혁의 선구"[40]가 되었다고 할 수 있다. 그러나 귀속농지분배의 대가를, 15년간의 장기분할상환이긴 하지만 평년작의 3배로 규정하여 소작인의 부담을 무겁게 한 것은 지주의 이익을 옹호하여 이들의 산업자본가로의 전환을 보증하는 측면도 동시에 있었음을 부정할 수 없다. 농지 이외의 귀속채산은 해방 당시의 장부가격, 결국 시가의 수십분의 1의 가격으로 매각된 것[41]과 비교해보면 그 성격이 뚜렷이 드러나는 것이다.

3 농지개혁 이전의 소작지 방매

일반적 상황

미군정하의 소작료 3·1제 실시와 더불어 농촌사회에 나타난 현상은 지주의 소작지 방매로 인한 소작지와 소작농가의 감소다. 북한의 토지개혁과 농민들의 토지개혁 요구, 그리고 미군정의 농지개혁 추진 등으로 농지개혁은 필연적이었기 때문에 농지개혁 전에 많은 소작지가 농민에게 이동되었다. 당시 소작지 면적은 1945년말 총경지의 65퍼센트인 144만 7천 정보에서 1949년 4월 40퍼센트인 83만 정보로 감소했다. 이에 따라 자작농수도 1945년 말 전 농가의 13.3퍼센트인 28만 1천 호에서 1949년에는 36.2퍼센트인 92만 5천 호로 늘어난 반면 순소작농가수는 같은 기간에 101만 호에서 52만 6천 호로 크게 줄었다.

이러한 소작지와 소작농가의 감소는 주로 지주의 소작지 방매와 소작지 회수에 의한 것이었다. 실질적으로는 소작지이면서 소작인에게 명의만 이전한 것이나 산림, 미간지로의 지목변경 등도 그 원인으로 고려해볼 수 있으나, 당시 농촌에서의 지주·소작인 간의 세력관계로 보아서 실제로는 별로 발생하지 않았다고 해야 할 것이다.

이렇게 소작지가 대량 방매된 것은 지주 측으로서는 토지개혁이 필연적인데 그때 제대로 보상받을 수 있을지 불안했고, 소작농 측으로서는 소작료 3·1제 실시로 경제력이 다소 나아진데다가, 소작 부치던 땅이 농지개혁 때 반드시 자기에게 분배된다는 보장을 얻을 수 없었기 때문이다.[42] 또한 지주의 소작지 방매를 막기에는 소작농의 힘이 약했다는 것도 큰 이유가 된다.[43] 필자가 충남의 지주가를 순방하면서 확인한 바에 의하면 농민운동이 활발했던 곳에서는 소작지 방매가 훨씬 적었다.

그러면 이러한 소작지 방매는 농촌지역에서 어떤 규모로, 어떠한 구체적 계기에 의해, 그리고 어떠한 조건(가격, 지불기간 등)으로 행해졌을까. 이에 대해서는 종래 지주의 강매에 의해서, 즉 사지 않으면 딴 사람에게 팔겠다고 협박해서 팔았으며, 매매가격은 시가에 의해서 그것도 소작인 및 매입을 원하는 사람들 간의 매입경쟁으로 이전보다 크게 오른 시가로 매매되었다는 인식이 일반적이었다.[44] 그러나 해방 후의 지주의 세력은 일제하보다 크게 약화된 반면 소작농민들의 저항은 강화되었으므로, 지주들의 절대적 우위의 입장에서 소작지가 방매될 수는 없었으리라고 생각된다. 특히 1948년 3월 귀속농지가 분배되고 7월에 제정된 헌법에 농지개혁 실시를 명시하고 나서부터는 지주들이 쫓기는 처지에서 소작지를 매각했던 것이며, 따라서 방매가격도 자작지 시세보다는 낮은 값이었을 것이다.

표 6 지주·일반농가별 호수 분포(근흥면 4개 리) (단위 : 호, 괄호 안은 %)

구분	면내						인근읍면		군내서울		총계
	두야	수룡	마금	안기	소계	기타	태안	소원	타면	기타	
지주	-	-	-	-	-	-	17	3	3	9	31 (2.9)
지주자작	6	4	8	12	30 (3.8)	4	18	7	3	-	62 (5.9)
일반농가	170	146	250	196	762 (96.2)	59	45	69	23	5	964 (91.2)
합계	176	150	258	208	792 (100.0)	63	80	79	29	14	1,057 (100.0)

자료 : 필자 조사에 의함.
주 : 1) 지주는 소작경영만 하는 지주. 4개 리 내에는 3정보 이내만 소유하는 자도 있음.
  2) 지주자작은 3정보 이상의 토지를 소유하면서 조금이라도 자작지 경영을 하는 지주. 대상지역인 4개 리의 지주는 모두 자작경영을 행하고 있었다. 그러나 이들 가운데 자작경영보다 소작지경영을 많이 하는 자는 지주로서의 성격을 더욱 강하게 갖고 있다고 봐야 할 것이다.
  3) 일반농가에는 순소작, 자소작 외에 3정보 이하를 소유하고 자작을 위주로 하며 작은 면적을 소작 주고 있었던 농가를 포함했다. 이른바 영세지주다.

근흥면 지역에서의 소작지 방매

해방 직후의 토지소유 관계

근흥면 4개 리의 토지소유와 관계된 농가(지주 포함)수는 1,057호로서 지역별로 지주·일반농가별 분포는 표 6과 같다.

1945년 현재 한국인이 소유한 4개 리 총경지면적은 토지대장의 소유자별로 집계한 결과 논 1,258,183평, 밭 785,096평, 합계 2,043,279평이었다. 그외에 귀속농지가 논 152,632평, 밭 3,121평이 있었으며, 간척지 서풍농장(瑞豊農場)의 토지도 50여 만 평 되지만 이 당시에는 일부만 숙답이 되었기 때문에 숙답으로 분배된 농지 외의 나머지 간척농지는 분석대상에서 제외한다.

그러면 이 토지는 누구에 의해서 얼마만큼씩 소유되고 있었을까.[45] 지역별·지주·일반농가별로 나누어서 분석한 것이 표 7이다. 4개 리의 농지

표 7   지역별 가구의 농지소유상황   (1945, 논·밭) (단위 : 평)

구분		호수	수유면적(%)		평균소유면적
4개 리	지주	30	587,363	28.7	19,579
	일반농가	762	694,366	34.0	911
	소계	792	1,281,729	62.7	
기타 지역	지주	63	618,280	30.3	9,814
	일반농가	202	143,270	7.0	709
	소계	265	761,550	37.3	
총계		1,057	2,043,279	100.0	1,933

주 : 지주에는 지주자작도 포함됨.

중 일반농가가 소유하는 토지는 34퍼센트밖에 안 되고 28.7퍼센트의 땅은 마을 내 지주가, 30.3퍼센트의 땅은 기타 지역의 지주가 소유하고 있었다. 그러고 전체 호수의 37.7퍼센트인 399호 농가는 토지를 전혀 소유하고 있지 않은 반면, 5정보 이상 소유한 28호의 지주가 전체의 42퍼센트를 소유하고 있었다.

소작지 방매규모

근흥면 4개 리 내의 총방매면적은 논 309,725평으로 전체 논 면적의 24.6퍼센트, 밭 119,752평으로 전체 밭 면적의 15.3퍼센트를 차지하여 합계 429,477평으로 총경지면적(귀속농지 제외)의 21퍼센트를 차지하고 있다.

지주 및 지주자작과 일반농가를 나눠보면 지주 및 지주자작은 1945년 소유농지 1,205,643평의 27.2퍼센트인 328,297평을 받아 1950년 소유규모는 902,844평으로 줄어든 반면 일반농가는 1945년에 소유규모 837,636평이었는데 개혁 전에 369,285평을 사들여(동시에 101,180평 매각) 1950년 소유규모는 1,105,741 평으로 늘어났다(표 8 참조).

① 재촌·부재지주별 방매규모

지주의 소작지 방매를 조금 더 자세히 분석해본 것이 표 9이다. 부락 내 재촌지주와 부락 외의 부재지주 간에 1945년 소유에 비한 개혁 전매각면

표 8 지주·일반농가별 농지변동상황

(단위 : 평)

	지주 및 지주자작(93호)			일반농가(964호)			전체(1,057호)		
	논	밭	합계	논	밭	합계	논	밭	합계
1945년 소유(A)	927,439	278,204	1,205,643	330,744	506,892	837,636	1,258,183	785,096	2,043,297
개혁 전 매입	16,796	8,702	25,498	261,375	107,910	369,285	278,171	116,612	394,783
개혁 전 매각(B)	249,936	78,361	328,297	59,789	41,391	101,180	309,725	119,752	429,477
B/A(%)	26.9%	28.1%	27.2%				24.6%	15.3%	21.0%
1950년 소유	694,299	208,545	902,844	532,330	573,411	1,105,741	1,226,629	781,956	2,008,485
분배받음	5,725	–	5,725	668,652	109,888	778,540	674,377	109,888	784,265
분배당함(C)	499,000	90,413	589,431	39,324	19,611	58,935	538,324	110,042	648,366
C/A(%)	53.8%	32.5%	48.9%				42.8%	14.0%	31.7%
1951년 소유	201,024	118,114	319,138	1,161,658	663,688	1,825,346	1,362,682	781,802	2,144,484
(그중 위토)	(13,249)	(5,520)	(18,769)	(26,534)	(14,569)	(41,103)	(39,783)	(20,089)	(58,872)

자료 : 필자 조사에 의함.

표 9　　　　　　　　　지주의 지역별 규모별 소작지방매상황　　　　（단위 : 평）

	지역별		규모별(1945년 소유)		
	4개 리	기타 지역	10정보 이상	5~10정보	5정보 이하
호수	30	63	7	20	66
1945년 소유(A)	587,363	618,280	375,773	465,939	363,931
개혁 전 매입	11,133	14,365	-	9,344	16,154
개혁 전 매각(B)	136,221	192,076	69,531	149,640	109,126
B/A%	23.2%	31.1%	18.5%	32.1%	30.0%
1950년 소유	462,275	440,569	306,242	325,643	270,959
분배받음	2,444	3,281		1,697	4,028
분배당함(C)	239,896	349,535	248,544	209,537	131,350
C/A(%)	40.8%	56.5%	66.1%	45.0%	36.1%
1951년	224,504	94,315	57,698	117,803	143,637
（그중 위토）	(9,220)	(9,549)	(7,611)	(4,419)	(6,739)

자료 : 필자 조사에 의함.

적의 비율은 23.2퍼센트 대 31.1퍼센트로 부재지주 쪽이 약간 높지만 이것은 재촌지주는 자경지를 상당히 가지고 있기 때문일 것이다. 개혁 전 매각 면적과 피분배면적 간의 비율은 재촌지주와 부재지주간에 비슷하여 개혁 전 매각면적이 피분배면적의 약 반(55~57퍼센트)이 되고 있다. 이것은 부재지주라 하더라도 대부분 이웃 읍·면인 소원면과 태안읍에 거주하는 지주이기 때문이다. 이렇게 생각할 때 지주들은 소작지의 3분의 1가량을 미리 팔고 나머지 3분의 2를 분배당했다고 말할 수 있겠다.

② 소유규모별 방매규모

소유규모별로 지주의 소작지 방매는 지역별 특징보다 더 뚜렷한 차이를 드러낸다. 즉 10정보 이상 소유 지주는 1945년 소유지의 18.5퍼센트를 미리 팔고 66.1퍼센트를 분배당하여 개혁 전 매각면적이 피분배면적의 28퍼센트 정도인 데 비해 5 내지 10정보 소유 지주는 해방 직후 소유지의 32.1퍼센트를 팔고 45.0퍼센트를 분배당하여 개혁 전 매각면적이 피분배면적의 70퍼센트가량 되고, 5정보 이하는 개혁 전 매각면적과 피분배면적이

표 10   연도별 소작지방매실태 근흥면 4개 리) (단위 : 평)

	1945	1946	1947	1948	1949	1950	계(A)	총경지면적 (B)	A/B (%)
논	811	31,980	51,986	95,565	90,852	26,234	297,428	1,374,000	21.6
밭	-	24,216	21,032	51,184	27,589	11,600	135,671	799,500	17.0
계	811	56,196	73,018	146,749	118,441	37,834	433,099	2,173,500	20.0
(%)	(0.2)	(13.0)	(16.9)	(33.9)	(27.3)	(8.7)	(100.0)		

자료 : 필자 조사에 의함.
주 : 1) 총경지면적은 1949년 6월 현재 농가실태조사에 의해서 집계된 것으로 귀속농지불포함.
　　 2) 앞의 계산과는 계산방식의 차로 약간의 통계적 오차가 있음.

비슷하다. 대지주일수록 소작지 중 개혁전 매각면적의 비율이 낮고 분배당한 면적의 비율이 높다. 이것은 대규모일수록 넓은 지역에 연고관계가 없는 소작인에게 소작을 시키므로 소작인에게 매수를 권유하기가 어렵고 또 지주가 대규모의 소작지를 내놓더라도 소작인으로서는 이를 한꺼번에 살 능력이 없었기 때문일 것이다.

③ 시기별 방매규모

소작지 방매가 언제부터 많이 이루어졌는가를 분석한 것이 표 10이다. 1945년에는 거래가 거의 없고 1946년부터 증가해서 1948, 49년도에 각각 전체의 33.9퍼센트와 27.3퍼센트로 집중적으로 행해지고 있다. 1946년 봄에 실시되었던 북한의 토지개혁 영향이 나타나기 시작하고 있으며, 1948년에 들어 3월에 귀속농지를 매각하고 8월 정부수립 후 헌법에 토지개혁 실시를 명시하면서 소작지 방매가 급증하고 있다. 그러나 1950년에 들면 1949년 8월의 농촌실태조사의 영향도 있고 국회에서 농지개혁법이 통과되는 등 농지개혁이 구체화되고 3월부터 개혁절차가 개시됨으로써 크게 감소했다.

소작지 방매계기 및 방매조건

토지대장에서 해방 후 농지개혁 때까지 농지를 매입한 사람 중 현재 생존자를 면담하여 62명으로부터 유효한 응답을 얻었다.

표 11   근흥면 지역의 소작지 구입계기   (연도별) (단위 : 건)

구입이유 \ 연도	1945	1946	1947	1948	1949	1950	합계	구성비
강매		4	6	6	9	1	26	42.0
간청	1		1	7	9	9	27	44.5
기타		1	1	1	3	3	9	14.5
합계	1	5	7	14	21	13	62	100.0

① 소작지 구입의 계기

이에 대해서는 첫째, 사지 않으면 딴 사람에게 팔겠다고 지주가 위협해서(강매), 둘째, 싼값으로 팔겠으니 제발 사달라고 지주가 간청해서(간청), 셋째, 기타로 분류된 질문을 해보았는데 그 결과를 연도별로 구분해본 것이 표 11이다.

강매는 26건으로 전체의 42퍼센트, 지주의 열세에 의한 구입간청은 27건, 기타는 9건으로 나타나 강요는 전체의 반 이하임이 확인된다. 기타 9건의 내역을 보면 초가, 택지 등이 포함되어 있어서 소작인이 한꺼번에 사기를 원한 경우가 4건, 논이 척박하여 소작 짓던 사람이 사기를 기피 포기함으로써 당해 농지의 소작농이 아닌 사람이 산 경우가 2건, 머슴살이 대가로 소작지를 얻은 것이 3건(이 경우는 대단히 유리하게 매입한 것이 보통임)이었다. 기타의 건수도 지주의 강매의 경우라고 보기는 어렵고, 소작인의 자발적인 매입을 권유한 것이라고 봐야 할 것이다.

구입계기를 연도별로 보면 1946, 47년에는 강매가 많았지만 1948년도 이후에는 지주의 간청에 의한 것이 많아진다. 1948년 귀속농지의 매각이 지주들을 자극했고 그 후 헌법제정과 농지개혁법 심의과정에서 농지개혁 사실이 소작인에게까지도 널리 알려졌고, 따라서 지주들은 소작지 방매에 좀더 적극적으로 되어 불리한 조건으로라도 팔려고 소작인에게 간청하게 되었던 것 같다.

그리고 위의 62건 중 11건은 타인의 소작지를 구입한 것이지만 이것도 전당으로 소작인이 구입을 원하지 않은 경우이거나 지주와 구입자가 대토

표 12   근흥면 지역의 소작지 매입가격 (시세와의 비교) (단위 : 건)

시세에 대한 비율 (할)	1945	1946	1947	1948	1949	1950	합계	구성비
3할 이하					2	2	4	} 17(33.3%)
4할				4	2	2	8	
5할				1	3	1	5	
6할					2		2	} 22(43.2%)
7할	1	1	1	1	3		7	
8할			4	1	4	4	13	
9할				4	3	2	9	} 12(23.5%)
10할		2				1	3	
합계	1	3	5	11	19	12	51	51(100.0%)

자료 : 필자 조사에 의함.
주 : 앞의 표 11과 건수가 다른 것은 여기서는 소작지를 해당 소작인이 산 것만 대상으로 했기 때문임.

(代土)를 제공하고서 매각한 경우로 소작인이 "자신의 의사에 반해서 아무런 대가 없이" 소작지를 뺏기는 경우는 극히 드물었던 것 같다. 소작지의 강매는 소작인이 농지개혁이 될 것을 전혀 모르고 있던 초기에 있었던 일이고 후기에 이르면 적어진 것으로 봐야 할 것이다.

② 구입가격

소작지의 구입가격을 정확하게 조사하기는 더욱 어렵다. 소작지를 구입한 소작인들은 대개 그 부담이 자신의 능력에 비해 과중했다고 느끼고 사실보다는 조금 과장해서 표현하게 되기 때문이다. 그러나 해방 후의 소작지 매매가격은 일제시대 때의 구입가격과 비교하면 대단히 싼 가격이었고, 당시의 자작지 매매가격에 비해서도 다소간 쌌던 것만은 분명하다.

우선 소작지 매입가격을 당시의 시세 즉 자작지 매매가격과 비교해보자. 근흥면 지역에서의 실태를 연도별로 정리한 것이 다음의 표 12이다.

시세에 비해 매입가격이 5할 이하인 경우는 17건으로 전체의 3분의 1이며, 6 내지 8할이 22건, 9할 이상이 12건이었다. 평균 비율은 6.8할로 나타났다. 즉 소작인들은 자작지 매매가격에서 3할 내외를 소작권으로 인정받고 이를 감한 값으로 소작지를 구입한 것이다. 연도별 특징에 대해서는 워낙 표본이 적으므로 의미있는 결론을 내릴 수는 없으나 1947년도 이전에는 5할 이하의 파격적인 헐값으로 매각한 사례가 없었는데, 1948년도 이후에는 그러한 사례가 크게 늘어난다. 다음의 표에서 시세의 9할 또는 시세대로 다 주고 샀다는 농민의 진술은 과장의 가능성이 크다. 당시 자작지 매매가 적었으므로 소작지 매매가격을 시세라고 생각한 사람도 있을 것이다.

소작지 방매가격에 대해서 당시 근흥면 면장 이완순 씨는 이렇게 증언하고 있다.

농지개혁법 공포 이전에 지주가 소작지를 매각한 것은 돈이 아쉬워서 판 경우도 있고 농지개혁을 예상하고 여기서 빠지려고 판 경우도 있었다. 소작인에게 판 경우에는 시가의 2, 30퍼센트 정도 싸게 팔았다. 소작인이 못 사겠다고 버틴 경우에도 타인에게 매각하거나 소작권 이동은 못했다. 작인은 분배받은 것이 미리 산 것보다 다소 유리했다. 사전매각은 재촌지주 쪽이 많이 했다.

당시 국회의원의 발언은 더욱 시사적이다.

……지금 우리 지방(전북 옥구)은 논 평당시가는 90원가량인데 여기에는 소작권리금 50원이 내포된 것입니다. 그런즉 현행 토지소유권 매매가격은 평당 40원에 불과한 것입니다. 고로 금번 토지개혁에 있어서는 소작인들이 현재 확보하고 있는 권리를 참고하여서 평당 40원 이내로 분배하여야 합니다…… 토지가격을 생산력의 30할로 하면…… 단보당 3석 수확지를 표준하고 정조(正租) 1가마 대금 생산비 2,200원으로 계산하여보니…… 30할이란 계산은 평당 132원이란 놀랄 숫자가 나옵니다.[46)]

그러면 소작지 방매가격은 당시의 연생산물의 몇 배 수준이었을까. 이를 알려면 우선 당시 자작지 매매가격이 연생산물의 몇 배인지 알아야 한다. 일제 말기의 논가격은 대개 평당 1원 수준으로 200평 한 마지기당 가격을 정조석수(正租石數)로 계산하면 9 내지 10석 정도였다. 당시 수확량이 마지기당 1.8석 내외였으므로 1마지기를 사려면 5년간의 총수확량을 투입해야 한다는 계산이다.

해방 후 농지가격은 크게 내렸다. 앞의 이완순 씨는, "해방 당시 평당 1원 하던 논값은 해방 후 5, 6원 심지어 10원까지 치솟았지만 1946년경의 시세는 마지기당 쌀 5가마로 연평균 수확량의 2.5배를 주고서도 살 수 있었다"고 증언한다.

지가수준을 당시의 공식자료에 의해서 파악해보자. 『조선경제연보』 1948년판에 의하면 논의 평균지가는 1945년 9월 말 평당 6원 67전에서 1946년 10월 말에는 평당 27원으로 상승했고 경북 38원(최고), 경기 19원이라고 한다. 그런데 해방 후 미곡시세[47)]에 의해서 논 1마지기(200평)당 시세를 백미로 계산하면 1945년 9월 말에 쌀 3.3가마(벼 1가마 200원에 벼 2가마 찧으면 쌀 1가마 나온다고 가정), 1946년 10월 말에는 쌀 2.3가마(벼 1가마에 10월부터 11월 시세로 1,200원으로 계산함) 수준이다. 당시 마지기당 쌀 수확량이 1.7 내지 1.8가마 정도였으므로 1945년에는 약 2년치의 농사, 1946년에는 약 1.5년치의 농사가 들어가는 셈이다. 쌀값은 서울도매시장가격으로 계산했기 때문에 농촌 현지 쌀값은 이보다 1, 2할 낮았을 것이며, 논 평당가격도 전국평균으로 잡았는데 이는 저평가되었을 가능성이 있다. 이러한 점을 감안하더라도 해방 후 논값은 1년 수확량의 2, 3년치를 치르고 살 수 있는 수준이었다고 말할 수 있다.

이상에서 소작지가 자작지 매매가격의 7할 내외였고, 해방 후의 논값이 평년작 생산량의 2, 3배 수준임을 밝혔으므로 소작인들의 소작지 구입가격은 대체로 연간생산량의 1.5 내지 2배 정도가 됨을 예상할 수 있다. 근흥면 지역의 소작지 구입농가로부터 청취한 소작료 구입가격과 연평균생산량의 비율은 표 13과 같다.

표 13   농지개혁 전 소작지매입가격 (연간생산량과의 비교) (단위 : 건수)

연간생산량에 대한 비율	1945	1946	1947	1948	1949	1950	계(구성비)
1배 이하 ·				5	6	5	16(31.3%)
1.1~1.5배	1		1		5	1	8(15.7%)
1.6~2.0배		1	1	1	5	3	11(21.6%)
2.1~2.5배		2	3	1	3	2	11(21.6%)
2.6~3.0배				3		1	4(7.8%)
3.1~4.0배				1			1(2.0%)
합계	1	3	5	11	19	12	51(100.0%)

자료 : 필자 조사에 의함.

전체 51건 중 연간생산량의 1배 이하의 가격으로 매입한 것이 16건, 1.5배 이하로 매입한 것이 8건, 합계 24건으로 전체의 절반 정도다. 1948년 이후엔 연간생산량의 1.5배 이하로 팔린 경우가 많다. 전반적으로 볼 때 해방 후 1947년경까지는 농민들의 토지개혁 요구는 강렬했지만 지역에 따라서 농지개혁이 실시된 줄 모르는 농민들에게 일종의 강매를 함으로써 연간생산량의 2내지 2.5배 수준으로 소작지를 팔아오다가 1948년 이후에는 쫓기는 지주들이 연간생산량의 1.5배 심지어는 연간생산량에도 못 미치는 '유례없는' 가격으로 팔아넘긴 사례가 늘어났다고 할 수 있다. 근흥면 지역에서 청취한 십여 가지 사례에서는 지주가 급하게 방매하느라 연간생산량에도 미치지 못하는 헐값으로 팔아넘긴 사정이 더 잘 드러나 있다. 그 가운데서 세 가지 사례만 들어본다.[48]

사례 1 두야리(斗也里) 한철수(韓喆洙, 64세) 씨는 지주 백남식·남찬 형제의 논 11마지기를 소작부치고 있었는데 그중 9마지기(1,718평)를 1948년 헐값에 구입했다. "당시 시세의 반값에도 미치지 못했다. 상답의 시세가 예를 들어 1천 원이었다면 백남식의 소작지는 상답에 600원, 중답에 450원, 하답이면 250에서 200원에 매각되었다. 2마지기마저 사기에는 부담이 되어서 남에게 팔아 9마지기를 사는 데 보탰다. 지주는 안 사면 내놓으라 했지만 워낙 헐했으니 누구나 왔다. 이렇게 헐하게 살 수 있었던 것은 지주가 빨리 한꺼번에 팔아치우려고 했기 때문에, 지주뿐만 아니라 소작인도 분배 있을 줄 다 알고 있었고 분배되는 것보다 헐한 조건으로 팔 테니 사라고 했던 것이다. 사실 분배받은 것보다 훨씬 유리했다."

사례 2 마금리 조정호(趙貞鎬) 씨는 이기승(李基升) 씨 종중 땅 576평을 1949년에 헐값으로 구입했다. "이기승 씨가 오라고 해서 갔더니 '자네 부친이 우리 집 땅을 잘 농사지어주어서 나도 자식들 공부도 시키고 살 수 있었으니 고마웠다. 지금 분배가 된다는데 싸게 줄 테니 웬만하면 사라'고 권유했다. 지금 돈이 없다고 했더니 가을에 가서 갚으라고 했다. 세 마지기에 쌀 여섯 가마 정도 나왔는데 1년 농사지은 것으로 샀다. 분배 넣은 것보다 유리했다. 이렇게 싼 값인데도 능력 없어서 못 산 경우에는 지주가 소작권을 이동시키거나 다른 사람에게 팔지 않고 그냥 분배에 들어갔다."

사례 3 수룡리 이순영(李順榮) 씨의 증언에 의하면 "마금리의 지주 최남종의 밭 700평을 소작 부치고 있었는데 분배 당시에 최남종이 와서 '분배에 넣지 말고 같은 값으로 나에게 달라'고 했다. 그러나 집에서 너무 멀고 땅이 나빠서 다른 사람에게 넘겼다. 분배 당시에는 면에 세 가마 낼 것이라면 지주에게는 두 가마만을 주고 땅을 차지한 사례도 있었는데 이 경우 낮에 남의 눈에 띄면 곤란하니까 밤에 지주집에 몰래 져다준 경우도 있었다. 해방 후에 지주는 없는 사람에게 당했다. 꼼짝 못했다. 왠지 죄지은 사람처럼 움츠러들어서 떳떳하게 처신하지를 못했다."

이상에서 볼 때 근흥면 지역의 사전 매입농가 중 3분의 1 정도의 농가는 분배조건보다 유리한 조건으로 소작지를 구입할 수 있었다고 할 수 있을 것이다.

4 농지개혁과 지주적 토지소유 해체

농가실태조사

1948년 헌법에 농지개혁 실시를 명시한 후 1949년 6월 21일 농지개혁

표 14　　　　　　　　　　　자소작별 경지면적(1949. 6. 21.) (단위 : 단보, 괄호 안 %)

里名		斗也	水龍	磨金	安基	4개 리 합계	근흥면	충남	전국
농가호수		175	133	244	193	745	1,303	(정보) 28,063	(정보) 247,383
소작	논	872	280	586	949	2,687	3,705	54,252	361,918
	밭	254	101	112	203	670	962	25,674	235,512
	계	1,126	381	698	1,152	3,357 (44.0)	4,667 (35.7)	79,926 (34.1)	597,430 (28.9)
자작	논	434	458	572	429	1,893	4,024	82,426	696,363
	밭	357	448	771	419	1,995	3,784	45,231	543,952
	계	791	906	1,343	848	3,888 (50.9)	7,808 (59.6)	127,657 (54.5)	1,240,315 (59.9)
귀속농지	논	105	37	232	3	377	584	20,477	178,278
	밭	4	4	2		10	31	6,152	54,555
	계	109	41	234	3	387 (5.1)	615 (4.7)	26,629 (11.4)	232,833 (11.2)
합계	논	1,411	775	1,390	1,381	4,957	8,313	157,156	1,236,559
	밭	615	553	885	622	2,675	4,777	77,056	834,018
	계	2,026	1,328	2,275	2,003	7,632 (100.0)	13,090 (100.0)	234,212 (100.0)	2,070,577 (100.0)
자초작과 3면 정적보	논	6.5	3.5			10	10.6	119	1,213
	밭	4.5	2.5			7	7.4	135	2,405
	계	11	6			17	18	254	3,619
要買上農地	논	878.5	283.5	586	949	2,697	3,715.6	54,371	363,132
	밭	258.5	103.5	112	203	677	969.4	25,809	237,917
	계	1,137	387	698	1,152	3,374	4,685	80,180	601,049

자료 : 근흥면, 서산군수전, '농지개혁에 수반한 농가실태조사에 관한 건'(1949. 9. 3.), 농림부, 『농지개혁통계요람』(1951).

법이 국회에서 통과됨에 따라 정부는 농지개혁에 수반한 '농가실태조사'를 실시한다. 농가실태조사가 실시되자 농촌에서는 이번 신고에 의하여 그대로 분배될 것으로 간주하여 지주와 소작인 간에 신고여부를 둘러싸고

표 15　　　　　　　　　농가인구 및 자소작별 농가호수　　(근흥면, 1946. 6. 21.)

里名	농가인구	농업종사 인원수	농업 고용인 호수	농가호수 소작	자작	자소작	합계
斗 也	1,040	1,040	2	58	17	100	175
水 龍	766	766		8	31	94	133
磨 金	1,398	1,398		23	37	184	244
安 基	1,195	1,195	4	37	23	133	193
4개 리 합 계	4,399	4,399	6	126 (16.9)	108 (14.5)	511 (68.6)	745 (100.0)
기 타 리	4,438	4,438	5	41	209	308	558
근 흥 면	8,837	8,837	11	167 (12.8)	317 (24.3)	819 (62.9)	1,303 (100.0)
충 남	1,691,424	996,178	2,730	85,027 (30.3)	70,853 (25.2)	124,745 (44.5)	280,625 (100.0)
전 국	14,417,365	9,356,420	80,423	526,195 (21.3)	925,218 (37.4)	1,022,420 (41.3)	2,473,833 (100.0)

자료 : 표 14와 같음.

분쟁이 발생하는 사례도 있었다.[49] 근흥면 지역의 농가실태조사 결과는 표 14 및 표 15와 같다.

　자소작별 경지면적을 보면 한국인지주 소작지는 4개 리(두야, 수룡, 마금, 안기) 합계가 3,357단보(귀속농지 제외)로 자체 농지의 44.0퍼센트를 차지하여 전국의 28.9퍼센트에 비해 높은 수준이다. 다만 귀속농지는 적은 편이다.

　자소작별 호수의 비율을 보면 4개 리의 순소작 농가호수의 비율은 16.9퍼센트로 충청남도나 전국에 비해 낮았고, 소자작 및 자소작의 비율이 높았다.

농지의 매수와 분배

분배농지의 확정

　농가실태조사는 대인적(對人的) 조사였던 관계로 신고자의 의사에 따라서 신고누락 중복이 있고, 또 신고 후의 변동도 있는 관계로 농지개혁을 위한 기본작업으로 '농지소표'에 의한 대지적(對地的) 조사를 실시하게 된다. 농지개혁법이 통과되고 난 후 미비점(소작인의 상환과 지주에 대한 보상률이 일치하지 않는 등)을 보완하기 위한 개정법률안이 마련되고 있는 동안 서산군에서는 1950년 2월 22일 농지개혁사무 주무자회의가 열려 농지소표 작성요령이 시달되고 있으며, 3월 11일의 읍면장회의에서 농지소표작성 완료지시가 내려간다. 그리고 3월 10일에는 농지소표에 기초하여서 경작자별 경지일람표를 3월 13일까지 작성완료하여 3월 15일부터 24일까지 종람을 끝내라는 군수의 지시공문이 하달된다. 근흥면에서는 이에 따라 3월 10일에 면장이 각 이장, 농지위원장 앞으로 통보하고 3월 19일에서 28일까지 10일간 면사무소에서 종람한다고 공고하지만 실제로는 농민의 편익을 위해 3월 27일에서 28일간 면직원이 각 동리에 출장하여 종람토록 했다. 농지개혁법시행령의 공포가 1950년 3월 23일이니까 대단히 빠르게 진행되었다고 보아야 할 것이다.

　그 후 근흥면에서는 4월 6일자로 농림부장관을 대신하여 수분배자에게 '분배예정지 통지서'를 발급한다. 이 통지서에서는 피분배자 성명, 분배대상농지의 소재지, 지번, 지목, 지적, 지주이름 등이 기재되고 두 가지 조건을 붙여서 해당 농지를 분배하는 것으로 되어 있다.[50] 분배예정지통지서가 발급된 것은 주 50에 제시된 통지서 내용을 보아서도 알 수 있듯이 수분배자에게 농지를 실질적으로 분배한 것을 의미한다. 물론 시행령에는 공포 후 40일 이내에 지주가 보상신청을 하도록 되어 있고 근흥면에서는 1950년 6월 23일, 6·25동란 나기 이틀 전에 '분배농지면적조사보고'를 하고 있다. 이 1차 지주보상신청분 마감에는 누락분이 많이 남아 있었다. 농지개혁이 언제 실시되었는가를 둘러싼 논란이 있는데[51] 이것은 개혁의 시기를 무엇을 기준으로 잡느냐에 따라 판단되어야 할 것이다. 농지개혁은 크게 분배와 상환, 보상, 등기의 네 가지 일로 나뉘는바 상환, 보상, 등기는 당연히 상당한 기간을 두고 수행될 수밖에 없을 것이고, 분배가 가장 중요할 것이다. 농지소표가 작성되어 분배대상농지가 정확히 조사되고 이를 기초로 농가별로 분배받을 농지에 대한 종람절차를 거친 후 분배예정지 통지를 한 시점에서 농민들은 "이제 이 땅은 내 것이 되었구나" 하고 생각하게 된다. 이렇게 볼 때 농지분배사업은 분배예정지 통지가 나가고 지주보상신청이 일단락되는 1950년 5월에는 대체로 완료되었다고 보아야 할 것이다.

농지분배의 규모

이렇게 분배가 확정되어 분배된 농지의 규모는 얼마였는가. 1951년 7월 7일 근흥면에서 군(郡)에 최초로 보고한 분배면적은 일반농지가 884,088평이었다. 그런데 같은 해 10월 17일의 보고에서는 일반농지가 848,507평으로 7월보다 3만 5천여 평 감소된 것으로 집계되었다(표 16 참조). 분배농지는 그 후 다시 축소되어 1952년 5월 1일자로 군에 보고한 것은 일반농지 759,455평이었다. 그러나 같은 일자에 상환대장 집계분은 835,440평이었다.

이렇게 면적이 감소되고 같은 시점에서도 추계방식에 따라 차이가 난 것은 무엇 때문일까. 첫째로는 지주의 신청에 의해 '지주별 농지확인일람표'[52]가 빈번하게 상당부분이 정정되었기 때문이고, 둘째로는 같은 농지에 따라서 토지대장과 등기서류, 지세명기장의 기록이 서로 다른 것이 있고, 또 무엇보다도 출·입경작농가(出入耕作農家)분에 대해 명백한 통계기준이 마련되지 않았기 때문이다.[53] 전자에 관한 사정을 보면 1951년 10월 3일에 근흥면에서 서산 군수에게 낸 통첩 '지주별 농지확인 일람표정정신청의 건'에서는 표 17과 같이 35,411평을 취소신청했고 이는 모두 받아들여졌다. 그리고 1954년 5월 16일에 보상과 상환액을 일치시키기 위해 작성된 '보상과 상환대조정리부'에 의하면 취소된 면적은 면내 지주분이 논 58필지 21,529평, 밭 102필지 24,228평, 합계 45,757평이었고, 면외 지

표 16   근흥면 분배면적 및 수분배농가수

보고일자	구분		논	밭	합계	분배 농가 호수
			(평)	(평)	(평)	
1951. 7. 7.	일반농지		700,680	183,418	884,088	1,218호
	귀속농지		224,152	10,227	234,379	
	합계		924,832	193,645	1,118,477	
1951. 10. 17.	일반농지		674,410	174,097	848,507	987
1952. 5. 1.	일반농지		614,885	144,570	759,455	653
	상환대장집계분		691,666	143,774	835,440	688
1953. 5. 14.	일반농지		640,032	148,144	788,176	691
	대지적통계 (근흥면 농지)					
	대인적통계 (근흥면 농가)		631,694	147,316	779,010	
1960. 5. 31.	일반 농지	대지적	642,300	148,800	791,100	688+74(겸작)
		대인적	636,000	147,900	783,900	=762
	귀속 농지	대지적	219,900	5,400	225,300	269+74(겸작)
		대인적	220,500	5,400	225,900	=343
	합계	대지적	862,200	154,200	1,016,407	총계 1,031
		대인적	856,500	153,300	1,009,800	

자료 : 근흥면사무소 자료에 의거 작성.
주 : 對地的 통계는 근흥면의 농지에 태안, 소원 등 인근 읍면에서의 入耕作 농가까지를 대상으로 함. 對人的 통계는 근흥면의 농가로서 본면 외에 인근 읍면에 出耕作하는 것까지 포함한 것임.

주분은 논 25필지 13,752평(그중 16필지 7,986평은 이상기[李相麒] 간척지 논의 염전화로 인한 것임), 밭 2필지 964평이었다. 총계 60,473평, 전체 분배면적의 8퍼센트에 해당하는 면적이 분배 취소된 것이다.

이렇게 지주별 농지확인일람표가 정정, 취소된 것은 지주가 염가로 팔아버려서 이미 자작지화되었거나[54] 영세지주의 호소로 소작인이 지주에게 토지를 반환했기 때문이다.[55]

후자의 행정실무적 사정에 관해서는 그 후 군에서 세부적인 기술적 지

표 17   지주별 농지확인일람표 정정신청내역   (단위 : 평)

구분		논		밭		합계	
		건수	면적	건수	면적	건수	면적
要取消	自作誤記	30	11,259	18	6,076	48	17,335
	간척지	4	4,250	1	300	5	4,550
	황폐	1	465	1	500	2	965
	溜池	1	99			1	99
	新韓公社誤記	2	1,315			2	1,315
	位土化	24	9,508	5	1,639	29	11,147
	합계	62	26,896	25	8,515	87	35,411

자료 : 근흥면사무소 자료(1951. 10. 3. 작성)에 의함.

도로 개선하고 있다. 이에 따라 1953년 5월 14일에 '지주확인농지보고서'(對地的 統計)와 '분배농지면적 상환조정보고서'(對人的 統計)를 작성했고, 그 후 분배농지통계는 여기서 크게 벗어나지 않게 된다. 이렇게 해서 확정된 근흥면 분배농지 면적은 1960년 5월 31일 현재 대인적 통계로 일반농지 783,900평, 귀속농지 225,900평, 합계 1,009,800평이었다.

이러한 분배규모는 1949년 6월의 '농가실태조사'에서 파악된 분배대상면적 1,398,100평의 55.8퍼센트로서 전국의 분배지비율과 비슷했다. 분배되지 않은 나머지는 어떻게 되었을까. 1949년에서 50년까지 사이에 매각된 것은 15만 평 정도이므로 그래도 남는 30만 평 정도의 소작지는 지주가 자작을 위해 회수했거나 미리 팔았는데도 등기이전이 안 된 상태로 남아 있었다고 판단된다. 사실을 조사해본 결과 안기리의 이계진가(李季鎭家)는 6,358평의 소작지를 자작용으로 회수한 것으로 나타났다.[56] 그리고 토지대장상으로 농지개혁 후에도 많은 토지를 남긴 지주를 조사해본 결과, 부재지주의 경우 잔존소작지의 거의 전부가 사전에 매각된 것으로 드러났으며, 재촌지주의 경우 거주지 동네 외의 지역의 토지는 거의 사전 매각되었고, 거주지 동네 안에서도 자경규모 이외의 토지는 농지개혁 전후로 매각된 것으로 나타났다. 그중 하나의 사례를 들어본다.[57]

표 18   지주 최남종의 농지개혁 전후 토지소유변동   (단위 : 평)

종류	1945년 소유	사전매각	분배당함	1951년 소유
논	21,842	1,177	13,906	6,759
밭	19,291	3,020	6,277	9,994
합계	41,133	4,197	20,183	16,753

마금리 최남종(崔南鍾)의 경우 농지개혁 전후의 토지소유변동은 표 18과 같다.

1951년 소유 밭 9,994평 중 1960년 성낙린에게 359평, 1963년 성도경에게 966평, 1964년에 한인석(韓仁錫)에게 1,638평, 박춘생(朴春生)에게 421평, 가두현(賈斗鉉)에게 312평, 가재규(賈在奎)에게 1,295평, 합계 4,991평이 등기이전되고 논 44평도 1964년에 한인석에게 등기이전된다. 1964년에 이전된 것은 모두 '소유권이전등기에 관한 특별조치법(1964, 법 1657호. 이하 '특조법'이라 함)에 의한 것으로 그 이전에 매매가 되었으나 등기이전이 안 된 채로 있었던 것이다.

농지개혁에 의한 토지소유 변화

농지개혁으로 토지소유관계가 어떻게 변화했는지를 근흥면 4개 리를 중심으로 몇 가지 측면에서 살펴보기로 한다.

지주·일반농가별 토지소유변동

지주와 일반농가 간에 농지개혁을 전후로 토지소유가 얼마나 변동되었는가는 다음 표 19를 통해서 알 수 있다.

1945년에는 4개 리와 기타 지역의 지주(지주 자작 포함)가 각각 전체농지의 28.7퍼센트와 30.3퍼센트, 합계 59퍼센트의 토지를 소유하고 있었는데 4개 리의 일반농가는 호수면에서 전체의 72퍼센트를 차지하는데 토지소유에서는 34퍼센트밖에 차지하지 못했다. 그 후 지주에 의한 소작지 방매가 광범하게 행해져서 개혁 직전인 1950년에는 지주 전체의 소유규모

표 19 지주·일반농가별 토지소유변동(논·밭) (단위 : 평)

	4개 리			기타 지역			총계
	지주	일반농가	소계	지주	일반농가	소계	
호수	30	762	792	63	202	265	1,057
1945	587,363	694,366	1,281,729	618,280	143,270	761,550	2,043,297
구성비	(28.7)	(34.0)	(62.7)	(30.3)	(7.0)	(37.3)	(100.0)
1950	462,275	975,745	1,438,020	440,569	129,996	570,565	2,008,585
구성비	(23.0)	(48.6)	(71.6)	(21.9)	(6.5)	(28.4)	(100.0)
1951	224,504	1,691,565	1,916,069	94,315	133,781	228,096	2,144,484
구성비	(10.5)	(78.9)	(89.6)	(4.4)	(6.2)	(10.6)	(100.0)

주 : 1) 1945, 50년은 귀속농지가 제외됨.
2) 1945, 50년간의 총면적은 일치해야 되나 집계과정상의 착오로 일치하지 않음.

가 전체의 45퍼센트로 감소하고 4개 리의 일반농가 소유는 전체의 48.6퍼센트로 상승했다. 개혁이 끝난 시점에는 지주 전체의 소유는 15퍼센트, 그 중에서도 부재지주의 그것은 4.4퍼센트로 격감하는 반면,[58] 4개 리 일반농가의 소유는 전체의 78.9퍼센트로 상승하고 있다.

이 과정에서 기타 지역 일반농가의 토지소유 규모는 개혁의 전체과정을 통해서 별로 변함이 없다. 입경작하고 있거나 위토를 가지고 있어서 호당 소유규모가 적고(1호당 소유 6, 7백 평) 일부 분배당한 농가도 있고 또 일부는 분배받기도 했기 때문이다. 이러한 규모 변동과정을 다음과 같이 그림으로 표현해볼 수 있다.

지주계급의 소멸

1945년 현재 4개 리 내에 토지를 3정보 이상 소유하고 있던 지주들의 농지개혁을 전후한 토지소유 변동을 각 개인별로 추적해봄으로써 토지소유 관계의 변화를 확인할 수 있다. 3정보 이상 소유지주는 44명인 바 주로 지역주민(이완순 등)과 지주 후손의 증언을 기초로 해 이들 중 4개 리 내의 토지소유 규모가 많은 10명의 지주를 살펴보면 위의 표 20과 같다.[59]

그림 2

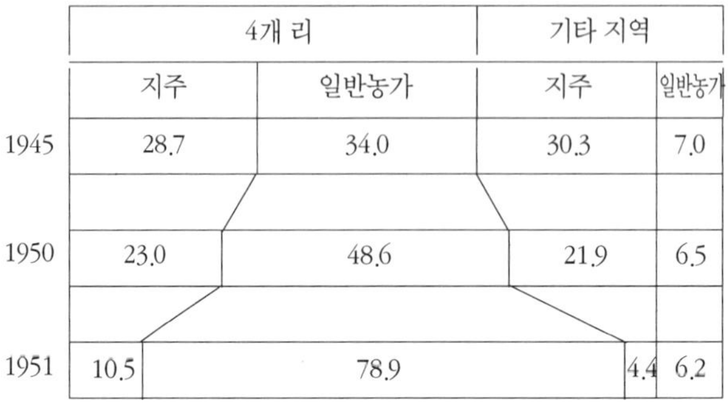

	4개 리		기타 지역	
	지주	일반농가	지주	일반농가
1945	28.7	34.0	30.3	7.0
1950	23.0	48.6	21.9	6.5
1951	10.5	78.9	4.4	6.2

표 20 개별지주의 농지개혁 전후 토지소유변동

일련번호	주소	지주이름	1945	사전매각	분배당함	1951	변동내역
			(평)	(평)	(평)	(평)	
1	두야리	李基八	76,030	23,960	35,969	16,105 (位土 2,066 포함)	(1893~?) 일제하에 태안면장. 추수 300석 규모, 지주자작, 태안에서 정미소 경영, 三環 회사 경영에 참여. 해방 후 온양으로 이사하려고 많은 토지를 사전매각함. 1951년 소유가 많은 것은 집계과정에서 子 李長鎭, 李周鎭의 것과 합쳤고 또 위토가 2,066평 있기 때문임. 증손자들이 두야리에서 자작하고 있음.
2	태안	白南復	69,396	6,599	62,107	690	백남복(1900~69)의 父 白樂릉이 군산 방면 등으로 麻布, 紙 등을 상업하여 치부, 1930년경 논 318정보, 밭 32정보, 기타 117정보, 합계 467정보. 최고시 추수 7천 석. 백남복은 호서은행 전무, 충남제사 감사를 역임. 재산을 3분(토지, 증권, 현물)해서 관리함. 사전매각 1할 정도. 位土 늪지 등을 제외하고 모두 분배됨. 보상금으로 염전 구입 경영, 지금도 부유함.

3	태안	李相麒	59,826	651	48,610	10,565	이상기는 李時雨의 子, 잔여 토지는 미완성 간척지로 그 후 모두 매각처리됨.
4	안기리	李季鎭	58,175	3,590	45,248	9,337	李基訓의 子. 농지개혁 때 소작지를 회수해 자작경영, 현재 젖소 20두의 낙농경영.
5	태안	진주 이씨 종중 李基升	42,906	25,297	3,840	13,769 (이중 位土 5,545)	李基升(1872~?)의 관리하에 있었음. 李基升의 토지소유 규모는 1930년경 논 137정보, 밭 98정보, 기타(임야) 1,061정보였음. 중추원 참의 역임. 농사개량과 조림사업에 선구적 역할. 해방 후 기민하게 대량 매각처분, 잔존 토지는 실제는 매각되었으나 미등기 처리된 것임.
6	태안	李時雨	38,303	5,237	32,587	479	1930년경 논 93정보, 밭 64정보, 기타 73정보, 합계 230정보 소유. 해방 당시 3천 석 추수, 양조장 경영, 해방 후 2분의 1 정도의 토지를 매각처분함.
7	마금리	崔南種	41,133	4,197	20,183	16,753 (논 6,759 밭 9,994)	崔元龍의 양자. 마금리의 崔元龍, 元英, 元植 3형제는 각각 추수 규모 300석, 300석, 1천 석의 지주였음. 이들은 어업으로 치부함. 개혁 전에는 주로 밭을 매각, 개혁 후 남은 밭 중 5천 평 이상은 개혁 때 매각된 것으로 등기이전이 늦어진 것임.
8	태안	白南識	29,802	23,701	4,367	1,734	父 백운홍이 인천의 米頭 쌀을 매점해 치부. 토지규모 추수 1천 석. 해방 당시 어렸고 서울에 사는 백운홍의 사위가 주도해서 매각처분, 개혁 후 모두 망해서 떠났음.
9	안기리	李性鎭	29,537	3,633	18,940	6,964	후술함.
10	마금리	崔元龍	29,289	0	25,874	3,415	300석 규모의 소지주.

자료 : 필자 조사에 의거 작성.

표 21   李性鎭家 소유농지 규모변화   (단위 : 평)

소재지	종류	1938	1945	개혁 전 매각	1950	분배 당함	1951	개혁 후 매각	잔존
충남 서산군 근흥면	논	32,001	44,855	-	44,855	41,392	3,463	-	3,463
	밭	13,712	16,146	3,878	12,268	8,665	3,603	-	3,603
	대지	1,267	1,471	151	1,320	-	1,320	733	587
소원면	논	74,443	76,744	2,688	74,056	50,122	23,934	23,006	928
	밭	4,852	5,262	-	5,262	2,829	2,433	631	1,802
	대지	737	737	-	737	-	737	737	-
원북면	논	446	446	-	446	446	-	-	-
	밭	2,428	2,428	-	2,428	1,020	1,408	1,408	-
	대지	229	229	-	229	-	229	229	-
남면	논	6,438	6,438	6,438	-	-	-	-	-
	밭	-	-	-	-	-	-	-	-
	대지	-	-	-	-	-	-	-	-
태안면	논	660	660	660	-	-	-	-	-
	밭	-	-	-	-	-	-	-	-
	대지	-	-	-	-	-	-	-	-
합계	논	113,988	129,143	9,786	119,357	91,960	27,395	23,006	4,391
	밭	20,992	23,836	3,878	19,958	12,514	7,444	2,039	5,405
	대지	2,223	2,437	151	2,286	-	2,286	1,699	587
	합계	137,213	155,416	13,815	141,601	104,474	37,127	26,744	10,383

자료 : 李氏家의 '토지대장', '家捧秋收記', 郡의 토지대장 등에 의함.
주 : 소원면에 사후매각이 많은 것은 개간지가 1만 7천 평 있었기 때문임.

　재촌지주는 이기팔, 이계진, 최남종, 이성진, 최완룡으로 이들은 모두 사전매각이나 피분배로 소작지를 상실하고 자작농이 되었다. 부재지주 백남복, 이상기, 이기승, 이시우, 백남식은 역시 사전매각이나 피분배로 모든 토지를 상실했다. 이로써 농지개혁을 통하여 소작료로써 생활을 꾸려나가는 지주계급은 소멸되었다고 할 수 있다.
　여기에서 우리는 이성진가의 토지소유 변동을 검토하여보기로 하자. 1938년 이후 농지개혁을 전후로 한 이씨가의 토지소유 변동은 표 21과 같다.

우선 드러나는 특징은 이씨가의 개혁 전 매각이 많지 않다는 점이다. 전체의 1할 미만이 매각되었을 뿐이다. 이성진(李性鎭)의 아버지 이기훈(李基訓)이 매각을 별로 원하지 않았던 것도 하나의 이유가 되지만 더 중요한 이유는 앞서의 이성진의 증언에서 보듯이 농민운동세력의 저항 때문이었다고 봐야 할 것이다. 물론 파격적인 헐값으로 팔아넘겼으면 좀더 많이 매각할 수 있었겠지만 팔아서 마땅히 투자할 대상을 찾아두지도 못한 상태에서 무턱대고 그렇게 할 수도 없고 사태를 기다려보자고 신중한 태도를 취한 것이라 해석된다. 이것은 토지대장에서 확인한 매각연도가 1949년, 50년에 집중해 있는 것에서도 나타난다. 그리고 매각면적 가운데에서 산군 남면(南面), 태안면(泰安面) 등의 먼 지역에서의 사전매각은 많았지만 소원면에서는 농민들의 저항이 심해서 제대로 팔지 못했다. 이러한 것은 먼 지역에서, 농민의 저항이 적은 곳에서 토지매각이 많다는 앞서의 전국 각 지역의 지주들의 증언을 뒷받침하는 사실이다. 이성진가는 해방 직후 50정보의 소유규모에서 3정보 이내의 자작농으로 바뀐다. 다만 산림이 많이 남아 있었으나 벌목을 할 때 현지 농민들의 비협조 등으로 비용이 많이 나서 경제적인 도움은 크지 않았는데 근래에 산지(山地) 매기가 있자 산림을 서울 사람들에게 많이 팔아버렸다고 한다.[60] 다만 거주지역에 가까운 산지는 현재 낙농경영에 일부 활용되고 있다.

로렌츠곡선에 의한 토지소유 불평등도 변화추이

해방 직후인 1945년, 소작지 방매의 결과가 나타나는 1950년, 농지개혁 직후인 1951년의 3개 연도의 규모별 호수와 소유면적은 표 22로서, 이를 로렌츠곡선으로 나타낸 것이 그림 3이다.

1945년에서 50년, 51년으로 바뀜에 따라 토지소유 불평등도의 완화가 뚜렷하게 드러난다.

표 22 연도별 토지소유 불평등등상황(1,057호 대상)

(면적단위 : 평)

규모별	1945		1950		1951	
	호수(누적비율)	면적(누적비율)	호수(누적비율)	면적(누적비율)	호수(누적비율)	면적(누적비율)
0	399(37.7)	0(0)	240(22.7)	0(0)	91(8.6)	0(0)
1~500	146(51.5)	39,909(2.0)	161(37.9)	48,808(2.4)	107(18.7)	36,689(1.7)
500~1,000	150(65.7)	111,064(7.4)	183(55.2)	137,331(9.2)	156(33.5)	117,639(7.2)
1,000~2,000	162(81.0)	226,339(18.5)	223(76.2)	309,744(24.6)	295(61.5)	430,145(27.2)
2,000~3,000	64(87.1)	156,883(26.2)	107(86.2)	257,906(37.4)	187(79.1)	463,113(48.8)
3,000~4,500	43(91.2)	156,234(33.8)	59(91.8)	214,430(48.1)	130(91.4)	468,399(70.6)
4,500~6,000	21(93.2)	110,273(39.2)	25(94.2)	133,109(54.7)	46(95.8)	239,271(81.7)
6,000~9,000	25(95.6)	183,238(48.2)	25(96.6)	176,011(63.5)	29(98.5)	211,514(91.6)
9,000~15,000	19(97.4)	201,718(58.1)	14(97.9)	153,734(71.2)	15(99.8)	164,449(99.3)
15,000 이상	28(100.0)	857,621(100.0)	20(100.0)	578,217(100.0)	1(100.0)	16,105(100.0)
합계	1,057	2,043,279	1,057	2,009,299	1,057	2,147,324

자료 : 필자 조사에 의거 작성.
주 : 1951년에 토지가 전혀 없는 호수가 91호나 되는데 이 중 4개 리 내 거주 농가는 16호이고, 나머지는 악인의 소작지를 갖고 있다가 사전에 방매하거나 본 배당한 부재지주들이다.

그림 3   로렌츠곡선에 의한 농지소유 불평등도(전체농가 1,057호 대상)

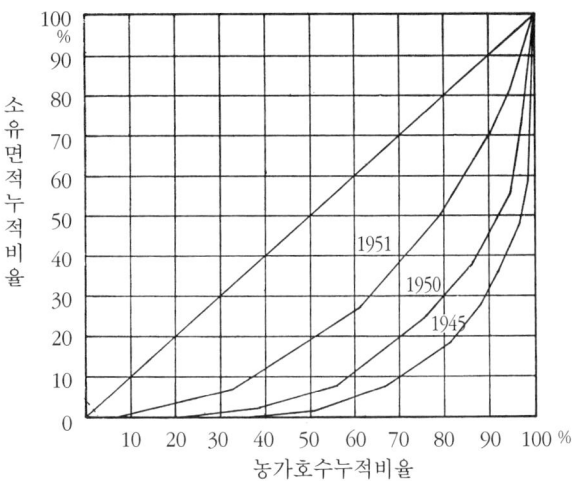

표 23 소유규모별 농가호수분포 변동(4개 리 792농가)

연도	구분	0	0~500평	500~1,000평	1,000~2,000평	2,000~1정
1945	실수(호)	343	107	92	113	45
	구성비(%)	43.3	13.5	11.6	14.3	5.7
1950	실수(호)	177	116	126	171	90
	구성비(%)	22.4	14.7	15.9	21.6	11.4
1951	실수(호)	16	52	96	245	175
	구성비(%)	2.0	6.6	12.1	30.9	22.1

연도	구분	1~1.5정	1.5~1정	2~3정	3~5정	5정 이상	합계
1945	실수(호)	32	14	18	11	17	792
	구성비(%)	4.0	1.8	2.3	1.4	2.1	100.0
1950	실수(호)	50	22	18	8	13	792
	구성비(%)	6.3	2.8	2.3	1.0	1.6	100.0
1951	실수(호)	123	43	29	12	1	792
	구성비(%)	15.5	5.4	3.7	1.5	0.1	100.0

자료 : 필자 조사에 의거 작성.

그림 4   소유규모별 농가호수분포 변동(4개 리 792 농가)

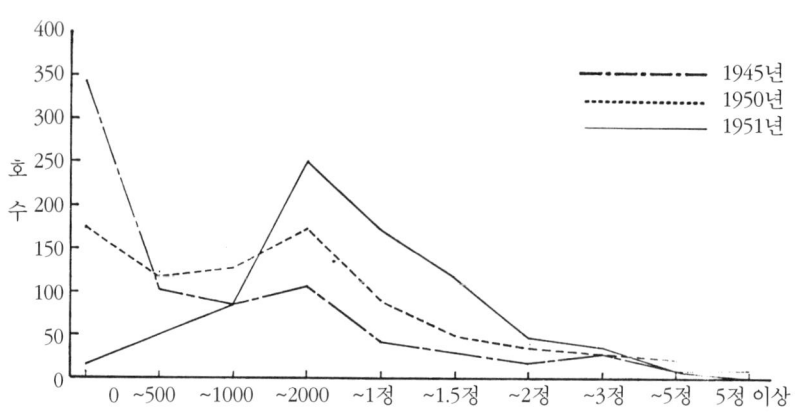

소유규모별 농가호수분포의 변동

1945년에서 51년까지의 소유규모별 농가호수 분포변동은 표 23과 그림 4에서와 같이 나타나 있다.

농지소유가 극단적으로 편중되었던 1945년에는 500평 미만 소유농가가 56.8퍼센트나 되었는데 소작지 방매 결과 1950년엔 이것이 37.1퍼센트로 축소되고, 농지개혁 직후인 1951년에는 8.6퍼센트로 감소한다. 이해에는 땅이 전혀 없는 농가는 2퍼센트에 불과한 반면, 1천 내지 3천 평의 농가호수가 53퍼센트로 반수 이상이고, 3천 내지 6천 평의 농가도 21퍼센트에 달한다.

이러한 변동은 그림 4에서 뚜렷이 나타나고 있다. 저소유계층으로 기울어진 분포곡선은 소작지 방매로 조금 완화되다가 1951년에는 2천 내지 3천 평을 중심으로 정규분포에 가까운 분포곡선으로 바뀌게 되는 것이다.

자소작지별 변동

그러면 농지개혁을 통하여 소작지는 얼마나 자작지화되었는가. 이를 정확히 파악하기 위해서는 농지개혁 당시의 농가들에 대해서 자소작실태를 조사해야 한다. 그런데 앞에서 보았듯이 정부에서는 농지개혁을 위한 '농

표 24   농지개혁 전후 자소작면적의 변동(추정)
(충남 서산군 근흥면 4개 리)(단위 : 정보, 괄호 안은 %)

	총경지면적	자작지	소작지		
			일반농지	귀속농지	합계
1945. 8	793.2(100.0)	276.8(36.3)	447.7(58.6)	38.7(5.1)	486.4(63.7)
방매			-112.0		
1949. 6. 21	763.2(100.0)	388.8(50.9)	335.7(44.0)	38.7(5.1)	37.4(49.1)
방매			-32.4		
1950. 3	763.2(100.0)	421.2(55.2)	303.3(39.7)	38.7(5.1)	342.0(44.8)
분배			-216.1	-38.7	
1951	763.2(100.0)	676.0(88.6)	87.2(11.4)	-	87.2(11.4)
	위토		19.6		
추정	지주 자작용으로 회수	3.3			
	사전매각으로	31.5	재촌지주	11,431평	
	미등기분		부재지주	83,160평	
	잔존은폐소작지	32.8(4.3)			

주 : 1) 1949년 6월 21일 현재의 통계는 정부의 '농가실태조사'에 의한 것으로 어느 정도 정확하다고 봐야 할 것이다. 나머지 세 가지 통계는 모두 이를 기초로 한 추정치이다.
2) 분배면적 역시 행정통계에 의한 것이다.
3) 1945년 8월에는 49년 6월 21일까지의 방매면적은 앞의 표 10에서의 1945년에서 48년까지의 방매면적 전부와 1949년 방매면적의 반으로 했다. 따라서 1949년 6월 21일부터 50년 3월까지의 방매면적은 1949년 방매면적의 나머지 반과 50년 전체의 방매면적으로 잡았다.
4) 위토는 면사무소의 행정통계로 했다.
5) 1951년의 추정 잔존소작지(토지대장의 명의상)의 처분추정에서 자작용으로 회수된 것은 안기리의 이계진의 사례 6,358평이 있는 외에 상당부분 있을 것으로 추정되나, 여기서는 최대한 적게 잡아서 3.3정보의 소작지가 자작지로 회수된 것으로 추정했다.
6) 사전매각으로 미등기된 부분이라고 추정한 건 부재지주의 경우 위장된 위토로 잔존한 것으로 드러난 것을 제외하고 모든 소작지는 방매되어 소작인이 소유하게 되었다고 가정했으며, 재촌지주의 경우 개별 지주별로 1950년대에 등기가 이전되었거나 1964, 65년 '소유권이전등기에 관한 특별 조치법'으로 등기이전된 것은 사전매각된 것으로 추정했다.
7) 추정된 잔존은폐소작지에는 간척지 중 면당국에서 1949년 6월 당시 완성된 것으로 보고 포함시켰으나 그 후 농지개혁 과정에서 분배 보류된 것도 포함되어 있다.

가실태조사'를 1949년 6월 21일 기준으로 실시했지만 농지개혁 후에는 그와 같은 조사를 하지 않았다.[61] 따라서 정확한 숫자를 제시하는 것은 어렵다. 이 글에서는 처음에는 개별농가조사를 통해서 자소작 면적의 변동을 추적해보려고 계획했지만 35년 전의 사실을 복원하는 것은 거의 불가능했으므로 자소작 면적의 정확한 파악은 포기했다. 다만 이 글에서는 각 농가 및 지주별로 토지소유면적과 등기이전 상황을 자세하게 조사했으므로 이를 기초로 농지개혁 전후의 자소작 면적의 변동을 표 24와 같이 추정해보는 데 그쳤다.

근흥면 4개 리에서는 1945년 8월 현재 총경지 763.2정보의 63.7퍼센트인 486.4정보의 소작지 중에 농지개혁 전에 144.4정보가 사전에 방매되고 254.8정보(귀속농지 포함)가 분배되어 87.2정보가 잔존했지만 그 가운데서 위토, 사전매각되었으나 미등기된 것, 자작으로 회수된 것 등을 빼면 잔존은폐소작지로 추정되는 것은 32.8정보로 총경지의 4.3퍼센트에 불과하다. 더구나 이 속에는 1949년 '농가실태조사' 당시 분배대상지로 들어갔다가 그 후 분배 보류된 간척지 일부가 포함되어 있는 것으로 판단되므로 일반농지에서 실제로 잔존한 은폐소작지는 이보다 훨씬 적고 거의 미미한 정도일 것으로 판단된다.

이상 몇 가지 측면에서 검토해볼 때 해방 당시의 반봉건적 토지소유는 해방 후 농지개혁 때까지 특히 1948년의 귀속농지 매각 후의 지주 소작지 방매와 1950년의 농지개혁을 통하여 거의 완전하게 해체되고 농민적 토지소유가 확립되었다고 할 수 있을 것이다.

농지위원회의 구성과 활동

우리나라 농지개혁의 담당자는 역시 행정관료였으며, 농지위원회는 큰 역할을 하지 못했다. 1950년 2월 10일에 공포된 농지위원회 규정에는 각급 농지위원회의 주된 직무로서 ① 일시 이농한 자의 농지를 매수 보류하는 데 대한 동의(법 제5조 2항 나)와 ② 지주와 소작인 간의 분배 여부를 둘러싼 분쟁이 발생했을 때 행정당국의 처분에 이의가 있는 이해관계자에 대한 재사(再査) 및 결정(법 제22조, 23조)을 권능있는 직무로 들고 있고 그외에 매수농지의 결정과 가격평가에 대해서 해당 기관장의 자문에 의해 이를 원조하는 것으로 규정하고 있다. ①과 ②에 대해서만 결정권이 있고 나머지에 대해서는 자문에 응할 뿐 농지위원회의 역할은 형식적이었던 것이다.

그런데 농지위원회의 구성과 활동을 두고 종래에는 군(郡) 또 읍면(邑面)의 민간인 농지위원을 매수당하는 측과 분배받는 측의 각 반수로써 구성한다고 규정되어 있지만 위원을 "학식과 명망이 있고 공평무사한 인격을 겸비한 사람 중에서 선임"하는 것으로 되어 있기 때문에 자연히 그 구성이 지주 측에 극히 유리하게 되었다는 것이 일반적 인식이었다.[62] 그러나 최근에 권병탁은 농지위원회구성에 대하여 경북 군위군(軍威郡)에서의 실지조사에 의하면 읍, 면, 군 등 각급 위원은 규정대로 선출되었고 이·동 위원의 경우 지주 측에 자격자가 없거나 모자라는 일이 많았으므로 자작농 중에서 또는 자소작농 중에서 호선되었고, 따라서 일선 실무위원회에서는 위원 대부분이 소작, 자소작농이었다는 사실을 밝히고 있다.[63] 근흥면에서는 각급 농지위원회가 어떻게 구성되었고 개혁과정에서 어떤 역할을 했는지 보기로 하자.

농지위원회의 구성

근흥면에서는 3월 15일까지 농지위원 위촉 및 선출이 끝나는데 우선 면 농지위원회의 구성은 표 25와 같다.

이성진은 앞에서 소개한 대로 안기리의 대지주이고, 이평순은 1949년에 논 7,252평, 밭 2,009평, 합계 9,261평의 소작지를 신고하는 지주로서 4개리에서의 1945년 토지소유 18,373평, 개혁 전 매각 4,683평, 분배당한 면적 6,452평, 1951년 소유 7,238평, 이외에 위토 2,820평을 소유하고 있다.

송석현은 일명 송시찬(宋時燦)으로 서풍농장(瑞豊農場) 주인 송태관(宋台觀)의 육촌으로서 해방 당시 서풍농장 관리자로 있었고, 그 후 송태관이 농지 일부를 분양해주어 지주가 된다. 1949년에 논 11,600평을 분배

표 25   근흥면 농지위원회 위원 명단   (1950. 3. 15. 구성)

성명	직업	연령	주소	약력	관·민구별
위원장 李完純	관리	50	안기리	현 면장	
위원 金廣郁	관리	34	용신리	현 출장소 주임	
李性鎭	농업	34	안기리	유지	지주
李坪純	농업	48	안기리	유지	지주
宋錫玄	농업	49	두야리	현 두야리대한청년단장	지주
崔富憲	농업	44	마금리	전 마금리 이장	수분배자
李敬浩	농업	55	도황리	현 면국민회장	수분배자
宋柱榮	농업	53	용신리	수원농림학교졸업	수분배자

대상 소작지로서 신고하고 있다. 송석현은 그 후 1960년경 송태관의 손자인 송소영(宋昭永)과의 사이에 소유권분쟁이 벌어져 해당 토지의 소유권을 상실하게 된다.

수분배자(受分配者) 대표로 위원이 된 최부헌은 1949년도에 1,310평의 토지를 소유하고 있으며 개혁 전에 830평을 팔고(자작지를 매각했는지는 확실치 않음) 1,046평을 분배받는 동시에 834평을 분배당하여 1951년 현재의 토지소유규모는 692평이 되는데, 집계과정에서 누락된 것이 있거나 용신리 등에 땅이 더 있는지에 대해서는 확실하지 않다.

이경호, 송주영에 대해서는 자세한 정보가 없었다. 다만 면사무소에 보관된 '지주별 제 카드집계표'에는 등장하지 않고 있으므로 지주가 아닌 것만은 분명한데 분배농지수배자별조서(分配農地受配者別調書)에도 이름이 없으므로 자작농인지 아니면 자식의 이름으로 분배받은 소작농인지 불명하다.

이렇게 보면 근흥면 지역에서 면농지위원회는 규정에 벗어나지 않도록 구성되었다고 할 수 있을 것이다. 이(里)농지위원 명단과 위원들의 토지소유규모는 표 26과 같다.

제2차로 선출된 2명을 포함해 30명의 위원 계층구성은 지주 6명, 자작 내지 자소작 9명, 소자작 내지 소작이 15명이었다. 지주대표가 모자라서

표 26　　　　　　　　　　　이농지위원회 명단　　　　　　　　　　（단위：평）

		성명	1945년 소유	사전 매입	사전 매각	1950년 소유	수분배	피분배	1951년 소유	구분
두 야 리	위원장	金知榮	-	-	-	-	3,581	-	3,581	소 작
	위원	文由奉	-	869	-	869	3,450	-	4,319	소 작
		申鍾煥	9,364	587	1,287	8,664	-	-	8,664	지 주
		崔武鶴	-	350	-	350	2,649	-	2,999	소 작
		金東浩	n.a.	n.a.	n.a.	n.a.	n.a.	n.a.	n.a.	자소작
		韓聖烈	801	626	-	1,749	1,714	-	3,463	소자작
		李順玉	2,314	-	-	2,314	1,119	-	3,433	자소작
수 룡 리	위원장	尹常善	6,867	-	403	6,464	-	-	6,464	자 작
	위원	李相壽	13,248	-	-	13,248	-	-	13,248	자 작
		崔昌淵	6,330	-	440	5,890	-	1,562	4,328	지 주
		崔一雨	10,147	-	-	10,147	-	1,380	8,767	지주자작
		李年雨	2,231	710	-	2,941	434	-	3,375	자소작
		李基讚	114	-	-	114	924	-	1,038	소 작
		趙炳燦	2,500	-	-	-	4,000	-	6,500	소자작
마 금 리	위원장	成奏元	3,286	-	-	3,286	1,693	-	4,979	자소작
	위원	崔昌實	8,867	-	957	7,910	771	369	8,312	지주자작
		賈采淳	11,851	-	1,270	10,581	-	757	9,824	지주자작
		李元根	-	-	-	-	2,028	-	2,028	소 작
		宋榮福	-	1,376	-	1,376	800	-	2,176	소 작
		宋起爕	614	-	-	614	3,369	-	3,983	소 작
		趙載萸	1,493	-	-	1,493	1,545	-	3,038	소자작
	제2차 위원장	賈在奎	1,288	-	-	1,288	566	-	1,844	자소작
	위원	宋榮出	1,248	904	-	2,152	2,171	1,248	3,075	소자작
안 기 리	위원장	成命基	1,716	-	-	-	2,186	-	3,902	소자작
	위원	金日順	18,668	-	3,340	15,328	-	8,625	6,703	지 주
		丁鶴鎭	3,961	590	-	4,551	-	447	4,104	자 작
		윤석기	3,242	-	-	3,242	-	-	3,242	자 작
		成昌允	-	-	-	-	1,758	-	1,758	소 작
		閔壽山	-	-	-	-	2,114	-	2,114	소 작
		洪禹先	334	580	-	914	2,568	-	3,482	소 작

자료：필자 조사에 의거 작성.

자작 내지 자소작이 이를 대신한 것으로 추론할 수도 있지만, 농민들의 증언에 의하면 농지위원들은 대체로 당시의 구장(區長, 한 法定里에 여러 개의 區가 있어서 區長이 2, 3명임)과 반장이 맡았다고 한다. 기본적인 행정 능력이 있어야 했기 때문이다. 아무튼 이농지위원회의 위원장은 자작 내지 자소작이었고, 위원으로서 지주대표가 규정수보다 적은 것은 앞의 권병탁의 조사결과와 일치하며 이는 전국적으로도 보편적 상황이었을 것으로 생각된다.

농지위원회의 활동

그러면 이들 위원회는 어떻게 활동했을까. 이농지위원회의 활동에 대해서 기록으로 남아 있는 것은 거의 없다. 이위원회는 구체적인 결정을 하기보다는 사실을 조사 확인하는 임무가 주였던 것 같다. 예컨대 마금리 농지위원회에서는 마금리에 거주하는 한흥순(韓興淳)이 김후선(金厚先)으로부터 윤영선(尹榮善)이 경작하는 소작지 674평과 정해천(丁海天)이 경작하는 소작지 200평을 1947년 3월 8일에 사들이고 현경작자에게 반환을 요청했으나 경작자들이 양보를 하지 않고서 면위원회에다 조사결정을 구하는 과정에서 이해관계자인 한흥순, 정해천, 윤영선 등이 각각 가족이 몇 명이며 논밭을 얼마씩이나 경작하고 있는가를 조사해서 바로 면위원회에 결정을 구하고 있다(1950년 4월 21일 이위원회 확인을 받아 원고 한흥순이 면농지위원회에 이의신청서 제출함).

이농지위원회의 활동은 대체로 공정했으며, 약간이나마 소작인 편을 들었다고 한다. 왜냐하면 대지주는 다른 면, 다른 지방 사람이고 작인은 동네 사람이기 때문이다. 따라서 "가능하면 작인을 동정해주자"는 것이 일반적 분위기였다는 것이다. "소작지를 분배에 넣는 경우에도 지주와 소작인 간에 타협이 이루어져서 서로 매매하기로 결정했으면 농지위원회서 간섭할 수 없겠지만 소작인이 분배에 넣기로 작정하면 지주나 농지위원회에서 압력을 넣어도 소용없었다." "소작인들이 무지하고 법을 몰라서 피해를 당했을 거라지만 그때는 사활이 걸린 문제이고 작인들끼리 얘기도 많이 나눠

졌기 때문에 웬만하면 다 알았다. 그리고 이장과 농지위원들이 소작지를 분배에 안 넣으면 처벌받게 된다는 말도 하고 다녀서 영세지주의 소작지도 많이 분배당했다."[64]

그러면 면농지위원회의 활동은 어떠했는가. 기록으로 나타난 활동은 주로 지주의 이의신청에 대한 조사·결정이었다. 면사무소의 농지위원회 결정서철에서 그 구체적 사례를 찾아본 것이 19건 있었다. 그중 중소지주 보호의 농림부 정책[65]에 따라 중소지주의 소작지반환 요구에 대해 일부반환, 일부분배의 결정을 내린 것이 8건, 위토승인 요구를 들어준 것이 2건이고 나머지 9건은 지주의 반환요구를 기각하고 있다. 따라서 농지분쟁건의 처리라는 측면에서 볼 때 면농지위원회의 활동은 위토승인에서 약간의 지주적 편향을 보이나 부재지주 내지 대지주의 무리한 반환요구는 기각처리하는 등 대체적으로 지역 소작농민의 이익을 위해서 활동했다고 할 수 있다. 물론 소작지를 위토로 변경 등기하고 3정보 이상 자작지의 경우 영년식물(永年植物)을 심거나 등기를 분산함으로써 분배대상에서 빠져나가는 것을 일일이 확인 적발하지 못하고 묵인한 경우도 없지 않았을 것이고, 이렇게 본다면 농지위원회는 농민의 이익을 충실히 방어한 것은 아니었다고 할 수 있다.

그러나 농지위원회는 매수대상 농지를 확정할 권한이 없었으며, 일시이농자 토지의 매수보류 및 지주와 소작인간의 분배를 둘러싼 분쟁발생 등 이해관계자의 능동적 활동에 대해서만 동의 내지 결정을 내릴 수 있었다. 이 점 농민위원회가 농지개혁의 주체가 되는 경우와는 본질적으로 다르다. 따라서 농지위원회의 활동을 평가할 때는 위원회의 권한범위 내의 활동을 가지고 판단할 수밖에 없다. 위에 제시된 사례를 통해서 볼 때 이·면 농지위원회가 일관되게 지주의 편에 서서 농민에게 불리한 결정을 내린 것은 아니라고 할 수 있다.

농지개혁법의 테두리 내에서 개혁을 철저하게 추진하는 것은 오히려 그 당시 농민운동세력에 부과된 역사적 책임이었다. 농민조합 등에서 농지개혁의 철저한 전행을 위해 어떻게 조직적 통일적인 활동을 했는지는 아직 전혀 연구된 바 없으며 앞으로의 중요한 연구과제가 될 것이다.

분배농지대가의 상환

농지를 분배받은 농가는 평년작 주생산물 생산량의 1.5배를 5년간 분할 상환해야 했는데 근흥면에서의 상환조정량은 논에서 정조(正租) 11,169석, 밭에서 대맥 1,062석(정조환산 831석)이었다.

요(要)상환량을 단보당으로 계산해보면 일반농지의 경우 논 1단보당 정조 3.96석(200평 1마지기당으로는 2.64석), 귀속농지의 경우에는 논 1단보당 3.8석(200평 1마지기당으로는 2.53석)의 수준이다. 밭의 경우에는 단보당 대맥 2.1석, 정조로는 1.64석의 상환량이었다. 이러한 요상환량은 1950년에서 54년까지의 전체 논 단보당 평균생산량 2.578석의 1.5배인 3.867석과 거의 비슷한 수준이었다.

상환곡 납부는 1950년 추곡부터 시작되었다. 근흥면 지역에는 1950년 7월 중순경에 인민군이 들어오기 때문에 하곡상환은 불가능했다. 연도별 상환실책을 보면 표 27과 같다. 법적으로 상환이 완료되기로 되어 있었던 1955년 9월(1955년 하곡수집 완료)까지의 상환량은 일반농지의 경우에는 요상환량의 68.3퍼센트였고, 금납조치분까지 합치면 76.5퍼센트로 올라간다. 귀속농지의 경우에는 66퍼센트였다. 이것은 전국 평균 상환실적(일반농지 62퍼센트, 귀속농지 50퍼센트)[66] 보다는 약간 높았지만 부진한 편으로 주로 한발, 비료부족, 병충해 등에 의한 흉작 때문이었다.

이러한 상환부진사태에 대해서 정부는 법정상환기간을 3년간 더 연장함과 동시에 상환곡 일부를 금납조치했다. 3년간의 하·추곡 추가상환과 금납처리를 통해 1957년 말 상환율은 일반농지가 98퍼센트, 귀속농지가 96퍼센트의 실적을 보였다. 잔량은 약간씩 상환되고 1959년도에 감면처리도 있어서 1960년에는 근흥면의 분배농지대가 상환이 완료되었다. 상환에 대한 농민들의 의견을 보면 과거의 3·1제 소작료 정도의 양을 5년간 납부하고 분배받은 것은 큰 혜택이었으며, 농지개혁이 아니면 이렇게 싼 값으로 농지를 마련하는 것은 생각도 못했을 것이라고 했다. 사실 작황이

표 27   분배농지대가의 연도별 상환내역   (단위 : 正租石)

총조정량	일반농지 9,126.80					귀속농지 2,819.40				
연도별 상환량	물납		금납	증권납	합계	물납		금납	증권납	합계
	하곡	추곡				하곡	추곡			
과도법령 173호						9.62	466.15			475.77
1950		1,200.11	747.56		1,947.67		1.08			1.08
1951	102.07	905.58			1,007.65	2.81	206.28			209.09
1952	35.42	350.98			386.40		85.05			85.05
1953	120.45	1,673.86			1,794.31	2.26	491.86			494.12
1954	140.81	1,651.22			1,792.04	1.75	589.18			590.93
1955	51.02	823.99	294.95		1,169.96	1.52	291.55	420.33		713.40
1956	11.31	240.74	226.47		478.52		62.91	19.10		82.01
1957	24.68	364.14		19.06	407.88	5.37	54.52		4.00	63.89
1958	1.05	18.78			19.83	0.44	10.34			10.78
1959	2.68	19.79			22.47	1.45	5.71			7.16
1960			3.30		3.30			15.80		
감면					97.07					69.88
합계	489.49	7,249.19	1,272.28	19.06	9,126.99	15.60	1,805.30	455.23	4.00	2,818.96

자료 : 근흥면사무소 자료에 의거 필자 작성.
주 : 1) 1950, 55년도 금납분은 1950년도 미상환액에 대한 것임.
　　 2) 1956년도 금납분은 수배포기농지 금납처리한 것임.
　　 3) 1960년도 금납처리는 상환잔량 전량을 일괄 처리한 것임.
　　 4) 감면은 1960년도에 행해짐.
　　 5) 증권납은 일시상환이 허용된 경우임.

나쁘거나 집안사정 때문에 상환을 제때에 못한 경우에도 매년 상환기간 연장신청을 해서 미룰 수 있었고, 작황이 극히 나쁜 경우에는 금납처리되거나 감면처리되었다. 만약 소작제가 계속되었다면 소작료를 제때에 못낼 경우 당장 소작권을 박탈당했을 것이다.

그리고 금납의 경우에는 해당연도의 법정가격을 적용했기 때문에 수배농가로서는 극히 가벼운 부담이었다. 예컨대 1950년의 경우를 보면 1951년도에 50년도의 법정가격을 적용하여 금납했는데, 1951년도의 법정가격이 1950년도의 3배이고, 게다가 법정가격은 시세의 2분의 1 수준이었으므로 실제부담은 6분의 1 정도에 불과했다. 1956년도에 금납 승인된 것으로 실제부담이 더욱 적었음은 물론이다. 요컨대 분배농지대가 상환은 약 8년간에 걸쳐 전체의 15퍼센트 정도는 금납 또는 증권납되면서 행해졌던 것으로 농민들은 대체적으로 이를 상당히 유리한 것으로 받아들였던 것이다.

농지가격의 보상

매수농지에 대한 보상은 농지개혁법 제8조와 시행령 제22에서 28조까지에 의해서 주작물 평균생산량의 1.5배를 기록한 지가증권을 교부하고 1951년에서 55년까지의 매년 정부 매상가격으로 계산하여 다음 해 5월 말까지 균분지급(均分支給)하는 것으로 규정되었다. 그러나 앞에서 본 바와 같이 상환이 부진했고 전쟁으로 인해 국가재정도 악화되어 있었으므로 지주에 대한 보상도 역시 부진했다. 전국적 통계를 보면 보상이 완료되어야 하는 1955년 5월 말 현재의 보상률은 28퍼센트에 불과했으며,[67] 1957년 12월 현재로는 87.6퍼센트 정도였다.[68]

애초에 정부는 농지개혁으로 희생되는 지주를 보호하여 그들을 산업자본가로 전환시킬 것을 약속했고,[69] 또 농지개혁법 제10조에도 "지주에게는…… 국가 경제발전에 유조한 사업에 우선 참획케 할 수 있다"고 규정하고 있다. 그러나 실상은 어떠했던가. 두 가지 면에서 이러한 약속은 저버려졌다. 첫째, 보상액을 법정보상기간보다 지체되게 지불했고, 이에 따라 그 동안의 인플레에 의해 지주들이 피해를 입었던 것이다. 표 28은 연도별 지가보상액을 해당연도의 법정곡가 및 시장곡가로 평가해본 것이다. 18년간의 상환액은 병정가격(수매가격)으로는 519만 석으로 명목보상량의 44.8퍼센트였으며, 시장곡가로 평가할 경우에는 25.3퍼센트에 불과했다. 이렇게 상환이 연기됨으로써 지주는 보상금을 목돈으로 활용하지 못하고 대개

표 28 지주보상액의 법정 및 시장곡가에 의한 평가

연도	일반보상(A) 금액(원)	법정곡가(B) (원/정조 1석 180.4/)	시장곡가(C)	보상량(A/B) (정조 : 석)	보상량(A/C) (정조 : 석)
1950	910,982	14.8	29.1	61,552.8	31,305.2
1951	27,623,738	58.8	115.7	469,791.5	238,753.1
1952	91,731,986	180.6	419.4	507,929.0	218,722.0
1953	165,548,722	180.6	476.5	916,659.6	379,264.0
1954	386,439,657	277.5	354.9	1,392,575.3	1,088,869.1
1955	441,389,950	351.5	851.1	1,255,732.4	518,611.2
1956	-	953.1	1,336.7	-	-
1957	56,517,493	953.1	1,537.3	59,298.5	36,764.1
1958	348,011,508	953.1	1,255.7	365,136.4	277,145.4
1959	81,909,496	953.1	11,106.1	85,940.1	74,052.5
1960	13,942,087	953.1	1,283.3	14,628.2	10,864.2
1961	40,876,094	1,394.9	1,463.2	29,303.9	27,936.1
1962	8,324,744	1,489.3	1,594.5	5,589.7	5,220.9
1963	7,411,141	1,850.0	2,526.5	4,006.0	2,933.4
1964	10,502,188	2,377.3	3,130.0	4,418.3	3,355.3
1965	746,461	2,701.0	2,998.0	276.4	249.0
1966	25,913,946	2,889.7	3,122.0	8,967.7	8,300.4
1967	51,441,759	3,230.1	3,432.0	15,925.7	14,988.9
합계	1,759,241,952 (11,589,827석)			5,197,731.5 (44.8%)	2,937,334.8 (25.3%)

자료 : 농수산부, 『한국양정사』(1978) ; 한국은행 조사부, 『경제연감』(1955) ; 『경제통계연보』 (1967, 68) ; 농협중앙회, 『한국농정 20년사』(1965).
주 : 1) 시장곡가는 1960년까지는 서울도매시장가격, 60년 이후는 전국도매가격임.
  2) 법정곡가는 1953, 54, 55년은 수납가격임.
  3) 1956년은 회계연도 변경 탓으로 보상이 안 된 것으로 기록됨.
  4) 1966, 67년의 시장곡가는 조사방법 변경으로 전년가격과 바로 비교하기는 곤란함.

지가증권을 액면가액의 3 내지 7할로 팔아버렸다.[70] 이것은 물론 소비생활에 들어가버렸다.

둘째, 지주의 산업자본가로의 전업을 적극 알선한다고 법과 시행령에 명시하고 있지만 대다수 지주의 영세성 및 경영능력 미흡에다 당시의 사정으로 지주들이 구입할 수 있는 공업시설도 부족하고 빈곤으로 유효수요도 부족했으므로 지주의 산업자본가로의 전환은 거의 이루어지지 못했던 것 같다.

근흥면에서는 면내거주 지주 224명 중 보상석수 100석 이상은 6호에 불과했고, 50석 이하가 211호로 거의 대다수였다. 그리고 1950년 4월에 지주 전업알선을 위한 조사 및 신고가 있었는데 면에서 희망자를 파악해 보고한 것은 두 지주뿐이었다. 이성진(李性鎭)은 매수대상면적이 논 30정보, 밭 5정보(보상액 472.30석)였는데 희망기업체로 천일염전(天日鹽田, 마금리)을 원하고 있고 그 평가액은 1,200만 원이다. 최남종(崔南鐘)은 매수대상면적이 논 22.5정보, 밭 3.8정보(보상액 437.40석)였는데 희망기업체로 어업 발동기선, 안강망어선 등을 원하고 있으며 그 평가액은 690만 원이다. 그러나 이러한 조사보고에 대한 후속조치는 아무것도 없었다. 지주 전업알선은 구두탄에 불구했던 것이다.

또한 지주가 자발적으로 전업에 노력하여 성공한 경우도 극히 희소했다. 근흥면에서는 두야리 이기팔(李基八)의 장남 이장진(李長鎭)이 아버지의 반대를 무릅쓰고 소작지를 사전매각하여 정미소를 구입 운영한 사례가 있다. 그리고 앞의 이성진가에서는 양조장을 동업하다가 그 후 과수원을 경영하나 실패하고, 최근에는 남은 산지를 이용하여 젖소목장을 경영하고 있으며, 그의 동생 이계진(李季鎭)도 산지를 이용하여 근래에 젖소 20여 마리의 낙농경영을 하고 있지만, 이러한 것들은 지가보상과는 직접적인 관계가 없다.

이상과 같이 근흥면 지역의 지주들은 대부분 자본가로 전환하지 못하고 일반농민으로 되거나 몰락해서 이농해버렸다.

농지개혁 후 분배농지의 이동

농지개혁으로 소작지를 분배받은 농민들 가운데 빈농들은 상환곡 부담, 토지수득세 부담 등으로 부채가 누적되자 부득이 분배농지를 매각처분하

표 29   분배농지 원수배자 이동농가 조사   (면적단위 : 평)

		당초분배내역(A)			원수배자이동내역(B)			비율(B/A, %)		
		분배호수	필지수	면적	매각호수	필지수	면적	호수	필지수	면적
두	야	148	372	199,706	11	19	7,571	7.4	5.1	3.8
수	룡	120	242	125,086	7	9	3,719	5.8	3.7	3.0
마	금	258	528	270,534	48	94	41,790	18.6	17.8	15.4
안	기	140	391	173,103	37	62	31,537	26.4	15.9	18.2
용	신	137	317	122,721	9	11	4,169	6.6	3.5	3.4
도	황	87	163	65,379	9	14	5,878	10.3	8.6	9.0
정	죽	67	112	40,577	3	6	1,976	4.9	5.4	4.9
신 진 도		7	17	5,095	-	-	-	-	-	-
가의도리		3	4	471	-	-	-	-	-	-
합	계	961	2,146	1,007,672	126	215	96,640	13.1	10.0	9.6

자료 : 근흥면 상환대장에서 작성.
주 : 당초 분배내역은 1954년 4월 5일 현재 조사치임.

는 사례가 빈발했다. 그러면 이러한 분배농지의 암매매(暗賣買)는 어느 정도 심했던가. 암매매 사실은 토지대장이나 등기부에 나타나지 않으므로 그 정확한 실태는 알 수 없지만 행정당국에서 보고한 내용을 기초로 이를 짐작할 수 있다.

근흥면 지역의 분배농지 원수배자(原受配者), 이동농가 실태를 마을별로 조사한 결과는 표 29와 같다.[71]

분배받은 농가 961호 가운데 13.1퍼센트인 126호 농가가 분배농지를 매각했으며, 총매각면적은 전체 분배농지의 9.6퍼센트를 차지했다. 그리고 마금리, 안기리에서는 15퍼센트 이상의 분배농지가 매각처분되었다.

이렇게 상당량의 분배농지가 상환완료 전에 또는 소유권 이전이 되기 전에 이동된 것은 무슨 이유 때문인가. 4개 리에서 매각자가 확인되는 경우를 추적하여 고의 자작농지 면적, 수분배 면적과 대조하여 원인을 추적해본 결과가 표 30, 표 31이다.

우선 경작지 과다란 자작지가 많았거나 소작지를 2천 평 이상 분배받아

표 30 수배농지의 매각이유 (단위 : 호수)

	경작지과다	이사(몰락)	代土	생활곤란	합계
두야리	4	1	1	4	10
수룡리	1			6	7
마금리	14	4	3	21	42
안기리	5	2	2	26	35
합계	25	7	6	57	94

표 31 매각이유별 수배농지 매각양상(호당평균) (단위 : 평)

매각이유	호수	1951년 소유	그중 수배농지(A)	매각면적(B)	매입면적	B/A(%)
경작지과다	25	4,035	2,344	773		33.0
이사(몰락)	7	1,449	1,449	1,449		100.0
代土	6	2,717	2,120	875	1,196	41.3
생활곤란	57	1,786	1,333	672		50.4

자신의 영농능력에 부담이 되고, 또 상환곡도 많이 내야 하기 때문에 경작지를 줄이고 상환곡 부담을 좀 가볍게 해보자는 의도로 수배농지를 매각한 경우다.[72] 이들은 총 경작지 중 수배농지의 비중이 상대적으로 적으며 수배농지 가운데 3분의 1가량을 매각한 것으로 나타났다. 이사(몰락)는 전답을 모두 처분해서 이사를 하거나 소작농 내지 농업노동자로 전락해서 농촌에 체류하는 것을 말한다. 이들은 총 경작지 중 수배농지가 차지하는 비중도 절대적일 정도로 높은 영세농가들이다. 대토(代土)란 수배농지가 집에서 너무 멀거나 농지가 분산되어 있어서 수배농지는 팔고 타인의 수배농지나 자작지 가운데 자신에게 유리한 위치의 토지를 구입하는 것을 말한다. 생활곤란은 물론 가난한 소작농이 경지면적 협소로 수확이 적은 반면, 생활비 지출과 상환금 부담으로 부채가 누적되어서 수배농지를 매각하는 것으로서 이 유형이 가장 많았다. 이 경우에는 경작지 중 수배농지의 비중도 높으며 평균적으로 수배농지의 약 절반을 매각하고 있었다.

이렇게 적지 않게 팔리는 분배농지의 구입자는 대부분 다른 수분배농가이거나 분배받은 땅이 없는 기타 농가이고 구지주가 구입한 경우는 드물어서 위의 4개 리에서는 안기리에서 3명의 지주가 1,944평을 구입한 사례뿐이었다.

이상에서 볼 때 농지분배 후 상환곡 완납 이전에 분배농지를 매각한 것은 대체로 전체 분배농지의 10퍼센트 정도이고, 구입자도 일반농가이므로 개혁으로 성립된 농민적 토지소유를 붕괴시키고 지주적 토지소유를 재현시키는 데까지는 이르지 않았다고 하겠다. 그러나 분배농지를 매각한 농민이 다소간에 소작을 부치게 된 것만은 부정할 수 없다.[73]

5 맺음말

이상과 같이 이 글은 1950년 농지개혁의 배경과 농촌 현지에서의 진행과정을 충남 서산군 근흥면이라는 일개 지역을 중심으로 하여 분석했다. 이 글이 중점적으로 보려고 했던 측면에 대해서 이 지역의 농지개혁 실시 과정을 토대로 하여 판단해본다.

첫째, 한국의 농지개혁은 반(半)봉건적 토지소유를 타파하고 농민적 토지소유를 확립했다고 할 수 있다. 부재지주들은 위토와 간척지를 제외한 모든 소유지를 상실했으며, 재촌지주들은 소작지를 잃고 자작농이 되었다. 계급으로서의 지주는 소멸한 것이다. 반면 소작농들은 농지개혁 전에 소작지 구입과 개혁에 의한 수배를 통해 나소간에 토지를 소유하여 대부분 자작농이 되었다. 물론 이 글은 지주와 수배농가의 토지소유를 토지대장을 통해 확인했을 뿐이고, 이들 농가를 일일이 면담하여 소유규모와 더불어 경영규모, 결국 소작실태를 확인하지 못했기 때문에 위의 사실을 완벽하게 확증하지는 못했다. 그러나 군의 토지대장을 통해서만 보더라도 기생지주제가 성립할 수 있는 기반은 무너졌다고 판단할 수 있다. 그리고 농지개혁 후에 소작이 부분적으로 발생했다 하더라도 그 성격은 일제하의 반봉건적 토지소유와 같은 것은 아니고 농민적 토지소유의 범주 내에서 발생한 것으로 봐야 할 것이다.

둘째, 농지개혁 전의 소작지 방매는 시가보다 3분의 1 정도 낮은 가격으로 이루어졌고, 분배조건과 비교해 농민에게 크게 불리한 것은 아니었다고 할 수 있다. 전체적으로 보면 사전구입의 반 정도가 지주의 강압에 의해 이루어졌고, 구입가격도 연간생산물의 2배 내외였으므로 개혁 시의 분배 조건보다는 농민들에게 불리했다고 볼 수 있다. 그러나 이것은 당시 자작지 시가의 7할 내외로 수분배조건보다 약간 불리한 정도였으며, 특히 개혁이 임박했을 때는 수분배조건보다 유리한 경우도 상당히 있었다. 따라서 소작지 사전 구입은 분배받는 것보다 크게 불리한 것은 아니었다고 할 수 있으며, 이것이 시가 기준·일시불 결재의 강매방식으로 이루어졌다고 본 기존의 인식은 당시의 실정과는 다르다고 할 것이다.

셋째, 농지위원회의 구성과 활동은 권한 범위 내에서 본다면 어느 정도 농민의 이익을 보호한 것이었다 할 수 있다. 이농지위원들은 소작이나 소자작농이 많았고 지주들의 이익보다는 동네 농민들 편에서 활동했으며, 면농지위원 역시 규정대로 구성되었고 중소지주 보호를 위해 활동했을 뿐 대지주·부재지주의 이익을 옹호하는 것은 아니었던 것이다. 물론 이것은 개혁의 주체가 농민이었다는 것은 아니다. 다만 기존의 연구에서 전통적 지주의 세력이 우월했기 때문에 위원회의 역할도 지주편향으로 되었을 것이라고 본 것은 현실과는 다르다고 하겠다.

넷째, 상환곡 부담 과중과 임시 토지수득세 등으로 수분배농가가 분배농지를 방매하고 대량으로 소작농으로 전락했다는 기존의 일부 인식 역시 근흥면 지역에서 매각농지 비율이 10퍼센트 정도에 불과한 정도인 것에 비춰볼 때 사실을 과대평가한 것으로 볼 수 있다.

전체적으로 볼 때 기존의 인식에서는 농민의 세력을 과소평가했고 농지개혁에 대해서도 중국에서와 같은 철저한 형태로 이루어지지 않았으므로 불철저 내지 실패했다는 이상론적 평가의 경향이 있었다고 할 수 있다.

한국경제사 속에서의 농지개혁의 의미를 생각해본다면 조선 후기의 민란, 농민전쟁, 일제하의 소작쟁의, 항일농민운동을 통하여 추구되어온 봉건적 토지소유 타파와 농민적 토지소유 수립의 목표는 농지개혁에 이르러 일단 달성된 셈이라고 할 수 있을 것이다. 이로써 지주라는 전근대적 계급은 해소되고 자본가계급이 이 땅의 진정한 지배자로 등장하게 되었으며, 이를 계기로 한국사회도 식민지반봉건사회에서 자본주의사회―물론 자립적인 것은 아니고 대미종속적인 관료독점 자본주의사회―로 전환했다고 할 수 있다.[74] 그리고 농지개혁을 획기로 하여 한국 농업의 기본문제는 지주·소작 관계라는 농업내부적 차원이 아니라 가격정책, 공출제도, 조세제도 등의 정부정책과 금융관계, 대외무역관계 등을 매개항으로 하는 국내외 자본주의 범주의 농업·농민 지배에서 설정되며, 토지문제의 해결도 협업화를 통한 소농경영의 극복에서 구해진다고 할 수 있다.

그러나 이 글은 일개 면지역의 사례연구에 불과하므로 앞에서 말한 농지개혁의 실태적 과정에 관한 평가가 충분한 보편성을 얻었다고는 볼 수 없다. 앞으로 계속적인 사례연구의 축적을 기다려야 할 것이다. 이외에도 이 글은 사례연구의 내용에서도 약점을 가지고 있다. 첫째, 해방 후 농지개혁을 전후한 농민들의 토지개혁 요구 및 기타 권익실현을 위한 운동을 좀더 정밀히 추구하지 못했고, 그로 인해 농민의 요구는 일반적 차원에서 제시되는 데 그쳤다. 둘째, 분석의 차원이 지주와 수분배농가의 토지소유 측면에만 머물고 내부 경제상태의 변화에 대한 조사와 분석이 미흡했다. 농지개혁의 배경에서도 농지개혁을 불가피하게 만든 경제적 토대의 요인―농업생산력과 생산관계 및 국민경제의 지배법칙의 변화―을 분석하지 못했다.

농지개혁의 성격을 올바로 규명하고, 한국자본주의발달사 속에서의 농지개혁의 위치를 좀더 명확히 해명하기 위한 앞으로의 연구과제로서는 위에서 말한 약점을 보완하는 사례연구를 축적해나가면서 첫째, 미국의 대한정책과 한국농지개혁의 관련성을 정밀히 분석하여야 한다. 미국의 당시 비밀문서들이 공개되고 해방 후의 사실을 객관적으로 볼 수 있는 내외적 여건이 호전되어나가고 있으므로 우리는 곧 이 방면의 성과를 기대할 수 있을 것이다.

둘째, 개혁으로 성립된 농민적 토지소유의 그 후의 전개과정을 추적하고 현행 소작제도의 성격을 올바로 분석, 농지법의 제정을 통하여 농지개혁법의 정신이 토착될 수 있는 길을 찾아야 할 것이다. 이를 위해서는 경제발전의 진전에 따른 '농민층분해의 논리 및 형태'의 변화를 정확하게 파악할 필요가 있다. 잠정적인 가설을 세워본다면 1950년대에는 농업생산력 수준이 인력에 크게 의존된 영세소농경영이고 공업화수준이 낮아서 농촌 내에 과잉노동력이 많이 누적됨으로써 지주제가 재생할 수 있는 여건이었다. 그러나 농지개혁 이후로 지주의 착취가 불합리하다는 사회통념이 퍼지고 지주로서도 다시금 몰수당할 가능성을 두려워했으며, 법에 의한 3정보 소유상한이 작용하는 등 상부구조의 작용과 미(美) 잉여농산물 도입으로 농산물가격이 저락해 지주경영의 수익성이 낮아짐으로써 지주제가 확대되지 않고, 농촌에서의 착취는 고리대 위주가 되고, 농민층분해도 머슴노동력을 이용한 부농과 빈농으로의 분해양상을 띠었다고 할 수 있다. 60년대의 공업화 이후로는 외국 농산물 과다도입으로 저농산물 가격이 지속되어 농가경제가 악화되고 이에 따라 많은 농촌노동력이 배출됨으로써 이들이나 이들의 노부모가 소유한 농지가 소작지화되었다고 볼 수 있다. 그리고 최근에는 기계화의 진전과 상업적 농업의 발전으로 차지(借地)를 통해 규모확대를 꾀하는 움직임도 나타나고 있다. 이런 과정에서 소작료 등 소작관계의 외형은 일제시대와 비슷한 것이 있으나 가장 중요한 차이로서 봉건·반봉건적 토지소유의 본질 가운데 핵심인 지주의 토지독점 즉 대토지소유가 성립하지 않았으며, 소작관계 성립의 계기가 일제시대와 다르다. 이에 따라 소작료율이 점차로 내려가는 등의 현상이 보이므로 현재 소작제는 본질적으로 반봉건적 토지소유가 아니라 개발예상지역에 대한 도시인의 토지투기를 제외한다면 농민적 토지소유 상호 간에 발생한 과도적 형태라고 할 수 있지 않을까 한다. 이러한 가설은 농민층분해 및 소작제의 지역별 사례연구와 이를 경제발전의 과정과 관련시키는 실증적 연구를 통해 검증되어야 할 것이다.

셋째, 농지개혁과 농가경제 및 1960, 70년대의 공업화의 상호관련을 노동시장, 자본시장, 농산물시장, 공산품시장, 재정금융정책 등의 다면적 차원에서 해명해야 한다. 특히 저농산물 가격과 농민의 과중한 교육비 부담이 농가경제 악화에 미친 영향이 컸던 만큼 외향적 수출공업화의 밑거름이 되었다고 할 수 있을 것이다.

넷째, 서구의 농업자본제화의 경험을 우리의 주체적인 시각에서 철저히 추구함과 동시에 제3세계 각국의 발전과정과 토지개혁을 유형별로 분석함으로써 제3세계에서의 '자본과 토지소유에 관한 일반이론'을 구축하여야 한다. 이러한 이론적 발전을 통해서만 오늘 우리의 사정을 좀더 정확하게 이해할 수 있는 것이다.

장상환
서울대 경제학과 졸업. 연세대 경제학 석·박사. 현재 경상대 경제학과 교수이며 민주노동당 부설 진보정치연구소장. 주요 저서로 『진보정당을 말한다』 『한국 사회의 이해』 『제국주의와 한국 사회』 등이 있다.

주

1) 『조선일보』, 1985년 4월 21일자.
2) 현재 한국농촌경제연구원에서 農地改革史 편찬사업을 진행하고 있다.
3) 櫻井浩, 『韓國農地改革の再檢討』(アジア經濟硏究所, 1976)는 이러한 연구의 대표적 예다.
4) 군청의 土地臺帳, 位土臺帳, 면사무소의 농지개혁관계문서 및 호적부 등.
5) 地稅名寄帳, 秋收記(賭租記) 등으로 이들 경영문서는 6·25를 전후해 거의 소실되었고 극히 일부가 해방 당시 경영주들의 자기 가문에 대한 애착심에 의해 겨우 보관되고 있으며, 이들 경영주가 사망하거나 주택의 수리·개축 때 거의 폐기되고 있다. 이들 문서의 발굴·보존을 위해서는 역사학계의 계통적 노력이 필요하다.
6) 이러한 견해를 취하는 사람들은 朴基赫 외, 『한국농지제도연구보고서』(한국토지경제연구소, 1966) ; 鄭英一, 「戰後韓國農地改革에 관한 一考察」, 『경제론집』, 제6권 2호(1967) ; 金炳台, 「농지제도와 농업생산」, 『농업정책연구』, 제2호(1974) ; 兪仁浩, 『한국농지제도의 연구』(백문당, 1975). 박현채 씨도 대체로 이러한 견해를 가진다. "어떻든 농지개혁은 토지 없는 농민, 토지 적은 농민을 그 근저에서부터 청산한 것은 아닐지라도 불안정한 것이기는 하지만 농민적 토지소유를 지배적인 것으로 구체화시켰다는 사실은 부정할 수 없다."(『한국농업의 구상』, 1981, p.350)
7) 鄭英一, 같은 글, pp.110~111.
8) 한국산업은행 조사부 편, 『한국산업경제 10년사』(1955), p.61.
9) 吳浩成, 『경제발전과 농지제도』(한국농촌경제연구원, 1982) ; 權丙卓, 「농지개혁의 과정과 경제적 기여」, 『농업정책연구』, 제11권 1호(1984).
10) 黃漢植, 「현행소작제도의 성격에 관한 고찰」(서울대학교 석사학위논문, 1977) ; 「한국농지개혁인구 I」, 『부산상대론집』, 제44집(1982).
11) 황한식, 「한국농지개혁연구 I」.
12) 김병태, 『한국농업경제론』(비봉출판사, 1982), 제3장 「현행 소작료의 지대 범주」 참조.
13) 김준보, 『한국자본주의사연구』(일조각, 1970), p.210.
14) 小谷汪之, 「半봉건적 토지소유 성립의 논리」, 장시원 편역, 『식민지반봉건사회론』(한울, 1984), pp.236~237.
15) 殷山榮一, 「分割地農民·小農地代 および資本制地代」, 大塚久雄 외편, 『西洋經濟史講座』, IV(岩波書店, 1960) 참조. 이 글에서는 '농민적 토지소유'를 '분할지적 토지

소유'와 같은 뜻으로 사용한다. 혹자는 농민적 토지소유를 "계급으로서의 지주가 폐절되고 모든 농민이 자립한 만큼의 토지를 단지 점유하고 있을 뿐만 아니라 소유하고 있는 토지제도"라고 정의하고 있지만(三好四郞, 『半封建的土地所有論』, 1956, p.401) 이는 프랑스혁명에 의해서 창출된 토지소유에서도 시민과 부농의 이익이 관철되고 토지 적은 농민의 요구는 좌절되었던 점을 고려해볼 때 너무나 기계적·규범적이라고 생각된다.

16) 1949년 6월 현재의 농지개혁을 위한 실태조사 결과임.

17) 토지개혁이란 과제는 내재적인 자본주의 발전의 길을 걸은 서구 선발자본주의 국가에서는 부르주아혁명을 통하여 일찍이 자본주의 형성기에 달성되었다. 그러나 자본주의가 위로부터 형성되거나 또는 제국주의 국가에 의하여 이식된 후발자본주의국과 식민지종속국의 경우에 지배계급이 지주 내지 그 동맹자이기 때문에 토지개혁은 자본주의화가 상당히 진전된 속에서도 달성되지 못하고 뒤로 미루어진다. 그러다가 1917년 러시아혁명을 통하여 러시아의 봉건적 토지소유는 해체되고 제1차 세계대전 종결 이후에 동유럽에서 부분적인 토지개혁이 실시되었다. 제2차 세계대전 후에는 동구, 중국, 북한 등에서는 지배계급이 자본가로부터 프롤레타리아로 바뀌면서 이의 주도 아래 농민을 끌어들이는 과정의 일환으로서 토지개혁이 실시되었다. 기타 해방된 구식민지국가에서는 식민지배 아래서 양성된 예속자본 또는 민족자본의 정치적 주도 아래 토지개혁이 실시되는바 토착자본의 힘이 미약했거나 지주이면서 자본가인 경우가 많았으므로 토지개혁은 극히 불철저한 상태에 머무는 것이 일반적이다.

18) 한국산업은행 조사부, 『한국산업경제 10년사』(1955).

19) 조선은행 조사부, 『조선경제연보』(1948), p.1-28.

20) 李相翊 씨(84세, 충남 牙山郡 仙掌面 宮坪里 거주)의 증언. 이 지역에서는 昭和 10년경에 지주들을 상대로 한 不納同盟이 있어서 소작료를 내지 않은 적이 있었다고 한다.

21) 채문식 씨(71세, 전북 옥구군 임피면 읍내리)의 증언.

22) E.G. Meade, *American Military Government in Korea*(1951). 佐佐木隆爾, 「第二次大戰後南韓における土地改革要求について」, 『朝鮮史硏究會論文集』, 제4집 (1968), p.180에서 재인용.

23) C. Clyde Mitchell, *Land Reform in Asia* (National Planning Association, Planning Pamphlet, 1952), p.9.

24) 全農의 조직상황은 1945년 11월 말 현재 13개 도연맹, 188개 군지부, 1,745개 면지부, 조합원 330만으로 공포되고 있지만 이는 과장된 듯하다(민주주의민족전선 편,

『조선해방연보』, 문우인서관, 1946, p.167).
25) 佐佐木隆爾, 앞의 글, pp.169~170. 이러한 농민의 불평—토지개혁과업의 포기가 아니냐 하는 비판—에도 불구하고 3·7제실시를 당면과제로 한 것은 북한에서는 소작농들을 토지개혁 주체세력으로 양성하기 위한 단계적 조처였고, 남한에서는 미군정이 3·1제를 지시한 조건 아래 농민들을 막연한 해방기분으로부터 구체적으로 성취할 수 있는 목표로 동원 훈련시키기 위한 것이었다고 한다(民戰 편, 앞의 책, pp.328~329).
26) Bruce Cumings, *The Origins of the Korean War*(Princeton University Press, 1981), p.338.
27) 수룡리에 거주하는 全瑞玉씨(78세, 당시 부락치안대장을 1년간 맡았음) 및 이태화씨(52세)의 증언에 의함.
28) 북한의 토지개혁에 대해서는 주로 조선은행 조사부 편, 『조선경제연보』(1948), pp.I-375~376 ; 田村武夫, 「北朝鮮の土地改革」, 『朝鮮史硏究會論文集』, 제8집(1971)을 참조.
29) 『미군정 법령집』(국문판) (여강출판사, 1984), pp.128~129.
30) C. Clyde Mitchell, *Land Reform in Asia* (National Planning Association, Planning Pamphlet No.78, February, 1952), pp.7~8.
31) 櫻井浩, 앞의 책, p.46.
32) "소작료 3·1제를 규정한 '최고 소작료 결정의 건'은 벌칙이나 시행세칙도 없고 지주에 대한 도덕적 규범에 지나지 않았다는 점에서 강력하고 실효성 있는 소작료제한조치라고 보기에는 미흡하다."(황한식, 「미군정하의 한국농업」, 『농업정책연구』, 제8권 1호, 1981, 주 31).
33) 이완순 씨는 기억력이 좋아서 소원면, 근흥면, 태안 등의 해방 전후 사정에 정통하여 필자의 현지조사과정에서 그의 증언이 큰 도움이 되었다. 그는 1945년 현재 5,862평을 소유한 자작농이었고, 이 중 1,267평을 분배당하고 870평을 분배받았다.
34) 식량규칙 제2호(1946. 8. 12.) 및 제3호(1946. 9. 23.), 『조선경제연보』(1948), p.II-97.
35) 『해방 3년과 미국—미국무성 비밀외교문서』(돌베개, 1984), p.169. 하지의 보고문서 (1945. 12.)
36) C. Clyde Mitchell, 앞의 책, p.8.
37) 조선은행 조사부, 『조선경제통계요람』(1949), p.43.
38) 라데진스키, 「일본의 농지개혁」(1951. 9.), 농정조사회, 『세계 각국에 있어서의 토지

제도와 약간의 농업문제』, pp.39~40. 花田仁伍, 『小農經濟の理論と展開』(御茶の水書房, 1971), p.468에서 재인용.

39) 梶情秀樹, 『朝鮮における 資本主義の形成と展開』(龍溪書舍, 1977), p.252.

40) 농지개혁사편찬위원회, 『농지개혁사』, 상권(1970), p.353.

41) 李大根, 「미군정하 귀속재산처리에 대한 평가」, 『한국사회연구』 1집(한길사. 1983).

42) 조선은행 조사부, 『조선경제연보』(1948), pp.I-364~365.

43) 櫻井浩, 앞의 책, pp.110~11.

44) ① "당시(1948년 10월경) 농촌에서는 농지개혁이 임박했다는 소문이 나돌아 농토를 강매하는 경향이 심했습니다. 지주들은 '당신이 부치고 있는 기름진 땅을 딴 사람에게 팔아야 할 모양인데 기왕이면 당신이 사가라'는 식으로 소작인을 구슬러댔고 세상물정에 어두웠던 소작인들은 농우나 가재도구를 팔아 땅을 사는 사례가 많았던 것입니다"는 당시 농지국장 姜辰國 씨의 증언(『동아일보』, 「농지개혁」 제5회, 1974. 4 참조).
② "농지개혁초안을 신문에 발표했기 때문에 지방에는 일부 악독한 지주들이……(1948년) 12월 10일 현재로 토지를 사지 않으면 토지개혁을 하더라도 너희들은 토지를 한 마지기도 살 수 없다. ……이렇게 해서 제3자가 소작하고 있는 것을 자기 친지 또는 돈 있는 사람에게 매도하는데 만약 돈이 없어서 못 산다면 딴 사람한테 팔아야겠다…… 또 토지를 사려는 사람이 많아서 토지 값은 농지개혁이 발표되기 전에 대개 1, 2만 원 하던 것이 지금은 4,5만 원까지 올라갔습니다. ……물가는 하락하고 토지 가격은 올라갔습니다"라는 국회의원의 발언(제2회 국회속기록 제15호, 김준보, 앞의 책, 1976, p.198에서 인용)
③ 당시 정부 당국도 소작지 방매의 심각성을 느끼고 있었다. "지주들의 꾐 및 위협에 속아넘어가지 말 것이며 법률 외의 사사매매는 무효이다"라는 담화문 발표 및 1949년 3월에 소작권의 박탈을 금지하는 '농지개혁에 관한 임시조치법안'의 국회제출(결국 통과되지 못함) 등이 그것이다.

45) 토지소유실태를 파악하기 위해서 郡의 토지대장에서 1945년에서 65년까지의 필지별 토지소유자 변경을 조사했다. 분배농지(일반 분배농지와 귀속농지)는 뒤에서 살펴보듯이 분배받은 농가가 분배완료 이전에 매각한 것이 많았으므로 토지대장이 아니고 전술한 分配農地簿에서 1945년 소유자와 수분배농가를 확인했다. 그런데 토지대장과 분배농지부에는 실제 거주 호수보다 훨씬 많은 수의 소유자가 등장한다. 일제하에 이미 사망했지만 상속등기가 안되어 있는 사람이 많았기 때문이다. 이런 경우에는 주민의 증언과 근흥면사무소의 호적대장(현재의 호적부와 사망한 사람의 除

籍簿)을 참고하여 상속자의 소유분에 합쳐버리고 구소유자는 소유자수에서 제외했다. 다만 4개 리 이외 지역의 소유자에 대해서는 주민의 증언을 통해 지주에 대해서만 약간의 정정을 하고, 일반농가에 대해서는 해당 읍면의 호적대장을 통한 확인을 하지 못했다.

46) 국회의원 李要漢 발언, '제2회 국회 정기회의속기록 제57호'(1949. 3. 18.), 농림부, 「농지개혁관계법률 심의에 관한 국회속기록초」(1968), p.239. 이에 의하면 소작지 매입가격은 연간생산량 수준밖에 되지 않는다.(단보당 매입가격 1만 2천 원, 연간생산량 3석×3,300=13,200원)

47) 조선은행 조사부, 『조선경제연보』(1948) ; 『조선경제연감』(1949)의 통계표에 의함.

48) 나머지 사례에 대해서는 필자의 앞의 석사학위논문, pp.101~105 참조.

49) 이에 대해 서산군수는 매상과 분배는 이번 농가실태조사와는 별개로 진행될 것이라는 통첩을 발하고 있다(1949. 8. 22.).

50) 李完純 씨가 보관하고 있는 통지서의 내용은 다음과 같다.

농지분배예정지 통지의 건

조건 1. 개혁법 제6조 제5조 2호(나) 단서의 규정 및 농지위원회 판정에 의하여 기히 통지한 농지의 반환을 요구할 때에는 당해 농지의 반환을 해야 함.

2. 분배예정농지의 지적이 公簿 표시와 부합 않는 分은 추후 지적정리에 의해 지적을 확정함.

농지개혁법 제11조 및 동법 시행령 제2조의 규정에 의하여 좌기농지를 귀하에게 분배함.

안기 29番 650평　　地主 李季鎭

27-1番 272평 地主 李季鎭

상환증서 교부시까지 잠정적 조처로 區市邑面長 명의로서 통지함.

1950. 4. 6.

근흥면장 李完純

51) 櫻井浩는 앞의 책, p.114에서 개혁시기에 대해서 농림부가 1951년 2월의 국회답변에서 "농지매수만이 아니라 분배도 1950년 4월 15일에 완료했다"고 한 것에 대해 분배점수 규정도 아직 미공포상태에 있는 단계이므로 이러한 단언에는 무리가 있다고 했다.

52) 6·25로 지주보상신청서(구·시·읍·면장 확인)가 분실되자 보상액 산정을 위해 지주의 신고서(이는 단순한 의사표시에 불과하고 증빙능력 없었음)를 받음과 동시에 구·시·읍·면장이 농지소표에 기초해서 '지주별 농지확인일람표'를 만들어 보상액의 기

초를 삼았다.(농림부, '보상신청수속 요령에 관한 건', 농지 제48호, 1950. 11. 15. 농촌경제연구원. 『농지개혁관계자료집』, 제2집, 예규·통첩편, p.164).

53) 出耕作농가란 근흥면에 거주하면서 이웃의 소원면이나 태안읍에 있는 농지를 경작하는 농가이고, 入耕作농가란 위의 인근 읍·면에 살면서 근흥면의 토지를 경작하는 농가를 말한다.

54) 이때는 분배조건보다 소작인에게 유리한 조건으로 매각되는 것이 일반적이었다.

55) 李完純 씨의 증언.

56) 李季鎭의 소유토지(소작지)는 농지개혁 전에는 형 李性鎭이 관리하고 있었는데 이계진이 농지개혁 직전에 결혼함으로써 자작지 확보가 필요하게 되자 소작인에게 소작지 일부를 돌려달라고 요구했고, 소작인은 이 요구를 야박하게 거절할 수 없었던 것이다.

57) 기타 지주의 구체적 사례에 대해서는 필자, 앞의 글, pp.126~129 참조.

58) 이들 지주 소유토지 중 상당부분 특히 부재지주 소유지의 거의 대부분은 토지대장상의 명의로만 소유로 되어 있지 실제는 개혁을 전후하여 이미 매각된 것임은 앞에서 살펴본 바 있다.

59) 나머지 다른 지주의 개별적 토지소유 변동에 대해서는 필자의 앞의 글, pp.149~155 참조할 것.

60) 이성진 씨의 증언에 의함.

61) 일본은 농지개혁 직전인 1947년 8월 1일 기준으로 '임시농업센서스'를 실시했고 농지개혁 결과 파악을 위해 농지개혁 직후인 1949년 3월 1일 현재기준으로 '농지통제조사'를 실시했다. 모든 통계는 「농지개혁전말개요」(1951. 9.)에 실려 있다.

62) "……위원은 '농지사정을 숙지하며 학식과 명망을…… 겸비한 관민 중에서 선임한다'라고 규정함으로써 소작농민의 참여를 완전히 배제하고 있다. 다만 里洞農地委에 한해서 위원을 '里洞民의 호선으로 邑面長이 위촉한다'고 되어 있으나 여기에는 이른바 '지방유지'라는 구지주층이 참여하게 되었다."(兪仁浩, 『한국농지제도의 연구』, 백문당, 1975, p.141)

63) 權丙卓, 「농지개혁의 과정과 경제적 기여」, 『농업정책연구』, 제11권 1호(1984. 12.).

64) 이상 洪哲浩씨(70세, 수룡리 거주)의 증언에 의함. 홍철호씨는 해방 당시 완전 소작농으로 개혁 전에 소원면 趙載吉 명의의 타인의 자작지를 구입했고 개혁 당시에 지주 최성재의 논 1,023평을 분배에 안 넣고 그보다 싼값으로 구입했다. 개혁 당시 里書記 일을 보았기 때문에 당시 사정에 정통하다.

65) 농림부, 農地 제339호, '농지개혁법 실시에 관한 건'(1950. 4. 3.). 제12항 농지분배는 원칙적으로 법에 의할 것이나 중소지주로서 농지개혁으로 인하여 생활에 위협을 초래할 자에 한하여(좌기에 해당하는 자) 각급 위원회의 결의에 의하여 법의 정신을 일탈치 않는 범위 내에서 인보상조의 정신에 입각하여 도의적 해결을 종용할 수 있음.
가. 소지주로서 1949년 6월 21일 이전에 경작권 취득에 노력한 증거가 확연한 자.
나. 악질 소작인의 의식적 방해로 1949년 6월 21일 이전 자작농 목적을 달하지 못한 자.
다. 불구 질병으로 인하여 영농하지 못하고 소량의 소작료로 생계를 유지하는 자.
66) 한국산업은행 조사부, 『한국산업경제 10년사』(1955), p.58.
67) 한국상업은행, 『한국산업경제 10년사』(1955), p.60.
68) 櫻井浩, 앞의 책, p.127.
69) 농지개혁법 제정 당시 농림부 농지국장이었던 강진국 씨가 대구에서 행한 '농지개혁 이상'이라는 강연에는 희생지주를 국가가 보호한다는 말이 언명되어 있다(『농지개혁사』, 상권, 1970, pp.378~379).
70) 정부의 지가증권 보상지연의 배경에는 상환부진 외에 전시인플레억제책이 있었다. 1951년 6월 정부는 인플레 대책으로서 ① 지가증권의 보상은 한국식산은행이 예금으로서 거치하고 지주 생활비로서 월 30만 원을 한도로 지불한다. ② 조세공과 귀속재산 대금 이외는 지불하지 않으며, ③ 융자도 귀속기업체의 운영자금만 허용한다는 원칙을 발표했다. (谷浦孝雄, 『韓國の農業と土地制度』, 일본 국제문제연구소, 1965, p.116).
71) 농지개혁법 제16조의 분배농지 매매금지 규정에도 불구하고 자행된 암매매에 대해 1961년 5월에 '분배농지소유권 이전등기에 관한 특별조치법'을 통해 사후 용인함에 따라 조사보고된 것임(1965. 6. 30까지 시행).
72) 수룡리 金瑞玉 씨(1907~)는 15마지기의 논을 분배받아 상환곡부담이 과중해서 그중 10마지기를 헐값으로 미리 팔았다고 증언했다. 상환완료 전에 매각하면 상환곡은 구입농가가 치르게 된다.
73) 李萬甲, 『농촌사회의 구조와 변화』(서울대출판부, 1973)에서는 1957년 현재 조사농가 336호 가운데 69호가 소작농(자소작 포함)이었으며, 소작지도 6만여 평으로 총소유면적 465,258의 약 10퍼센트에 달하는 것으로 제시되고 있다. 그러나 여기에서는 순전히 소작료를 받을 목적으로 토지를 사서 소작인에게 맡긴다는 것은 생각하기 어렵다는 사실도 아울러 지적하고 있다(앞의 책, pp.84~88).

74) 梶村秀樹의「舊植民地社會構成體論」(梶村秀樹·富岡信雄 편, 『發展途上經濟の硏究』, 세계서원, 1981)은 종래 구식민지 사회구성체 개념으로 이야기되어온 '植民地半封建社會' 개념을 Amin의 '전자본주의 社會構成→周邊資本主義 사회구성으로의 이행' 이론과 결합시켜 후진국가들은 식민지(종속국)와 본국 간의 국제적 분업 관련에 따라 '前자본주의 사회구성→식민지반봉건사회→주변부 자본주의 사회구성'으로 법칙적인 종속발전을 한다고 주장했는데 이는 제3세계 사회구성체 해명을 위한 이론을 크게 진전시킨 명제다. 앞으로 이행의 계기를 더 명확히 하고 주변부 자본주의 내의 발전단계 및 유형을 범주적으로 확립해나가야 할 것이다.

9월총파업과 노동운동의 전환

성한표

1 머리말

반공과 정치적 중립을 토대로 한 자유민주노동운동[1]을 선언하고, 경제투쟁에 치중해온 한국노동조합총연맹(이하 韓國勞總으로 줄임)의 이른바 노동조합주의(勞動組合主義) 노선은 8·15 직후의 한국 노동자들에게는 생소한 방향이었다. 적어도 8·15 후 1년 동안은 사실상 유일한 노동자 전국 조직이었던 조선노동조합전국평의회(이하 全評으로 줄임)[2]는 "경제투쟁의 토대 위에서 정치투쟁을 강력하게 전개한다"는 것을 기본방향으로 내세우고 있었다. 전평운동의 기본방향은 결성대회(1945. 11. 5.~6.)의 '선언'에 잘 요약되어 있다.

각 공장 내의 노동자의 당면한 경제적 이익을 위하여 부절(不絶)한 투쟁을 전개시켜 그 투쟁과정을 통하여 더 높은 정치투쟁으로 앙양시켜야 한다. 만일 노동조합운동을 경제투쟁만으로써 만족시켜 정치투쟁을 무시 억제한다면 이는 곧 조합주의의 오류를 범하는 것이며, 그와 반대로 노동자의 일상이익을 위한 투쟁을 무시하고, 저돌적으로 정치적 투쟁으로만 지도하려는, 대중과 유리된 좌익소아병적(左翼小兒病的) 경

향과도 싸워야 될 것이다.³⁾

또한 "언론·출판·결사·파업·시위의 절대자유" "친일파, 민족반역자를 제외한 진보적 민주주의에 입각하는 민족통일전선 정권의 수립" "민족자본의 양심적인 부분과 협력" 및 "조선인민공화국 지지" 등 전평이 선언한 정치투쟁의 방향은 후에 한국노동운동의 기본방향으로 채택된 '정치적 중립'과는 거리가 멀었다.

전평의 운동노선이 8·15 후 갑자기 이 땅에 솟아나온 것은 물론 아니다. 그것은 민족해방투쟁의 핵심적인 부분으로서, 특히 모든 항일운동에 대한 일제의 탄압이 강화된 1930년대부터는 지하운동으로 전개된 일제하 노동운동을 아버지로 하고, 8·15 후 이 땅의 정치·사회·경제적 상황을 어머니로 하여 탄생했다.

일제하에서부터 8·15 후에 이르기까지 노동운동의 전통을 이어온 중심축은 좌익계 활동가들이었다고 하겠다. 민족해방투쟁에 대한 일제의 탄압이 강화되자 한국 내의 좌익계 활동가들은 노동자대중 속으로 파고들어 이들을 항일 혁명세력으로 조직하라는 지령을 좌익 국제노동조합운동 지도부로부터 받았다.⁴⁾ 이 지령에 따라 많은 좌익활동가가 공장이나 광산으로(또는 농민 속으로) 파고들어 지하에서 활동하다가 검거되고 투옥되었다. 이들의 노력으로 서울의 섬유공조합, 출판노조, 용산지구의 금속노조, 흥남의 화학공조합, 부산의 부두노조, 원산의 운수노조를 비롯한 각지에 흩어져 있는 소규모 조직들이 일제하에서도 명맥을 이어왔다.

8·15를 맞아 7, 8년씩의 감옥생활에서 풀려난 활동가들은 각자 연고가 있는 공장, 광산 및 사업소로 돌아가 자리를 잡고 지하에 잠적해 있던 노동자조직을 공개적인 대중조직으로 전환시켰다. 이들이 노동자대중의 자연발생적인 투쟁이었던 '공장접수, 자주관리투쟁'⁵⁾을 이끌면서 조직은 대중 속에 더욱 깊이 뿌리를 내렸다. 노동자조직에 대한 좌익주도의 전통을 체현하고 있는 대표적인 인물이 바로 조선공산당 서기국원이며 전평 위원장이었던 허성택(許成澤)이다. 허성택은 함북 성진(城津)에서 농민의 아

들로 태어나 16세 때부터 항일운동에 나섰다. 일제 관헌의 추적을 피해 소련으로 망명, 그곳에서 모스크바 대학을 졸업하고 귀국하자마자 성진농민조합사건을 일으켜 투옥당했다. 그는 8·15까지 감옥에 있었다.[6)]

그러면 한국의 노동자들은 생소한 노동조합주의 노선을 어떻게 하여 받아들이게 되는가? 이 점을 밝혀보자는 것이 이 글의 과제다.

좌익계 활동가들을 축으로 이어졌던 노동운동 전통의 단절을 8·15 후 3년 동안의 정치과정 속에서 와해의 길을 걷게 된 좌익진영의 운명과, 그리고 '와해'를 피할 수 없게 만든 정치적 상황과 분리시켜 생각할 수는 없다. 하지만 전평의 운동을 좌익정치운동의 일환으로만 생각하는 것은 (비록 조선공산당 지도부가 전평을 당의 보조단체로 간주하고 있었다고 해도) 무리가 있다. 노동자대중은 전평을 통해 좌익 정치운동에 동원되기도 했지만 그들 자신의 간절한 소망을 전평의 투쟁을 통해 표출할 수 있었다. 그들에게는 '정치' 이전에 자신의 이익을 지켜줄 조직이 필요했다. 따라서 미군정에 의한 노동자대중과 전평의 분리, 다시 말하면 노동조합주의의 이식에 의한 노동운동 노선의 전환은 결코 무리 없는 과정은 아니었다. 그것은 엄청난 진통을 겪으면서 진행되었다. 진통은 1946년의 9월총파업과 이에 뒤이은 전국적인 대중봉기로서 나타났다. 그리하여 9월총파업은 한국노동운동에서 그 전환점을 이루게 되었다.

2 미군정의 조합주의(組合主義) 강요와 전평(全評)

자생적 변화 부인한 미군정

억압되고 있던 민족의 에네르기가 8·15를 기해 온갖 방향으로 분출되고 있을 때 노동자들이 일본인 소유의 공장을 접수하여 자주적으로 관리하는 투쟁이 자연발생적으로 전개되었다. 그러나 '해방군'으로서 한국에 진주한 미군은 이러한 민족 에네르기의 폭발을 지원하기보다는 억제하는 데 주력했다. 그들은 한국 고유의 역사 및 현실과는 관계없이 자신의 '우방'으로서 적합하다고 그들이 생각하는 모습을 한국인에게 기대했다. 그러기 위해서는 우선 미군이 진주하기 전에 한국에서 시작되었고 그 후에도 급격하게 진행되고 있던, "그들의 목적에 적합하지 않은" 변화에 제동을 걸 필요가 있었다.

그들은 1945년 9월 7일에 발표된 맥아더 사령관의 포고 제1호 전문(前文)을 통해 미군이 '전승군'으로서 남한을 '점령'하고 '군정'을 수립한다고 선언했다.[7] 이 포고는 이밖에 남한의 모든 행정권의 장악(제1조), 공무원 또는 공공기관 종사자의 직장이탈 금지(제2조), '점령군'에 대한 적대행위 또는 치안교란자 엄벌(제3조), 주민의 소유권 존중(제4조), 영어의 공용어화(제5조) 등 점령정책의 골격을 밝혔다. 그 이틀 후인 9월 9일 발표된 남한주둔군 사령관 하지 장군의 성명은 모든 시책을 "현행정부(즉 조선총독부)의 기구를 통해 시행할 것"을 밝히고 이러한 기구의 관리에 대한 '복종'을 요구했다.[8]

미군의 이와 같은 두 차례에 걸친 선언의 주요한 표적이 되었던 것은 ① 미군진주 직전에 수립된 여운형 등의 조선인민공화국(이하 人共으로 줄임) 및 그 지방조직으로서 이미 각 지방의 행정권을 장악해가고 있던 인민위원회의 파괴, ② 노동자들의 자주관리운동에 대한 규제였다. 이 중 두 번째의 표적은 9월 13일 경성전기주식회사의 접수로부터 시작하여 10월 9일까지 이미 일본인 기업 42개를 접수한[9] 미군정의 '접수정책' — 노동자의 접수에 맞선 미군정의 접수와 관리자의 파견 — 으로써 바로 공격을 받았다(접수와 관리인 파견은 계속되어 일본인 사유재산까지 그 대상이 되었다). 미군정이 파견한 공장 관리자는 "연고자, 경력자, 인격·수완 구비자 및 자산가" 중에서 공모되었다.[10] '관리인'은 노동자의 공장접수 및 자주관리의 저지를 위한 선봉이 되었다. 관리인들은 머지않아 공장이 불하될 때의 연고권을 꿈꾸며(훗날 그것은 실현되었다) 노동자들의 '접수'에 결사적으로 맞섰다. 한편 첫 번째 표적은 미군 진주 한 달 후인 10월 10일 발표된 아널드 군정장관의 성명[11]을 통해 인공(人共)을 부인함으로써 결정적인 공격을 받았다. 성명은 남한에는 "단 하나의 정부가 있을 뿐"이며,

이 정부는 "맥아더 원수의 포고와 하지 중장의 정령(政令) 및 아널드 장관의 행정령(行政令)에 의해 정당하게 수립될 것"이라고 주장했다.

그러면 미국이 구상하고 있던 '우방' 한국의 모습은 어떤 것이었을까? 그들의 내부문서[12]가 정령정책의 수행에서 우선적으로 고려하도록 지시하고 있는 '군사점령의 목적'이란 어디에 있었는가? 그것은 소련의 팽창정책에 맞서는 '반공보루'를 한반도에 건설하자는 데 있었다[13]는 것은 주지하는 바와 같다. 이 목적은 미군정이 그들의 '목적'을 관철하기 위해 필요한 물리적 통제력을 행사하는 두 기간조직(경찰과 사법부)을 어떻게 구성했는가 하는 데서도 분명히 드러났다. 이 두 기관의 수뇌부는 반공정당인 한민당 간부급 인사들에 의해 장악되었다. 1948년까지 현직에 있었던 조병옥(趙炳玉) 경무부장, 장택상(張澤相) 수도청장, 김용무 사법부장, 이인(李仁) 경찰총장 등은 모두 탁월한 반공투사들이었다. 이들 중 가장 중요한 경무부장직에 한민당 총무였던 조병옥을 발탁한 과정은 미군정의 목적이 무엇이었는가를 생생히 말해준다. 조병옥은 1945년 10월 17일 한민당 수석총무 송진우(宋鎭禹)의 집에서 하지 중장 고문 윌리엄스 대령을 만났다. 윌리엄스 대령은 이 자리에서 "공산주의 이론에 투철하고 반공사상이 철저한, 유능하고도 실천력이 강한 한인 중의 애국적 인사'를 경무부장으로 추천하도록 요청했으며, 송 총무는 미국 컬럼비아대를 졸업한 조병옥을 추천했다. 하지 장군은 조병옥에게 한민당 탈당을 권유, 그는 결국 한민당의 요직만을 사임한다는 조건으로 경무부장에 취임했다.[14]

미군정은 이제 반공사상이 철저한 인사로서 반공정당의 간부로 있던 조병옥에게 경찰권을 쥐어주고, 그를 통해 전평과 인민위원회에 대한 공격을 준비하고 있었다. 그들은 인민위원회에 대해서는 해체방침을, 그리고 전평에 대해서는 "길들이기가 어려우면 새 조합으로 대체한다"는 방침을 추진했다.

민주주의적 노동조합의 장려

미군정이 구상하고 있던 노동운동의 가이드라인은 미국식 노동조합주의였다. 그러나 그 가이드라인이 처음부터 찬성된 형태로 제시되었던 것은 아니다. 그 골격은 군정법령 19호(1945. 10. 30.), 34호(1945. 12. 8.) 및 97호(1946. 7. 23.)에 의해 단계적으로 형성되었다. 다시 말하면 전평에 대한 미군정의 적극적인 공세는 법령 97호에 의해 비로소 가능했으며, 그전까지는 파업규제라는 소극적인 대증(對症)요법에 의존하고 있었다.

파업규제법인 법령 19호[15]는 노동자들의 자주관리운동이 격렬하게 전개되고 있던 상황에서 국가비상시기의 선포와 함께 공포되었다. 파업금지조항은 제2조(노무[勞務]의 보호)였다. 제2조는 다음과 같았다.

  1. 직업을 순수(順受)하고 방해 없이 근무하는 권리는 존중하고 보호할 것이다. 이러한 권리를 방해하는 것은 불법이다.
  2. 민중생활상 필요 불가결하다고 조선군정청이 선포한 산업에서 생산의 중지, 또는 감축을 방지하기 위하여, 노동계약 및 노동조건에 관하여 발생하는 쟁의(爭議)는 조선군정청이 설치한 조정위원회에 의해 해결할 것이며, 그 결정은 최후적이요, 구속적이다.

제2조 1항이 통상적인 의미의 노동자의 '노동할 권리'를 보장한 조항이 아니었음은 1946년 5월 6일에 나온 군정청 사법부의 유권해석에서 알 수 있다. 사법부는 이 규정이 피고용자를 이유없는 해고와 차별적 해고로부터 방지하자는 것인가 하는 담당자의 질문에 대해 "피고용자의 개별적인 해고를 방지한다는 의미는 없고, 이 규정은 제삼자로 하여금 고용주와 피고용자 간의 노동관계에 간섭함을 금지한다는 것이다"고 해석하고, 덧붙여 '노동의 보호'라는 것은 "노동이 공개적 투쟁에 나아가는 것을 보호한다는 것이다"[16]고 답변했다.

한편 2항에 의한 파업금지조치의 대상이 되는 "민중생활상 필요 불가결한 산업"은 총파업의 폭풍이 전국을 강타하고 있던 1946년 가을까지도 구체적으로 규정되지 않은 채 군정당국의 재량으로 적용되고 있었다.[17] 철도파업에 대해 군정당국은 "공무원의 파업은 위법이다" "법령 19호 2

조 2항 위반이다" 또는 "사전 통고 없이 파업에 들어간 것은 위법이다"라는 등 철도파업의 '위법성'의 이유를 설명하는 데 스스로 혼란에 빠지기도 했다. 사법부의 유권해석은 군정당국의 재량권을 노골적으로 옹호하고 있다.

어떤 산업을 민중생활상 필요 불가결하다고 군정청이 선언할 것인가 하는 문제는 성질상 하등의 제약이 없다. 군정청은 조선경제에 불가결하다고 인정한 모든 상업, 공업, 기타 산업에 대하여 재량으로써 2항을 적용할 수 있다. 군정청의 결정은 최종적이며, 법적 견해에 좌우되지 않는다.[18]

법령 34호[19]는 법령 19호 2조 2항에 따른 노동조정위원회의 설치 및 운영에 관한 규정이다. 이에 따르면 중앙노동조정위원회와 도별 노동조정위원회를 설치하되 노동조정위 판결이 통고된 뒤 군정청 노무과(후에 노동부로 승격)가 조정위에 대해 재심을 요구할 수 있도록 했다. 군정청에 일종의 '거부권'을 주고 있는 법령 34호는 법령 19호의 조정위 "결정은 최후적이요, 구속적이다"고 한 규정과도 어긋날 뿐만 아니라 노동조정위의 '자율성'을 침해하고 있었다.
노동조정위의 성격은 그 설치경위와 구성원에서 더욱 분명히 드러난다. 일제지배 아래 있던 만주국의 근로부를 거쳐 조선총독부 근로부에서 징용실무를 담당한 경력을 가진 박택(朴澤)[20](후에 노동부차장)이 이대위(李大偉)(후에 노동부장)와 함께 군정청 노무과에 근무하면서 노동조정위 설치와 인선작업을 추진했다. 그들은 총독부 근로부의 문서를 정리하면서 '노동조정위' 아이디어를 내어 박택은 스스로 대표위원이 되었다.[21] 조정위원 다섯 명 중 김준연(金俊淵), 김도연(金度演), 홍성하(洪性夏) 등 세 명이 한민당계였으며, 도별 조정위도 비슷한 구성을 보이고 있다.[22] 한 군정청 노동문제 고문은 "조정위원으로 임명된 한국인 중 임금노동자나 그들의 대표는 없었다. 사실상 위원회는 고용주협회의 성격을 크게 벗어나지 않았다"[23]고 평가했다.

그러나 법령 19호에 의한 파업규제는 8·15 후 '해방된' 노동자의 참혹한 생활조건과 고양된 분위기로부터 자연발생적으로 터져나오는 파업을 진정시키기에는 너무 안이하고 비현실적인 처방이었다. 다시 말하면 생활의 파탄에 직면하여 자위수단으로 파업을 선택하고 있던 노동자들에게 파업규제법은 큰 위협이 되지 못했다. 그리고 8·15 후 폭발적으로 고양된 사회적 분위기는 한두 가지 법규로써 제어할 수 있는 상황이 아니었다. 파업규제법에도 불구하고 파업은 8·15 이후 1946년 8월까지 모두 1,299건이나 발생, 모두 26만 7천여 명의 노동자들이 참여했다. 파업으로 2,331명의 노동자가 해고되고, 1,090명이 검거되었다.[24]

이에 군정청은 좀더 적극적 대책을 강구하지 않을 수 없었다. 1946년 7월 23일 공포된 법령 97호 '노동문제에 관한 공공정책(公共政策)'[25]이 그것이다. 이 법령의 입안시기로 생각되는 1946년 6월 2일 맥아더 사령부의 노동문제 사절단 중 2명의 미국인 ─ 전시동원사무국 노동력·노동문제 상담역과 전국 전시노동위원회 조선(造船)위원장 ─ 이 군정청의 초청으로 서울에 왔다.[26] 이 법령이 강조하고 있는 '민주주의적 노동조합'의 내용이 미국적 노동조합주의에 따르고 있는 것은 이들의 자문에 의한 것이 아닌가 여겨진다. 법령 97호는 제1조에서 "민주주의적 노동조합의 발전을 장려한다"고 밝히고, 이어 다음과 같이 규정하고 있다.

> 노동자는 자율적인 노동조합을 통하여 노동연합회를 조직하고 가입하며, 다른 노조를 원조하고, 또 원조를 받을 권리가 있는 동시에 고용주와 그 대리인의 간섭을 받지 않고, 고용계약의 기간 및 조건을 형성할 목적으로 자기가 선거한 대표자를 지명할 권리가 있다…… 고용주와 노동조합 간에 합의된 임금, 노동시간, 기타 고용조건을 고용계약서에 명기하는 평화적 협정을 장려한다.

이 조항은 노동자의 단결권과 단체교섭권을 보장한다는 보편적인 원칙

선언을 넘어서는 어떤 방향성을 "자율적인 노동조합" "노동연합체" "다른 노동조합" "자기가 선택한 대표자" 등의 말을 통해 보여준다. '자율적 노동조합'이란 고용주로부터 자립한다는 의미보다도, 외부세력의 간섭으로부터의 자유를 강조하는 것이라고 하겠다. 그리고 '노동연합체' '다른 노동조합' 등의 말은 전평에 집중해 있는 노동자조직을 우익계 대한노총 중심으로 재편성하기 위한 중간단계로서 복수노동조합의 존재를 암암리에 장려하고 있는 군정의 태도를 드러내 보이는 표현이다. 그리고 '자기가 선거한 대표자'는 훗날 전평조직에 대체하여 대한노총이 등장하는 데 결정적인 무기가 된다.

다시 말하면 이 조항은 1946년 3월 10일, 우익 청년들이 중심이 되어 결성은 했지만 아직 이렇다 할 만한 현장조직을 갖추지 못하고 있던 대한노총의 세력확장을 위한 길을 열어주고 있다고 하겠다. 대한노총은 처음부터 전평에 대한 대항세력으로서(더 정확히 말하면, 전평의 정치투쟁을 노동운동의 이름을 빌려 견제하기 위한 전형적인 반공조직으로서) 출발했다.[27] 대한노총은 또한 군정청의 적극적인 협조와 지도 밑에서 발족되었다.[28]

9월총파업과 그에 뒤이은 대중봉기의 파도가 지나가자 '민주주의적 노동조합'을 내세웠던 군정청의 의도는 더욱 뚜렷해졌다. 1946년 12월 9일 '민주주의적 노동조합'의 정의를 묻는 질문에 대해 노동부는 다음과 같이 답변했다.

> 민주주의 원칙에 입각하여 조직 운영되는 노동조합, 즉 개인의 독단이나 강압으로 조직되지 않고, 조합원 총의로 조직되어 조합원 전체의 지지를 받는 조합원 전체를 위한 조합이다…… 노동조합이란 본래 노동자가 노동조건의 유지, 개선 기타 노동자의 지위향상을 도모할 목적으로 조직되는 단체 또는 그 연합을 말하고, 정치운동을 하는 단체나 그 연합은 그 명칭의 여하를 불구하고 노조로 인정할 수 없으므로……[29]

이 답변은 노동조합주의의 본질을 한마디로 요약해주고 있는 문장이다. 그리고 답변 중 "조합원 전체의 지지를 받는"이라는 구절은 법령 제97호에서의 "자기가 선택한 대표자"라는 말과 함께 군정의 "종업원 투표에 의한 전평 제거" 방침을 예고해주고 있다. 군정은 이제 "정치운동을 하는 단체나 그 연합은 노조로 인정할 수 없다"고 선언, 전평을 정면으로 부인하게 되었다. 이것은 9월총파업을 거치면서 군정의 전평제거방침이 구체화되었다는 사실을 말해준다.

'민주주의적 노동조합' 장려를 표면에 내세워 '전평 제거작전'을 진행시켜온 미군정은 9월총파업 및 1947년 3월의 또 한 차례의 총파업을 수습하고 경성전기에서 처음으로 종업원 투표에 의해 대한노총 주도권을 확립하게 된 '상황의 호전'을 최대로 활용했다. 1947년 5월 29일 노동부가 서울시장 및 각 도지사에게 보낸 통첩은 노동조합주의가 담아야 할 구체적인 내용을 제시하고 있다. 여기서는 특히 전평조직의 골격을 이루는 산별(産別)체제의 약화와 투표에 의한 전평 제거 및 경찰력 개입에 대한 지침 등이 담겨 있다.

1. 노동조합이란 순전히 경제투쟁을 목적으로 하는 단체여야 한다.
2. 계장급 이상은 조합원 될 자격이 없다.
3. 기업주 혹은 그 대리인의 기업경영 특히 인사권에 간섭, 억압, 또는 강제하는 행위, 노동조합 집회를 근무시간 중에 하는 행위, 조합의 지도자 또는 역원(役員)이라는 이유로 자기가 피용되지 않은 공장·사업장에 자유출입을 강요하는 행위, 고용주의 단체가입에 간섭하는 행위, 다른 노동조합의 설립 또는 발달을 폭행·협박으로 저지하는 행위, 주의·사상에 따라 노조원의 자격을 제한하는 행위 등을 금지한다.
4. 노자(勞資) 쌍방의 단체협약은 산업별이 아닌, 공장·사업장 등 직장단위로 할 것.
5. 단체협약을 할 수 있는 노동자단체는 직장당 1개로 할 것.
6. 한 직장에 2개 이상의 노동자단체가 있을 때는 종업원의 비밀투표

에 의해 결정할 것.

7. 도(道)는 경찰이 노조에 부당한 간섭을 하지 않도록 할 것. 다만 노조가 노동운동의 한계를 넘어 법을 범하여 경찰의 문제가 되었을 때는 경찰이 취하는 조치에 대하여 하등 간섭치 말 것.[30]

전평은 이로부터 며칠 후 "정치색을 띤 노동조합은 정당한 단체로 인정치 않겠다"[31]는 이대위 노동부장의 담화로써 불법화되고, 지하운동으로 전환하게 된다. 한편 군정청은 법령 97호에 의해 노동부를 신실하고 소년노동법(1946. 9. 2.), 최고노동시간에 관한 법령(1946. 11. 17.) 등을 공포했다. 그것은 노동조합주의가 뿌리를 내리기 위한 제도적 장치의 일부였다.

全評의 고민

전평의 노동운동이 재건파조선공산당 박헌영(朴憲永)의 영향 아래 있었다는 사실은 1945년 11월 5, 6일 서울 중앙극장에서 열린 결성대회과정에서부터 확인될 수 있다.

대회는 우선 명예의장으로서 박헌영, 김일성(金日成), 레온치오(세계노련 서기장), 모택동(毛澤東), 왈렌숄드린(영국 노조서기장), 힐맨(미국 CIO), 쿠즈네초프(전소련노동조합 중앙평의회) 등을 추대하고 긴급동의의 형식으로 다음과 같은 4개항을 결의했다.[32]

1. 이 대회를 가져오게 한 조선 무산계급의 수령이요 애국자인 박헌영 동무에게 감사의 메시지를 보낼 것.
2. 소·미·중·영 등 연합국 노동자대중에게 감사의 메시지를 보낼 것.
3. 조선 무산계급운동의 교란자 이영(李英) 일파(장안파)를 단호히 박멸할 것.
4. 조선민족통일운동전선에 대한 박헌영 동무의 노선을 절대 지지할 것.

긴급동의가 공공연히 표명한 바와 같이 전평결성의 주도권을 쥔 세력은 조선공산당의 주류인 박헌영파였다. 이들이 전평을 당의 보조단체로서 간주하고 있었다는 것은 박헌영의 이른바 '8월테제'[33]에서도 드러난다. 8월테제는 '조직사업' 항에서 "보조적 단체를 조직할 것—공장위원회 노동조합, 농민위원회, 농민조합, 농촌노동자조합…… 문화연맹, 스포츠단 등을 조직할 것이다"고 지시했다.

결성대회에서 선언한 산별체제(조직방침) 및 경제투쟁과 정치투쟁의 병행(운동방침)이라는 두 가지 기본노선도 전평이 독자적으로 설정한 노선이라 하기는 어렵다. 산별체제는 세계노련(世界勞連)이 강조하고 있었던 조직노선으로서 "1공장 1조합, 1산업 1산별조합, 1국(國) 1전국조직"의 주창이 그것이다. 그리고 경제투쟁과 정치투쟁의 병행은 바로 '8월테제'에서 강조하고 있는 대중운동 노선과 같은 것이다. 그러나 이러한 눈으로만 전평을 관찰한다면 전평노동운동의 성격을 충분히 이해하기 힘들 것이다. 상향식 조직으로 이루어진 결성과정 자체에서 오는 특징도 함께 살펴보지 않으면 안 된다.

주지하다시피 8·15 직후의 노동운동은 '전평' 없이 전개되었다. 자연발생적으로 일어난 공장접수 및 자주관리운동이 그것이다. 자본가였던 일본인이 기업활동을 정지하고 생산설비를 정리, 본국으로 돌아갈 준비를 서두르고 있는 상황에서, 이제까지 일본인 아래서 땀 흘려온 공장은 자기들의 것이며, 자기들이 기업경영의 주체가 되어야 한다고 주장한 당시 노동자들의 의사표시는 극히 자연스러운 행동이었다고 하겠다. 공장의 접수운동에 앞장선 사람들은 바로 그곳에서 고용되어 있던 노동자들이었으며, 그런 의미에서 그것은 자주적인 노동운동이었다.

이러한 운동의 와중에 노동자들이 활동가들에 의해 기업단위노조로, 다시 산별체제로 결집됨으로써 전평이 탄생했다. 다시 말하면 전평의 산별체제는 중앙으로부터의 하향식 조직으로 이루어진 것이 아니라 전평결성을 준비하는 과정에서 현장상황에 의해 생겨났던 것이다. 이렇게 하여 18만 3,581명의 조합원을 확보한 1,133개 분회가 10월 말과 11월 초에 걸쳐서 순식간에 15개의 산별노조로 결집되었다.34) 따라서 전평 지도부에 대한 조선공산당의 영향력과는 관계없이 전평의 하부조직은 당으로부터의 독자성은 물론이거니와 전평 지도부로부터의 독자성도 상당한 정도로 유지하고 있었다고 볼 수 있다. 그리고 독자적인 행동의 반경은 현장에 가까울수록, 다시 말하면 밑으로 내려갈수록 더욱 넓어지지 않았나 생각된다. 그러한 사정은 전평 지도부의 거듭된 방침변경에도 불구하고 현장 노동자들의 투쟁이 8·15 후 1년 동안 일관성 있게 지속되고 있었다는 점에서도 드러난다.

한편 전평은 노동자 자주관리운동에 대해 "노동계급의 공장관리권 주장은 현실이 요구하는 가장 공명정대한 주장"이라고 하면서 전폭적인 지지를 밝히고, 자주관리는 공장을 접수하여 관리(管理)의 형식으로 분배하자는 것이 아니라 조직의 확대, 강화 및 '인민정권 수립문제'와 연결시켜야 한다고 지시했다.35) 자주관리 문제에 대한 전평의 이와 같은 태도는 경제투쟁과 정치투쟁의 병행이라는 기본노선에 비추어볼 때 당연한 것이었다. 그러나 노동자 자주관리에 대처하는 미군정의 접수방침과 파업규제 조치 아래 전평 지도부의 운동방침은 확고하게 견지되지 못했다. 조직부장 현훈(玄勳)이 노동자 자주관리에 대한 상세한 지침을 시달하고 있던 바로 그 즈음 전평 지도부는 사실상 미군정의 통치방침 지원을 의미하는 '산업건설 협력방침'36)을 내놓고 있다.

  1. 파업은 수단이고 목적이 아니다. 양심적이고 건전한 생산에 대해서는 파업을 행하지 않을 뿐만 아니라 생산에 적극 협력한다.
  2. 조선 자주독립을 원조하는 미·소 양군에 대해 협력한다. 이번 조선해방에 미·소·중의 큰 공적에 대해서는 만강(滿腔)의 감사와 경의를 표한다. 또한 카이로회담, 포츠담선언, 전평대회석상에서의 로빈슨 노무과장의 언명 등의 진보적 정책은 그대로 실시될 것을 기대하며, 그리하여 자주독립과 민주적 자주경제 건설을 원조하는 정책에 적극 협력하고 국내안정을 꾀한다.

3. 양심적 민족자본가와 협력하여 부족 공황을 타개한다.
4. 비양심적 악덕 모리배를 배격한다.

전평의 산업건설 협력방침이 미군정의 압력에 대한 전평의 굴복을 의미한다고 볼 수는 없다. 전평은 '인민정권' 수립을 목표로, '노동자 자주관리'와 '산업건설 협력'이라는 상반된 운동방침을 설정함으로써(논리적으로는 상반되지 않는다고 해도 현장 노동자들의 투쟁차원에서는 사실상 분명히 상반된다) 결과적으로 노동자 자주관리의 후퇴를 촉진시키고 말았다. 하지만 그것은 전평이 '자주관리'를 의식적으로 포기했다기보다, 철저하지 못한 상황인식의 결과로 하여 두 가지 방침이 같은 기조 위에 서 있다고 하는 판단착오를 범했다고 하겠다. 전평의 상황인식뿐만 아니라 좌익진영의 상황인식은 미·소의 협력에 의해 한국의 통일국가 수립이 가능하다고 보았지만, 현실은 미·소의 대립 및 단독정부 수립의 준비로 나아가고 있었던 것이다.

어쨌든 산업건설협력방침은 1946년 1월 중순에 나온 전평 지령 제6호 '산업건설운동을 중심으로 한 당면투쟁에 관한 지령'에 의해 적극적인 대중조직의 전략적 노선으로서 제시되었다. 이 지령은 3월 말까지를 산업건설운동 기간으로 정했는데, "첫째, 이 운동을 통해 근로대중을 중심으로 한 소시민, 중간층 등 국민의 대다수의 공감을 환기시키고 민족자본의 양심적 부분과의 협동전선을 성취함으로써, 민족통일전선에서 노동자계급의 영도권을 보장하고, 그들의 반동진영에의 이행을 방지하며, 둘째, 이 투쟁을 통해 광범한 미조직노동자, 실업자대중을 투쟁에 동원함으로써 조직화한다"는 것이다.

이러한 산업건설운동의 눈으로 보면 직장투쟁이라는 것은 "노동시간이 너무 길고, 물가에 비해 임금이 낮기 때문에 피로와 불안으로 일의 능률이 높아지지 않는다는 점에서" 전개되어야 하는 것으로 된다. 전평은 이 방침에 따라 3월 4일, 과거의 '쟁의부'를 '산업건설부'로 개편했다.[37] 지도부의 산업건설협력방침은 노동자대중에게 그다지 존중받지 못했다. 노동자들의 투쟁은 격화일로를 걸었다. 하부조직의 투쟁이 지도부의 방침을 정면으로 무시한 것은 아니라 할지라도[38] 새로운 방침을 가지고 노동자대중의 열망을 앞으로 어떻게 실현시켜나갈 것인가 하는 과제가 지도부 앞에 제시되었다.

전평 지도부는 '우경화'라고도 규정될 수 있는 이러한 방침을 밀고 나가면서 공산당과의 관계에 있어서 조합활동의 독자성을 공공연히 강조하기에 이르렀다. 지도부는 쌀파동의 와중에 '쌀획득투쟁'을 실업자운동의 일환으로 내세우고, 지역중심의 쌀요구대회를 조직했다. 이러한 지역대회는 당의 지령이 필요하지 않은가 하는 활동가들의 질문에 대해 지도부는 다음과 같이 설명했다.

전위(前衛)와 대중, 당과 조합의 혼동은 당을 약화시키고 조합을 섹트화시킨다. 조합은 조합으로서 당의 지시를 받을 것 없이 지방·지역의 각 우호단체와 협력하여 쌀획득투쟁을 벌여 독자성을 높이는 것이 조직의 확대 강화에 연결된다.[39]

1946년 봄부터 식량사정은 악화일로를 걷고 있었다. 식량을 확보하기 위한 노동자들의 투쟁은 대체로 세 가지 양상으로 전개되었다. 첫째, 공무원 및 국영사업장 노동자들은 군정청을 상대로 쌀의 특배(特配)를 강력히 요구했다. 예를 들어 철도노조는 1946년 3월 경성공장 분회, 경성기관구 분회 등 15개 단체의 이름으로 진정서를 군정청 운수국장 고문관 민휘식(閔輝植)에게 제출했지만 민 고문관이 이를 접수하지 않고 되돌려보내자 진정서의 영역(英譯)을 직접 러치 군정장관에게 보내고 전국에 격문을 보냈으며,[40] 부산체신국 산하 체신종업원들은 7월 26일 진정서를 들고 상경, 군정청 체신부장에게 제출[41]했다. 쌀의 특배는 민영사업장의 노동자들도 파업을 통해, 또는 대회를 열어 강력히 요구했는데 3월 20일 출판노조 서울지부는 시내 각 공장대표 100여 명이 모여 식량대책위원회를 조직했으며, 영등포에서는 각계각층을 망라한 '긴급쌀요구대회'가 열렸고, 경성전기에서는 경영진을 포함한 종업원 대표가 군정청에 쌀 요구를 진정하기도 했다.[42] 둘째, 노동자들의 집단행동에 의한 쌀의 획득으로서, 쌀을 구해 농촌을 찾아다니는 노동자의 무리가 흔히 나타났다. 이러한 노동자들의 노력은 쌀의 대도시 반입금지라는 당국의 규제 때문에 종종 충돌을 빚고 있었다. 셋째, 시청 등에 몰려가 쌀을 요구하거나 극한적인 방법에 호소하는 것으로서 특히 앞의 두 가지 방법이 불가능한 실업노동자들에게는 이 방법밖에는 길이 없었다. 전평은 특히 실업노동자에게 식량문제가 더욱 심각하다는 점에 따라 전국 각지에서 지역단위로 '쌀요구대회'를 조직한 것이다.

이와 같은 전평의 '협력방침'은 미소공동위원회 성공에 대한 기대에서 출발하고 있었으므로 미소공위가 결렬되자 전평 지도부는 크게 흔들리기 시작했다. 바로 이즈음 미군정의 새로운 노동정책인 '민주주의적 노동조합운동' 장려가 나왔지만, 6월부터 8월에 걸쳐 현장 노동자들의 쟁의는 더욱 가열되었다. 그러나 전평 지도부는 그 추진력이 되지 못하고 있었다. 전평은 오히려 노동자들에게 파업의 자제를 요구하는 지령을 내려보내고 있었다. 노동자들의 태업 및 파업을 제한하는 전평의 지령은 1946년 6월에서 7월에 걸쳐 세 차례 내려졌다. 그것은 6월 13일자 지령 제24호 '일상노동운동과 군정 협력에 관한 지시의 건'(전국평의회), 6월 17일자 특별지령 24호 '조합활동, 특히 직장내 활동태도에 관해서'(서기국) 및 7월 14일자 지령 제24호 중 '파업전술에 관한 부분'의 추가해설(서기국) 등이다.[43] 그 요지는 다음과 같다.

1. 우리는 군정당국으로부터 전평을 노동자의 이익대표기관으로서 인정한다고 하는 언명을 받고 앞으로 노조문제에 대해서는 서로 협력하기로 약속했다. 군정협력상 긴급히 실행하지 않으면 안 되는 사항은 태업, 파업, 시위운동, 기타 정치운동은 직장 내에서는 안 된다고 하는 점이다.(指令)
2. 산업을 고의로 파괴하려는 기업가와 물자·자재를 방매하여 폭리

를 얻으려고 하는 모리배가 있는 한편, 태업·파업을 구실로 노조를 파괴하려고 하는 음모도 있다. 앞으로 파업은 상부기관의 지도를 받아 행하라.(特別指令)

3. 우리의 파업은 적에게 대타격을 주지 않을 뿐만 아니라, 적의 정책에 이용될 위험성이 있다. 대부분의 산업에는 파업투쟁에서 큰 효과를 얻지 못하는 형세이므로 파업 이외의 투쟁방법을 충분히 이용하라.(追加解說)

전평 지도부가 군정당국자로부터 "전평을 민주주의적 노조로 인정하겠다"는 실현성이 극히 의심스러운 언질을 받고도 이를 중시하고 있었던 이유 중의 하나로 당시 노동부 고문인 할로웨이의 존재를 들 수 있을 것 같다. 당시 노동부 노정국장을 지낸 한양섭(韓養燮)의 증언에 따르면 할로웨이는 1945년 말부터 1947년 3월 총파업 직후까지 일관해서 "자율적 노조로서는 전평 외에는 없으며, 대한노총은 노동운동하는 곳이 아니다"라는 생각을 갖고 있었으며, 전평 서기국 책임자 한철(韓哲)과 자주 만났다고 한다.[44] 그러나 전평 지도부의 파업회피지령은 서기국의 주도에 의한 것이기 때문에 그것을 전평 지도부 전체의 의견이라고 할 수는 없었다. 6월 13일자 지령 제24호가 상임위원회의 결의 없이 서기국 독단에 의해 내려졌을 때 상임위원회는 이를 비판하는 결의를 했지만, 서기국은 '특별지령'과 '추가해설'을 계속 내보냈었다.

그런데 지령 제24호가 나간 지 2개월도 더 지난 8월 23일, 서기국의 파업회피방침을 비판하는 글이 전평 기관지에 실렸다. 「조선노동운동의 당면의 제 문제―특히 2, 3의 우익적 편향에 대해」[45]라는 제목의 이 글은 신득룡(申得龍) 개인의 이름으로 발표되었지만, 논지는 전평 상임위원회의 입장을 따르고 있다. 이 글은 민주주의적이고 양심적이며 건전한 생산에 대해서는 적극적으로 협력하지만, 노동자의 기본적 권리와 이익을 무시하는 반민주주의적 악덕자본가에 대해서는 파업을 단행하지 않으면 안 되고 또 일반적으로 협동한다고 하는 경우에도 계급적 연대성으로부터 단행하는 파업까지를 포기하는 것은 물론 아니라고 주장했다. 이어 신득룡은 남한 노동자대중에게 다음과 같은 격(檄)을 보냈다

> 동지 제군! 전투적 노동자 제군! 우리들 노동자계급만이 가장 철저한 민주주의자이며, 참된 애국자다. 아사와 테러, 암흑과 전율의 밑바닥에서 이 민족을 구출할 수 있는 유일한 선봉대다. 중요산업의 대기업으로! 철도·통신·전기 등 결정적 중요산업에 주력을 집중하라! 전재민, 실업자 대중 속으로! 근로대중이 밀집한 모든 지대에서 '쌀과 일과 집을 달라'고 하는 기치를 높이 올려 폭풍우와 같은 투쟁을 조직하라! 생존을 위해 궐기하는 수백만의 노동자, 전재민, 실업자 대중의 투쟁 속에서, 그 투쟁의 과정에서, 대중을 교육 훈련하여 조직하라!

한편 전평 상임위원회는 7월 중순, 제26회 결정서에 의해 앞의 세 지령을 정식으로 철회했다. 전평의 운동방침에서의 이와 같은 또 한번의 변화는 7월 하순에 나온 조선공산당의 새 전술, 즉 '정당방위(正當防衛)의 역공세'[46] 채택을 전후하여 일어났다. 생활고로 시달리는 노동자대중의 투쟁이 격화되고 있던 때에 전평 지도부 일부의 파업회피지령이 나왔고, 이 지령은 다시 상임위원회의 결의로 취소되었으며, 전평 기관지는 노동자들에게 파업을 선동하는 글을 게재했다. 대세는 지도부 일부의 파업회피 노력이 밀리는 형세로 되는 가운데 9월총파업의 날은 다가오고 있었다.

3 전환의 진통 ― 9월총파업

총파업의 발단 ― 철도파업

한국노동운동 노선의 전환, 곧 전평의 파괴와 대한노총의 등장과정이 순조롭게 진행되지는 않았다. 이 과정은 적어도 백만 명 이상이 동원된 혈전의 과정이었다.[47] 200명 이상의 경찰이 죽었고, 관리와 민간인 사망자가

적어도 1천 명은 넘었으며, 3만 명 이상의 노동자, 농민 또는 좌익활동가들이 검거된 것으로 추산된다.[48] 이 과정에서 전평은 철저히 붕괴되었다. 전평이 붕괴된 그 자리에 대한노총의 세력이 파고들었다. 1946년의 9월총파업은 물론 노동운동만의 전환점이었던 것은 아니다. 그것은 한국의 정치·사회·경제적인 모든 부문에 걸친 운동의 전환점을 이루었다.

총파업의 발단이 된 철도노동자들의 파업은 7월 이후 격렬해지고 있던 각 산업체 노동쟁의의 연장선상에서 일어났다. 겉보기에 그것은 이전에 흔히 나타났던 쟁의들과 별다른 차이를 보이지 않았다.

'쌀획득투쟁'이 전국 각처에서 활발하게 벌어지고 있던 7월과 8월, 주로 기관차 및 차량의 수선을 담당하고 있던 서울 철도국 경성공장에서도 전평의 분회대표를 중심으로 쌀배급 및 임금인상을 요구하는 투쟁이 대한노총 조합원들까지 참여한 가운데 전개되고 있었다. 이러한 상황에서 미군정 운수부는 '적자타개와 노동자관리의 합리화'라는 이유를 들어 운수부 종업원 25퍼센트의 감원방침과 그때까지 월급제로 지급되던 임금을 일급제로 바꾼다는 방침을 밝혔다.[49] 군정청의 운수부에 대한 새로운 방침은 노동자들의 불만에 기름을 부은 격이 되었다. 당시 저임금에 열악한 노동조건으로 시달렸던 노동자들 중에서도 철도노동자들의 상태는 더욱 나빴다. 그들의 수입은 식료품제조공장이나 인쇄공장 및 금속기계공장 노동자들에 비해 현저하게 낮았으며,[50] 노후된 침목이 방치되고, 석탄부족, 차량수리공장의 조업정지 등으로 열차의 운행은 항상 사고의 위험을 안고 있었다.[51]

경성공장 노동자 3,700여 명은 결국 9월 13일 아침 작업을 중단하고 당국에 대해 일급제 강행에 대한 설명을 요구했다. 이날 오전 매클라인 철도국장이 나서서 무마하려 했으나 노동자들은 일급제 반대의사를 굽히지 않고 태업에 들어갔다. 다음 날인 14일 오전 11시, 18개 직장대표와 공장장 및 각 과장이 참석한 가운데 종업원대회가 열려 다음과 같은 요구조건을 결정했다.[52]

1. 가족수당 1인당 600원
2. 물가수당 2천 원(현재 1,120원)
3. 일급제 반대
4. 식량배급(종업원 4홉, 가족 3홉)
5. 해고 절대 반대
6. 임금인상

　노동자들의 요구에 대해 경성공장 공장장 김노수는 "선처하겠다"고 약속했으나[53] 운수부장 코넬슨과 노동자대표의 몇 차례에 걸친 협의는 결렬되었다. 코넬슨은 "인도사람은 굶고 있는데 조선사람은 강냉이를 먹으니 행복이다"라면서 노동자의 요구를 거절했다.[54] 노동자들은 16일 요구사항을 문서로 만들어 코넬슨 운수부장에게 제출하고 21일까지 성의 있는 회답이 없으면 파업에 돌입한다고 통고했다.

　경성공장 종업원들의 결의에 호응하여 부산과 전남지구에서도 철도노동자들이 같은 요구를 했다. 19일부터 부산철도당국에 같은 요구조건을 제시한 부산철도공장 노동자 약 7천 명은 23일 오후 1시, 파업에 들어갔다. 이어 이날 오후 경성공장 노동자들은 경성 철도종업원 대우개선투쟁위원회(총본부 대표 오병모[吳秉模], 남강우[南康祐], 정규창[丁奎昌])를 조직하고, 대표들이 운수부 총무과장을 방문, 24일부터 파업에 들어간다는 최후통고를 했다.[55]

　파업결정으로 인해서 경성공장은 이날 오후부터 작업이 정지상태에 들어가 전평 간부의 출입과 병고자의 귀가 이외에는 종업원들의 퇴근을 일체 막고 3,700명의 전 종업원을 농성시켜 24일부터의 파업태세를 갖추었다. 파업에는 대한노총 조합원(경성공장 노동자 3,700명 중 800명 정도)들도 참여키로 했다. 철도당국에 제시하고 있는 요구조건은 "전평이나 대한노총을 막론하고 공장 종업원으로서 다 같이 요구되는 사항이었으므로" 조직을 떠나서 공동투쟁을 하자고 제의한 전평의 요청을 노총 측에서도 받아들이지 않을 수가 없는 상황이었다.[56] 9월 24일 오전 8시 30분, '대우

개선투위' 대표들은 코넬슨 운수부장을 방문, 요구조건이 관철될 때까지 파업을 단행한다는 각서를 제출하고, 9시부터 파업에 들어갔다. 이날 제출된 각서에는 16일 제출했던 요구사항에 "급식을 계속할 것" "북조선과 같은 민주주의 노동법령을 즉시 실시할 것" 등 2개 항이 추가되었다.[57] 이날 파업에는 서울철도국 산하 노동자 1만 5천 명이 참여했다.

한편 부산에서의 파업으로 23일 오후부터 서울행 열차의 운행이 정지되자 대구역 구내 노동자 1,100여 명도 24일 아침부터 출근치 않아 저절로 파업상태에 들어갔다. 파업은 곧 전국의 철도노동자들에게 확산, 4만 명이 참여함으로써 전국 열차는 모두 운행정지되었다.[58]

전평은 이날 '남조선 총파업회원 투쟁위원회'를 조직하고, 26일에는 "조국의 완전한 자주독립을 위해 남조선 4만 철도노동자를 선두로 사생존망(死生存亡)의 일대 민족투쟁을 개시한다"는 요지의 「총파업투쟁선언서」[59]를 발표하고 다음과 같은 요구조건을 내걸었다.

1. 쌀을 달라. 노동자, 사무원, 모든 시민에게 3홉 이상 배급하라.
2. 물가등귀에 따라 임금을 인상하라.
3. 전재민, 실업자에게 일과 집과 쌀을 달라.
4. 공장폐쇄, 해고 절대 반대.
5. 노동운동의 절대 자유.
6. 일체의 반동테러 배격.
7. 민주주의적 노동법령을 즉시 실시하라.
8. 민주주의운동의 지도자에 대한 지명수배와 체포령을 즉시 철회하라.
9. 검거 투옥 중인 민주주의운동자를 즉시 석방하라.
10. 언론·출판·집회·결사·시위·파업의 자유를 보장하라.
11. 학원의 자유를 무시하는 국립대학안(案)을 즉시 철회하라.
12. 『해방일보』 『인민보』 『현대일보』 기타 정간 중인 신문을 즉시 복간시키고 그 사원을 석방하라.

전평이 총파업선언서를 통해 내건 요구조건은 '경제투쟁과 정치투쟁의 병행'이라는 전평운동노선의 구체적인 표현이었다. 그리고 그것은 당시 노동자의 경제적인 요구와 정치적인 현실을 반영하고 있었다. 미군정은 이에 앞서 9월 6일 공산당계 3개 신문에 정간조치를 내리고 공산당 간부 이주하(李舟河, 서기국원)를 체포한 데 이어 9월 7일에는 박헌영에 대한 체포령을 내리는 등 공산당에 대한 전면적인 공격태세에 들어갔으며, 이러한 군정의 방침은 좌익계의 즉각적인 반발을 불러일으켰다.

이러한 '총파업선언'에 따라 9월 28일부터 10월 초에 이르기까지 서울의 중앙전신전화국(9월 28일), 우체국 및 경성전기주식회사(10월 1일), 부산전신국(10월 3일) 등의 노동자들이 파업에 돌입, 남한 일대의 운수 및 통신기관은 마비상태에 빠졌다. 이밖에 10월 2일에는 인천의 조선식량공장에서 전평계 노동자 300명이 조선기계제작소 및 조선제강 노동자의 협력을 받아 대한노총 소속의 노동자 600명과 충돌하여 30여 명의 부상자를 냈다. 인천 경찰, 국방경비대 및 미군 헌병 300명이 출동해 노동자 400명이 검거되었다. 인천부두노동자 3천 명은 10월 4일부터 파업에 들어갔고, 실업 선원의 생활보장을 요구하며 9월 27일부터 파업상태에 있던 해원(海員)동맹 산하 노동자 1만 명도 10월 3일부터 파업에 참여했다. 그들은 "철도파업단의 요구 즉시 승인" "파업에 경찰간섭 절대 반대" "철도원 구금자 즉시 석방" 등 철도파업을 지지하는 요구를 그들의 경제적 요구와 함께 제시했다.

한편, 철도국 본국의 사무직원들은 25일 별도로 '생활보장대책위원회'를 각 국 대표로 조직, 경성공장 종업원들의 요구조건을 지지하는 진정서를 운수부장에게 제출했다. 26일 그들은 '합법투쟁론'과 '파업계속론'으로 갈려 토론을 벌인 끝에 파업을 계속하기로 결정하고 현장노동자들의 파업에 동참했다.[60]

이들보다 앞서 24일 오후부터 유평피혁(有平皮革), 조선착암기, 대양피복, 조선골분(骨粉), 조선미싱, 영등포탄닌, 대동기계 등 서울지역 노동자들이 파업에 들어갔다. 그리고 출판부문 노동자들은 25일, "출판노조는 전평의 지시에 호응하여 쟁의단을 편성하고 제1진 철도노조의 영웅적 투쟁을 지지하는 동시에……" 하는 내용의 성명을 발표하고 파업에 들어갔다.[61] '경성지방 총파업 출판노동조합 투쟁위원회'가 서명하고 「시민에게 고함」이라는 제목으로 되어 있는 이 성명은 다음과 같이 이어진다.

극소수의 대자본가와 대지주, 모리배, 정상배를 제외하고는 120만 시민에게 돈이 떨어진 지 이미 오래다. 더구나 하루 종일 땀 흘리고 집에 돌아와도 죽 한 끼도 못 먹는 아내와 자식들이 낙담하고 있는 비참한 현실엔 가슴이 미어질 듯하나 먹지 않고는 노동하지 못하니 시민의 신문을 인쇄 못한다. 쌀을 달라고 요구하고 경성지방 전역에 걸쳐 25일 총파업을 단행한다.[62]

대구에서는 9월 26일부터 파업이 시작되어 모두 40여 개 공장 노동자들이 파업에 들어가 10월 2일의 대중봉기로 이어졌다. 26일 아침에 자연발생적으로 일어난 대구 우편국원파업 상황은 당시 대구 노동자들의 격앙된 분위기를 짐작할 수 있게 한다.

이날 아침 9시부터 전화교환실의 젊은 교환양들이 레시버를 던지고 일제히 일어서 "비참한 우리들의 생활을 확보하라"는 요구를 부르짖으며 파업의 기세를 보였다. 이에 응해 각 과 남녀 종업원들도 합류하여 험악한 파업의 공기가 파청 내에 충만…… 이날 오전 10시, 드디어 파업이 단행되었다.[63]

그러나 이상에서 살펴본 사례들은 총파업의 초기양상의 한 부분에 지나지 않는다. 당시의 통계들은 서울에서만 295개 기업에서 파업이 일어나 3만여 명의 노동자가 파업에 참여하고, 1만 4천여 명의 학생들이 동맹휴학했으며, 남한 전체로 보면 25만 1천여 명의 노동자가 파업에 참가했다고 한다.[64] 또 다른 자료는 서울의 6만 5천 명을 비롯하여 파업에 참가한 노

동자들은 남한 전체에서 26만 4천여 명에 달한다고 추산했다.[65]

9월총파업 투쟁에서 전평의 지도부는 어떤 역할을 맡고 있었는가. 전평의 지도부가 총파업 또는 파상적인 파업공세를 계획했거나, 적어도 하부조직에 대해 그것을 부추기고 있었다는 점은 7월에 있었던 전평상임위의 '파업회피지령' 철회결정이나 신득룡의 선동적인 격문에서도 확인된다. 그리고 이러한 지도부의 파업계획 내지는 선동이 철도노동자들에게 집중되었을 것은 철도산업의 전략적인 위치로 보나 전평의 세력이 철도노동자들 사이에서 특히 강력했던 사실로 보나 의문의 여지가 없다.[66] 더욱이 전평 지도부가 9월총파업을 계획했다는 자료도 있다.[67] 이 자료에 따르면 1946년 9월 10일경 소집된 전평 지도부 긴급회의는 (10월로 계획되었던) 총파업을 9월로 앞당기기로 하고(박헌영에 대한 체포령 등 공산당에 대한 미군정의 전면공세에 맞서) 다음 사항들을 결정했다.

 1. 파업투쟁은 주로 철도부문에 중심을 두고 전개하되 이 부문에서 내세우는 요구조건이 표준이 되므로 기타 부문은 이에 준해 자기들의 실정에 맞는 요구를 할 것. '표준요구조건'이란, ① 일급제를 폐지하고 월급제로 이행, ② 평균임금을 3,500원으로 하고, 가족수당 1인당 600원 지불, ③ 식량은 노동자 1인당 4홉, 가족 1인당 3홉 배급, ④ 점심급식, ⑤ 해고·감원 중지, ⑥ 노조활동의 자유, ⑦ 검거된 공산당 간부의 석방, ⑧ 8시간노동제 실시 등.

 2. 철도는 9월 24일, 경전(京電)은 9월 26일, 기타는 9월 28일에 파업을 단행할 것이며, 파업상황을 노동자와 인민에게 선전하기 위해 출판보도 부문만은 마지막에 파업할 것.

 3. '파업깨기군'을 방지하기 위하여 기관차의 간단하고 중요한 부속품을 빼놓을 것과 파업은 마치 노동자들이 자발적으로 일으킨 것처럼 할 것.

 4. '농성투쟁'을 주로 하고, 마지막으로 시위에 넘어가되 전체 요구조건이 관철된 개별적인 산별단체에서는 파업을 종결지을 것.

5. 파업을 지도하기 위하여 각 산별 및 지방과 공장들에 파업투쟁 위원회를 조직할 것이며, 전평에서도 총파업투쟁위원회를 조직하고 각 산하 투쟁위원회를 통일적으로 지도할 것.

그러나 전평 지도부의 역할을 평가하는 데 지도부가 총파업을 계획했느냐 아니했느냐는 질문은 그다지 중요하지 않다. 전평 지도부가 철도파업 단계에서부터 총파업의 지도를 떠맡고 나섬으로써 총파업은 그들이 계획했든 하지 않았든 간에 이미 그들의 투쟁으로 되어버렸기 때문이다. 따라서 더 중요한 것은 전평 지도부가 총파업의 전 과정을 얼마나 효율적으로 장악하고, 통제할 수 있었는가 하는 점이다. 이렇게 볼 때 다음 몇 가지가 지적될 수 있다.

첫째, 9월총파업은 과연 통일된 마스터플랜이 있었는가 의심이 갈 정도로 조직적인 통제가 결여되어 있었다. 우선 앞에서 소개한 전평 상임위의 파업계획이 거의 그대로 실현되지 않았다. 24일에 파업키로 된 경성전기는 이날의 파업시도는 사전준비가 없어 실패하고,[68] 철도파업이 파괴된 후인 10월 1일에야 부분적인 파업을 실현시켰으며, 맨 나중에 파업하기로 되었던 출판노조는 "전평의 지시에 호응"한다면서 남보다 먼저 파업하고 말았다.

둘째, 9월총파업에는 산별체제가 거의 가동되지 않았다. 15개 산별노조 중 철도노조를 제외하고는 어떤 노조도 산하 전 노동자가 참여하는 전국적인 파업을 실현시키지 못했다. 그뿐만 아니라 현장노동자들의 파업을 산별노조들이 지도했다는 흔적도 별로 찾아볼 수 없다.

셋째, 9월총파업에 대한 전평 지도부의 의사통일이 이루어져 있었는가에 대한 의문이 제기된다. 철도파업단 대표의 일원이며, 철도노조 대표로서 전평 상임위원(서기국원)인 오병모(吳秉模)는 파업 당일 "경성공장에서 23일 투쟁위원회를 조직, 전평에 협력을 요구해왔으므로 원조를 약속하게 되었다. 전평으로서는 다만 모든 수속, 연락 등의 원조를 할 뿐이지 전평으로서 특별한 대책은 없다"[69]고 밝혔다. 오병모의 말은 철도파업의 자연발생적 성격을 강조하기 위한 연막전술인 측면도 있을 것이다. 그러나 다음 날이면 총파업을 선언하게 될 전평 지도부의 일원으로서, 그리고 현실적으로 파업을 이끌어야 할 철도노조 대표로서는 지나치게 소극적인 태도가 아닐 수 없다. 그의 소극적 태도는 그가 바로 파업회피지령을 내렸던 서기국원이라는 사실과 관련이 없는 것일까.

넷째, 파업 당시에 내놓은 철도노동자들의 요구에는 전평 지도부가 총파업의 요구사항으로 결정한 '정치적 요구'들이 포함되지 않았다. 정치적 요구들은 전평의 「총파업선언」에 처음으로 포함되었다. 그러나 그 후에 일어난 해원동맹 파업 때에도 "박헌영에 대한 체포령 철회" 요구는 제기되지 않았다.

앞에서 지적한 몇 가지 특징으로부터 9월총파업의 주도권을 쥔 쪽은 중앙지도부가 아니라 하부조직의 활동가들이었다는 유추가 가능해진다. 이것은 전평의 상향식 조직에서 오는 운동상의 특징이기도 하지만, 전평조직의 약점이기도 하다. 이 때문에 전평은 총파업에 20여 만 명의 노동자를 동원했으면서도 이를 조직적인 대중운동으로 이끌어가지 못하고 말았다.

한편 철도파업에 대해 미군정당국은 처음에는 노동자들의 '직장복귀'만을 요구했을 뿐, 이렇다 할 대항논리를 세우지 못했다. 러치 군정장관과 코넬슨 운수부장의 말을 종합하면 철도노동자들의 파업은 ① 요구조건을 미리 제출하지 않았으므로, ② 운수부원은 정부직원이기 때문에 '불법'이라는 것이었다.[70]

군정당국자의 주장은 파업단으로부터 즉각적인 반박을 받았다. '철도종업원 대우개선 특위'는 25일 성명을 냈다.

1. 우리는 이미 9월 12, 15, 16, 23, 24일에 운수부장과 철도국장에게 누차 진정했으나 성의 있는 회답이 없었다.
2. 우리는 군정청 관리인 동시에 사람이며, 사람인 이상 굶고 일하지 못한다. 최저요구를 들어줄 성의만 있으면 언제든지 응하겠다.[71]

전평 위원장 허성택도 이날 성명을 냈다.

1. 당국에 충분히 생각할 여유를 주었다. 철도종업원의 요구는 동시에 남한 전 노동자의 요구다.
2. 따라서 군정당국은 단지 철도노동자의 요구를 승인할 뿐만 아니라 이 파업 발발의 근본원인을 구명하고 그 대책을 수립하라.
3. 그 대책은 남한에도 북한과 같은 노동법을 실시하고, 조합운동의 절대자유와 모든 민주주의운동의 자유를 보장하며, 구금된 민주주의 애국운동자를 즉시 석방하는 것이다.[72]

철도파업이 전평 지도부에 의해 총파업으로 진전되면서 '정치투쟁'의 양상이 짙어지자 군정청은 파업단에 대한 정면공격의 실마리를 잡게 된다. 26일 오후 7시 서울 중앙방송국을 통해 발표된 하지 중장의 담화는 "철도종업원들로서 자기네의 임금이나 노동조건을 개선해달라는 정당한 요구를 선동자들이 악용했다"고 전제, 다음과 같이 주장했다.

1. 파업 자체가 비법적(非法的)인 행동인데다가 더구나 파업자를 대표하는 책임자와의 접촉이 불가능하니만큼, 파업자가 복직하기까지는 종업원 교섭이나 어떠한 합당한 해결을 짓기 매우 어렵다.
2. 이번 철도파업은 많은 조선동포에게 고난과 위협을 주었다.
3. 철도종업원들은 더 주저 말고 복직하고, 그들의 대표를 파견하여 법적으로 조정위원회와 교섭하라.[73]

이러한 하지의 방침은 노동자들이 일부의 선동에 의해 파업에 돌입했다는 전제 위에서 파업지도부와 노동자대중을 분리시켜 파업을 와해시키려는 전략이었다고 볼 수 있다. 그 전제가 사실에 가까운 것이었다면 그것은 쉽게 이루어졌을지도 모른다. 그러나 파업파괴 과정은 이와는 반대로 유혈의 참극을 빚어내고 말았다.

한편 대한노총 소속 철도노동자들은 철도파업에 동조하여 참여하고 있었지만, 그 지도부는 파업당일인 24일부터 비상태세에 들어갔다. 대한노총은 24일 인사이동과 부서개편을 단행하고 위원장으로 이승만(李承晚)을 추대했으며, 26일에는 이승만도 참석한 회의에서 파업대책을 토의했다. 이날 회의에서 40여 우익계 청년단체가 결성한 파업대책위원회와 대한노총이 제휴하여 '총파업대책협의회'를 조직했다. 대한노총은 파업단이 제출한 요구와 비슷한 4개 요구사항, 즉 일급제 폐지, 월급제 채택, 급식(점심) 계속, 출근노동자에게 하루 쌀 4홉 배급, 임금인상을 제시하고 방송을 통해 밝힌 하지의 방침에 좇아 노동조정위원회에 조정을 신청한 후, 빠른 시일에 파업을 파괴하겠다고 군정당국자들에게 약속했다.[74] 대한노총은 이에 따라 28일 아침 총무부장 김헌(金憲)에게 철도노동자의 직장복귀를 방송케 하고, 29일 각 청년단체를 선봉으로 피켓라인을 뚫고 들어가려고 했으나 정작 주체가 되어야 할 공장지부연맹이 아직 태세를 확립하지 않아 공격은 하루 연기되었다.[75]

총파업이 지방으로 번지면서 차츰 격렬한 양상을 띠어갈 즈음, 총파업의 발단이 된 철도파업 자체는 군정청, 경찰 및 우익청년, 노동단체의 협공을 당해 와해되지 않으면 안 될 국면으로 다가서고 있었다.

파업노동자들은 경성공장과 용산기관구에서 농성하고 있었다. 전평이 식량준비 없이 파업에 돌입했기 때문에 경성공장에서 농성하던 노동자들은 25일 오전 용산역 광장에 모여 파업선포대회를 한 후 해산, 귀가했다. 그러나 용산기관구 노동자들을 중심으로 한 파업단주력은 기관구에 집결하여 차고를 파업본부로 정하고 농성을 계속했다.[76] 경성공장에 가까운 용산기관구는 노동자가 800명에 지나지 않지만 열차운전의 열쇠를 쥐고 있는 곳으로서 전평 조합원의 정예들이 집결되어 있었다. 대한노총의 세력은 용산기관구 내에서는 더욱 미약하여 간판조차 낮에만 걸고 밤에는 떼어야 할 정도였다. 기관구는 이미 23일 저녁부터 입고하는 기관차를 소화시켜 무동력화(無動力化)하고 넓은 차고 안에 가마니를 까는 등 철저히 준비하여 24일 아침부터는 바로 농성에 돌입했다.[77]

그러나 장택상(張澤相) 수도청장이 지휘하는 약 2,100명의 경찰은 30일 새벽 2시부터 행동을 개시해 용산역, 통신구, 보선구(保線區), 기관구, 용

품고(用品庫) 및 경성공장의 모든 외곽선을 포위, 압축해 들어가고 있었다. 그리고 애국청년단원들과 대한노총원들이 농성장에 돌입하여 파업단과 격돌, 유혈사태를 빚은 끝에 약 1,400명의 파업노동자를 검거하고 파업단을 강제 해산시켰다.[78] 경찰은 이날 사망 2명과 약간명의 부상자가 발생했다고 발표했다.[79] 이어 대량검거가 온종일 계속되었으며, 파업파괴자들은 몽둥이와 곤봉으로 무장하고 시가중심지와 공장지대를 몰려다녔다.[80] 검거된 노동자들은 파업을 하거나 전평에 가담하지 않겠다고 약속하면 직장복귀가 허용되었으며, 이를 거부하는 노동자들은 해고당하고 쌀 배급도 거부당했다.[81] 검거된 파업노동자 중 대한노총 수습위원회가 보증하는 600명은 10월 8일 석방되었고, 이후 단계적으로 세 차례에 걸쳐 석방이 있었으며, 주동자 150여 명은 군정재판에 회부되었다.[82]

이날 대한민주청년단을 이끌고 파업파괴에 앞장섰던 김두한(金斗漢)의 회고는 이날의 상황을 생생하게 그리고 있다.

나는 일본도를 빼어들고 2층으로 뛰어올라갔다. …… 여러 곳에 숨어 있던 전평원(全評員)을 색출, 창고에 몰아넣고 점검해보니 2천여 명이나 되었다. ……"너희들 중에 이번 파업 간부를 뽑아내어라. 안 그러면 할 수 없다. 개솔린을 뿌리고 불을 지르겠다." 그리고 개솔린을 그들이 수용되어 있는 창고 주변에 부었다. "자, 5분간의 시간을 준다. 내가 개솔린에 실탄만 쏘면 그만이다. 튀어나오는 놈은 모조리 쏴 죽인다." 나는 기관총 2대를 그들 앞에 정조준시켰다. 시계를 내어놓고 시간을 쟀다. 4분이 경과하니 그들 중에서 "나가겠습니다" 하는 말이 튀어나왔다. 전평 간부 8명이 내 앞으로 튀어나왔다. ……그러고서는 화부와 기관사를 뽑아내고, 기관차를 수리시켰다. 모든 철도종업원들에게 즉각 취업하라고 지시했다. 만일 직장에 복귀 안 하면 그들의 가족까지도 몰살해버리겠다고 말한 후 서약시켰다.[83]

김두한의 글이 17년 전에 있었던 자신의 반공투쟁 사례를 일종의 무용담으로서 회고하고 있다는 점에서 기억의 정확성도 의심스럽고, 과장된 기술이었을 가능성이 크지만, 당시 총파업 파괴현장의 분위기는 생생하게 묘사하고 있지 않나 싶다.

파업단이 강제해산되자 10월 1일 오후부터는 일부 열차가 운행되기 시작했고, 2일부터는 사무직원들도 출근하기 시작했지만 철도운행이 바로 정상화될 수 있었던 것은 아니다. 10월 4일 현재 용산지역 철도노동자들의 피검자수와 출근자수를 보면, 사무직원은 피검자 40명에 90퍼센트의 출근율을 보인 반면 철도운행 핵심부문인 기관구는 800명 중에 600여 명이 검거되었고, 출근자는 150여 명에 불과했다. 그리고 통신구는 300명 중 60여 명이 검거되었고 200여 명이 출근했으며, 경성공장은 3,700명 중 700여 명이 검거되었고 출근자는 2,500여 명이었다. 철도파업은 서울지역에서만 1,400여 명의 노동자를 검거함으로써 비로소 와해시킬 수 있었다는 사실 자체가 선동자들에 의한 파업이라고 규정한 하지의 주장에 대한 강력한 반증이 되고 있다.

총파업의 확산―대중봉기

총파업이 지방으로 확산되면서 지방 인민위원회 및 노동조합(全農)의 활동과 연결되자 사태는 대중봉기의 양상으로 격화되어갔다. 노동자들과 마찬가지로 농민들도 생활문제, 특히 식량난 때문에 극한상황으로 몰리고 있었으며,[84] 특히 군정당국의 양곡강제수매정책이 농민들의 불만과 분노를 자극하고 있었다. 따라서 총파업이 지방으로 확산되면서 도시노동자들의 파업은 바로 농촌주민들의 봉기로 이어졌다.

봉기의 양상은 처음, 대구에서 폭발적으로 나타나 경북 전역으로 번졌고, 거센 물결은 다시 경남으로, 그리고 전남으로 순차적으로 번져나갔다.

대구의 경우 파업한 철도노동자들이 농성을 하지는 않았다. 그들은 각 지역의 총파업 상황을 알리는 전단을 찍어 뿌리고 다녔다. 이들에게 동조하여 파업한 노동자는 40여 공장의 3천여 명이었다. 대구의 파업은 조선공산당 대구시당위원장 손기영(孫基榮), 대구시 인민위원회 보안대장 나윤출(羅潤出, 일명 나 장군), 전평 경북평의회 위원장 윤장혁(尹章赫), 인민당 대구지부의 최문식 및 대구 민성일보 편집국장 이목 등에 의해 주도된 것으로 수사당국은 밝히고 있다.[85] 10월 1일 정오 부녀자 수십 명이 대구시청으로 몰려가 쌀을 달라고 아우성치며 현관유리창을 부쉈다. 이날 오후 1시에는 대구 역전에 동맹파업단이 집결, 대구역을 경비하던 운수경찰 및 형사들과 충돌했다. 이에 현장에 급파된 특별경비대 23명이 발포, 사망자 1명이 발생하자 시위군중의 일부는 흩어졌다. 그러나 600여 명은 계속 경찰과 철야 대치했다.[86] 10월 2일 아침 한떼의 시위군중이 전날 사망한 시위자의 시체를 떠메고 대구 경찰서까지 행진, 경찰서를 포위했다. 미국 측 자료는 시위군중이 3천여 명(G-2, "Weekly Report"), 또는 1천여 명(Brown, "Report on an Investigation")으로 추산했으며 시체는 학생복장을 하고 있었다고 기록했다.[87] 그러나 경찰 발표는 "국민학생을 포함한 수만 명"으로 추산했다.[88]

경찰서에 있던 미국인 플레지아 소령이 군중을 해산시키라고 경찰에게 명령했으나 시위군중의 물결은 이미 경찰이 손댈 수 있는 단계를 벗어나 있었다. 얼마 후 군중이 경찰서로 밀고 들어가자 경찰서에 있던 약 2, 30명의 경찰관들은 정복을 벗어던지고 도망쳐 숨어버렸다. 도망친 경찰관들은 운이 좋은 편이었다. 붙잡힌 경찰관들은 살해되었다. 그들은 단순히 살해되기만 한 것이 아니라 팔다리가 찢기고, 불태워지고, 얼굴껍질이 벗겨지기도 했다. 살해된 경찰관의 집과 가족이 바로 군중의 공격목표가 되었다. 군중들은 대구시내를 몰려다니며 도지사를 비롯한 한국인 관리들의 집을 습격했다. 그들은 가구들을 파괴하고 가족을 구타했다. 그러나 이러한 참혹한 폭력행사가 무차별하게 적용된 것은 아니었다. 폭력은 주로 일제시대의 악질관리 및 경찰관들(그들은 8·15 후 여전히 그 자리를 지키고 있었다)에게 행사되었다.[89]

대구시의사회(醫師會)는 경찰에 대한 경고문을 발표했는데 그 내용은 첫째, 경관은 시민에게 발포를 중지하라는 것과, 둘째, 동포에게 발포한 경관 부상자의 치료를 거부한다는 것이었다.[90] 이날의 폭력사태로 경찰관

20명이 사망하고, 50명이 부상했으며, 30명은 행방불명, 그리고 대구형무소에서 죄수 100여 명이 탈옥했다고 발표했다.[91]

하지 장군은 경찰이 시위군중의 공격목표가 된 이유에 대해 다음과 같이 주장했다.

> 경찰은 법과 질서를 유지하고, 법을 존중하는 시민들과 그들의 재산을 보호한다. 경찰은 선동자들이 불러일으키려고 하는 혼란을 저지한다. 따라서 선동자들은 경찰을 파괴하고 경찰관들의 사기를 떨어뜨리기 위한 증오의 캠페인을 벌인다.[92]

하지의 이와 같은 판단은 정통성을 가진 정치체제에 봉사하는 경찰에게 질서유지를 위해 독점적으로 주어진 강제력과 무법적인 폭력을 구별하여 정통성에 바탕을 둔 강제력을 옹호하고 있다는 점에서는 옳았지만 당시의 한국인 경찰에 대한 시민들의 뿌리 깊은 반감을 이해하지 못했다는 점에서는 옳은 진단이 될 수 없었다. 많은 한국인이 일제시대에 경찰관을 지낸 사람을 민족반역자로 증오했으며, 그러한 '민족반역자'들이 다시 미군정에 의해 그 직에 채용되어 치안을 담당하고 있는 것은 정당하지 않다고 보고 있었던 것이다.

대구 경찰서를 점거하고 있던 군중들은 이날 오후 3시 탱크를 앞세운 미군의 출동으로 해산당했다. 미군 탱크가 대구거리를 순찰하는 가운데 시내의 주요 도로가 차단되고, 한국인 집회가 금지되었으며, 오후 7시에는 계엄령이 선포되어 표면적으로는 질서가 회복되는 듯했다.[93]

그러나 대구에서 시작된 대중봉기는 바로 경북 전역으로 확산되었다. 10월 3일 약 1만 명의 군중이 영천(永川) 경찰서를 습격, 군수를 살해하고 약 40명의 경찰을 납치했다. 이어 많은 관리와 경찰들이 살해되었고 경찰서와 우체국이 불탔다.[94] 응원경찰대가 도착하여 2, 3일 내에 질서는 회복됐다. 질서가 회복된 후의 상황에 대해 영천에 있던 한 목사는 "남아 있던 영천 경찰관들과 우익 청년단원들이 체포된 폭도들의 집을 약탈했다"[95]고 전했다. 영천에서 전개된 폭력사태는 그 대상이 일제에 봉사한 관리와 경찰의 범위를 넘어서 지주들에 대한 공격에까지 이르렀다. 그들의 공격 목표가 된 이른바 '악질지주'들은 1만 석 내지 1만 5천 석 추수를 하는 대지주를 가리킨 것인데, 농민들의 대지주에 대한 증오는 하곡수집과정에서의 불공평으로 깊어졌으며 하곡수집기간에 경찰은 좌익계 인사에 대한 45차례의 탄압을 통해 140여 명을 검거, 봉기가 시작되었을 때는 이를 지도할 만한 사람이 없을 정도였다고 한다.[96]

의성군 경찰서는 10월 3일에서 5일까지 약 5천 명의 시위군중에 의해 장악되어 있었다. 이 사이 군내 16개의 지서가 습격당했다. 의성군과 인근 근위군(軍威郡)의 '폭도'들은 모두 그 지역 토박이들이라고 의성 경찰서장은 증언했다. 그는 의성군의 '폭도' 대표 9명과 이야기했는데 그들 중 5명은 인민위원회 소속이었고, 2명은 인민당, 1명은 의성 농민조합 소속이었으며, 나머지 1명은 교사였다고 전했다.[97]

선산(善山)지역에서는 10월 3일 오전 10시경 군중이 선산 경찰서를 접수, 경찰서의 간판을 부숴버리고, 그 대신 선산인민위원회 보안서라는 간판을 내걸었으며, 경찰서 유치장에 서장, 경찰관 및 20여 명 우익인사들을 가두었다. 5일 새벽 1시경 서울에서 파견된 응원경찰대와 약 30분간 교전 끝에 군중은 물러났다.[98] 선산 낙성동에서는 2천여 명의 군중이 죽창, 곡괭이, 몽둥이 등으로 무장하고 하곡수집창고를 습격, 하곡을 주민들에게 분배했다.[99]

군위지역에서는 10월 2일, 1천여 명의 군중이 군위 경찰서를 점령, 서장, 군수, 우편국장, 각 지서장, 각 국장, 식량영단(營團) 출장소장, 학교장 및 우익단체 요인 등 약 30명을 유치장에 가두고, 군행정을 인민위원회에 넘기라고 요구했다. 10월 4일 오후 충북에서 파견된 응원경찰대 약 300명이 도착, 군위봉기를 진압했다.[100]

성주(星州)지역에서는 10월 3일 오후 1시경, 3, 4천 명의 군중이 성주 경찰서를 포위, 대표자 5명이 경찰서 무기고 열쇠를 인도하고 경찰직원은 총파업하라고 서장에게 요구했다. 서장이 이를 거부하자 서장과 수사과장 및 형사 3명을 납치하여 서장관사에 감금한 후 경찰관 20여 명을 경찰서 유치장에 가두고 유치장 주변에 휘발유를 뿌려 방화하려다가 응원경찰대에 의해 물러났다.101) 이보다 일주일 전 성주의 관리 두 명이 체포되었는데, 그들은 미국인 조사관들에게 '남조선과도입법의원'에 반대한다고 밝히고, 그것은 남한 단독정부를 뜻하는 것이라고 했으며, 미군정의 하곡수집이 "과거 일제 때보다 더 잔인하다"고 비난한 일이 있었다.102)

비슷한 봉기가 10월 초순 왜관, 경주, 영일, 포항, 예천, 구룡포, 봉화, 영주 등에서도 일어났다. 그리고 이때쯤 계엄령이 경북전역에 실시되었다. 미국 시아이시 대원은 경주 봉기군중의 지도자들이 작성한 문서를 압수, 지도자들이 경주 인민위원회, 지역농민조합 및 좌익연합체인 민전(민주주의민족전선) 소속임을 밝혀냈다. 이 문서는 "우리는 이 기회를 우리들의 뿌리를 깊이 내리는 데 활용해야 한다"고 주장하고 군중들에게 폭력에 빠지지 말라고 촉구했다.103)

전반적으로 경북의 봉기를 조직한 지도자들이 농민들에게 폭력행사를 선동하지는 않았다고 해도 폭력행사를 적극적으로 저지하지는 못한 채 방관했다고 보는 것이 옳다. 그들은 '폭발적으로 해방된' 대중의 에너지를 폭력행사로 소진시키지 않고 강력한 정치투쟁으로 동원할 수 있는 역량을 갖추지 못하고 있었다고 하겠다. 군중들의 가차없는 폭력행사는 꼭같은 가차 없는 탄압을 불러왔을 뿐이었다. 좌익 및 공산당 지도자들은 훗날 "보다 많은 계획, 좀더 적은 폭력"을 요구하면서 10월의 봉기를 자체 비판하기도 했다.104)

경북 일원의 질서를 경찰이 어느 정도 장악하게 된 것은 10월 19일쯤에야 가능했다. 이때쯤 경찰서 유치장은 '죄수'들로 넘쳐흘렀다. 예천 경찰서 유치장에는 213명, 영주 경찰서에는 137명이 수감되었다. 경찰은 10월 7일 경북지역 사태로 인해 경찰관 33명이 사망하고 135명이 부상했으며, 경찰가족은 1명이 사망하고 33명이 부상했고, '폭도' 636명은 검거, 17명은 사망, 25명은 부상했다고 공식발표했다.105)

봉기는 10월 7일부터 경남으로 확산되었고, 곧 경기, 충남 및 전남지역으로 이어졌다.[106] 경남에서는 마산, 진주 및 하동지역에서 그 양상이 가장 격렬했다. 이 지역은 해방 직후부터 강력한 인민위원회가 조직되어 행정권 장악을 놓고 미군정이 임명한 관리들과 투쟁하고 있던 곳이다. 진주에서 검거된 봉기 지도자들에 대한 분석에 따르면 그들은 농민, 임금노동자, 소행상 및 상인들이었다. 그들은 군정청에 대해 "특권층, 악질지주 및 모리배들을 위한 쌀수집을 중단하라"고 요구했다. 그들이 뿌린 전단은 진주의 경찰을 '일본의 충견들'이라고 비난하고, 경찰에게 다음과 같이 물었다.

당신들은 한국인이 아닌가? 당신들은 우리와 같은 피와 뼈를 갖고 있지 않은가? 왜 당신들은 한국인에게 발포하는가?

그들의 대부분은 진주인민위원회 또는 이와 연계된 청년단체 소속이었다.[107]

하동에서는 인공(人共) 관련 청년단체 단원 15명이 검거되었는데, 이 중 14명은 18세에서 35세까지의 농민이었다. 이들의 지도자였던 이병구(25세)는 교사였다. 그는 일기장에 경찰과 관리들에 대한 공격의 목적이 '친일반역자들'을 잡기 위한 것이라고 기록했다. 하동 봉기군중에 의해 살포된 전단은 다음과 같이 주장했다.

우리 자신의 손으로 독립국가를 건설하자. 인민에게 모든 권력을 넘겨라. 인민에게 토지를 균등하게 분배하라. 모든 양곡수집에 반대하라.[108]

비슷한 봉기가 경남의 부산, 마산, 창원, 의령, 양산, 동래 등에서, 이어 경기도의 광주, 개성, 황해도 연안, 배천, 청단, 연백, 충남의 덕산, 합덕, 홍성, 서산, 당진, 예산, 천안 등에서도 일어났다.

충남 봉기의 성격도 경상도의 경우와 같았다. 홍성에서 살포된 전단에는 "모든 형태의 통치는 인민위원회로 되돌려주어야 한다"고 주장하고, '남조선과도입법의원' 및 군정의 폐지, 북한에서와 같은 노동 및 토지법을 요구하고 군정의 미곡수집정책 및 군정과 한민당과의 연합을 비난했다.[109] 봉기한 군중들의 직업도 경상도에서와 마찬가지로 대부분 농민 또는 노동자들이었다. 대전의 시위자 33명 중 6명은 농민, 7명은 노동자, 9명은 실업자였으며, 3명은 의사(한의사), 2명은 사업가, 그리고 4명은 기타로 분류되었다.[110]

10월 말, 봉기는 전남으로 확산되었다. 이 지역에서는 11월 첫 2주 동안에 50회 이상의 사건이 보고되었다. 화순탄광의 광부 약 3천 명은 10월 31일, 화순노동조합 책임자의 인솔 아래 광주로 행진하려고 했다. 그러나 미국 시아이시 대원들과 경찰이 그들을 탄광으로 되돌려보냈다. 군중 속에는 부녀자 약 300명도 있었다. 부녀자들 대부분은 아이를 데리고 있었고, 아이들은 울며 배고프다고 보채고 있었다.[111]

11월 4일에 피크 대령이 12명의 미군병사, 4명의 시아이시 대원, 10명의 한국경찰 및 군정청 관리 몇 명을 데리고 10월 31일의 화순탄광 파업 주동자들을 체포하러 나섰다. 주동자 5명을 체포해 광주로 돌아갈 때 그들은 세 대의 마차로 길을 막아선 1, 2천 명의 광부들과 충돌했다. 광부들은 일단 물러났지만 얼마 후 다시 길을 막고 지프차를 통나무로 밀어 엎어버렸다. 이 충돌로 3명이 죽고 33명이 부상했다. 미군 2명도 다쳤다.[112] 곧 응원경찰대가 광산을 장악했지만 또 다른 봉기가 화순에서 일어나 50명이 체포되었다.[113]

11월의 첫 2주 동안 전남지방은 47개의 시, 읍 및 군의 3분의 2가 봉기의 와중에 휩쓸렸다. 그들은 "손에 넣을 수 있는 모든 공문서를 파괴했는데, 특히 양곡수집기록은 예외없이 파괴되었다. 사실, 어떤 경우 경찰서와 시청을 공격하는 유일한 목적이 이러한 기록들을 손에 넣고 파괴하자는데 있을지도 몰랐다."[114]

전북지방은 비교적 조용했지만 전주는 큰 혼란에 빠졌다. 11월 11일 417명의 죄수가 전주감옥에서 탈옥했는데 그들은 '정치범'으로서 투옥되어 있었다.[115] 12월 중순 전주에서 가두시위가 있었다. 경찰은 그들 주위로 바리케이드를 치고 해산을 명령했다. 이때의 상황을 한 미국인은 다음과 같이 전했다.

군중이 시의 중심부에서 갇혔으므로 출구를 발견할 수 없었다. 경찰은 공중에다 대고 발포하기 시작했다. 군중은 떼를 지어 빙빙 돌았다. 신경이 곤두선 경찰이 총구를 낮추어 군중을 향하게 했다. 뒤이어 울부짖는 군중 속으로 기마대가 돌격했다. 곤봉과 개머리판이 난무했다. 거리가 정리되었을 때 20명이 죽어 쓰러져 있는 것이 보였다. 그들은 남자, 여자 및 어린이들이었다.[116]

강원도의 봉기는 주로 해안지역에서 일어났다. 삼척에 있던 미국인들은 봉기의 중요한 이유로서 좌익들은 그 지역의 광산에서 일자리를 얻을 수 없었다는 점을 들었다. 일제시대 제복을 입은 우익청년들이 광산을 순찰했으며, 관리들은 좌익에게는 쌀 배급표를 주지 않았다고 그들은 말했다.[117]

미군정당국은 9월철도파업에서와 마찬가지로 10월 이후의 대중봉기에 대해서도 '선동자'에게 모든 책임을 돌렸다. 『주한미군사』(駐韓美軍史, HUSAFIK)는 다음과 같은 결론을 내리고 있다.

요약하면 모든 증거들이 공산주의자들의 선동과 지도가 없었다면, 10월 2일의 유혈사태는 일어나지 않았을 것이고, 그 이후의 심각한 소요도 없었을 것이라는 점을 말해준다. 간단히 말해, 폭동은 공산주의자들에 의해 선동되었으며, 자연발생적인 것은 결코 아니었다. 폭동의 배후에는 북한이 있다.[118]

남한의 공산주의자들이 대중조직들을 장악하려고 노력했던 것은 주지하는 바와 같다. 하지만 그들의 대중조직 통제가, 그것도 지방조직들의 경우에 효율적으로 실현되고 있었을까. 당시 좌익진영의 주도권을 놓고 박헌영과 다투고 있던 여운형은 총파업이 박헌영의 작품이라고 주장했다.

그러나 여운형 자신도 1946년의 사건을 누구 혼자서 일으킬 수 있었다고는 생각하지 않았다. 1946년 11월 29일 하지에게 보낸 그의 편지는 "남한 전역에 확산된 소요는 노동자와 농민의 깊은 불만의 표출이며, 선동자들이 이러한 상황을 이용했을 가능성은 있다"고 말하고 "불만은 아주 깊은 뿌리를 갖고 있다. 그것이 대화(大火)로 부채질되었을 뿐이다. 나는 지방에 다녀왔다…… 거기에는 거의 어떤 권위도 통하지 않았다"고 설명했다. 여운형은 사태의 주요한 책임을 경찰에 의한 '폭압과 권한남용'에 돌렸다.[119]

지방의 총파업과 대중봉기를 조직한 세력은 인민위원회, 농민조합 및 전평 하부조직, 이들과 연대를 가진 단체들로 구성되어 있었다. 그러나 인민위원회와 농민조합은 지역단위의 세포조직이었을 뿐 강력한 통제력을 가진 중앙지도부가 없었고, 전평 지도부의 통제력 역시 지방으로 갈수록 더욱 미약했다. 따라서 대중봉기가 전국적으로 같은 시기에 일어난다는 것은 처음부터 불가능했다. 하나의 봉기가 입에서 입을 통해 인근지역으로 전해져 그 지역을 봉기시킨 것이다. 그들의 전형적인 '전투' 방식은 경찰이 소총에 탄약을 장전하는 사이에 경찰대로 돌진하는 것이었다.[120]

지방에서 대중봉기를 조직한 활동가들은 농민들의 두 가지 기본적인 불만을 그 기초로 했다. 그것은 첫째, 군정의 양곡수집정책에 대한 불만과 둘째, 일제통치를 겪은 당시의 한국인에게 거의 보편적이었던, 경찰에 대한 증오였다.

미군정은 처음, 일제의 '공출제도'를 폐지하고 쌀의 자유시장제도를 도입했다가 다시 공출제도를 닮은 '양곡 수집정책'으로 되돌아가는 등 식량정책의 실패로 식량사정과 이로 인한 경제적인 혼란을 최악의 사태로 몰아넣었다. 쌀의 자유시장제도는 지주로 하여금 매점매석을 통한 폭리를 얻게 해준 한편으로는 인민위원회와 농민조합들에도 쌀의 수집을 통제할 수 있는 기회를 제공해주는 것이었다. 그러나 쌀의 수집정책으로 되돌아선 미군정은 수집의 책임을 경찰의 손에 맡겼다. 쌀의 수집을 경찰에 맡긴 것은 쓰린 상처에 소금을 붓는 것과 같은 효과를 가져왔다. 농민의 폭력행사의 대상이 경찰이었던 것의 가장 중요한 이유가 바로 여기에 있다고 하겠다. 9월총파업이 아직 대중봉기로 확산되기 전 미국 시아이시 대원들은 "사람들은 쌀문제로 인해 철도파업자들에게 전적으로 공감하고 있다"고 경고했다.[121] 쌀의 수집은 흔히 강제로 실시되었고 거의 항상 정치적 고려를 토대로 하여 진행되었다. 좌익활동가로서 지목된 농민들은 높은 수집할당을 받았고, 배급은 더 적게 허용되었다. 지방경찰과 관리들이 할당한 수집량을 농민들이 이행하지 못하면 경찰은 가축과 농가의 다른 재산을 압수함으로써 부족분을 채웠다. 말을 잘 듣지 않는 농민들에게는 구타가 일상적인 일로서 적용되었다.[122] 그뿐만 아니라 수집체계의 모든 단계에서 극심한 부정이 따랐다. 대중봉기의 와중에서 흔히 경찰관의 집에 많은 쌀이 저장되어 있는 것이 발견되었다.[123] 투기꾼들이 경찰이나 관리로부터 쌀을 사서 그것을 주요도시 및 심지어 일본의 암시장에 넘겼다.[124] 11월초 대구에서는 한 우익청년단체 창고에 저장되어 있는 쌀이 발견되었다.[125]

대중봉기에 동원된 사람들 중에는 실업자의 비중이 높았다. 공식통계에 나타난 1946년의 실업자 110만 명 중 78퍼센트인 85만 명은 봉기가 가장 격렬했던 경상도와 전남지역에 집중되어 있었다. 이들 실업자의 60퍼센트 정도는 전재민, 다시 말하면 '귀환동포'들이었다.[126] 귀환동포는 대부분 일제시대에 북한이나 일본, 만주 등의 공업지대로 징용당해 끌려간 사람들이었다. '해방'된 조국으로 고향에 되돌아온 이들의 곤경은 고향에 뿌리를 내리고 있던 농민들보다 더욱 처참했다. 1946년 여름 그들 중 1만 5천 명이 식량과 일자리를 찾아 일본으로 되돌아가려고까지 했다.[127]

4 맺음말—대한노총의 진출

9월총파업과 대중봉기의 진압과정에서 미군정이 동원한 두 '진압세력'은 경찰과 우익단체들이었다. 따라서 미군정과 경찰 및 우익단체의 정치적 제휴는 이제 끊을 수 없는 '동지적' 관계로 발전했다. 반면, 좌익진영은 거의 파멸적인 타격을 입었다.

조병옥 경무부장은 봉기가 확산되고 있던 1946년 10월 20일, 그의 미국인 고문에게 조선공산당, 전평, 전농 및 인민위원회 지도자들을 "그들이 실제로 범법행위를 하기 이전에" 체포할 수 있는 재량권을 달라고 요구했다. 브루스 커밍스에 따르면 그는 "이러한 예비검속의 법적인 근거를 제공해주는 구법(舊法)이 아직 있다. 1912년 7월 총독부가 공포한 치안유지법"[128]이라는 법적 근거를 제시했다고 한다. 이러한 조병옥의 요구는 공식적으로는 거부되었지만 총파업과 대중봉기의 와중에서 '그들'은 대량검거의 선풍 아래 놓였다. 그들은 경북에서만 7, 8천 명이 검거되었고, 전국적으로는 3만 명 이상이 검거된 것으로 알려졌다.[129] 전평은 10월, 산하 노동자 11,024명이 검거되었다고 주장했다.[130] 군정청 운수부장은 당시의 총파업 파괴정책을 다음과 같이 설명했다.

> 우리는 전장에 나가듯이 사태에 임했다. 우리는 그것을 파괴하러 나갔다. 그리고 우리는 약간의 무고한 사람이 다칠지도 모른다는 점에 대해 오랫동안 걱정할 시간이 없었다. 우리는 시(市)의 외각에 수용소를 설치하여, 감옥이 만원이 되면 파업자들을 여기에 수용했다. 그것은 전쟁이었다. 우리는 그것을 전쟁으로 인식하고 있었다. 그것이 우리가 대처한 방식이었다.[131]

전평은 9월과 10월에 걸쳐 지도자가 대량 검거됨으로써 조직중추가 붕괴되었다. 8·15 후 노동운동을 이끌었던 거의 유일한 조직이었던 전평의 붕괴로 이 땅에는 한때, 사실상 '노동조합이 없는' '노동운동'의 공백상태가 찾아왔다. 이 공백을 메워나간 것이 대한노총이다.[132] 그러나 전평의 조직중추가 무너졌다고 해서 대한노총이 일사천리로 진입해 들어갔던 것은 아니다. 검거의 선풍 속에서도 피해나온 하부조직의 활동가들 일부는 여전히 현장노동자들에게 강력한 영향력을 행사하고 있었다. 그리고 전평

결성과정이 가져온 조직체계, 즉 하부의 주도권에 의한 상향식 조직은 중추부의 붕괴에도 불구하고, 철도노조를 제외한 많은 부분에서 전평의 조직을 보존할 수 있게 했다. 더욱이 1947년 6월까지는 전평의 불법화가 공식적으로 선언되지는 않은 상태였다.

　대한노총의 본격적인 진출은 전평조직이 하부에 이르기까지 철저히 붕괴된 철도노조에서부터 시작되었다. 대한노총은 철도파업단이 강제해산된 후 10월 14일, 운수부당국과 "점심 염가공급, 철도패스 교부, 준월급제, 임금인상" 등을 내용으로 하는 '대우개선에 대한 협정'을 체결, 철도파업을 '공식적'으로 종결지었다. 그 후 철도국 산하 각 직장에 대한노총분회를 조직하여 1947년 1월 18일, 이들 분회를 망라하는 단일산별노조를 결성했다.[133]

　그러나 철도를 제외하면 거의 모든 부문에서 대한노총의 진출에 강력한 저항이 일어났다. 예를 들면, 광산부문에서는 전평의 불법화가 선언되기 전에는 대한노총의 진출이 극히 지지부진했다.[134]

　철도노조와 더불어 전평의 강력한 거점으로 알려지고 있던 경전(京電)에서의 대한노총 진출은 1947년 3월의 총파업으로 전평조직이 다시 한번 큰 타격을 입은 후에야 노동부가 '숨겨둔 카드'를 내놓음으로써 실현되었다. 노동부의 '숨겨둔 카드'란 앞에서 소개한 바 있는 '종업원의 투표에 의한 노조(勞組) 선택' 제도였다. 이러한 카드는 "종업원들이 투표로 선택한 노조에 대해 독점적인 단체교섭권을 준다"는 '선물'과 함께 제시되었다. '노동조합주의'의 기본이 될 뿐만 아니라, 노조 존립의 법적 기초가 되는 단체교섭권은 전평에는 주어지지 않았다. 단체교섭권을 인정하라는 것이 총파업의 주요한 요구였다. 노동부가 경성전기에 시달한 투표방침은 경성전기 내의 3개 노동자조직(당시 전평계 외에도 대한노총계 및 전국노동총동맹계가 있었다) 1개를 종업원 투표로 선택하라는 것이었다. 이에 대해 전평계의 경성전기종업원 조합은 "현정세와 같은 조건 아래서 테러에 대한 대책이 없는 한 우리는 투표를 단연 거부한다"고 선언했다. 그러나 1947년 4월 19일, 투표가 강행되어 총 '투표자격자' 4,291명 중 3,805명이

투표하여 이 중 3,260명이 대한노총계의 경성전기노조를 지지했다.[135]

한편 강력한 전평 노동운동에 대한 물리적 대항세력으로서 탄생했던 당시(1946. 3. 10.) 대한노총이 내세운 '강령'이란 것은 "혈한불석(血汗不惜)으로 노자 간 친선을 기함"이었다. 그러나 전평에 대신하여 노동운동을 자율적으로 이끌어야 할 이제, 이런 정도의 강령을 가지고 노동자대중의 '소망'을 수렴하겠다고 나서기는 어려운 처지였다.

1947년 3월에 열린 대한노총 제1차 전국대의원 대회는 드디어 강령의 '혈한불석' 운운하는 조항을 삭제하는 대신 "생활보장과 노동보험제의 확립"을 새로 넣었으며, 전에는 없던 '당면일반행동강령'을 신설했다. 당면일반행동강령은 전평의 '일반행동강령' 중 정치강령 부분을 삭제하거나 고쳤지만 경제강령 부분은 거의 그대로 받아들였다.[136]

따라서 대한노총의 행동강령은 바로 노동조합주의적 운동노선이 표방할 수 있는 전형적인 행동강령으로 되었다. 한국노동운동에서 노동조합주의로의 전환이 공식적으로 선언되는 순간이었다.

성한표

전 한겨레신문 논설주간 및 부사장. 실업극복국민재단함께일하는사회 상임이사 역임. 주요 논문으로 「8·15 직후의 노동자자주관리운동」 등이 있다.

주

1) 1961년에 결성된 韓國勞總의 강령 및 1961, 62년의 전국대의원대회에서 채택된 노동운동의 기본방침임(한국노총, 『한국노동조합운동사』, 1979, pp.626~627).
2) 1946년 3월 10일 大韓獨立促成勞動總同盟(한국노총의 전신, 이하 大韓勞總으로 줄임)이 결성되었지만 이렇다 할 하부조직을 갖추지 못했을 뿐만 아니라 처음에는 '노동단체적 형식을 통한 반공단체'에 지나지 않았다(한국노총, 같은 책, p.281).
3) 『해방일보』, 1945년 11월 15일자.
4) 프로핀테른의 「9월테제」(1930. 9. 15.) 및 범태평양노동조합 비서부의 「격문」(1931. 10.)(『사회과학사전』, 文友印書館, 1948, pp.64, 700; 한국노총, 같은 책, pp.177~180).
5) 성한표, 「8·15 직후의 노동자자주관리운동」, 『한국사회연구』, 제2집(한길사, 1984), pp.571~606 참조.
6) Bruce Comings(이하 BC로 줄임), *The Origin of the Korean war*(Princeton University Press, 1981), p.515. 許成澤에 대한 미국 측의 자료는 "그는 지하운동 경력으로 인해 폭넓은 존경을 받고 있었다. 그는 젊고 잘생겼으며 정력적이고…… 강인하게 보이는 인물이다. 그의 옷차림만으로는 서울거리의 노동자대중과 구별하기가 힘들다"고 서술했다("Memorandum from Jacobs to Secretary of State," 1948. 6. 1., BC, 같은 책, p.515).
7) 神谷不二, 『朝鮮問題戰後資料』, 제1권(일본국제문제연구소, 1977), p.166.
8) 같은 책, p.168.
9) 10월 9일, 아널드 군정장관이 발표했음(中尾美知子, 「朝鮮'解放'と全評勞動運動」, 일본학습원대학 동양문화연구소, 조사연구보고, No.14, 1982, p.102).
10) 中尾美知子, 같은 글, p.117.
11) 神谷不二, 앞의 책, p.169.
12) SWNCC (국무·육군·해군 3省조정위)가 1945년 10월 하지 중장에게 내린 기본지령은 미군의 안전과 양립하는 한에서 '조선을 해방된 국가'로서 취급하라고 지시하면서 하지에게 "적국 영토의 군사점령이 통상적으로 갖는 권한"을 부여했다. 지령은 미국식 자유민주주의의 구색을 갖추는 데 필요한 최소한도의 자유조차 "군사점령의 안전 및 목적달성에 지장이 없는 한" 허용하라고 지시했다(같은 책, pp.171~173).
13) 브루스 커밍스, 앞의 책, p.160.
14) 趙炳玉, 『나의 회고록』(민교사, 1959), pp.149~151.

15) 남조선과도정부 노동부(이하 노동부로 줄임), 『노동관계법령집』, pp.1~5.
16) 같은 책, 부록 「노동관계통첩」, pp.1~3.
17) 1945년 11월 15일 군정청은 '필요 불가결한 공용시설'에 관한 포고 3호를 내어 發·送電, 철도, 해운, 육운, 항공, 상수도, 통신시설 및 그 제작, 수선, 보존에 관한 각 시설을 이에 포함시켰다(같은 책, pp.6~7).
18) 같은 책, 부록. p.4.
19) 같은 책, p.7.
20) 中尾美知子·中西洋, 「米軍政·全評·大韓勞總 3」, 『經濟學論集』, 51-51(동경대 경제학회, 1985), p.100.
21) 좌담회 『대한노총 결성전후』 I에서의 朴澤의 증언, 『勞動公論』(1971. 12.), pp.130~137.
22) 브루스 커밍스, 앞의 책, pp.199~200.
23) Meacham, "Korea Labor Report," p.11(BC, 앞의 책, pp.199~200).
24) 全評조사부 발표(「조선경제사」, 『조선통계요람』, 1949, p.174).
25) 노동부, 앞의 책, pp.11~14.
26) 『동아일보』, 1946년 6월 14일자(국사편찬위원회 편, 『자료 대한민국사』 2-762(이하 『동아일보』『조선일보』 및 『서울신문』 인용은 같은 자료에 의함).
27) "대한노총이 결성되는 대회장에 참석했던 대표들은 사실상 노동자가 참석했다기보다 청년운동 하던 사람들이 많았다."(「대한노총 결성전후」 I에서의 당시 조직부장 裵昌禹의 증언)
28) 「대한노총 결성전후」 I에서의 朴澤의 증언.
29) 노동부, 앞의 책, 부록, p.33.
30) 같은 책, 부록, pp.35~40.
31) 한국노총, 앞의 책, p.261.
32) 『해방일보』, 1945년 11월 15일자(金南植, 『남로당연구』, 돌베개, 1984, p.65).
33) '8월테제'는 「현정세와 우리의 임무」라는 제목으로 1945년 8월 20일 발표되었는데 그 내용을 보완하여 9월 25일 조선공산당 중앙위원회의 이름으로 다시 발표되었다 (『분단전후의 현대사』, 일월서각, 1983, pp.439~451 ; 김남식, 같은 책, pp.21~24).
34) 山田三郎, 『韓國工業化の課題』(1971), pp.282~284.
35) 玄勳, 「노동자자주관리에 대하여」, 『해방일보』, 1945년 11월 15일자.
36) 『해방일보』, 1945년 11월 30일자(中尾美知子·中西洋, 앞의 글 1, 『經濟學論集』,

49-4, 1984, p.88).
37) 『전국노동자신문』, 1946년 3월 22일자(中尾美知子·中西洋, 앞의 글 1).
38) 예를 들어 군정청에서 공장관리인을 임명하자 노동자들의 자주관리운동은 '악덕관리인에 대한 투쟁'으로서 정당화되었다. 관리인으로 파견된 사람들 중에는 산업건설운동을 저해하는 '비양심적인 모리배'도 섞여 있다는 것이 노동자들의 투쟁이유다.
39) 「노동조합의 독자성」, 『전국노동자신문』, 1946년 3월 22일자(中尾美知子·中西洋, 앞의 글 3, p.105).
40) 『해방일보』, 1946년 3월 17일자.
41) 『大邱時報』, 1946년 7월 31일자.
42) 『現代時報』, 1946년 3월 29일자.
43) 中尾美知子, 앞의 글, p.134.
44) 좌담회『대한노총 결성전후』Ⅱ, 『노동공론』(1972. 1.), pp.178~182.
45) 『전국노동자신문』, 1946년 8월 23일자(中尾美知子·中西洋, 앞의 글 3, pp.108~109).
46) 김남식, 앞의 책, pp.235~236.
47) 『조선중앙연감』(1949), p.217의 표는 1946년 가을 파업과 봉기에 모두 2,279,338명(이 중 파업은 264,474명)이 참가했다고 주장하고 있다(山田三郞, 앞의 책, p.293).
48) 브루스 커밍스, 앞의 책, p.379.
49) 김남식, 앞의 책, pp.236~237. 철도종업원에 대한 대량 해고안은 이미 1946년 3월에 수립되어 서서히 착수되고 있었다고 한다(『전국노동자신문』, 1946년 4월 12일자, 中尾美知子·中西洋, 앞의 글 3, p.109).
50) 1947년 4월 현재 國鐵노동자의 근로수입이 3,434圓인 데 비해 인쇄공장 노동자는 4,936圓이었다(조선경제사, 앞의 책, pp.172~173).
51) 山田三郞, 앞의 책, p.290.
52) 『대구시보』, 1946년 9월 16일자.
53) 같은 신문, 1946년 9월 16일자.
54) 한국노총, 앞의 책, p.319.
55) 같은 책, p.320.
56) 전국철도노동조합, 『鐵勞30年史』(1977), pp.20~21.
57) 한국노총, 앞의 책, p.320.
58) 『조선일보』, 1946년 9월 25일, 10월 2일자 및 『대구시보』, 1946년 9월 25일자.

59) 『전국노동자신문』, 1946년 11월 22일자(中尾美知子・中西洋, 앞의 글 3, p.111).
60) 한국노총, 앞의 책, pp.321~325 ; 山田三郎, 앞의 책, p.294.
61) 『대구시보』, 1946년 9월 27일자.
62) 한국노총, 앞의 책, pp.321~325.
63) 『대구시보』, 1946년 9월 27일자.
64) 『조선연감』(1948), pp.257~258(BC, 앞의 책, p.352).
65) 『조선중앙연감』(1949), p.217(山田三郎, 앞의 책, p.293).
66) 시아이시 서울지국은 용산철도노동자들이 특히 좌경화되어 있고 전평을 강력하게 지원하고 있다고 보고했다("CIC report," 서울, 1946. 9. 28., BC, 앞의 책, p.355).
67) 문화선전성, 「해방 후 4년간 남반부 인민들의 투쟁」(1949), 김남식, 앞의 책, pp.237~238에서 재인용.
68) 『대구시보』, 1946년 9월 27일자.
69) 『조선일보』, 1946년 9월 25일자.
70) 『서울신문』 및 『조선일보』, 1946년 9월 25일자.
71) 『대구시보』, 1946년 9월 26일자.
72) 같은 신문, 1946년 9월 27일자.
73) 『조선일보』, 1946년 10월 2일자.
74) 한국노총, 앞의 책, p.322.
75) 철도노조, 앞의 책, pp.22~23.
76) 같은 책, p.23 ; 한국노총, 앞의 책, p.320.
77) 철도노조, 같은 책, pp.21~22.
78) 같은 책, p.23(파업파괴에 동원된 경찰 및 검거된 노동자수는 BC, 앞의 책, p.355)
79) 『동아일보』, 1946년 10월 4일자.
80) 브루스 커밍스, 앞의 책, p.355.
81) Meacham, "Korea Labor Report," p.24(BC, 같은 책, p.355).
82) 철도노조, 앞의 책, p.24;『조신일보』, 1946년 11월 9일자.
83) 김두한, 「피로 물들인 건국전야」, 『김두한회고기』(연우출판사, 1963), pp.153~158. 김두한은 이밖에 파업단습격에 나서기 전 공포심을 없애기 위해 3천여 명의 대원에게 술을 먹였고, 자신도 술을 마셔 정신을 마취시켰으며, 자기 앞에 나온 전평간부 8명을 생매장시키라고 부하들에게 지시했다고 주장하고 부하들이 이들을 죽창으로 찔러죽이고 역구내 하수도에 처넣고 시멘트로 복개했는데 그 때문에 미군사법정에서

사형선고까지 받은 일이 있다고 회고록에서 주장했다.
84) 대구에서 대중봉기가 일어나자 한민당도 "발단은 식량문제인 것이 사실이다"고 시인했다(『서울신문』, 1946년 10월 5일자).
85) 『좌익사건실록』, 제1권, p.376.
86) 『조선일보』『동아일보』『서울신문』, 1946년 10월 8일자.
87) 브루스 커밍스, 앞의 책, p.356.
88) 『조선일보』『동아일보』『서울신문』, 1946년 10월 8일자.
89) 브루스 커밍스, 앞의 책, p.356.
90) 民戰의 南朝鮮인민봉기조사단 발표문, 『독립신보』, 1946년 11월 1일자(한국노총, 앞의 책, p.339).
91) 『동아일보』, 1946년 10월 4일자.
92) *HUSAFIK*, Vol. 2, pt. 2, p.12(BC, 앞의 책, p.357).
93) 브루스 커밍스, 앞의 책, p.357; 『조선일보』『동아일보』『서울신문』, 1946년 10월 8일자.
94) G-2, "Weekly Report," No. 56, 1946. 9. 29.~10. 6.(BC, 앞의 책, p.358).
95) "CIC report," 대구, 1946. 11. 15.(BC, 앞의 책, p.358).
96) 『10월 인민항쟁』, pp.11, 39~40, 45~46(BC, 앞의 책, p.358).
97) "CIC report," 대구, 1946. 10. 11.(BC, 앞의 책, p.358).
98) 대구치안 사령관 韓鍾健 발표, 『조선일보』, 1946년 10월 29일자.
99) "99th MG Company," *Unit Journal*, 1946. 10. 3.~4.(BC, 앞의 책, p.359).
100) 韓鍾健 발표, 『조선일보』, 1946년 10월 29일자; "63rd MG Company report," 1946. 10. 12.(BC, 앞의 책, p.359).
101) 한종건 발표, 『조선일보』, 1946년 10월 12일자.
102) "CIC report," 대구, 1946. 9. 26.(BC, 앞의 책, p.359).
103) 같은 글, 부산, 1946. 10. 31.(BC, 같은 책. p.360).
104) 『10월인민항쟁』, Vol. 2, pt. 2, p.6(BC, 같은 책. p.360).
105) 『조선일보』『서울신문』『동아일보』, 1946년 10월 8일자.
106) 이하 봉기양상은 브루스 커밍스, 앞의 책 pp.361~363에 의함.
107) "CIC report," 진주, 1946. 10. 24.
108) "6th Infantry Division Report," 1946. 12. 31.
109) "CIC report," 대전, 1946. 10. 22.

110) 같은 글, 대전, 1946. 11. 1.
111) 같은 글, 대전, 1946. 10. 31.
112) *HUSAFIK*, Vol. 2, pt. 2, p.15.
113) 같은 책, pp.15~16.
114) "Cholla-South Communist Uprising of Nov. 1946," 1946. 12. 31.
115) "CIC report," 전주, 1946. 11. 24.
116) Robinson, *Betrayal of a Nation*, p.163.
117) "32nd Infantry Company report," 1946. 11. 2.
118) *HUSAFIK*, Vol. 2, pt. 2, p.24~25(BC, 앞의 책, pp.371~72).
119) "SKILA Materials," 1946. 11. 29.(BC, 같은 책, p.373).
120) *HUSAFIK*, Vol. 2, pt. 2, p.16(BC, 같은 책, p.368).
121) "CIC report," 서울, 1946. 9. 25.(BC, 같은 책, p.379).
122) "Memorandum of interviews"(19명의 경북 관리에 대한)(BC, 같은 책, p.379).
123) *HUSAFIK*, Vol. 3, ch. 4, p.52(BC, 같은 책, p.379).
124) "CIC report," 서울, 1946. 9. 25.(BC, 같은 책, p.379).
125) 같은 보고서, 대구, 1946. 11. 9.(BC, 같은 책, p.379).
126) 조선은행 조사부, 『조선경제연보』(1948), pp.I-203.
127) 『서울신문』, 1946년 9월 17일자.
128) Memorandum, 조병옥→William Maglin, 1946. 10. 20.(BC, 앞의 책, p.371).
129) 『좌익사건실록』, p.388(BC, 같은 책, p.379).
130) 『조선연감』(1948), p.258(BC, 같은 책, p.379).
131) Meacham, "Korea Labor Report," p.24.
132) 한국노총, 앞의 책, p.327.
133) 같은 책, pp.282~283.
134) 같은 책, pp.285~286.
135) 같은 책, pp.283~285.
136) 같은 책, p.290. 전평의 행동강령은 '언론·출판·집회·결사·파업·시위의 자유'를 요구했지만 대한노총의 당면일반행동강령은 '파업·시위'를 빼고, '신앙'을 새로 넣었다.

"해방공간의 지식인 활동, 민족양심의 비무장지대,
민중의식의 민간통제선 구역 안의 온갖 이론은
다시금 화해와 대화와 평화적 방법을 통한 통일을 염원하면서
휴전선의 처녀림처럼 민족화합의 대들보가 되고자 고이 자라고 있다."
● 임헌영

3

해방직후 지식인의 민족현실 인식 | 임헌영
해방공간의 문학 | 김윤식
미군정의 교육정책 | 이광호

해방직후 지식인의 민족현실 인식

임헌영

1 머리말

비판적 기능을 하는 지식인들이 8·15 직후의 격변기에 민족의 독립과 통일·민주·민중 국가 건설의 역사적 과업 수행을 위하여 어떤 견해와 이론을 폈으며, 그 결과는 무엇이고, 또 이를 통하여 오늘의 우리가 얻을 수 있는 교훈은 무엇인가를 밝혀보려는 것이 이 글의 노리는 바다. 결과론적으로 말한다면 강대국의 패권주의적 세계전략과 외세를 민족분단과 집권 목적으로 연계시킨 현실정치의 냉혹성 아래서 창백한 지식인들의 민족적 이상은 박해와 탄압과 좌절로 그 제1막을 내려버린 역사적 금렵구역으로 마치 신화처럼 전해올 뿐이다. 언뜻 보면, 새삼 지난날의 먹물이 아닌 붉은 피로 가장 원색적인 온갖 설전을 치열하게 전개했던 시절을 되돌아볼 가치가 없는 것인 양 생각할 수도 있으나 다음 몇 가지 사실 때문에 우리는 감히 이 시대 지식인들의 고뇌를 충분히 되새겨볼 임무와 가치가 있다고 본다.

첫째, 8·15 이후의 현대 민족사를 우리의 주체적 관점에서 재점검해야 하며, 이를 위해서는 지금까지 성행한 강대국 정책중심의 연구에만 치중할 것이 아니라 우리 자신이 역사적 매듭을 풀려고 무엇을 어떻게 노력했던가를 깊이 따져보아야 할 것이다. 비록 좌절당한 민족의 이상이긴 했으나 이를 현실정치적 측면에서만 바라보는 강대국 중심의 외세결정론 내지 외세의존사관 혹은 신식민사관에 대한 반성과 민족주체사관의 정립을 위해서 이 작업은 필요하다.

둘째, 그동안 민족주체사관에 의한 현대사의 조명과 연구가 놀랄 만한 성과를 올렸으나 당대적 정치지도자 중심이거나 정당·정파 중심의 연구가 압도적이었고, 이와 병행해서 노동자·농민 계급의 민중적 수난사에도 초점이 강하게 모아져왔으나 정작 지식인의 역사적 입장에 대한 연구는 별로 없었다. 정치지도자나 정당·정파의 이론적 공급원은 바로 지식인이었으며, 또 민중적 고난에 대한 가장 깊은 동정자도 지식인이었음을 감안한다면 지식인의 주장에 대한 연구가 없는 정치지도자·정당·정파·민중사의 연구는 편견화될 소지가 전연 없지 않다. 물론 이와 반대 방법으로 지식인의 주장을 정치지도자나 정당, 정파 혹은 민중사에 투영할 수도 있으며, 또 그런 각도에서의 연구 업적이 상당수 있음도 사실이다. 그러나 지성사적 내지 민족주체사적 입장에서 볼 때 역시 지식인들의 이론적 성숙도를 별도로 점검하는 작업이 그리 헛된 일은 아닐 것 같다.

셋째, 가장 중요한 점으로 8·15 이후 지식인들의 각종 이론과 주장은 비록 현실정치적 상황 때문에 진공화 내지 화석화된 채 밀폐된 박물관에 비공개로 사장되어 있으나 그 여러 쟁점이 오늘날에도 여전히 유효할 뿐만 아니라 절실하며, 그 논의나 이론의 수준에서 오히려 오늘을 능가하는 부분도 있기에 충분히 발굴 재평가되어야 한다고 생각한다. 요즘 급격히 뜨거워지고 있는 민중주체사관에 의한 현대사의 조명이 새로운 이론이나 주장에 너무 열중하고 있지 않나 하는 반성과 아울러 이미 우리보다 한 세대 앞선 지식인들이 한번씩 다 거친 고뇌를 우리가 미처 알지도 못한 채 역사의 원점에서 방황하는 상황을 극복하기 위해서도 이 작업은 필요하다. 요컨대 8·15 직후의 지식인들이 전개했던 이론과 주장은 우리 민족 근대사 이래 가장 높은 강도의 현실대응책으로부터 극한 대립과 실천을 통한 이론의 전개라는 점에서 분단극복을 위한 역사적 원점이 될 것이다.

마지막으로 전환기를 살고 있는 지식인의 역사적 임무와 기능에 대한 간접적인 해답을 구하는 데도 얼마간의 도움을 줄 수 있다고 본다.

이런 몇 가지 까닭으로 시도하는 이 글은 우선 문제 접근방법에서 지식인들을 도식적으로 이념에서 좌우익 내지 정당·정파적 소속감에 따른 어용이나 앞잡이로 보는 편견을 탈피하고 지식인계층의 독자적인 존립가치를 인정하여 그들의 이론과 주장을 객관적으로 소개 분석코자 한다. 물론 이런 방법엔 문제가 있다. 8·15 이후의 지식인이란 자의든 타의든 직간접적으로 거의가 어떤 정파에 속해 있었고, 설사 초월적 위치에 있었다 할지라도 결과론적으로 보면 그 어떤 정파나 지도자의 이익에 도움을 주었거나 아니면 반대로 해를 끼칠 수밖에 없었던 게 사실이다.

이런 지식인과 정치의 밀월기간을 다루면서 구태여 지식인계층의 독자성을 가설로 인정하여 별개로 다루려는 것은 그렇게 하는 것이 역사를 좀 더 객관적으로 평가할 수 있는 계기가 되기 때문이다. 예컨대 신탁통치 문제만 하더라도 좌익은 찬탁, 우익은 반탁 하는 식의 도식적 분류로는 진정한 지식인들의 입장이나 주장, 자세를 알 수 없게 된다. 좌경 지식인 중에도 반탁자가 많았고, 우익 중에도 반탁에 맹종하지 않은 지식인이 있었다는 사실을 객관적으로 밝힐 수 있는 방법은 결국 지식인에 대한 교조적 이념의 현실정치에 따른 패가름이 아니라 얼마나 역사적 진실에 접근하려고 노력했는가를 추적하는 방법으로만 가능하다.

따라서 이 글은 지식인의 당대적 현실정치·정파에 기여한 업적이나 그 정파의 주장을 양심의 갈등 속에서 억지논리로 전개한 글보다도 지식인 개인의 독립적 존재로서 자신의 신념을 밝힌 글들을 주된 연구대상으로 한다. 이러한 이유에서 정치지도자들은 이 글에서 논외로 하며, 단 어느 정당·정파에 가담했더라도 그 정파의 성격에 관계없이 민족·민중사적 시각에서 진실을 추구했던 지식인을 논의의 대상으로 삼았다. 그 이유는, 흔히들 지식인의 경우라면 불편부당·중도·무색무취가 올바른 역사적 대응자세인 양 이해하고 있으나, 8·15 이후의 상황을 보면 중도가 오히려 역사를 그르친 예나 특정 정당이 차라리 중도보다 더 민족사의 바른 노선을 예시했던 사실을 볼 수 있고, 지식인의 정당활동도 경우에 따라서는 중요한 민족·민중사적 업적으로 평가할 수 있기 때문이다.

물론 지식인의 이런 기능에 대한 객관적인 평가를 위해서는, ① 당시 우리 민족과 국가가 역사적 당위성을 가지고 나아갔어야 했던 방향을 얼마나 정확히 조준했나, ② 이 민족사적 진로의 당위성과 강대국 및 정치지도자들의 숨은 의도와의 편차는 무엇이며, 어느 노선이 그 진리의 근사치에 가까웠던가, ③ 옳은 노선을 위하여 무엇을 주장했으며, 그릇된 노선에 대하여 어떤 자세로 비판했는가, ④ 그런 지식활동을 통한 비판에 의힌 결괴 및 그 후 우리 민족사가 겪은(또는 지금 겪고 있는) 여러 가지 고난에 대한 책임의 한계는 무엇인가 등이 밝혀져야만 할 것이다.

그러나 여기서는 다만 해방 직후 글로 나타난 지식인들의 주장과 여러 이론이 지닌 민족·민중사적 의미를 간략히 살피는 데 그친다. 거듭 말하지만 그 지식인의 정파적 선입견은 일체 무시하며, 다만 주창된 이론이 얼마나 당시의 우리 상황에서 민족사의 진로에 진보적이고 성실했느냐만 문제삼기로 한다. 어떤 주장을 이념적 양분화로 가치를 전단해버리는 풍조에서 벗어나 8·15 직후의 우리 상황 그대로를 재생시켜 당시적 평가기준에 따라 점검해보고자 하는 것이 이 글의 목적의 하나이기 때문이다.

2 지식인계층의 구성과 기능

그러면 막연히 8·15 이후 지식인들의 주장을 다룬다는 데서 한 걸음 나아가 '지식인'이란 무엇이며, 항시 우리 사회에서 지식인이란 어떤 위치에 있었는가를 살펴보자.

당시 지식인에 대한 개념 해석은 다분히 진보적인 입장에서 이루어졌다. 즉 '인텔리겐치아'를 지식인과 같은 의미로 보고 해석한 대표적인 예로 이석태는 "독특한 계급이 아니라, 한 개의 중간층"으로 "과학자, 기술자, 예술가, 관리, 회사원, 교원, 기자, 저술가 등"[1]이라 보았으며, 김윤은

"엄밀히 말하자면 일개의 계급이 아니다"[2]고 풀이했다. 정진석은 "인텔리겐치아는 자기의 지식 기타의 두뇌적 재능으로써 생계의 길을 얻는 사회군(社會群)"으로 "다른 사회군과 다른 점은 그가 가진 지식과 재능이라는 정신적·두뇌적 노동력을 가진 점"[3]이라고 규정했다.

이 일련의 개념규정은 전환기사회에서의 지식인의 역할이 크다는 것을 간접적으로 강조하는 경향이 있는데, 이런 사실은 당시 한국사회의 계급구조를 보면 더 한층 명백해진다. 안지홍은 당시 2,600만 인구 중 자본가 약 1퍼센트, 지주 2퍼센트, 노동자 10퍼센트, 이를 제외한 모든 계층을 소자산계급으로 보면서 지식인이란 이른바 소자산계급에 토대를 둔다고 풀이했다.[4]

배성룡은 좀더 구체적으로 당시의 계급구조를 "8·15 직전의 숫자에 의하면 공장 및 수공업노동자가 약 40만이요 또 광산 및 토목관계의 자유노동의 성질을 가진 유랑 및 분산노동자가 약 50만이었다. 차외에 국외에서 8·15 이후에 귀환한 공장노동자가 10만 정도인데 지금 그 대부분이 유휴 또는 반실업상태에 있다"면서 "진보적 인텔리가 수천 명", 지주, 자본가가 "도합 20만"이라고 분석했다.[5]

이런 사회계급 전반에 걸친 구성요소 중 지식인계급의 구체적 형성에 대해서는 김일철이 "전문학교 정도 이상을 졸업한 조선인이 약 3만"에다 중등학교 정도의 교육을 이수한 자는 "전문학교 출신의 10배 이상, 즉 50만 이상"으로 잡았다.[6]

지식인계층을 규명하는 데 왜 이렇게 사회적 계층 전반을 살피느냐는 반론에 대해서는 충분한 이유가 있다. 즉, 위에서 본 것처럼 그 수치나 계층, 해석방법은 조금 다르나 어느 논자나 다 지식인이란 소자산계급을 토대로 하여 형성되었다는 관점에는 일치함을 볼 수 있다. 그리고 "자본주의하에서는 소자산계급은 과도적 계급"으로 이를 토대로 한 지식계급 역시 "봉건시대에는 기본적 계급이었지만 자본주의의 발달과 함께 농공업 부르주아 혹은 농공업 노동자로 부단히 분해되는 '소멸하고 있는 계급'이다. 그러므로 그들은 독자적 이해관계를 가진 독립적 계급을 형성하지 못하고 양대 대극인 노동계급과 자본가계급 간을 방황하며 그 일방에 가담함으로써 자기들의 이익을 옹호하게 되는 것이다"[7]고 하는 주장에서 보듯이 사회적 계급구성에서 이미 지식인의 사명의 한계가 나타나기 때문이다.

계급구조상 소자산계급의 토대에 선다는 지식인들이, 당시 사회구성에서 절대다수를 차지하고 있는 것으로 풀이된 위와 같은 소자산계급이 곧 건국의 주역이 되어야 한다는 논리로 비약하게 되며, 이는 또 지난날의 민족혁명의 주역도 소자산계급이었다는 억지에까지 이른다.[8] 그뿐만 아니라 "사상경향으로 보면 중등 정도 이상의 학교를 졸업한 자는 대개 중류 이상 가정의 자제이기 때문에 유교적이나 기독교적이나 불교적 인생관을 가졌다고 볼 것이요, 정치에 대해서는 일인의 예외도 없이 민족주의·민주주의적이다. 즉 민족 독립의 민주공화국이 그들의 이상이다"고 하면서 "안창호나 이승만이나 김구나 다 이 주의의 인물"[9]이라고 했다.

이런 보수적인 견해에 따른 지식인의 기능적 한계에 대한 논의는 당시 매우 팽배했다. "그들은 정치 이상 및 정세파악에서 하등의 확호한 견해의 주인공이 되지 못한다. 오직 사대적·종파적 분열진영의 양극단을 괘종의 추와 같이 이 극단에서 저 극단으로 좌왕우왕할 뿐이요 이 좌우 싸움에 간여하지 않는 일반 대중 및 양심적인 인텔리들은 동족상잔의 파쟁에 진저리가 나서 일체의 정치적 관심을 상실하고 방관 또는 잠재세력으로 현(顯)세력화를 거부한다"[10]는 주장에서처럼 이미 지식인은 내시처럼 온순해진 것으로 규명된다. 따라서 "인텔리층이 실천적인 혁신운동의 첨두에 설 수 있다고 보는 것은 망발일 것"이라면서 마찬가지로 "노동자·농민이 능동적인 혁명적 추진세력으로 등장하기"도 부족[11]하다고 판단했다.

이런 일련의 지식인의 기능에 대한 자조론 내지 허무주의적 경향은 그 근본적인 논리의 기반이 약간 다르긴 하지만 보수적인 김일철이나 중도적인 배성룡, 또는 사회주의적 견해에 섰던 정진석의 경우 모두 같은 관점임을 부인할 수 없다. 다만 정진석은 당시 지식인의 속성을 객관적으로 분석하여 "그들이 현재 가지고 있는 지위에서 그 지성과 양심을 통하여 그 이상과 이론을 통하여 정치적 이념의 재건을 추진하는 역사적 임무"[12]를 강조했는데 이런 식의 당위론적 지식인의 임무 이론은 이밖에도 신남철[13]이나 김동석[14] 등에게서도 찾아볼 수 있다.

이상에서 보듯이 소자산계급의 토대 위에서 기회주의적 속성이 강한 지식인계급은 8·15 이후의 사회적 격변을 살면서 다음 몇 가지 특성을 나타냈음을 지적할 수 있다.

첫째, 자의건 타의건 정치세력에 휩쓸리게 된 예가 많았다. 이를 초월하고자 하는 언론인 등이 있었으나 결과적으로는 어느 한쪽에 예속될 수밖에 없었다.

둘째, 기회주의적 속성이 가장 잘 나타난 시기가 바로 8·15 이후의 급변기였다. 거의 모두가 좌파적 논리를 한번쯤은 전개한 흔적이 있으며, 1948년 이후에는 극우파의 논리에 순응하게 된다.

셋째, 지식인의 기능의 한계는 명백했다. 즉 여론형성으로 중간층 집단을 이룩할 수 없었기 때문에 그들은 고작해야 양심선언적 의미를 지닌 기록만 남겼을 뿐, 지도자나 강대국은 지식인의 논리 따위는 거들떠보지도 않았다.

넷째, 그럼에도 당시 지식인들은 민주적 고뇌와 이상을 가장 절실하게 표현 대변해주었으며, 특히 민중적 역사관을 체득한 지식인에 의한 이론은 매우 고귀한 민족정신사의 한 부분이 될 수 있다.

다섯째, 자신의 이상을 비교적 자유롭게 개진할 수 있었던 시대의 한 전형을 보여준다.

여섯째, 분단고착화 이후의 냉전과 지식인 기능의 말소화 풍조는 민족적 허무주의, 권력지향적 풍조, 어용, 현실순응주의의 기풍을 일방적으로 강요하는 지적 상황을 낳았다.

이상의 특성에서 보듯이 8·15 이후에 나타난 지식인들의 계급적 한계성과 그 이후의 정치풍토는 우리에게 분단시대의 극복을 위한 어떤 노력도 결코 용이하지 않음을 암시하는 것이기도 하다.

그러나 이런 한계성 속에서도 당시 지식인들은 민족적 과업을 양심껏 수행하기 위하여 온갖 논리를 전개했는데, 우선 그 무렵의 역사인식과 정치제도에 대한 논의를 살펴보기로 하자. 단, 이 글은 지식인계급의 현실인식이 어떻게 전개되었는가에 초점을 맞추기 위하여 당시 발간된 저서나 문필활동을 중심으로 하여 논의하기로 한다. 또 논의의 수준이나 방법 역시 오늘의 관점이 아닌 8·15 직후의 쟁점에 따랐다. 요컨대 우리 자신의 이론적 성숙이 어느 정도 역사를 움직이는 데 작용했는가를 알아보고자 하는 것이다.

3 이념과 역사인식의 자세

민족독립·민주국가 건설을 향하여 "기차는 가자고 기적을 울려놓았으되 아직 물도 끓지 않고 나아갈 궤도에는 온갖 장애물이 가로놓여 있으며 각 차량은 연결도 되지 않아"[15] 혼란만 거듭하는 상황을 지식인들은 어떤 형태의 국가를 만들 것인가를 자유롭게 구상할 수 있는 개척시대로 활용했다. 물론 기존 우선권에 의한 세력이 없는 것은 아니었다. 콘데는 당시 한국의 유력한 세력으로 ① 경제적·정치적·군사적 목적을 가진 미국, ② 정치권력 획득을 노리는 이승만과 그를 지지하는 지주 및 협력자층, ③ 민주적 사회주의자의 열망을 실현시키고자 하는 압도적 다수를 대표하는 인민공화국, ④ 잔존하는 일본 세력·산업·제도에 의거하는 권력으로 나누었다.[16]

그러나 정작 당시 지식인들은 거의가 어떤 선입견에 의한 기존 특권세력을 인정하려 하지 않고 순수하게 민족의 독립과 국민복지 국가를 세우기 위한 독특한 이념을 창안하기에 전념했다. 우선 "독립을 연합국의 호의에 바랄 수도 없다"고 보면서 "남의 선물로 받는다는 일은 독립의 개념 자체에 모순되는 일"이라면서 "조선인 자신이 이루지 못하는 독립을 남이 어떻게 하여줄 수 있을 것인가"[17]고 되묻는다. 독립과 해방이 일치하지 않는다는 논리가 이미 성립된 상황 아래서 당시 지식인들이 가장 뜨겁게 전개했던 논리 가운데 하나가 이른바 이념적 중립화론이다.

만약 토지개혁과 주요 기업의 국유를 주장하는 것이 좌익이라면 조선사람은 전부가 좌익이요, 민족해방과 완전 독립을 갈망하는 것이 우익이라면 조선사람은 전부가 우익일 것이다. 조선의 소련방화 거부를 우익이라면 우리는 모두 우익이어야 할 것이고 조선의 미국 식민지의 배격을 좌익이라면 우리는 모두 좌익일 것이다. 그렇다면 우리의 좌우익은 어떠한 근거에 입각한 것인가?[18]

이런 논리에 나타난 주장은 독립·민중국가 건설을 앞둔 민족이 어떻게 이념적 차이를 구실로 적대시할 수 있느냐는 자세가 엿보이며, 이는 다시 "자기의 주장에 반대하는 일체의 존재를 적색 공산주의로 규정하는 착각증"[19]을 비판하는 것으로 승화한다. 좌우익이란 이론적 차이를 부각시켜 '반공'을 집권수단으로 삼으려는 이념적 경직화현상에 대하여 배성룡은 소위 '민족주의' 진영에 대한 명칭의 과오를 지적한다. 즉 그는 민족주의와 공산주의는 대립개념으로 될 수 없다면서 '민족해방'을 위해서는 하나가 되어야 하며, 이것이 좌우익 정당의 명칭을 암시하는 대명사로 쓰이는 것을 비판한다.[20]

외견상 단순한 술어를 신경질적으로 따지는 느낌이나 이런 주장은 당시 매우 중요한 의의를 갖는 것으로 보인다. 왜냐하면 이 술어 뒤엔 바로 이념에 의한 민족분열을 거부함과 동시에 미·소 강대국에 의한 민족 운명의 농단을 거부하는 자세까지 포함되기 때문이다.

미·소는 조선의 미·소가 아니라 미·소의 미·소인 것처럼 조선은 미·소의 조선이 아니라, 조선의 조선입니다. 미·소가 미·소로서의 존재 이유가 있다 하면 똑같은 논리로 조선은 조선으로서의 존재 이유가 있을 것입니다. ……구체적으로 지적하면 우리는 흑철 같은 일의(一意) 독재의 소련적 민주방식도 원치 않거니와 명색 좋은 자본독재의 미국적 민주방식도 원치 않는 것입니다. ……우리는 차라리 '미·소적 방식의 교차점'에서 새로운 조화의 '합일점'으로 나가야 할 것으로 믿습니다. 민주정치와 민주경제는 표리가 되어야 하겠고 내외가 되어야 하겠읍니다. 여기에 우리의 독자적 문화——생활양식이 기조가 되어야 할 것은 말할 것도 없는 일입니다.[21]

이건혁은 여기서 한 걸음 더 나아가 세계사적 조류인 각종 주의를 떠나 "자유스러운 입장에서 우리나라는 이러한 나라가 되어야 하겠고 우리는 이렇게 살아야 하겠다는 점을 이 주의 저 주의에 구애됨이 없이" 선택적으로 수용하는 입장에 선다. 따라서 그는 "소련과 친하여 소련식 경제를 그대로 옮길 것도 없는 동시에 미국과 친하여 미국식 경제를 모방할 필요도 없다. 직역적 경제·국책의 이행(移行)은 조선의 실정에 맞지 않을 뿐 아니라 그렇게 할 아무 필요도 없다"[22]고 주장했다.

"미국의 자유도, 소련의 자유도 모두가 조선의 자유는 아니다"[23]는 인식이 일반적이었던 당시 지식인들에게 좌우사상의 지양과 융합[24]이나, 민주·공산의 이념 대결은 염려할 바 없다[25]는 등의 논리는 매우 심정적 차원에 머물러 있었다. 따라서 정세 파악에서도 "해방은 독립의 기회를 지어 주었을 뿐"[26]이고, 그 독립의 방해자가 도리어 조선인이라는 자성론[27]은 급기야 지식인들을 도덕·윤리적 구국(求國)의 길로 이끌어갔다.

즉 신정언, 송종익,[28] 안영섭,[29] 설의식[30] 등은 국민정신적 개조의 측면을 강조했다. 그뿐만 아니라 설의식은 새 국호까지를 '새한'으로 할 것을 주장하는 등,[31] 건국에 대한 구상에 지식인들이 적극 발언했다. 그러나 이런 이념의 초월·대립·해소를 위한 발언은 '중간파'라는 술어를 낳게 되었고, 이는 다시 8·15 직후와는 달리 차츰 좌우의 사상적 대립의 경직화현상 속에서 '기회주의자'로 낙인찍히기 시작했다. 일제하에 언론계로부터 추방당했다가 8·15 후 복귀, 맹활약을 했던 오기영의 경우는 아버지는 우익, 아우는 좌익으로 활동하나 그가 보기엔 다 잘못이어서 '중도'를 선언했으나 기회주의자로 몰렸으며, 그러자 스스로 '자유주의자'임을 자처했는데, 아마 8·15 후 그 많은 주의자 속에서 자유주의를 내세운 것은 그가 선구인 것 같다. 그뿐만 아니라 좌우익을 다 공격하며 민족적 소망을 간절히 호소하던 그를 좌우익 모두가 공격했음은 물론, 끝내는 테러까지 당했던 사실은 우리나라에서의 자유주의의 운명의 앞날을 예시해준 비극의 하나였다.

"사상은 두 가지가 있으나 조국은 하나뿐이다"는 유명한 명제를 내건 『민족의 비원』[32]은 분단국가 형성을 저지하려는 이 땅의 지식인의 마지막 절규로 높이 평가되어야 할 것이다.

이념의 융화와 민족화합의 세력이 지식인의 주류를 이루고 있었을 때도 아시아의 모범이 될 반공정부 수립에 대한 이념적 뒷받침을 해준 지식인도 있었다. 트루먼의 그리스·터키 원조 연설을 반공의지의 표현으로 수용한 김준연은 '독립노선'이란 송진우-이승만 노선이며, 어떤 좌우합작도 불가하다고 강경론을 전개했다.[33] 이런 이념적 경직화와 상대편 전면부인 논리는 함상훈에게도 그대로 이어진다.[34]

한편 김삼규는 '좌익' 규정에서 당원만이 진짜 좌익이며, 진보적 민주주의자는 온건파로 이를 배척해선 안 된다는 입장을 취했다.[35]

이상 당시 지식인들의 이념적 내지 역사적 접근자세를 보면 새 역사 앞에서 민족화합에 그 초점을 둠으로써 좌우익에 대한 극한대립은 의식적으로 억제 혹은 자제해왔다. 이를 표면화·격화시켜 극한대립으로 끌어간 것은 물론 정치현실적 대립 때문이겠으나 결과적으로 보면 지식인의 책임이라고 할 수밖에 없을 것이다.

4 정치체제에 대한 견해

소자산계급을 토대로 한 중도 지식인에 의한 이념적 화합과 포용이론은 당연히 그 정치제도에서는 민주주의가 주창된다. 그러나 민주주의란 어휘만큼 다양하게 해석된 예도 해방 이후 우리 사회에서 찾아보기 어렵다. 당시의 정치학적 수준이나 논의 대상은 이 글의 고찰 대상이 아니기에 접어두고 다만 지식인 사이에서 야기되었던 민주주의 논쟁을 살펴보기로 한다.

8·15 이후 조선의 사회적 여건이 민주주의를 요구한다는 주장은 좌우파를 가릴 것 없이 모두 일치했다. 다만 몇몇 예외가 있는데, 공산당장안파의 "이제부터는 사회주의 혁명과업을 내세워야 한다"[36)]는 급진이론, 이돈화의 민족·자주·공산 정책을 동시에 추구해야 한다는 주장,[37)] 그리고 김삼규의 민족사회주의,[38)] 또 최재희가 발전적 자유주의 혹은 사회주의를 표방한 것[39)] 등을 들 수 있다.

물론 당시의 각종 정치학 관계 서적의 보급과 번역판은 정치학적 수준이 아주 낙후한 것은 아니었음을 말해주나 정치체제에 대한 글을 통해서 볼 때 이 몇몇을 제외하곤 거의가 '민주주의'란 단어의 앞뒤에 어떤 수식어를 붙인 것으로 주장을 대신하고 있음을 본다. 가장 소박한 민주주의 원론은 정지용이 당시 세태를 "민주주의가 민주주의와 싸운다"[40)]고 한 데서 느낄 수 있다. 실로 모든 지식인이 정치평론가를 대신하던 시대라 모두가 민주주의에 대하여 한마디 했는데 그 내용은 오늘날 보면 너무 진부하다. 특징 있는 이론을 소개하면 다음과 같다.

먼저 가장 논리성을 띤 백남운의 "연합성 민주주의"[41)]는 다른 글에서 다뤄지기 때문에 여기서는 생략한다. 다만 이 글에 대하여 이기수가 반론을 폈고,[42)] 신영만은 백남운의 민족주의 정치이념 비판에 동조했다는[43)] 것만 부기해둔다.

그다음 '신민주주의'론이 안재홍, 엄우룡 등에 의하여 제창되었는데, 둘 다 국민당의 정치이론을 되풀이한 것에 지나지 않는다.[44)] 이 주장은 좌 측의 독재·개성 무시, 사유재산 세습제 무시에 반대하는 한편, 우익 측의 지주·자본재벌 특권도 배격한다는 것이다. 계급투쟁을 지양하는 계급화합 국가로서 극우파의 취약점을 수정한 것이 '순정(純正) 우익'이며, 그 영구성을 지닌 것이 민족주의 노선이라고 한다. 역시 둘 다 정치이론으로까지 승화되지 않은 심경고백적 주장들이다.

배성룡에 의하여 제기된 '신형 민주주의'는 프롤레타리아가 아직 혁명의식화된 단계가 아니고, 그렇다고 자본가 중심의 민주주의는 할 수 없으며, 게다가 강대국에 의하여 민족주체성이 위협받고 있기 때문에 단계적으로 우선 실시해야 될 정치체제로 주창된 것이다. 그는 전공이 경제학이기 때문에 계층분석에서 소자산계급이 당분간 과도기를 담당한다고 보며, 특히 이 기간에 어느 특정계급이 혁명을 독점할 수는 없다고 보기 때문에 이를 '신형'이라고 규정했다.[45]

안지홍의 '진정민주주의'는 그 명칭 자체가 당시 얼마나 가짜로 보이는 민주주의가 많았던가를 암시하는 것으로, 소부르주아 계층에 기반을 둔 민주주의 이론의 최고 정상을 이룰 수 있는 주장이다. 그는 우선 크렘린 노선을 비판하면서 진정민주주의의 담당계층은 소자산계급이라고 단언한다. 이유인즉 당시 상황에서 자산계급은 세력화 단계의 입구에 와 있기에 아직 혁명역량이 없다는 것이며, 노동계급 역시 계급의식이 유년기에 처해 있을 정도며 농민과의 연대도 안 되고 새 조선 건설의 중핵계급으로 되기엔 여러 어려움이 따른다는 주장이다. 결국 혁명계급의 중핵을 소자산계급이라고 본 안지홍은 과거 혁명운동에서도 소자산계급이 주역이었고, 특히 과도기의 좌우익 이념을 비판적으로 수용할 수 있기 때문에 이 계층은 진정한 민주주의 세력이라고 했다. 이 진정민주주의야말로 그에 따르면 "신민주주의, 인민민주주의, 진보적 민주주의"와 서로 통하는 것이라는 주장까지 곁들였다.[46]

안지홍은 진정민주주의 이론을 세계 정치로까지 확대시켜서 '국제 제3세력의 전망'이란 항목에서는 제2차 세계대전 이전의 세계를 ① 사회주의, ② 자본주의, ③ 후진자본주의로 나누어 설명하면서, 진정한 민주주의가 이룩되지 못한 ③의 나라들은 종속국으로 자주성을 잃는다고 예견한다. 그뿐만 아니라 그는 중공정부의 수립까지 예견하면서 중공이 제3세계적이라는 평가까지 내리는데, 그는 모택동의 신민주주의를 소자산계급 위주의 혁명으로 풀이한다. 이런 제3세계 이론을 바탕으로 그는 분단의 극복까지도 '진정민주주의'론, 즉 소자산계급에 의한 통일론까지로 비약한다.[47] 그의 『진정민주주의론』은 이 시기에 나온 저서 중 비교적 사회주의 및 자본주의 이론에 정통한 것으로 평가된다.

이밖에 백의인은 '자유민주주의'란 어휘를 사용했는데,[48] 이를 공동체적 민주주의와 대비시켜 설명했다.

한편 『이즈베스티야』지에 실린 스폴렌스키의 논문에서는 '민족적 민주주의' 정체가 당시에 주창되었다고 하나,[49] 이에 관한 이론적 근거는 찾기 어렵다. 다만 민족독립과 민주주의를 함께 요구한 당시의 상황이 이런 술어를 가능하게 하지 않았을까 싶다.

마지막으로 이석보는 '자본민주주의'란 술어를 사용하나,[50] 이는 그 개념풀이로 볼 때 당시 가장 빈번하게 사용된 부르주아민주주의와 같은 것으로 볼 수 있다.

민주주의에 대한 많은 논란 속에서 정작 '민족진영' 측에서는 '반공'에만 열을 올렸지 민주주의 자체의 심화를 위한 이론적 천착이 매우 부족한 것은 무척 대조적인 현상이다. 함상훈은 좌우합작을 못할 정도의 폭좁은 민주·공산의 각 정당이라면 대중의 비판을 받아 마땅하다고 했으나,[51] 이는 좌익 측에 수정노선을 강요한 것에 지나지 않으며 민주주의 그 자체에 대한 이론적 심화를 이룩한 것은 아니었다. 세칭 '민족진영'에서 민주주의에 깊은 관심을 쏟기 시작한 것은 오히려 분단고착화 이후 단독정부가 수립되면서부터였으니, 그 이전에는 좌익 측에서 맹렬히 주장했던 '부르주아민주주의'론에 대하여 이론적 대결보다는 '반공'이라는 심정적 기피증에 열을 올렸다고 보인다.

단독정부 수립 이후에 와서 실시된 한 설문조사에서 염상섭은 "민주주의가 좋으냐고 물을 것이 아니라 우리에게 적합한 민주주의와 현실의 민도에 알맞은 민주사상"의 실천을 주장하는데 이런 태도는 김광섭이 "오늘 우리는 민주주의 계몽기에 있다"면서 "방종"을 경계하는 것과 마찬가지로 이미 분단현실의 상황을 인식하고 은연중 자유에 대한 보수주의자의 경각심 같은 것을 느낄 수 있어 그뒤 우리 사회가 직면했던 여러 문제—독재나 불평등 경제 등—의 반복을 예시하는 것처럼 되고 있다. 조연현 역시 "질에 입각하지 않고 수량에 의존되고 있다는 점에 회의"를 느낀다면서 "무지의 편견이 다수의 세력"으로 제압하는 것을 경계한다.[52] 이 일련의 민주주의 인식도에 따르면 당시 단독정부 수립 이후의 지식인들이 '민주'라는 이름 아래의 독재도 한국적 특수성 때문에 어쩔 수 없다는 자세였음을 간파할 수 있다. 그리고 이 무렵에 이르면 이미 논의가 무성하던 각종 민주주의 이론은 자취를 감추고 만다. 중도론적 민주주의는 사라지고 극우파적 민주주의론이 대두하기 시작한 것이다.

5 부르주아민주주의론

민주주의에 대한 온갖 수식어가 붙은 주의·주장에도 불구하고 그 기본 이념은 당시 논의된 바로는 부르주아민주주의와 프롤레타리아민주주의의 두 가지였다. 그리고 민주주의의 구성요인으로는 만민공생, 불안과 공포 없는 나라, 침략 않는 나라, 자급자족하는 빚 없는 나라로 토지의 농민소유, 노동자해방, 중요산업의 국유화 등[53]이나, '착취 없는 나라 독재 없는 나라'[54]로 요약된다. 이와 같은 민주주의, 즉 진짜 민주주의가 어느 쪽이냐는 논쟁에서 기선을 잡고자 나선 것은 사회주의 진영으로, 그들은 당시 정세를 "반민주주의적 세력을 대변하는 일부 정당과 반제·반봉건적 민족투쟁을 부절히 전개하며 조선의 민주주의적 자유와 발전을 위하여 노력하는 진정한 민주주의 정당"의 대결로 풀이한다.[55] 좌우 대립이나 민주·공산 대립이 아닌 진정민주주의와 반민주주의의 대립이라는 논리로 몰아간 사회주의 이론가들은 거의 예외 없이 당시 조선의 상황이 부르주아민주주의의 건설단계라는 이론의 합리성 전파에 전력을 다했다.

남로당의 '현정세와 우리의 임무'에 기초한 부르주아민주주의론[56]은 당시 정치이론적 측면에서만 볼 때는 매우 논리적인 것이었다. 우선 김창한은 제2차 세계대전의 성격규명에서 제국주의 이론 및 그 종국으로서의 파시즘론을 들어 앞으로 우리의 과제 또한 민주 대 반민주의 싸움이라면서 항간에서 흔히 말하는 "우익도 나쁘고 좌익도 나쁘다"는 중성화 이론을 비판한다.[57]

이극로는 고대 이래 우리 민족성 자체가 민주적이었음을 논증하며,[58]

윤규섭은 민족해방 투쟁과 토지혁명이 당시 부르주아혁명의 기본내용이라고 주장한다.[59] 이어 그는 이 목적을 위하여 통일전선을 구축해야 하며, 여기에서 민족반역자의 배제를 강력히 주장한다. 김동석 역시 "부르주아 데모크라시"에 동조하면서 "자유 평등 박애"가 그 기본정신이며 이의 실현을 위해서는 사대주의, 국수주의, 반민주주의와 투쟁해야 된다고 역설한다.[60]

그러나 당시 부르주아민주주의에 대한 가장 깊은 이론적 천착은 당대의 정상급 이론가였던 박치우, 신남철, 김오성 등에 의하여 역사적 맥락이 이어진다.

박치우는 평론집에서 신생 조선의 과제를 "전체주의와 민주주의의 대결"로 보고 그리스시대 이후 제2차 세계대전까지의 각종 민주주의를 섭렵한다. 이어 근대민주주의를 시민적 민주주의, 즉 부르주아민주주의라고 풀이한 그는 '금'(金)주주의화에 대해 경고하면서 다음과 같이 말한다.

> 민주주의라는 것이 자기 자신의 주의와 주장에 철저하려면 이른바 부르주아민주주의에 주저앉지 말고, 다수자인 근로인의 현실적인 1 대 1의 요구를 강력히 보증할 수 있는 근로인민주주의에까지 자신을 진전시키지 않으면 안 되며, 또 당연히 그렇게 되고야 말 이유가 여기에 있다. 이것을 예측 내지 각오할 줄 모르는 민주주의가 있다면 그것은 벌써 민주주의가 아니라 금(金)주주의나 물(物)주주의 혹은 지(地)주주의 이외의 아무것도 아닐 것이다.[61]

이어 그는 전공으로서의 철학 지식을 바탕삼아 민주주의의 사상사적 내지 논리적 근거를 천착한 후 해방 직후 한국적 상황에 대하여, 첫째 "식민지 내지 반(半)식민지의 피압박 민족이 그들의 압제자의 손아귀에서 해방될 때 이들의 대부분이 국수주의적 방향으로 달리기 쉽다는 것"과, 둘째 "폭력에 의한 파쇼적 해결에 귀착되기가 10중 8, 9라는 사실"을 경고했다. 계속해서 그는 당시 조선의 지적 수준으로는 미래의 파시스트가 민주주의의 허울을 쓰고 있어도 식별하기 어렵다는 이론을 펴면서 파시스트의 궁극적인 적을 합리주의로 보고 이를 무시한 배타성 정치철학을 비판했다. 물론 이런 주장의 결론으로 그는 "누구를 위해서 싸우려는가? 열쇠의 전부는 여기 달린 것이다" 하면서 중간노선을 강력히 부인했다.

신남철은 당면현실적 과제를 부르주아민주주의라고 보면서도 '진보적 민주주의 혁명단계'라는 술어를 사용한다. 이 진보적 민주주의는 그에 의하면 융통성 있는 전술적 굴신성, 인간적 기미에 대한 슬기로운 이해, 사상적인 보편적 교양의 부족 때문에 풍부한 성과를 거두지 못하고 있다고 자성한다. 여기서 재래식 부르주아민주주의는 혁명적 성질에 반하여 타락하는 방향으로 나가거나, 아니면 좌익소아병 노선으로 흐를 위험을 경고하면서 '부르주아민주주의'라는 말은 그 어의에서 오해를 초래할 소지가 있기에 '진보적 민주주의 혁명단계'라는 것이 더 적절하다고 주장한다. 따라서 이 개념은 18세기의 혁명적 임무를 수행한 민주이념의 일면을 가짐과 동시에 그 이후 지주·자본가의 독재로 타락해버린 민주주의와는 인연이 없다고 못박았다.

> 그러므로 우리가 지금 말하는 민주주의는 말하자면 '신민주주의'다. 새로운 의미가 부여된 민주주의다. 진보적 민주주의인 것이다. 그것은 모택동 씨가 1940년 2월 20일 연안 각계 헌정촉진회 성립대회에서 한 연설에 있는 바와 같이 '신민주주의적 정치 신민주주의적 헌정'이다. 그것은 진부한 과거의 구미류의 자산계급 전제의 소위 민주주의는 아니다. 그와 동시에 최신의 소련식의 프롤레타리아 전제의 민주정치도 아니다. 세계의 조류에 합하고 조선의 국정에 합한 신민주주의인 것이다.[62]

물론 여기서도 친일민족반역자에 대한 규제는 강조된다. 그러나 계급을 인정하면서도 계급에 대하여 화해적 요소를 지닌 이런 주장은 당시 '민전' 노선에 대한 포용적 이론 때문이라고 보인다. 또 이런 민주주의의 실현을 위하여 결코 사회주의의 단계에 이르려는 초조감을 보여서는 안 된다고도 주장한다. 신남철의 민주주의 주창 중 특색은 휴머니즘에 입각한 이론을 전개했다는 사실이다.

좌우를 물론하고 진보파나 완고파를 물론하고 만일 이러한 고매한 휴머니즘적 교양을 가진 강의(剛毅)한 지도자가 있었더라면 통일전선 문제는 벌써 해결되었을지도 모른다. 슬기로운 지혜와 높고 깊은 고전적 교양, 과학적 지식과 예술적 감수성에 낭만적 정신을 구비한 슬기로운 지도부와 지도자가 있었더라면 하는 생각이 간절하다.[63]

인문주의로 번역하는 이 술어의 개념을 그는 첫째 인간에 대한 자애로운 공감, 둘째 비이기적 사회적 정의감, 셋째 고전에 대한 교양을 들었는데, 이는 당시 공산주의가 곧 비교양과 비인간화처럼 인식된 상황 속에서 예상 밖의 주장이다.

인민당 내지 인민전선의 이론을 대표할 만한 위치였던 김오성은 부르주아민주주의 건설이라는 명제에는 동조하면서도 이를 중간계급의 혁명 주도 혹은 중간정당의 과업으로 해석했다.[64] 그는 토착자본계급이 주역이 되어야 할 부르주아혁명이 당시 조선적 상황으로는 부르주아가 성숙되지 않아서(성숙되었더라도 부르주아가 주동이 되면 전제화한다는 이론과 다르다) 중간계급이 나서야 한다는 입장을 취한다. 그러나 그 역시 남북한의 상호절충식 통일은 불가능하다고 못박으며 기본원칙에서 봉건청산, 토지개혁, 남녀평등, 일제잔재 청산 등의 선결요건을 들고 있다.[65]

다만 그도 부르주아민주주의의 허위성으로 그 종국은 결국 파시즘화한다는 논리를 전개한다. 따라서 파시즘화할 요소와 민주주의의 대결이 눈앞의 과제라고 본 점에서는 박치우와 궤를 함께한다. 그러나 김오성은 민족반역자를 제외한 모든 사람을 '인민'으로 규정하고 '인민전선'으로 뭉쳐 파시즘과 대항하여 싸워야 한다는 주장으로 일관하는데, 이것이 민주주의혁명으로 가는 바른 이론적 근거라고 했다.[66]

이상 당시 좌익 측 주장의 핵심이었던 부르주아민주주의의 모습을 간략히 소개했는데 그 이론은 사실상 이후 우리 역사에서 완전히 사장당한 채 남북한 어디서나 실현은커녕 언급조차 되지 않고 말았다는 아쉬움이 있다. 당시 우익 측에서 이런 민주주의 이론에 대항하여 시종 공산주의의 위장으로 공격했을 뿐 민주주의 이념의 토착화를 위하여 폭넓게 수용하지 못한 것은 우리 역사를 위하여 안타까운 일이다.

6 미군정에 대한 견해

8·15 직후 실시된 미군정에 대한 역사적 평가는 이 글의 노리는 바가 아니다. 여기선 다만 당시 지식인들이 해방군으로서의 미군정을 민족적 입장에서 어떻게 보았느냐 하는 개괄적인 생각의 흐름만 더듬어보기로 한다.
"불행한 국민에게 자비심 깊은 민주국인 미국에서 실시"[67]한 군정은 우선 미국을 비롯한 외국인의 눈에 어떻게 비쳤을까가 국내 지식인들의 선입관 결정에 많은 영향을 주었다. 에드거 스노는 당시 조선 상황을 "미군의 조선 진주에 관련된 현상 중 가장 중요한 것은 우리가 이 나라에서 혁명을 정지시켰다는 사실"이라고 지적했다. 이어 그는 당장 지방행정선거를 실시한다면 거의 모든 지역에서 인민공화국 세력이 승리할 것이 틀림없다는 언더우드 박사의 말을 인용하면서 친일파들이 언론기관을 장악하고 있는 점, 또 그들이 특정 정치인에게 재정적 후원을 하고 있는 사실, 토지개혁의 절실성 등을 주장했다. 뿐만 아니라 스노는 중국문제를 다룬 기자답게 조선에 대해서도 "소련에 의한 단독 점령도 우리나라가 두 개로 찢어지는 것보다는 좋다"는 한 노인의 말을 인용하면서 "조선은 러시아의 문턱에 앉아 있기 때문에 이 인인(隣人)은 방지할 수 있는 한 반공적인 정부가 이 나라에 수립되는 것을 용허하지 않을 것"이라고 결론내렸다.[68]
사실 무장해제를 위하여 왔다는 미·소 양군의 조선 주둔은 오히려 정치적 혼란을 야기시켰다고 보는 견해[69]가 많을 만큼 미군정에 대해서 긍정적인 측면보다 비판적인 관점이 우세했음은 숨길 수 없다. 그 비판의 시선은 극단적으로 "현재 시정(施政)은 조선인에게 대하여 극도로 불행과 절망을 주고 있다"[70]는 지경에서, "완전한 군대의 독재"로 "트루먼, 번스 외교정책은 세계가 분리된 세계질서의 방향으로 흘러가는 것을 포장하고 있다. 무력도 경제도 솟아오르는 아시아의 애국주의를 제지하지 못할 것이다"[71]는 충고에까지 이르고 있다.

그러나 이런 미국 내 양심적 지식인들의 관점과는 달리 한반도는 "우리(미국)가 도처에서 희망하는 종류의 문제해결을 지우는 시험장"[72]으로 변해, "조선을 소련에 위임하고 철퇴한다는 것은 생각할 수 없는 일"로 굳어져갔다.[73] 이런 미국의 한반도에 대한 미련은 그 합리화를 위해서 청교도적 명분을 구하게 되었는데, 이것이 미군 철군이 북한의 남하라는 비극을 초래할 것이라는 구실과 민주주의 실시의 주장[74]으로 나타난다. 그 민주주의의 내역에서는 "조선인민을 대표치 않는 정부에 의거한다는 것은 공산주의화를 저지할 수 없을 것"이라는 논리로 이어져 "공평한 토지개혁, 부일 협력자 숙청" 등을 주장하는 한편 곧 내란이 일어날 것까지 예견했다.[75] 그뿐만 아니라 이때 벌써 일본과의 "경제적 유대가 회복"되기를 바라는 역사적 전망까지 곁들이는가 하면,[76] 민주주의의 건설로 북한 공산정권을 도괴하여 한반도를 통일시킬 기대까지 가지고 있었다.[77]

이런 외부적 상황 아래서 국내 지식인들은 어떻게 대처했을까?

미군정청이 1946년 봄 실시한 여론조사에 따르더라도 응답자의 46퍼센트가 일제식민지시대보다 더 비참하다는 결론이 나와,[78] 그 지배수단으로 좌·우 온건합작을 시도하는 데까지 이른다.[79] 또 이 해 8월 실시된 여론조사에서는 다음과 같이 나타난다. 즉 "행복을 위하여 가장 중요한 것"은 정치적 자유(55퍼센트)이며, 찬성하는 정치형태는 대중대의정치(85퍼센트), 정치제도는 사회주의(70퍼센트), 헌법작성 시기는 전조선이 통일된 때(71퍼센트), 조선의 최고법은 조선인민이 통과시켜야한다는 것(80퍼센트) 등으로 나타났다.[80] 또 미군정이 잘했다고 생각하는 점에 기권한 사람이 98퍼센트나 된 사실[81]까지 참고한다면 당시의 상황 인식에 약간 도움이 될 것이다.

군정장관 아널드 소장이 1945년 10월 10일 '명령의 성질을 가진 요구'라는, 군정 이외의 어떤 정부도 부인하는 선언을 했을 때 인공 측의 반박은 차치하고라도 지식인 다수가 다음과 같은 의견을 개진했다.
　안재홍은 "허다한 야비한 문구"에 경고한다고 했으며, 이극로는 저열한 표현에 분개했으며, 김병로는 "사회의 공기인 소중한 우리 사회의 일반 신문을 가리켜서 우매 경솔 운운한 것은 잘못된 일"이라고, 임화, 이원조, 김법린, 안동혁, 임영빈, 조동식 등이 모두 비열한 표현에 분개했다. 단 김성수는 게재된 군정장관의 발표문을 읽지 못했다고 논평을 거부했고, 상당수의 보수진영에서는 인공에 대한 간접적인 비판의 말을 잊지 않고 있다. 말하자면 그런 비난을 들어 마땅하다는 식이었다.[82] 이런 추세 속에서 예견할 수 있는 것은 당연히 미군정에 대한 적극 지지세력이 대두할 수 있다는 것이며, 이내 이러한 점은 이론적으로 나타난다.[83]
　당시의 지적 분위기를 엿볼 수 있는 이야기로 정지용은 어느 고관이 자신에게 이화대학 문과장으로 있으면서 비교문학과 프롤레타리아 문학을 비교해서 가르쳐야지 유물론만 일방적으로 가르쳐선 안 된다는 충고를 들였던 삽화로 그때의 사태를 증언한다.[84]
　군정의 기정 사실화에서 『신천지』는 '군정에 대한 나의 진언'이란 특집을 계획, 지식인들의 대미군정 자세를 엿볼 수 있게 한다.[85] 염상섭은 「부문별 위원회 설치와 실질적 이양」이란 제목의 글에서 민족사적 시각보다 말단행정적 시정책과 정부이양, 부패추방 등을 요구했으며, 설의식은 "정면으로 시인할 수가 없는 심정"이라는 서두로부터 정치이념의 빈곤, 행정시책의 부동(浮動), 인적 구성의 불합리를 크게 비난했다. 그는 특히 군성이란 군인계급에 의한 정치로 학식이나 정치적 훈련과 무관한 계급 위주의 행정만능이기 때문에 갖은 오류가 있다고 하며, 영어 편중, 친일파 기용을 극력 비판했다. 또 치안유지를 명분으로 많은 사상·도의가 억압받는 사태가 있다고도 증언했다. 정오성은 「우리의 의혹을 풀게 하라」에서 일제 잔재의 미청산과 '반동진영'(반탁주장 세력을 가리킴)의 옹호에 대하여 주로 공격하면서 민생고 문제를 거론했다. 이갑섭은 「미군정에 대한 희망」

에서 경제문제, 문교·문화정책 인사문제 등을 언급하며 "개혁 대신에 질서를 존중"하는 입장을 비판했다.

안재홍은 오히려 미군정이나 소련 측에 대한 어떤 기대보다 민족 내부의 문제를 스스로 해결하고자 모색해야 된다는 논리로 일관하는데,[86] 이런 그의 태도는 시종 미국정책에 대한 비판을 억제하면서 좌우익의 싸움을 비난하는 글[87]에서도 읽을 수 있다. 그러나 이런 대미(對美) 유화론은 민족독립의식이 강했던 당시 지식인에게 그리 매력적인 것은 못 되어 매우 강력한 비판이 잇달았다. 홍종인은 군정의 본질에 대해서 이렇게 갈파한다.

> 양 군정(미·소)은 그 '민주주의 원칙'을 방패로 조선에서도 세계정책을 침투함에 초조한 듯하고 그 행정기술도 극히 능숙치 못한 것만은 단언할 수 있을 것이다. 즉 점령지역 내의 조선민중 다대수의 귀의와 지지를 받고 있다는 '사실'을 세계에 공언할 수 있는 형식적 조건을 갖추기에 바쁘다고 볼 수 있다.[88]

홍종인 역시 미군정의 경제정책과 친일세력의 옹호에 비판적이었음은 말할 나위도 없다.

당시 미군정에 요구했던 친일파에 대한 옹호정책의 비난은 입법의원이 통과시킨 '부일협력자 및 민족반역자 간상배에 대한 특별조례안'을 군정장관 대리 헬믹이 인준 거부한 사건을 계기로 하여 더욱 거세게 일어났다. 헬믹은 이의 거부 이유로 "애국적 인사라 할지라도 일본 권력 밑에서 협력자가 안 되고 견딘 유능한 인사는 극히 희소하다는 이유로써" "우수한 자격자를 관직에서 제외하는 것은 부당"하다는 노골적인 구실을 내세웠다.[89]

이로써 미군정은 지식인들로부터 끊임없이 친일파의 기용과 옹호에 대한 질책의 굴레에서 헤어날 수 없게 된다. 배성룡은 "군정이 일제잔재세력을 붙잡는 것은 그들이 반군정 부대에 합류하지 않을까를 염려함"이라는 견해도 있다면서 "일종의 구명적 활동으로 군정의 '앞잡이'가 되어 좌익대항운동의 선봉"으로 나섰다고 꼬집는다. 그런 한편 군정과 악수한 우익은 "애국적 우익"이 아니며, 항일적 우익은 도리어 군정에 '협력하지 않는 부대"라고 못박았다.[90] 이런 현상을 통틀어 배성룡은 "애국자 기피의 군정"[91]이라고 부르면서 입법의원에 대해서도 "테러와 위하(威嚇)가 겯든 반(半)계엄하에서 실시된 선거는 결코 민의의 정당한 반영으로 볼 수 없는 것"이라고 역설했다.[92]

이응진은 "민주화를 시행한다고 선전하면서 우리 민족의 양풍미속을 (대부분) 봉건적이라는 말로써 배격하고 오만한 양풍괴속을 우리에게 강권"하는 사실을 도덕적 관점에서 비판하면서, "일제의 학정 36년간에도 지금과 같은 무질서, 비도덕, 기아 등 세기말적 생활을 체험하여본 일은 없다"고 했다.[93]

박기준은 "미국식 정치이념과 소련적 인생관 그 어느 것이 대다수의 조선 인민의 심령을 지배할 수 있을까?"고 되물으며, 미·소 양군의 주둔이 한반도 안정을 가져오는 것이 아니라 도리어 "남정(南征)과 북벌이 공공연하게 떠돌게" 되는 "수습할 수 없는 내란상태"를 가져온다고 경고했다.[94]

반민족·친일 세력에 의한 인사등용과 행정시책의 추진은 오히려 당시 국민여론상 반미적 내지 미국 불신의 풍조를 낳았을 소지가 있는데, 이를 좌익 측은 이렇게 풍자한다.

> 민주주의 정책을 실시함에는 천백의 법령을 설정하는 것보다도 먼저 진정한 민주주의적 지도자를 정치요로에 두어야 할 것이다. 히틀러에게 민주주의 정책 실천을 주문하는 것은 독수리에게 병아리를 잘 양육해달라고 부탁하는 것과 같은 일이니…….[95]

물론 이것은 왜곡된 비난이지만 중도론자 오기영은 미·소 양 군대의 군정과 주둔군 모두에 회의를 제기하면서 동시철군과 민족자주정신 앙양을 역설했는데, 그 동기가 군정에 대한 실망과 무관하지 않을 것 같다. "미·소는 이 조선에다 각자의 민주주의를 실시하려는 엄숙한 시험에 열중하고 있다"고 양쪽 군정을 본 그는 "조선은 이제는 미국의 새 국경의 일부분이다"고 주장하는 미군 참모본부의 견해를 전하는 에드거 스노의 말을 인용하면서 계속해 스노의 "양국의 군대가 과연 철퇴할 의사가 있는지를 의심하며 조선이 영구히 분할 점령되지나 않을까 두려워한다"는 구절까지 들춘다.[96]

그는 또 미군 주둔과 경제원조의 실상을 당시의 안목으로는 꽤 깊게 파헤친 논객으로 정부수립 후 철규 의사를 주장했고,[97] 미국의 원조에 대해서도 그 본질을 정확히 지적하면서 이렇게 썼다.

> 미국으로서는 그 나라의 정권을 잡은 인물이 그 나라 인민 앞에 어떤 반동을 하거나 아니하거나 반공전선에 그 나라 인민을 이끌고 나서서 참가한 인물이면 그로써 족하다 한다. 그래서 서반아까지도 원조병위에 참가되는 여부가 논의될 정도에 이른 것이며, 이러한 사실은 정말의 중립신문 『인포메이』지로 하여금 "만약 히틀러가 생존하여 있다면 이 자도 마샬안의 혜택을 받을 불의의 출현자였을는지 모른다"고 비난하기에 이른 것이다.[98]

이어 그는 이 글의 마지막 부분에서 이렇게 쓴다.

> 1947년 9월의 소련 제안인 1948년 1월까지 미·소 양군은 동시 철퇴하자는 것을 거절한 미국의 이유는 남조선에서 미군이 철퇴하면 북으로부터 공산군이 남하하리라는 것이었다. 어느 때부터 어떤 이유라는 것을 분명히 지적할 수 없을 만치 일견 자연스럽게—실에 있어서 애매하게 미군의 남조선 주둔 이유는 공산군의 방어에 있는 것이 되어버렸다. 이것이 남조선의 현사태를 합리화하고 거기 의하여 이익이 있는 사람들의 조작과 합치하여 민중 간에도 미군이 없으면 남조선마저 적화할 것이요 그래서 미군은 주둔해야 하며 38선은 필요한 것처럼 되어진 것이다. 이러한 심리현상은 다시 더 비극적으로 발전되어 공산주의화한

북조선은 우리 몸에서 떼어버리는 것도 부득이하고 가능한 지역에서만 이라도 반공정권을 세워야 할 것으로 주장하고 있다. ……이러한 심리현상을 이용하는 세력하에서는 조국의 통일과 독립은 가망이 없다는 그것이다. 남북의 분단은 항구화할 것이요, 그리하여 반신은 소 측에서, 반신은 미 측에서 가열한 냉전전쟁의 도구가 될 것이며 만약 이 사태가 발전하는 날 극동의 화약고는 마침내 폭발될 우려조차 기우라 단정할 용기도 없는 것이다.[99]

이런 주장은 당시 상황을 감안한다면 충분히 가치있는 이론일 뿐만 아니라 지극히 타당하기도 했으나, 그뒤 우리의 역사적인 변모를 보면 6·25라는 비극 앞에서 이런 민족주체적인 논리의 위축을 배제할 수 없었음도 시인해야 될 것이다.

홍종인 역시 미·소의 외세 배격과 민족적 주체성에 입각한 조선의 건국이 없이는 한반도에 위기가 오리란 경고를 하고 있는 것[100]으로 미루어볼 때 당시의 지식인들이 처해 있던 입장을 충분히 이해할 수 있을 것 같다.

군정을 보는 시선의 최후를 장식하는 철군문제는 그 당시로서도 매우 미묘하여 좌우익의 흑백논리로 농단하는 예가 많았다. 사실 정당·정파별로 그 주장점을 보면 도식적일 만큼 좌익은 철군 찬성, 우익은 반대라는 양상을 보여주었다.[101] 그러나 재미 조선사정소개협회장 김용중은 내란 발생의 우려가 있다 하더라도 계속 외국군이 주둔하는 피해보다는 내란발생 쪽의 피해가 더 적다는 뜻의 발언을 할 만큼[102] 당시 분위기로는 주둔군의 지속 요구에 합리성과 명분이 없었다. 곰곰이 따져보면 우익 측 정당들도 원칙상 모두 철군을 찬성하면서 그 이전에 독립정부 수립을 요구했던 것이다. 이런 논쟁 중 재미있는 주장은 설의식에 의하여 제기되는데 그는 이렇게 말한다.

'주병'(駐兵) 자체가 이미 '탁치'의 일 형태요 '비자주'의 일 실증인 것이니 자주 즉 반탁, 반탁 즉 자주라는 우리의 지상적 이념으로 음미

할 때에 '주병'의 해소를 의미하는 이 '철병론'은 반탁의 대의에 부합되는 정론이요 자주의 명분에 상응되는 공론인 것이다. 그런데 이른바 찬탁이라는 좌익계열은 일례로 찬성이되 반탁을 유일의 신조로 하는 우익진영에서는 가부의 이론이 구구하여짐은 이 하등의 기현상인가? ……소군은 철병하되 미군은 좀더 주병해달라는 논이 있는 듯하거니와 어느 '일점'을 고수하려는 관점으로는 '일리'가 있는 입론이 될 수 있음은 물론이다. 그러나 이는, '미군은 철퇴하되 소군은 좀더 주병해달라'는 입론을 수긍할 수 있는 전제로서야 가능하리니, 이는 어느 '다른 일점'을 고집하려는 관점으로는 또한 '일리'가 있음이 물론인 까닭이다. 필경에 있어서 이는 미·소 양군의 무기한적 상주를 의미하는 결론이 되는 것이니 이것이 과연 자주적으로 입론하여야 할 반탁정신이라 할 것인가? 또 혹은 기성된 북방무력에 의하여 공산국가로 되어질 우려가 있으니 아직 철병치 말아야 한다는 논도 있는 듯싶다. 실정이 과연 그러한지 아닌지도 속결은 불가할 뿐만 아니라 이는 오히려 민족진 자체의 영도적 역량과, 긍지와, 사기를 위하여 어폐가 있는 논법인 것이다.

한 걸음 양보하여 실정이 그렇다 하자. 그러면 미군 추진하의 시일만 얻으면 반드시 '북을 일소할 군력'이 생기는가? 또는 '군력'만으로써 북을 제어할 통치를 가기(可期)할 것인가? 동시에 소련 지도하의 북군은 현실대로 있으란 법도 없으며 좀더 축소될 이유도 천만에 없을 것이다. 설혹 북군이 약해지고 남군이 강해진 어느 시기를 상정한다 하더라도, '남강북약'(南強北弱)을 이유로 하여 북방이 철병을 불원할진대 남방은 과연 이것을 정론으로 수긍할 것인가? 병력으로써 운운하는 한, 이는 완전히 순환논리의 악만을 조장하는 결론이 되는 것이니 이것이 과연 자율적으로 추진하여야 할 민주정치의 지도방침이 될 수 있는 것인가?[103]

민족 주체성과 독립, 민주주의에 대한 진리는 언제나 시대적 상황의 변화에 관계없이 논리적 일관성과 호소력을 동시에 지니게 마련이다. 설의식의 이 주장은 아마 당시 양심적 반공주 내지 자유주의자의 입장, 혹은 민족의식을 가진 지식인의 뜨거운 목소리로 기억 평가되어야 할 것이다.

그러나 역사는 이런 뜨거운 목소리를 망각하도록 흘렀고, 이것은 곧 당시 그렇게 이 땅의 지식인들이 갈망하던 민족사의 흐름에 대한 충고에도 아랑곳없이 일방통행적 정치형태가 집행되어온 사실을 반증하는 것으로 된다. 사실 군정에 대한 이런 정당한 비판들은 그뒤 그 군정의 열악보다 오히려 후퇴한 1950년대의 민주주의 의식이나, 혹은 거기서 또 더 후퇴한 그 이후의 우리 모습을 초라하게 되돌아보노라면, 오늘의 우리가 미군정에 어떤 화살을 쏠 수 있을까를 생각하게 한다.

7 삼상회담문제의 행방

이제 8·15 이후 가장 민감한 역사적 문제로 들어간다. 해방 직후부터 존재해오던 민족 내부의 계급적 대립은 삼상회담의 지지와 반대라는 갈림길에서 확연히 나누어지게 되는데, 물론 이 글은 이 문제에 대한 역사적 진실과 정치적 의미를 찾는 것과는 관계없이 다만 당시 지식인들이 이를 어떻게 인식·수용·거부했으며, 그 논리적 근거는 무엇이었나를 밝히는 데 만족한다.

세칭 '탁치'라고 불린 모스크바삼상회의 결과가 해방의 들뜬 분위기 속에 알려지자 거국적으로 이를 반대한 것으로 전해지고 있다. 그러나 당시의 많은 기록은 신중론을 제기하고 있으며, 특히 당파를 초월하는 입장에 있었던 지식인계급의 상당수가 이에 대한 조심스러운 검토를 밀도있게 진행시켰음을 알 수 있다. 사실 당시의 정치나 국제정세의 감각상 삼상회의의 정확한 의미를 간파할 수 있을 만한 지식인은 극히 제한되어 있었을 가능성이 많은데, 이는 외신기자들의 각종 논평에서도 추정할 수 있다. 즉 에드거 스노까지도 「아시아에도 자유가 오는가」란 글[104]에서, 자치준비 부족이라는 강대국들의 진단에 아무런 해답도 없이 연합국을 비판만 하는 생리를 이상하게 여길 정도였다. 그뿐만 아니라 미국의 상당수 언론이 초

기에는 이를 지지한 것은 많은 암시를 준다.[105]

이런 복잡한 탁치의 국제역학적 탐색은 이미 상당수의 연구실적으로 선보이고 있기 때문에 여기서는 생략한다.[106]

삼상회의를 탁치에다 초점을 맞춰 피부적이고 본능적인 반대운동을 전개한 것은 보수적 지식인들이었는데, 탁치반대에 적극 가담하지 않는 세력에 대하여 민족반역자, 역도라는 비난을 서슴지 않았다.[107] 김경은 "탁치를 논하는 자가 있다면 그는 두말할 것 없는 침략자와 우리 민족의 적이 될 것이며 세계평화와 인류의 행복을 좀먹는 버러지"[108]라면서, 이승만·김구에게 단정(單政), 힘을 합친 통일정부 수립을 촉구했다. 물론 이런 논리적 일관성을 지키기 위해 그는 미군철수에 찬성했다.

이런 극우파적 이론에 입각한 반대 이외에도 각계각층으로부터 탁치반대의견이 쏟아졌는데, 그중 특징있는 주장은 다음과 같다. 먼저 임정 측의 조소앙은 "탁치를 적용시킬 법적 근거가 없다"고 했고, 조완구는 "국제정세에 정확한 파악이 없고 한민족을 알지 못하는 일부의 착각이라"고 격정적 발언을 했다. 이에 비하여 중도 내지 좌익 측은 백남운, 정태식, 이극로 등이 처음엔 확실한 정보가 없다는 이유로 논평을 보류하다 이튿날 반탁의사를 표명하는 것으로 나타난다.[109] 즉 12월 28일에는 신중론으로 정세를 관망하다가 29일자 신문에는 반대의사를 표명한다. 홍명희는 아직 정확한 자료가 없다는 전제 아래 단 "미국이나 소련의 어느 나라가 탁치를 더 강경하게 주장했다는 것을 천착 규명할 것이 아니라 그 책임은 전 동맹국에게 공통적으로 있을 것"이며, 국내 분열이 곧 탁치를 자초하지 않았나 하는 반론에 대해서는 그건 구실이고 분열은 심각하지 않다고 말했다. 그러고는 "우리는 빵을 주리라고 믿었는데 돌을 던진 것이 곧 탁치"라며, 힘을 조직화해 반탁에 나설 것을 강조했다.[110]

백남운은 직접적인 언급을 피하면서 "신탁통치는 물론 그 이상의 난관이 닥쳐오더라도 능히 극복할 수 있을 것"이라는 희망을 피력했고,[111] 남로당 최대 이론가의 한 사람이었던 정태식은 개인 자격으로 "5년은커녕 5개월간의 신탁통치라도 우리는 절대 반대"한다고 말했다.[112] 조선인민당의 이여성 역시 "연합국에 대한 증오에서가 아니라 우리에 대한 그릇된 인식을 시정하기 위한 투쟁"113)을 전개해야 한다고 말했고, 심지어는 김태준의 개회사에 이어 이 현상의 취지설명까지 곁들인 반파쇼공동투쟁위원회 결성총회는 "일찍이 미국 극동부 책임자 빈센트 같은 사람은 공공연하게 조선을 신탁관리할 것이라 말했고, 국내의 소수 매국매족적 반동분자들은 여기에 영합하여 혹은 당분간 군정기가 필요하다고 하고 혹은 3년 후가 아니면 독립되지 못한다고 했다. 이 반동분자들의 갈망하는 신탁통치는 결국 실현되고야 말았다"면서 진보적 인사들의 반탁투쟁을 호소했다.114) 이 말엔 탁치를 우익 측 주장이라고 하는 상투적 비난수법이 엿보인다. 월간지 『대조』 1946년 1월호에 이극로, 백세명 등의 반탁주장을 실을 만큼 반탁은 민족감정적 차원에서 다루어졌다.

그러나 이내 좌익 측 지식인들은 논조를 바꿔 찬탁에 대한 설득과 투쟁으로 일관하는데 그 초기변모 과정은 김남식의 연구에서 찾을 수 있다.115) 이를 분기점으로 하여 맹렬한 찬탁이론이 속출했는데, 그 논리성과 궤변성을 동반한 각 주장들은 당대의 모든 국제정세 파악·인식의 한계를 느끼게 할 정도였다.

온낙중은 반탁세력이 "그 출발에서부터 반소·반공적"으로 "소련이 신탁통치를 주장했고 미국은 반대한 것처럼 사실을 전도시킴으로써 민중을 기만"116)한다고 반박했다. 이태준은 "조선대중이 8·15 이전에 가졌던 환상적 독립관을 청산해야 됩니다. 그러면 삼상회담을 지지하는 이유도 이해되며 따라서 민족통일이 완성될 것"이라고 했으며,117) 한빈은 "금번 결정의 기본정신은 급속한 시간 내에 완전한 민주적 독립국가 건설을 기본으로 하고 있다는 것, 즉 원조 협력의 목적으로써 5개년 이내에 후견문제가 결정"될 것으로 봤다.118) 이돈화는 탁치를 아예 기정사실로 받아들이는 입장을 보였고,119) 소련은 자신의 입장을 조선인에게 알리기 위하여 탁치협상 과정을 공개하는 한편 미국의 대한(對韓)정책에 대한 비난의 포문을 열기 시작했다.120)

좌익 이론의 정상급이었던 이강국은 국제협약의 해설을 곁들여 "카이로, 포츠담의 양 선언에서 약속된 조선의 독립을 재확인했을 뿐만 아니라 독립국가 건설의 구체적 방법과 그에 필요한 국제적 원조를 명시하고 보장"한 것이라면서, 경제적 자립이 불가능한 상태에서의 외국 의존에는 도리어 식민화의 위험이 따르는데 후견제로만 이의 위험으로부터 벗어날 수 있다는 논리를 전개했다.[121]

정태식은 우선 모스크바삼상회의의 의의를 원자력의 평화적 이용, 세계 각국의 민주주의적 발전과 평화에 관한 문제, 그리고 조선문제가 결정된 중요한 회의임을 역설하고는 조선을 식민잔재의 독소로부터 독립해방시키기 위한 4대국 협력과 원조로 신탁을 풀이했다. 이어 그는 이강국의 이론과 비슷한, 경제적 자립 없는 나라의 식민화 위험으로부터의 원조를 들어 설명하면서 '신탁'이란 용어 대신 러시아어의 아페카(опéка) 즉 후견인, 후원, 보호라는 단어를 쓸 것을 주장했다.[122]

정치적 결정에 따른 이론상의 합리성 부여는 역사상 그 진위를 판가름하기 매우 곤란한 요소를 가지고 있다. 탁치문제 역시 당대에서 그 정확한 논리와 찬반의 진위 여부를 가리기는 어려웠을 것이다. 그러나 어쨌건 논리상으로 볼 때, 반탁 측은 심정적 내지 민족감정에 호소한 대중의 군중심리적 여세를 이용한 비논리성이 노정됨을 부인할 수 없다. 오죽했으면 "민족진영의 이론의 확립, 환언하면 사상대책의 긴급성을 지적"하는 사설을 썼을까![123]

그렇다고 좌익 측의 이론이 일관성 있는 논리로 민중들에게 이해된 것은 아니었다. 남로당 부위원장 이기석은 탁치는 지지하면서도 신탁하에 38선이 철폐될 것이냐는 기자 질문에서 "곧 철폐되리라고는 보지 않는다"는 모순된 주장을 한다.[124] 신남철은 이런 논리의 혼란을 솔직히 시인하면서, "초조 당황할 것 없이 침착 냉철하게, 우선 그것을 결정한 영·노 양국어의 정문을 입수하여 각파가 회동한 석상에서 검토한 결과 그 견해가 다르게 될 때에 서로의 공식 태도를 표명"했어야 했다고 한다. 이어 그는 남로당의 '지지'라는 어휘가 '시인'으로 되었으면 하고 아쉬워했다.[125]

이런 사소한 방법론상의 오류 말고도 당시 남로당은 과연 찬탁에 대한 자체적 신념이 나중에라도 생겼을까, 아니면 타의에 의한 것이었을까는 의문이다. 결과론적으로는 탁치가 우리 민족사의 분단 고정화의 비극을 예방하는 한 방편이 될 수도 있었다는 점과는 관계없이 당시 주창자들의 개인적 신념 문제는 두고두고 연구해봄 직한 과제일 것이다.

탁치문제는 이내 미소공위 문제로 이어지는데,『동아일보』의 한 사설은 이렇게 말한다.

> 조선의 민주주의적 건설을 위하여 소련은 소련대로 미국은 미국대로 각기 노력하고 있다는 것은 이를 승인할 수 있으리라. 그러나 그것은 결국 소련식이요 미국식이지 조선식은 아닌 것이다. 소련에 맞지 않는 미국식, 미국에 맞지 않는 소련식, 피차에도 맞지 않는 각기 양식을 어떠한 근거 밑에서 조선 사람에게 요구하려고 하는가?
>
> 도대체 미·소 양국은 조선에 무엇을 주려고 하는가? 해방과 자유와 그리고 행복스러운 생활이 아닌가? 그렇다. 우리에게 해방된 삼천리강산이 있고 3천만 동포의 의지를 실천할 수 있는 자유가 있다면 우리의 생활은 행복스러울 것이다. 미·소 양국은 조선에 무엇을 요구하는가! 우호선린 정책이 아닌가? 그렇다. 우리는 대외적으로 우호선린 이외의 다른 아무런 정책도 원치 않는다.[126]

이런 미소공위에 대한 희망적 사항을 설의식은 "우리를 원조하는 것은 두 손을 들어서 받겠습니다. 그러나 원조 이외는 아무것도 원하지 아니합니다"고 하며 독립에 초점을 두었고, 이갑섭은 "어느 세력권 내에도 들기를 원치 않으니 다음 번 세계투쟁의 씨를 이곳에 심어서는 안 된다는 것을 명심해달라고 하고 싶습니다"는 분단예견에 대한 우려를 나타냈다. 이북만은 "민주주의라는 미사여구에는 이미 식상이므로 실질적인 민주주의적 조선 건국을 위하여 쌍방이 노력하기를 기대"한다고 실망의 기색을 노골적으로 나타냈고, 함상훈은 "38선을 속히 철폐하고 미·소 양군이 철퇴하고 통일된 자주독립 정부수립을 희망하니 이 뜻을 들어 민족자결권에 의

한 자주정부 수립에 원조토록"하자고 주장했다.[127]

한편 허헌은 "친일 정당들이 이번 회담에 재차 그들이 영솔(領率)하는 수백 유령단체와 함께 뻔뻔스럽게 참가하려는 것은 또다시 공위사업을 방해하고 공위를 파괴하려는 음모"라고 공격했고, 이에 함상훈은 친일파·민족반역자 문제는 임시정부 수립 후 특별재판소에서만 규정할 문제로 "좌익진영에서 미소공위에 민족진영의 친일파·민족반역자를 협의 대상으로부터 제외하라고 주장하고 있는 것은 미소공위를 실패케 하고 파괴하려는 좌익의 음모"라고 반박했다.[128]

홍명희는 2차공위가 결렬된 후 쓴 글에서 "미·소 국경은 바로 우리 38선이 되는 것입니다. 우리 강토 안에는 두 나라가 서는 것이요 이 두 나라는 가장 긴장된 공기에 싸여 부절히 충돌할 것이니 이것이 어찌 독립하는 길이겠습니까. 다만 중국의 현상과 희랍의 불평을 우리에게 옮겨놓는 데 불과한 것입니다"면서 "우리의 기대와는 반대로 미·소는 대립 일로로 달음질치고 있다"고 민족사적 비극을 예견한다.[129] 외세배격이라는 논리성을 강조하면서도 미국에 대하여 깊은 이해심을 보인 이 글은 이념적 편견이 전연 개입되지 않은 순수민족문제의 영역에 충실한 한 시범이 될 것이다. 이런 상황적 변모에도 공위는 제 갈길을 가는데 그 경과는 기존 연구나 전문적인 취급자에게 맡길 수밖에 없다.[130] 다만 당시 지식인들의 삼상회담에 대한 불편부당한 인식 자세는 거듭 평가되어야 할 것이니, 말하자면 맹목적 추수나 반대가 아닌 민족주체성에 의한 비판적 수용자세가 여러 사람에 의하여 제기되었다는 점은 짚고 넘어가야 할 것이다.

이응전은 이 문제를 다루는 방법론에서 당시 조선의 사회계급 구조와 경제상황을 점검하면서 어느 한 계급이 영도할 수 없다는 결론을 도출, "연합국과 우호적 연관을 병행하면서 과도적 정권을 수립할 수밖에 없을 것"이라는 주장을 하며,[131] 배성룡은 다음과 같이 그 의미를 너그럽게 해석한다.

우리의 주권은 일제에게 박탈당하고 우리에게는 주권이 없다(가)

미·소 분할소유했음에(도) 불구하고 이미 가진 주권을 미·소가 빼앗으려는 기관이 공위인 것처럼 보이는 곳에서 많은 오해가 생기고 공위를 거부하면 그 가진 주권을 약탈당하지 않을 것처럼 보는 것이니 이러한 미신이야말로 조선의 모든 무지한 애국자로 하여금 모든 투쟁을 기피하면서도 정권 또는 헤게모니의 약취전에만 몰두하는 '바보 노릇'을 실연하게 하는 것이다. 결국 계속되는 독립운동이 그 정세의 추이를 따라서 총부리의 방향이 달라지고 산간의 게릴라 전술이 평원의 총력전에로 변한 것뿐이다.[132]

이어 그는 미·소 어느 한 나라의 신탁은 위험하고, 또 이념이 같은 나라끼리 즉 미국과 영국 두 나라의 신탁도 위험하나, 다른 체제의 두 나라의 신탁은 도리어 우리가 통일강화를 도모하는 데 유리한 것이 아닌가 하는 의견까지 제시한다.[133]

실로 "이는 한 정치문제라기보다도 감정문제요, 정론이라기보다도 욕설이요, 완전한 모략과 중상의 당파싸움이 되고 나중엔 공동위원회의 진척에 따라 노골적으로 정권욕을 보여준 것밖에 없었다. 민중은 실망했다"[134]는 홍종인의 표현이 적절할 만큼 삼상회담과 공위문제는 뒤얽혀들었다.

오기영은 "미·소가 빚어놓는 조선 임시정부가 괴뢰적이 아니기를" 바라면서 신탁의 반대나 찬성의 태도 양쪽을 다 비판한다. "양 주의는 공존할 수 있다고 미국도 소련도 다 같이 말"함에도 민족 내부에서 이를 거부함은 곧 비극의 자초가 아닐까.[135] 이어 그는 미·소의 병참기지화에 대한 우려와 냉전의 희생물로서 조국을 염려하며, 이의 극복을 위해서는 민족화합밖에 없다는 논리를 전개한다.[136]

삼상회담의 쟁점이 신탁으로 문제의 초점을 몰아갔고 이를 계기로 '민족진영'이라는 술어와 '찬탁진영'이라는 용어의 대결을 낳아 그 조어학적 입장에서는 전자가 유리한 고지를 선점했으며, 이는 곧 이후 분단사의 본격적인 제1막을 여는 역사의 한 고비를 만들게 되었다. 그러나 이루어진 역사와 당위성으로서의 역사를 생각할 때 탁치문제는 이념적 편견을 떠나서 다시 한번 곰곰 천착할 가치가 있는 민족정신사의 한 영역이 될 것이다.

8 좌우합작운동과 지식인

역사에서는 통일이 있으면 분열이 따르고 분열이 생기면 이를 통일시키려는 의지가 틀림없이 나타난다. 신탁과 공위를 둘러싼 권력쟁취의 추악한 싸움을 연상하는 분열 속에서 통일을 모색하는 세력이 등장하는 것은 당연한 귀결인지 모른다. 세칭 '좌우합작'으로 불리는 이 운동의 근본적 의도와 이를 지원 충동한 미국의 저의 등을 밝히는 문제는 그리 간단하지 않다. 또 이와 관련해서 어찌 보면 순수지식인의 민족적 양심운동으로 보이는 이 역사적 희생적 활동이 사실은 오히려 그 반대방향으로 유도되어 가는 반작용에 힘을 보태주었는지도 모른다.[137] 그러나 여기선 이런 본질보다 당대적 지식인들이 이 문제를 어떻게 인식했으며, 이를 어떤 논리로 전개했는가를 살피기로 한다.

합작운동은 아마 해방 이후 지식인들이 가장 열광적으로 주창·가담한 민족사적 기록의 한 부분이 되며, 이는 이후 분단저지 통일운동으로 그 정신이 이어지기에 더욱 주목할 필요가 있다. 먼저 이 운동이 양성화될 수 있었던 지적 상황은 국내외적으로 뜨거운 지지와 성원에 있었다고 말할 수 있다.[138] 이런 지지 열기는 비단 지식인에게 국한되지 않고 일반인에게까지 확대되어 합작이 마치 정치안정과 통일의 최선책처럼 보인 흔적이 있다.[139]

당시 각계 인사들의 합작에 대한 논평을 보면 "우리는 합작이 아니라 단결"(신익희)이라는 주장부터, "좌우합작은 고름을 짜고 합창(合瘡) 제일주의로 출발하는 것"(조소앙), "도탄에 빠진 민중이 좌우합작으로 말미암아 임정이 수립되기를 갈망하고 있는 것"(이극로), "자주독립 일로"(이병기), "공위재개를 촉진시키기 위한 것"(설정식), "국제문제의 일환인 조선문제를 좀더 과학적으로 고찰하여 정국타개에 힘쓰는" 계기로 본 것(오장환) 등등으로 나타난다.

그러나 이런 민중적 여망이 순탄하지만은 않아 지식인 사이에서도 선제조건론이 부각되기 시작했다. 친일파 파시스트의 제거를 주장한 이승엽식 좌익의 주장을 비롯해, 입법기관 설치와 별개 문제로 볼 것(장건상, 백남운), "남북을 통해 민주주의적 애국자 석방"(이윤영), 삼상회의 결정 이행을 맹세하는 것은 불가(김약수, 양일동), "좌측에서는 계급의식의 철저와 공산제 실시에 대한 주장을 버릴 것이요, 우측에서는 봉건적 특권적 생활에 대한 구몽(舊夢)을 완전히 각성하고, 나아가 근로대중으로 더불어 동고동락하는 균등생활을 영위할 결의를 굳게 할 것"(현상윤) 등이다.[140]

이후 합작 진전에 따라 또 다른 의견이 지식인 사이에 나오게 된다. 즉 김성수는 "토지정책 같은 중대한 문제는 임시정부 수립 후 정식 결정"을 요구하며 합작조건에 이의를 제기했고,[141] 김병로는 이와 대조적으로 "토지정책에서는 무상으로 국유됨을 원칙으로 하여 농민에게 균등분여할 것"과 "민족통일을 기하려면 좌우합작을 추진시켜야 될 것"으로 파악하고 "민족적 총의로 적극적 지지를 아끼지 아니하는 것"으로 의사표현을 했다.[142] 합작 7원칙에 대한 비판 중 가장 특이한 주장은 김창숙에게서 찾아볼 수 있는데, 그는 삼상회담 지지와 입법기구 설치라는 외세의존형 조건에 반대함과 동시에 친일파·민족반역자의 처단은 민족 자체에서 할 일이지 군정에 예속된 기관에서 해서는 안 된다는 것, 또 토지개혁은 국유제도가 큰 모순이 없기에 지지한다는 등 그 논리적 일관성에 충실한 면모를 보여준다.[143] 실로 근대 지식인상 가운데 특이한 이론가요 운동가로 달리 연구되어야 할 것이다.

합작에 대한 우익 측 반대는 완강하여 김준연은 합작은 곧 좌경이며, 이는 소련방의 가입이라고 풀이, 여운형은 8·15 이전 연안에 못 간 때문에 남아서 적화기도에 앞장섰다는 인신공격을 곁들여 "공산혁명으로 일로 매진하겠소!"라고 말했다고 증언한다.[144] 이와 비슷한 강경노선은 함상훈에게서도 나타나 중간파는 곧 좌경이라면서,[145] 토지 무상분여조건에 대하여 만약 농민에게 땅을 무상으로 주겠다면 왜 급여생활자나 노동자에게는

가옥과 공장을 무료로 주지 않느냐고 반문했다.[146]

중간노선의 부인은 좌익 측에서도 마찬가지여서 "엄격한 견지에서 좌우익 양익뿐"[147]이라고 잘라 말했다. 문단에서도 이런 합작적 이론을 넌지시 비쳤던 김광균의 활동에 대하여 김동석은 "시단의 제3당을 결성할 수 있다고 생각하는 씨의 어리석은 기도"[148]라고 일축했다.

그러나 세칭 중간파의 이론은 극좌나 극우에 못지않게 매우 깊이 연찬된 것으로 나타난다. 이갑섭은 중간파의 철학을 주체사상으로 보면서 좌우를 다 비판한 후 "노동자거나 특수계급임을 막론하고 어떤 특수계급의 전횡을 우리는 절대로 반대"한다고 주장했다.[149] 최우근은 중간노선을 소자산계급의 길이라고 보고, 당시 조선에서 이것이 번성하지 못한 이유로 ① 동요성이 있는 점, ② 두목주의가 심한 점, ③ 민중과 밀접한 연결이 없는 점 등을 들었다.[150]

중간노선을 경제적 측면에서 고찰한 배성룡은 좌우익의 구성요인을 다 부정하면서 '부동세력'이나 '중간적 존재'로 비난받으면서도 자꾸 확대되고 있는 중간파에 대해 지지를 보냈다.[151] 설의석은 「좌우의 자기 수정」[152]에서 '제3세계' 건설을 주장하고, 이를 중간노선의 갈 길로 보았다.

정치철학으로서가 아니라 양심적 지식인의 입장에서 중간파, 아니 자유주의자라고 할 수 있는 오기영은 그 이론을 민족지성과 양심에서 찾으면서 민족 내부의 각종 부당한 갈등과 모순을 고발했다.[153]

합작을 민족통일과 도덕·철학적 측면에서 본 또 다른 한 사람으로 정시우를 들 수 있다. 합작 과정에 나타난 정치활동을 개관한 그는 단정(單政) 반대와 합작 지지를 여러 사람의 주장으로 정당화하고자 했다.[154]

단정 수립 후 합작운동의 절망적 상태를 증언한 김영상은 남북한 어디서나 배격당하는 중간파의 갈 길이 사실상 단절되었다고 말하는데,[155] 이런 정치현실과는 달리 그 이후에도 비록 연약하게나마 합작정신과 중립화의 이론은 면면히 이어져왔다. 그러나 가장 불편부당하고 객관적인 입장에서 민족사의 난제를 해결하고자 혼신의 노력을 경주한 이 주장이 당시로서 과연 가장 올바른 길이었나 하는 문제는 생각할 여지를 남긴다. 또한 지식인의 사명이나 양심의 대명사처럼 인식되고 있는 이 노선에 대한 환상과 현실 사이에서의 모순점 역시 이제는 밝혀야 할 때가 가까운 것이 아닐까 싶다.

9 분단극복을 위하여

중간파의 상승이 예정된 역사적 목적 달성이라는 상황으로 일단락되자, 통일논의는 형식과 구호에만 빠진 채 민중에 대한 주술로만 남게 된다. 이런 주술로서의 통일과 현실정치로서의 분단추구 정책 기간에 지식인들은 그 허위성을 고발하며 민족적 양심과 울분에 애타게 호소하기도 했으나, 한반도 문제는 민족의 애원을 외면한 채 다른 방향으로 흘러갔다. 공위의 결렬, 유엔의 관여, 단독정부 수립에 이르는 역사적 서부개척시대에 이 땅의 지식인들은 온갖 고난을 뚫고 분단극복을 위한 안간힘을 다했다.

그러나 "남조선 총선거 실시 후에 남북을 통일"한다는 세력[156]에 의해 등록 강요를 당했다는 사람이 91퍼센트로 나타난[157] 가운데 총선은 실시되었다.[158] 이를 전후하여 어떤 희생을 각오하고라도 분단만은 저지해야겠다는 민족적 의지가 남북협상으로 나타나며, 이는 좌우합작 못지않게 양심있는 지식인들에게 커다란 호응과 반응을 불러일으킨다.[159] 남북협상에 관한 연구는 상당량 이루어져 있어 여기서는 굳이 유명한 선언이나 사건을 언급할 필요성을 느끼지 않는다.[160]

그러나 정부수립 이후 「미군철퇴와 통일문제」란 한 설문조사[161]를 보면 이미 그때 대부분의 지식인들이 통일 전망에 대하여 비관적인 견해를 보인다.

"나라도 하나 민족도 하나 독립도 하나 피도 하나, 이 길이야말로 조선을 살리는 길"[162]이라던 외침은 이제 메아리 없는 외로운 함성으로 시들어간다. 오기영은 이렇게 분단이 몰고 올 비극을 예언한다. 즉 외국으로부터의 원조는 "반동정권이 그 혜택을 독점하고 기개(幾個)의 자본가나 모리배의 이익이 될 뿐 경제적 채무와 더불어 대소전에 피를 바쳐야 하는 생명상의 채무가 인민에게 부담되는 것이다" "남북조선이 갈려서 미·소전쟁의 전초전을 담당케 할 위험이 있는 것이며, 이리하여 민족통일과는 반대로 총화(銃火)를 나누는 골육상잔으로써 민족 자멸의 참화를 두렵게 하는 바이다"고.[163]

역사의 현실적 역행은 지식인에게 절망감을 줌과 동시에 이에 대한 비판적 기능을 자극하기도 한다. 설의식은 분단극복 의지를 이렇게 요약한다.

> 우리의 지표와 우리의 진로는 가능·불가능 문제가 아니라 가위·불가위(不可爲)의 당위론인 것이니 올바른 길일진대 사력을 다하여 진군할 뿐일 것이다. 인사를 다하여 완수를 기할 뿐일 것이다. 협상 자체에도 애로의 난관이 중중하거니와 사위의 이모저모에도 저해의 요운(妖雲)이 첩첩한 실정이매 성패와 이둔(利鈍)이 예단될 바 아니다. 역도(逆睹)키 어려운지라, 그럼으로 하여서 더욱더 유진무퇴의 용기와 노력으로써 일로 직진할 것이나 선두와 후속의 진열을 정제하여 일사불란으로 전진할 뿐일 것이다.
> 선진의 남북 지도자여! 후군의 육속을 믿고 오직 전진하시라!
> 참된 자유와 자주! 참된 민의와 민주! 역사의 순류를 향하여 드높게 북을 울리자![164]

10 맺음말

민족적 영광과 비극의 갈림길에서 지식인들이 역사를 어떻게 예단하고 이를 대비 경고했는가를 살펴보려던 이 글은 다음 몇 가지로 요약될 것 같다.

첫째, '민족과 통일'을 말끝마다 앞세웠던 많은 주장 속에서도 정작 당시 문제의 핵심은, ① 친일파·민족반역자 등에 대한 처단을 당장 실시하느냐, 보류하느냐는 점이 항상 그 바탕에 깔려 있었음을 알 수 있다. ② 어떤 쟁점에서도 토지개혁의 실시 여부 및 그 방법에 대한 견해의 대립을 볼 수 있다. 사상적 대립을 표방하면서도 내용상으로 언제나 이 두 가지 점에서 상충을 거듭해온 지식인의 논란은 결국 어떤 결정적인 역할도 못한 채 주장으로 그쳤고, 이 주장은 민중의 꿈으로 승화했다.

왜 지식인들의 올바른 주장이 실현될 수 없었던가에 대한 추궁은 매우 중요하나 여기서는 생략했다. 결론만 말한다면 지식인은 지식운동 내지 계몽사상운동에 그쳤지 이를 민중운동으로까지 승화·확대하지 못했다는 점이 반성되어야 할 것이다. 물론 설사 민중운동을 전개했더라도 강대국의 분단책동에 휘말려 이를 극복할 수 있었을까란 의문이 제기되겠지만 순수지식운동이 아닌 민족·민중운동으로의 질량적 변화가 있었다면 그 결과는 달라질 수도 없지 않았다는 가정을 하고 싶다.

둘째, 해방공간이 남긴 민족적 상처로서의 지식인들의 활동은 '권력 니힐리즘'과 '냉전문화'[165]로 흘러버린 채 민족적 허무주의 사상의 만연을 낳았다. 결국 옳은 일의 종국은 자기희생과 패가망신이라는 냉소주의적 풍조는 이후 터무니없는 독재정치를 수용하는 바탕이 되었고, 지식인들은 "행복은 진리보다 더 위대하다"는 러시아 속담을 실천하는 기회주의자로 전락한다.

셋째, 과연 이런 지식인들의 주장과 행동―그 무당파적 순수성의 행동이 민족통일을 위한 영원한 이상상으로 평가될 수 있을까란 사실에 대한 회의와 반성을 촉구하는 계기가 이 시대의 고찰에서 제기된다. "진정한 민족주의를 대표할 만한"[166] 존재를 과연 이런 일련의 지식인상 속에서 우리는 찾아야 할까? "당나라의 이간정책인 동방정책으로 북의 발해와 남의 신라가 대립을 계속한 역사적 상황 아래서 당나라 유학생이요, 신라 최고의 지식인이던 최치원의 발해에 대한 변함없는 적대감정"[167]을 순수한 민족지성으로만 볼 수 없듯이, 결과론적으로 보면 강대국의 민족분열의 원대한 각본에 의하여 진행되는 역사 속에서 이를 순수한 지성의 힘으로 극복할 수 있다고 믿는 그 자체가 일종의 역사의 꼭두각시 역할이 아니었을까? 그래서 흔히들 당파성이나 정치성이 지식인을 이용한다고 비난하나, 도리어 거꾸로 순수지식인의 양심이 낌새도 못 채는 사이에 역사의 거대한 흐름에 이용당했다는 가설은 불가능할까? 물론 그럼에도 우리는 지식인의 중도론을 필요로 하나, 이는 좀더 투철한 역사인식의 바탕이 선결요건임을 일깨워준다.

넷째, 이런 비판적인 관점을 두고서도 8·15 직후 지식인들의 주장은 충분히 거듭 연구되어야 할 가치와 절실성이 있다는 점을 깨달아야 하는데, 그 까닭은 그때 지식인들의 민족적 비극에 대한 여러 예언은 너무나 명중했고, 이의 처방 또한 적절한 바 많았기 때문이다. 그 이후의 지식인들의 민족사에 대한 진단은 이를 확대해석하는 주석에 지나지 않는다고 할 만큼 해방공간의 지식인 활동, 민족양심의 비무장지대, 민중의식의 민간통제선 구역 안의 온갖 이론은 다시금 화해와 대화와 평화적 방법을 통한 통일을 염원하면서 휴전선의 처녀림처럼 민족화합의 대들보가 되고자 고이 자라고 있다.

임헌영
문학평론가. 현재 중앙대 국어국문학과 교수이며 민족문제연구소장. 주요 저서로『민족의 상황과 문학사상』『문학과 이데올로기』『우리 시대의 소설 읽기』『분단시대의 문학』『변혁운동과 문학』등이 있다.

주 _____

1) 李錫台 편,『사회과학사전』(문우인서관, 1948), p.522.
2) 金允 편저,『주의사상해설』(발전사 출판부, 1946), p.77. 이밖에 民潮社판『신어사전』(1946), p.106의 해석도 비슷함.
3) 鄭鎭石,「조선인텔리겐챠론」,『신천지』, 1946. 12, p.17.
4) 安知鴻,『진정민주주의론—자주민주통일독립의 이론』(일한도서출판사, 1949), pp.177~78.
5) 裵成龍,『자주조선의 지향』(광문사, 1949), p.206.
6) 金一徹,「조선문제에 대한 2, 3의 고찰」,『개벽』, 1974. 8, p.29. 참고로 당시 한글 해득자를 전 인구의 7할, 일어 해득자는 350만, 국민교 정도의 졸업자를 1천만으로 잡았다. 그러나 이 숫자는 믿을 수 없다.
7) 안지홍, 앞의 책, p.178.
8) 같은 책, p.179.
9) 김일철, 앞의 글, p.29.
10) 배성룡, 앞의 책, pp.202~203.
11) 정진석, 앞의 글, p.22.
12) 위와 같음.
13) 申南澈,『전환기의 이론』(백양당, 1948), 제4장 참고할 것. 여기서 그는 여섯 살 미만을 제외하곤 전 인구의 74퍼센트가 문맹이라고 밝히며, 대다수 국민이 헛된 구호에 유혹당할 가능성이 있기에 지식인이 올바른 역사인식을 심어주어야 한다는 식의 논리를 전개한다. '민주문화' 건설을 위해 양심적인 지식인층은 문화의 '대중화·일반화·생활화'에 힘써야 한다고 함(pp.82~98).
14) 金東錫,「학자론」,『예술과 생활』(박문출판사, 1947) ;「공자의 근로관—지식계급론 단편」, 같은 책 참고. "지식인들은 자기의 관념을 과신하는 나머지 자기가 진보적이라고 믿고 있지만 진보적이기는커녕 반동적이 되지 않으려 앨 써도 앨 써도 반동적이 되기 쉬운 것이 동서고금의 인텔리가 지니고 있는 숙명"이라면서, "농부나 노동자들이 꾸준히 조선의 갈 바 길을 걸어가고 있는데 '서울 양반'들이 갈팡질팡하는 것은" "기회주의자에 지나지 않는 지식인들이 신문잡지를 가지고 정치를 좌지우지한 데서" 온다고 비판했다. 이 일련의 지식인 불신론은 계급적인 속성에서 온 것으로 보인다 (pp.92~93). 그는 지식인의 기능을 '칼'에 비유, 쓰는 사람에 따라 달라진다고 했다

(p.94).
15) 여운형, 「우리나라의 정치적 진로」, 『학병』, 1946. 1, p.6.
16) David W. Conde, 『解放朝鮮の歷史』, 上(太平出版社, 1970), p.183.
17) 崔泰瑢, 『독립노선』, 제1집(독립전선사, 1946), p.1. 안영섭도 『조선민족의 살길』(조선어연구회, 1946), p.17에서 8·15 이후를 '해방 후'라고 하나 그것이 부당하다고 지적하고 있다.
18) 金東里, 「좌우간의 좌우」, 『백민』, 1946. 11, p.21.
19) 배성룡, 『자주조선의 지향』(광문사, 1949), p.102.
20) 같은 책. pp.11~13 참조.
21) 薛義植, 「미·소 대표에 보내는 말」, 『신천지』, 1947. 7, pp.19~21.
22) 李健赫, 『건국과 국민경제』(금룡도서문구주식회사, 1946), pp.79, 128.
23) 吳基永, 『자유조국을 위하여』(성각사, 1948), p.3.
24) 錢鎭漢, 『건국이념』(경천애인사, 1948) 참조. 사회주의 이론을 원용했으나 그 수준이 저급함.
25) 月秋山人 편, 『조선동포에게 고함』(조선정치경제연구회, 1945) 참조. 조선조를 '이태왕' 등으로 쓰는 등 봉건적 이론 수준에 머물고 있음.
26) 안지홍, 앞의 책, p.9. 니체의 말 인용 등 국수적인 성향임.
27) 申鼎言, 『조선독립의 긴급문제』(계몽구락부, 1945) 참조. 안재홍 노선 지지의 글과 기독교적 표현이 많음.
28) 宋鍾翊, 『삼천만의 誓願』(흥사단문사부, 1946). 흥사단 정신 강조.
29) 안영섭, 『조선민족의 살길』(조선어연구회, 1946). 교육과 학생농촌 계몽 강조.
30) 설의식, 『해방이후』(동아일보, 1947) 참조. 자주, 민주, 청년조선 강조.
31) 설의식, 「신국가의 국호론」, 『통일조선』(새한민보사, 1948) 참조. 여기서 그는 조선, 대한, 고려를 다 비판했다.
32) 오기영, 『민족의 비원』(국제문화관 출판부, 1947). 표지에 이 말을 넣고 있다.
33) 金俊淵, 「변동된 국제정세」, 『독립노선』(일월사, 1947) ; 같은 책, 「서」 참조. 또 「현하 조선의 사상적 과제」, 『백민』, 1947. 8·9 합병호도 참조. ML당 활동을 했던 그답지 않게 이론이 지극히 유치함.
34) 咸尙勳, 『조선독립과 국제관계』(생활사, 1948) 참조. 한민당 노선의 이론적 근거가 됨. 그러나 국제정세 분석이 지극히 서툴다.
35) 金三奎, 『민족의 여명』(삼팔사, 1950) 참조. 송진우, 김준연 이론의 계승.

36) 김남식, 『남로당 연구』(돌베개, 1984), p.35.
37) 李敦化, 「오인의 기대와 준비」, 『개벽』, 1946. 1 참조. 정치에서는 민족자주, 경제에서는 공산을 주장함.
38) 주 35와 같음. 김삼규는 시종 극우, 반탁, 친미, 태평양 동맹, 반공, 반소, 남북협상 반대를 주장하면서도 토지개혁 및 통일을 주장했다는 점에서 특이하다. 그는 '민족사회주의'가 지식인·중간파의 임무라고 했으나, 객관적으로 볼 때 그 자신도 중간파는 못 되는 것 같다.
39) 崔載喜, 『우리 민족의 갈길』(대성출판사, 1946) 참조. 김동석은 이에 대하여 '관념적 진로' 혹은 '공상적 사회주의'라고 혹평했다. 『뿌르조아의 인간상』(탐구당서점, 1949), pp.270~72 참조.
40) 鄭芝溶, 『산문』(동지사, 1949), p.44.
41) 白南雲, 『조선민족의 진로』(신건사, 1946) 참조.
42) 李基洙, 「백남운씨의 '연합성 신민주주의'를 박함―민주주의 조선 건설에 옳은 노선을 위하여」, 『신천지』, 1946 참조.
43) 辛寧滿, 「사상빈곤의 조선현실과 신자유주의론」, 『신천지』, 1948. 3.
44) 安在鴻, 『신민족주의와 신민주주의』(민우사, 1945) ; 『한민족의 기본진로』(조양출판사, 1949) 참조. 그는 '民共 협동이념'을 주장한다. 한편 국민당선전부장인 嚴雨龍은 「신민족주의와 신민주주의」, 『개벽』 1946. 1에서 봉건제 아래서 엄존했던 계급제가 일제 식민지 아래서 같은 피압박 가운데 없어졌다고 주장하며 '초계급' 이론을 내세운다.
45) 배성룡, 『자주조선의 지향』, pp.202~08.
46) 안지홍, 『진정민주주의론』, pp.162~94.
47) 같은 책, pp.210~34.
48) 白衣人, 「민주주의 해설」, 『개벽』, 1946. 1. 그는 민주주의의 종류를 산업적 민주주의, 사회민주주의, 프롤레타리아민주주의의 3종으로 나누었다.
49) 인민평론사 역편, 『세계의 눈에 비친 해방조선의 진상―미소 양국 중요 신문 잡지 게재 논문·기사 집록』(인민평론사, 1946), p.20.
50) 李錫保, 「청우당의 잠정적 정치도정」, 『개벽』 1946. 4, p.259.
51) 咸尙勳, 「민주주의와 독재정치」, 『개벽』, 1946. 4.
52) 『신천지』, 1949. 10 소재의 설문. 이밖에 김영랑, 안수길, 조향 등 문인과 고재욱, 김동성 등 언론인. 최현배 제씨가 있으나 거의 비슷한 견해들이다.
53) 이건혁, 『건국과 국민경제』, pp.21~42.

54) 오기영,「착취없는 나라 독재없는 나라—나는 이러한 정부를 원한다」,『신천지』, 1947. 7.
55) 정진석,「정당인에 대한 진언」,『개벽』, 1947. 8, p.69.
56) 김남식, 앞의 책, pp.24~25, 27, 516~29 참조.
57) 金彰漢「서—정확한 국제정세의 파악을 위하여」,『국제정세』, 상(인민평론사, 1947) 참조.
58) 李克魯,「조선민족성과 민주정치」,『개벽』, 1948. 5.
59) 尹圭涉,「연합군 진주와 조선해방」,『개벽』, 1946. 1.
60) 김동석, 앞의 책, pp.126~31.
61) 朴致祐,『사상과 현실』(백양당, 1946), p.114. 그 이하에 소개한 것은 pp.97~123, 150~60, 200~201, 222~24 참조.
62) 신남철,『전환기의 이론』, p.211. 뒷부분은 pp.204~15 참조.
63) 같은 책, p.214.
64) 金午星,「조선 인민당의 성격」,『개벽』, 1946. 1.
65) 김오성,「민주개혁과 남북통일」,『개벽』, 1947. 8.
66) 김오성,「민주주의와 인민전선」,『개벽』, 1946. 4.
67) 하지,「한국민에게 고함」,『조선해방 1년사』, 중(민주주의민족전선 편, 1946), p.42.
68) 에드거 스노,「미소공동점령하의 조선의 실정」,『신천지』, 1946. 8 참조.
69) 당시 동경주재 AP특파원 러셀 브라인스의 논평기사가『조선일보』, 1947년 8월 20일자 게재됨.
70) 로버트 올리버가「뉴욕 타임스」에 쓴 글,『조선일보』, 1946년 11월 12일자 소개됨.
71) 전 미국무차관 섬너 웰스의 발언이『서울신문』, 1946년 10월 12일자에 소개됨.
72)『서울신문』, 1946년 9월 3일자에 소개된「뉴욕 타임스」사설.
73) AP통신 시사평론가 매켄지의 의견이『서울신문』, 1947년 3월 1일자에 게재됨.
74) 고아구제사업차 일본, 조선을 시찰한 푸라나긴 신부의 귀국담으로『조선일보』, 1947년 7월 12일자.
75) 조선을 방문 후 귀국한 미국 인권옹호연맹회장 볼드윈의 말로『동아일보』, 1947년 6월 28일자에 게재됨.
76) 극동문제 전문가로 알려진 윌리엄 헨리 챔벌린의 말로『동아일보』, 1947년 9월 6일자에 소개됨.
77) 주 75와 같음.『경향신문』, 1948년 1월 11일자에 소개됨.

78) 콜코, 「미국과 한국의 해방」, 『한국현대사의 재조명』(돌베개, 1982), p.44.
79) 櫻井浩, 『한국현대사의 재조명』, p.385.
80) 『동아일보』, 1946년 8월 13일자 참조.
81) 위와 같음.
82) 국사편찬위원회, 『자료 대한민국사』, 1(탐구당, 1970), pp.226~35 참조.
83) 심지연, 「송진우와 한민당」, 『월간조선』, 1985. 8 ; 「험로」, 『대동정론』, 제1집(대동신문사, 1946)에서 탁치는 반대하며 군정에는 협조할 것을 주장함.
84) 정지용, 『산문』, pp.28~29.
85) 『신천지』, 1947. 2 참조.
86) 안재홍, 「미소와 한국의 장래」, 『개벽』, 1948. 12.
87) 안재홍, 「기로에 선 조선민족―민정장관을 사임하고」, 『신천지』, 1948. 7.
88) 홍종인, 「군정의 본질과 그 추이」, 『신천지』. 1946. 12, pp.12~13.
89) 『조선일보』, 1947년 11월 27일자 참조.
90) 배성룡, 『자주조선의 지향』, pp.67~68.
91) 같은 책, p.73.
92) 같은 책, p.84.
93) 李應辰, 「미소 양국에 대한 공개장」, 『개벽』, 1948. 8, p.12.
94) 朴琦俊, 「평화의 수인 조선―남북정부와 철병문제」, 『신천지』, 1948. 7, pp.36, 41.
95) 민주주의민족전선 편, 『조선해방 1년사』, 중 「남조선 군정」 항목, p.125 참조.
96) 오기영, 「민족의 비원」, 『신천지』, 1946. 10, pp.10, 16.
97) 오기영, 「독립과 자주독립」, 『신천지』. 1948. 10.
98) 오기영, 「민족위기의 배경」, 『신천지』, 1948. 4·5 합병호, p.9.
99) 오기영, 같은 글, p.11.
100) 洪鍾仁, 「삼차대전의 위기와 조선―당면한 국내정치과제」, 『개벽』, 1948. 1.
101) 『동아일보』, 1947년 9월 28일자 참조.
102) 『조선일보』, 1947년 10월 1일자 참조.
103) 설의식, 「소련의 철병성명」, 『통일조국』, pp.188~89.
104) 『개벽』, 1947. 8.
105) 전 미국무장관 대리 섬너 웰스의 신탁만이 조선 자유획득이라는 발언이 『서울신문』 『조선일보』에 1947년 5월 27일자에 소개됨. 또 『뉴욕 타임스』 사실도 탁치가 미·소 점령분할보다 낫다는 내용을 썼다(『서울신문』, 1946년 1월 8일자). 물론 반탁적 논조

도 있다. 즉 전 남조선 미군정청 관리였던 해럴드 석은 탁치 포기가 조선문제 해결의 최선이라고 말해『조선일보』, 1947년 1월 4일자에 소개됨. 또『조선일보』1946년 1월 27일자엔 미국의 탁치 포기 가능성까지 보도됨.

106) 브루스 커밍스,「한국의 해방과 미국정책」,『분단전후의 현대사』(일월서각, 1983) ; 김학준,「분단의 배경과 고정화 과정」,『해방전후사의 인식』(한길사, 1979) ; 콘데,『解放朝鮮の歷史』, 上, pp.88~104 참조.

107)『대동정론』, 제1집(대동신문사, 1946) 참조.

108) 金鍊,『민족의 각서』(교계춘추사, 1949), p.42.

109)『동아일보』, 1945년 12월 28일자.

110)『서울신문』, 1945년 12월 30일자.

111)『서울신문』, 1945년 12월 29일자.

112) 위와 같음.

113) 위와 같음.

114)『조선일보』, 1946년 1월 1일자.

115) 주 36과 같음. 지지 성명 등은 광주부 총무과 공보부 편,『해방전후 회고』(1946), pp.71~72.

116) 溫樂中,『조선해방의 국제적 경위와 미소공위사업』(현우사), p.47 참조. 여기엔 각종 국제자료 및 콜로빈의「국제후원제에 대하여」가 부록으로 게재되어 있음.

117) 李泰俊,『신천지』. 1946. 5의 각계인사 설문 참조. 이밖에 함상훈, 설의식, 백남운, 이순금, 이강국, 오기영 등이 있음.

118) 韓斌,『동아일보』, 1946년 1월 30일자.

119) 이돈화,「통곡할 현상과 3대실천운동」,『개벽』, 1946. 4.

120) 주 49와 같음. 그중「10년 후견도 5년으로 단축」, pp.1~5 참조. 그리고 콜로빈(유엔 소련 대표의 1인)의「국제후견제에 관하여」,『신천지』, 1947. 3·4 합병호에 게재됨.『서울신문』, 1947년 5월 6일자에 모스크바 방송내용 및『신시대』지 논문 소개 등.

121) 李康國,「삼상회의 결정을 어찌하여 지지하는가!―미소공동위원회 속개를 위하여」,『신천지』, 1946. 8 참조.

122) 鄭泰植,「모스크바 3상회의의 의의」,『개벽』, 1946. 4 참조. 이외에 좌익측 이론은『조선해방 1년사』, pp.74~75 참조.

123)『경향신문』, 1947년 12월 11일자 사설.

124) 李基錫,『조선일보』, 1947년 1월 21일자 기자회견기.

125) 주 13과 같음.
126) 『동아일보』, 1946년 7월 23일자 사설 「미소협조의 길」 참조.
127) 설의식, 李甲燮, 李北滿, 함상훈, 『신천지』, 1946. 12. 이밖에 이극로, 劉英俊, 朴文圭, 제씨의 응답이 있는 설문임.
128) 許憲, 함상훈, 『조선일보』, 1947년 7월 9일자.
129) 洪命憙, 「통일이냐 분열이냐」, 『개벽』, 1948. 3.
130) 李昊宰, 「민족통일을 위한 내적 노력과 좌절과정」, 『분단전후의 현대사』(일월서각) 참조.
131) 이응진, 「신탁통치와 해방운동―약간의 기초적 논의」, 『개벽』, 1946. 4.
132) 배성룡, 『자주조선의 지향』, p.122.
133) 같은 책, p.54.
134) 홍종인, 「혁명의식의 앙양」, 『신천지』, 1946. 8.
135) 오기영, 『자유조국을 위하여』, pp.93~94 참조. 이밖에 「이성의 몰락―자유주의자의 항변」, 『신천지』, 1947. 5도 참조. 이 일련의 글엔 미·소문제, 국내 지도자에 대한 요망사항 등 분단극복 의지가 담겨 있음.
136) 오기영, 『민족의 비원』, pp.56~67, 189~93, 195~219 참조. 여기서는 38선문제를 비롯하여 주둔군, 공위, 그리고 「미국의 대조선정책」 등 주목할 만한 글이 있음.
137) 개괄적이고 밀도 있는 분석으로 姜萬吉의 『한국민족운동사론』(한길사, 1985) 중 「좌우합작운동의 경위와 성격」, 그리고 『한국현대사』(창작과비평사, 1984) 중 「좌우합작운동과 남북협상」도 참조. 외국인의 연구로는 콘데의 『解故朝鮮の歷史』, 上, 下가 좋은 참고가 됨. 그리고 金學俊, 「여운형과 건국준비위원회」, 『월간조선』, 1985. 8 ; 강만길, 「김규식과 좌우합작」, 『한국현대사』도 참조.
138) 재미 단체가 김규식에게 합작지지 노력에 대한 감사 전문을 보낸 것을 비롯(『조선일보』, 1946. 9. 20), 재미 윤평구 목사가 마셜 미국무장관에게 조선의 중립화 요구 서한을 보내는 등(『경향신문』, 1947. 5. 9), 국외 여론과, 국내에서는 『조선일보』가 「남북과 좌우의 통합」(1946. 6. 12) 및 「좌우합작에 기대」(1946. 10. 10)의 사설로 격려하는 것으로 미뤄볼 때 합작지지는 지식인사회의 한 흐름이었다고 보인다.
139) 한국 여론협회 조사결과를 보면 서울시내 통행인 7,709인에 대한 설문조사 중 좌우합작 지지에 50퍼센트의 찬성, 모르겠다는 것은 48퍼센트, 실효가 없을 것이란 항목은 2퍼센트로 나타났다(국사편찬위원회, 『자료 대한민국사』, 2, 탐구당, 1969, p.906).
140) 申翼熙, 趙素昂, 李克魯, 李秉岐, 薛貞植, 吳章煥, 李承燁, 張建相, 白南雲, 李允榮,

金若水, 梁一東, 玄相允(국사편찬위원회, 『자료 대한민국사』, 2, pp.899~905).
141) 金性洙, 『서울신문』, 1946년 10월 16일자.
142) 金炳魯, 『서울신문』, 1946년 10월 13일자.
143) 金昌淑, 『서울신문』, 1946년 10월 31일자.
144) 김준연, 『독립노선』, pp.23, 36.
145) 함상훈, 「중간파에 대한 시비」, 『신천지』, 1947. 10, p.8.
146) 함상훈, 「좌우합작과 토지 무상분배」, 『조선독립과 국계관계』.
147) 남조선 노동당 대변인 발표, 『조선일보』, 1947년 6월 10일자.
148) 김동석, 『예술과 생활』, pp.221~23.
149) 李甲燮, 「중간파의 이론」, 『신천지』, 1947. 10 참조.
150) 崔愚根, 「중간정당을 논함」, 『신천지』, 1947. 10 참조.
151) 배성룡, 『자주조선의 지향』, p.206.
152) 설의식, 『통일조국』, pp.178~79. 그는 또 『해방이후』에서의 '좌우합작 7원칙' 항목에서 합작문제를 구체적으로 다루었다.
153) 오기영, 「속 민족의 비원」, 『신천지』, 1946. 11 ; 「5원칙과 8원칙」, 『신천지』, 1946. 9 등 참조.
154) 鄭時遇, 『독립과 좌우합작』(삼의사, 1946) 참조.
155) 金永上, 「중간당(증간노선)이 지향하는 곳」, 『신천지』, 1948. 10.
156) 한민당 담화, 『동아일보』, 1948년 2월 7일자.
157) 한국여론협회 여론조사 결과, 『조선일보』, 1948년 4월 15일자.)
158) 李翼燦, 「남조선 총선거와 각당의 태도」, 『개벽』, 1948. 5 참조.
159) 서재필까지도 "통일만 된다면 나도 따라가겠다"고 함. 『경향신문』, 1946년 4월 13일자.
160) 李庭植, 「1948년의 남북협상」, 『민족통일론의 전개』(형성사, 1984) ; 金學俊, 『반외세의 통일논리』(형성사, 1983), pp.28~58 등 참조.
161) 『신천지』. 1949. 5·6 합병호. 여기엔 설의식, 鄭寅普, 安在鴻, 崔愚根, 朴琦俊, 崔淳周 등이 응답했는데 거의 통일에 대해 비관적임.
162) 『조선일보』, 1946년 4월 30일자 사설 「피는 하나다」.
163) 오기영, 『자유조국을 위하여』. p.161.
164) 설의식, 「남북협상을 성원함」, 『통일조국』, p.258. 이밖에도 그는 이 책에 「남북협상운동의 의의」를 싣고 있다.

165) 姜萬吉·陳德奎·崔相龍 좌담「해방3년사는 민족분단의 역사」,『월간조선』, 1985. 8, p.530.
166) 宋建鎬,「해방의 민족사적 인식」,『해방전후사의 인식』(한길사, 1979), p.30.
167) 강만길,『한국민족운동사론』(한길사, 1985), p.310.

해방공간의 문학
지식인 작가의 문제점을 중심으로

김윤식

1 봉황각의 자기비판

8·15 민족해방은 도적처럼 온 것인지도 모른다. 해방이 도적같이 온 것이라면 그것은 곧 하늘에서 온 것이라는 뜻이다. "이것을 미신이라 하는 자는 조선에서 그림자도 없어져라"[1]고 말해지는 것은 어떤 뜻에서일까. 새 역사의 첫걸음에서 모두가 겸허한 마음자리를 갖자는 뜻으로 풀이될 수 있다. 겸허한 마음가짐이란 무엇이겠는가. 두말할 것 없이 역사에의 두려움이다.

과연 우리 문인들은 얼마만큼의 역사적 감각을 갖추고 있었을까. 해방공간[2]의 역사적 상황은 문인들의 역사감각의 날카로움 여부와 깊은 관련이 있을 것이다. 우리 문단의 원로격이자 친일문인인 이광수(李光洙)는 8·15 해방을 언제 알았던 것일까. 일제의 패망을 예견하는 일은 결코 쉬운 일일 수 없다. 이광수는 1945년 8월 16일 오전에야 해방을 알았다. 사릉에서 농사를 짓던 그는 마을 앞 개울의 자갈 싣는 일본군인의 부재로 말미암아, 사태의 이상함을 조금 알아차렸으며, 봉선사에 있던 3종제 이학수를 통해 해방을 알았다.[3] 김동인(金東仁)은 어떠했던가. 그는 1945년 8월 15일 오전까지 총독부 정보과장 아베(阿部達一)와 작가단 조직을 위해 입씨름할 정도의 청맹과니였다.[4]

한편 이태준(李泰俊)은 어떠했던가. 강원도에 소개되어 있던 그가 해방을 안 것도 16일 오후였다. 그가 서울에 와서 문인들 모임에 참석한 것은 17일 오전이었다.

신문사에 근무하거나 상사의 해외특파원이 아니고는 해방을 알아차리기란 불가능한 일이다. 해방이 언젠가 오리라는 확신을 가진 사람은 그리 많지 않았는지도 모른다. 당대를 살아가는 사람의 처지에서 보면 역사는 항시 불투명한 것이어서 그것에 대한 예견이란 다만 신념의 표현에 지나지 못한다. 그 신념이 과학적인 뒷받침을 갖느냐 못 갖느냐는 그가 갖고 있는 정보의 양으로 좌우되는 것이다. 이 정보의 양이 미미하거나 거의 없을 때 역사는 운명의 빛깔을 띠게 되며 역사의 목소리는 하늘의 목소리로 들리게 된다. 말하자면 역사 안에서의 목소리와 역사 너머에서의 목소리가 마주치는 자리의 모호함이 나타난다. 광복(光復, 빛의 회복)이라는 시적 용어도 이런 현상의 표현에 지나지 않는다. 사회과학 용어와는 너무도 먼 거리에 있는 '광복'이란 말 옆에 해방이란 용어가 있기는 하나 그 역시 사회과학이 못 미침이 자못 심하다.

해방공간은 대범하게 보아 역사 안에서의 목소리와 역사 너머에서의 목소리의 마주침에서 오는 이상한 울림으로 가득 차 있었다고 할 수 있다. 이 목소리를 전문적으로 문제삼는 담당계층이 문인들일 터다. 그 목소리는 따라서 성스러운 것이었다. '민족'이란 이름으로 말해지는 목소리인 만큼 그 목소리 속에는 사특함이 없다.

  풍란화(風蘭花) 매운 향내 당신에야 견줄손가
  이날에 님 계시면 '별'도 아니 더 빛날까
  불토(佛土)가 이 외 없으니 혼(魂)아 돌아오소서.[5]

  백성과 나라가
  이적(夷狄)에 팔리우고
  국사(國祠)에 사신(邪神)이

오연(傲然)히 앉은 지
죽음보다 어두운
오호 36년!
그대들 돌아오시니
피 흘리신 보람 찬란히 돌아오시니!⁶⁾

이러한 목소리는 특정 시인의 것이 아니고 역사 너머의 목소리다. 그러나 역사 너머에서의 목소리가 의미를 띠기 위해서는 역사 안에서의 목소리와 마주쳐야 한다. 그렇지 않으면 빈 골짜기의 바람소리거나 도금한 금방울과 같은 것이다. 다른 말로 하면, 노래하는 시인 자신의 모습을 그 노래의 목소리로 비판하는 일이다. 특정하지 않은 시인에서 특정한 시인으로 자리를 바꾸는 단계를 거치지 않으면 그의 목소리는 결코 역사 안으로 들어올 수 없다. 그것은 해방공간 속에서 새 나라 건설 곧 민족문학 건설의 바탕을 마련하는 일과 막바로 연결되는 일이기도 했다. 역사 안에서의 일, 역사에의 두려움을 문제삼을 때 제일 먼저 떠오르는 일은, 자기 속에 잠복되어 있는 일제의 잔재다. 여기서 잔재라는 것은 제도적 측면에서가 아니고 오직 모럴 상의 과제에 국한된다. 누가 낯선 신을 경배했는가. 누가 얼마만큼 그 낯선 신의 옷자락에 매달리려고 했는가. 한쪽 신을 선택함이란 다른 신에게 모독을 주는 짓인 만큼─신은 질투심을 기본 속성으로 하고 있는 것이다─이 문제는 눈에 보이는 것이기보다는 각자의 양심에 속하는 것이어서 여간 섬세한 것이 아니며, 따라서 문학적인 과제라 할 만한 것이다.

해방공간에 우리 문인들의 양심선언은 과연 어떤 수준에서 이루어졌던 것일까. 이 문제는 각자의 은밀한 곳에서 진행되는 성질의 것이어서 표면으로 떠오르는 것은 그리 표나지 않음을 특징으로 하고 있다. 그중, 다음 세 가지만 살펴두기로 한다.

그 하나는 해방 직후인 8월 17일에 있었던 최초의 문인모임에서 일어난 일. 8월 16일에 일제가 만든 문인보국회가 있던 한청빌딩으로 모이자는

'벽보'가 거리에 나붙었고, 그 이튿날 30여 명의 문인들이 원남동 어느 건물에 모였다. 이원조(李源朝)가 사회를 하고 임화(林和)가 선언문을 기초했다. 그 모임에서 이태준과 김남천이 노골적으로 불만을 표시했다. 그 장면은 여러 가지 점에서 인상적이라 할 해방공간의 첫 모습이다.

    이태준이 발언한 말로서 "일본놈 때도 출세를 하고 해방되어서도 또 선두에 나서려 하다니…… 이럴 수가 있느냐"고 하면서 그런 분자들을 빼지 않으면 자기네는 이 준비위에 참석할 수 없다고 잘라서 말했다. 그리고 면전에서 Y씨와 L씨가 지적되었다. 그때 Y씨가 한 말이 "정치인들에 비기면 우리 문학인들이 한 일은 아무것도 아닙니다. 그러나 다들 의사가 그렇다면 물러가지요" 하고 퇴장을 하겠다는 의사를 표시했다. 내가 보기에는 그때 난처한 자리에 선 사람은 임화라고 보았다. Y씨더러 하는 말이 "따지고 보면 누구나 다 허물없는 사람이 있겠소마는 이렇게 이야기가 되고 보니 얼마 동안만 좀 있다가 다시 같이 일할 기회를 봅시다" 하고 어물어물하는 타협안을 제시했다. 하여튼 그렇게 하여서 Y씨와 L씨 두 사람이 퇴장을 하고 돌아갔다.[7]

양심문제에 해당되는 일이 이처럼 만인 앞에 겉으로 드러난 불쾌감으로 변질되고 말았음을 우리는 볼 수 있다.

  두 번째 형태는 1945년 12월에 봉황각에서 있었던 어떤 좌담회의 모습으로 나타났다.「문학자의 자기비판」[8]이라 이름붙여진 이 좌담회엔 김남천(金南天), 이태준, 한설야(韓雪野), 이기영, 김사량(金史良), 이원조, 한효(韓曉), 임화 등이 참석했는데 참석자의 비중이 매우 크다는 점, 문학가동맹대회의 자격심사와 이 문제가 직결되어 있다는 점, 그리고 양심선언에 가까운, 깊이있는 '상호 간의 비판'에까지 육박했다는 점에서 주목되는 것이다. 이 좌담회의 기본 태도는 한효의 발언에서 잘 드러나 있다. 곧, 조선사람치고 일본에 협력적인 태도를 취하지 않은 사람은 "없다고 말해 무방할 것"이며, 따라서 과거를 조금도 감춤 없이 "준열한 자기비판을 한다는 것은 결코 불명예스러운 일이라고 할 수도 없다"는 것이다. 이 좌담에 서 제일 주목되는 것은 다음 세 사람의 자기비판 및 상호비판이다.

(A) 나는 8·15 이전에 가장 위협을 느낀 것은 문학보다 문화요 문화 보다 다시 언어였습니다. 작품이니 내용이니 하는 것은 제2, 제3이요, 말이 없어지는 위기가 아니었습니까? 이 중대 간두에서 문학 운운은 어리석고, 우선 말의 명맥을 부지해나가야 할 터인데 어학관계에 종사하는 분들은 검거되고, 예의 홍원사건 아닙니까? 학교에서 교편 잡고 있는 분들은 직업을 잃고 조선어 잡지, 신문 등 문화간행물은 거의 없어지게 되었습니다. 어디서 조선문화를 논할 여지조차 있었습니까? 그런데 이 점엔 소극적으로나마 관심을 갖지 않고 도리어 조선어 말살정책에 협력해서 일본말로 작품활동을 전향한다는 것은 민족적으로 여간 중대한 반동이 아니었다고 봅니다. 그러므로 나는 같은 조선작가로 최후까지 조선어와 운명을 같이하려 하지 않고 그렇게 쉽사리 일본말에 붓을 적시는 사람을 은근히 가장 원망했습니다. 물론 사상에까지 일제에 협력한 사람과 그냥 용어만을 일어로 한 사람과 구별은 해야 할 줄 압니다만.[9]

『문장』지의 주간이자 『문장강화』의 저자인 작가 상허 이태준의 이러한 발언이 「빛 속에」(1939)로 아쿠타가와상(芥川賞) 후보에까지 올랐던 김사량을 비판한 말임은 의심할 여지가 없다. 일본어 실력이 특출하여 일본 문단에 등단하여 활동했으며, 연안으로 탈출하여 독립운동에도 참가했다가 돌아온 김사량을 두고 이렇게 비판한 것은 상허다운 오기이자 패기이기도 하며, 또한 그의 순수함의 드러남이라 볼 수도 있다. 그렇지만 이러한 비판이 일면적임을 면할 수 없는 것도 또한 '감출 수 없는 사실이다. 다음과 같은 김사량의 변명도 성립될 수 있기 때문이다.

(B) 절망적인 구덩이에 빠졌으면서도 희망은 꼭 있다고 생각한 분들이 붓을 꺾은 후 그나마 문화인적 양심과 작가적 열정을 어디다 쓰셨는

가요? 여기서 문제는 전개된다고 생각합니다. 쉽사리 갈라놓자면 문화를 사랑하고 지키는 문학자와 또 그래도 싸우려고 한 문학자, 이 두 갈래. 그러나 일언으로 말하자면 문화인이란 최저의 저항선에서 2보퇴각, 1보전진하면서도 싸우는 것이 임무라고 생각합니다. 무엇을 어떻게 썼느냐가 임무라고 생각합니다. 좀 힘들어지니까 또 옷, 밥이 나오는 일도 아니니까 쑥 들어가 팔짱을 끼고 앉았는 것이 드높은 문화인의 정신이었다고 생각하는 데는 나는 반대입니다. 모두 앞날의 광명은 믿었던 처지로 만약 붓을 표면에서는 꺾였으나 그래도 골방 속으로 책상을 가지고 들어가 그냥 끊임없이 창작의 붓을 들었던 이가 있다면 우리는 그 앞에 모자를 벗지 않을 수가 없습니다.[10]

(B) 속에는 (A)에 대한 날카로운 비판감각이 꿈틀거리고 있음을 누구나 쉽사리 느낄 수 있다. 이 속에는 일제암흑기에 붓을 꺾느냐, 일어로라도 문학활동을 함으로써 저항하느냐의 문제의식이 가로놓여 있는 만큼 간단히 논란하기 어려운 터다. 암흑기를 맞아 우리 문인이 가졌던 태도는, 친일적인 것을 빼면 다음 세 가지를 생각해볼 수 있다. ① 붓을 꺾는 일, ② 골방에서 계속 창작을 하는 일, ③ 일본어로 쓰되, 최소한의 협력을 함으로써 계속 쓰는 일 등이다. 상허가 ①에 섰다면 김사량은 ③에 섰던 셈이다. 과연 ②에 속한 사람은 없었는가. 김사량이 그런 사람이 있다면 "우리는 그 앞에 모자를 벗지 않을 수 없다"고 할 때, ①, ③보다 ②의 중요성이 새삼 확인된다. ③의 태도란 구체적으로 무엇인가. 과연 김사량이 쓴 작품들의 귀속문제는 어떻게 되는 것일까. 이런 물음은 피할 수 없는 과제다. 「빛 속에」로 일본문단에 데뷔한 김사량은 「토성랑」(土城廊), 「유치장에서 만난 사나이」 등의 작품을 썼다. 이들 창작이 '내선일체사상'을 고취한 것이기보다는 한국적인 현실을 밀도있게 드러냄으로써 식민지적 현실을 부각시킨 것으로 볼 수는 있다. 그렇지만 그런 행위 역시 궁극적으로는 일본문학에 귀속되는 것에 지나지 않음도 누구나 알 수 있는 일이다. 그것은 다만 시간문제였던 것이다. 평양부호의 아들로서, 국방헌금 3만 원을

배정받을 정도의 집안이며, 형이 총독부국장을 지낸 그로서는 자기갱신이 필요했는지도 모른다. 따지고 보면 그가 1945년 연안으로 탈출한 것도 그러한 행위의 일종이었을 것이다. 그렇지만 그의 연안탈출이란 엄격히 말하면, 일종의 '도피'다. 그 자신도 이 점을 어느 점에서는 시인하고 있다. 곧 엄밀한 의미에서 그것은 '하나의 로맨티시즘'인 것이다. "국내의 주체적 혁명역량과의 연락을 못 이루었던 몸으로서는 해외의 혁명역량에 대한 아름다운 꿈과, 또 그곳에 뛰어들어서라도 같이 싸우겠다는 정열과 그들이 간고히 싸우고 있는 사실을 기록화하여 국내 동족 앞에 알리겠다는 작가적 야심"[11]에서 말미암은 것이다. 이러한 그의 연안행으로써 그의 창작행위 ③을 정당화할 수 있을까. 그것은 한낱 결과론에 불과하지 않겠는가. 그러므로 그의 일본어로 쓴 작품은 우리 문학에 들어올 수 없는 것이다.[12]

한편 ②에 속하는 경우는 과연 전무했던 것일까. 그렇지는 않다. 황순원(黃順元)은 「독짓는 늙은이」(1944), 「눈」(1944), 「노새」(1943), 「맹산할머니」(1943) 등을 써서 감추어두었던 것이다. 신인이긴 하나 박두진(朴斗鎭)의 경우도 이에 해당된다. 박두진은 1941년에서 45년까지 친우 이상로(李相魯)와 많은 편지왕래를 했으며, 그 속에는 상당수의 시가 포함되어 있다. 「배암」「산과 산들을 일으키며」 등의 작품이 그러한 사례에 해당된다.[13]

해방문단의 첫 과제 중의 으뜸 항목이 문인의 자기반성이라고 할 때, 이 점에서 음미될 만한 것은 임화의 발언일 터다.

(C) 자기비판이란 것은 우리가 생각던 것보다 더 깊고 근본적인 문제일 것 같습니다. 새로운 조선문학의 정신적 출발점의 하나로서 자기비판의 문제는 제기되어야 한다고 생각합니다. 그런데 자기비판의 근거를 어디 두어야 하겠느냐 할 때 나는 이렇게 생각합니다. 물론 그럴 리도 없고 사실 그렇지도 않았지만 이것은 단순히 예를 들어 말하는 것인데 가령 이번 태평양전쟁에 만일 일본이 지지 않고 승리를 한다, 이렇게 생

각해보는 순간에 우리는 무엇을 생각했고 어떻게 살아가려 생각했느냐고. 나는 이것이 자기비판의 근원이 되어야 한다고 생각합니다. 이때 만일 '내'가 일개의 초부로 평생을 두메에 묻혀 끝맺자는 것이, 한 줄기 양심이 있었다면 이 순간에 '내' 마음속 어느 한 구통이에 강잉히 숨어 있는 생명욕이 승리한 일본과 타협하고 싶지는 않았던가? 이것은 '내' 스스로도 느끼기 두려웠던 것이기 때문에 물론 입밖에 내어 말로나 글로나 행동으로 표시되었을 리 만무할 것이고 남이 알 리도 없는 것이나, 그러나 '나'만은 이것을 덮어두고 넘어갈 수 없는 이것이 자기비판의 양심이 아닌가 하고 생각합니다. 이럼에도 불구하고 이 결정적인 한 점을 덮어둔 자기비판이란 하나의 허위상, 가식이라고 생각합니다. 그러기에 우리가 모두 겸허하게 이 아무도 모르는 마음의 '비밀'을 솔직히 터 펴놓는 것으로 자기비판의 출발점을 삼아야 한다고 생각합니다. 그리고 자기비판에 겸허가 왜 필요한가 하면 남도 나쁘고 나도 나쁘고 이게 아니라, 남은 다 나보다 착하고 훌륭한 것 같은데 나만이 가장 나쁘다고 감히 긍정할 수 있어야만 비로소 자기를 비판할 수 있기 때문입니다. 이것이 양심의 용기라고 생각합니다.[14]

(C)의 발언은 '자기비판'의 원칙을 내세운 것인 만큼 봉황각 좌담회 참석자 전원이 '동감'을 표시하게 된다. 문인의 자기비판이란 무엇인가. 곧 그것은 문인의 '양심문제'일 터다. 그렇다면 그것은 창작에서 제일 잘 드러날 성질의 것이다. 섬세한 윤리감각이란 창작 속에 발현될 때 비로소 일종의 극복일 수 있는 것이다. 불행히도 그러한 창작은 거의 쓰이지 못한 형편이다. 그 이유를 창작으로 양심선언을 할 수 있는 기술이 부족했거나 방법론을 몰랐다고 말해볼 수도 있다. 우리 문학에 내적인 고백체의 전통이라든가 자전적 형식(사소설 같은 것)이 확립되어 있지 못한 점도 사실일 터다. 종교적인 참회정신도 우리에겐 낯선 것이라 할 수 있다. 그러나 잘 살펴보면 대일협력에 관한 양심적 가책을 별로 갖지 않았거나 가질 필요가 없었던 사실에서 그러한 창작이 나오지 않았다고 볼 수도 있을 것이

다. 대일협력에 적극적으로 가담한 이광수, 최남선(崔南善)을 비롯한 조선 문인보국회의 간부급들은 이 경우 논외에 있는 것이다. 그들은 민족정기의 이름으로 새 나라 건설에서는 국사범에 해당되는 것인 만큼 참회라든가 양심선언은 성립되지 않는다. 반민특위가 국회에 법률로 통과된 것은 1948년 9월 22일이고 실질적인 행동을 한 것은 1949년 1월 8일이며, 문화인을 체포하기 시작한 것은 같은 해 2월 7일이었다. 제1차 체포에서 박흥식, 최인, 방의석, 김성근 등의 취조가 일단락지어진 2월 7일에 최남선, 이광수 등이 체포된다. 이 두 사람을 빼면 다른 문인들은 어떻게 되었을까. 이런 물음도 별 의미는 없다. 주요한(朱耀翰)이 검거되어 특검부로 송치되었다는 것[15]과 최재서(崔載瑞), 김용제(金龍濟)에게 교육자 신모씨, 송모씨, 언론인 이모씨와 함께 반민특위서 소환장이 발부되었는데, 그중 한 사람만 빼고 모두 출두했다는 것, 그리고 "문인보국회를 결성했다 하는 최재서, 김용제 양인은 13일 오후 구속문초 중에 있다 한다"[16]라는 간략한 신문보도 이외에는 확인할 길이 없으며, 또한 반민특위 역시 성과 없이 해체되고 만 것은 역사가 증명하는 일이다. 반민특위의 성격이나 그 경위, 그리고 역사적 임무와 한계에 관해서는 이 자리에서 새삼 논의할 필요가 없다.[17] 그것은 문학인의 양심의 문제와는 너무나 동떨어진 것인 만큼 창작에 연결될 성질의 것이 못되기 때문이다.

  문학인은 적어도 양심선언을 해야 된다는 생각은 그만큼 문학인을 선비 또는 지사적인 정신의 소유자로 파악하고 있었음을 나타낸다. 민족의 언어 및 거기에 깃든 정신을 지키는 성스러운 존재가 문학이라는 생각은 우리 근대문인이 짊어진 보이지 않는 힘인지도 모른다. 역사 안에서의 목소리와 역사 너머에서의 목소리를 함께 말하도록 생각하는 풍토가 해방공간에서는 제일차적으로 울리었음도 당연한 일이다. 그렇지만 이미 보아온 바와 같이 내적 고백의 전통 빈약이라든가 종교적인 고백형식 미비 등의 외적 형식과, 고백할 내적 밀도의 희박함으로 말미암아 그것이 작품으로 승화되어 나타나지 못하고 말았다. 기껏 육당의 「자술서」(1949. 2)가 있으나 마포형무소에서 쓴 것이며, 이광수의 장편의 『나의 고백』[18]이 있으나, 「민족의식이 싹틀 때」에서 시작하여 「친일파의변」으로 끝났을 뿐이다. 반민특위법이 공포된 뒤에 쓴 이광수의 이 글은 그 처벌을 염두에 두고 쓴 것인 만큼 변명서에서 더 나아간 것이 아니었다. 주변에서 그로 하여금 '참회록' 쓰기를 권했으나 그는 응하지 않았는데 그 이유는 "그것은 내가 나를 변명하는 것이 사내답지 못하다고 생각했음"[19]이라고 했다. 이것은 문인의 말이 아니고 한갓 보통 사람의 말에 지나지 않는다. 그로 하여금 '사내답지 못함'이라고 말하게 한 것 자체가, 우리 문학에 내적 고백 형식이 미비했던 전통 탓이라고 볼 수도 있다. 문학인들이 광복의 찬연한 빛 앞에 양심선언을 해야 한다는 당위에도 불구하고, 우리 문인들은 그렇게 하지 못하고 말았다. 그것에 알맞은 문학적 형식이 우리에게 결핍되었던 사실을 부정하기 어렵다. 그러한 형식을 길러내기에 우리 근대문학의 전통은 너무 짧았던 것이라 할 수 있다.

2 전국문학자대회의 표정

1946년 2월 8일과 9일 이틀간에 걸쳐 제1회 전국조선문학자대회가 종로 기독교청년회관에서 열렸다. '조선민족문학수립만세'라는 현수막을 거창하게 내건 이 대회만큼 문인에게 감격스러운 것은 그리 많지 않았을 것이다. 적어도 심정적인 자리에서는 그렇게 보였다. 그러한 감격을 어떤 기자는 "역사적인 회합이기도 하려니와 질식상태에서 조선문학의 전통을 잊어버릴 뻔했던 조선민족문학이 보무당당히 걸어갈 수 있다는 전국문학자의 숨김없는 정열의 부르짖음이 완전독립을 전취하려는 오늘에 있었다는 것은 감격이 아닐 수 없는 일"[20]이라 적었다. 이러한 규모의 큰 모임은 일찍이 없었고, 또 이러한 성격의 모임 역시 한 번도 없었던 만큼 감격이 아닐 수 없었던 것이다. 이 대회에 참석하기 위해 시골서 올라온 시인 신석정(辛夕汀)은 그 감격을 「꽃덤풀」이라 이름지어 노래했다.

태양(太陽)을 의논(議論)하는 거룩한 이야기는
항상 태양(太陽)을 등진 곳에서만 비롯하엿다.

달빛이 흡사 비오듯 쏘다지는 밤에도
우리는 헐어진 성(城)터를 헤매이면서
언제 참으로 그 언제 우리 하늘에
오롯한 태양(太陽)을 모시겠느냐고
가슴을 쥐어 쓰드며 이야기하며 이야기하며
가슴을 쥐어 뜯지 안엇느냐?

그러는 동안에 영영 잃어버린 벗도 잇다.
그러는 동안에 멀리 떠나버린 벗도 잇다.
그러는 동안에 몸을 팔아버린 벗도 잇다.
그러는 동안에 맘을 팔아버린 벗도 잇다.

그러는 동안에 드듸어 서른여섯해가 지내갓다.

다시 우러러 보는 이 하늘에
겨울밤 달이 아직도 차거니

오는 봄엔 분수(噴水)처럼 쏘다지는 태양(太陽)을 안고
그 어늬 언덕 꽃덤풀에 아늑히 안겨보리라.[21]

대회 첫날의 감격을 「꽃덤풀」에 노래한 것은 비록 이 시인의 심정만이 아니었는지도 모른다. 참으로 그동안 잃어버린 벗도 떠나버린 벗도 없이, 또한 몸 판 벗도 마음 판 벗도 없이 다 같이 이날을 맞아 즐기며 팔을 걷고 우리 문학의 앞날을 토의할 수 있었더라면 얼마나 좋았을까. 우리 민족과 함께 우리 문학도 너무나 불행했기에 "한 사람이 열 번 부르짖어도, 열

사람이 백 번 부르짖어도, 파시즘을 부숴라, 국수주의를 부시자는 등의 말이 튀어나올 때마다 전원이 박수로써 동의하는 것도" 이러한 역사적 사실에서 말미암았다. 그러나 시인의 이러한 순수서정의 세계는 폭풍의 역사 속에서 여지없이 깨어지게 된다. "만약 그동안 잃어버린 벗도 없이, 만약 그동안 몸 판 벗도 마음 판 벗도 없이 다 같이 한자리에 앉을 수 있었더라면, 죽음에서 돌아온 사람들끼리 이번의 모임인 대회가 얼마나 더욱 찬란한 것이었을까"[22]라는 표현에서 드러나듯 시인의 서정적 세계란 '만약'에 지나지 않는다. 시적 세계인식 속에는 부분적인 현실인식밖에 스며들지 못한다. 순정한 서정시 속에는 무용하기 때문에 겨우 가능한 감격만이 울릴 뿐이다. 그것은 흡사 서사시에 대한 비극의 관계와 같다. 비극이란 이념(본질)과 현상(일상적 삶)이 영웅(주인공)의 죽음의 한순간에만 일치될 뿐, 그 외에는 완전히 따로따로 떨어져 아무런 연결을 갖지 못한다. 해방공간은 서사시에서 비극을 거쳐 플라톤 철학으로 넘어가는 그리스사회의 공간과 흡사하다. 현상과 본질이 완벽한 화해상태이던 서사시(서사적 상태)는 8·15해방의 찾아옴에서 확인된다. 그것은 신과 더불어 온 것이다. 그러나 그 신은 한순간 우리의 눈을 멀게 한 뒤에 어느새 이 땅을 떠나버렸다. 현상과 본질이 분리된 것이다. 그것이 비극(비극적 상태)이다. 그렇지만 비극은 아직도 조금의 희망을 갖추고 있다. 주인공(영웅)의 죽음의 순간에 현상과 본질이 일치될 수 있기 때문이다. 전국문학자대회는 비극의 상태라 규정된다. 그것은 한순간의 신의 머무름이 가능한 공간이었다. 그렇지만 그것은 '만약'으로 표현되듯 한순간의 일이고, 그 순간이 지나자 본질(이념)과 현상은 영영 갈려 서로 마주 보며 평행선을 긋게 된다. 삶의 원자로가 아무런 가치도 없는 것으로 된 세계에서는 본질이나 의미가 이데아들의 순수지적인 영역으로 피신하게 되는 것, 그것이 플라톤의 철학이다. 우화라든가 신화 속에서 자기를 표현하는 경우를 제하면 철학 속에서는 본질과 현상은 어떤 일이 있어도 마주치지 못한다.[23] 이러한 그리스사회의 3단계(서사시, 비극, 플라톤 철학)의 도식이 우리의 해방공간을 설명함에 조금의 도움이 될 수 있다는 생각은 우리의 해방공간의 성스러움에서 말미암는다. 그 해방공간이 기껏해야 40년의 세월 앞인데도 아득한 영웅전설시대로 인식되는 것이 바로 그 증거다.

전국문학자대회는 서사시와 철학의 중간단계에 놓이는 비극에 해당된다. 그것은 현상과 본질이 '한순간' 만나는 공간이었던 것이다.「꽃덤풀」로 표상되는 순수서정의 빛이 이 공간을 감돌고 있지만 이미 그 공간 속에는 일상적 삶이 검고도 거칠게 그 맨 얼굴을 드러내기 시작한 것이다. 그것을 보통 정치라고 부른다.

이 대회의 내막을 살피기 위해서는 대회 주체의 성격을 알아보는 것이 지름길이 될 것이다. 곧 그것은 조선문학가동맹의 성격을 밝히는 일에 해당된다. 조선문학가동맹 중앙집행위원회 서기국에서 이 대회를 기획 주관했기 때문이다. 이 사실은 대회의 경과보고에 상세히 적혀 있다. 이것은 다만 이 대회의 경과보고에 멈추지 않고 해방공간의 문단구성을 알아보는 것에도 해당되는 자료인 만큼 여기 그대로 옮겨둘 필요가 있다.

8월 15일의 역사적인 민족해방을 맞아 우리 문학운동도 결박되었던 철쇄를 끊고 일어섰습니다.

8월 16일 조선문학건설본부가 결성되고 9월 17일 조선프롤레타리아 문학동맹이 결성되어 민족문학의 자유스럽고 건전한 발전을 위한 원대한 전망하에서 적극적 활동으로 각기 노력하던 중 활동주체가 분립된 것에 유감을 느낀 양 단체는 성실한 자기비판을 통해서 마침내 12월 3일에 양 단체 대표로 구성한 공동위원회를 열고 구체적 방법을 논의하여 12월 6일 합동에 관한 공동성명서를 발표했습니다.

12월 13일 합동총회를 개최하고 조선문학동맹이란 명칭으로 통일결성했는데 이 조선문학동맹은 그간 조선에 있어서 민족문학건설의 운동기관으로 과도적 역할을 하여오는 동시에 그 조직에 있어서든지 금후 운동방침에 있어서 진보적 민주주의적 원칙에 따라 이를 승인받으며 또는 의결 책정하고자 조선문학동맹에 전국문학자 준비위원회를 조직 설치했던 것입니다.[24]

이 자료의 해독에는 많은 설명이 필요하다. 이 자료가 단순히 전국문학자대회의 개최취지에 불과한 듯한 겉모양을 갖추고 있지만 그 속에는 임화 중심의 문단주도권 장악을 위한 치밀한 작전이 잠겨 있기 때문이다.

이 대회의 구성원에서 드러나듯 임화, 이태준, 김남천 중심의 단체인 이른바 '조선문학가동맹'은 두 가지 문학그룹을 제거하면서 비로소 이루어졌던 것이다. 그 하나는 이른바 '프로예술동맹'이다. 종로구 종로2가에 간판을 내건 프로예술동맹은 의장에 한설야, 서기장에 윤기정(尹基鼎)이었으며 구(舊)카프(KAPF)계의 정통을 이은 단체였다. 앞의 자료에서 보듯 해방 직후인 8월 16일에 조선문학건설본부가 결성되었고, 8월 18일엔 한청빌딩에 조선문화건설중앙협의라는 간판이 붙어 그 속에 조선문학건설본부, 조선미술건설본부, 조선음악건설본부 등이 포함되고 있었다. 한편 조선프롤레타리아문학동맹이 9월 17일에 별도로 결성되었는데, 이 단체는 구카프가 부활된 것이었다. 그러니까 임화 중심의 조선문학건설본부와 조선프롤레타리아문학동맹의 두 단체가 대립되었던 셈이다. 이 두 단체가 남로당의 지령(곧 장안파가 박헌영파에 흡수되는 과정)에 의해 통합되어 '조선문학동맹'으로 된 것은 1945년 12월 13일의 일이다. 이 합동에서 빚어지는 여러 가지 문제점을 수습하고 문단주도권 쟁취를 위해 계획한 것이 전국문학자대회다. 목적이 이토록 뚜렷한 것이었던 만큼 그 계획이 치밀할 수밖에 없었음도 당연한 일이다. 곧 '조선문학동맹'은 대회준비위원을 김태준(金台俊), 권환(權煥), 이원조, 한효, 박세영(朴世永), 이태준, 임화, 김남천, 안회남(安懷南), 김기림(金起林), 김영건, 박찬모 등 12명으로 뽑고, 여기서 지명문학인 233명을 결정하고, 1946년 1월 20일 이들에게 대회소집 통지서를 띄웠던 것이다. 이에 의해 가입된 회원은 120명뿐이었으며, 대회 당일 회장에 참가한 회원은 91명에 지나지 않았다.

조선문학동맹이 포섭하고자 한 지명문학자 233명의 명단은 알아낼 길이 없으나, 아마도 당시 문학인 거의 대부분이 아니었던가 추측된다. 1940년도 조선인 문필가는 모두 290명으로 되어 있는데 물론 여기에는 문화인까지 포함되어 있어서 순수문학자의 수는 축소될 수 있다.[25] 그러나 233

명 중, 참가하겠다는 의사를 표명한 문학자는 120명에 지나지 않았으며, 실제로 참가한 사람은 91명에 그쳤다. 그러니까 전국문학자대회는, 그 이름과는 달리 142명이나 불참한 부분적인 규모에 지나지 않았다. 당일 참석한 91명 중에도 「꽃덤풀」의 시인처럼 벗들을 찾아 시골에서 올라온 문학자도 적지 않았을 것이다. 대회의 소설보고자로 선임된 안회남을 만나기 위해 '불원천리'했는데, 급한 용무로 안회남이 나오지 못하고 임화가 대신 보고함으로써 실망한 사실이 지적되어 있음을 보아도 이러한 사정을 알 수 있다. 안회남은 유일하게 구주탄광으로 징용갔던 문인이었다.[26)]

이렇게 볼 때 전국문학자대회에서는, 1945년 12월 13일에 합동했다는 이기영, 한설야 중심의 조선프롤레타리아문학동맹의 상당수가 실상은 반발하여 참가하지 않았음이 판명된다. 뒷날 월북한 후 이들이 임화 중심의 남로당계와 대립되었음도 실상 우연한 일이 아닐 터다.

이 대회에 불참한 또 하나의 중요한 그룹이 이른바 박종화 중심의 '중앙문화협회'(1945. 9. 18)다. 박종화(朴鍾和), 김진섭(金晉燮), 이헌구(李軒求), 김광섭(金光燮), 유치진(柳致眞), 김영랑(金永郎), 오종식(吳宗植), 이하윤(異河潤) 등 30여 명의 모임인 중앙문화협회의 결성으로 말미암아 해방공간의 문단은 비로소 민족진영과 공산진영으로 갈라진 것이다. 그렇다고는 하나, 이들 두 진영이 투쟁단계로 들어간 것은 결코 아니었다. 두 진영이 날카롭게 맞서게 된 계기는 바로 전국문학자대회 이후였다. 이런 뜻에서 이 대회는 우리 근대문학사에 하나의 선을 긋는 분수령이다.

전국문학자대회를 축으로 하여 해방공간의 문학적 세력분포를 살피는 일은 불가피한 일의 하나인 만큼 이 대회의 결의사항을 짚고 넘어가지 않을 수 없다. 만장일치로 통과된 강령과 규약의 중요한 부분은 아래와 같은 세 가지 항목일 것이다.

첫째, 진보적 민주주의 국가 건설의 과정에서 문학은 ① 일제의 잔재 소탕, ② 봉건적 잔재 청산, ③ 국수주의 배격, ④ 진보적 민족문학의 건설, ⑤ 조선문학의 국제문학과의 제휴 등이 요청된다는 것.

둘째, '조선문학가동맹'이라는 명칭을 사용하기로 확정한 점. 좌익진영의 문학단체의 명칭은 '조선문학건설본부'에서 조선문학건설본부와 조선프롤레타리아문학동맹의 합동으로 이루어진 '조선문학동맹'을 거쳐 마침내 '조선문학가동맹'으로 변해온 것임을 알 수 있다. 조선문학동맹이냐 조선문학가동맹이냐의 논의가 이 대회에서 토의를 거쳐서 43 대 28의 다수결에 의해 조선문학가동맹으로 가결된 것이었다.

셋째, 이 단체의 집행위원을 확정한 점. 중앙집행위원장에 홍명희(洪命憙), 부위원장에 이기영, 한설야, 이태준 3명을 뽑았으나 이기영, 한설야는 처음부터 이 대회에 참석하지 않았으며(이들은 조선프롤레타리아문학동맹계) 홍명희는 다만 상징적 존재인 만큼 조선문학가동맹의 실질적인 책임자는 임화, 이태준임이 밝혀진 셈이다. 서기장엔 권환, 위원엔 이원조, 임화, 김태준, 김남천, 안회남, 한효 등 모두 22명이 포함되었다.

이들의 조직활동은 기관지 『문학』을 통해 전개되었다. 『문학』은 조선문학가동맹이 발행한 것으로, 그 발행인 대표는 이태준이었고, 1946년 7월에 창간호를 내었다. 3호는 일부 몰수되었고, 5, 6호는 출판사정에 의해 제한된 부수만 나왔으며, 7, 8호는 발행인이 현덕으로 되어 있다. 마지막 호인 8호(1948. 7)가 나왔을 때는 이미 이태준, 임화 등은 월북한 뒤였다. 해방공간이 끝나기 한 달 전에 해당된다. 따라서 기관지 『문학』은 대한민국 수립 한 달 전에 종말을 고함으로써 해방공간의 좌익 문학지를 대표했던 것이라 할 수 있다.

이 대회에서 드러난 사실은 민족문학(화)이라는 명칭과, 그것이 지향하는 방향성이 부르주아 문화건설에 있음을 명백히 한 점이다. 그것이 조선공산당(남로당)의 지령에 따른 것임은 새삼 말할 것도 없다.

문화운동의 기본임무가 조선의 부르주아민주주의혁명 수행을 위한 광범한 투쟁의 일익임을 인식하고 먼저 우리 문화 가운데 남아 있는 일본제국주의적 문화잔재와 봉건주의적 유물의 청산 등 구문화의 질곡으로부터의 해방을 위하여 투쟁하여야 한다. 이것과의 투쟁 없이는 민주주의적 민족문화의 건설은 불가능한 것이요, 민주주의적 민족문화의 건

설 없이는 또한 조선에 있어 앞으로 더욱 높은 정도의 문화건설은 지난한 것이다.[27]

이것은 조선공산당 중앙위원회 이름으로 된 〈조선민족문화건설의 노선〉(잠정안) 중 제3항의 한 부분이다. 여기서 주목할 것은 문화운동위의 기본임무가 '부르주아민주주의혁명 수행'에 있다는 점이다. 이 노선에서 밝힌 부르주아민주주의혁명이란 제4항에서는 "우리의 혁명단계는 프롤레타리아 단계가 아니라 민주주의 혁명단계에 처해 있다. 따라서 건설될 신문화는 사회주의 혹은 프롤레타리아적인 문화가 아니라 반제국주의적 반봉건적인 민주주의적 민족문화요, 무산계급의 반자본주의적 문화가 아니다"라고 강조되어 있을 뿐 아니라, 제10항에서는 일층 명백히 이 점을 규정해놓고 있다.

문화전선에 있어서도 극좌적 경향은 대중과 분리되며 통일전선운동에 가장 유해한 방해물임을 깊이 인식하여야 한다. ……그러므로 완고한 우익적 경향과 극좌경향의 두려운 파괴행위를 반대하여 투쟁함으로써 이것을 극복치 않고는 내용에 있어서 민주적이고 형식에 있어서 민족적인 신문화를 건실치 못할 것이다.[28]

조선문학가동맹의 이러한 민족문학건설 목표가 남로당의 문화노선에 막바로 이어진 것인 만큼 그들의 운명이 남로당과 함께하는 것임은 새삼 말할 것도 없다. 남로당의 이데올로기적 한계가 곧 이들이 표방하는 민족문학의 한계에 해당된다. 그러므로 남로당의 몰락과 함께 이들 문학자들이 몰락했던 것은 당연한 귀결이라 할 수 있다. '현 단계'를 부르주아민주주의 노선이라 본 남로당의 이론은 무식함을 드러낸 것이다. 그러한 노선에서는 토지국유 문제란 거론될 수 없다. 그것은 사회주의 단계에서만 다루어질 수 있기 때문이다.

해방공간에서 민족진영이 맞서 싸운 대상이 문학가동맹임은 새삼 말할 것도 없다. 우익진영의 단체는 대략 다음과 같은 단계를 거치고 있었다. 앞에서 조금 말했듯 박종화 중심의 중앙문화협회는 1946년 3월 13일 전조선문필가협회를 결성했다. 이 단체는 문학, 미술, 음악, 연극, 영화, 무용뿐만 아니라 학술, 언론, 출판 등을 포함한 광범한 것이었다. 이 단계가 만들어진 배경에는 여러 가지 이유가 있겠지만 그 '직접적인 동기'는 조선문학가동맹이 주최한 전국문학자대회였다. 전조선문필가협회 대회가 문학가동맹 측이 선수를 친 전국문학자대회에 맞서나온 것임은 새삼 말할 것도 없다. 대회장소도, 진행방식도, 써붙인 표어도 거의 같았다. 곧 기독교회관에서 열렸으며 써붙인 표어는 '전조선문필가협회결성만세'였다. 여운형 아닌 김구가 참석했다. 이 대회의 경과를 묘사해 보이면 이러하다.

> 전국문필가협회 결성대회는 13일 오후 1시 25분 서울 종로 기독교청년회관 강당에서 동 협회 취지에 찬동하는 문필가를 비롯하여 민주의원 부의장 김구(金九) 선생, 임시정부 외교부장 조소앙, 국민당 안재홍, 한국민주당 원세훈 씨 등 내빈이 참석하야 의장으로 선거된 박종화 씨 사회로 개최되었다.
> 먼저 개회의식에 이어 박종화 씨의 개회사와 김광섭 씨의 취지설명이 있고 내빈 축사로 리승만 박사(대독), 조소앙, 안재홍, 원세훈, 이종영 씨 등이 축사를 말한 후 강령 규약통과와 임원선거가 있었다.
> 계속하야 홍양명, 이헌구, 채동선 등 제씨의 문화 각 방면 정세보고와 세계문필가에게 보내는 메시지를 이하윤(異河潤) 씨가 낭독하고 끝으로 만세 3창으로 폐회했다.[29]

물론 그 규모는 문학가동맹에 비교되지 않는다. 단 하루에 끝난 것이며, 따라서 토론과정도 별로 없어 보이기 때문이다. 그러나 김구가 참석하고 이승만이 축사를 한 것으로 미루어보면 이 대회가 얼마나 정치적인 성격을 띤 것인가를 알아차릴 수 있다. 임정요인들이 어째서 이 대회에 관심을 보였으며, 또 그것이 정치포석상 어떤 의미를 갖는가를 여기서 간단히 논의하기는 어려울 것이다. 다만 여기서 확인되는 것은 두 대회가 매우 유사한 성격을 띠었다는 점이다. 이 단체의 성격을 좀더 자세히 살펴보면 다음과 같다.

좌익계 문학가동맹에서는 망국적인 신탁통치안을 찬성하고 나서서, 그들의 기관지『문학』과『중앙신문』에다 '신탁'을 '후견'이란 말로 해석하는가 하면, 다시 민중의 회유책을 쓰기 위해, 다음 해의 2월 8, 9 양일 간에 걸쳐 종로 YMCA에서 문학인대회를 열었다. 그들은 이 대회에서 상투적인 허위선전으로 그들의 정체를 백일하에 드러내었다. ……여기 에 자극을 받은 민족진영 문화인들은 가만히 앉아 있을 수만은 없었다.[30)]

전조선문필가협회가 연합단체인 만큼 문학만의 단체가 따로이 요청되었는데, 그것이 곧 조선청년문학가협회다. 1946년 4월 4일에 이루어진 이 단체의 구성원은 최태응(崔泰應), 임서하, 김달진(金達鎭), 유치환, 박목월(朴木月), 박두진, 조지훈(趙芝薰), 이정호(李正鎬), 조연현(趙演鉉), 박용덕, 곽종원, 김동리(金東里), 서정주(徐廷柱) 등이다. 이른바 훗날 문협정통파를 이룬 핵심분자들로서 청록파(조지훈), 인생파(서정주, 김동리), 생명파(유치환) 등이 이들의 사상적 기반을 이룬 문사다. 이들은 창립총회에서 "1. 자주독립 촉성에 문화적 헌신을 기함, 1. 민족문학의 세계사적 사명의 완수를 기함, 1. 일체의 공식적 예속적 경향을 배격하고 진정한 문학정신을 옹호함"이라는 세 가지 강령을 채택했으며, 신탁통치를 절대 반대하고 자주독립촉성에 전력을 기울일 것과 문학독자의 영역을 사수할 것, 문학의 정치도구화 배격을 내세웠다. 이들 논객은 순수시를 내세운 조지훈, 본령정계(本領正系)의 문학론을 펼친 김동리, 순수문학론을 내세운 조연현 등이며 이들과 김동석, 김병규와의 논쟁은 매우 치열한 바 있었다.

한편 좌익진영은 문학가동맹을 중심으로 하여 각종 문화예술단체를 연합한 전국문화단체총연맹(약칭 문련, 1947년 2월 현재, 대표는 김영건)이 결성되었다. 이에 맞서 조선청년문학가협회가 중심이 된 우익문화단체 29개가 모여 1947년 2월 12일 전국문화단체총연합회(약칭 문총)를 만들었다. 문련과 문총은 이처럼 맞수관계에 있는 단체다. 언제부터 문련이 문총의 맞수로 나설 수 없었는가는 남로당의 운명에 달려 있었던 만큼 남로당이 세력을 잃은 시기와 그것은 엄밀한 대응관계에 있었다. 남로당 부당수인 박헌영이 월북한 것은 1946년 10월이었으며, 그때 직계인 권오직, 박치우, 이태준, 이원조, 임화 등을 해주 제1인쇄소에 배치하여 이를 통해 남로당 연락을 받았으며, 남로당의 서울지부는 이주하, 김삼룡이 맡아보았다. 박헌영이 결국은 김일성이 만든 북로당 주도의 인민공화국에 들어감으로써 남로당은 북로당 지원 없이 단독으로 행동할 수 없게 되어 그 세력을 잃었던 것이다.[31]

대한민국의 수립이 1948년 8월 15일이었으며 이로써 해방공간 3년은 끝나게 된다. 문련은 1948년 2월 13일 현재, 조직의 약화를 감출 수 없었다. 남로당 중심부가 월북한 뒤였던 만큼 김영건을 그 위원장으로 하여 문련은 명맥만 유지하고 있었던 것이다. 김영건은 이 사실을 북쪽에다 보고했다. 한편 북쪽의 문단은 어떤 형편에 있었던가.

> 지난봄에 우리 문단의 기숙(耆宿) 이기영, 한설야 씨를 중심으로 불과 100명 전후의 적은 단체로 출발한 북조선예술동맹은 결성된 지 불과 수개월 만인 지난가을에 문학, 연극, 음악, 미술, 영화, 무용, 사진 등의 단일 동맹을 기초로 한 문학예술동맹으로 재조직되었고, 그때 동맹원 수 1만 5천 명, 대부분의 시, 군에 지부를 가졌으며 수천 개의 서클을 가진 거대한 운동으로 성장했습니다.[32]

이 글은 해방된 지 18개월 만에 월북한 임화가 이남에 있는 문학인에게 보낸 편지의 일부다. 문련의 중심분자인 임화가 월북한 마당에 그 대리인인 김영건은 여건의 불가피함을 보고했고, 그 보고를 접한 임화 그룹은 1947년 2월 13일자로 문화옹호남조선문화예술가 총궐기대회를 열기로 하고, 「남조선의 현정세와 문화예술의 위기에 관한 일반보고에 대한 결정서」를 공포했다. 그렇지만 이러한 결정서는 중심부가 북쪽으로 이동한 마당에서 의미를 갖기 어려웠다.

한편 문총은 어떻게 되었던가. 정부가 수립된 다음 해 문총 속의 전국문필가협회와 청년문학가협회는 발전적 해소를 거쳐 한국문학가협회(약칭 문협)를 만들었다.[33] 이로써 문총 산하에 들어오는 형식을 취한 한국문학가협회는, 사실상으로는 문총을 리드하는 처지에 서게 되였다.

좌익진영과 우익진영의 이러한 조직상의 맞섬을 통해 분명해지는 것 중의 하나는 문학단체가 어느 진영에서나 핵심적 몫을 했다는 사실이다. 수적으로 문학가가 다른 분야의 예술가보다 압도적으로 많았던 점에서 그러했겠지만 문학이 지닌 이데올로기적 기능의 큼과, 문학인이 차지하는 사회적 비중의 큼에도 그 원인을 찾을 수 있다. 그러므로 해방공간에서의 단체의 맞섬에서 문련의 대표격인 조선문학가동맹과 문총의 대표격인 조선청년문학가협회의 이데올로기를 알아보는 일은 한편으로는 두 진영의 문학적 성격을 알게 하지만 다른 한편으로는 두 진영의 예술전반 및 문화전반의 차이를 알아보는 일도 된다고 할 수 있다.

3 정치우위론·정치문학대등론과 순수·비순수론의 차원의 틀림

문학에서 이데올로기란 무엇인가. 이러한 물음이 매우 거칠고도 격렬하게 말해진 것이 해방공간의 특징이라 할 수 있다. 비록 38선이 가로막혔다고는 하나, 상황을 선택할 수 있는 역사상 유례없는 공간이 곧 이 해방공간이었던 탓이다. 그런 만큼 상황을 조금씩 변화시킴으로써 거기에 적응하는 데 낯익은 삶의 방식을 가졌던 사람들에겐 형언할 수 없이 낯선 공간이 아닐 수 없었다. 다음과 같은 글에서 이 점이 새삼 확인된다.

국치기념일날 밤 문학가동맹 주최로 종로청년회관에서 열린 문학강연회에서 두어 사람이 시를 낭독했다. 읽은 사람은 오장환, 유진오(兪鎭五) 두 사람이고 시 내용은 태반 잊어버렸으나 그날밤의 열광적인 두 시간은 어젯밤 일같이 역력히 생각난다. "쌀은 누가 먹고 말먹이 밀가루만 주느냐" "온종일 기다려도 전차는 안 오는데 기름진 배가 자가용을 몰고 간다"는 뜻의 시구가 나올 적마다 박수소리 아우성소리 "옳소" "그렇소" 마루를 발로 구르는 소리 의자를 치는 소리에 시낭독은 가끔 중단되었다. 낭독중이건 아니건 이 노호는 계속되어 얼마 안 돼서 시 읽는 소리는 아우성 속에 잠겨 잘 들리지도 않았다. 문예강연회 같은 분위기는 조금도 없고 무슨 정치강연회에 가차운 삼엄한 공기에 충혈되 있었다.[34]

정치강연에서 보내는 박수와 시에 보내는 박수를 구별하는 자리에 섰던 사람으로는 1946년 8월 29일에 열린 문학가동맹 주최 시낭독회를 도무지 이해할 수 없을 뿐만 아니라, 시의 구제할 수 없는 황량한 풍경으로 보였던 것이다. 해방공간 1년을 맞은 「와사등」의 시인은 이런 시낭독회를 두고, "등줄기에 땀도 같고 바람도 같은 것이 선득했다"고 적고, "결론부터 이야기하자면 예술성을 상실한 시란 정치에 기여는 고사하고 모체인 문학까지 상실하는 우스꽝스러운 결과를 맺을 뿐"이라고 주장하고 있다.

문학과 정치를 동일하게 보느냐 각각 다른 범주로 보느냐를 문제삼는 일이 해방공간에서만큼 날카롭게 인식된 적은 없다. 이 사실 하나만으로도 해방공간은 우리 문학사에서 유별나다 아니할 수 없다. 이것은 당시의 표현을 빌리면 순수·비순수 논의다. 순수·비순수 논의가 정치를 가운데 둔 논의임을 좀더 뚜렷이 내세워두고, 이 논의의 본질을 살펴보기로 한다.

(A) 순수시를 사상이 없고 현실 내지 시대가 없다고 보는 이들은 시는 주로 정치적 사회적 사상을 뼈다귀로 하고 거기에 약간 미사의 옷을 입히는 것쯤인 줄 알기 때문에 사상과 시가 물에 기름 탄 것처럼 도는 것을 고민한다. 그러나 순수시는 어디까지든지 주정치 주사상적이 아니요, 먼저 시로서 입명(立命)하려 하는 것이다. 그러므로 참의 순수시 속

에 절로 혈액이 된 '사상의 자각' '시대정신의 파악' '현실의 추구'가 시를 무슨 고정공식관념의 효용서로 오해하는 맹목한 사람에게 한해서는 일곱 번 환생을 해도 믿어지지 않을 것이다.[35]

　(B) 순수문학이란 한마디로 말하면 문학정신의 본령정계의 문학이다. 문학정신의 본령이란 물론 인간성 옹호에 있으며, 인간성 옹호가 요청되는 것은 개성향유를 전제한 인간성의 창조의식이 신장되는 때이니만치 순수문학의 본질은 언제나 휴머니즘이 기조되는 것이다. 그러면 오늘날 내가 말하는 순수문학의 본질적 기조가 될 휴머니즘이란 어떠한 역사적 필연성과 위치에 서는 것인가. 간단히 요약해보면 우선 서양적인 범주에 제한하여 다음의 3기로 나눌 수 있다.[36]

　청년문학가협회의 중심인물인 조지훈, 김동리의 견해는 (A), (B)에서 드러나듯 문학가동맹 쪽의 이른바 정치주의 문학론에 정면으로 맞서고 있다. 조지훈은 정치주의 문학을 정치에 복무하는 문학으로 규정했는데, 그는 그런 사실을 일곱 번 거듭나도 이해할 수 없다고 생각한다. "문학으로 하여금 정치에의 복무를 강요한다는 사실은 문인에 의하여 비롯된 것이 아니요 정당에 의해서 타율된 것이지만 엄밀히 살펴보면 문단이 정당에 복속한다는 것은 아무래도 그 문학인 자신의 노예근성에서 비롯된다는 것을 말하지 않을 수 없는 것"[37]이라고 조지훈은 주장하고 있다. 한편 김동리는 "문학과 정치는 동일한 것이 아니다. 동시에 완전히 절연할 수 있는 것도 아니다. 정치와 문학의 관계는 긴밀한 것이 있다. 그렇다고 해서 그 어느 것이 그 어느 것에 예속될 수 있는 것도 아니다"[38]라고 주장한 바 있다. 정치주의 문학과 순수문학과의 이러한 맞섬에서 제일 표나게 드러나는 것은 정치와 문학이 '별개의 영역'이라는 관점이다. 순수문학자들에겐 이런 점이 하도 분명한 것이어서 도무지 설명할 여지란 전혀 없는 것이다. (A)에서 '일곱 번 거듭나도' 알 수 없다든가 (B)에서 순수문학을 한마디로 '본령정계의 문학'이라 말해놓은 것이 그 증거다.

그렇지만 일곱 번 거듭나도 알 수 없는 일이란 정치주의 문학자 쪽에서도 꼭 마찬가지다. 문학이 정치에 예속되어야 한다는 것은 하도 당연한 일이어서 그것을 의심하는 일이란 일곱 번 거듭나도 불가능한 것이다. 이들에게 있어 문학이란 정치와 1 대 1의 자리에 있는 것이 아니라, 정치 아래의 저만치에 놓인 것, 정치의 한 가지 나사못에 지나지 않는다. 이런 생각이 곧바로 문학을 대수롭지 않게 생각한다는 뜻은 아니다. 김동리, 조연현의 주장에 관해, 김병규(金秉逵), 김동석(金東錫), 정진석 등이 맞상대였으며, 정작 문학가동맹의 중심분자들은 거의 상대를 해주지 않음도 사실이다. 다만 김남천만이 순수문학에 관해 비판을 가했을 뿐이다. 그는 청년문학가협회의 순수문학을 다음과 같이 비판하고 있다.

> 해방 후 문학예술들의 정치관계가 문제가 되면서 이에 불만을 가졌다는 일부 청년작가들이 '문학의 자율성'이라 '문학의 순수성'이라 하는 것을 그릇되게 잘못 인식하고 문학의 순수성의 옹호를 구호로 하나의 집단을 형성했다는데, 그들이 권위나 권력이나 금력이나 반동파에의 숭배나 귀의에서 문학의 순수성을 옹호하는 것이라면 정당할 뿐 아니라 옳은 전통 위에 선 것이라고 생각할 수가 있다. 왜 그런가 하면 36년 동안 왜정기간 중 명맥이나마 민족문학의 길을 이어온 것은 이에 종사한 문학예술들의 권력과 금력에 대한 아첨의 거부의 정신이 가져온 덕분이었다고 볼 수도 있기 때문이다. 그러나 민주주의 민족문학의 수립은 민주주의 자유독립국가의 건립을 선행조건으로 한다는 정치와 문학과의 관계에 있어서의 **정치의 우위건**(優位件)의 인정은 결코 문학의 순수성이나 문화의 자율성의 문제와 모순되는 관념이 아님을 알아야 한다.[39] (고딕은 인용자 강조)

이 인용에서 강조한 부분은 조금 자세히 살펴둘 대목이라 할 수 있다. 정치가 문학에 우선한다는 이른바 정치주의 문학의 근거를 김남천은 이론적으로 밝히고자 했기 때문이다. 이런 시도는 문학가동맹 쪽의 중심분자의 견해라는 점에서 그 아류들인 김동석, 김병규류와는 크게 구분된다. 그렇다면 그가 여기서 밝히고자 한 정치우위론의 이론적 거점이란 무엇인가. 그는 여기서 다만 정치우위론이 문학자율성론과 모순되는 것이 아님을 설득시키기 위해 우리 근대문학사의 역사적 성격을 들었다. 그는 우리 근대문학사에서 이른바 순수문학론(문학주의 문학)의 3단계 전개과정을 들고 있다.

첫째 단계는 신문학 수입단계의 계몽주의자들이 전개한 문학의 순수성. 아마도 이 단계는 육당, 춘원을 포함한 창조파, 폐허파, 백조파까지를 가리키는 것 같다. 이들 계몽주의자들이 내세운 문학의 순수성은 봉건적 세력에 맞서고 그것을 공격하기 위한 '진보적 전투적 구호'였던만큼, 이 경우의 순수문학론은 정당하다는 것이 김남천의 주장이다. 순수성을 내세울 때 그 구체적 내용이 '반봉건의 옳은 사상'이라 보기 때문이다.

둘째 단계는 1925년 카프 결성을 앞뒤로 하여 약 10년 동안의 기간에 전개된 순수문학론. 이 기간에 일부 문학인들이 정치와 문학의 분리를 내세워 문학인의 정치관여를 반대한 것은 옳지 못하고 '반(反)역사적이요, 반(反)문학적'이었다고 그는 규정하고 있다. 그 이유를 이렇게 설명한다.

> 왜 그런가 하면 이들은 민족문학의 기본과제가 반일문학이요 일제타도 없이 민족문학의 수립이 불가능하다는 것을 모르고 반일본제국주의 전쟁의 일익으로서만 문학운동이 가능하고 옳다는 것을 인정치 못하고, 도리어 반제투쟁으로 바르게 나가려는 문학운동을 비방하고 정치와 문학을 분리하는 데서 실상은 일본제국주의와의 타협과 그에 대한 항복을 합리화한 것으로 문학의 순수성이 주장되었던 것이니 이 시기의 순수문학의 구호의 구체적 내용은 일본제국주의적 문학억압정책과의 타협, 항복이 그 사상이었던 때문이다.[40]

세 번째 단계는 1936, 7년경으로부터 8·15 해방까지. 이 기간에 나온 순수문학론은 첫째 단계 못지않게 정당한 역사적 평가를 받을 수 있다는 것이다. 중일전쟁, 태평양전쟁을 거치면서 일제의 '신체제'(정치우위론)에 맞서기 위해서는, 우리 문학 및 문화의 방향성이 문학 및 문화의 자율성을 겨냥하지 않을 수 없었다고 본다. 문학을 군국주의의 도구화로부터 방어하려는 '최후의 방책'으로 나온 것이 순수문학 및 문학의 자율성 이론인 만큼 이 단계의 순수문학론은 "그들의 침략으로부터 문학을 옹호하는 데 성공한 거의 유일의 비타협사상"이라 규명된다.

그의 주장에 따르면, 청년문학가협회의 잘못은 이러한 문학사적 사정을 몰랐던 것에서 나온 만큼 그 무지스러움이 한갓 '슬픈 현상'이라는 것이다.

김남천의 이러한 주장은 일면적 사실의 가리킴에 지나지 못한다고 볼 수 있다. 문학사적 설명에 국한시킴으로 말미암아, 문학우위론의 이론적 자리를 잊고 있는 것으로 보이기 때문이다. 문학사적 설명은 문학우위론의 설명에 대한 한쪽 기준이거나 보조적인 것에 해당되는 것이고, 그것을 떠받치고 있는 세계관(이데올로기)을 문제삼을 적에야 비로소 그것은 설명될 수 있는 것이다.

정치우위론을 설명하기 위한 해방공간의 정치·문학 논쟁은 대체로 실패했다고 볼 수 있다. 그 이유는 위에서 본 것처럼 정치우위론의 근거를 오직 문학사적 성격에서만 보고자 했음과 관련이 있다. 문학사적 성격이 한쪽 기둥이라면 이데올로기적 원론으로서의 다른 한쪽이 빠져있었던 탓이다.

이데올로기적 측면이란 무엇인가. 그 사상적 근거를 헤겔에서 찾는 일은 한 가지 설명방법일 수 있다. 헤겔은 정신 또는 이념의 헤게모니를 내세우기 위해 힘을 쏟은 사상가다. 그는 예술을 감정이 낳은 것이라 하며, 인류발전에 있어 그것을 얕은 역사적 단계에까지 이끌어내릴 필요가 있다고 본 것이다. 곧 예술은 지성 또는 이성에 따라 점차 변해가도 생각 또는 표상의 초보적 양식에 지나지 않는다. 헤겔의 말을 빌리면 '정신'의 영역에서 예술은 제외된 것이다. 헤겔의 변증법을 거꾸로 세워놓은 것이 마르크스인만큼 그 역시 예술에 관한 기본태도는 헤겔의 것에 비해 크게 다를 것이 없다고 이론적으로 말해진다. 말을 바꾸면, 예술이란 사회의 경제적 분석에 따라 분명해지는, 이데올로기적 상부구조에 속하는 것이다. '정신'의 교권정치를 강화하고 초권위국가의 관념을 실현하고자 하는 헤겔의 사상적 발전은 당연히 예술을 종속적 노예적인 역할로 유도하는 것이었다. 헤겔이 말하는 '정신'을 '정치'라는 말로 바꾸어놓은 것이 '정치주의 문학론'의 선 자리다. 정신 또는 이성이 모든 인간능력의 최고우위에 놓이고 감정이라든가 정서, 육체, 윤리 따위가 그 아래 놓여 종속상태를 이루어야 한다는 생각의 기둥은 이른바 합리주의를 기본으로 하는 근대주의자들의 신앙이다. 그 정신 또는 이성의 자리에 정치가 놓여 있다. 따라서 정치는 제일 합리적이고 과학적인 생각의 정수에 해당되며 나머지는 이것이 복속하는 종속적 질서를 이룬다. 그것을 사회 또는 국가(공동체)라 부른다. 제일 똑똑한 기능, 똑똑한 자는 정치 또는 정치가이고, 그 다음 차례에는 좀 덜 똑똑한 자들이 놓이고, 이렇게 해서 엄격한 서열이 이루어져 있다. 레닌이 문학을 두고 "당의 문학이어야 한다"고 하고, 문학예술을 정치의 한갓 '나사못'으로 본 것도 이런 생각에서 나온 것이다. 이런 생각은 마르크스주의에서만 적용되는 것이 아니고, 근대합리주의를 지향하는 자본주의에서도 똑같이 적용되는 원리원칙이다. 정치가 모든 것에 우선하며, 정치를 장악한 층이 제일 합리적이고 과학적인 사고를 하는 부류라는 사실은 곧 '이성' 또는 '정신'이 최고 우위에 놓인다는 사실과 똑같은 말이다. 실제로 근대사회에서 예술가란 2류나 3류의 능력소유자에 속하는 인간에 지나지 않기 때문이다. 근대의 합리주의는 이런 바탕 위에 서 있는 것이다.

해방공간에서는 이러한 원론적인 것을 아무도 문제삼지 않았다. 그렇기 때문에 정치우위론이 설득력을 갖기 어려웠다. 문학과 정치를 분리하여 문학의 자율(독자)성을 내세우는 철학적 바탕은 무엇인가. 이런 물음이 논리적으로 밝혀지지 않은 채 순수문학론의 주장이 해방공간에 헛되게 울렸던 것처럼 정치우위론의 사상적 거점에서도 이 점을 밝힘에는 거의 맹목적이었다. 논리가 있을 자리에 양쪽 모두가 '신념'을 올려놓았고, 철학논쟁을 해야 할 곳에서 저마다의 '신앙고백'을 펼치고 있었다.

앞에서 우리는 정치우위론자들이 문학사적 사실이라는 기둥 하나는 내세웠음을 가리켰다. 그러나 이 문학사적 기둥이 정신(이성)우위론의 헤겔주의사상과 어떻게 결합되느냐에 관한 논의에까지 나아가지 않는다면 설사 정신우위론의 철학적 논리적 바탕을 논란했더라도 성과를 거두기가 어려웠을 것이다. 카프문학의 경우를 보기로 하자. 1920년대 중반의 한국사회는 '정치'란 금기사항이었던 만큼 아무도 이것에 정면도전을 할 수 없었다. 그 대신 오직 예술(운동)만이 합법적으로 가능한 상황이었다. 정치를 입밖에도 낼 수 없고 예술만이 합법적인 상황일 때 정치는 은밀히 내면화된다. 이때, 정치가 예술의 겉껍질을 입게 되는 것이 아니라, 정치와 예술이 '동격'으로 되는 것이다. 곧, 이 경우 '정치'란 일체의 '악'에서 정좌되어, 만능적인 것과 형언할 수 없는 행복을 약속하는 더없는 이상을 가리키고 있었다. 바로 이것은 예술이 그리는 상상세계 자체인 것이다. 해방공간의 좌우익 문학논쟁이 위에서 말한 정치우위론의 원론 쪽 기둥이 빠진 것과 두 기둥의 결합에서 오는 또 하나의 힘의 변증법을 문제삼지 못했기 때문에 모처럼 김남천이 내세운 문학사적 기둥의 논의도 성과를 거둘 수 없었다. 그 때문에 제일 '이성'(정신)적이고 합리적이어야 할 정치주의적 문학론도 한갓 '신념'의 주장이라는 수준에 멈추어버린 것이다. 이와 맞선 문학주의자들도 꼭같은 신앙고백으로 치닫고 말았다. 정치에 예속되는 것이 노예근성이라든가 불순하다는 주장은 결국 신앙고백에 지나지 않는다. 논리적 설명이 아니기 때문이다. 따라서 '일곱 번 거듭나도' 이해할 수 없다는 주장만큼 신앙고백을 잘 상징해주는 말은 없다.

정치주의 문학이란 정치우위론을 가리킴이다. 그것은 이성(정치)을 모든 것의 으뜸자리에 둔 사고체계다. 이에 맞선 문학주의란 문학과 정치를 1대 1의 동격으로 보는 자리에 서고 있다. 이 두 맞섬을 두고 각자의 '신념'이라고 말해버리면 그만일까. 그럴 수 없는 것이 역사이고 현실이다. 우리가 살고 있는 사회는 근대다. 근대란 근대주의자들의 논리의 소산인 만큼 근대라 불리는 자본주의적 성격을 문제삼지 않는다면 논리라 할 수 없다. 이러한 논리가 빠져버린 해방공간의 문학논쟁은 원칙적으로 이루어질 수가 없었다. 그러기에 그것은 빈 골짜기의 빈 울림에 지나지 않았던 것이다. 그런데 이러한 관점과는 한 단계 떨어진 곳에 김동석, 정진석, 김병규 대 김동리, 조지훈, 조연현 등의 논쟁이 있었다. 그중에서도 김병규와 김동리의 논쟁은 어느 정도까지는 논점이 서 있으며, 김동석과 김동리의 논쟁은 수사학의 수준에서 크게 벗어난 것이 아니었다. 김동석이 「순수의 정체」[41)]에서 김동리를 논했을 때 그 수사법은 매우 치기만만한 문학청년적인 수준을 벗어나지 못했다. 이에 맞선 김동리의 「독조(毒爪)문학의 본질」 역시 날카로운 수사법만을 내세운 글이었다. 다른 말로 하면 김동석과 김동리는 어느 면에서는 문학적인 적수였다. 셰익스피어의 전공자이며 셰익스피어가 강조한 인물인 폴스타프에 붙여진 『뿌르조아의 인간상』(1949)이라는 평론집의 서문에서 김동석은 이렇게 말해놓고 있는데, 이는 인상적이라 할 만하다. "내가 김동리 군 같은 올챙이 문학가를 즐겨 논하는 까닭은 나도 한때 그와 같은 올챙이였고 또 아직도 그 올챙이가 가지고 있는 치기와 아만을 가지고 있기 때문"이라 했는데, 이러한 비유법에서 드러나듯 이 시적 수사법은 곧 생리적 취향에 속하는 것이다. 올챙이가 꼬리를 떼고 뭍에 오르는 변신작용은 논리를 거부하는 세계에 속한다. 김동리의 경우도 이와 매우 흡사하다. 김동리는 매우 타당하게도 논쟁기를 지나 뒷날 자기의 창작태도를 이렇게 밝힌 바 있는데, 이것은 또 다른 측면에서 인상적이라 할 수 있다. '구경적 생의 형식'만을 '문학하는 것'이라고는 하지 않는다. 문학작품의 의의와 가치에 수억 수만의 등차가 있을 것과 같이 '문학하는 것'의 단계와 등차도 수억 수만이 될 수 있다고 생각하는 것이다. 그러므로 나는 위에서도 가장 높고 참된 의미에 있어 '문학하는 것'이란 '구경적 생의 형식'이라 한 것이다. 내가 생각하는바 '문학하는 것'의 최고지향을 말한 데 불과한 것이다."[42)]

김병규가 김동리의 '본령정계의 문학'을 인정하여, "나는 이것을 한 개의 문학관으로 보려 한다. 만일 이만한 나의 허용까지 거부하고 이러한 순수문학을 문학의 전부라고 우긴다면 그것은 문학도 아무것도 아닌 멀쩡한 고집에 불과할 것"[43)]이라 한 것과 김동리의 윗글은 서로 맞먹는 것이다.

김동리 역시 정치주의 문학도 문학으로 인정하겠다는 태도를 표명한 셈이다. 그런데 김동리나 김병규는 똑같이 문학에서 서열을 따지고 있는 것이다. 김동리는 순수문학이란 문학 중 제일 나은 것이라 했고, 김병규는 순수문학도 문학이긴 하나, 정치성(현실성)을 띤 문학보다 못하다고 했다. 이것은 정치우위론이냐 정치·문학 동격론이냐를 따지는 논의와는 별개의 일이다. 문학 자체 속에 우위에 가는 것과 그 아래 종속되는 것을 따지는 이론이 김동리, 김병규의 논의인 만큼 그것은 어떤 것이 좋은 문학이냐를 따지는 수준에 해당된다. 따라서 거기엔 정치적인 색채가 끼어드는 대신 수사학과 창작의 밀도가 문제될 따름이다.[44]

이러한 처지에서 논의를 계속한다면 문협계 정통파인 김동리의「역마」(1948), 문맹계의 정통파인 안회남의「폭풍의 역사」(1947), 그리고 중간파인 계용묵(桂鎔默)의「바람은 그냥 불고」(1947), 박영준(朴榮濬)의「생활의 파편」(1948) 등을 두고, 그 문학적 성과를 검토할 수 있는 공동광장이 성립될 수가 있게 된다.

이 항목에서 한번 더 정리한다면 다음과 같다. 곧, 정치우위론·정치문학동격론의 줄기와, 순수·비순수론의 줄기는 서로 차원이 다른 갈래에 속한다는 사실이다. 김남천의 주장은 정치우위론에 선 것, 곧 헤겔주의자의 계보에 선 것이고, 이에 맞선 문학주의자들의 주장은 문학과 정치를 동격에 두고자 하는 것이다. 문학과 정치를 분리하자는 것은 문학이 정치와 별개의 것이며 따라서 각각 등가이고 어느 쪽이 아래에 종속될 수 없다는 전제 위에 서 있기 때문이다. 이를 문제삼는 기준은 '근대성'에서 나올 수밖에 없다. 한편 순수·비순수론은 이와 차원이 전혀 다른 논의다. 문학 내에서 서열개념을 따지는 것인 만큼 어떤 것이 훌륭한 문학인가에서 평가기준이 나올 수밖에 없는 세계다. 이 둘을 혼동하는 일이 해방공간의 문학논쟁의 특징이며, 이 혼란은 오래도록 계속되어 오늘에까지 일종의 신화를 형성하고 있는 것처럼 보인다.

4 지식인 작가의 내면풍경

해방공간이란 모든 것이 가능했지만 또한 아무런 가능성도 없던 공간이라 말해질 수 있다. 체제선택을 마음대로 할 수 있다는 사실은 모든 것이 가능하다는 것을 가리키고도 남는다. 비록 38선이 그어졌다고 해도 마음만 먹으면 얼마든지 넘나들 수가 있었다. 아무도 상황을 선택할 수는 없고 다만 주어진 상황을 조금씩 바꿀 수 있을 뿐이라고 생각하는 정상적인 역사단계에 비하면 해방공간의 이러한 가능성은 참으로 별난 것이라 하지 않을 수 없다. 한편 이 공간 속에서는 아무것도 가능하지 않다는 것도 엄연한 사실이었다. 현실의 중요한 부문을 이루는 사회조직 또는 구조가 거의 변하지 않는 상태인 만큼 일상적 삶은 미동도 하지 않고 있었기 때문이다. 두루 아는 바와 같이 인간이란 철저한 '이해상황'(Interessenlage)에 의해 움직이는 동물이다. 마르크스는 그것을 경제적 이해상황(계급갈등)에서 살피고자 했고 막스 베버는 그것을 신분(Stand) 쪽에서 살피고자 했다. 베버가 말하는 신분의 이해상황이란 종교를 가리키는데, 그가 말하는 종교란 우리말로 바꾸면 곧 사상에 해당된다. 인간행위를 직접 지배하는 것은 물론 이념(사상)보다는 이해(利害)일 터이다. 그런 점에서 마르크스가 말하는 계급갈등이란 다른 어떤 요인보다도 직접적이라 할 수 있다. 그렇지만 이념에 의해 만들어진 세계상은 기관차의 운전수 몫을 하여 행동의 궤도를 결정하는 것이다. 경제적 이해관계와 사상의 이해관계는 이처럼 인간행동을 결정하는 두 가지 유형이라 할 것이다.

해방공간은 이러한 인간행동을 결정하는 기본형을 제일 잘 알아볼 수 있는 공간이었던 셈이다. 그러므로 해방공간이란 순수공간 또는 실험공간이라 불러도 좋을 것이다.

이 공간에서 벌어진 문학행위를 살피면서 사상(이념)이 어떻게 인간행동의 동인으로 작용하고 있는가에 초점을 두고 중요한 몇몇 작품을 검토해보기로 한다.

「도정」―사상운동가의 행동선택

해방공간을 빛의 회복이라고 생각한 부류는 상징적인 의미에서 보면 감옥에서 나온 사상운동가, 독립투사, 그리고 나라 밖에서 찬이슬 먹고 한데에서 잠잔 애국자들일 터다. 그들은 모두 신분상의 이해관계에 의해 움직인 부류다. 그들이 믿는 이념이 해방공간에서 어떻게 펼쳐지며 또 움츠러들게 되는 것일까. 다시 말해 해방공간 속에서 그들의 사상이 어떻게 변질되는가를 알아보기 위해서는 지하련(본명 李賢郁)의 「도정」(1946)을 분석해볼 수 있다.

「도정」의 주인공은 석재다. 이 작품엔 청년 한 사람, 동지 민택, 그리고 공산당 최고간부 기철이 등장한다. 석재는 일제 때 공산당운동을 하다가 징역을 살았는데 석방 후 처가집으로 내려가 살다가 상경하여 해방을 맞는다. 서울 외곽의 공장지대의 한 청년과 함께 참여하여 왕년의 사상운동을 실천에 옮겨야 할 처지에 있다. 그는 옛 동지 민철을 만나 공산당 최고간부 기철을 찾아간다. 기철은 어떤 인물인가. 돈이 제일일 땐 돈을 좇아 정열을 쏟고 권력이 제일일 땐 권력을 잡으려 수단을 가리지 않는, 어느 사회에 던져두어도 불행할 리 없는 그런 위인이다. 해외에서 아직 지도자들이 돌아오기도 전, 감옥에서 나온 동지들이 합당한 절차를 밟아 당을 조직, 최고간부를 뽑아야 정당했을 것이다. 그러나 약삭빠른 기철은 해방되자마자 스스로 공산당을 조직하여 최고간부가 된 것이었다. 석재 앞에 기철은 이렇게 당당히 말한다. "자넨 어찌 생각할지 모르나, 정치란 다르이……. 지하에나 해외에 있는 동무들을 제쳐두고, 어떻게 함부로 당을 맨드냐고 할지 모르나, 그러나 이 농부들은 아직 나타나지 않았고, 일은 해야 되겠고, 어떻건담, 조직을 해야지. 이러하여 일할 토대를 닦고 지반을 맨들어놓는 것이, 그 동무들을 위해서도 우리들의 떳떳한 도리가 아니겠느냐 말일세……."[45]

기철의 이러한 처세술 앞에 석재는 아무 말도 하지 못한다. 한갓 정상배에 지나지 않는 위인들이 당을 조직하고 스스로 최고간부가 되어있는 꼴을 본 석재는 이 당에 가담할 것인가 말 것인가를 결정해야 할 마당에 이른 것이다. 석재가 선택할 수 있는 길은 ① 그런 당에 가담하는 길, ② 새로 당을 조직하는 길, ③ 당에 아예 가담하지 않고 자기의 사상을 실천하는 길, ④ 아예 세상과 담쌓는 일 등이 있을 수 있다. 그러나 이 네 가지 길이 석재에게 자유롭게 열려 있는 것은 아니다. 그가 과거에 당원이었다는 조건이 있다. 또 하나의 중요한 조건은 그가 당의 일 때문에 감옥에 갔지만 그 동기의 불순성이다. 즉 그것은 소시민적 성격에 지나지 않았다. "난 너무 오랜 동안을 나만을 위해 살아왔어. 숨어 다니고 감옥엘 가고 그것 다 꼭 바로 말하면 날 위해서였거든"[46]라고 감옥에서 나와 기철과 술잔을 나누면서 실토한 바 있다. '나만을 위해 감옥에 간 것'이란 구체적으로 무슨 뜻인가. 20대엔 자기를 스스로 어떤 비범한 특수인간으로 설정하고 싶어서였고, 30대에 와서는 모든 신망을 한몸에 모아 저만이 제일 양심적인 인간으로 자처하고 싶어서였던 것이다.

이 두 가지 조건이 석재를 둘러싸고 있는 한 그는 자유로울 수 없다. 선택의 길은 ①뿐이었다. 기철의 인간성, 그것처럼 현실적으로 타락한 바탕 위에 서 있는 것이 '당'인만큼 기철, 당, 석재는 한 꿰미에 꿰인 운명이자 같은 이념공동체인 것이다. 그렇지만 석재는 기철이 석재를 위해 조직 한 자리를 비워두었으니 당장 같이 당에 참여하라는 말을 거부하고 입당수속만을 마친다. 입당수속이란 새로운 자기갱신을 가리킴이다.

    그는 기철이 주는 붓을 받아 먼저 주소와 씨명을 쓴 후 직업을 썼다. 이젠 '계급'을 쓸 차례였다. 그러나 그는 붓을 멈추고 잠깐 망설이지 않을 수가 없었다.
    투사도 아니요, 혁명가는 더욱 아니었고……공산주의자, 사회주의자, 운동자―모두 맞지 않는 일홈들이다. 마침내 그는 '소(小)뿌르조아'라고 쓰고 붓을 놓았다. 그리고 기철이 뭐라고 허든 말든 급히 밖으로 나왔다.[47]

이념을 위해 행동하는 사람에게 중요한 것이 그 이념과 자기와의 관계임을 작품 「도정」은 처음으로 보여주고 있다. 석재가 싸워야 할 내부의 대상은 자기 속에 있는 '소시민성'이다. 이 자기갱생 없이 당의 갱생이란 없다. 불순한 당이라면 진정한 이념을 펼칠 곳이 못 될 것이다. 당의 갱신을 다룬 작품이 없다는 것은 당연한 일이다. 해방공간의 한계가 여기에 있을 것이다.

「해방전후」—순수문학자의 사상선택

우리 문학의 암흑기가 시작되기 직전에 나온 『문장』(1939~41)의 주재자였으며 『문장강화』의 저자 이태준이 정지용과 더불어 순수문학의 대표적인 문인이었음은 누구나 아는 일이다. 정지용은 「장수산」에서 보듯 동양고전에 기대어 현실초월적인 자리를 고수했으며, 이태준 역시 소멸되어 가는 조선적 세계(골동품적인 취향)를 즐겨 그렸다. 이러한 순수성의 탐구는 그때로서의 한 가지 확실한 저항의 수단이라 볼 수 있었다. 해방공간을 맞아 이들은 어떻게 스스로를 세워야 했던 것일까. 이 물음을 알아보기 위해서는 이태준의 중편 「해방전후」(『문학』 창간호)가 안성맞춤이다. '한 작가의 수기'라는 부제가 가리키듯 작가 자신 변모과정을 다룬 것이기 때문이다.

이 작품의 주인공 현(玄)은 이태준 자신을 가리킨다. 이것은 전기적 사실에서 거의 확인된다. 현은 강원도 어느 시골로 소개차 가서 집필을 한다. 세상은 '신체제'에 돌입하여 시골까지 일만지원병제도가 실시되고 있었다, 서울에서는 문인보국회가 조직되어, 현도 여기에 참가하지 않을 수 없었다. 그는 또 시국물(時局物)을 번역하여 시대에 협력하지 않으면 안 되었다. 요컨대 현은 그가 그의 가족과 자신을 보호할 수 있는 범위 내에서 최소한도로 시국에 협조한다. 현과는 달리 윤직원 영감은 시골 향교를 지키면서 시국에 대하여 현보다는 일층 저항적이다. 현이 식민지 속에서 생성된 지식인이라면 윤직원은 구한말의 주자학적 질서가 생성시킨 지식인이다. 두 지식인이 해방을 맞았을 때 어떻게 대처하게 되었던가. 윤직원의 사상(이념)은 조선왕조의 재건에 있었다. 그것은 전근대적인 이데올로기이고 그것이 지배하는 생활습속이었다. 현은 그러한 윤직원의 사상을 이해하고 동정할 수는 있어도 동조할 수는 없었다. 구시대의 유물이라 생각된 탓이다. 그것은 소중한 것이긴 하나 조상해야 될 사상이고, 새 시대 건설에 적합한 것이 못 되었다.

이 작품에서는, 프로예술동맹과의 통합을 이룩한 조선문학가동맹의 간부로 된 현이 신탁통치문제로 세상이 떠들썩할 무렵 윤직원 영감의 방문을 받는 데서 비로소 긴장감을 조금 갖게 된다. 시골서 올라온 윤직원 노인은 문학가동맹회관으로 현을 찾아온다. 그 자리에서 두 사람은 이러한 대화를 한다.

"현공?"
"네?"
"조선민족이 대한독립을 얼마나 갈망했소? 임시정부 드러서길 얼마나 연연절절히 고대했소?"
"잘 압니다."
"그런데 어찌쟈구 우리 현공은 공산당으로 가셨소?"
"제가 공산당으로 갔다고들 그럽니까?"
"자자합듸다. 현공이 아모래도 이용당하는 거라구."
"직원님께서도 절 그렇게 생각하십니까?"
"현공이 자진해 변했을는진 몰라, 그래두 남헌테 넘어갈 양반 아닌 건 난 알지오."
"감사합니다. 또 변했단 것도 그렇습니다. 지금 내가 변했느니, 안 변했느니 하리만치 해방 전에 내가 제법 무슨 뚜렷한 태도를 가졌던 것도 아니구요. 원인은 해방 전엔 내 친구가 대부분이 소극적인 처세가들인 때문입니다. 나는 해방 후에도 의연히 처세만 하고 일하지 않는 덴 반대입니다."
"해방 후라고 사람의 도리야 어디 가겠소? 근자는 불처혐의간(不處嫌疑間)입네다."

"전 그렇지 않습니다. 지금 이 시대에선 이하(李下)에서라고 빗뚜러진 갓을 바로잡지 못하는 것은 현명이기보단 어리석음입니다. 처세주의는 저 하나만 생각하는 태돕니다. 혐의는커녕 위험이라도 무릅쓰고 일해야 될 민족적 가장 긴박한 시기라고 생각합니다."[48]

이 작품은 이러한 대화에서 보듯 매우 밀도가 얕은 것이다. 작가의 내적 고민이 담겨 있지 않고 처음부터 계속 자기가 선택한 신념의 정당성만 주장하고 있을 뿐이다. 임시정부를 정통정부로 내세워야 한다는 사상을 가진 윤직원을 향해 현이, "해내엔 어디 공산파만 있었습니까? 그리고 이번에 **공산당이 무산계급혁명으로가 아니라 민족의 자본주의적 민주혁명**으로 이내 노선을 밝혀논 것은 무엇보다 현명했고, 그렇기 때문에 좌우익의 극단적 대립이 원칙상 용허되지 않아서 동포의 분열과 상쟁을 최소한으로 제지할 수 있는 것은 조선민족을 위해 무엇보다 다행한 일이라고 저는 생각합니다."[49](고딕은 인용자 강조)라고 말한 것이 그 전형적인 사례다.

현의 이러한 발언은 작가의 것이 아니고 정치가, 운동가의 것이다. 곧 박헌영의 노선의 되뇌임이다. 앞에서 본 「도정」과 정반대의 자리에 서 있는 것인만큼 작가·지식인의 범주에는 도저히 들 수 없는 것이다. 「도정」의 주인공 석재가 멸시하고 증오해 마지않는 속물인 당 최고간부 기철이 곧 현과 흡사한 인물이다. 해방공간에서 작가 이태준은 작가이기를 멈추고 한갓 운동가로 전락한 사실을 이 작품이 웅변으로 말해주고 있다. 정치가의 자리가 문학가의 자리보다 훨씬 우위에 선다는 사실을 알아차린 그의 모습이 작품의 성격을 결정하고 있는 사례가 곧 「해방전후」라고 할 수 있다. 공산당이 '프롤레타리아 혁명'이라는 노선을 버리고, '부르주아민주혁명' 노선으로 바꾼 것이 합리적(현실이란 뜻)이듯이 작가 이태준이 정치주의의 문학론을 내세우는 것은 불을 보듯 훤한 일이다.

「속 습작실에서」—미미한 변화, 문학적 변모

해방공간의 풍속에서도 미동하지 않는 성역이 있다면 그것은 무엇인

가. 이런 물음을 위해서는 「속 습작실에서」(1948)의 작가 허준(許俊)을 검토해볼 필요가 있다. 「탁류」(『조광』, 1936. 2)로 출발한 허준은 「야한기」(1938), 「습작실에서」(1938)를 비롯하여 해방 직후엔 중편 「잔등」(『대조』, 1946. 1)을 썼다. 해방되어 만주에서 국내로 귀환하는 한 지식인의 모습을 다룬 「잔등」에서도 그러했지만 이 작가의 특징은 해방공간에서도 조금도 흥분하지 않고, 계속 회의함에서 찾을 수 있다.

「속 습작실에서」는 「습작실에서」의 속편이다. 이 작품은 '고독한 것이 곧 옳은 것'이란 명제 위에 섰던 「습작실에서」의 연장선상에 서 있다. 주인공 남몽은 여관업을 하는 할머니를 돕고 있는 작가지망생이며 시대는 만주사변(1931) 전후로 되어 있다. 여관에 묵은 '이씨'는 독립투사였는데 그와의 서신을 통해 작중화자인 '나'(남몽)는 미미한 마음의 변모를 겪게 된다. 이씨가 검거되는 일, 처형되는 일, 그의 유서 등을 통해 이씨가 사기꾼인지 모른다는 생각이 서서히 수정되는 과정을 이 작품은 매우 섬세하게 그리고 있다. 과연 이씨는 독립투사인가 한갓 사기꾼인가. 이런 것은 진정한 의미에서 문학적인 물음이다. 작가지망생인만큼 작중화자는 이 회의에서 출발한다. 이씨의 편지, 그의 검거, 처형을 통해 주인공 나의 의식변화를 놀랄 만큼 섬세하게 파고든다. 이것은 리얼리즘도 아니지만 그렇다고 하여 심리주의도 아니다. 모든 것에 의심을 가지지 않을 수 없는 주인공의 철저한 회의주의(완고한 고독, 즉 고독의 정당성)가 처형당한 이씨의 흰 바지저고리를 보는 순간 조금씩 무너져내리게 된다. 할머니가 감옥에서 가져온 처형당한 이씨의 흰 바지저고리(할머니가 손수 만들어준 것)를 확인하지 않고는 이씨에 대한 회의는 결코 무너지지 않는다. 그 흰옷의 실체를 통해 비로소 주인공의 고독은 녹는다. 그것은 참으로 힘겨운 과정이었다.

나는 눈이 내 눈에 자극이 되어 펄떡 뛰어 일어나서 방을 나왔다. 그리고 인제는 자꾸만자꾸만 눈 속으로 형체를 갖추어 들어가는 그 한 벌 옷을 향하여

"당신이야말로 당신이야말로 정말 새롭고 새로운 몸의 상처를 받아 나오기 위해 무수한 허울을 나날이 벗어나온 분입니다."

하는 언젯날 부르짖음을 인제야 속으로 부르짖으며 이렇게 미친 듯이 속으로 외치었다.

"이게 다 무어야, 이게 다 무어야. 아아, 저는 아무것도 아닙니다, 저는 아무것도 아닙니다. 저야말로 의외로 아무것도 아닌 단순한 말의 사기사를 지향하고 나가던 사람이었는지도 모릅니다."[50]

어떠한 격동 속에서도 자기의 고독은 조금도 흔들리거나 용해되지 않는다고 작가 허준은 「습작실에서」의 주인공의 입을 통해 말한 바 있다. 해방공간에서도 작가지식인으로서의 그의 고독은 흔들리지 않았다고 자부했다. 그만큼 그의 고독은 철저한 것이었다. 그 이유는 식민지시대 지식인의 존재방식의 어려움에서 왔다. 곧 '어떤 것이 가치 있는 삶이냐'라는 명제와 '인간은 어쨌든 사는 것이다'라는 명제에서 자기분열증을 앓고 있었다. 일본인에 대한 열등감과 동포인 조선사람에 대한 우월감에서 오는 지식인작가의 자기분열증이 없는 작가지식인이란, 어떤 경우에도 가짜이거나 위선자일 터다. 앞에서 본 지하련의 「도정」의 주인공 석재도 그러한 위선자의 범주에 들 것이다. 잘난 척하느라고 공산당도 되고 감옥에도 가고, 나와서는 그것을 뽐내는 수준에서 지식인의 사명을 자처했던 것이 아닌가. 이처럼 분열증이 없었던 것은 허준의 안목으로 보면 고독이 없었던 탓이다. 허준의 주인공은 이러한 고독을 안고 있었기 때문에 빛의 회복이라 떠들던 해방공간에서도 쉽사리 그 고독이 풀릴 수가 없었다. "너의 문학은 어째 오늘날도 흥분이 없느냐, 왜 그리 희열이 없이 차기만 하냐, 새시대의 거족적 열망과 투쟁 속에 자그마한 감격은 있어도 좋을 것이 아니냐"라는 주변의 물음에 대해 허준은 '민족의 생리를 문학적으로 감득하는 방도'에서 남다름이 있다고 대답하고 있다.[51] 그가 사이비 근대주의자들과 다른 자리에 섰던 증거다. 「속 실습실에서」는 1948년 7월에 발표되었다. 이때 사이비 진보주의자들은 모두 절망하거나 설정식(薛貞植)모양

분노하거나 정지용처럼 시니시즘으로 치닫거나 채만식(蔡萬植) 모양 풍자로 나아갔던 것이다. 사이비 진보주의자들이 절망한 자리에 비로소 조금 흥분되기 시작한 것, 다시 말해 이제야 겨우 '고독'이 조금 풀리게 된 것이 허준의 작품세계다. 그러나 '속'이라는 한정사가 붙어 있는 바와 같이 그 지식인작가의 고독은 쉽사리 해소되는 것은 아니었다. 지식인작가의 해방공간 속의 변모를 엿보는 일은 단순한 호사벽에 멈추지 않는다. 작가는 원칙상 지식인작가인만큼 그가 식민지시대에 살았다면 자기분열증을 갖지 않을 수 없었던 존재다. 이 자기분열증의 치료 없이 해방공간 속에 들어와 활동할 수 있을 것인가. 이런 물음을 정면으로 제시한 「속 습작실에서」는 따라서 이태준의 「해방전후」와는 격이 다른 수준이라 할 수 있다.

「역로」—풍자와 냉소주의

지식인작가가 해방공간을 인식하면서 어떻게 자기분열증을 일으키고 있었는가는 섬세한 문학적 장치를 통하지 않고는 살펴보기 어렵다. 섬세함이란 무엇이겠는가. 그것은 윤리적 과제의 하나다. 이러한 과제를 살피기 위해서 또 하나의 문제적인 지식인작가 채만식의 작품을 엿보기로 한다.

「탁류」(1937),「태평천하」(1938)의 작가인 채만식이 대일협력에 나아갔던 여러 문인 중 한 사람이라는 사실은 알려진 일이다.「대륙경륜의 장도, 그 세계사적 의의」(『매일신문』, 1940. 11. 22),「홍대하옵신 성은」(『매일신문』, 1943. 8. 3) 등 평론과 장편「여인전기」(『매일신문』, 1944. 10~1945. 5) 등이 그러한 증거다. 일찍이 동반자적 작가로 지목되어, 진보적 측면에 섰던 채만식이 대일협력에 나아간 것은 독서회사건이라든가 생활의 위협 등 이러저러한 이유가 있었을 것이다. 그러한 과거를 지닌 채 어떻게 해방공간 속에 대처할 것인가. 이 물음은 그가 해방 뒤에 쓴 「미스터 방(方)」(『대조』, 1946. 3),「논 이야기」(『해방문학선』, 1947),「민족의 죄인」(『백민』, 1948. 10~1949. 1),「역로」(『신문학』, 1947. 3),「역사」(『학등』, 1946.

6), 「늙은 극동선수」(『신천지』, 1949. 2~3), 「맹순사」(『백민』, 1947. 3), 「도야지」(『문장』 속간호, 1948. 10) 등에서 해답을 이끌어낼 수 있다. 이들 중에 「민족의 죄인」은 작가 자신을 주인공으로 삼아, 지난날 자신의 대일 협력을 어떻게 극복할 것인가를 정면으로 다룬 작품이다. 대일협력에 임했던 작가들이 작품을 통해 자신의 문제를 다룬 것은 이 작품을 빼면 단 한 편도 없다. 그런 점에서도 채만식은 문제적 작가이다.[52] 그렇다고 해 「민족의 죄인」(중편)이 특출한 작품이란 뜻은 아니다. 주인공 아내의 단순 소박한 논리인 "형벌이 죌 속량해주는 건 아니다"의 자리에 멈추고 있는 수준의 「민족의 죄인」은 일종의 변명에 해당될 것이다. 채만식은 요컨대 한번은 이 사실을 짚고 넘어가고자 했던 것이다. 그렇지만 그가 그의 특유의 창작방법론을 구사하여 쓴 「미스터 방」 「논 이야기」 「역로」(歷路) 등은 해방공간을 객관화함에 크게 기여하고 있다. 「미스터 방」은 대낮에 나온 도깨비이야기 제1호(書出魍魎之圖 其一)라는 부제가 말해주듯, 풍자적인 작품이다. 채만식에게 풍자는 수법의 일종이 아니라 창작방법 자체라는 데 특징이 있다. 일제 때 가난하고 못난 머슴이었던 방삼복이 해방 후 미군통역이 되어 권력을 쥐고 날뛰다 실수로 그 통역자리에서 밀려났다는 것, 그렇지만 작가가 방삼복을 풍자하면 할수록 그렇게 된 상황의 모습이 객관적으로 부각된다는 것이 이 작품의 중요성이다. 「논 이야기」(1946년 4월에 씀)에서도 사정은 같다. 「논 이야기」의 주인공 한생원(한덕문)은 구한말에서 일제시대 전 기간을 거쳐 해방을 맞은 노인이다. 그의 아버지의 부지런으로 장만한 논으로 열서 마지기와 일곱 마지기 둘이 있었다. 그 피땀어린 논 중 열서 마지기는 고을 원에게 빼앗겨버렸다. 한생원 나이 스물한 살 적이나 동학당으로 몰려 억울하게 당한 일이었다. 한생원은 이때부터 소작인 신세였다. 그의 아비가 죽은 뒤 한생원은 남는 땅 일곱 마지기조차 팔아버리지 않으면 안 되었다. 일본인 길천에게 좋은 값으로 팔았던 것이다. 빚 때문이었다. "한덕문은 허황하고 헤픈 값을 하느라고 술과 노름을 쏠쏠히 좋아했다."[53] 이러한 한생원의 성격적 결함이 땅을 잃은 원인 중 하나였다. 한생원은 완전히 소작인으로 반생을 살았다. 해방이 되었다.

한생원은 길천에게 판 땅은 저절로 자기 것이 되리라 믿었으나, 그 믿음은 새 주인이 나타남으로써 허사가 되고 만다. 일본인 소유의 땅은 적산으로 국가재산에 귀속되었기 때문이다.

일 없네, 난 오늘부틈 나라가 없는 백성이네. 제길 삼십육년두 나라없이 살아왔을려드냐. 아니, 글세, 나라가 있으면 백성한테 무얼 좀 고마운 노릇을 해주어야 백성두 나라를 믿구 나라에다 마음을 붙이고 살지. 독립이 됐다면서 고작 그래 백성이 차지할 땅 뺏어서 팔아먹는 게 나라 명색이야?[54]

구한말에도 일제시대에도 일관해서 변하지 않는 측면을, 땅(논)을 통해 그려놓은 이 작품은 특별한 의미를 갖고 있다. 국가나 민족이란 없거나 있더라도 별로 중요한 것이 아니라는 관점에서 보면 저 해방공간에서의 '민족정기'라는 성스러운 지표 설정은 실로 가소로운 장난이 아닐 수 없다. 일상적 삶이란, 개인과 통치부(권력)의 관계만 있을 것이다. 그 통치부와 개인의 관계가 만일 합리적이라면 그것이 제일 좋은 세상이다. 한생원에게는 구한말이나 일제시대나 해방 후(미군정)나 똑같은 것이었다. 통치부가 고약했든 한생원의 성격적 결함이든 자고로 개인과 통치부의 관계가 있을 뿐이고, 그 관계에 어떻게 합리적으로 대처하느냐가 삶의 올바른 방식인지 모른다는 관점에 선다면 해방공간의 성스러운 지표설정은 가소로운 일이 아니면 안 된다. 작가 채만식은 「논 이야기」에서 아주 무식하고 성격적 결함을 가진 한생원을 보여줌으로써 '친일파'란 당초 없는 것, 오직 통치부에 개인이 얼마나 합리적으로 작용했는가만 있다는 점을 지적하고 있는 셈이다.

이 점은 「역로」(歷路)에서 한층 구체적으로 제시된다. 이 작품은 서울발 부산행 급행 속에서 마주 앉은 두 사람의 대화를 다루고 있다. 친구를 만난 작중 화자인 '나'는 물론 지식인이고, 친구 김군은 대일협력을 한 지식인이다. 두 사람의 대화는 곧 중편 「민족의 죄인」에 되풀이되는 내용 그대로다. 그들의 '죄의식'은 논의하면 할수록 허무의식에 휩싸이게 된다. 순간 그들의 허무의식을 한순간에 거둬내는 상황이 차창 밖에서 벌어졌다. 대전역 새벽의 호남선의 형언할 수 없는 혼란 속에서 불이 휘황하게 켜진 텅텅 비다시피 한 '미군전용차'를 발견한 것이다. 반늙은이 하나가 감히 그 차를 타고자 하다가 미군 헌병에게 저지당하고 있었다.

　김군과 나는 무심코 발길을 멈추고 서서 좀더 문득 아니 볼 것을 본 것 같은 회오에 얼른 얼골을 들었다.
　"옛날 상해 공동조계의 공원 문 앞에 '지나인과 개는 들어오지 마라' 쓴 표말을 세운 것허구 상거가 어떨꾸?"
　김군의 중얼거리는 말이고 나는 나대로 중얼거렸다.
　"마마손님은 떡시루나 쪄놓구 배송을 한다지만 이 푸렌드나 저 북쪽 따와리시치들은 어떻거면 쉽사리 배송을 시키누?"[55]

　「논 이야기」와 「역로」는 동일한 주제에 속한다. 통치부와 개인의 관계만이 있다는 것, 그 통치부와 개인 관계의 합리성이 곧 삶의 일반적 성격이라는 점에서 두 작품은 닮아 있다. 이러한 현실인식방식은 두 면을 가진 것이다. 하나는 작가 자신의 대일협력에 대한 변명의 측면이며 다른 하나는 인간의 일상적 삶의 본질을 가리키는 측면이다. 앞엣것은 비난당할 수 있을지 모르나 뒤엣것은 간단히 비판될 수 있는 성질의 것이 아니다. 그것은 근대 합리주의를 지향하는 삶의 방식에 닿아 있기 때문이다.
　한편 두 작품은 다음과 같은 점에서 다른 성격을 품고 있다. 「논 이야기」는 생산수단인 땅이 소유개념에 속한다는 점이라면 「역로」는 한국이 놓인 지정학적인 성격에 속한다는 점이다. 이 점에 대한 작가의 투철한 안목이 없거나 모자랄 때이거나, 혹은 자기변명을 포함한 작자의 주관이 심하게 끼어들 때엔 작가정신의 위기가 온다. 「논 이야기」가 한갓 풍자에 떨어져버렸으며 「역로」가 감당할 수 없는 냉소주의에 주저앉아버린 것도 모두 이로 말미암은 것이다. 「논 이야기」를 허무의식에서 빼내기 위해서는 작가의 자기변명을 걷어낸 자리에 서야 했을 것이며「역로」의 냉소주의는 이른바 제3세계의 시각을 갖지 않고는 벗어날 수 없는 일이다. 마치 그것은「해방전후」주인공 현이 아시아적 후진성(침체성)의 바른 의미를 몰각한 자리에서 다만 프롤레타리아 독재가 아니라 자본주의적(부르주아적) 민주주의혁명이라는 구호에 귀를 기울임으로써 해방공간의 사상선택에 나아간 사실과 흡사한 현상이다. 무지에서 오는「해방전후」주인공의 사상선택의 '떳떳함'과 채만식의 소설 주인공의 냉소주의는 따라서 해방공간의 작가 지식인의 사상적 등가물인 셈이다.

5 해방공간의 역사철학적 과제

그렇다면 해방공간의 서사적 모습은 어떻게 떠오르는 것일까. 이런 물음에는 세계를 역사철학적 인식의 과제로 바라보는 시각이 일단 필요하다. 이 글 첫머리에서 말한 "해방이 도적처럼 왔다"는 명제가 곧 그것이다. 도적처럼 왔다는 것은 역사의 신을 염두에 둔 표현이다. 빛의 회복이라고 부른 것도 이와 관련된 표현이다. 도적같이 온 해방은 또한 도적처럼 가버렸다는 뜻이기도 하다. 도적처럼 온 신은 하도 찬란한 빛이어서 모두를 눈멀고 귀먹게 하기에 조금도 모자람이 없었다. 그것은 동굴 속의 어둠의 깊이에 비례한 것이었다. 신이 한순간 머물렀다가 떠나버린 해방공간은 황폐한 모습이고, 그것이 결국 이 공간의 역사철학적 상태이기도 했다. 이 해방공간엔 따라서 구체성이 주어질 수 없었다. 유토피아를 그리면서 구체성을 얻어갖지 못했기에 해방공간은 황폐한 상태, 곧 불모지대로 역사의 파편조각만 저만큼 흩어놓고 말았던 것이다.

해방공간이 서사시적 상태를 얻어내기에 실패한 것은 이처럼 역사철학적 과제에서 말미암은 필연적 현상일 터다. 본질(의미)과 현상(일상적 삶)이 분리되어 도무지 합일될 수가 없었던 것이다. 아니, 반드시 그렇지 않았는지도 모른다. 김구, 장덕수, 여운형의 죽음의 한순간에 본질과 현상이 합일점을 보이기도 한 것은 아니었을까. 그것은 서사적 상태가 아니라 비극 양식의 일종이었다.

> 때는 20세기의 인문(人文)을 자랑하는 중엽
> 그러나 이 어인 조짐이리오
> 내 오늘 이 거리를 가건대
> 비린 바람은 음산히 비수(匕首)의 요기(妖氣)를 띠고
> 뭇 눈은 오히려 중세의 암우(暗愚)에 흉흉하나니
> 보라 여기선
> 강도와 의인(義人)이 분간되지 못하고
> 피의 진한 참과 입에 발린 거짓이 뒤죽되어
> 진실로 원수를 넘겨야 할 칼이
> 창광(猖狂)하여 그 노릴 바를 모르거늘
> 이는 끝내 제도(濟度) 못할 백성의 근본이려노
> 이날 이 불의의 저지른 슬픈 치욕을
> 여기에 기를 삼는 자 또한 있거들랑
> 하늘이여 마땅히 삼천만을 들어 벼력할지니
> 아아 겨레 된 벌로 묻힌
> 내 손바닥의 이 죄욕을 두고두고 앓으리라.[56]

이것은 물론 시가 아니다. 비극의 일종일 따름이다. 시인이 '백범옹 피살의 비보를 듣고' 쓴 것이 아니라 해방공간이 빚은 비극적 순간이 시인의 입을 통해 드러난 것에 지나지 않는다. 본질과 현상이 분리되어 저만치 서로 떨어져 나가다가 한순간 결합된 것은 이처럼 역사의 주역(영웅, 비극의 주인공)의 죽는 순간일 뿐, 그 순간이 지나면 사태는 일층 악화된다. 서사적 상태의 회복은 아득한 꿈으로서 역사 너머의 목소리로 사라지고, 비극조차 불가능해진 황폐한 마당에 남는 것은 무엇이었던가. 철학뿐이다. 의미(본질)에 대한 절대적인 요구만 남고 삶(현상)에 대한 절대적인 요구는

발붙일 곳이 없다. 일상적 삶의 원자료가 전혀 무가치한 것으로 되어버린 해방공간에서 본질(의미)은 이데올로기라는 순수한 관념영역 속으로 도피해버렸다. 이처럼 해방공간은 신의 떠남으로 말미암아 황폐해진 들판이었다. 의미와 삶의 조각만이 뒹구는 곳이었다.

여기까지 나아오면 어째서 우리가 이 시대를 '해방공간'이라는 특수용어로 규정했는가를 알아차릴 수가 있을 것이다. 무엇보다도 이 들판에는 시간개념이 스며들지 않는다. 시간이 작용하지 않는 곳에서는 아무도 똑바로 행위를 할 수가 없다. 회상의 형식, 기억의 형식이 없는 곳에서는 의미와 삶은 결코 가까워질 수 없다. 시간이야말로 본질(의미)에도 현상에도 똑같이 생명을 주는 동시에 파괴하는 힘인 까닭이다. 공간이란 지정학적인 것이자 일종의 외부세계로 비유될 수조차 있다. 이에 맞서는 내면세계, 창조와 파괴를 동시에 할 수 있는 힘을 가진 시간이야말로 지속인 동시에 흐름인 것이다. 이것이 서사시적인 세계의 바탕을 이루는 구체성 곧 지속성의 근원이다. 이런 점에 비추어볼 때 우리의 해방공간은 밀폐된 공간이며 정지된 시간이다.

이러한 우리의 시적 비유가 얼마나 허망한 것인가고 비판당할 수도 있을 것이다. 역사철학이란 한갓 형이상학이 아닌 것인가라고 이야기될 수도 있다. 그렇지만 제3세계의 시각에서 역사를 보아도 마찬가지 결과에 이른다는 사실은 부인되기 어렵다. 아시아의 사회주의 국가에서 사회주의의 이상주의적인 윤리적 측면과 아시아적인 공동체의 구조가 쉽사리 결합되어 일종의 유토피아를 구성하는 것처럼 보였지만 그것인 한갓 환상이었음은 역사 자체가 실증해보였던 것이다. 사회경제적인 토대(하부구조)가 전근대적인 마당에 지도적 이념만이 민주주의적이거나 근대적이라면 그것이 갈 수 있는 곳은 이데올로기의 독재행사뿐이다. 「해방전후」의 주인공 및 그 작자의 실패원인도 궁극적으로는 이 사실을 몰랐음에서 말미암았다. 자본주의적 민주주의혁명이라는 구호를 선택할 수는 있지만 하부구조의 성숙을 선택할 수 있는 과제가 아닌 것이다. 하부구조의 성숙 없이 상부구조 이데올로기가 참된 의미를 갖지 못한다고 할 때 하부구조의 성숙이란 무엇이겠는가. 그것은 시간의 소관이다. 생성과 파괴는 시간의 작동 없이는 결코 달성될 수 없다. 우리의 해방공간은 이 점을 새삼 우리에게 일깨워주고 있는 만큼 그것은 어떤 의미에서도 기념비적 성격을 띠고 있다.

김윤식
서울대 명예교수. 100여 종이 넘는 책을 펴내며 문학예술의 광범위한 영역에서 거대한 학문적, 문학적 성과 이룸. 대표 저서에 『한국근대문예비평과 연구』, 『이광수와 그의 시대』, 『한일 근대문학의 관련양상 신론』 등이 있다.

주 _____

1) 함석헌, 『성서적 입장에서 본 조선역사』(성광문화사, 1950), p.280. 『뜻으로 본 한국역사』(한길사, 1983)에 재수록.
2) 1945년 8월 15일부터 1948년 8월 15일까지. 이 용어는 필자가 일찍부터 사용한 바 있다(『한국현대문학사』, 일지사, 1976).
3) 『이광수 전집』, 7(우신사), p.281.
4) 『김동인 전집』, 6, p.645.
5) 정인보, 「十二哀」 중 만해송, 『해방기념시집』(중앙문화협회, 1945), p.5.
6) 정지용, 「그대들 돌아오시니」 첫 연, 같은 책, p.86.
7) 백철, 『문학자서전』, 후편(박영사, 1975), p.300.
8) 『우리문학』, 1946. 2.
9) 같은 책. p.45.
10) 같은 책, p.46.
11) 같은 책, p.41.
12) 김윤식, 「내선일체사상과 그 작품의 귀속문제」, 『한국근대문학사상사』(한길사, 1984) 참조.
13) 김윤식, 『황홀경의 사상』(홍성사, 1984), p.110 이하 참조.
14) 『우리문학』, p.44.
15) 『경향신문』, 1949년 8월 14일자.
16) 『경향신문』 1949년 8월 15일자.
17) 『민족의 심판』(혁신출판사, 1949) ; 김진현, 『역사에 다시 묻는다』(삼민사, 1984) 참조.
18) 1948년 8월에 쓰고 1948년 12월 간행.
19) 『이광수전집』, 7, p.282.
20) 『신문학』 창간호, p.185.
21) 『신문학』, 제2호, pp.128~29.
22) 오장환, 「전국문학자대회인상기」, 『大潮』, 1946. 7, p.172.
23) 루카치, 『소설의 이론』 제2장 참조.
24) 『건설기의 조선문학』(문학가동맹 서기국, 1946), p.203.
25) 『조선문예연감』(인문사), p.135.
26) 천룡, 「문학자대회인상기」, 『신천지』, 1946. 4, p.110.

27) 『우리문학』, 제2호, p.141.

28) 같은 책, p.143.

29) 『서울신문』, 1946년 3월 14일자.

30) 곽종원, 「조선청년문학가협회」, 『해방문학 20년』(정음사, 1971), p.143.

31) 김남식, 『남로당연구』(돌베개, 1984), p.360.

32) 임화, 「북조선의 민주건설과 문화, 예술의 위대한 발전」, 『문학평론』, 3호, 1947. 4, p.42.

33) 문총 편, 『문총창립과 문화운동 10년소관』(1957) 참조.

34) 김광균, 「문학의 위기―시를 중심으로 한 일년」, 『신천지』, 1946. 12, p.115.

35) 조지훈, 「순수시의 지향―민족시를 위하여」, 『백민』, 1947. 3, p.168.

36) 김동리, 「순수문학의 진의―민족문학의 당면과제로서」, 『서울신문』, 1946년 9월 15일자.

37) 「정치주의 문학의 정체」, 『백민』, 1948. 5, p.4.

38) 『문학과 인간』(청춘사, 1952), p.156.

39) 「순수문학의 諸態」, 『서울신문』, 1946년 6월 30일자.

40) 같은 신문, 같은 곳.

41) 『신천지』, 1947. 11·12 합병호.

42) 「문학하는 것에 대한 사견」, 『백민』, 13집, 1948. 3, p.45.

43) 「순수문제와 휴머니즘」, 『신천지』, 1947. 1, p.26.

44) 김윤식, 『한국현대문학사』(일지사, 1976), p.39 참조.

45) 『문학』, 1946. 7 창간호, p.65.

46) 같은 책, p.51.

47) 같은 책, p.66.

48) 같은 책, p.30.

49) 같은 책, p.32.

50) 『문학』, 8호, 1948. 7, p.40.

51) 김윤식, 『한국현대문학사』, p.190 이하 참조.

52) 김윤식 편, 『채만식』(문학과지성사, 1984) 참조.

53) 『해방문학선』(종로서원), p.261.

54) 같은 책, p.281.

55) 『신문학』, 제2호, p.58.

56) 유치환, 「죄욕」, 『신천지』, 1949. 8, pp.40~41.

미군정의 교육정책

이광호

1 머리말

우리 속담에 "시작이 반이다"라는 말이 있다. 그것은 시작의 중요성을 강조하기 위한 말이기도 하지만 또 다른 의미에서 시작이 전체 구조의 반 이상의 성격을 규정하고 결정할 수 있다는 뜻으로 받아들일 수 있을 것이다.

한국 현대교육(現代敎育)에서 바로 시작에 해당하는 시기가 미군정에 의한 3년여의 기간이다. 일제의 패망에 뒤이은 미군정 동안의 교육재건 과정과 혼란이 갖는 특성은 그 이후 한국교육의 방향과 기반을 결정해주는 것이었으며, 오늘날의 한국교육은 그 성과에 관계없이 미군정기 교육상황의 성격을 바탕으로 해서 이루어진 것이라 할 수 있다. 따라서 미군정이 갖는 교육적 의미는 곧 현재의 한국교육을 구조적으로 이해할 수 있는 결정적인 계기를 제공하는 것이기도 하다.

그럼에도 다른 분야에 비해 미군정에 대한 교육적 연구가 미진한 것은 부정할 수 없는 사실이다. 특히 미국과 일본 등지에서는 활발한 교육적 규명작업이 수행되어왔음에도 불구하고 국내에서의 연구가 아직 그 궤도에 오르지 못한 데에는 그럴 만한 이유가 있다. 첫째, 미군정의 직접통치에 의해 이루어진 교육재건 과정은 이데올로기 문제와 절대적 관련을 갖고 있어 그와 관련된 객관적인 1차 사료를 국내에서는 접하기가 어렵기 때문이다. 둘째, 당시 교육계에서 중요한 역할을 당당했던 주역들이 아직도 한국교육에 영향력을 행사하고 있거나, 현재 국내의 교육관계자들이 그들과 인맥과 학연(學緣) 등으로 직간접적인 관련을 맺고 있음으로써 객관적 연구에 장애가 되기 때문이다. 이것은 상대적으로 미군정의 교육이 갖는 현재구속적 의미가 그만큼 크다는 사실을 나타내는 것이기도 하다. 끝으로 국내 교육연구의 성향과 관련하여 볼 때 교육사실에 대한 역사적 철학적 접근·관심이 교육 외적 문제로 간주되어왔거나 1차 연구영역에서 제외되어온 데 기인한다. 그러나 이러한 이유만으로 국내 연구의 부진이 정당화될 수 없음은 물론이다. 그리고 한국교육사에서 갖는 미군정의 의미를 밝히려는 욕구를 지나쳐버릴 수도 없다.

여기에서는 미군정 3년 동안의 교육재건 과정이 현대 한국교육의 체제를 형성한 것으로 간주하고, 그 체제형성의 성격을 밝혀보고자 한다. 그에 따른 일차적인 관심으로, 미군정의 직정통치에 의한 미국의 대한(對韓)교육정책의 기본 성격은 무엇이었으며 어떻게 변모되었는가를 살펴보고 아울러 교육정책에 따라 교육재건에 직간접으로 참여하여 주도했던 인사들의 구성 성격과 교육관심 및 그 갈등관계를 주된 고려대상으로 하려 한다.

2 군정에 의한 미국의 대한교육정책

미군정기간의 구체적인 대한(對韓)교육정책을 이해하기 위해 이 시기를 크게 양분해 고찰해볼 수 있다. 즉 1945년 10월 한국의 점령지역 내 민간 행정업무에 대한 최초의 기본훈령이 있고 난 1946년 4월, 미국무성 정책교서로써 대한정책이 시달되었던 때를 기점으로 하여 그 전후로 구분할 수 있다. 이 시기를 그 분기점으로 삼은 것은 미국의 대한기본정책이 명백하게 변해서가 아니라, 기본정책의 수행과정에서 있었던 교육개혁에 대한 대응방식의 변화로부터 말미암는다. 아울러 이 시기구분은 한반도 분단의 고정화가 가시적으로 표출되는 시기와도 간접적 관련성을 갖기 때문에, 문제를 보는 시각에 따라 그 구분이 다소 앞당겨지거나 유동적일 수도 있을 것이다.

현상유지로서의 정책

점령 초기 미군정의 교육문제에 대한 대응방식은 현상유지를 전제로 한 당면과제의 해결을 그 특징으로 하고 있다. 이와 같은 성격의 점령정책은 국무·육군·해군성조정위원회(SWNCC)의 최초 기본훈령에 집약되어 나타나 있다. 일본항복 이후로부터 신탁통치 수립 이전까지에 이르는 초기 한국의 민간행정에 관해 태평양 방면 미군 최고사령관이 지침으로 하게 될 정책 및 권한을 규정한 이 훈령은 정치, 경제와 민간보급, 금융 등의 3부로 나뉘어 미국의 대한정책을 미·소의 분할 담당이라는 초기 과도기적 단계로부터 미·영·중·소의 신탁통치기로, 그리고 마침내는 국제연합 회원국 자격을 갖춘 궁극적인 한국의 독립에 이르는 점진적인 발전으로 상정하고 있다. 또한 일본의 항복조건이 한국에서 이행될 것과 치안 회복 및 유지를 보장하기 위한 즉각적인 조치의 실행을 규정하고 군정기관과 영향력 있는 지위에 부일협력자의 취임을 금지하면서도 안보적 요인이 허용될 경우 기술능력상 필요하다고 여겨지는 일본인과 일본인들에게 협력했던 한국인을 일시적으로 이용해도 좋다고 못박고 있다. 특히 교육문제에 대해 이 훈령은, 교육기관은 그 기능을 계속 수행토록 허용하며 폐쇄된 것은 빠른 시일 내에 재개할 것과 아울러 과거 일본에 협력했던 교사나 군사 점령의 목적에 적극적으로 반대하는 모든 교사는 해임하여 교체하고, 훈령의 한정된 기간을 고려하여 만족스러운 교육과정이 모든 학교에서 채용되고 각급 학교에서 일본의 영향을 일소할 것을 규정하고 있다.[1]

이처럼 미군정의 초기 점령정책에 군사적 당면목표와 교육기관의 지속적인 운영과 재개 이외에는 구체적이고 적극적인 정책이나 교육개혁의 방안이 제시되지 않고 있는 데에는 몇 가지 이유를 들 수 있다. 우선 첫째로 고려될 수 있는 사항은, 지금까지 일반적으로 지적되어온 것처럼, 미국의 한국점령에 대비한 사전정보나 준비부족이다.[2] 이 점에 대해 트루먼도 다음과 같이 회고하고 있다.

2차대전 전, 한국에 대해서 아시아의 동쪽 먼 끝에 위치한 이상한 나라라는 정도 이상의 지식이나 관심을 가졌던 미국인은 거의 없었을 것이다. 극소수의 선교사를 제외하고는 1945년 늦여름, 미국 점령군이 상륙할 때까지 미국인들에게는 이 "조용한 아침의 나라"를 알 수 있는 기회가 드물었다.[3]

한편 일본의 경우에는, 1944년 8월부터 전후 점령을 예상하고 캘리포니아에 있는 민정기지(CASA : Civil Affairs Staging Area)나 군정학교에서 일본의 산업, 경제, 정치제도, 교육에 대한 자료를 준비하여 군정요원을 양성[4]했던 데 비하면 한국에 대한 미국의 준비부족은 대조되어 더욱 드러난다. 더욱이 한국에 파견된 군정요원은 불과 한두 시간의 교육[5]이 그들이 한국에 관해 갖고 있는 정보의 전부였던 것이다. 이렇게 볼 때 일본의 갑작스러운 항복에 의한 미국 측의 준비부족이라는 논리는 타당성을 가질 수 없다. 또한 해방 직후 한국에 파견되었던 미 제24군단은 필리핀과 오키나와에서 승리하고, 당시 오키나와에서 일본 본토 공격에 대비하고 있다가 갑자기 한국에 진주했으며 전후 민간통치에 임해본 경험은 물론 민간행정 경험이 있는 사람도 없었다.[6] 특히 군정초기 유일한 교육담당자였던 라카드(E. N. Lockard) 대위조차도, 입대 전 미국 시카고의 한 시립초급대학 영어 교수의 교육경험이 있을 뿐이었다.[7] 그리고 1945년 1월에는 시카고대학에 있는 민정훈련학교(CATS : Civil Affairs Training School)에 소속되어 일본 초등학교의 수신교과서에 실린 도덕교육에 대한 훈련을 받은 적은 있지만,[8] 한국의 교육과 문화에 대한 사전지식은 거의 가지지 못했었다. 이와 같은 상황에서 군정당국은 교육문제 해결을 위해 자문기관격인 위원회 등을 구성, 많은 부분을 당시 한국의 교육전문가들에게 의존할 수밖에 없었다. 물론 위원회의 목적은 충고나 진언 외에, 한국인들의 의식

속에 그들이 정부활동에 참가하기 시작한다는 느낌을 심어주기 위한[9] 일종의 정치교육적 목적을 지닌 것이었다.

그런데 군정의 점령정책에서 사전정보나 준비의 부족이라는 측면이 지나치게 강조되면 그 결과의 책임을 어느 한쪽에 전가할 위험성을 내포할 뿐만 아니라, 미군정의 직접통치가 가지는 정치적 의미와 그들 나름대로 일관되게 지니고 있는 정책의 기본방향성을 간과하게 된다.[10]

미군정은 한국점령에 대한 사전준비 부족에도 불구하고 군사전략적 성격의 기본방향만은 분명하게 설정하고 있었다. 그 기본방향은 미국의 극동정책과 관련하여 남한의 공산화 방지와 적어도 친소정권의 대두를 저지하는 것이었다. 이러한 기본노선에 입각하여 미국은 미군정이 남한에서 유일한 정부라고 선언했으며, 이에서 비롯되는 미국의 직접통치는 현상유지를 기본으로 하고, 현상변혁을 지향하는 좌파를 견제하는 유효한 방법이었다.[11] 신탁통치의 결정과정과, 38도선의 분단과정이 군사적 편의주의에 의해서건 아니면 어떠한 정략적 결정에 의해서건간에[12] 여기에 관련된 정치적 요인은 미국의 대소(對蘇) 전략적 고려점이었다는 사실은 의문의 여지가 없다.

두 번째 고려사항은 미국의 대소전략과 연관된 정책에서 비롯된다. 즉 앞서 지적했듯이[13] 미국의 대한정책이 초기 미·소 분할의 과도기적 단계에서 신탁통치기로, 다시 한국독립에 이르는 점진적 발전으로 상정되어 있음으로써 대한정책의 실현은 소련과의 협상타결을 전제로 하지 않으면 안 되었다. 미국 단독으로 결정한 일련의 대한정책의 조기실현을 위해서 소련과의 협상을 전제하고 있는 미국으로서는, 한정된 과도기로서의 초기동안에 남한의 적극적 개혁은 필요치 않았을 뿐 아니라 소련을 자극할 위험이 있으므로 회피할 필요가 있었다. 실제로 이와 관련해 미국무성 극동국장 빈센트가 육군성의 비트럽(R. L. Vittrup) 대령에게 보낸 비망록을 통해, "우리 정부는 한국의 어느 특정 개인이나 단체를 지지하는 행동을 해서는 안 되며, 그러한 지지는 군정이 당면하고 있는 정치적 문제를 복잡하게 할 뿐만 아니라 소련군 사령관을 자극하여 통일한국 건설을 지연시킬 것이므로 삼가도록 촉구해야 할 것이다"[14])는 내용을 전달하고 있다. 이 비망록 내용에서 알 수 있는 바와 같이 점령초기 군정의 교육문제에 대한 대응방식은 적극적인 개혁보다는 소련 측을 자극하지 않는 범위 내에서 현상유지와 응급조처의 방법을 택할 수밖에 없었다. 더욱이 당시 한국에서의 교육 프로그램에 대한 권한이 통치를 담당한 육군성보다는 국무성에서 파견되어 있던 정치고문 베닝호프(H. M. Benninghoff)의 손에 달려 있었기[15] 때문에, 미국의 이러한 원칙은 교육문제에 좀더 철저히 적용된 것 같다. 군정 당시 교육주도의 핵심적 역할을 담당했던 오천석이 교육계획을 장기적으로 설정하기 위해 각계각층의 지도자를 망라한 '교육심의회'를 조직할 것을 군정부에 제안했을 때 처음에는 완강히 거부할 수밖에 없었고, 그 설치를 위해 끈질긴 설득이 필요했다는 사실[16]은 미군정의 정책적 의도를 보여주는 단면이라 할 수 있다.

교육문제의 당면과제 해결

미군정의 대소 전략적 차원의 정책 테두리 안에서, 가장 시급하게 해결해야 할 교육의 당면과제는 기본훈령에도 언급되어 있듯이 학교교육 재개와 교육관계자의 인사문제, 그리고 교사의 충원문제였다. 그런데 한국에 대한 사전정보와 준비가 부족했던 미군정으로서는 많은 것을 한국교육전문가들에게 의존할 수밖에 없었다. 그렇게 하여 최초로 구성된 자문기관이 조선교육위원회(The Korean Committee on Education)다. 조선교육위원회의 도움으로 군정은 우선 교육기관의 지속적 운영을 위해 미군정법령 제6호로써 공사립학교의 개학을 발표했다. 곧 1945년 9월 29일에 발표된 법령 제6호는 그밖에도 조선학교에서의 교육용어는 조선어로 하고 종족과 종교의 차별이 없으며, 그리고 조선의 이익에 반하는 과목은 가르칠 수 없음을 명시했다.[17]

학교교육의 재개와 더불어 학무국의 조직과 일선 학교의 교장과 교사를 재임명하고 일본 교사를 축출하는 일은 교육구조 개편에서 중요한 과제였다. 군정이 시작될 당시 학무국에는 56명의 일본관리들이 있었고, 그들의 대부분은 즉시 물러났지만 6명의 관리는 기술적 능력문제로 여전히 남아 있었다.[18] 이러한 일본관리와 교사를 한국인으로 대체하는 일은 거의 대부분 조선교육위원회에 의해 이루어졌다. 그리고 하급 일선교사들의 임명은 조선교육위원회에 의해 직접 실시되었으나, 그 이상의 인사임명은 일제 협력의 경력이 있거나 부적격자(unqualified Korean)의 선발을 막기 위해서, 군 정보처(Army Intelligence)의 엄격한 심사를 통해서 결정되었다.[19] 여기에서 부적격사의 기준은 미군정의 기본방향인 공산화 방지와 관련하여, 공산주의적 사상배경의 유무[20]가 가장 중요한 요건이었다.

그리고 일본교사의 축출로 교사부족 현상은 심각한 사태였다. 더욱이 군정 초부터 1946년 4월까지 낮은 봉급과 생활비의 과중으로부터 교사들의 이직현상이 두드러지게 나타나 교사부족을 가중시켰다.[21] 교사문제는 공산화 방지와 민주화를 위한 선결과제였다. 따라서 크게 부족한 교사들을 보충하기 위해서는 기존의 각 사범학교 강습과 임시 교사양성소 등과 같은 단기간의 양성[22]을 이용할 수밖에 없었다.

이상과 같은 응급조처식의 교육문제 해결과 함께 미군정의 커다란 관심사의 하나는 정책의 기본방향을 구체적으로 실현하기 위한 정치사회화[23]로서의 교육이었다. 민주주의의 적극적인 보급 통로로서의 정치사회화는 두 가지 방향으로 나타났다. 그 하나는 학교 교육과정의 개선을 통한 사회생활(social studies) 과목의 등장이었다. 사회생활과는 해방직후 역사, 지리, 공민으로 나누어져 있던 교과목을 합쳐 통합한 것이었다. 그러나 세 교과목의 단순한 통합이 아니라 당시 '국민학교 사회생활과 교수요목'에 명시된 것처럼, "사회생활과는 사람과 자연환경 및 사회환경과의 관계를 밝게 인식시켜 사회생활에 성실 유능한 국민이 되게 함"[24]을 목적으로 하고 있다. 사회생활과는 당시 우리 교육전문가들에게는 교육방법적 측면에서 구교육을 버리고 신교육 즉 생활본위와 경험중심교육, 소위 새교육운동을 지향하는 중심 교과목으로 인식되었다. 그뿐만 아니라 당시 교육목표인 민주주의 국가건설의 중요한 통로로서 이해되었다.[25] 또 다른 하나는 대중매체를 통한 민주주의 사상의 보급과 홍보활동이었다. 특히 라디오 프로그램

으로 '민주주의와 교육'이 준비되었던 것은 주목할 만한 것이었다.[26]

교육재건에 대한 원조계획

미군정의 교육 당면과제 해결의 추진과 병행해 미국으로부터 교육재건을 위한 직접적인 원조는 없어서는 안 되는 것이었다. 그러므로 1945년 10월 군정청 문교부에 미국에 교육원조를 요청하는 안을 마련하기 위한 교육원조추진심의회(Korean Council on Educational Aid from America)를 설치했다. 그 구성원으로 한국인 저명인사 19명과, 주한 미군정치고문인 미국무성 대표와 군정장관 고문들이 직권으로 참가하여, 같은 해 11월 22일까지 네 차례의 회합을 통해 구체적인 요청안이 마련[27]되었다. 원조요청계획서 내용은 첫째 미국인 민간교육가 10명을 한국에 초청하고, 둘째 미국인 교육조사단을 초청하여 교육제도에 대한 보고서와 건의서를 작성케 하며, 셋째 미국인 교사 100여 명을 초청하여 적어도 일 년 동안 사범학교에서 교원 및 학생을 지도케 하고, 넷째 한국인 교육가 100명을 시찰차 미국에 단기파견하며, 다섯째 한국인학생 300명을 미국대학에 유학시킨다[28]는 것이었다. 이렇게 마련된 요청안을 미국 정부와 직접 절충하기 위해서 6명의 한국교육위원단(Korea Educational Commission)을 파견할 것을 결의하고, 군정청은 재임명차 귀국하게 되어 있던 해군예비대(USNR)의 윌리엄스(G. Z. Williams) 중령 인솔 아래 사절단의 파견을 맥아더를 통해 육군성에 정식 요청했다.[29] 육군성은 사절단이 1946년 1월 15일자로 출발할 것을 승인했다. 그리고 미국무성에서도 교육 및 훈련계획을 원칙적으로 승인[30]했다. 그러나 실제로 사절단이 미국에 파견된 것은 그 한참 후인 1946년 4월 11일이었으며, 그 구성원도 변경되었다. 원래 미국 정부에 요청할 때는 이훈구, 이용설, 조병옥, 장이욱, 나기호, 고황경 등 6명[31]이었으나, 이훈구와 조병옥이 문장욱과 구영숙으로 바뀌었으며 인솔 책임자도 연락장교인 허츠(P. Hurtz) 대위[32]로 대체되었다. 그 변경 이유는 조병옥이 갑자기 군정청 경무부장으로 취임하게 된 것을 들 수 있는데 반탁운동 등으로 인한 국내 정세의 급변과 관련된 것으로 보인다. 위의 사절단은 8월 16일 귀국[33]할 때까지 약 4개월 동안 미국무성의 도움으로 연방교육국 국제교육과에 위촉되어 미국의 저명한 교육학자——캔델(I. L. Kandel), 울리크(R. J. Ulich)——들과 함께 일련의 회의를 개최하고, 한국교육 재건문제 및 그것에 대한 미국의 교육원조, 협력의 방법을 검토했다.[34]

교육원조안 중에서도 가장 먼저 고려되었던 사항은 당초 미국무성의 원칙적 승인이 있었던 것처럼 미국 교육전문가로 구성된 교육조사단의 파견이었다. 미국 정부에서는 실제로 이미 5월 중순에 8명을 넘지 않는 범위에서 미국 교육자를 8월 15일부터 약 2개월간 한국에 파견할 것을 검토하는 사안을 맥아더 사령관에게 전달했다. 교육조사단의 목적은 한국에서 필요한 교육재원과 요구의 결정, 장단기적인 교육계획을 권고하는 것이었다.[35] 그러나 이 교육조사단의 한국 파견은 맥아더 총사령관에 의해 저지당했다. 그는 "이러한 종류의 사절단 파견은 현 단계에서는 시기상조이며, 조선통일이라는 기본문제가 해결될 때까지 연기되어야 한다"는 것이었다.[36] 물론 이와 같은 교육조사단 파견의 보류는 앞에서 살펴본 바와 같이 일련의 대한정책 실현을 위한 미국의 대소 전략적 차원의 정치적 고려가 반영된 것이라 할 수 있겠다. 그밖에 미국 교사의 파견과 같은 요청안도 당시 미국 정부에서 신중하게 검토되었던 것 같다. 특히 트루먼 대통령도 당시 배상조사에 관한 개인특사자격으로 극동을 순방하던 폴리(E. W. Pauley) 대사의 건의에 대한 회답에서 다음과 같이 기술하고 있다.

우리는 한국인들에게 우리 형태의 민주주의를 보급할 목적으로 홍보 및 교육 캠페인을 수행할 것이며, 이들 목적을 위해 미국인 교사를 한국에 파견하며 한국인 학생들 및 교사들을 우리나라에 보내게 할 작정입니다. 나는 또한 상당수의 한국인 기술자들이 이 중에서 훈련을 받을 수 있으며, 미국인 기술자들이 한국의 산업재건을 위해 그곳으로 갈 수 있게 되기를 희망합니다.[37]

이상과 같은 미국 정부의 교육원조에 대한 적극적 관심은 당시 국내 정세에서 군정청에 대한 불신감이 고조되어가는 등으로 미국에 불리한 영향을 미침에 따라 더욱 그 필요성이 컸음에도 불구하고, 폴리 대사의 표현과 같이, 현재의 위기에 대처하는 데는 즉각적인 도움이 되지 못하는 문제[38]였기 때문에 장기적 안목에서 장려될 뿐 조속한 실현은 불가능했다.

구체적 교육개혁으로 전환

미군정 초기 전제가 되었던 대소협상과 준비부족 등으로 말미암아 당면 과제에 소극적으로 대응했던 정책에서 다소 구체적 교육개혁으로의 전환은 1946년 6월 육군성과 해군성의 동의를 얻어 마련된 미국무성정책교서[39]에 나타나 있다. 교서의 결론 부분에 수록된 미국의 기본목표에 교육문제에 대한 언급이 있다. 그 기본목표의 내용을 보면, 첫째 외국세력의 지배로부터 독립된 국제연합의 회원국 자격을 갖춘 자치적인 한국정부 수립, 둘째, 그와 같이 수립된 민족정부가 한국민의 의사를 완전히 대표하는 민주주의적 정부가 될 수 있도록 보장, 셋째 독립민주국가에 필요불가결한 건전한 경제제도와 적절한 교육제도를 수립하는데 한국인을 지원한다는 것이다.

이 같은 목표는 앞서 있었던 최초의 훈령에 제시된 대한정책에 비해 크게 수정되어 있다. 신탁통치에 대한 구체적인 내용이 제외되었고 장차 한국정부가 한국민을 대표하는 민주주의적 정부가 되어야 한다는 것이다. 나아가 교서에서는 교육개혁의 필요성을 강조하고 있다. "미국의 정책에 대한 한국민의 대중적 지지를 획득하며, 그리하여 소련과의 장차의 회담에서 미국의 입장을 강화시키기 위한 또 다른 수단의 하나로서 주한 미군사령관은 한국 내에 강력하고도 지속적인 민주주의적 제도를 발전시키는데 유리한 조건을 형성하기 위하여 광범한 남한의 건설적인 경제 및 교육개혁 계획을 수립할 조치를 취해야 할 것이다" "미군사령관의 지도를 위해 그러한 경제 및 교육개혁·계획의 특수한 요점에 관한 다음의 지시를 미국 정부가 제공할 것이다" 등이었다.

이상의 내용에서 알 수 있듯이 구체적 교육계획의 필요성은 제1차 미소공동위원회의 결렬과 그와 관련하여 한국의 분단이 무한정 지속될 것이라는 전망으로 하여 전체적인 미국의 대한정책의 재검토과정에서 고려될 수밖에 없었다. 그리고 한편으로는 한국 독립의 지연과 한국민의 미국에 대한 대중적 지지의 결여로 미군정에 대한 반감이 고조되어감으로써 한국민의 이해를 증진시키기 위한 수단으로서 교육개혁은 필요한 절차이기도 했다. 그러나 이와 같은 전환이 미국의 대한정책의 근본적인 변화를 의미하는 것은 아니었다. 한국에 관련된 미국의 기본목표는 소련과의 협정을 통해서만 달성될 수 있었으며, 그렇게 되기 위해서는 미국이 엄격하게 모스크바협정을 준수해야 하는 것은 피할 수 없는 일[40]이었기 때문이다. 다시 말해서 교육정책의 전환은 미국의 모스크바협정에 의한 신탁통치라는 예정된 정책 자체에 변화가 있었기 때문이 아니라, 그보다는 소련과의 협정을 위한 공통의 근거를 마련하고 발전시키기 위한 행동의 실현과 소련측의 입장을 수정하기 위한 미국의 대소협상 자세의 변화에서 그 원인이 찾아져야 할 것이다. 따라서 건설적인 교육개혁 및 경제에 관한 광범위한 계획은 소련당국이 받아들일 만한 많은 특징을 포함[41]할 것을 전제로 할 수밖에 없었다.

물론 이러한 거의 필연적이기도 한 미국 정책변화의 조짐은 이미 그 전서부터 나타나고 있었다고 할 수 있다. 1945년 11월부터 일본에 체재하고 있던 정치고문 대리(애치슨)의 한국정세 개요와 소련 주재 대사(해리만)의 전문 및 한국 체재 정치고문(랭던)의 보고서 등[42]에서 소련은 역사적으로 핀란드, 폴란드, 루마니아에서와 같이 한국에 대한 절대적인 영향력을 추구할 것이며, 소련이 한국의 북반부에 대한 장기적인 점령을 기도하고 있다는 사실들이 지적되었다. 특히 랭던 보고서는 신탁통치의 비현실성과 한국민의 반감을 들어 일련의 방안의 실행을 주장했다.[43] 실제로도 미소공위가 열리고 있는 동안에도 북한에서는 소비에트화가 급속도로 진행되어가고 있었다.[44] 이러한 대외정세의 변화와 아울러 한국 내의 정세도 악화되어 있었다. 국내의 상황을 1947년 2월 미국무·육군성특별위원회는 다음과 같이 기술하고 있다.

한국에 있어 현상황은 호전되기보다는 오히려 더욱 악화되어가고 있다. 이같은 상황이 지속된다면 가까운 시일 내 한국민은 미군정, 미국의 한국에 대한 목적 및 미국 그 자체에 대해서조차, 그 태도를 점점 적대화시키게 될 것이다. 이러한 적의는 이미 인명의 손실을 수반한 폭동과 불온을 유발시키고 있다.[45]

이와 같은 대내외 정세의 변화에 따른 적극적 교육개혁의 필요성에도 불구하고, 국내 상황의 악화는 급한 정치적 문제해결을 피할 수 없게 하여 구체적인 교육계획의 수립을 지연시키고 있었다. 그리고 그 이후에도 눈에 띌 만한 교육개혁의 실행은 나타나지 않았다. 단지 미군정은 한국의 일반 대중을 대상으로 홍보물을 통한 정치사회화를 강화해나갔을 뿐이다. 특히 1946년 11월부터는 민주주의적 제도 아래서의 정부조직과 방법을 설명하는 소책자(handbook)를 마련하여 배포하고, 이러한 시도에 의해 교육과 정치 프로그램은 '애국심'을 유포 보급[46]시키기 시작했다. 한편 소극 일변도의 교육정책 수행 가운데에서도 미군정이 중점을 두었던 것은 교육조사단 파견의 실행과 교사재교육이었다.

교육조사단의 내한

앞에서 지적되었듯이 교육원조추진심의회의 결정과 6명으로 이루어진 사절단의 미국 파견으로 중요하게 고려되었던 미국 교육조사단의 내한이 맥아더의 연기 요청으로 지연되고 난 후, 실제로 대한교육·정보조사단(Educational and Informational Survey Mission to Korea, 소위 Arndt Mission)이 내한한 것은 1947년 6월이었다. 그 구성원은 안트(C. O. Arndt) 뉴욕 시립대학 교수를 단장으로 해 모두 5명[47]으로 이루어져 있었으며, 체류기간은 불과 18일에 지나지 않았다. 그런데 교육·정보조사단의 규모나 조사기간은 당초 군정당국에서 요청했던 것과는 비교가 안 될 정도로 축소된 것이었다. 따라서 조사단의 역할도 한국 교육현상을 과학적으로 분석하고 교육재건을 위한 장기적인 계획을 수립하는 원래의 의도와는 달리, 당장 군정청 학무당국에 의해 실시되고 있는 교육상황을 점검하고, 다음 연도의 사업계획이나 보조금의 배분에 대해 권고하는 극히 한정된 범위에 머물 수밖에 없었다. 여하튼 교육·정보조사단은 군정 관계자들과 의견교환을 하거나 중앙 및 지방의 교육·정보관계기관을 시찰하고 그것을 기초로 하여 6월 20일 「대한교육·정보조사단 보고서」를 작성, 주한 미군 사령관에게 제출한 후에 귀국길에 올랐다.

위의 보고서는 조사단 귀국 후 곧 미육군성 및 국무성에 정식으로 제출되었다. 극히 실무적이고 현실적인 개선제안이 보고서의 원고 부분 내용의 주류를 이루었으며, 그 일부를 살펴보면 정부간행물에 한글 사용범위나 맞춤법의 표준화를 위한 위원회의 특설, 문교부·공보부에서의 한·미 양국 직원 간의 연락 긴밀화와 서울대 공대 건축자금의 우선 확보 등이었다. 권고내용 가운데에서 교육자치제의 도입이나 교원연수소(TTC : Teachers Training Center) 개설 등은 그 후의 한국 교육개혁의 방향에 큰 영향을 미치는 것이었다.[48] 또한 조사단의 내한은 미국 교육사절단의 한국 방문을 본격화[49]하는 시초라는 점에서 충분한 의의를 갖는 것이라 하겠다. 1947년 4월에는 4명의 미국 교육전문가들이 방한하여 몇몇 교육단체들과 회합을 갖고 우리나라의 중등교육에 대한 3주간의 연구를 수행하기도 했다.[50]

교사양성과 재교육

교사양성과 재교육문제는 앞에서도 간략히 살펴보았듯이 군정 초기의 시급한 당면문제였을 뿐만 아니라, 교육정책의 전환 후에도 미국의 대한(對韓) 기본방향과 정책을 수행하는 데 가장 중요한 과제의 하나였다.

해방 직전 6세에서 12세 사이 아동 350만 명 중에서 1,542,640명만이 국민학교에 재학중이었고, 교사는 한국인 교사가 13,782명, 일본인 교사는 8,650명으로 나타나 있다.[51] 이 통계에 따르면 초등학교에서 한국인과 일본인 교사의 비는 1.5 대 1로 구성되어 있다. 한편 중등학교에서는 그 구성

표 1   미군정기 교육인구의 양적 증가현황

학급별분류 연도	등학교		중등학교		고등교육기관	
	학생수	교원수	학생수	교원수	학생수	교원수
1945	1,372,883	23,474	79,846	1,186	7,110	753
1946	2,159,336	26,338	111,934	4,866	10,315	1,170
1947	2,493,482	36,382	227,449	7,933	25,813	2,775
1948	—	41,592	278,512		24,000	1,265

자료 : 문교부, 『문교통계요람』(1963) ; 한국교육30년편찬위원회, 『한국교육 30년』(1980) ; 유네스코·운크라 교육사절단, 『한국교육상황예비조사 보고서』(1952).

비가 1 대 3.5로 일본인 교사에 비해 한국인 교사가 현저하게 적었다. 이같은 상황 아래 해방이 되어 일본인 교사들이 한꺼번에 물러갔을 때 당면했던 교사부족 현상은 가히 짐작할 수 있을 것이다. 그리고 해방 이후 민주주의 이념에 의한 교육의 기회균등에 자극된 국민의 교육열과 해외 이주민의 귀환 등으로 야기된 교육인구의 급속한 양적 팽창은 교육시설과 교사부족 사태를 더욱 악화시킬 수밖에 없었다. 다음의 표에서 알 수 있듯이 군정 3년 동안 초등학교 학생수는 2배, 중등학교 학생수는 무려 3배 이상으로 늘어났다.

이처럼 심각한 교사부족에 대처하기 위해서 군정당국은 점령 초기 초등교원은 속성과, 중등교원은 양성소를 통하여 약식훈련을 시킨 뒤 교육일선에 충당하거나 일제시대의 교사들을 재교육하여 상급학교 교사자격을 부여하는 등의 임시조처를 취할 수밖에 없었다. 이러한 단기적인 교사양성과 함께 정규교사양성기관의 확대는 당시 가장 힘을 기울인 문제였다. 그 결과 초등교사를 양성하기 위한 사범학교는 해방 당시 7개에 불과하던 것이, 1946년 11월에는 서울, 부산, 청주 등지에 8개가 신설되어 모두 13개로 늘어났다.[52] 한편 중등교사 양성은 1946년초 서울대학교에 사범대학이, 그해 10월에는 대구사범대학이 개설됨에 따라 2개 사범대학이 맡게 되었는데 이는 교사부족 현상을 해결하는 데 크게 미치지 못했다. 따라서 초등교사에 비해 중등교사 양성은 단기적 교사양성에 대한 의존도가 훨씬 높았다. 1946년 4월에 학무국은 13개 대학에 설치된 중등교사양성소를 통해 18개월 동안에 약 2천 명에 달하는 중등교사를[53] 단지 한두 과목을 교육시킴으로써 양성해내었다.[54] 그러나 이러한 대책으로도 중등교사의 부족을 해소할 수 없어, 1947년 8월에는 기존의 두 사범대학 부설 양성소를 통해 그 교육기간을 12개월로 단축하여 약 250명의 교사를 양성하기도 했다.[55]

교사충원문제 못지않게 중요한 과제가 교사 재교육문제였다. 교사재교육의 필요성은 다음과 같은 점에서 요구되었다. 첫째, 당시 교사들의 대부분이 일제 사범교육을 받았기 때문에 민주주의 교육을 실시하는 데는 부적절했다. 따라서 이들 교사에게 새로운 교육이론과 교육방법으로 재무장하게 하는 것은 당연한 귀결이었다. 둘째, 미국 대한정책의 기본방향(공산화 방지)을 실현하기 위한 전제조건으로서다. 특히 점령정책이 구체적 교육개혁으로 전환되면서 교사재교육은 가장 우선적으로 고려되었다. 실제 재교육을 위한 예산 확보는 군정청의 고민거리 중의 하나였다.[56] 당시 좌·우대립이 극단화되면서, 미군정에 참여하고 있던 한국인 교육전문가들은, 학내의 특히 "대학생 층에 공산주의 사상이 침투되는 실정에 비추어 사범교육을 위시한 각급 학교에 반공교육정책을 실시하여야 한다"는 것을 군정청에 적극적으로 권유했다.[57] 따라서 교사재교육은 반공의식을 강화하기 위한 전초수단으로서, 그 교육내용으로 미국의 교육이론과 방법을 소개하고 보급하는 것이 당연한 것으로 받아들여질 수밖에 없었다.

이처럼 미군정의 정치적 의도를 반영한 교사재교육은 1945년 겨울 최초로 실시되어 약 7,800명의 교사가 재교육[58]되었다. 방학기간을 이용한 단기적인 재교육은 그 이후에도 지속되었다. 그런데 가장 주목할 만한 재교육 프로그램은 군정 말기 교원연수소[59]의 설립에 의한 것이다. 교원연수소의 개설은 미국의 대한교육정책과 군정 3년의 교육개선을 위한 노력의 최초의 주체적인 실현이었다. 교원연수소는 앞서 내한한 교육·정보조사단의 권고에 따라 미육군성 민사국(CAD)이 군정청과의 긴밀한 연락 아래 특별계획으로 검토되어 미국점령지구제기금(GARIOA)으로부터 지원

받을 보조금 34만 달러를 사업비로 하는 한편 시설관계 경비는 현지 군정청이 조달하기로 함으로써 설치[60]된 것이다. 조지아 주립 사범대학 학장이었던 피트맨(M. S. Pittman)을 소장으로 미국의 각 교육분야별 전문가 20명을 강사진으로 하여 서울대학교 의대의 한 건물을 이용하여 1948년 8월 1일 문을 연 연수소는 특수한 두 가지 목적을 가지고 있었다.[61] 첫째는 하나의 문화와 언어 아래 교육받은 교사들이 전혀 이질적인 문화와 언어로 교육받은 다른 국가의 교사들과 효과적으로 작업을 수행할 수 있는지 여부를 검증하는 것이었다. 둘째는 미국의 학교에서 실천되고 있는 학급상황을 소개함으로써 한국 교사들과 미국식 개념의 민주주의 삶을 나누어[62] 갖는 데 있었다.

교원연수소는 이러한 특수목적 이외에 다음과 같은 미국의 대한정책적 고려가 반영된 것이라 할 수 있다. 즉 미국 정부는 전후 군사비 절감이라는 의회의 강렬한 압력으로 외국 주둔군철수를 고려하는 단계에서 처음으로 한국의 군사전략적 가치를 검토했다. 그 결과 1947년 9월 합동참모본부는 미국이 점령부대를 한국에 유지함으로써 얻는 전략상의 이익은 없다는 결론에 도달했다.[63] 이에 따라서 1948년 봄 미국은 한국에 대한 정치적 검토를 거쳐 미국으로부터 대규모의 원조를 받는 한 그 존속의 가능성이 있다는 판단 아래, 미군철수에 상응하는 조치로서 광범위한 경제원조 제공을 결정했다.[64] 이러한 일련의 정책적 고려로 정부수립 직후 대규모의 주한 미국사절단(AMIK)이 파견되었으며, 그 목적이 한반도의 공산화방지를 위한 최소한의 노력에 있었다는 것은 의심할 여지가 없다.[65] 이렇게 볼 때 교원연수소의 목적이 당시 미국의 대한정책의 정치적 고려와 무관할 수는 없었을 것이다. 아무튼 교원연수소를 통한 연수계획은 1기를 8주로 하여 2기간으로 나누어 실시되었으며 567명의 교사와 교육행정가들이 참가[66]했다. 연수내용은 한 주에 세 번씩 참석해 오전에는 각 교과의 내용이 강의되었고 오후에는 토의, 실험, 실습, 시범수업 등 새로운 교육방법이 주류를 이루었다. 이와 같은 미국의 민주주의 교육이론과 방법의 본격적 도입은 당시 한국 교사들에게 많은 관심을 불러일으켰으며, 정부수립 후 교육발전에 지대한 영향을 미쳤다.

3 교육주도세력의 형성과 갈등

미국은 적어도 남한의 공산화 방지를 위해 군정을 통한 직접통치 방식을 채택했음에도 사전준비 부족과 대소협상을 전제로 한 대한정책의 설정 등으로 인하여 초기 점령정책의 성격은 한국 교육재건에 적극적이기보다는 미온적인 현상유지를 그 기본으로 하고 있었다는 사실은 앞에서 살펴본 바와 같다. 따라서 해방 후 일제식민지 교육을 극복하려는 교육재건의 노력과 의지에서는 미군정에 직접 참여했거나 아니면 간접적 관련을 갖고 있었던 한국인 교육인사들이 좀더 적극적이었다고 할 수 있다. 그리고 실제로, 군정이 교육체계를 재건하는 과정에는 이들 교육주도세력이 많은 영향력을 행사했다.[67] 그러므로 당시 교육주도세력의 형성과정과 성격을 규명하고 그 갈등관계를 밝히는 것은 바로 한국교육의 체제를 이해하는 첩경이 될 것이다.

교육주도세력의 형성과정

이미 잘 알려진 바와 같이 일본이 항복하고 난 후 미군이 진주한 것은 그로부터 약 3주 이상이 경과한 1945년 9월 8일의 일이었다. 따라서 미군이 진주하기 전 당시 한국인 지도자들 사이에는 새로운 국가건설을 위한 다양한 논의들이 진행되고 있었다. 정치적으로는 수많은 정당 및 단체들이 결성되었고 특히 여운형을 중심으로 한 인사들은 인공(人共)을 선포하는 등 이데올로기적 갈등이 표면화되기 시작했다. 이와 같은 상황에서 교육 관계자들도 예외일 수는 없었을 것이다. 일본 항복 2주일쯤 후 과거 일제시대서부터 교육문제에 관계하고 깊은 이해를 갖고 있던 인물 중심으로 한국 현대교육사에서 주목할 만한 모임이 이루어졌다. 서울 천연동에서 모임을 가진 김성수, 유억겸, 백낙준, 김활란, 오천석 등의 구성원은 당시의 명실상부한 교육관계 전문가들이었다. 김성수는 1932년 보성전문학교를 인수 경영함으로써 그 기반을 갖고 있었으며, 유억겸과 백낙준은 연희전문학교, 그리고 김활란과 오천석은 각각 이화여전과 보성전문에 관계했다. 특히 백낙준, 김활란, 오천석은 기독교 집안으로 일찍이 미국 유학을 통한 박사학위 소지자들이었다. 이 모임은 불과 3, 4차례에 불과했지만, 이러한 구성원들로 하여 한국교육의 기저를 이루는 교육이념과 교육제도 등을 깊이 있게 논의할 수 있었다.[68] 그리고 김활란, 오천석을 제외한 이들 모두는 한민당 발기인으로 참여함으로써 교육뿐만 아니라 정치적 성향으로도 밀착된 동질성을 지니고 있었다.[69]

한편 이 모임 외에 백낙준, 이묘묵, 하경덕, 유영채 등 미국 유학생들은 그들이 가진 자산은 영어임을 인식하고 이를 활용할 수 있는 일을 모색, 미군이 서울에 도착하는 9월 9일을 기해 미군을 환영하는 뜻으로 영자신문 『코리아 타임스』(The Korea Times)를 창간[70]했다. 위의 두 모임의 구성원들은 한국교육재건을 주도한 군정 학무국 조선교육위원회(The Korean Committee on Education) 및 교육심의회(The Korean Committee on Educational Planning)의 주축을 이루었다. 그중에서도 오천석은 미군 진주 직후 그들과 직접 관련을 맺고 학무국의 재조직과 조선교육위원회 구성에 실질적인 역할을 담당했다. 오천석이 군정에 참여할 수 있었던 직접적인 계기는 미군 진주와 함께 하지 사령관의 통역관이었던 이묘묵의 추천에 의한 것으로 본인은 추측하고 있다.[71] 군정기 교육계에 있어 오천석의 실질적인 역할 담당은 그가 1921년 미국 유학을 떠나 1929년부터 31년까지 진보주의 교육철학의 중심지였던 컬럼비아대학에서 교육학을 공부한 박사학위 소지자라는 면에서 너무나 당연한 일이었는지도 모른다.

오천석은 군정 교육담당관인 라카드 대위와 함께 먼저 교육위원회의 구성을 위한 인사들을 추천했다. 9월 16일 라카드 대위 주도 아래 잠정적인 교육문제를 협의키 위해 모인 회의에는 유억겸, 김성수, 현상윤, 이묘묵, 백낙준, 최현배, 조동식, 이덕봉, 김활란, 임영신, 김성달, 이극로 등이 참석[72]했다. 참석인사 가운데는 앞서의 핵심적 교육주도세력 외에 최현배, 이극로 등 조선어학회의 관련자가 포함되어 있었다. 그런데 실제 조선교육위원회는 이극로를 위시한 몇몇은 제외되고 7명만으로 구성되었다. 그 후 11월에 의학교육, 농업교육, 학계대표 등 3명이 추가되어 모두 10명이 활동했다. 김성수가 미군정 고문으로 취임하게 되었을 때에는 대신 백남훈이 임명되었다. 이 위원회의 공식적인 성격은 자문기관이었으나, 실질적으로는 교육의 모든 부문에 걸쳐 중요한 모든 문제를 심의 결정했고, 각 도의 교육책임자, 기관장과 같은 인사문제까지 다루었다.[73] 교육위원회의 조직에 이어 학무국이 재조직되었는데 그 주요 책임자는 학무국장에 유억겸, 차장에 오천석, 편수부문에 최현배와 장지영, 사회교육부문에 최승만[74] 등이었다. 이들 중 오천석을 제외하고는 모두 한민당 소속이었다. 조선어학회의 주요 구성원으로서 최현배와 장지영이 편수부문 정·부책임자로 취임한 것은 당시 조선어학회에서 지은 국어교과서의 편찬사업과 관련된 것으로 보인다. 해방 직후 일본 교과서를 사용할 수 없는 상황에서 가장 시급한 것은 국어교과서였다. 1945년 9월 22일 조선어학회 학자들은 국어교재편찬위원회를 만들어 일반용으로 우리말 입문과 초등학교용과 중등학교용 등의 교재편찬계획을 세우고, 우선 입문편과 초등 정도의 초보교재를 정하여 인쇄하도록 했다.[75] 이런 과정에서 9월 17일 조선어학회를 대표한 최현배는 라카드 대위를 방문하여 회담을 갖고 책값을 싸게 하고 배본의 균형을 기하기 위하여 편집 중인 각종 교과서의 저작권은 조선어학회가 소유하고 발행권은 군정청의 요청에 의해 양도했다.[76] 이렇게 해서 해방 후 최초로 만들어진 교재가 『한글첫걸음』과 『초등국어독본』이었다.

조선교육위원회와 더불어 교육재건에 영향을 미친 것은 교육심의회였다. 교육위원회가 인사문제, 학교재개, 학무국의 재조직 등과 같은 잠정적 교육문제 해결에 관계했던 데 반해 교육심의회는 교육이념과 제도설정 등의 광범위한 교육재건에 관계했다. 앞에서 지적했듯이 미국 측의 반대를 무릅쓰고 1945년 11월에 조직된 교육심의회는 10명의 미군과 80명의 한

표 2   조선교육위원회 구성원의 사회적 위치

이름	직책	교육정도	종교	정치단체	출신지역
김성달	등교육	사범학교졸(한국)	-	-	서울
현상윤	중등교육	대졸(일본)	기독교	한민당	평북 정주
유억겸	전문학교	대졸(일본)	기독교	한민당	서울
백낙준	교육전반	ph.D(미국)	기독교	한민당	평북 정주
김활란	여성교육	ph.D(미국)	기독교	독립촉성부인회	경기 인천
김성수	고등교육	대졸(일본)	-	한민당	전북
최규동	일반교육	상고졸(한국)	-	-	경북
윤일선	의학교육	대졸(일본)	기독교	-	충남
조백현	농업교육	대졸(일본)	-	-	서울
정인보	학계대표	한학	-	-	서울
백남훈	고등교육	대졸(일본)	기독교	한민당	서울

자료 : 稻葉繼雄, 앞의 글, pp.96~100 ; 이숙경, 「미군정기 민주화의 성격과 민주주의 교육이 념의 한계」(이화여자대학교 대학원, 석사학위논문, 1983), p.53.

국인 대표들로 구성[77]되었으며 10개 분과위원회로 나뉘어 있었다. 그 구성원은 표 3과 같다.

오천석에 따르면, 교육심의회를 조직하게 된 배경은 당시 미국인의 단편적 미봉적 작업을 넘어선, 한국교육 전체를 지도하고 자리잡을 포괄적인 청사진이 더욱 간절한 과제로 생각되어 학무국의 몇몇 사람의 의견이 아니라 우리나라의 지도급에 있는 인사들의 중지를 모을 필요[78]가 있었기 때문이었다.

교육심의회의 조직상의 성격은 학무국의 한 부분이라기보다는 행정구조 밖의 조직이었다.[79] 따라서 교육심의회는 1946년 3월 초 전체회의를 끝으로 막을 내림으로서[80] 약 4개월간의 단명에 그치고 말았다. 이처럼 교육심의회의 활동이 단기간으로 끝난 것은 조직의 성격 자체에 기인한 것이기도 하지만, 당시 신탁통치를 둘러싼 좌우의 대립으로 인한 위원들의 분열과 미국의 대한(對韓)교육정책 전환 등의 외적 환경이 반영된 결과라고 할 수 있다.

표 3 한국교육심의회의 구성원

분과위원회	위원장	위 원
1. 교육이념	안재홍	하경덕, 백낙준, 김활란, 홍정식*, 정인보, 키퍼 대위*
2. 교육제도	유억겸*	김준연, 김원규, 이훈구, 이인기, 에레트 해군소장*, 오천석*
3. 교육행정	최규동	최두선, 현상윤, 이묘묵, 백남운, 글렌 대위, 사공환*
4. 등교육	이극로	이호성, 이규백, 이강원, 이승재*, 정석윤*, 밀렌 대위*
5. 중등교육	조동식	고황경, 이병규, 송석하, 서원출, 이흥종*, 비스코 중위*
6. 직업교육	정문기	장면, 조백현, 이규재, 박창열, 이교선, 로렌스 대위, 로리트슨 중위*
7. 사범교육	장이욱	장덕수, 김애마, 신익범*, 손정규, 팔리 대위*, 허현, 유진오,
8. 고등교육	백남운	김성수, 박종홍, 조병옥, 크로프트 소령, 고든 소령
9. 교과서	최현배*	장지영*, 조진만, 조윤제, 피천득, 황신덕, 월치 중위, 김성달
10. 의학교육	심호섭	이용설, 박병래, 최상채, 고병간, 윤일선, 최동, 정구충, 유억겸*

자료 : 최병칠, 『교육사전(홍지사, 1950), p.598 : 阿部洋外, 앞의 글, 자료(11-2) 참조.
주 : 1) 교육심의회의 구체적인 활동에 대해서는 본격적으로 연구된 바 없다. 더구나 구성원의 수도 오천석은 100여 명으로 기술하고 있고, 미군정의 기록에는 한국인 80명, 미군 10명으로 기술되어 있다. 그리고 Wreth는 12개 분과위원회에 80여 명으로 기술하고 있기도 하다. 그러나 현재 확인된 것은 73명이다. 따라서 자세한 연구는 후속연구로 미루기로 한다.
2) *는 문교부 직원.

교육주도세력의 정치·사회적 성격

교육주도세력의 형성과정에서 나타난 핵심세력을 중심으로, 미군정의 인사정책과 관련하여, 그 성격을 정치·사회적 측면으로 나누어 살펴보고자 한다.

정치적 성격

교육주도세력의 가장 뚜렷한 정치적 특성은 다수 인사들이 한민당과 관련을 갖고 있었다는 사실이다. 앞서 언급되었듯이 미군이 진주하기 전 이미 교육문제를 거론했던 핵심적 주도세력의 대부분은 한민당 발기대회에 참여했고, 이들이 주축이 되어 교육위원회는 구성되었으며(표 2 참조) 또한 이들은 교육심의회의 구성에도 다수를 차지하고 있었다. 교육심의회의 한민당 소속 위원은 김성수, 유억겸, 김원규, 김준연, 백낙준, 백남훈, 서원출, 송석하, 백남운, 유진오, 이강원, 이극로, 이훈구, 장덕수, 조병옥, 최두선, 최현배, 현상윤[81] 등이었다. 그밖에 각 도의 초대 교육책임자들 가운데에서도 경기도와 전북의 김원규와 윤택중[82]은 한민당 소속이었다.

이처럼 한민당 인사들이 교육주도세력에 대거 참여할 수 있었던 것은 미군정의 인사정책에 기인한다. 당시 군정청에 한국인을 추천하는 일은 한국에 와 있던 미국 선교사의 아들이었으며, 후에 미국 파견 사절단의 인솔자로 거론되었던 윌리엄스 대령이 주로 맡고 있었는데[83] 그는 한민당과 밀접한 관련을 맺고 있었다. 미군정의 한국인 선발기준은 일차적으로 미국인을 좀더 잘 이해할 수 있을 뿐만 아니라 윌리엄스 대령의 표현대로 "지금 북한에는 공산군이 점령하고 있으므로 이에 대비하기 위하여 공산주의 이론에 투철하고 반공사상에 철저한 유능하고도 실천력이 강한 애국적 인사"[84]여야만 했다.

한편 한민당은 군정에 적극 협력하고 미국의 외교정책에 맹목적으로 편승함으로써 정권장악을 위한 기틀을 마련하고자 좌익과의 투쟁에 언제나 선봉적 역할을 맡고 있었다. 현상유지라는 군정당국의 초기 점령정책은 극우 세력집단으로서의 특권적 기반 위에서 기득권 상실을 우려하고, 특권적 지위를 가능하게 하는 사회구조의 유지를 희망했던 한민당[85]의 이해관계와 일치하고 있었던 것이다.

한민당에 소속되어 있으면서도 이른바 독일유학파라고 할 수 있는 안호상[86]과 이극로 등은 교육주도세력 형성과정에서 배제되고 있었다. 이극로[87]는 조선어학회의 중추적 인물이었음에도 교육심의회의 일원이기는 했으나 핵심세력권에서는 소외되었으며, 안호상은 애초부터 철저하게 제외되었다. 이처럼 독일유학파들의 소외는 내적으로는 한민당 내의 미국유학파들과의 미묘한 갈등에 기인한 것으로 보인다. 그러나 외적으로는 안호상이 보성전문에 관련했던 점으로 미루어 내적 요인보다는 미군정정책의 기본방향과 이해가 반영된 결과라고 할 수 있을 것이다.

이와 같이 한민당 내에서도 정선된 인물들로 구성된 교육주도세력의 정치적 성향으로 교육재건과정에는 미국의 정치적 이데올로기가 반영될 수밖에 없었다. 이러한 것이 학교교육에 민족정신 함양을 강조하고 반공의식을 강화하여 국론통일을 내세우는[88] 문교정책으로 나타나기도 했다. 또 한편 임시정부에서 제정 발표된 대한민국건국깅령에 나타난 바 있는 정치, 경제, 교육의 균등한 발전을 지향하는 3균주의 교육사상[89]이 미군정에서 고려될 수조차 없었던 사실은 교육주도세력의 정치적 성향으로부터 비롯되었다고 할 수 있다.

사회적 성격

교육주도세력의 사회적 성격은 그들의 일제시대에서의 활동과 성향, 그리고 교육정도와 종교적 측면에서 고찰하고자 한다.

교육의 핵심적 주도세력이라 할 수 있는 인사들은 출신적 배경이 있어 크게 두 부류로 나눌 수 있다. 첫째는 김성수, 유억겸 등으로 이들은 가계의 지배계층적 세습성을 바탕으로 한 일본유학 경험을 통해 주로 국내에서 그 사회적 지위와 기반을 가지고 있었다. 따라서 이들은 일제 아래서 자의에 의해서건 타의에 의해서건 그들의 지배계층적 지위를 유지하기 위해서는 일제와의 타협, 온건적 성향의 민족운동을 표방할 수밖에 없었다. 이들의 교육에 대한 인식은 이를 민족의 가장 근본적 문제로서 정치·경제·사회 문제 해결의 전제로 간주했다. 특히 이들은 기본적으로 민족의 독립이라는 근원적 사설보다는 민족의 능력이라는 조건적 사실을 더 중요시함으로써 민족적 독립의지를 약화시켰다[90]는 비판에 직면하기도 했다. 해방 후에도 이들은 일제시대에서의 지적 교육적 경력 등으로 말미암아 대중적 지지를 받지 못하고 있었음에도 미군정에 의해 핵심적 대행세력으로 등장할 수 있었다. 이 계열의 인사들은 미군정에서의 특권을 바탕으로 종합대학 창립과 학자양성기관 설립을 목적으로 조선건국대학(가칭) 창립기성회를 조직[91]하는 등 국내의 교육적 기반을 굳히고 있었다.

둘째는 오천석, 백낙준, 김활란 등으로 이들은 지배계층적 세습성보다는 기독교라는 종교적 배경을 통해 미국유학 경험을 지닌 인사들이었다. 이 계열 인사들의 대부분은 기독교 신자였으며, 해외유학을 통해 민감한 국제정치적 감각을 지녔고, 특히 교육에 대한 지적 전문성을 확보하고 있었다. 그리고 이들은 미국에서의 학문적 성장과정을 통해 이어 공산주의 사상에 대한 철저한 비판적 이론적 인식을 얻고 있었다. 그 대표적 예로 조병옥은 유학시절 싱코비치 교수의 개인지도로 사회주의와 공산주의에 대한 이론적 비판의 강의를 들었던 것이 후일 그의 정계생활에 큰 무기가 되었다[92]고 회고했다. 교육의 전문적 소양 외에 이들은 또한 미군정하에서 중요한 사회적 지위를 점유할 수 있는 기본요건이라 할 수 있는 영어를 능통하게 구사할 수 있는 능력을 갖추고 있었다.

이와 같은 이질적 성향의 두 세력이 정치적 동질성을 확보하고 연합할 수 있었던 데에는 다음과 같은 몇 가지 사실을 찾아볼 수 있다. 첫째, 두 계열의 인사들은 교육적 기반을 바탕으로 연희전문과 보성전문에 관계함으로써 직접적인 인맥을 지니고 있었다. 둘째, 전자의 국내적 기반과 후자의 국제정치적 감각의 소지는 상호보완적 관계 설정의 필요성을 낳았다. 셋째, 한민당의 두드러진 속성으로 드러났던, 좌익세력과의 투쟁이라는 공통된 이해관계를 지닐 수 있었다. 전자는 그들의 특권적 지위와 신분 유지를 전제로 한 정권적 차원의 극우파적 속성을 가졌고, 후자는 학문적 성장과정에서 터득된 좌익에 대한 견제 속성을 지니고 있었던 것이다.

이같은 두 계열의 사회적 성격과 공통된 이해는 미군정과의 적극적 제휴라는 친미적 성향으로 귀결될 수 있었다. 한편 교육주도세력의 친미적 경향은, 한반도를 "이데올로기적 전쟁터"[93]로 간주했던 미국 입장에서의 냉전 이데올로기의 대립을 위한 한국내 기반조성이라는 정치적 이해가 반영된 것이었다.

교육주도세력의 갈등

　교육주도세력의 내부적 갈등은 1947년 초 일차적으로 핵심적 주도세력을 제외한 교육심의회 위원들 사이에서 표면적으로 드러나고 있었다. 1945년 12월 모스크바삼상회의의 결정에 의해 신탁통치안이 발표됨에 따라 국내 정치적 세력은 그 대응방식을 놓고 심각한 분열이 야기되었다. 임정(臨政)과 우파를 중심으로 비상정치회의(후에 비상국민회의로 전환)가 소집되었으며, 우익의 움직임에 대응하기 위해 극좌파와 일부 한민당의 진보세력이 동조하여 민주주의민족전선이 결성되었다. 이러한 과정에서 교육심의회 위원들 중, 김성수, 김준연, 장면, 백남훈, 안재홍을 비롯한 핵심적 주도세력은 비상국민회의에 참석[94]했다. 반면 민전(民戰)의 교육, 경제대책 연구위원으로 송석하, 백남운이 피선[95]됨에 따라 심의회 위원들의 정치적 분열이 초래되었다. 더욱이 비상국민회의 문교책임위원이었던 이극로가 돌연 정치적 은퇴를 표명하며 민전을 지지하고 나섬으로써 그 분열은 가속화되었다. 이같은 위원들의 분열양상은 교육심의회 구성원들의 성격을 나타내주는 일면이라 할 수 있다. 또한 이들 위원의 정치적 분열은 교육심의회의 역할이 단기간으로 끝날 수밖에 없었던 커다란 원인이 되었다.

　국내 정치지도자들이 독립에 대한 계파 간의 이해 갈등으로 좌우익의 분열이 양극화되는 한편, 제1차 미소공동위원회의 실패 등으로 미국의 대한교육정책이 구체화되면서 결과론적으로 볼 때 분단상황이 현실적으로 감지되기 시작했다. 이러한 상황에서 교육계에서는 친미적 성향의 핵심적 교육주도세력에 대한 대항적 움직임이 조성되었다. 1946년 8월 미군정에서 철저히 소외되었던 안호상을 중심으로 일단 중도파 인사들이 참여하여 "새 조선은 교육에서"라는 구호를 내세운 민주교육연구회의 결성[96]이 그 대표적인 예다. 그런데 민주교육연구회는 같은 해 12월에 그 명칭을 조선교육연구회로 변경했다. 명칭의 변경은 당시 미군정 당국에 대한 불신이 고조되고, 사회 일반에서 민주주의란 용어가 지나치게 강조되고 남용되어 그 설득력이 상실되는 등 지나친 미국지향의 풍토에 대한 저항적 성격의

표 4 조선교육연구회의 구성원

구성원	최종학력	소속단체
안호상	독일 예나대학	족청계, 조선어학회
손진태	와세다대학	진단학회
사공환	광도고등사범	교육심의회
최현배	경도제국대학	교육심의회, 조선어학회
안재홍	와세다대학	교육심의회, 조선어학회
최규동	광신상업학교	교육심의회
조윤제	경성제국대학	교육심의회, 조선어학회
허 현	동경고등사범	
이인영	경성제국대학	진단학회
심태진		
심형구	동경미술학교	
최병칠	경성사범학교	
윤태영		
이득봉		
이호성		교육심의회
송흥국		

자료 : 이광호, 「미군정 한국교육의 체제형성에 대한 고찰」(연세대학교대학원 석사학위논문, 1983), pp.69~70.

의미를 내포한 것이라 할 수 있다. 조선교육연구회의 대립적 성향은 그 구성원의 속성에서 이미 전개된 것이었다. 조선교육연구회의 구성원은 표 4와 같다.

조선교육연구회 구성원의 가장 커다란 특성은 미국유학 경험이 없으며, 대부분이 조선어학회나 진단학회에 참여한 국어학자나 역사학자들이 중심인물이었다는 것이다. 이러한 특성은 본질적으로 미군정의 핵심적 주도세력으로 편성될 수 없는 의미를 내포한 것이기도 하다. 더욱이 이들은 미군정에 의해 자본주의적 경제체제와 냉전의 이데올로기가 점차 강화되어 감을 직시하고 이를 극복하기 위한 새로운 이데올로기적 방향을 모색했다. 특히 안재홍은 신민족주의 신민주주의의 입장에서 통합된 "민족국가

건설을 위해서 조선의 역사와 사회객관에 비추어 자본주의와 공산주의와의 지양회통(止揚會通)의 필연성 또는 당위성의 명백한 인식"이 선행되어야 함97)을 강조했다. 나아가 안재홍은 초계급적으로 정복되어 압박갈취되었고 다시 초계급적으로 해방되었으니 초계급적 통합민족국가 건설은 이 역사적 엄숙한 사실의 냉엄한 이론적 요청98)이라고 주장했다. 그리고 신민족주의 사관의 정립을 제창한 손진태는 신민족주의는 국제적으로 모든 민족의 평등과 자주독립을 요청하며 전쟁을 부인하고, 국내적으로는 국민의 정치적·경제적·교육적 균등과 그에 의한 약소민족의 단결과 발전을 요청하며 국내의 계급투쟁을 거부99)하는 사상임을 강조했다. 이같은 이념구상은 현실화되어가는 민족분단을 극복하고 민족통합을 선결과제로 인식함으로써, 나아가 문제해결과 인류의 공론공영의 동력(動力)을 일차적으로 국가와 민족에서 찾고 있었다.100)

조선교육연구회 구성원의 이러한 분단극복의 기본적 인식은 핵심적 교육주도세력의 입장과 차이를 갖고 있었다. 핵심적 주도세력은 분단극복의 전제를 민주국가들의 단결과 민주주의 국가수립에서 찾고 있다. 김성수는 다음과 같이 역설하고 있다.

민주국가군이 냉전에서 승리를 얻으려면 세계의 민주국가가 서로 제휴하고 단결하지 아니하면 불가하다고 생각합니다. ……그런즉 우리는 하루바삐 민주주의를 발전시켜, 안으로 민주국가의 기초를 튼튼히 하는 동시에 밖으로 세계 민주국가군에 의하여 신뢰를 얻어 서로 협조 단결하도록 힘쓰지 않으면 아니됩니다.101)

오천석도 이와 유사하게 해방의 의미와 그 과제를 다음과 같이 기술하고 있다.

미국을 지도자로 하는 연합군의 승리는 단지 좀더 큰 힘의 좀더 작은 힘에 대한 전승만을 의미하는 것이 아니라, 독재주의에 대한 민주주의의 승리를 뜻하는 것이었다. 그러나…… 또 하나의 적이 나타났으니, 그것은 곧 공산주의다. ……그러므로 해방 한국에 부과된 지상과제는 이 땅 위에 민주국가를 수립하고 키우는 일이었다. 이렇게 함으로써 민주진영이 한국을 해방시킨 보람이 서는 것이었을 뿐만 아니라, 이것이 또한 우리 민족의 염원이기도 했던 것이다.[102]

이상과 같은 인식 차이는 다시 말해서, 전자는 냉전체제의 수용 자체를 거부하고 민족 우선을 강조한 반면, 후자는 국제 정치적 감각을 통한 냉전 이데올로기 수용의 불가피성을 전제로 민주주의 이념과 생활화를 우선적 과제로 인식한 데 있다. 전자와 후자의 인식 대립은 결국 보편성과 특수성의 논쟁으로 귀결되는 문제라고도 할 수 있다.

조선교육연구회의 이러한 특징적 성향은 이들이 발행한 『조선교육』에 반영되어 있다. 즉 조선교육연구회는 1947년 4월 『조선교육』 창간호를 내면서 그것을 페스탈로치 특집으로 꾸몄다. 조선교육연구회의 페스탈로치 교육사상의 소개는 그 자체가 핵심적 교육주도세력에 대한 비판적 의미를 지닌 것으로 볼 수 있다. 즉 당시 핵심적 주도세력 중 미국유학자들의 대부분이 듀이의 진보주의 교육사건의 본산지라고 할 수 있는 컬럼비아대학교에서 수학하여 듀이와 직접 또는 간접적인 관련성을 갖고 있었다.[103] 그 결과 미군정의 교육재건에서 듀이의 교육이론을 어느 정도 따른 것은 사실이고 진보주의 교육의 방식을 부분적으로 모방한 것도 사실[104]이었다. 그러나 페스탈로치의 교육사상은 조선교육연구회의 이해가 반영되어 소개되었음에도 그 교육사상의 성격은 미군정당국이 지향하는 교육이념과 상극이거나 대치되는 것은 아니었다. 그러므로 미군정 문교부는 이를 적극 수용하는 뜻에서, 페스탈로치 탄생 200주년을 맞이한 기념대회를 조선교육연구회와 공동으로 개최[105]하기로 했다.

한편 조선교육연구회는 이처럼 핵심적 주도세력과 당시 민주주의 교육에 입각한 아동중심교육의 실천방법에 대해 비판적이면서도 미군정의 교육이념을 정면으로 거부할 수는 없었다. 어떤 면에서는 미국교육방법의 수용에 더욱 적극적이어서 미국 내 새교육운동의 주요 방법이었던 프로젝트법(Project Method), 달톤 플랜(Dalton Laboratory Plan), 게리 시스템(Gary System)을 처음으로 구체적으로 소개[106]하기도 했다. 또한 당시 새로운 교과목과 민주교육에 대한 이해를 높이기 위해 1946년 11월 8일부터 3일간 서던캘리포니아대학 총장이었던 애버설 박사 등을 초청하여 민주교육연구 강습회를 개최[107]했다. 이러한 사실에 비춰볼 때 조선교육연구회의 민족 우선의 교육인식은 냉전체제의 한계 내에서 설정될 수밖에 없었다. 아울러 민족 우선의 교육인식은 그 실천을 위해 국사교육과 국어교육을 흥국적 사명으로 강조[108]하는 외에는 구체적인 실현방법을 결여한 채 정부수립 후 민주적 민족교육 또는 일민교육(一民敎育)으로 표방되었다. 특히 초대 문교부장관으로 취임한 안호상은 민주적 민족교육 혹은 인민교육의 취지를 다음과 같이 밝히고 있다.

홍익인간의 이념을 실현하기 위하여 우리는 사람을 의리의 사람 기술의 사람 용기의 사람으로서 온사람(全人)을 만들어 우리의 사상건설·경제건설·무력건설을 빨리 또 튼튼히 하지 않으면 안 된다. ……온사람인 낱사람(個人)과 한 백성인 한민족과 또 한 백성인 온백성(全民·全人類)을 지향하는 우리 교육을 구미식 개인, 자본주의적 민주교육과 소련식 계급, 공산주의적 민주교육(사실 독재교육임)과 구별하기 위하여 민주적 민족교육 혹은 인민교육이라 했다.[109]

이처럼 이때의 민주적 민족교육은 신민족주의 신민주주의적 이념이 반영된 것이라 할 수 있다. 미군정에서 소외되었던 안호상이 문교부장관으로 등용될 수 있었던 것도 직접적으로는 이범석 총리의 제안의 소산이거나 이승만과의 개인적 관계에 기인한 것이지만,[110] 고도의 정치적 조각과정에서 조선교육연구회를 통한 그의 정치성향과 교육성격이 크게 고려된 것으로 풀이할 수 있다.

한편으로 일민교육은 미군정 3년간 한국교육이 일방적으로 편향된 이데올로기를 지향함으로써 결과된 완강한 민족주의의 교육적 표현이라 할 수 있다. 그러나 그 성격은 미군정의 정치 이데올로기의 한계와 듀이의 진보주의 일색의 교육철학에 대한 민족교육적 반성으로 순수하게 받아들일 수 없는 내재적 제약을 지닌 것이었다. 즉 이승만이 정부수립 후 1949년 최초의 대통령 연두기자회견을 통해 "진정한 민주주의는 일민주의 철저로부터 시작하는 것이다"라고 선언함으로써, 일민주의는 해방 후 사회 일원에 잠재해 있던 민중의 민족주의적 성향을 고려한 정치적 통합의 수단으로 등장했다. 따라서 조선교육연구회의 정치적 성향은 냉전체제의 한계 속에서 이승만 집권세력의 지지기반을 획득하기 위한 정치적 이데올로기로 변모하고 말았다.

4 교육사적 평가

미국의 대한(對韓) 교육정책 및 교육주도세력의 형성을 중심으로 하여 살펴본 미군정기 한국교육체제의 성격과 그 영향에 대한 교육사적 평가는 어떤 관점에서 인식되느냐에 따라 견해를 달리할 수밖에 없다. 그러나 한 가지 분명한 사실은 평가의 시점이 현재이며, 현재의 관점은 오늘날 한국교육이 해결해야 할 과제여야만 한다는 것이다. 그것은 역사의 기본인식 문제이기도 하다. 따라서 여기서는 한국교육에 부과된 당면과제를 분단상황의 극복을 위해 민족의 통합과 발전을 지향할 수 있는 교육, 그리고 교육의 주체성 확립이라는 두 가지 차원으로 이해하고 파악함으로써, 미군정기의 한국교육체제에 대한 민족교육적 관점에서의 인식이 가능할 것이다.

먼저 민족의 통합 발전을 위한 교육이라는 측면에서 볼 때, 미군정기간의 한국교육을 재건하는 과정에서는 이 문제가 소홀히 취급되었거나, 오히려 역기능을 초래했다는 사실은 지적되어야 할 것이다. 물론 미군정의 점령 초기의 현상유지로서의 정책 자체가 지닌 일면의 정치적 성격은 대소(對蘇) 협상을 통해 한반도의 분단을 극복하려 한 미국의 정책적 고려와 노력으로 이해할 수 있다. 그런데 미군정의 정치적 고려에도 교육문제에서는 그 상황이 판이했다. 이미 지적했듯이 미군정은 남한의 공산화 방지라는 최소한의 정책 수행을 위해 처음부터 정치사회화에서의 교육의 역할을 중시하고 미국식 민주주의의 정치이데올로기를 다방면으로 교육했다. 그리고 교사충원 과정에서도 공산주의 사상 유무를 선별기준으로 삼아 정치이데올로기적 성향을 교육현장에 엄격하게 적용했다. 한편 현상유지로서의 당면과제 해결 우선의 교육정책으로 말미암아 일제 아래 직간접으로 식민지교육에 협력했던 인물들을 재등용함으로써 대중의 교육적인 지지기반을 도외시했다. 그 결과 교육재건은 대중의 지지를 결여한 채 교육주도세력들의 일방적인 노력으로 이루어질 수밖에 없었다. 교육주도세력은 미국 유학을 통한 친미적 성향의 인사와 그들과 동일한 정치적 연계를 지닌 보수우파 중심의 인물들로 구성되어 교육일선의 전반적인 의사수렴이나 지지를 획득하기에는 미흡했다.

더욱이 소련 지배 아래 북한의 소비에트화가 강력하게 추진되고 미군정의 교육정책이 현상유지에서 실질적인 개혁으로 전환됨으로써 교사재교육과 미국의 교육원조 계획 등의 구체적인 교육재건이 실행되어가는 일련의 과정에서 중도적 성향의 교육전문가나 지도자들은 자의로나 타의에 의해 탈락하거나 소외되어갈 수밖에 없었다는 점을 지적하지 않을 수 없다. 정선된 핵심적 교육주도세력의 인사들은 심화되어가는 냉전 이데올로기의 한계를 직시함으로써, 민족의 고유한 생활양식이나 민족적 전통을 인정하고 존중하는 바탕 위에서도 교육에서 민족의식의 문제를 의도적으로 피하려 해왔던 것도 사실이며, 이러한 상황에서 중도적 성향의 인사들을 기피하기도 했던 것이다.

이와 같은 교육체제형성의 속성은 일제시대에 민족해방과 독립을 목표로 한 '저항적 민족교육'으로 규정되었던 교육의 성격이, 일제의 항복으로 저항의 대상이 상실됨으로써 각기 견해를 달리했던 저항의 속성을 극복하여 새로운 국가건설을 지향할 수 있는 '통합적 민족교육'으로 발전되지 못하는 결과를 가져왔다. 다시 말해서 2차대전 후 양극화되어가는 국제정세 속에서 어느 한쪽의 편향된 이데올로기가 선택 강요됨으로써 민족교육의 성향은 의도적으로 회피되거나 아니면 존재 가능하더라도 냉전체제의 한계 내에서 '대결적' 성향을 지닐 수밖에 없었다. 미군정기 동안 대중 속에 잠재해 있던 민족주의적 성향을 반영하여 나타날 수 있었던 민주적 민족의 성격은 또 다른 의미에서 민족교육을 의식적으로 강조하면서도 정부수립 후 그 독자적인 발전을 꾀하지 못하고 정치적 통합을 위한 수단으로 변모되고 말았다. 마침내는 변질되고 말았지만 민주적 민족교육을 주장하는 인사들은 정치적으로 첨예화된 이데올로기적 대결양상을 반영했을 뿐만 아니라 미군정기에 철저히 소외되었던 계층적 이해를 바탕으로 미군정에서 핵심적 주도세력으로 편성되었던 인사들의 교육인식과 얼마간은 대립적 성격을 나타냈던 것이다. 이러한 측면에서 해방 후 한국교육의 성격은 한마디로 '대결적 민족교육'으로 파악될 수도 있을 것이다.

교육의 주체성 확립이라는 측면에서 고찰해보면, 미군정의 정치적 의도 속에서 교육의 민주화는 자생적이고 자발적인 민주주의 교육의 발전을 위한 노력이 결여된 상태에서 식민지적 교육체제를 해체하려는 강력한 개혁 의지가 수반되지 못한 채 냉전 이데올로기에 편승한 모방적인 성격의 타율성을 그 특징으로 하고 있다. 미군정당국과 교육재건의 주역들은 일제 식민지교육체제의 청산을 당위적 전제로 인식했음에도 미군정 정책의 본질과 교육주도세력의 구성에서부터 배태되어 있던 제약 등으로 민주주의 교육체제 수립을 우선적으로 강조했다. 이러한 상황에서 교육관계 주역들은 외국유학의 경험을 바탕으로 한 그 학문적 전문소양을 내재적으로 소화시켜 적용할 수 있는 여유를 가질 겨를도 없이 실제적인 역할을 맡아 교육원조심의회의 교육원조요청안에서 지적한 바와 같이, 외국교육에 대한 적극적 소개와 외국유학을 권장하고 있다. 따라서 교사재교육은 주로 미국교육전문가들이 초청되어 담당하거나, 그 내용도 반공교육을 기본으로 한 미국의 교육이론이 그 주요 모델이 되었다. 특히 한국인의 외국유학을 권장하기 위해 교육사절단을 미국에 파견하여 각급 학교와 직접 교섭, 유학의 통로를 마련[111]하기도 했다. 특히 미군정기 동안 영어 구사능력이 사

표 5   해외 유학인정자 현황

연도	총유학생	미국유학	비율(%)	교육학 전공	비율(%)
1951	128	108	84	8	6
1952	531	472	89	46	11
1953	63	580	92	46	7
1954	1,131	1,055	93	65	6
1955	1,059	953	90	58	5
1956	523	450	86	56	11
1957	437	367	84	29	7
1958	304	243	80	10	3
1959	317	211	67	21	5

자료 : 한국교육 10년사 간행회 편, 앞의 책, 교육통계부문 참조.

회적 계층상승의 중요한 통로로 인식됨으로써 미국유학의 열기는 더욱 부채질되었다고 할 수 있다. 참고로 1951년부터 59년 사이의 해외유학 인정자의 현황을 보면 표 5와 같다.

표 5에 나타난 바와 같이, 그 비율이 점점 감소 추세에 있기는 하나 50년대 유학생의 약 89퍼센트가 미국유학의 길을 택했고 단일 전공으로는 최대라고 할 수 있는 전체 유학생의 약 7퍼센트가 교육학을 전공하고 있었다. 한 국가의 학문적 성장과 발전을 위해 외국유학의 장려 자체가 부정적으로 간주될 필요는 없지만 이와 같은 미국으로의 집중현상이 학문의 균형적 발전을 기대할 수 없게 함은 자명한 일이다.

한편 미국지향 일변도의 교육이론 소개에 식상하여 조선교육연구회의 독일유학자들을 중심으로 독일과 유럽의 교육이론이 도입되었으나 양자간의 학문적 성향은 융합 흡수되지 못하고 대립적 성격을 띨 수밖에 없었던 것도 미군정 교육이 낳은 특성으로 지적되어야 할 것 같다. 이 같은 대립적 성향은 그 후 한국교육의 발전과 학문적 성장에 영향을 미치는 구조적 요인으로 작용하는 결과를 가져왔다. 아울러 양자간의 대립은 민주교육이나 민족교육의 교육적 속성을 그 사회적 상황에 따라 지나치게 강조

하거나 축소시키는 한편 교육의 주체를 확인하는 노력은 상대적으로 위축되거나 지연될 수밖에 없었다. 따라서 미군정기 한국교육이 잉태한 타율적이고 대립 위주인 속성은 변화를 본질적 속성으로 할 수밖에 없으며 그 변화는 또한 지속성을 유지할 수 없는 것이 당연한 논리적 귀결이다.

이광호
연세대 교육학과 졸업. 동대학원 교육학과 석·박사. 한국청소년개발원 전임연구원 역임. 현재 경기대 청소년학과 교수이며 청소년위원회 정책단장. 주요 저서로 『청소년정책론』(공저) 『청소년수련활동론』(공저) 등이 있다.

주

1) 김국태 옮김, 『해방 3년과 미국―미국무성 비밀 외교문서』, I(돌베개, 1984), pp.84~103. 본 훈령의 원래 초안은 구성조정위원회 극동분과소위에 의해 작성되어 9월 1일 회람되었고, 일부는 수정되어 9월 27일 회람된 후 두 개의 초안이 구성조정 위원회에 의해 수정 통합된 후 10월 13일 승인되었다. 그 후 작전참모부장 헐 중장에 의해 10월 17일 맥아더 장군에게 전달되었다.
2) 일본의 예상보다 빠른 항복으로 말미암은 점령의 준비부족과 한국에 대한 사전정보의 결여는 여러 곳에서 지적되어왔다. 대표적인 것으로는 E.G. Meade, American Military Government in Korea(N.Y.: King Crown Press, 1951), p.46 ; 리처드 라우터베크, 『한국미군정사』(국제신문사 출판국, 1948), pp.37~38.
3) 박관숙 역, 『트루먼 회고록』(한림출판사, 1971), p.379.
4) C.J. Friedrich, *American Experience in Military Covernment in World War II*(N.Y.: Rinehart and Company, 1948), pp.320, 356.
5) E.G. Meade, 앞의 책, p.51.
6) 조순승, 『한국분단사』(형성사, 1982), p.62 참조.
7) 오천석, 『한국신교육사』(현대교육총서출판사, 1964), p.381. 오천석은 자신의 저서나 증언에서 로커드의 이름을 E. L. Lockard라 하여 그렇게 통용되고 있으나 E. N. Lockard로 표기되기도 하는데 이것이 정확한 이름으로 보인다.
8) Byung Hun Nam, "Educational Reorganization in South Korea under the United States Army Military Government, 1945~1948," ph.D. dissertation(University of Pittsburgh, 1962), p.83 주 1 참조.
9) 김국태 옮김, '재한국 정치고문(베닝호프)이 재일본 정치고문 대리(애치슨)에게', 앞의 책, p.79 참조.
10) 커밍스 교수도 이러한 면을 지적하고 있다. 브루스 커밍스, 「한국의 해방과 미국정책」, 『분단전후의 現代史』(일월서각, 1983), p.146 참조.
11) 崔相龍, 「米軍政の初期占領政策」, 『アジア公論』 1975년 2월호, p.208. 이 논문은 초기점령정책의 성격을 對蘇전략적 차원에서 명쾌하게 분석하고 있다.
12) 한반도 분단과정에 대한 해석에 대해서는 김학준, 「분단의 배경과 고정화과정」, 『해방전후사의 인식』(한길사, 1979)을 참조할 수 있다.
13) 주 1 참조.

14) 김국태 옮김, 앞의 책, pp.129~130. 이 비망록은 1945년 11월 7일 전달되었다. 한편 미국무장관도 정치고문 대리 랭던에게 행정위원회를 창설하거나 지지하는 것은 소련에게 비우호적으로 보일 수 있으며, 소련 측과의 협상에 방해가 될지도 모른다곤 우려하고 있다(같은 책, pp.159~160 참조).

15) 김국태 옮김, 「참모총장(아이젠하워)이 맥아더에게」, 같은 책, p.182.

16) 오천석, 「군정문교의 증언 2」, 『새교육』, 통권 214호, 1972년 8월호, p.57 참조.

17) 『미군정법령집』(국문판)(여강출판사), p.126.

18) *General Headquarters Supreme Command for Allied Powers, Summation of Nonmilitary Activities in Japan and Korea*, No.1(September-October, 1945), p.194.(이하 Summation으로 약칭)

19) *Summation*, No.1, pp.193~194.

20) Byung Hun Nam, 앞의 책, p.85. 한국에 파견된 미국 관리들도 공산주의 사상 유무의 심사를 거쳤다(존 C. 콜드웰, 서의돈 역, 『코리어스토리』, 개조사, 1954, pp.124~162 참조).

21) *Summation*, No.1, p.194 ; No.2, p.193 ; No.7, p.23 참조.

22) 오천석, 앞의 책, p.395 ; *Summation*, No.2, p.193.

23) 한준상은 당시 문교관계 주역들이 미군정 문교정책 테두리 안에서 ① 정치사회화를 학교교육의 핵으로 하고, ② 외국 것에 대한 적극적 인식과 소개, ③ 외국유학에 대한 적극적인 권장 등을 추진 강행한 것으로 보고 있다(한준상, 『한국대학교육의 희생』, 문음사, 1983, p.292).

24) 심태진, 「사회생활과 교육론」, 『제1회 민주교육연구강습회 속기록 1946. 11. 10. 석운교육론집』(우성문화사, 1981), p.20.

25) 같은 글, pp.12~21 ; 정건호, 「사회생활과의 한 고찰」, 『조선교육』, 1946년 6월호, pp.77~81 참조.

26) *Summation*, No.2, p.193.

27) 강길수, 『교육행정』(풍국학원, 1957), pp.299~300.

28) 같은 책, p.300 ; 阿部洋外, 「해방후 한국의 교육개혁―미군정기(1945~48년)를 중심으로」 (이화여자대학교 동서교육연구소 창립 5주년 기념 학술발표회 발표논문, 1984. 10. 27), pp.2~3 참조. 원조요청안의 기본틀은 두 글이 같으나 구체적인 수치 등에서 약간 상이하게 기술하고 있다.

29) 김국태 옮김, 앞의 책, p.163. 본안은 1945년 12월 1일 맥아더에게 발송되어 12월 4일

자로 육군성에 접수되었다.
30) 김국태 옮김, 같은 책, p.182. 승인안은 1945년 12월 31일자로 맥아더에게 전달되었다.
31) 주 29 참조.
32) 『동아일보』, 1946년 4월 17일자.
33) 『동아일보』, 1946년 8월 16일자.
34) 阿部洋外, 앞의 글, p.2.
35) 같은 글, 자료(6-2), 미국교육조사단 파견에 관한 검토. 위 검토안은 1946년 5월 18일 미육군성에서 태평양총사령부로 발송되었다.
36) 같은 글, p.3.
37) 김국태 옮김, 「트루먼 대통령이 파리에 있는 E. W. 포레 대사에게」, 앞의 책, p.317.
38) 같은 책, p.307.
39) 교서 전문은 1946년 6월 6일 국무성 점령지구담당차관보(힐드링)가 육군성 작전처에 보내져, 한국에 있는 하지 장군에게 전달될 수 있도록 6월 7일자 전문 War 90716으로 맥아더 장군에게 발송되었음(김국태 옮김, 같은 책, pp.292~299).
40) 주 39 교서의 첨부 B 토의사항 4, 5번 참조.
41) 위의 교서 토의사항 9번 참조.
42) 김국태 옮김, 앞의 책, pp.136, 139, 150, 164.
43) 브루스 커밍스 교수는 랭던보고서를 통해 남한 단독정부 수립을 비롯한 미국 측의 정책이 1943년 11월경부터 이미 시작되었다고 보고 있다(브루스 커밍스, 앞의 글, p.152 참조). 그러나 이러한 판단은 시기상조이며, 미국은 한국의 통일정부 수립이 군사전략 차원에서 극동의 안정과 이익에 유리하기 때문에 단독정부 수립정책의 시기를 훨씬 후로 보는 견해도 있다(小野田求, 「朝鮮の解放とアメリカ」, 『朝鮮史研究會論文集』, No.16, 1973년 3월호 참조). 필자는 후자의 견해에 따르고 싶다.
44) 김학준, 앞의 글, pp.85~86 ; 김국태 옮김, 「맥아더의 국무장관에게 보낸 보고서」, 앞의 책, pp.228~231 참조.
45) *Foreign Relations of the United States*, 1947, Vol.Ⅳ., p.4611.
46) *Summation*, No. 14, p.79.
47) 阿部洋外, 앞의 글, p.3.
48) 같은 글, p.4 참조. 보고서는 전문 더블스페이스 55페이지로 서론, 관찰 및 결론, 권고 등 세 부분으로 이루어져 있으나, 그 구체적인 내용은 아직 밝혀지지 않았다.
49) 미국 교육사절단의 본격적인 방한은 한국전쟁 중인 1952년 중앙교육연구소의 개설

로부터 이루어졌다. 이의 구체적 내용은 김인회, 「문화식민지교육경향과 그 탈피의 몸부림」, 『교육과 민중문화』(한길사, 1983), pp.113~166 참조.

50) *Summation*, No.19, p.59.
51) U. S. Department of the Army, "Report of the Staff of the Teachers Training Center" (April, 1949), p.4. Byung Hun Nam, 앞의 책, p.113에서 재인용.
52) *Summation*, No.14, p.75.
53) 같은 책, No.7, p.32.
54) 같은 책, No.22, p.93.
55) 위와 같음.
56) 김국태 옮김, 앞의 책, p.272.
57) 조병옥, 『나의 회고록』(어문각, 1963), pp.185~187.
58) *Summation*, No.8, p.83.
59) TTC의 우리말 공식 명칭은 아직 밝혀지지 않고 있다. 다만 영어 명칭이 적당히 우리말로 번역되어 사용되고 있을 뿐이다. 당시 통역을 맡았던 성내운은 중앙교육연구소라고 회고하고 있고, 교육관계에 종사했던 최병칠도 TTC를 중앙교육연구소로 기술하고 있는 것으로 미루어보아 한국전쟁중 부산에 설립된 중앙교육연구소 이전에 이미 TTC가 중앙교육연구소로 명명되었던 것으로 짐작된다(최병칠, 『새교육사전』, 홍지사, 1957, p.599).
60) 阿部洋外, 앞의 글, p.5 참조.
61) U.S. Department of the Army, "Report of the Staff of the Teachers Training Center," p.i. Byung Hun Nam, 앞의 책, pp.131~132 재인용.
62) 덧붙여 이러한 목적이 미국의 국가선전(American propaganda)을 지향하는 것은 아니라고 못박고 있다.
63) 박관숙 역, 앞의 책, pp.386~387 참조.
64) 같은 책. p.389 참조.
65) 존 C. 콜드웰, 서의돈 역, 앞의 책, pp.124, 162 참조.
66) Report of the Staff of the Teachers Training Center, p.13.
67) 오천석, 앞의 책, p.381.
68) 稲葉繼雄, 「解放後韓國敎育の再建に盡した人 」, 『韓』, 3, No.4, 1974, pp.92~94 참조. 오천석은 이 모임에서 김성수가 6-3-3-4 학제를 강력히 주장했다고 기술하고 있다(오천석, 앞의 책, p.404).

69) 국사편찬위원회, 『자료대한민국사』, I (1968), pp.62~63, 한민당발기인명단 참조.

70) 오천석, 「군정문교의 증언 1」, p.108.

71) 위와 같음.

72) 『자료대한민국사』, I, p.114.

73) 오천석, 『한국신교육사』, p.383.

74) 오천석, 「군정문교의 증언 1」, p.113.

75) 『매일신보』, 1945년 9월 22일자.

76) 『자료대한민국사』, I, p.119 ; 한글학회 편, 『한글학회 50년사』(1971), p.293 참조.

77) Summation, No.6, p.19.

78) 오천석, 「군정문교의 증언 2」, p.57.

79) U.S. Department of Army, "History of the Bureau of Education, September 11, 1945-February 28, 1946," p.9. Byung Hun Nam, 앞의 책, p.86에서 재인용.

80) 오천석, 「군정문교의 증언 2」, p.58.

81) 주 69 참조.

82) 오천석, 『한국신교육사』, p.388.

83) 리처드 라우터베크, 『한국미군정사』(국제신문사 출판부, 1948), p.45.

84) 조병옥, 앞의 책, p.149.

85) 심지연, 『한국현대 정당론』(창작과비평사, 1984), pp.42~67 참조.

86) 안호상은 1929년 독일 예나대학에서 철학과 교육학을 전공하여 박사학위를 받았다.

87) 이극로는 1920년 상해 동제대학 예과를 졸업, 1927년 베를린대학 철학부정치과에서 박사학위를 취득하고 런던대학에서 수학했으며, 귀국 후 조선어학회 간사장을 지냈다(김종범·김동운, 『해방전후의 조선진상』, 돌베개, 1983, p.188).

88) 한국교육 10년사간행회 편, 『한국교육 10년사』(풍문사, 1960), p.88.

89) 3균주의는 조소앙에 의해서 주창되어 임시정부의 강령으로 채택되었다. 1945년 1월 8일 재차 발표된 건국강령에 "교육종지는 3균제도로 원칙을 삼아 혁명공리의 민족정기를 배합 발양하며, 국민도덕과 생활기능과 자치능력은 양성하여 완전국민을 조성함에 둠"으로 명시되어 있다(『자료 대한민국사』, I, pp.793~797).

90) 최민지, 「일제하 기자운동의 전개」, 『창작과비평』, 제45호, p.100.

91) 『자료 대한민국사』, I, p.580. 기성회의 이사장은 유억겸, 고문에는 김성수, 최규동 외 18명이었다.

92) 조병옥, 앞의 책, p.44.

93) 김국태 옮김, 앞의 책, p.317. 폴리 대사가 트루먼 대통령에게 보내는 서한에서 이 표현을 썼고 트루먼도 이에 동의했다.
94) 『자료 대한민국사』, II, p.70.
95) 같은 책, pp.112~113.
96) 조선교육연구회, 『조선교육』, 창간호(1947. 4), p.94.
97) 안재홍, 「현하의 문화정책의 구상」, 『새교육』, 제2호(1946. 2), pp.15~56.
98) 안재홍, 『신민족주의와 신민주주의』(민우사), p.46.
99) 손진태, 「국사교육건설에 대한 구상—신민족주의 국사교육의 제창」, 『새교육』 창간호, p.49.
100) 『조선교육』, 1947년 9월호, p.5 참조.
101) 인촌기념회 편, 『인촌김성수의 애족사상과 그 실천』(동아일보사, 1982), p.359.
102) 오천석, 『한국신교육사』, p.378.
103) 컬럼비아대학에서 듀이의 강의를 받은 인물로는 오천석, 김활란, 조병옥, 장이욱 등이 대표적이다.
104) 오천석, 「군정문교의 증언 4」, 『새교육』, 1972년 10월호, p.102.
105) 『조선교육』, 창간호, p.94.
106) 『조선교육』(1947년 6월호)의 「사조의 해설」 참조.
107) 심태진의 증언, 『서울교육사』(서울시교육위원회, 1981), pp.588~599.
108) 사공환, 「사회생활과로 본 국사교육」, 『조선교육』, 1947년 9월호, p.7 참조.
109) 한국교육 10년사간행회 편, 앞의 책, p.45.
110) 김학준, 「역사는 흐른다 26」, 『조선일보』, 1985년 7월 5일자 참조.
111) 장이욱, 『나의 회고록』(샘터사, 1975), pp.216~231 참조.

찾아보기

ㄱ

건국동맹 37, 46, 81, 85, 87, 90
건국준비위원회 36, 37, 39, 67~70, 72, 74~77, 80, 85, 97~101, 104, 105, 221, 247, 268, 338, 339
건준→건국준비위원회
경성 콤그룹 34, 45, 121, 122
고려공산당 75, 121
고려공산청년동맹 33
고려공산청년회 120
고려민주당 76
공산주의운동 33
공산청년동맹 142, 143
9월총파업 159, 404, 419, 425~427, 440
국민정신총동원경성연맹 183
국제연합 258
극동인민대표자대회 28
김교영 84, 85
김구 27, 29, 30, 35, 36, 50, 51, 55, 208, 273, 274, 458, 480, 519, 544
김규식 30, 31
김달진 520
김동리 520, 524, 525, 530, 531
김동인 502
김동한 215
김두봉 34
김두한 430
김병로 473
김사량 505~507
김삼룡 121, 159, 521
김성수 72, 134, 225, 566~568, 571, 572, 574
김영랑 516
김오성 468, 470
김원봉 29, 30
김일성 412, 521
김일철 457, 458
김준연 101~103, 121
김철수 120, 121
김태준 481, 515, 517
김형선 87, 99
김활란 566, 567, 573

ㄴ

남로당→남조선노동당
남북한총선거 103
남조선노동당 68, 158, 159
남조선신민당 26

남한농지개혁법안 304~306, 308
농지개혁법 331, 339, 345, 353, 354, 356, 359, 360, 362, 381, 384
『농지개혁사』 331
농지매매법안 305
농지위원회 376, 377, 380, 381, 390

ㄷ

단독정부수립 103
대한국민의회 27
대한노총 410, 421, 428, 429, 441~443
「도정」 533, 539
독립동맹 40
『동아일보』 483

ㄹ

라카드 553, 567
러치 255
레닌 41, 528

ㅁ

마르크스 527, 528, 532
맥아더 405, 406, 409, 557
모스크바삼상회의 39, 50, 55, 258, 273, 479
모택동 47, 469
무장유격전 29
『문학』 517, 520
문학가동맹 519
미국군정시기 20
미소공동위원회 277
『민족의 비원』 463
민족통일전선 42, 71

민주주의민족전선 30, 154

ㅂ

박두진 508, 520
박목월 520
박종화 516, 519
박헌영 27, 31, 32~34, 36, 40, 42, 44~46, 52, 53, 68, 75, 119~125, 129, 130, 136, 137, 153~ 160, 412, 413, 425, 427, 438, 468, 515, 521, 537
반만항일전선 207
반제민족해방투쟁 32
배성룡 457, 458, 464, 474, 484, 488
백기완 51
백낙준 566, 567, 571, 573
백남운 34, 46, 48, 54, 157, 158, 464, 480, 574
백두진 168
베버 532
부르주아민주주의혁명 40~45, 47, 52, 53, 98, 131~133, 141, 146, 148, 149, 152, 518
분단국가형성기 25

ㅅ

4·3 사건 53
3·1제 302~304, 338, 339, 341, 342, 344~348, 382
3·7제 338, 340, 342
상해임시정부 27, 28, 243
서울계 120, 121, 136
서정주 520

소작료통제령 294
「속 습작실에서」 537, 538, 540
송건호 51
송진우 71, 72, 101, 134, 406, 463
송호성 167
스노, 에드거 471, 476, 479
10월인민항쟁 159
식민지반봉건사회 32
신간회 83, 85, 87, 90
신남철 468, 469
신석정 511
신익희 208
신한공사 304, 308~312, 314, 318
신흥공업국가(NICs) 284
12월테제 123

ㅇ

아널드 271, 405, 473
아베 268
안재홍 78~80, 85, 90, 99, 101, 103, 221, 464, 473, 474, 519, 574~576
안지홍 457, 465
안창호 28, 458
안호상 571, 578
양곡공출제 303
양세봉 208
언더우드 471
ML계 120~122
여수순천반란사건 53
여운형 27, 28, 31~34, 37, 39, 40, 43~46, 54, 70~80, 85, 90, 98, 101, 103, 157, 158, 221, 225, 272, 405, 438, 439, 487, 519, 544

「역로」 540, 542~544
염상섭 473
영세농경제 332
오기영 462, 475, 485, 488, 489
오천석 566~569, 573, 576
윌리엄스 406, 557, 571
유억겸 566, 571, 572
유진오 523, 571
유치진 516
유치환 520
6·10 만세사건 205
이강국 37, 75, 81, 83, 85, 103, 481, 482
이광수 502, 510, 511
이규갑 80, 85
이극로 467, 473, 480, 481, 486, 567, 568, 571
이기영 505, 516, 517
이동화 85
이동휘 27, 31, 33
이르쿠츠크파 고려공산당 33
이범석 30
이승만 27, 29, 30, 51, 54, 55, 167, 263, 274, 429, 458, 460, 463, 480, 519, 579
이승엽 123, 220
이여성 81, 84, 85, 98, 157
이영 121, 124, 220
이원조 505, 515, 517
이주하 423, 521
『이즈베스티야』 466
이청천 36, 177, 208~210
이태준 481, 503, 505, 506, 515, 517,

520, 535, 540
이현상 121
인공→조선인민공화국
인민공화국 39
인민민주주의혁명 132
『인민보』 422
인민위원회 247, 338, 339, 439
임화 473, 505, 508, 515~517, 521
임홍순 196, 197

ㅈ
자주독립 민족국가 50
장덕수 544
장면 168, 574
장안파 122, 124, 135, 148, 153
장안파 조선공산당 36
『전국노동자 신문』 252
전국농민조합총연맹 256
전국농민협회 256
전농→전국농민협회
전평 53
정백 78~80, 90, 120, 121, 124, 220
정지용 473, 535
정진석 457, 458
조동식 567
조병옥 557, 571
조봉암 52, 120
조선건국동맹 79
조선공산당 26, 81, 84, 85, 87, 90, 119, 120, 130, 338, 517, 518
조선공산당재건 코뮤니스트사건 87
『조선교육』 577
조선교육연구회 576, 577

조선교육위원회 555, 556, 568
조선노동조합전국평의회 402
조선농지령 290, 302
조선독립동맹 27, 34
조선문인보국회의 510
조선문학가동맹 226, 514~518
조선소작조징링 290, 302
조선어학회 568, 571
조선의용군 34, 40
조선인민공화국 248, 268, 405
조선인민당 26, 102
조선중앙정보위원회 199
조소앙 480, 486, 519
조지훈 520, 524, 530
좌우합작운동 54, 55
좌우합작위원회 304
주요한 510
『주한미군사』 438
『중앙신문』 520
중앙토지개혁 행정처 305
중앙토지행정처 311, 312, 314
지하련 533, 539

ㅊ
채만식 540, 544
『초등국어독본』 568
최고소작료 결정의 건 301, 302
최남선 510
최용달 37, 81, 83, 85
최익한 85, 98, 121, 122, 124, 218, 220, 225
최현배 568, 571

ㅋ

카이로회담 414
『코리아 타임스』 567

ㅌ

토지조사사업 290
트루먼 264, 268, 463, 558

ㅍ

8월테제 18, 42, 46, 119, 123~125, 127, 128, 133, 153, 159, 160, 413
포츠담선언 414
프롤레타리아 독재 98
프롤레타리아민주주의 99
프롤레타리아사회주의혁명 42, 43, 47, 146

ㅎ

하지 251, 263, 265, 271, 272, 303, 406, 428, 433, 439
한국공산주의운동 27
한국노동조합총연맹 402
한국독립당 26
한국민주당 134, 248, 303
『한글첫걸음』 568
한설야 505, 515~517, 521
한성정부 27
한인사회당 33
한효 505, 515, 517
할로웨이 418
항조·거납운동 333
『해방일보』 100, 122, 422
「해방전후」 535, 540, 544, 546
허준 538~540
허헌 85, 87, 99, 103
헤겔 527
『현대일보』 422
홍명희 484, 517
화요회계 119, 120, 122~124, 136
황순원 508
회북조선청년연합회 34

해방전후사의 인식 2

지은이 강만길 외
펴낸이 김언호

펴낸곳 (주)도서출판 한길사
등록 1976년 12월 24일 제74호
주소 10881 경기도 파주시 광인사길 37
홈페이지 www.hangilsa.co.kr
전자우편 hangilsa@hangilsa.co.kr
전화 031-955-2000~3 **팩스** 031-955-2005

인쇄 예림 **제본** 예림바인딩

제1판 제1쇄 1985년 10월 25일
제1판 제33쇄 2024년 6월 25일

값 20,000원
ISBN 978-89-356-0001-4 34910

• 잘못 만들어진 책은 구입하신 서점에서 바꿔드립니다.